国家哲学社会科学成果文库

NATIONAL ACHIEVEMENTS LIBRARY
OF PHILOSOPHY AND SOCIAL SCIENCES

国家哲学社会科学成果文库概要

(2019)

全国哲学社会科学工作办公室　编

中国人民大学出版社

《国家哲学社会科学成果文库概要》
出版说明

为充分发挥哲学社会科学研究优秀成果和优秀人才的示范带动作用，促进我国哲学社会科学繁荣发展，全国哲学社会科学工作领导小组决定自 2010 年始，设立《国家哲学社会科学成果文库》，每年评审一次。全国哲学社会科学工作办公室同时编辑出版《国家哲学社会科学成果文库概要》，由入选成果作者撰写，重点介绍入选成果内容。

全国哲学社会科学工作办公室
2021 年 3 月

目　录

社会学

人口学

民族问题研究

中国历史

马克思主义·科学社会主义

《马克思主义经典著作重要术语中国化渊流考释》概要

靳书君*

为响应习近平总书记在哲学社会科学工作座谈会上发出的"在研究和考据马克思主义文本上"做功课的号召，本成果将概念史范式引入马克思主义理论学科，深度发掘马克思主义原著术语跨语际旅行的文本资料，按词索籍，追本穷源，说文解字，正名格义，阐释经典著作重要术语中国化进程中的意义再生产。

一、研究的目的、意义及方法

1. 研究目的

研究马克思主义经典著作在中国的翻译、传播、阅读、理解、应用和影响，既要站到马克思主义中国化、马克思主义发展史、社会主义思想史的高度，又要进入中国现代思想史、中华民族发展史乃至人类文明史的高度，才能把科学社会主义的理论逻辑与中国社会发展的历史逻辑结合贯通。马克思主义在华传播与汉语白话文运动同步启动，马克思主义经典著作汉译产生的新术语，成为现代汉语体系的核心概念，为建构言文一致的中华民族通用国语奠定了基石，这是马克思主义经典在中国走进现代乃至新时代的深层逻辑。从 1915 年第一部汉语《辞源》到现行《汉语大词典》，汉语术语源流考证不足始终是一大短板，尚需几十年的努力才能全面廓清基本术语渊源，这

---

* 靳书君，江苏师范大学教授，博士生导师。

是中华民族伟大复兴的语言基础工程。当务之急是聚焦现代汉语中最重要的马克思主义的概念，以经典著作汉译为线索追溯术语源流，取长补短，重点突破，以点带面。本成果从这一学术宏愿出发，考证马克思主义经典著作重要术语汉译词的衍变脉络，达到正本清源的目的；以此为线索将译词衍变与意义生产相会通，语言构造与语用实践相贯穿，术语内史与术语外史相衔接，达到融通中外的目的；厘清术语、概念、范畴的逻辑生成关系，厘定术语来龙去脉、内涵外延，对中国马克思主义重要概念汇要集注，达到格义致知的目的。

2. 研究意义

我们通过术语、概念、文本与马克思主义经典作家对话，在这种跨时空对话中使马克思主义经典走进中国特色社会主义新时代，因此，研究马克思主义经典著作中的重要术语，考据重要术语中国化的译词衍变、意义生产和概念生成，首先，能够改进通过文本排列组合进行内容拼接的传统研究方式，拓展文本的思想生产空间，以术语为主线考察文本史料如何完成意义生产，概念的生成又如何建构思想体系，把概念作为思想的出口，让马克思主义思想富矿充分涌流，为新时代中国特色社会主义提供更丰富的思想资源。其次，我们是在与经典著作对话中思考新时代，关于中国特色社会主义的理解和争论，都与重要术语的翻译和运用有关，考据厘清这些术语，有利于用概念定义权掌握意识形态话语权，提升我国政治话语的当代解释力和国际影响力，在欧盟急推《欧洲政治词典》（EPL 规划）的背景下，尤为紧要和紧迫。

3. 研究方法

本成果将国内外学界方兴未艾的概念史研究范式引入马克思主义理论学科。概念是用术语表达的，重要术语的起源、传播和意义变化，引起概念的发生、发展和社会化。在概念史研究范式下，具体研究方法主要有知识考古法、历史语义学方法、结构语言学方法和话语分析技术。

（1）知识考古法（考据法）。以马克思主义经典著作译文译本演进为线索，综合运用辑佚法、校勘法、辨伪法、训诂法、注疏法进行文本考证、人物考证和词语考证。

（2）历史语义学方法，即内外史相结合的方法。马克思主义原著术语汉译词演变是内史，中国语境和语用实践是外史。本成果在充分运用现代汉语外来词素材的基础上，将重要术语置于中国社会变迁的实际语境中，考察借词、配词、组词的义素和意义生成。

（3）结构语言学方法。相比拉丁拼音文字，汉字具有独特的拼义功能。立足于汉字的拼义功能，基于马克思主义术语的意义生产阐释语言构造的嬗变，根据词形与词义的互动关系考察义素、义位和义项演变，探究马克思主义原著术语汉译过程中的丰义、转义和引申义。

（4）话语分析技术。通过词频分析、主题词分析、搭配词分析和隐喻分析、语篇分析，对马克思主义经典著作重要术语中国化进行用例研究。

二、成果的主要内容和重要观点

1. 主要内容

本成果导言概述了研究的背景、意义、依据、方法和结构，引出正文部分，即总论、分论、余论共三篇九章，主要内容围绕汉语马克思主义术语"哪里来""怎么来""哪里去"三个方面展开。其中，总论篇包括第一章、第二章，总体阐述汉语马克思主义术语"哪里来"；分论篇包括第三章至第八章共六章，考证马克思主义重要术语中国化的源流和意义生产，分学科阐释汉语马克思主义术语"怎么来"；余论篇即第九章，探讨运用汉语术语打造中国马克思主义话语体系，阐发汉语马克思主义术语"哪里去"。

（1）哪里来：马克思主义术语的原著文本线索和词源。

汉语马克思主义术语是马克思主义经典著作经多人多次累译而成。在马克思主义经典著作中《共产党宣言》，汉译最早、译本最多、流传最广，提供了术语考证的基本文本线索。本成果第一章以《共产党宣言》多语传播与汉译为基本线索，对照使用《共产党宣言》1848 年德语原版、1882 年俄文版、1888 年英文版、1904 年幸德秋水和堺利彦日文版 4 个汉译母本，整理出 1899 年《共产党宣言》首问中国到 1929 年红四军《共产党宣言》发布 30 年间 10 条摘译、10 条节译、10 件变译、10 件译述，以及从首个全译本到 2017 年最新定译本 10 个全译本。这 50 件译文译本是目前可见《共产党宣言》汉译的集大成者。以《共产党宣言》汉译为主要线索的同时，在经济术语考证中辅以《资本论》诸译本，在政治术语中辅以《法兰西内战》《哥达纲领批判》《国家与革命》诸译本，在社会学术语考证中辅以《德意志意识形态》《资本论》诸译本，辅以《关于费尔巴哈的提纲》《哲学的贫困》各译本考证哲学术语，辅以《共产主义信条草案》《共产主义原理》《家庭、私有制和国家的起源》《论民族自决权》《马克思主义和民族问题》各译本考证民族学术语等。通过充分占有马克思主义经典著作汉译的母本和译文译本，呈现汉语马克思主义术语的文本源头。

第二章马克思主义原著术语汉译与中国化，回溯百年西学东渐，至十月革命爆发时白话文运动完成，为马克思主义经典著作汉译准备了现代汉语词汇基础。马克思主义中国化的历史进程中，汉语马克思主义术语经四个阶段基本定型：第一个阶段是十月革命之前 40 年的早期译介，从只言片语到直接借用日本社会主义术语；第二个阶段是十月革命到大革命时期 10 年的重点翻译，经典著作依据母语版本译出全译本，通过日语借词、古典配词，社会主义术语贯通汉语、日语、俄语、英语、德语诸语，植根于马克思主义原著之中，为其科学化奠定基础；第三个阶段是从 1928 年无产阶级革命文学运动兴起到 1938 年读书生活出版社出版《资本论》全译本 10 年间的学术翻译，革命知识分子积极投身文化"反围剿"斗争，以更高的学术水平翻译经典著作，通过古典配词和汉字组词，汉译术语日臻科学化；第四个阶段是从 1938 年延安马列学院和解放社成立起延安 10 年的有组织翻译，中国共产党人直接参阅经典著作撰书立论，将马克思主义原著术语融入党的话语体系，将中国实践经验注入原著术语，实现马克思主义重要术语的中国化。

（2）怎么来：马克思主义经典著作重要术语中国化的意义生产。

本成果从音译、意译到定译，共考证 80 个原著术语、50 个汉语术语、400 余处译词变化，并从中选择 30 个重要术语，按照"译者·译文·译词"三位一体，追溯马克思主义经典著作文本源头，辑佚经典著作诸多汉译文本，以梳理原著术语汉译词衍变轨迹，并通过译者身份进入译词使用的社会历史背景，从社会变迁的历史视野中，提炼术语词经过语言结构完成的意义生产，分析汉语术语定型过程中义素、义位和义项的变化，注疏重要术语的概念含义和时代价值。从中国特色哲学社会科学的基干学科出发，每学科重点考释的约为 5 个术语。这些术语不仅是该学科最重要的基本术语，而且各个术语之间具有关联性，能总体反映出该学科形成的标志性概念。多个学科

30 个术语整体呈现我国现代哲学社会科学形成的基本标志。

第三章马克思主义经济术语中国化考释，从经典作家进入经济分析的历史地平线即生产方式范畴开始，依次考察生产方式、生产资料、所有制、资本、市场等汉语术语的来龙去脉。第四章马克思主义政治术语中国化考释，集中考察凝结在国号、国体和治国方略当中的重要术语，考证注疏人民、共和、专政、阶级、法律等汉语术语。第五章马克思主义社会学术语中国化考释，考证注疏的 5 个汉语术语中，自由、平等是社会层面的核心概念，共同体、市民社会是经典作家认定的两种现代社会组织形式，社会有机体则是马克思主义社会分析的基本视角。第六章马克思主义哲学术语中国化考释，考证注疏实践、社会存在、人的本质、生产力、生产关系等 5 个术语。实践是马克思主义哲学的立脚点，社会存在是历史唯物主义的出发点，人的本质是人的社会存在方式，生产力、生产关系则是这种存在方式中人的本质力量的展开。第七章马克思主义民族学术语中国化考释，紧紧围绕马克思主义中国化进程中中华民族共同体意识的形成，考证注疏民族、民族国家、民族融合（民族交融）3 个汉语术语。第八章马克思主义总体术语中国化考释，考证贯穿经济学、政治学、社会学、哲学和民族学等各领域的 7 个重要术语的源流，即社会主义、共产主义、无产阶级、意识形态、共产党、党内政治生活、马克思主义中国化，注释其科学含义。

（3）哪里去：以汉语术语建构中国马克思主义话语体系。

马克思主义术语进入现代汉语系统，成为构建中国马克思主义话语体系的基石。本成果最后阐述运用术语基石，通过概念、判断、推理，构建中国马克思主义话语体系，特别是中国特色社会主义话语体系的具体路径，分析了中国马克思主义文艺话语、中国特色社会主义经济话语、中国特色社会主义道德话语特别是习近平新时代中国特色社会主义话语实现的话语创新。

概言之，本成果的主要内容和篇章布局，廓清了马克思主义经典著作重要术语中国化的基本环节。首先，翻译者通过借词、配词和组词整合汉字义素，将原著术语对译为汉语马克思主义术语；汉语马克思主义术语在逐步容受中国实践经验的过程中，超越早期音译方式，运用意译方式，发挥汉字拼义功能，随着术语译词迁衍扩大意义生产，定译术语成为内涵外延精准的中国马克思主义概念；运用中国马克思主义概念去判断、推理，形成表述中国社会发展规律的马克思主义命题和语句、语段，从而构成中国马克思主义话语体系（如图1所示）。

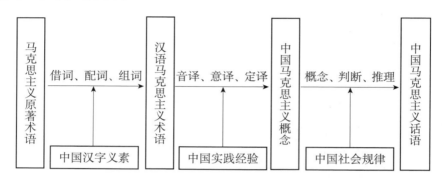

图1　马克思主义经典著作重要术语中国化的基本环节

2. 重要观点

（1）马克思主义经典著作在德语、英语、法语、俄语等语言版本中不存在术语转换问题，但和汉语无法直接对译术语，几乎等于术语再造。这种语言张力不仅没有阻碍马克思主义经典著作进入中国，反而成为马克思主义中国化的源头活水。中国人不是另造新术语，而是在术语翻译过程中借助汉字拼义功能进行意义生产和再生产，生成中国马克思主义概念。近代以来，汉语新词语、新术语、新概念迭出，这既是中华文明受到西方现代文明刺激的语言反映，又是中华民族建构全民族国语，进而以国族姿态进入世界历史的语言创造。马克思主义经典著作汉译过程中产生的新术语，成为现代汉语体系的核心概念，为建构言文一致、南北互通、官民共用的中华民族通用国语奠定了基石，马克思主义以此深深熔铸于中华民族的生命力、凝聚力和创造力之中。

（2）马克思主义经典著作先后经四个渠道入华，即东面的日本渠道、西面的英法渠道、西北面的苏俄渠道和对面的美国渠道。因此，许多马克思主义重要术语最早借用日本的和制汉字词翻译；之后又用汉语固有词对译英语、法语的马克思主义著作文献词；再到接受十月革命经验影响，沿用或改用新词以与相应的俄语词对等；直到延安时期一方面注重对照马克思主义德语原著，一方面推进马克思主义中国化，最终形成原著术语的汉语定译词。

无论是日语借词、古典配词还是拼义而成的汉字组词，相比传统汉字单音词，义素、义位、义项发生了飞跃性的转换、拓展和升华，生成汉语马克思主义术语。

（3）马克思主义经典著作汉译过程中，"五四"时期基本成型的现代汉语词汇大量进入马列经典著作的翻译中，成为中国马克思主义话语中的术语。这些术语在定译过程中，存在三种情况。一是大多数术语词形不变，词义发生转化，如实践、人民、阶级、资本、民族、自由、平等、共和、法律、共产党、无产阶级、意识形态等；二是有一定数量的中日同形术语词，早期借用日本社会主义用语翻译马克思主义术语，后来随着对马克思主义原著术语理解的深化，又改用汉语固有词对译原著术语，以更准确地表义，如"专政"代替"独裁"，"阶层"代替"等级"，"工人"代替"劳动者"，"统治"代替"支配"，"垄断"代替"独占"，"剥削"代替"掠夺"，"规律"代替"法则"，"社会存在"代替"社会生活"；三是少数术语丰义过程中，在原译词能指不足或有歧义，而汉语古典词中也无相当的固有词可用的情况下，在重译过程中就利用汉字拼义，创造新的术语词，如创设"所有制"作为政治经济学术语，替代之前法律术语"财产""所有物""所有权"，创制哲学术语"扬弃"取代"废止""废除""没落"日常用语，满足术语在中国化过程中的视域转换，"共同体""人的本质"也是汉译新创词。

（4）汉语马克思主义术语定型，遵循了《共产党宣言》首个全译者陈望道提出的"方言超升，古语重生，外国语内附"的汉译路径。即马克思主义原著术语的汉译中，首先是援用提升中华民族本土语言中的口语词、俗语词、俚语词，再者是利用古典词丰义转义，或者利用汉字拼义组词，将汉语固有字词纳入马克思主义文本和语境，让传统汉字语文超升、重生。在与经典原著的英语版、德语版互译格义中，实现中—日—西译词——对应，词义获得科学社会主义的指涉，成为汉语马克思主义术语。术语词贯通汉语、日语、英语、德语，一直沿用至今，包括：革命—革命—revolution—Revolution；代表—代表—representative—Vertreter；资本—資本—capital—Kapital；主义—主義—ism—ismus；生产—生產—production—die Produktion；社会—社會—society—die gesellschaftliche；解放—解放—emancipation—Befreiung；劳动者—労働者—labourer—der Arbeiter。如此，汉语马克思主义术语从词形上保持了中华民族语文的纯洁性，从词义上又与德语、英语、法语、俄语等多种外语术语一一对应，贯通了中国语言传统和马克思主义原著语言传统，发挥了民族语文的能指性和能产性。

（5）考证马克思主义经典著作"译者·译文·译词"三位一体可见，许多原著术语译法从日常口语向固定词语、再向专用术语转变，最后形成汉语概念。如均富党→平和党→均分党→均产党→共有党→公共党→集产党→无产党→共产党；衣食→衣食费→生活费→生存手段→生活资财→生活资料；国粹→国民→人民→国情→国籍→民族；人情→人类→人类本性→人性→人的本质；社会调和→社会和协→社会协调→社会协和→社会和谐；财产→所有→所有权→所有制；共同组织→共通性→公共组织→共同体；行动→实行→实际→实践；废止→废除→没落→扬弃；团体→群→群众→集体；理想→思想方面→观念形态→意识形态；等等。这些译词的演变过程显示出，不仅术语词越来越规范，而且概念的内涵外延越来越清晰。

（6）语言是思想的直接现实。在语言三要素当中，语音是物质外壳，语法为结构方式，词汇则是承载意义的材料，反映社会历史变迁的新思想首先通过词汇，特别是新词语承载的新术语表达出来。在直接现实性上，马克思主义中国化就是让马克思主义说中国话；从文化的最深层看，就是马克思主义原著术语进入现代汉语系统，以汉语马克思主义术语为基石，构建中国马克思主义话语体系。理论体系、价值体系都要由特定的话语体系承载并发生作用，以汉语马克思主义术语为基石打造的中国马克思主义话语，特别是中国特色社会主义话语体系，是中国马克思主义最成熟、最巧妙、最恒久的载体，是马克思主义理论体系、社会主义核心价值体系中国化、时代化、大众化的基本形式。

（7）马克思主义中国化是马克思主义发展史的光辉篇章，汉语马克思主义术语是马克思主义参天大树的思想之花。名正才能言顺，言顺才能理通，理通才能事成。我国马克思主义理论研究走进世界马克思学术中心，对马克思主义经典著作的历史考证，特别是重要术语的考据、厘定，具有基础性、根本性和前沿性的战略地位。在我国《马克思主义大典》《马克思主义典藏工程》编纂工作中，期盼相关部门领导和专家，加强对马克思主义经典著作汉译文本的收集、整理、保护、出版和信息化，特别是在汉语《马克思主义大典》《马克思主义典藏》中，对马克思主义汉语术语词源和注疏，给予显著的位置和一定的篇幅。

三、成果的学术创新、应用价值以及社会影响

1. 学术创新

（1）学术思想创新。

在学术思想上具有开拓性。马克思主义发展史研究在宏观层次上几乎穷尽了所有问题，要向前推进，需要借用物理学的思维方法，向微观层次和宇观层次进军。术语是思想的细胞，微观层次的术语研究打开了崭新的学术领地。本成果以术语的意义生产为主线，把马克思主义中国化研究深入到术语演变的微观层面。考证思想内容通过术语转换完成的创新，发掘马克思主义在中国发展的多重历史面相，是一个全新的研究思路。

（2）学术观点创新。

在学术观点上具有探究性。本成果对术语语言构造的探索细致到音译—意译—定译、口语—短语—词语、借词—配词—组词，对术语语用实践的探索贯穿术语—概念—范畴、概念—判断—推理、语词—语段—语篇，对术语转换机制的探索深入到义素—义位—义项、方言超升—古语重生—外语内附、德语英语—日语俄语—汉语术语，通过细致入微的上下求索，展现出新的分析框架和新的研究内容。

（3）研究方法创新。

研究方法具有创建性。在对马克思主义经典著作重要术语中国化进行概念史研究的过程中，本成果坚持两个基本前提：一是概念史研究必须科学化，按照历史唯物主义的观点从社会历史实践的视野分析语境，汲取马克思主义历史语义学营养；二是概念史研究必须中国化，要创造性转化和应用我国经学考据学传统，对译词、术语、概念进行知识考古。本成果将方兴未艾的概念史研究与我国马克思主义理论学术优势和经学考据传统结合起来，使其科学化、中国化，以期树立一套中国马克思主义概念史研究范式。

2. 应用价值

（1）为构建中国特色哲学社会科学厘定重要术语。习近平总书记指出，构建中国特色哲学社会科学首先要融通马克思主义的资源，以马克思主义理

论统领哲学社会科学。要实现这一目标，不能简单地拿马克思主义的具体观点改造其他学科体系，而是用马克思主义重要术语从内部提升整个知识体系的科学性。经过对马克思主义经典著作溯源厘定的重要术语，可用于马克思主义理论研究和建设工程重点教材编写和修订工作，有助于建设适应新时代中国特色社会主义发展要求的哲学社会科学教材体系。

（2）推动中国马克思主义历史考证辞典的编纂工作。《马克思恩格斯全集》历史考证版（MEGA）和马克思主义历史考证大辞典（HKWM），是世界马克思学界公认的两大基础文献。马克思主义历史考证大辞典即 1 500 个马克思主义重要术语的词源辞典，其中由于汉译史料考证不足欠缺中国用例。本成果从现代汉语中最重要的马克思主义术语入手，考证源流，厘定含义，是编纂马克思主义历史考证大辞典中国卷必不可少的铺垫工作，为我国马克思主义理论研究走进世界马克思学界中心略尽绵力。

（3）为思想政治工作提供方法论指导。术语是思想之砖，规制着思想活动的眼界和方向。由此观之，加强和改进思想政治工作不是做宏大的理论灌输，而是通过马克思主义的日常术语于生活细微处潜移默化。

3. 社会影响

（1）本成果依托的国家社科基金项目"马克思主义经典著作重要术语中国化的源流与考证"，被《马克思主义理论研究与学科建设年鉴（2013）》收录推介，并以"优秀"等级通过鉴定。

（2）作者五次在全国中文核心期刊、省级党校学报和高校学报就本成果内容主持专栏，即"马克思主义经典著作若干术语中国化的源流与考证""《共产党宣言》汉译概念史研究""马克思主义概念史研究""马克思主义传播史专题研究""纪念《共产党宣言》发表 170 周年"等专栏，共刊出论文13 篇，举起了马克思主义概念史研究的学术旗帜。

（3）本成果部分内容以论文形式在《马克思主义与现实》《社会主义研究》《党史研究与教学》《当代世界与社会主义》等重要学术期刊发表。此类论文共 38 篇，其中 14 篇发表在 CSSCI 来源期刊，28 篇发表在全国中文核心期刊。

（4）阶段性成果论文《试析马克思主义"生产方式"范畴的中国化》被《世界社会主义研究年鉴（2018）》全文收录并配图推荐，《无产阶级专政概念中国化考证与疏义》被《世界社会主义研究年鉴（2019）》全文收录，《马克思主义所有制术语的汉译与概念生成》《中国化马克思主义学术话语的历史渊源与现实反思》《马克思主义中国化对全球化依附性难题的破解》《〈共产党宣言〉在世界的翻译传播及其影响》《〈共产党宣言〉传播的多语性与世界性》等 5 篇被中国人民大学复印报刊资料《马克思列宁主义研究》《世界社会主义运动》全文转载。

（5）阶段性成果论文《"无产阶级专政"概念中国化考证与疏义》获广西第十六次社会科学优秀成果奖三等奖，《马克思主义所有制术语的汉译与概念生成》获第十五届全国马克思主义论坛"青年优秀论文"奖，《战时桂林版报纸"中国化"话语的文化方向》获 2017 年全国马克思主义理论学科博士后论坛优秀论文一等奖。

（6）在文本犁耕和术语考证的基础上，推动学术研究成果向马克思主义理论教育和普及延伸。从术语的概念定义权出发，用汉字的拼义功能激活马列经典词句，在学生、干部和社会教育中倡导马列经典句读，主编出版《马列经典句读丛书》十卷本，被"学习强国"等重要平台推介，现正主编《恩格斯经典句读丛书》五卷本，以逐句解析的方式推动营造读马列经典、悟马列原理的学习氛围。

《〈共产党宣言〉汉译本与马克思主义话语中国化研究》概要

陈红娟*

一、研究的目的、意义及方法

1. 研究的目的和意义

中国化马克思主义理论产生的一个前提条件是把德语、俄语、英语、日语等马克思主义经典文本翻译成汉语文本，实现马克思主义话语中国化。《共产党宣言》（以下简称《宣言》）是发行量最大、影响范围最广的马克思主义经典文献之一。本成果以《宣言》汉译本为研究对象，考证《宣言》译本的数量、版本、译本间的内在关联、译本价值等问题，并以此为基础分析阶级、革命、暴力、公理、消灭等马克思主义术语从西方语境进入中国语境其语义、指涉等发生的变迁及原因，勾勒马克思主义话语中国化的历史过程，总结经验，并为中国特色社会主义话语体系建构提供借鉴。

本成果的意义为：

（1）有助于深化马克思主义经典著作研究。以往对《宣言》的研究，思想理论层面的分析占绝大多数，从文本编译角度展开的占少部分，更少研究具体到《宣言》汉译本中马克思主义基本概念中国化问题。

（2）有助于深化马克思主义中国化研究。以往马克思主义中国化研究注重理论层面的宏大叙事，较少关注到马克思主义基本概念中国化问题。本成

---

* 陈红娟，华东师范大学教授，博士生导师。

果在考证《宣言》译本、版本的基础上，深度分析了马克思主义基本概念在不同文化间的语义旅行，探讨概念在偏移原初内涵的同时与中国文化、中国实际相结合而获得中国化语义的过程。以小见大，从概念演变层面揭示了马克思主义中国化的推进过程。

（3）有助于深化中国近代思想史研究。本成果通过研究《宣言》译本、版本以及关键性概念变迁，透析概念接受和理解过程中人们思想观念的变革，拓宽中国近代思想史研究的视野。

（4）有助于澄清误解，提升意识形态话语权。一是有助于澄清当下社会对阶级、消灭私有制等概念、语句的种种误解。当下社会出现了将阶级概念污名化的现象。但任何概念总是被特定时代与历史语境规约，在讨论这些概念时我们不应有先在性预设判断，而应将其放置于具体的历史语境中。梳理与考证特定历史时期马克思主义基本概念的流变，有助于澄清当下对马克思主义基本概念的误解。二是有助于提升意识形态话语权。当前，西方学术理论和话语体系以各种形式大量涌入国内，在某些学科领域内甚至成为主流，马克思主义的理论和话语体系受到较大冲击。本成果系统地理清了《宣言》汉译本中马克思主义话语变迁，透视了话语变迁背后思维方式和价值观念的变革，有助于提高学术界对西方学术话语背后意识形态渗透的警惕。

2. 研究方法

本成果借鉴了考据学、文本学、历史学、语言学等其他学科的理论与研究方法。第一，本成果改变了以往将《宣言》视为封闭体的旧观念。文本学视域中，《宣言》不再是自洽、封闭，而是一个开放、意义流动的文本，不同时期人们对《宣言》的诠释呈现动态性。因此，我们必须树立正确对待马克思主义经典著作的态度，正视文本在长时段历史中呈现意义的流动性。第二，本成果借鉴概念史的研究方法，对马克思主义的重要概念展开溯源与流变的考证，不仅能够澄清以往人们对它们的误解，而且有助于探究概念变革背后人们思想观念的转变。第三，本成果用词频分析方法来研究《宣言》中马克思主义术语变化，呈现可视化、数据化特点，论据充足，论证有力。本成果中含 50 余张图表，这些图表详细地展现了《宣言》不同时期的版本、分布以及马克思主义术语的变迁。

二、成果的主要内容和重要观点

1. 主要内容

本成果主要包括导论、正文（共五章）、结语等部分。

导论主要阐明课题研究的缘由，并界定了术语、概念、范畴、话语等基本概念，勘定课题研究的对象。第一，从经典文本、概念史的研究趋势以及中国特色社会主义话语建构的现实需求，肯定研究的理论意义与现实价值；第二，梳理学术界《宣言》翻译历程、译本版本考证、陈望道译本、译词译句考究、传播等专题的研究现状，总结马克思主义话语中国化三个研究范式；第三，厘定学界当前对《宣言》译本的统计现状，分析其中存在的差异与争议性问题，提出独立的译本判别标准，勘定课题研究的对象主要是新中国成立前的五个译本和新中国成立后的六个译本。

正文部分采用边叙边议的方式，按照时间顺序分别对 1920 年前《宣言》译文、1920—1949 年间《宣言》译本以及 1949—2009 年间《宣言》译本进行考证，并以《宣言》汉译本为个案，分析马克思主义话语中国化的历史过程、经验及启示。

（1）梳理和考证 1899—1920 年间 18 份《宣言》摘译文，探讨和分析传教士、资产阶级改良派、资产阶级革命派以及无政府主义者片译、段译《宣言》过程以及他们对马克思主义话语中国化的贡献、局限性。本成果呈现了他们对《宣言》转译与介绍的过程，同时分析了他们的翻译动机、翻译策略、政治诉求等，探明了他们赋予马克思主义术语对等词语义的意图。整体而言，马克思主义术语在《宣言》译本中经历由音译、多元化汉文对等词再到一元化汉文对等词的变迁过程。本成果以资本家、无产者、生产、劳动、阶级、阶级斗争等马克思主义术语为个案，梳理了它们在《宣言》译文中的词频、语词分布，并分析了其在中国语境中的原初语义、意涵源起、变迁及理解。总之，1920 年前的译者大都不关心《宣言》自身的内在逻辑，而是对它们的思想成分进行了各种拆解和组合，这时中国人所理解的《宣言》基本上是碎片化的，且为"他者"即改良、革命、无政府等目的而服务。

（2）考证和探讨 1920—1949 年间陈望道译本、华岗译本、成仿吾和徐冰译本、博古译本、陈瘦石译本的生成语境、译者、翻译时间、参考蓝本、文本刊布、版本源流、发行量以及译本价值。这个阶段《宣言》翻译传播经历了从选择性译介到有组织、规范化翻译传播阶段，《宣言》不再是社会思潮的附属品，而是具有学术价值的马克思主义经典文本。这部分着力分析了以下问题：第一，探讨不同译本的版本刊布情况，包括陈望道译本 17 个版本（含 5 个伪装本）、华岗译本 7 个版本、成仿吾和徐冰译本 11 个版本、博古译本 64 个版本、陈瘦石译本 2 个版本；第二，结合历史语境，探讨不同译本的生成及其翻译策略，呈现从直译到翻译研究并重的演变过程；第三，分析译本版本信息，探究不同译本在不同时期的传播地域与阅读人群；第四，厘定不同译本的独特价值。任何一个《宣言》汉译本翻译都有特定的历史语境，这影响着不同译本的翻译方式、翻译水准，同时也反映着中国共产党人对马克思主义经典著作的认知。

（3）1920—1949 年间，"阶级革命"是马克思主义话语中国化的主题，本成果探讨了革命的"种子"（公理）、革命的"敌我"（阶级）以及革命的"方式"（暴力革命）在五个《宣言》汉译本中的词频变化、语义变迁以及话语作用等。一是研究"公理"从传统话语体系进入中共革命话语体系过程中语义的嬗变与革命力量的转化；二是以《宣言》文本为个案，探讨"阶级"从国民革命的服务性话语到中共革命话语体系中的核心话语演变过程、语义功能转变以及作为革命行动指向的话语建构；三是"暴力革命"在近代革命话语体系中的源起与流变，《宣言》中的语词变迁及中共革命话语体系中的文本叙事与行动转化。无论是"公理"还是"阶级"抑或是"暴力革命"，在进入中国语境之前知识界已经对这些概念有一定的认知，这些已经存在的"前理解"成为知识分子理解《宣言》内容的前提。当然，这些概念在《宣言》翻译过程中，译者主观认识、文本的内在秩序等都规定着它们被赋予马克思主义意涵的限度。同时，《宣言》经过翻译环节，其源自西方语境的术语与范畴逐渐实现中国化，融入了中国革命的经验、中国文化与社会需求，开启了在革命语境中被重新诠释和解读的新历程。

（4）分析和探讨 1949—2009 年间百周年纪念版译本、1978 年成仿吾译本、中央编译局四个译本的生成语境、译者、文本刊布、版本源流、译本价值并对译本的话语嬗变进行分析。第一，梳理不同译本版本及其演化。理清百周年纪念版译本与 1954 年《马克思恩格斯文选（第一卷）》中《宣言》译本、1958 年《马克思恩格斯全集（第四卷）》中《宣言》译本之间的内在关联，澄清学界对译本间关系存在的误解；第二，探讨《宣言》汉译本中马克思主义重要术语"消灭""废除"，以及核心的语句"消灭私有制"等在《宣言》汉译本中的词频、语义变化及其原因；第三，结合新中国成立后《宣言》翻译传播与阅读担负着塑造民众思想与信仰重任的历史语境，探讨"阶级""剥削"等在建设、改革话语体系中的政治功能。这个阶段，马克思主义经典文本翻译上升为国家行为，话语建构更加准确、科学，而且呈现出"祛除苏联话语"、回归马克思主义本真话语的趋势。

（5）本成果着重描述了《宣言》汉译本文本分布、翻译与传播的总体趋势，勾勒了中国化马克思主义话语在《宣言》汉译本中的变迁历程，总结了中国话语形成的历史经验及其当代启示。一是从文本刊布、翻译策略与阅读对象三个层面总结《宣言》翻译传播的总体趋势；二是从话语竞争、现实需求和本土话语三个角度总结马克思主义话语中国化的历史经验；三是关照现实，提出建构中国特色社会主义话语体系的有效路径。

结语部分主要从文本、意义生产与马克思主义话语中国化三个角度总结了本成果的主要意旨。本成果所呈现的马克思主义话语中国化复杂过程让我们看到中国共产党理解、学习马克思主义学说不断与时俱进的历史事实，同时让我们认识到，中国共产党建构马克思主义中国化话语体系及其背后信仰体系不是轻而易举或理所应当的，而是在经历彷徨、踌躇、反复、修正后才得以成形。

2. 重要观点

（1）《宣言》的文本分布、翻译与传播反映了中国人对马克思主义理论认识由点到面、由部分到系统的过程。《宣言》在中国翻译与传播的总体趋势大体呈现为：第一，从文本形态来看，《宣言》汉译本呈现从片译到段译再到全译的渐变过程；第二，从翻译策略来看，《宣言》的翻译经历了从日语、俄语、英语、法语等文本转译到从德文原初文本直译与研究并重的转变；第三，从传播对象来看，《宣言》汉译本传播对象从知识精英拓展到普罗大众。不同时期的译本反映着不同时期中国人对《宣言》的不同认知，同时也映射了马克思主义重要术语从外来词转变为中国话语的艰辛历程。

（2）本成果基于当前学界研究现状对《宣言》译本、版本展开考证，提出以下观点。

关于《宣言》汉译本的标准与数量。以往，学界对《宣言》汉译本的统计有较大差异，存在十二译本说、十译本说、二十三译本说等。而且，不同学者鉴定译本的标准不一，对译本间的关系尚未达成共识。第一，本成果借鉴了文献学与版本学的相关理论，提出了将《宣言》译本的作者、依据的母本语种、译本内容变化三个因素视为判断是否成为独立译本的主要标准。第二，本成果澄清了学界关于译本的若干争论，如通过考察当时日本国内环境以及《天义报》的命运，认为民鸣版的文言文汉译本可能存在两种情况。第三，鉴定了新译本，认为乔冠华译本对成仿吾、徐冰译本有实质意义的修改，是一个新译本。第四，科学定位了 1953 年成仿吾校译本。鉴于译本是由同一作者进行的第二次修订，研究中应将其与 1978 年成仿吾译本归为同一"系统"。因此，1978 年成仿吾最后一次校订的《宣言》应该视为独立译本，而 1953 年校译本则是一个阶段性的校对本。第五，1954 年《马克思恩格斯文选》所刊载的《宣言》主要是对 1949 年莫斯科外国文书籍出版局出版的"百周年纪念版"汉译本的转载，而非重新翻译，因此，不能称为新译本。第六，对于中央编译局译本应该视为一个整体还是每一次修订都按新译本来定位的争论，本成果借鉴了龚育之先生对《毛泽东选集》的划分，将新中国成立后四个译本定位为"中央编译局译本系统"。

《宣言》汉译本的参考蓝本、发行与价值鉴定。第一，学界存在陈望道译本参考蓝本是日译本还是英译本的争论。本成果对比了幸德秋水、堺利彦日译本与陈望道译本中的术语、英文标注等，指出陈望道译本参考的蓝本不是英译本而是日译本；对于学界热议的陈望道译本与日译本存在的术语差异问题，本成果指出，之所以出现术语差异是因为马克思主义术语在《宣言》译文中经历了"去日本化"再"中国化"形成"中国话语"的过程。第二，针对学界关于博古译本发行量问题的争议，本成果统计了目前发现的所有博古译本文本信息上所显示的发行量，认为博古译本发行量超过 30 万册不是夸大事实，新中国成立前该译本至少发行了 37.7 万册。第三，对学界普遍认为的陈瘦石译本首次出版时间是 1943 年的论点进行了核对与查证，指出陈瘦石翻译的《宣言》以附录的形式出现在《比较经济制度》下册，其出版时间不是学界所认定的 1943 年，而是 1945 年。这些建立在细节考证基础上得出的新结论，有助于深化学界对《宣言》汉译本的认识。

（3）考证 1920 年前马克思主义术语在《宣言》汉译本中的变迁。

《宣言》在近代中国经历了从社会进化论、无政府主义等社会思潮附属品到马克思主义经典文本的转变。资产阶级改良派、革命派、无政府主义者等不同群体的知识分子都曾经翻译过《宣言》，不同的译者都根据自己的政治主张和思想诉求，对其内容进行选择与意义建构。

马克思主义话语在从西方到东方的翻译、传播过程中遭受了跨文化的时空挤压。马克思主义重要术语在不同文化间进行语义旅行，其语义既不再由西方传统哲学规定，也不再延续中国传统的语义，而是在与马克思主义思想结合后发生了现代化的变革。

第一，社会主义术语进入中国语境，最早以一种音译的状态，主要通过传教士的译介与驻外使臣以见闻式的叙事方式加以阐述。19 世纪末，传教士、驻外使臣对社会主义理论以及革命事件的阐释都有特定的目的，此时社会主义术语主要呈现消极、负面的语义。20 世纪初，"社会主义"汉字形式主要从日本引入中国，并在新文化运动中不断被普及。知识分子用汉字"社会主义"来对译"Socialism"成为主流，并开始从政治变革与社会改造的角度理解"社会主义"。"Socialism"这一术语的语词色彩经历消极、负面意义居多到积极、正面意义彰显的"反转"。

第二，1920 年前，阶级一词在《宣言》汉译本中的语义指向与政治功能变迁。1）阶级在中国语境中被重新诠释，呈现为对原初语义的转译与拓展；2）随着阶级概念泛化式使用，在"无产阶级"主要指"劳动阶级"而"大多数的劳工阶级就是那些农民"的逻辑演绎下，农民在中国语境中便顺理成章地成为无产阶级的一部分，这为日后中国开展农民革命而非工人革命埋下了意识或者观念上的伏笔；3）尽管《宣言》汉译本中，先进知识分子使用阶级概念来彰显社会群体间的"不和谐"，但对阶级斗争的革命方式仍有疑虑，其言说中的阶级形式亦极其有限，并不具有强烈的暴力倾向，与日后土地革命和抗日战争语境下用于政治动员与建构政治合法性的阶级斗争大相径庭。

第三，建党以来中共革命话语体系中阶级话语经历了从服务于国民革命话语体系到成为中共革命话语体系核心的转变。在这个过程中，阶级话语的政治功能实现了从阶级联合到塑造敌我的变迁。不同时期中共对阶级的理解并不相同，由是否参加劳动、资产多寡等表层现象向经济结构、政治压迫等深层问题做纵深的探究。在建构以阶级为核心的革命话语体系的过程中，中共不仅用阶级重新诠释革命意义，而且创制了一系列与阶级、阶级斗争概念相映衬的话语符号。这些概念、符号形成了互相关联的结构性场域，共同凸显阶级革命的主题。一是中共以阶级为核心，重新对客观真实世界进行党派意志的主观表达，型构阶级革命的新理论；二是阶级与身份、利益相关联，中共通过培养"共同利益感"，规训革命成员的阶级意识与身份认同；三是阶级与斗争、对立等相关联，中共不断通过语言色彩、文本修辞等方面的渲染，凸显阶级对立性以及阶级斗争之必要性，构筑阶级革命的意识形态。由此，阶级革命的话语逐渐渗透到革命的日常生活，转变为革命动员的重要政治力量。

第四，在《宣言》跨语境翻译过程中，历史语境、译者认知框架和思想状态、实践需求等多种因素的作用让文本展示的意义不再只是凝固于原初文本，而是在翻译、传播、解读过程中开启了对《宣言》文本意义的二次建构。这种意义掺杂了翻译者、阅读者的自我理解与政治诉求，导致革命与战争年代的《宣言》文本语词更加激烈、斗争与革命意识更加凸显。然而，考证新中国成立后革命、消灭、剥削等的语词变化可知，新中国成立后的《宣言》汉译本，反映出一种"去尖锐化"、回归德文原初语境、还原《宣言》原意之新趋势。

（4）话语的变迁反映着思想观念的变革。《宣言》译本中从对等词、概念、句式到语气、词汇色彩乃至标点符号的使用都与译者对马克思主义理论的理解程度、当时的革命需要、社会政治环境等息息相关。在话语变迁中，有些话语被接受、延续甚至强化，而有些则被摒弃。就近代中国而言，那些经过中国革命经验筛选、赋意、印证的话语，最终成为人民群众普遍接受的话语；只有符合人民群众需求、与中国文化相契合的话语才得以保存、延续甚至强化。对等词只有凝聚了中国社会、政治的经验和意义，才变成中国人自己的概念，成为中国话语的一部分。

（5）本成果为当前建构中国特色社会主义话语体系提供借鉴。第一，《宣言》所表达的中国化马克思主义话语在日本、苏联的外来话语与中国话语相竞争、国民党的国民革命话语与中国共产党的阶级革命话语相竞争的场域中，不断自我蜕变、完善与发展。当前，在面临同时代异质话语竞争的情况下，建构中国特色社会主义话语，应该提高话语实践的有效性，同时，增强对其他话语批判的力度。第二，不同时期《宣言》与社会现实需求相勾连，不断生成新的意义，其话语的表达凝聚着不同时代中国革命、建设、改革所积累的经验。关注当下，一方面应提炼中国改革的经验，在语言指称和意义关系上展开积极能动的创新，形成新术语、新概念；另一方面应审视马克思主义基本概念在新的历史条件下发生的新变化，实现话语体系科学化。第三，从《宣言》的传播对象扩展可知，中国化马克思主义话语最终需要获取普通民众的认同。因此，话语建构应注重社会日常生活的渗透，嵌入社会制度、体制等各层面。

三、成果的学术创新、应用价值以及社会影响和效益

1. 学术创新

本成果在多方面取得较大突破，形成自己独到且有说服力的观点。

（1）使用了新材料。与以往学者只是提及但极少使用新中国成立前《宣言》汉译本内容不同，本成果大量使用了这些一手资料并对照了日文、英文版《宣言》文本。其中，李泽彰翻译的《宣言》第一章内容（当时刊登名为《马克斯和昂格斯共产党宣言》）"有产者及无产者"在当前所有有关马克思主义传播史料的书籍中都没有收录。笔者通过影印刊登该文的《国民》第2卷内容，获得这份稀有材料，并在本成果中充分加以使用。另外，1906年幸德秋水、堺利彦所译的《宣言》日译本，河上肇的《マルクスの社会主義の理論的体系》等学界较少关注的日本一手文献在本成果得以充分展现与利用。

（2）提出了新角度和新观点。一是汉译本的文本考证方面。与以往在宏观上描述《宣言》译本数量和特点不同，本成果不仅细致地考证了单个《宣言》译本、译者、版本、价值、文本细节，而且勾勒了《宣言》系列文本翻译传播总体趋势。本成果是一部系统考证《宣言》译本、译本间关联、版本刊布以及马克思主义术语变化的学术著作。二是马克思主义话语变迁方面。与以往对单个或若干个《宣言》汉译本研究不同，本成果不仅研究系列文本

间术语、语句等的微观差异，而且分析了术语差异背后的思想观念变迁。本成果推动了《宣言》研究的拓展与深化，同时发掘了新的学术增长点，开拓了从话语角度研究马克思主义经典文本中国化的新领域。

（3）运用了新方法。与以往对单学科理论和方法的运用不同，本成果借鉴使用了考据学、文本学、语言学等其他学科的理论与研究方法。本成果从文本学角度，客观展现《宣言》的翻译、传播与理解的动态性，有助于深化对马克思主义中国化、大众化、时代化的认识。

2. 应用价值

（1）为深化马克思主义理论学科，尤其是马克思主义发展史、马克思主义中国化研究提供重要的学术资料。

（2）为"马克思主义经典著作导读"课程提供有价值的参考书目，高等院校、科研机构、图书馆资料室等均可收藏。

（3）阶段性成果引起红色收藏家的兴趣，为推动民间红色收藏提供参考；同时本成果为南湖革命纪念馆、在建的《共产党宣言》情境教学馆等的布展提供学术支撑。

3. 社会影响和效益

围绕本研究主题所形成的部分成果，已经以论文形式在权威刊物上发表，并取得较大的学术与社会反响。在《马克思主义研究》《中共党史研究》《社会主义研究》《马克思主义理论学科研究》《党史教学与研究》等国内有影响的重要期刊发表学术论文 11 篇，在《中国社会科学报》《社会科学报》《解放日报》等报纸上发表论文 5 篇。其中，4 篇被中国人民大学复印报刊资料全文转载，3 篇获得省部级哲学社会科学优秀成果奖二等奖。中国社会科学网、中央编译局网、理论网（中共中央党校主管）、中国干部学习网以及学术微信平台"史学研究"等学术与理论网站也多次转载和介绍本研究中所取得的部分成果。

《中国共产党领导意识形态建设的历史
经验研究》概要

葛彦东*

本成果是 2018 年国家社科基金优秀结项成果。多年来，我们致力于中国共产党领导意识形态建设历史经验研究，发表了《中国共产党领导社会主义意识形态建设的基本经验》《中国共产党领导社会主义意识形态建设的历史传承》《掌握意识形态话语权初探》《汇聚全面深化改革正能量与中国意识形态建设》《切实增强高校思政课教师的看齐意识》等系列论文，撰写并出版了《汇聚正能量：当代中国意识形态建设的价值诉求》等著作，为本成果的写作奠定了良好基础。

一、研究的目的、意义及方法

1. 研究目的

（1）研究总结党领导意识形态建设历史经验。

研究工作紧紧围绕中国共产党领导意识形态建设历史经验展开。突出强调中国共产党始终坚持党管意识形态的原则，梳理了毛泽东、邓小平、江泽民、胡锦涛、习近平关于加强和改善意识形态工作的论述；梳理了中国共产党始终坚持以马克思主义为指导思想，坚持在与时俱进中推进马克思主义中国化形成的中国特色社会主义系列理论成果；梳理了不同历史时期党在意识形态建设方面的主要工作和突出成就；总结了不同历史时期宣传思想文化工

* 葛彦东，江苏省中国特色社会主义理论体系研究中心常州大学基地副主任，教授。

作的历史意义和现实意义。在历史与现实结合中总结党领导意识形态建设经验。

（2）概括提炼党领导意识形态建设经验体系。

分析判断当前中国意识形态建设面临的形势任务，阐明加强社会主义意识形态建设的必要性和紧迫性；梳理中国共产党领导意识形态建设的历史传承，概括总结中国共产党领导意识形态建设取得的主要成就；借鉴中国意识形态建设的研究成果，提炼中国共产党领导意识形态建设的历史经验；比较中国共产党领导意识形态建设与国外政党加强意识形态建设的异同，突出中国共产党领导意识形态建设的特色和经验；剖析现代信息技术条件下意识形态建设面临的机遇和挑战，探索新时代意识形态建设路径。

（3）坚持服务于新形势下意识形态工作创新。

坚持总结意识形态建设历史经验服务于新时代我国社会主义意识形态建设工作创新的基本原则，在总结阶段性意识形态建设理念、方法、成果及经验中探索意识形态建设规律。认识和把握意识形态建设呈现的新特点、新规律、新趋势，增强意识形态建设工作的积极性、主动性，增强社会主义主流意识形态的吸引力、凝聚力和战斗力，应对各种非主流意识形态的冲击和挑战，牢牢掌握意识形态工作的领导权、管理权和话语权，汇聚中国主流意识形态建设的正能量等思路和想法，为新时代中国意识形态工作创新提供服务。

2. 研究意义

中国共产党历来重视总结历史经验、汲取历史智慧。2018 年 11 月 26 日，习近平在主持中共中央政治局第十次集体学习时指出，"重视吸取历史经验是我们党的一个好传统。历史记述了前人的成功和失败，重视、研究、借鉴历史，了解历史上治乱兴衰规律，可以给我们带来很多了解昨天、把握今天、开创明天的启示"，强调总结党在领导中国革命和建设各阶段、各领域取得的历史经验。总结中国共产党领导意识形态建设历史经验是时代赋予我们的重大课题。在大力提升意识形态建设能力的时代背景下，研究总结中国共产党领导意识形态建设历史经验，有利于丰富完善意识形态建设体系。在统筹国内国际两个大局，积极防范化解意识形态领域各种风险伟大斗争中，总结中国共产党领导意识形态建设历史经验，可以为构建意识形态建设新的发展格局，开启我国社会主义现代化建设新征程，推进中国特色社会主义建设事业的伟大实践提供思想基础、理论支撑、精神动力和政治保障。

3. 研究方法

立足于学理研究与实践总结相结合，历史反思与现实需要相结合，学科交叉与知识融合相结合，全方位、多维度探索和总结中国共产党领导意识形态建设的历史经验。

坚持辩证唯物主义和历史唯物主义的研究方法。全面梳理中国共产党近百年领导意识形态建设历史进程，总结中国共产党领导意识形态建设历史经验和教训。

采用比较分析的研究方法。将中国共产党领导意识形态建设与国外社会主义国家、资本主义国家意识形态建设进行比较，与我国不同历史时期意识形态建设的特点及规律进行比较。

采用史论结合的研究方法。分析引用中国共产党领导意识形态建设的文献资料，在文献资料整理中提炼思想观点，分析论证中国共产党领导意识形态建设工作经验。

采用多学科交叉的研究方法。学习并运用马克思主义基本原理、社会学、心理学、政治学、经济学等多学科的理论知识和研究方法，以更加宽广的视角概括总结中国共产党领导意识形态建设历史经验。

二、成果的主要内容和重要观点

中国共产党领导社会主义意识形态建设过程是不断总结经验的过程，经历了社会主义新中国的建立与巩固并实行改革开放等不同发展时期，经历了以毛泽东、邓小平、江泽民、胡锦涛、习近平等为代表的几代中央领导集体的传承与延续，经历了确立马克思主义指导地位、防止资本主义和平演变、与各种非马克思主义思想文化斗争、与西方主流意识形态较量、开展社会主义精神文明建设、凝练社会主义核心价值观、增强社会主义意识形态引领力等多种形式的工作。社会主义意识形态建设在不断改进和深入探索中取得了显著成就。突出了马克思主义的指导地位，加强了党对意识形态工作的领导，体现了服务人民群众的根本宗旨，推进了整个社会的文明进程，繁荣发展了社会主义先进思想文化，实现了意识形态理论、机制、方法和管理等方面的创新，积累了十分宝贵的中国共产党领导意识形态建设的历史经验。

为服务于新时代建设具有强大凝聚力和引领力的社会主义意识形态，本成果从加强党对意识形态工作的领导、巩固马克思主义在意识形态领域的指导地位、拓展社会主义主流意识形态建设维度、凝聚意识形态建设的主体力量、营造意识形态建设的文化氛围、夯实意识形态建设的现实基础、增强意识形态建设的创新能力、构建意识形态建设的安全防御体系、推进实现当代中国主流意识形态建设科学化、提升新时代社会主义意识形态引领力等十个方面总结提炼了中国共产党领导社会主义意识形态建设的历史经验。中国共产党领导意识形态建设十个方面的历史经验是相辅相成的统一体，以党对意识形态建设的全面领导为核心，构建了中国共产党领导意识形态建设历史经验体系。

第一章，加强党对意识形态工作的领导。加强党的领导是中国共产党领导意识形态建设的重要历史经验。中国共产党始终高度重视意识形态建设，牢牢掌握意识形态建设的主动权，切实担当意识形态建设的主体责任。在领导中国革命、建设和改革开放的历史进程中，无论是时代主题变更、历史方位变迁，还是中心任务发生变化，中国共产党始终坚持对意识形态建设的绝对领导，在体现时代性、把握规律性、富于创造性中，不断研究新情况，解决新问题，积极探索新形势下改善和加强党领导意识形态建设工作的路径和方法。坚持社会主义意识形态建设原则，明确社会主义意识形态建设目标，创新社会主义意识形态建设方法，掌握社会主义意识形态建设规律，拓宽社会主义意识形态建设渠道。确立和巩固了马克思主义在中国意识形态建设中的指导地位，实现了以社会主义核心价值体系引领主流意识形态建设，积极打造了社会主义意识形态建设的文化环境，夯实了社会主义意识形态建设的现实基础，取得了抵制和批判各种非马克思主义思潮和应对国内外敌对势力挑战的决定性胜利。

第二章，巩固马克思主义在意识形态领域的指导地位。中国共产党领导意识形态建设的核心任务是坚持和巩固马克思主义的指导地位，这是党和国家性质及事业发展要求决定的，也是我们在新的形势下做好意识形态工作必须高度重视和认真解决好的首要问题。要旗帜鲜明地坚持马克思主义指导地位，理直气壮地批判各种非马克思主义思潮，与时俱进地推进马克思主义中国化。中国共产党领导中国革命和建设的经验证明，只有始终坚持以马克思主义为指导，才能保证中国社会主义意识形态建设的发展方向，才能实现用马克思主义统一全党全国人民思想，才能推进中国的革命和建设事业不断走向辉煌。意识形态的建设是各种思想文化相互激荡、相互斗争的过程，马克思主义与各种非马克思主义的斗争一刻也没有停止过。毛泽东主张彻底肃清当时党内的各种非无产阶级思想，"教育党员用马克思列宁主义的方法去作政治形势的分析和阶级势力的估量，以代替主观主义的分析和估量"①。中国共产党始终坚持马克思主义的指导地位，巩固党的思想基础，团结教育广大人民群众，增强中华民族奋发向上的信心和动力，取得了发展社会主义政治、经济、文化、社会及生态文明建设的胜利。

第三章，拓展社会主义主流意识形态建设维度。中国共产党积极探索掌握意识形态建设领导权、管理权和话语权的路径方法，坚持从理论维度、实践维度和创新维度，推进社会主义意识形态建设，始终保持领导社会主义主流意识形态建设的积极性和主动性。在理论学习方面，坚持马克思主义的指导地位，大力批判国内外各种非马克思主义社会思潮和反动腐朽的思想文化，不断增强社会主义主流意识形态的广泛认同；在实践探索方面，坚持党对意识形态工作的领导，大力加强宣传思想文化建设，构建社会主义核心价值体系、凝练社会主义核心价值观，努力提高对社会主义意识形态建设的掌控能力；在新媒体技术使用和创新方面，坚持改进和创新相结合，大力推进社会主义意识形态建设与现代信息技术高度融合，变被动应对现代信息技术发展给主流意识形态建设带来的巨大挑战为主动学习、运用新媒体、自媒体和全媒体开展意识形态建设活动，拓宽了意识形态建设渠道。这构建了中国共产党领导社会主义意识形态建设的完整体系，增强了中国共产党领导社会主义意识形态建设的自觉自信。

第四章，凝聚意识形态建设的主体力量。凝聚意识形态建设的主体力量，就是在中国共产党的统一领导下，充分调动广大党员干部和人民群众在意识形态建设中的积极性、主动性和创造性，团结一切可以团结、依靠一切可以依靠的力量，共同实现中国社会主义意识形态建设目标。意识形态建设

① 《毛泽东选集》第1卷，人民出版社1991年版，第92页。

是一项极端重要的工作，同时也是一项非常艰巨、复杂的工作。开展意识形态建设，需要全党全社会，特别是全国人民的共同努力。中国共产党在凝聚意识形态建设主体力量中，大力强化全党、全社会意识形态建设意识，层层落实意识形态工作主体责任和目标任务，将意识形态工作触角延伸到基层，延伸到各个领域。注重发挥人民群众的主观能动作用，激励意识形态建设创新；以人民群众喜闻乐见的形式，不断增强主流意识形态的吸引力和凝聚力；在调动各种积极因素中，汇聚中国意识形态建设的正能量。

第五章，营造意识形态建设的文化氛围。营造良好的文化氛围是做好党的意识形态建设工作的重要环节。意识形态正是通过文化这个载体和平台不断扩大自身影响，发挥着价值导向等重要作用。社会主义先进文化、中华优秀传统文化、革命文化是社会主义意识形态建设的文化力量。发挥社会主义先进文化的引领作用，充分体现先进文化的意识形态价值，在多元文化语境中摆脱主流意识形态建设困境，大力加强社会主义先进文化建设；发挥传统文化的涵养作用，理清中华民族优秀传统文化与社会主义意识形态建设的关系，探索中华优秀传统文化融入社会主义意识形态建设的路径方法，夯实社会主义意识形态建设的优秀传统文化根基；发挥革命文化的激励作用，培育和打造革命文化独特的精神标识，以革命文化推动社会主义意识形态建设，在发挥革命文化作用中掌握意识形态建设主动权。

第六章，夯实意识形态建设的现实基础。社会主义意识形态建设需要在推进社会文明与进步中夯实现实基础，这是中国共产党领导社会主义意识形态建设的经验总结，也是社会主义意识形态建设的根本渠道。建设经济文明，彰显社会主义制度的优越性，为意识形态建设夯实物质基础；建设政治文明，巩固党的执政基础，提高党领导意识形态建设的能力；建设精神文明，提供思想保障和精神动力，保证意识形态建设的社会主义方向；建设社会文明，化解各种社会矛盾，营造意识形态建设良好氛围；建设生态文明，树立科学全面发展的理念，为意识形态建设创造和谐的外部环境。多年来，我们坚持在强调"四个意识"中凝聚意识形态建设的思想共识，在推进"五位一体"中夯实意识形态建设的社会基础，在坚持"四个自信"中彰显意识形态建设的完善创新。进一步理顺了意识形态建设的各种关系，组织开展了保障意识形态建设的系列建设活动，为社会主义意识形态建设提供了物质和精神条件。

第七章，增强意识形态建设的创新能力。创新是一个民族兴旺发达的不竭动力。经济的可持续发展需要创新，意识形态建设的稳步推进也需要创新。巩固党的思想政治优势，有条不紊地应对纷繁复杂的国际国内环境，必须将创新精神注入意识形态工作。中国共产党在领导意识形态创新中，不断顺应历史发展的新趋势，开拓了主流意识形态建设"应物变化"的新境界。坚持理论创新，与时俱进地推进马克思主义中国化，大力弘扬社会主义思想文化和价值观念；坚持管理创新，层层落实意识形态建设主体责任，推进意识形态建设和管理科学化；坚持路径方法创新，积极推进宣传思想文化工作与现代媒体信息技术相结合，增强社会主义意识形态吸引力。在应对百年未有之大变局中防范化解意识形态风险，推进意识形态治理体系和治理能力现代化，增强意识形态建设创新能力成为新时代党在思想领域制胜的法宝。应对资本主义意识形态渗透日趋复杂化、马克思主义指导思想与多元思想并存常态化、网络空间成为意识形态建设的新场域等意识形态建设的新趋势，研究构建引领式、大宣传、全覆盖的工作格局，积极探索社会主义意识形态建设的新路径。

第八章，构建意识形态建设的安全防御体系。党的十八大以来，习近平总书记从防范化解意识形态风险、维护国家总体安全的战略高度，反复强调意识形态安全的重要性，提出"历史和现实反复证明"，"意识形态事关党的前途命运、意识形态事关国家长治久安、意识形态事关民族凝聚力和向心力"①。意识形态安全是国家安全体系的重要组成部分，构建意识形态建设的安全防御体系是推进意识形态安全建设与管理系统化、科学化的迫切需要。当前，中国意识形态安全的挑战来自西方国家从未放松的意识形态的多方渗透，来自社会转型期国民信仰危机道德滑坡的不争事实，来自互联网信息舆论多元传播的快速威胁。中国共产党勇于面对当前中国社会意识形态发生的深刻变化，坚持深入研究意识形态领域新形势、新情况，提出维护国家意识形态安全的新见解、新思路；坚持从国家战略的高度研究解决意识形态安全问题，全党全社会共同探讨维护意识形态安全的体制机制和方法

---

① 《习近平关于国家总体安全观论述摘编》，中央文献出版社 2018 年版，第 99 页。

路径；坚持用意识形态的理论和方法，实现在意识形态领域解决意识形态安全问题，积极构建意识形态安全防御体系。

第九章，推进实现当代中国主流意识形态建设科学化。中国共产党历来重视意识形态建设科学化，在近百年的意识形态建设的历史进程中，围绕掌控意识形态、建设意识形态、传承意识形态、创新意识形态等方面，不断进行科学化建设和管理的实践探索，构建了意识形态建设的科学体系，积累了丰富的历史经验。当今时代，互联网等现代信息技术广泛运用，一方面为中国意识形态建设提供了大好机遇，我们可以运用现代信息技术及时有效地传播党的思想主张，大力弘扬社会主义思想文化和价值观念。另一方面，现代信息技术为中国意识形态建设带来了巨大挑战。互联网、自媒体的广泛使用，虽然拓宽了思想文化传播的大众化视角，同时各种反动腐朽思想文化乘机侵入、混杂其中，增加了中国社会主义主流意识形态的引领难度。习近平总书记高度重视互联网等现代信息技术的建设和发展，多次参加世界互联网大会并发表重要讲话，强调建设网络强国，推进现代信息技术与思想政治工作高度融合，掌握新媒体时代意识形态话语权。面对意识形态建设的复杂形势，中国社会主义主流意识形态的建设既要借鉴和继承中国共产党领导意识形态的历史经验，又要体现马克思主义与时俱进的理论品质，不断创新和发展社会主义意识形态建设。通过推进主流意识形态传播信息化、建设大众化和管理常态化，来推动实现当代中国主流意识形态建设的科学化。

第十章，提升新时代社会主义意识形态引领力。社会主义意识形态引领力是党的思想引领力。习近平总书记在党的十九大报告中提出"建设具有强大凝聚力和引领力的社会主义意识形态，使全体人民在理想信念、价值理念、道德观念上紧紧团结在一起"。提升社会主义意识形态引领力，是建设具有强大凝聚力和引领力的社会主义意识形态的前提，是新时代"伟大工程"建设的核心内容，是实现"两个巩固"和"人民有信仰，国家有力量，民族有希望"的思想保障，是党和政府牢牢掌握意识形态工作领导权、管理权和话语权，增强社会主义意识形态自觉自信的实践动力。加强新时代社会主义意识形态引领力研究，是我国意识形态建设迫切需要解决的重大理论与现实问题。党的十八大以来，以习近平总书记为核心的党中央带领全党、全国人民，积极开展新时代中国特色社会主义建设，中国的改革开放和社会主义建设与发展进入了崭新的历史阶段，中国特色社会主义进入了新时代，为加强社会主义意识形态建设、提升新时代社会主义意识形态引领力奠定了坚实的思想基础，提供了强大的组织保障，增添了无限的创新动力，营造了良好的发展氛围。提升新时代社会主义意识形态引领力是中国共产党领导新形势下社会主义意识形态建设的伟大创新。

三、成果的学术创新、应用价值以及社会影响和效益

1. 学术创新

从思想理论认识、实践经验总结、创新成果应用三个层面，分十个专题系统研究和阐述中国共产党领导意识形态建设的历史经验，有利于充实完善中国共产党领导意识形态建设历史经验的理论体系；坚持辩证唯物主义和历史唯物主义的立场、观点和方法，对中国共产党领导意识形态建设历史经验进行全方位、多角度、系统化研究，有利于服务中国共产党领导意识形态建设的时代要求；以中国革命和建设不同历史阶段意识形态建设主要任务、工作推进、取得成效和积累的历史经验为内容，以中国共产党中央领导集体发展变化为线索，研究内容涉及我国意识形态建设的主要领域、主要任务和主要成就，观照主流意识形态建设的现实状况，为新时代中国共产党领导意识形态建设历史经验研究探索新的理论进路。

2. 应用价值

在研究视角上，注重结合新时代中国共产党领导意识形态建设的新认识、新要求和新使命，注意把握意识形态建设呈现的新特点、新规律、新趋势；在研究目标上，注重服务新时代社会主义意识形态建设，增强意识形态建设工作的积极性、主动性，增强社会主义主流意识形态的吸引力、凝聚力和战斗力；在研究内容上，以中国共产党领导意识形态建设历史经验为主线，着力构建中国共产党领导意识形态建设历史经验体系。本成果可以为新时代中国共产党改进和加强意识形态建设提供决策参考，可以为宣传思想文化部门、意识形态建设相关管理部门创新工作提供启示，可以为相关学者深入研究中国共产党领导意识形态建设经验提供借鉴。

3. 社会影响和效益

（1）本成果为国家社科基金项目最终成果，结项成果被鉴定为优秀

等级。

（2）《切实增强高校思政课教师的看齐意识》获得 2018 年江苏省优秀理论成果一等奖；《汇聚正能量：当代中国意识形态建设的价值诉求》获得江苏省第十四届哲学社会科学优秀成果奖三等奖。

（3）课题组已经完成的阶段性研究成果形成学术论文 12 篇，如《掌握意识形态话语权初探》《汇聚全面深化改革正能量与中国意识形态建设》《新形势下影响我国主流意识形态认同的主要因素》等，在社会上产生较好反响。通过知网查询，发表的论文累计被下载 7 000 多次，被引近 200 次。多篇论文被各大网站转载。

（4）在本课题研究的基础上，课题组成员提出"自媒体时代我国主流意识形态认同研究""新媒体时代高校主流意识形态话语面临的挑战及对策研究""习近平总书记关于互联网系列重要讲话精神的意识形态价值研究"等研究课题，被列为国家和省部级社科基金项目，形成意识形态建设研究体系，促进社会主义意识形态建设的广泛深入研究。

（5）论文作者多次参加中国特色社会主义论坛、《思想理论教育导刊》论坛、高校思想政治教育研讨会等学术会议，围绕意识形态建设等内容在会上交流学术研究成果，发表学术观点。在扩大学术研讨交流范围、提升学校和教师影响力方面起到积极作用。

（6）2018 年 12 月，承办江苏省社科学术大会，以"增强新时代社会主义意识形态引领力"为核心内容，邀请国内知名专家学者和从事意识形态研究的老师近 200 人参加会议，总结中国共产党领导意识形态建设历史经验，共同研讨新时代社会主义意识形态建设。

（7）课题负责人是江苏省常州市理论宣讲团成员，多次参加党的十九大会议精神、"不忘初心、牢记使命"、十九届四中全会会议精神、意识形态责任制、高校意识形态建设新特征等专题宣讲工作。近三年在机关、学校和企事业单位累计报告 20 多次。

《马克思"科技—经济"思想及其发展研究》概要

刘冠军*

一、研究的目的、意义及方法

在人类社会的现代化进程中，科技与经济相互联系和渗透、相互牵引和推动，共同构成了现代化发展的核心动力。现代化所反映的人类文明的深刻变化实质上是科技进步和经济发展相互牵引和相互转化的结果，因此世界各国政府无不高度重视科技与经济的关系问题。我们党和政府更是如此，深刻地认识到中国的现代化是人类社会历史上前所未有的大变革、大事件，在当今世界正在经历百年未有之大变局和新一轮科技革命、产业革命蓄势待发之际，我们必须在新时代的历史方位上紧紧抓住新一轮科技革命和产业革命正在重构全球创新版图、重塑全球经济结构的重大机遇，着力"促进科技与经济深度融合"。这是一个重大现实问题，更是一个重大理论课题。要在新时代中国特色社会主义市场经济的实践中创造性地促进"科技与经济深度融合"，就必须在理论上深入挖掘和系统研究马克思"科技—经济"思想，着力推进这一思想的时代化和中国化发展，创新性地阐释"科技与经济深度融合"学理问题。这对于以马克思主义和中国化马克思主义为指导的当代中国来说就显得尤为重要、必要和迫切。

本成果运用手稿研究和相关文献研究的方法对马克思经典著作文本中的

* 刘冠军，首都经济贸易大学教授，博士生导师。

"科技—经济"思想进行考证分析、思想阐释和理论构建；同时，立足新一轮科技革命和产业革命迅猛发展与现代市场经济社会深化发展以及二者相互牵引推动所形成的高度一体化发展的现实，坚持理论联系实际与"以实际问题为中心推进马克思主义理论发展"相统一的科学方法论原则，依据逻辑与历史相统一的辩证思维方法，按照马克思"科技—经济"思想及其现代发展的内在逻辑，以其整体理论探索进程中基本分析范式的内在逻辑转换为轴心进行深入研究，并运用现代系统科学思维方法构建马克思"科技—经济"思想及其现代发展的框架结构体系，创建适合当今新时代特点和当代中国实际的马克思主义"科技—经济"理论，在社会实践维度上为促进新时代中国"科技与经济深度融合"以及在此基础上为发挥创新是引领发展的第一动力作用提供马克思主义深层学理支撑，在理论探索维度上为推动科技是第一生产力基础上的中国特色社会主义政治经济学创新发展提供马克思主义基础理论根据，因此其意义是重大的。

二、成果的主要内容和重要观点

在马克思主义"科技—经济"思想的整个探索进程中，既包括马克思对"科技—经济"思想进行探索的进程，也包括沿着马克思对其探索的逻辑进路而展开的进一步探索的进程，因此本成果除了导论和结语外，主要由上、下两卷来构成，按照其内在逻辑每卷各分五章进行理论架构。

导论是对研究缘起及意义、研究现状与研究思路及建构体系的整体阐述。其主要内容，一是从世界范围内的人类社会现代化进程和作为这一进程重要组成部分的中国特色现代化进程的双重维度，论证和阐述马克思"科技—经济"思想及其发展研究的重要性和迫切性。二是通过对中外理论界研究现状的考察、梳理和评析，确立对马克思"科技—经济"思想及其发展从中国化和时代化相统一的维度进行整体性研究的视角，并阐述其研究的必要性和理论价值。三是对研究主题中的"科技—经济"这一核心范畴加以界定的同时，将马克思"科技—经济"思想及其发展研究置于马克思主义理论整体演进过程之中，沿着马克思"科技—经济"思想孕育形成和发展的内在逻辑进路确定其具体研究思路。四是依据逻辑和历史相统一的辩证思维方法，以整个探索进程中各阶段形成的基本分析范式之内在逻辑转换为轴心，系统地构建马克思"科技—经济"思想及其现代发展的框架结构体系，并在此框架结构中对其主要内容进行系统安排。

上卷，马克思"科技—经济"思想的历史形成和系统考证。在对马克思"科技—经济"思想形成的时代背景和理论来源进行考察的基础上，着力考察马克思对这一思想的探索进程。重点是通过经典文本考证和理论阐发，系统阐发这一探索进程中形成的两种视域的"科技—经济"思想：一是马克思在探索发现的初创阶段所形成的对象性存在视域的"科技—经济"思想；二是马克思在此之后所形成的物质生产视域的"科技—经济"思想——包括系统研究的成熟阶段所形成的唯物史观中的"科技—经济"思想和应用展开的发展阶段所形成的政治经济学研究中的"科技—经济"思想。最后，通过考察 19 世纪的时代特征进一步揭示马克思"科技—经济"思想的时代特色。因此，本成果根据逻辑与历史、文本考证和思想阐发相统一的方法思路，分五章即第一章至第五章进行理论架构并展开考证分析。其主要内容和重要观点依次是：

第一章着力考察马克思"科技—经济"思想形成的时代背景和理论来源。一是马克思"科技—经济"思想形成的科学技术基础，既包括近代自然科学的产生和技术的进步，也包括业已完成的几次科学革命、技术革命和工业革命的现实，还包括新的科学革命、技术革命和工业革命方兴未艾的发展趋势。二是马克思"科技—经济"思想形成的经济社会根源，既包括资本主义生产关系的产生，也包括资本主义经济社会的发展和各种矛盾与危机的现实，还包括无产阶级反抗资产阶级斗争的社会现状。三是马克思"科技—经济"思想形成的理论来源，既包括近代数学和自然科学理论以及近代科学技术和工艺学的成就，也包括近代古典的政治经济学理论，还包括恩格斯的国民经济学批判理论等。通过上述考察，揭示马克思"科技—经济"思想在时代发展上孕育形成的历史必然性和在理论发展上孕育形成的逻辑必然性。

第二章将马克思"科技—经济"思想置于他的整体理论之中，并从其整体理论探索维度考察研究马克思"科技—经济"思想的探索历程、发展阶段和基本类型。一是马克思"科技—经济"思想的逻辑起点与动力源泉。其逻辑起点是马克思确定为人类解放进行探索的历史起点；其动力源泉是已有理论与社会现实的种种矛盾问题，这些矛盾问题的客观存在与克服解决这些矛盾问题的主观愿望，既是马克思主义理论形成发展的动力源泉，也是与之相伴的马克思"科技—经济"思想孕育形成的动力源泉。二是马克思"科技—经济"思想的理论难题与艰辛探索。其理论难题是人类解放的自身回归与人的本质问题。马克思在对其艰辛探索过程中，实现了从对"人自身"的考察转向对人的"对象性存在"的考察。三是人的三维本质理论与"科技—经济"思想的形成。马克思实现上述转向后，从人与自然关系和人与社会关系的双重维度，形成了实践性、理性和社会性的人的三维本质理论。以此理论为基础，马克思形成了以人的解放观为中心线索的"科学—技术—工业"分析范式，并萌发和生成了他早期的"科技—经济"思想。伴随唯物史观创立，马克思实现了分析范式转换，形成了唯物史观分析范式和以此为基础的"科技—经济"思想。此后，马克思对唯物史观分析范式进行了创造性转换，形成了政治经济学分析范式及以此为基础的"科技—经济"思想。四是沿着上述分析范式转换的逻辑进路，将马克思"科技—经济"思想孕育形成过程划分为三阶段，即探索发现的初创阶段、系统研究的成熟阶段和应用展开的发展阶段。五是将三阶段形成的思想归结为两个基本类型，即对象性存在视域的"科技—经济"思想和物质生产视域的"科技—经济"思想。

　　第三章着力对马克思早期著作中对象性存在视域的"科技—经济"思想进行文本考证和系统阐发。一是马克思关于对象性关系与人的对象性存在的理论，包括这一理论的形成过程和基本内涵。二是马克思关于对象性存在视域的"科学—技术—工业"分析范式，包括这一分析范式的科学内涵、主要构成、理论基础和重大意义。三是"科学—技术—工业"分析范式基础上的异化批判理论，包括马克思对对象性关系中的外化与异化两个核心范畴的区分，在此区分基础上对作为对象性存在的"科学—技术—工业"进行研究的转向。这一转向，主要是指马克思实现了主要从人和自然的对象性关系层面对科学、技术和工业等对象性存在的考察分析，转向到主要从人和社会的对象性关系层面对科学、技术和工业等对象性社会存在的考察分析。实现这一转向后，马克思对作为对象性存在的资本主义经济社会的种种异化现实进行批判，尤其对作为资本存在的"科学—技术—工业"所造成的异化劳动进行批判，对科学、技术与工业资本结合所导致的科技异化进行批判等。四是"科学—技术—工业"分析范式基础上的异化根源。在对作为对象性存在的私有财产的"外化—肯定"和"异化—否定"进行考察的基础上，马克思揭示了资本主义私有制是其全方位异化的社会总根源，"科学—技术—工业"作为资本存在是资本主义全方位异化的根本原因。五是"科学—技术—工业"分析范式基础上的异化扬弃，包括"私有财产即人的自我异化的积极的扬弃"与人的完全复归，"科学—技术—工业"作为资本存在的积极扬弃与自由劳动，科技异化的积极扬弃与自然科学和人的科学合为"一门科学"，"历史之谜的解答"与社会关系的根本变革即消灭私有制等。

第四章着力对马克思物质生产视域的"科技—经济"思想进行经典考证和系统阐发。这是上卷研究的重点和难点。考证发现，马克思的这一思想主要蕴含在 1844 年之后的经典著作中，其前提是物质生产视域的确立与唯物史观的创立。物质生产视域的确立，标志着马克思在深入研究人类历史的基本前提和事实根据基础上，实现了从早期的对象性存在研究深入到物质生产力层面进行物质生产方式研究的转向，其标志性的理论成果就是唯物史观的创立。这对马克思"科技—经济"思想的进一步发展具有重大意义，标志着马克思实现了从早期对象性存在视域的"科技—经济"思想研究，转向到物质生产视域的"科技—经济"思想研究。这一转向，在实质上是从对象性存在视域的"科学—技术—工业"分析范式，到唯物史观中的"科学—技术—生产力"分析范式的转变，由此开启了包括两阶段上两大领域的"科技—经济"思想新探索。通过对马克思这一新探索的经典考证和系统梳理，构建起马克思"科技—经济"思想的两大标志性研究成果：一是马克思在系统研究的成熟阶段上形成的唯物史观中的"科技—经济"思想，其理论基础是唯物史观，其核心内容是物质生产视域的"科学—技术—生产力"分析范式。在对这一分析范式的内涵、构成、基础、实质和意义进行考证的基础上，系统构建唯物史观中的生产方式、生产关系、经济制度和经济社会发展规律等"科技—经济"思想。二是马克思在应用展开的发展阶段形成的政治经济学中的"科技—经济"思想。其理论基础是马克思政治经济学，其核心内容是马克思将物质生产视域的"科学—技术—生产力"分析范式进行了创造性转换，进而形成了政治经济学研究中"生产力中也包括科学"的分析范式。在对这一分析范式进行经典考证和意义阐发的基础上，系统构建了马克思在政治经济学研究中所生成的科技劳动价值论、科技作为生产力隶属于资本而与劳动相分离相对立、科技是改进剩余价值生产方法不可缺少的关键性前提条件、科技隶属资本成为资本积累和扩大再生产的内在核心要素、科学在资本主义生产中是"不费分文"的生产力、"只有在劳动共和国里面，科学才能起它的真正的作用"等"科技—经济"思想。

第五章通过考察马克思所处时代的基本特征探讨其"科技—经济"思想的时代特色。马克思所处的19世纪在世界主题维度主要呈现出"战争和革命"特征，在科技与劳动关系维度主要呈现出二者相分离、相对立的"二元"社会实践特征，在占主导地位的经济形态维度主要呈现出以机器大工业生产方式为基础的工业经济特征，在科学认知背景维度主要呈现出"简单性科学"的科学认知特征。通过考察19世纪的这些时代特征与马克思"科技—经济"思想的内在关联发现，马克思"科技—经济"思想既是产生于那个时代的思想产物，具有立足当时社会现实的鲜明时代特色；也是嵌在马克思整体理论之中最深邃的思想洞见，具有超越那个时代的最具前瞻性的思想内涵，为后人进一步探索发展留下了研究空间。

下卷，马克思"科技—经济"思想的现代发展和理论建构。任何科学理论都是时代的产物，都会随着时代而发展。嵌入马克思整体理论的"科技—经济"思想也必然随着时代而发展。立足"科技—经济"高度一体化发展的现代社会语境，沿着马克思"科技—经济"思想探索的内在逻辑进路，对马克思这一思想发展和重构何以可能进行方法论探讨，确立"科技第一生产力"新分析范式并据此对马克思这一思想的政治经济学基本范畴进行创新拓展，系统建构基于科技型生产方式的现代政治经济学基本原理、科技型企业价值生产与增殖的核心理论，最后阐发现代马克思主义"科技—经济"理论及其对当代中国的启迪与建议。这是本卷的方法思路。据此，分五章即第六章至第十章进行架构并展开研究。其主要内容和重要观点依次是：

第六章着力对马克思"科技—经济"思想现代发展和重构的社会现实语境进行考察分析。一是考察现代科学技术的迅猛发展及未来趋向，包括现代科学革命的兴起及主要成就、现代技术革命的爆发及主要成果、现代科技革命使科学和技术呈现高度融合的一体化趋势以及使自然科学和社会科学呈现相互结合的趋向、现代科技革命的周期性长波发展与新一轮科技革命的"前夜"等。二是考察科技的巨大经济功能及融入经济系统的方式演进，包括科技作为第一生产力的巨大经济功能发挥及其显化历程、科技融入经济系统依次演进的要素渗透、工业实验室、高新科技产业、高新科技工业园区、国家创新体系等方式及其发展走向。三是"科技—经济"一体化社会的形成，包括现代科技体系结构的内在根基、现代科技社会建制的中介保障、现代经济发展需求的动力之源、科技与生产双向互动的核心机制和"大科学"管理模式的机制保障等。四是知识经济新形态的"科技—经济"一体化实质。通过考察，彰显马克思"科技—经济"思想随着时代而发展的客观现实性和历史必然性。

第七章着力对马克思"科技—经济"思想现代发展和重构何以可能进行方法论探讨并在此基础上重点研究分析范式转换及政治经济学基本范畴拓展。一是探讨马克思"科技—经济"思想现代发展何以可能、研究切入点、建构逻辑起点、思维路径选择和需要确定的理论前提。二是在马克思政治经济学研究中对唯物史观分析范式的创造性转换基础上进行再转换，对邓小平"科学技术是第一生产力"论断的深刻经济学意蕴进行挖掘，提出和确立"科技第一生产力"分析范式并考察这一新分析范式的重要内涵和基本特征。三是运用新分析范式对马克思政治经济学研究对象进行现代审视的同时，考察生产方式的现代转变并确立"科技—经济"高度融合基础上现代经济社会的科技型生产方式，阐发政治经济学研究对象从物质生产方式向科技型生产方式的拓展和转型。四是在新分析范式基础上，将马克思政治经济学中的主要范畴拓展为基于现代科技型生产方式的政治经济学基本范畴，即将物质生产方式范畴拓展为科技型生产方式，将商品范畴拓展到科技商品，将创造价值的物质生产劳动范畴拓展到科技劳动，将狭义工人阶级范畴拓展为广义无产阶级，将物质生产资料范畴拓展到精神生产资料等。

第八章运用"科技第一生产力"分析范式，着力对基于科技型生产方式的现代政治经济学基本原理进行建构。一是根据马克思商品的二因素原理，对科技使用价值和科技价值进行一般考察和特殊分析，建构科技商品的二因素辩证关系原理。二是依据马克思劳动二重性原理，对科技具体劳动和科技抽象劳动进行一般考察和特殊分析，建构科技劳动的二重性辩证关系原理。三是根据马克思商品生产的私人劳动和社会劳动的基本矛盾原理，对科技劳动的私人性和社会性进行一般考察和特殊分析，建构科技私人劳动和科技社会劳动的辩证统一关系原理。四是根据马克思在考察商品生产和价值增殖过程中形成的科学和自然力具有内在关联性的思想，以及恩格斯批判资产阶级政治经济学漠视科学和对在"超越利益分裂的合理状态下"对科学进行经济学研究的预见，考察现代科技型生产方式基础上科学与自然力在科技商品生产和价值增殖中的作用及其内在关联，构建科学和自然力的辩证关系原理。

第九章着力在"科技第一生产力"分析范式基础上对科技型企业的价值生产与增殖进行系统的理论建构。根据"科技第一生产力"分析范式对"科技—经济"高度融合背景下现代科技型企业进行考察可以发现，科技型企业的整个生产劳动过程具有跨时空的整体系统性特征，在劳动者维度呈现为"科学人员—技术人员—生产人员"相互连接的跨时空劳动力分布，在劳动维度上呈现为"科学劳动—技术劳动—生产劳动"相互衔接的跨时空劳动分布，在价值生产和价值增殖维度上呈现为"科学劳动价值—技术劳动价值—生产劳动价值"相互传导的跨时空价值运行。基于现代科技型企业整个生产劳动过程在劳动者、劳动过程以及价值生产和增殖中的跨时空整体系统性总特征，按照"科技第一生产力"分析范式从科学第一生产力到技术第一生产力再到物质生产力的内在逻辑进行不同层级的理论建构。一是建构以"科学价值库"为核心的科学劳动创造价值论，包括"科学价值库"的提出根据、表现形式和价值累加效应及其模型。二是建构以"科学价值库"的第一步价值孵化为核心的技术劳动创造价值论，揭示技术成果价值构成的二重性。三是建构以"科学价值库"的第二步价值孵化为核心的生产劳动创造价值论，揭示企业产品价值构成的三重性，并建构"科学价值库"的价值孵化机制模型。四是建构科技型企业的剩余价值生产理论，揭示科技型生产方式下剩余价值生产的发展态势，以及个别科技型企业的超额剩余价值生产、一般科技型企业的相对剩余价值生产、高端科技型企业的"无人工厂"高额利润生产。五是通过引入"价值链"概念，建构科技型企业价值生产和增殖的"价值链网络结构"模式。

第十章系统阐发马克思主义"科技—经济"理论及其对推动当代中国创新发展的启迪与建议。一是深入剖析马克思"科技—经济"思想现代发展和重构的核心和实质，系统阐发科技型生产方式基础上科技已成为劳动价值论和剩余价值理论的内在要素，以及马克思"科技—经济"思想现代发展和重构对两大经典理论的创新发展，逻辑和历史相统一地揭示"科技第一生产力"分析范式是唯物史观分析范式在政治经济学研究中两次创新性转换所实现的螺旋式上升性回归，以及在此分析范式基础上现代马克思主义"科技—经济"理论的创立。二是系统阐发这一理论对当代中国"促进科技与经济深度融合"及推动经济转型和深化改革所具有的深刻现实启迪和政策启示，包括做好应对新一轮科技革命和工业革命即将破晓的理论准备，推动科技型生产方式下"资本—劳动"关系的转型升级，推动科技型企业向其高端发展和提升其"无人化"剩余价值生产能力，推动科技劳动力资本化进程和提升劳动者价值创造能力，探索推进科技型生产方式下"双重"所有制结构及相关制度变革等。

结语是对整个研究进程和体系建构的深层次挖掘与系统梳理。将马克思"科技—经济"思想孕育形成置于他对人类解放探索的理论整体演进之中，揭示其内在逻辑进路并沿此进路对在新时代背景下人类解放进行探索与展望。其一，马克思的"科技—经济"思想伴随其整体理论的生成和演进而不断地孕育和形成，并构成了马克思整体理论在不同发展阶段上最深邃的理论基质和最具前瞻性的思想洞见，且以最深层次的分析范式嵌入马克思整体理论体系之中。其二，马克思的整体理论在其生成和演进中，展示出两条相辅相成的逻辑发展线路：一是从早期的异化批判的理论，到成熟时期的唯物史观理论和政治经济学理论，此为发展主线；二是与此主线相伴的更深层次的一条辅线，即嵌入其整体理论内部的分析范式及在此基础上"科技—经济"思想的发展线路。其三，这一发展辅线特别是嵌入马克思政治经济学中的逻辑发展辅线，为人们在"科技第一生产力"分析范式基础上的中国特色社会主义政治经济学创新研究提供了逻辑发展进路；沿此逻辑进路，将马克思政治经济学中基于物质生产方式的核心范畴在现代科技型生产方式基础上进一步拓展，势必推动马克思的生产劳动价值论向技术劳动价值论和科学劳动价值论发展，进而使马克思物质生产方式基础上的剩余价值理论向现代科技型生产方式基础上的剩余价值理论发展，并且伴随"科技第一生产力"的发展而最终趋向高端科技型企业的"无人化"剩余价值理论。这在实质上展示了人类劳动彻底解放的可能性。其四，这一可能性的实现需要社会制度的创新性设计，而当代中国，科技强国号角一再吹响，"科技与经济深度融合"的创新驱动发展是大势所趋，大众创业、万众创新的"双创"时代业已形成。在此基础上的社会主义市场经济也因此而成为通往马克思为人类解放所设计的新制度的必由之路，因为建立"自由人联合体"的前提即公共的物质生产资料所有制，这已经成为社会主义市场经济的所有制主体；科技型生产方式下日益重要的精神生产资料使"重建个人所有制"由可能变成了现实。因此，公共的物质生产资料所有制的主体和精神生产资料的个人所有制重建，使"自由人联合体"的实现成为社会主义市场经济自身发展和逻辑延伸的自然而必然的结果，人类的解放在社会主义市场经济与科技型生产方式深度融合的发展进程中成为一种自然而必然的过程。

三、成果的学术创新、应用价值以及社会影响和效益

整体上看，本成果的学术创新主要在于：一是运用逻辑与历史、经典考证与理论阐发相统一的方法，系统考察了马克思"科技—经济"思想伴随其整体理论的生成和演进而不断孕育和形成的过程，揭示了马克思的这一思想是其整体理论在不同发展阶段上最深邃的理论基质和最具前瞻性的思想洞见，且以最深层次的分析范式嵌入马克思整体理论之中。同时，沿着马克思对这一思想探索的逻辑进路，首次将它的整个发展过程划分为四阶段，即马克思有生之年探索的三阶段和现代发展的阶段。二是首次系统地建构了四阶段上的思想体系，即对象性关系理论中的"科技—经济"思想、唯物史观中的"科技—经济"思想、政治经济学经典理论中的"科技—经济"思想、现代政治经济学中的"科技—经济"理论；并将其归结为三种基本类型，即对象性存在视域的"科技—经济"思想、物质生产视域的"科技—经济"思想、物质生产和精神生产相统一视域的"科技—经济"理论。三是首次揭示了四阶段上的思想体系都有各自的分析范式，四阶段的演进实质上是分析范式按其内在逻辑与时俱进的依次转换，即"科学—技术—工业"分析范式→"科学—技术—生产力"分析范式→"生产力中包括科学"分析范式→"科技第一生产力"分析范式的转换。四是首次揭示了分析范式的四阶段依次转换在深层次上反映了研究视域转变和研究程度深化。"科学—技术—工业"分析范式是马克思在对象性关系理论的研究中形成的，此时主要从对象性存在视域对资本主义异化现象进行剖析；"科学—技术—生产力"分析范式是

马克思在唯物史观的研究中形成的，此时主要从物质生产视域，在生产力层面对人类社会发展规律进行研究；"生产力中包括科学"分析范式是马克思对唯物史观分析范式进行政治经济学创造性转换的结果，此时主要从物质生产视域对资本主义经济规律进行研究；"科技第一生产力"分析范式是在现代政治经济学的研究中形成的，是对马克思唯物史观中分析范式进行转换的再转换之结果，在更高层面向唯物史观中分析范式的回归，此时主要从物质生产和精神生产相统一视域对社会主义市场经济规律进行研究。五是首次提出并阐述马克思整体理论在其生成和演进中展示出的两条相辅相成的逻辑发展线路：从早期异化批判理论到成熟时期唯物史观理论和政治经济学理论的逻辑发展主线；与之相伴的是嵌入其整体理论内部的分析范式及"科技—经济"思想的逻辑发展辅线。这一辅线在现代政治经济学研究中上升为以"科技第一生产力"为分析范式的发展主线，对此展开研究则揭示出人类劳动彻底解放的可能性，而中国特色社会主义市场经济体制是将此可能性变为现实性的制度保障，也是通往马克思为人类解放所设计的理想社会的必由之路。

基于上述学术创新，本成果的学术价值、应用价值以及社会影响和效益主要在于：一是将马克思"科技—经济"思想及其发展置于马克思主义理论整体演进过程中，沿着这一思想孕育形成和发展的内在逻辑进路，以整个探索进程中各阶段形成的分析范式之内在逻辑转换为轴心，运用现代科学思维方法系统地建构马克思有生之年探索的三阶段上的"科技—经济"思想和现代发展阶段上的"科技—经济"理论，并按照逻辑和历史相统一的方法将其进行系统建构，形成了一个完整的理论体系。这在理论界应当是首次，因此本成果具有重大学术价值。二是从世界范围内的人类社会现代化进程和作为这一进程重要组成部分的中国现代化进程的双重维度，挖掘和梳理马克思"科技—经济"思想并将其发展为现代马克思主义"科技—经济"理论，对当代中国破解现代化建设进程中科技与经济深度融合发展难题以及应对蓄势待发的新一轮科技革命和产业革命的挑战，对推动当代中国的科技型生产方式发展和社会主义市场经济的有机结合以及相应的制度变革等，具有重大应用价值和社会效益。

《中华传统文化弘扬与现代化发展研究》概要

商志晓*

近代以来的中国，从抗敌御侮、救亡图存开始，在追求独立自主、发展富强的过程中，始终面对一个对传统文化采取何种态度、如何在中华传统文化伴随下推进现代化的重大问题。当代中国着力传承中华优秀传统文化，协调推进社会主义现代化（包括文化现代化）强国建设，使优秀传统文化弘扬与现代化发展互为促进的作用得以进一步凸显。本成果聚焦中华优秀传统文化的创造性转化创新性发展，聚焦中华传统文化与现代化的辩证统一关系，在全面总结历史进程、客观梳理成败得失、深入探析发展路径的基础上，对其中一系列带有整体性、全局性和根本性的基础问题及其学理内涵，进行了认真细致的思考、深入缜密的研究和系统完整的阐发。

一、研究的目的、意义及方法

1. 研究目的

党的十八大以来，习近平总书记多次就弘扬中华优秀传统文化做出重要论述，强调指出："中国优秀传统文化的丰富哲学思想、人文精神、教化思想、道德理念等，可以为人们认识和改造世界提供有益启迪，可以为治国理政提供有益启示，也可以为道德建设提供有益启发。对传统文化中适合于调理生活关系和鼓励人们向上向善的内容，我们要结合时代条件加以继承和发

---

* 商志晓，山东师范大学教授，博士生导师。

扬，赋予其新的涵义。"① 这表明我们党高度重视中华优秀传统文化的鲜明立场和坚定态度，把传承创新中华传统文化问题摆在了十分突出、十分重要的位置，赋予我们在新的历史时期借力中华优秀传统文化传承创新推动社会主义现代化建设加快发展的重大使命，赋予哲学社会科学工作者深化研究中华优秀传统文化创造性转化创新性发展、深刻揭示传统文化弘扬与现代化发展互为促进关系的重要责任。

本研究的目的，就是紧紧围绕习近平总书记提出的"四个讲清楚"要求，系统阐述中华传统文化与现代化的关系，揭示中华传统文化在中国特色社会主义现代化进程中的地位和作用，深入探析在推进社会主义现代化进程中实现中华传统文化自身现代化的一系列问题。

2. 研究意义

中华传统文化是中华民族的宝贵财富和精神标识，是中国特色社会主义现代化及其道路选择的历史文化基础，是当代中国走向世界、增强文化软实力和扩大全球影响力的显著优势。对中华传统文化和现代化的内涵要义、辩证关系进行分析解读，对中华传统文化和现代化互为促进的历史进程和实践要求予以深化探索，体现出这一研究的重大价值与重要意义。

一是有助于推进中华优秀传统文化的深化研究与传承创新。迄今学界关于中华传统文化的研究已取得丰硕成果，特别是党的十八大以来，围绕中华传统文化继承与创新的研究越来越深入。本成果接续相关研究内容，进一步阐释中华传统文化的思想内涵与精神特质、中华传统文化的当代价值及其实现要求，进一步论证中华优秀传统文化创造性转化创新性发展的必要性和可行性、科学内涵和目标定位、方式方法和实现路径等，契合中华优秀传统文化深化研究的现实要求，契合弘扬中华优秀传统文化、建设社会主义文化强国的战略需要。

二是有助于推进中华传统文化弘扬与现代化建设的深度融合。中华传统文化与中国现代化的不期而遇，开启了这两个方面交错前行并不断融合的长久历程。当代中国需要汲取近代以来的经验教训，促进二者在新时代的新平台上达至深度融合和高度统一。本成果注重阐明在现代化进程中中华传统文化的历史角色与传承启示，对中华传统文化作用于现代化的现状及当前挑战

---

① 习近平：《在纪念孔子诞辰 2565 周年国际学术研讨会暨国际儒学联合会第五届会员大会开幕式上的讲话》，《人民日报》2014 年 9 月 25 日，第 2 版。

与机遇予以分析，从诸多方面就中华传统文化中的优秀内容和鲜明特质何以能够助推现代化发展、从哪些方面助推现代化发展、如何助推现代化发展等，进行了深入剖析，促进我们对传统文化与现代化的关系进行更为全面系统的认识与把握。

三是有助于推进对社会主义现代化及其发展规律的把握。当代中国要全面深化改革、建设社会主义文化强国、实现中华民族伟大复兴中国梦，务必有效实现中华优秀传统文化与"四个全面"战略布局、"五位一体"总体布局的有效衔接，充分发挥中华传统文化在社会主义现代化建设中的积极作用。本成果把中华传统文化与现代化协力共进视为当代中国的现实任务，就二者协力共进的本质与规律、发展与提升等问题进行深入探析，力求从理论阐述上去开拓中华传统文化与现代化协力共进的新视野和新境界。这对于我们深入认识和深刻把握社会主义现代化及其发展规律具有启示意义和启发价值，使我们在视界上有了新的拓展。

3. 研究方法

坚持马克思主义立场观点方法，以习近平总书记关于中华优秀传统文化、社会主义文化强国、中国特色社会主义现代化的一系列重要论述为指导，弘扬理论联系实际的优良学风，本着科学严谨、细致深入的态度进行研究探索。广泛研读浩如烟海的中华传统文化文献，借助学界大量的研究成果和文献资料，紧扣近代以来社会变革发展实际，着力予以宏观审视和规律把握。运用宏观分析与微观分析相结合的研究方法，将一般理论研究与个案分析有机衔接，在静态和动态、抽象与具体的协同作用中，发挥马克思主义理论、历史学、文化学、社会学、政治学等学科优势和学科交叉效应，深入进行文本研究、比较研究、实证研究、调查研究。坚持历史与逻辑相统一，坚持历史发展阶段性与连续性相结合，把晚清时期、民国时期、中共领导的革命时期、新中国成立后的建设和改革历程，既予以区别又联结统一，系统揭示中华传统文化与现代化相遇之后的发展历程及运行情况，并力求进行本质揭示和规律总结。

二、成果的主要内容和重要观点

1. 主要内容

从研究对象本身出发，针对研究对象的多维性及多问题、多角度这样一些显著特点，本成果的主要内容广泛涉及中华传统文化及其近代以来的发展、中国现代化的启程与历史进路、中华传统文化助益社会主义现代化的优秀内容、中华传统文化与现代化之间既互为助力又间或阻滞的客观联系、中国特色社会主义现代化发展的文化要求和创新规律、中华传统文化自身实现现代化的必然性和内在机理等。本成果内容由导论与 4 编 16 章为主干予以构架，形成了一个内容全面、逻辑严谨、结构合理、衔接顺畅的阐述体系。

导论以中华传统文化、现代化进程及其辩证统一为主题，就几方面需要优先阐明和总体把握的重要问题予以论述，如中华传统文化的历史发展、思想内涵与精神特质，现代化理论、世界现代化潮流与中国现代化实践，如何科学把握中华传统文化与现代化的辩证关系，实现中华传统文化现代化以服务于现代化建设等。对上述问题做出既提纲挈领又整体统筹式的阐发，由此强调弘扬中华传统文化与现代化研究亟待加强。

第一编以中华传统文化在中国现代化进程中的发展为主题，分设中西文化交流碰撞与中国现代化进程、现代化进程中中华传统文化的历史角色、现代化进程中中华传统文化传承的经验与启示等三章，着力就近代以来传统文化与现代化在中华大地上相遇之后的发展历程、交汇情况，中华传统文化呈现的历史角色及产生的实际作用，中华传统文化伴随现代化进程得以传承发展的历史经验、历史教训与深刻启示等，从动态历程与静态分析的有机结合中予以宏观审视和总体把握。

第二编以中华传统文化与现代化的联结为主题，分设中华传统文化的当代价值及实现要求、中华传统文化作用于现代化的现状分析、中华传统文化助推现代化的挑战与机遇、中华传统文化的创造性转化创新性发展等四章，着力就中华传统文化与现代化互为联结的现实状态、二者发生相互作用的实际情况进行梳理与剖析，在充分肯定中华传统文化的当代价值、明晰其当代价值的多维呈现与实现要求基础上，对中华传统文化促进现代化发展取得的客观成就、当前存在的不足及其根源，中华传统文化助推现代化面临的诸多挑战和难得的发展机遇，中华传统文化在挑战与机遇中着力实现自身现代化等问题，进行深入阐述，以此明确中华传统文化的发展方向和现实选择是实现创造性转化创新性发展，进而揭示创造性转化创新性发展的必要性和可行性、科学内涵和目标定位、方式方法和实现路径等。

第三编以中华传统文化为现代化建设服务为主题，分设以丰富政治智慧服务于执政党治国理政实践、以充沛价值理念润泽社会主义核心价值观培育、以正心修身理念作用于人的德性养成与素质提升、以完备人际规范促进社会主义和谐社会建设、以深厚民族精神凝聚华夏子孙共襄复兴伟业、以包容和谐思维推动与世界文明交流互鉴等六章，着力从六个主要方面或主要领域，就中华传统文化怎样为现代化建设服务、怎样与现代化建设融会贯通、融会贯通的具体路径是什么予以全面分析与细致论证，阐述了中华传统文化中的优秀成果和积极内容，特别是其中的丰富政治智慧、充沛价值理念、正心修身理念、完备人际规范、深厚民族精神、包容和谐思维，对执政党治国理政实践、社会主义核心价值观培育、人的德性养成与素质提升、社会主义和谐社会建设、华夏子孙共襄复兴伟业、与世界文明交流互鉴等所产生的服务、促进、推动作用，所发生的润泽、凝聚、助益影响。

第四编以中华传统文化与现代化协力共进为主题，分设中华传统文化与现代化协力共进是当代中国现实任务、中华传统文化与现代化协力共进的本质与规律、开辟中华传统文化与现代化发展提升新境界等三章，着力围绕中华传统文化与现代化如何协力共进、怎样发展提升问题进行系统性思考，在把二者协力共进视为当代中国现实任务的前提下，致力于探索中华传统文化与现代化协力共进的内在机理和作用机制，揭示二者协力共进的本质与规律，找到使二者协力共进跃上新台阶、达到新高度的有效途径，以在推进社会主义先进文化建设、拓宽中国特色社会主义发展道路、促进中华民族伟大复兴实现、为人类文明发展做出新贡献的过程中，开辟中华传统文化与现代化协力共进新局面，使二者协力共进发展提升到新境界。

2. 重要观点

与主要内容紧密联系，本成果在辨识中华传统文化思想内涵、归纳中华传统文化精神特质、阐发中华传统文化价值作用等方面，在把握世界现代化理论和现代化实践、历述中国现代化发展进程、探析中国特色社会主义现代化发展规律和未来前景等方面，在揭示中华传统文化与现代化既互为助力又间或阻滞、既协调促进又存在一定矛盾的基本关系等方面，在论证中华传统文化优秀成果推动中国特色社会主义事业发展、服务于民族复兴伟业与世界文明交流互鉴等方面，提出了一系列新的见解、新的观点，阐发了一系列新的思考、新的认识。重要观点主要有：

一是明晰中华传统文化的历史发展线索与思想内涵。将中华传统文化区分为夏商周礼乐文明与中华文化的产生、春秋战国时代百家争鸣与中华传统文化的形成、两汉经学与儒家伦理主流化、魏晋玄学与儒道融合、隋唐佛学与三教文化格局形成、宋明理学与三教融合、清代朴学与传统文化衰落等主要阶段；把中华传统文化的思想内涵，分列为万物一体的宇宙观念、刚健有为的人文精神、天下为公的政治理想、崇德尚群的伦理规范、协和万邦的天下意识几个主要方面。

二是阐明中华传统文化与现代化的辩证统一关系。从中华传统文化是实现现代化不可或缺的历史资源、是推动现代化进程的重要力量、能够矫正现代化过程中出现的偏颇几个方面，论证现代化需要中华传统文化；从现代化为中华传统文化自身现代化提供时代机遇、提供重要遵循、提供现实资源几个方面，阐明现代化发展对中华传统文化走向现代化的促进作用。从历史、现实、未来三个维度，明确科学把握中华传统文化和现代化关系需要注意的问题，即：中华传统文化要服务于现代化，必须实现自身的现代转型；中华传统文化要参与当代中国新文化建构，必须在与多元要素互动中实现。

三是强调中华传统文化要服务于现代化，自身必须走向现代化。现代化在客观上为中华传统文化实现自身现代化提供了时代机遇和重要遵循。实现中华传统文化现代化既是内在要求又是客观需要，是中华传统文化服务于现代化建设的必然选择。时代呼唤中华传统文化走向现代化、实现现代化。中华传统文化现代化的实现，离不开对时代要求的洞悉、对现实条件的把握和对实践路径的选择。

四是明辨中华传统文化在现代化进程中的历史角色和现实作用。中华传统文化筑牢并守护民族文化根基，具有促进现代化发展的思维智慧，如助推现代化发展的整体性思维、治国理政经验、道德伦理修养等，但同时也有阻滞现代化发展的一些糟粕缺陷，如农业文化抑制了科学技术的拓展与提升、宗法文化造成公民意识培养乏力、小农意识眼界遮蔽了现代化发展的视野等。为此，必须在既相互对立更相互渗透、既互有隔阂更能够相互修正相互凭借的联系中，科学把握中华传统文化与现代化相互作用的方式和特点，恰当处理好二者之间的辩证统一关系。

　　五是揭示中华传统文化的当代价值及其多维度呈现。中华优秀传统文化所蕴含的当代价值是多层面和多维度的，既体现在个体层面，也体现在集体层面；既包含着人文和政治价值，也包含着经济和社会价值；既反映着个体生活与集体生活的辩证统一，又体现着民族国家与多极世界的和谐共存。如对个体而言，中华优秀传统文化可以培育家国情怀、涵养仁爱之心、激励自强不息精神；而其民惟邦本、政得其民、礼法合治、德主刑辅、治国先治吏、居安思危、改易更化等政治主张和治国方略，则展现为国家层面的当代价值。

　　六是明确实现中华传统文化当代价值的原则要求。必须坚持以马克思主义为指导，用马克思主义立场观点方法研究发掘中华传统文化，取其精华、弃其糟粕，以科学态度对待马克思主义和中国传统文化的关系；坚持中国特色社会主义先进文化前进方向，巩固全党全国人民团结奋斗的共同思想基础，坚持以社会主义核心价值观为引领，传承中华文化基因，汲取中国智慧，弘扬中国精神，传播中国价值；坚持以人民为中心的价值导向，坚持人民价值旨归地位，坚持人民价值主体地位，解决好为了谁、依靠谁的问题，把牢社会主义先进文化建设的性质和方向。以解决现实问题、推进社会发展为导向，实现中华传统文化的创造性转化创新性发展。

　　七是分析中华传统文化作用于现代化的现实状况。中华传统文化以其丰厚滋养、独特价值、凝聚作用和教化功能，从多方面促进现代化的发展，取得的成就是显著的。但其弘扬与服务等方面存在的诸多不足，使其仍不能适应现代化建设的需求。这固然与近代以来对传统文化的过度打压弱化其功能有关，也与改革开放以来诸多因素交织影响其作用发挥有着联系。必须正视中华传统文化助推现代化面对的挑战与机遇，在迎接挑战、抢抓机遇过程中提升中华传统文化自身的现代性，努力实现自身现代化，以服务现代化强国建设为目标实现自身的现代转型。

　　八是谋划中华传统文化实现创造性转化创新性发展。创造性转化创新性发展是中华传统文化深厚底蕴的本质彰显，是文化强国使命的时代召唤，是传统文化实现价值、发挥潜能的现实选择，具有客观必要性和现实可行性。在明晰科学内涵、明确目标定位、把握转化发展的原则方法、规划转化发展的可行路径的基础上，中华传统文化务必弃除糟粕、张扬精华，方能在创造性转化创新性发展过程中焕发生机，呈现崭新面貌，方能充分彰显其当代价值和现实意蕴，助推社会主义现代化发展跃上新台阶。

九是梳理中华传统文化服务现代化建设的丰富内容。中华传统文化可以服务于现代化建设的内容十分丰富，在诸多方面得以显著呈现。政治智慧有"为政以德""正己正人""选贤任能"等，人际规范有"崇正""立信""尚仁""重礼""和合"等，民族精神有爱国主义、团结统一、爱好和平、自强不息等，包容和谐思维有"和谐共生""海纳百川""兼收并蓄""和而不同"等。这些丰富内容相互联结、互为贯通，具有强大的韧性和适应特征，是当代中国发展取之不尽的精神富矿。

十是探析中华传统文化服务现代化建设的融会路径。这包括，以丰富政治智慧服务于执政党治国理政实践，以充沛价值理念润泽社会主义核心价值观培育，以正心修身理念作用于人的德性养成与素质提升，以完备人际规范促进社会主义和谐社会建设，以深厚民族精神凝聚华夏子孙共襄复兴伟业，以包容和谐思维推动与世界文明交流互鉴等方面。每一方面都有自己独特的方式方法和路径依赖，如中华传统文化蕴含的完备人际规范，其当代价值的充分实现，需要人们恪守正义人际规范导向、捍卫基本的交往底线、秉承爱人的交往理念、营造良好的交往氛围、追求和而不同的交往状态；中华传统文化富含的包容和谐思维，能够推动与世界文明交流互鉴，其有效路径在于尊重多元文化、坚持合作共赢、保持积极开放姿态、推进文化走出去、吸纳优秀文明成果、增强文化软实力、坚定文化自信等。

十一是阐明中华传统文化与现代化在协力共进中发展提升。推动中华传统文化与现代化协力共进是当代中国的现实任务。在历史新起点上实现中华传统文化的创造性转化创新性发展、建设社会主义现代化强国，必须结合中国传统文化发展和现代化建设所处历史方位的变化，结合中国特色社会主义事业的发展要求，正确处理协力共进中的一系列重大关系，如传统与现代的关系、多元与主流的关系、自主与互鉴的关系等，以不断增强中国特色社会主义文化自信，不断深化对中国特色社会主义文化自信的理论认知和实践自觉。

十二是论证中华传统文化与现代化协力共进的本质与规律。"道路独立与文化自主"是协力共进的前提条件，这既是西方国家现代化的基本经验，又是中国近代以来乃至五千年文明史的深刻总结，更为当代中国的发展成就所证明；"正向支撑与良性互动"是协力共进的本质要求，这是正确处理传统文化与现代化关系的内在规定，是二者得以相互促进的现实要求；"自我扬弃与渗透融合"是协力共进的路径选择，这是中华传统文化与现代化相遇以来的历史经历，也是在处理传统与现代矛盾冲突过程中的必然抉择；"文化创新与制度生成"是协力共进的目标追求，这是文化、制度作为现代化基本内容而为现代化发展所要求的，是当代中国先进文化建设、制度体制完善的现实任务，具有时代要求的必然性和中国实践的现实性。

三、成果的学术创新、应用价值以及社会影响和效益

1. 学术创新

对中华传统文化与现代化进行系统研究是一项重大课题，具有前沿性和创新性。本成果呈现出多方面的学术创新。

一是对中华传统文化及其思想内涵进行理性辨析。中华传统文化历经渊源与发轫（三代文化）、开创与奠基（先秦诸子）、综合与成型（两汉经学）、融合与新变（魏晋玄学）、冲突与共融（隋唐佛学）、合流与内化（宋明理学）、集成与沉淀（清代朴学）、变革与转型（近代新学）主要历史演化时期，博大精深。系统把握不易，理性辨析尤为需要。本成果以中国特色社会主义现代化建设为参考系，科学把握中华传统文化及其思想内涵和精神特质，理性分析其精华内容及其现代价值。

二是对中华传统文化的核心内容与内在价值给予系统梳理。本成果从治国理政、经济管理、哲学宗教、社会伦理、道德修养、国际关系等方面对中华传统文化进行梳理，概括提炼出多层面精神要义，如礼法合治、德主刑辅，清廉从政、勤勉奉公，道法自然、天人合一，以人为本、民胞物与，礼义廉耻、立信尚仁，乐礼善学、尚中贵和，自强不息、刚健有为，等等，为进一步揭示其当代价值奠定了基础。

三是对中华优秀传统文化按照创造性转化创新性发展要求传承创新予以深入论证。推动中华优秀传统文化创造性转化创新性发展，要与中国特色社会主义经济建设、政治建设、文化建设、社会建设、生态文明建设相结合，与时代精神相结合，增强文化主体性意识。实现创造性转化创新性发展的有效路径，须对接当前社会实践，从内容与形式两方面推进，在阐发其当代价值过

程中创新话语体系，充分利用信息化和新媒体工具，实现传播载体与传播方式的现代化。

四是对中国现代化发展进程及当前文化需要进行跟踪分析。在中西文化交流碰撞过程中，中国现代化因西方列强入侵被迫踏上了漫漫征程。历经洋务运动中体西用的"器物现代化"、晚清新政改革的"政治自救"和辛亥革命的"制度现代化"，中国现代化在艰难困苦中前行。直到新中国成立后特别是改革开放以来，中国现代化才真正走上了阳关大道。当代中国的现代化建设必须与中国发展进步要求相适应，与以人为本的价值理念相协调，与文化内容的科学性相统一，与人民大众的精神需求相一致。

五是对中华传统文化与现代化相互作用关系予以辩证把握。实现现代化是几代中国人民的共同夙愿，中华传统文化与现代化前进潮流之间形成了一种复杂的关系。中华传统文化为现代化提供了丰厚滋养，现代化为中华历史文明重焕生机注入了新鲜血液。中华传统文化汇入到现代化进程之中，成为推进现代化建设的重要历史资源和现实力量，而现代化也深刻影响和改变着中华传统文化。科学把握和处理好二者的关系，关乎中国特色社会主义事业，关乎中华民族历史文化的延存发展。

六是对中华传统文化与现代化协力共进的规律性问题进行系统阐述。中华传统文化与现代化的协力共进，表现为二者相互支撑、相互改造、相互促进，实现物质生活和精神生活的双元发展。离开中华传统文化的支撑，中国现代化将不具有自主性和可持续性；传统文化必须通过现实生产和生活实践的重塑才能走进当代，传统文化必须由现代化的力量予以改造才能实现内容转换与功能开创。在促进中华传统文化与现代化协力共进过程中，必须坚持道路独立与文化自主的基本前提，遵循正向支撑与良性互动的本质要求，落实自我扬弃与渗透融合的路径选择，实现文化创新与制度生成的目标追求。

2. 应用价值

本成果着力彰显问题意识，具有现实针对性。其应用价值在服务于中国特色社会主义事业发展、促进社会主义现代化建设和文化强国建设等方面，得以鲜明呈现。

一是有助于我们对中国道路的选择及实践从历史维度和现代化发展维度上加以认识和把握。打通中华优秀传统文化与中国道路选择及实践的内在联

哲　学

《空间社会逻辑寻绎》概要

胡　潇[*]

一、研究的目的、意义及方法

1. 研究的目的与意义

首先，在于澄清空间社会化及其哲学叙事的理论在马克思恩格斯学说中的本真意义，并彰显其学理内涵。空间社会化问题的研究及其理论，在马克思恩格斯学说中占有重要位置，是其辩证法和唯物史观在空间社会逻辑寻绎和哲学探讨中的广泛运用，同时亦成为这些基本原理的思想支持。它们具体地展现在对人类生存空间的经济学、社会学、政治学、人文地理学、城市学和文化学等辩证分析与逻辑阐释中。其丰富思想在传统的马克思主义研究中不幸被遮蔽了，未能引起足够关注和得到深刻阐发。该领域的话语权曾一度由西方马克思主义的开创者席美尔独占先机，可惜当时没有应和者。直到20世纪下半叶才由西方新马克思主义研究者如哈维、列斐伏尔、苏贾、卡斯特尔、鲍德里亚、詹姆逊等人在空间的社会学研究中重新唤起，复苏了大量重大问题的探讨。他们有许多建树，但对马克思恩格斯的空间学说深究不够，语焉不详，疏于科学解释，迷失甚多，误判不少，评价太低。列斐伏尔宣扬"空间的生产，在概念上与实际上是最近才出现的"，似乎马克思恩格斯从未涉及，几近把"空间生产论"说成他自己的"首创"；哈维认为马克思未能在自己的思想里建立起一种具有系统性的、明显的关于地理和空间的

---

　*　胡潇，广州大学教授，博士生导师。

观点，损害了他的政治视野；苏贾则在物理空间和想象空间之外弄出一个亦此亦彼的"第三空间"，似在重复二元论错误；詹姆逊将现代主义的思维方式归结为时间的，将后现代主义的思维方式归结为空间的，这对那些认为历史唯物主义是重时间而轻空间的言论起到了某种呼应作用；等等。他们的通病是把马克思恩格斯的空间辩证法、唯物史观下移至社会学的具体论域，造成其学理层次的降阶；把马克思恩格斯对资本主义工业化空间的病态生产和阶级对立中空间的不平等分配、非正义厝置，淡看为空间分置的一般社会、经济技术问题，掩盖了空间结构的阶级分野与政治性质；把马克思恩格斯根据当时交通、通信条件和社会、世界格局对社会实践之时空关系所做的某些具体结论，与当代新形势带来的社会行为时空关系变化简单对置起来，忽略其科学分析方法和辩证思维的跨时代意义，放弃这种历史转型的深刻辩证逻辑分析。诸如此类偏颇与武断、浮浅与误判、碎片与歧义不少，甚至经过对某些论断的片面发挥而对马克思恩格斯的整体学说形成贬损者也不乏其例。

面对这些学术史挑战，作者以为应当回溯经典作家空间思想的真实底蕴，认真研读原典本身，梳理、重释其思想，清晰呈示一个本真意义上的马克思恩格斯空间学说，严肃澄清其科学特质。即明确马克思恩格斯空间社会哲学的辩证法和唯物史观基础，揭示他们一以贯之地把社会生活的空间置于实践唯物论基础上加以分析、阐发的科学精髓，寻绎其从社会与自然、人类与环境、实践与空间的互依存、互施受关系说明人类生存空间诸多问题的逻辑理据，把握其哲学原理在空间论域的发散与展现，并从中使空间诸问题的分析得到更鲜明的实践唯物论观照而增益其科学性的理路。对类似"空间生产""空间正义""空间对社会结构的规制"等诸多空间思维范式与其基本哲学理念及空间社会哲学研究的内在关联，予以重新梳理、解释，以纠正西方新马克思主义者之空间研究所发生的误判和偏颇。正本清源，返本开新，还马克思恩格斯空间社会哲学以整体性、科学性、原生态的真面貌，让其在人类文明进路中不断发展，永葆科学生机。这构成了本成果首要的学术目的与意义。

其次，认真厘析空间社会哲学研究的概念、范式与逻辑，努力实现该论域唯物史观研究的当代化。生活世界空间现象的唯物史观研究，在经典作家那里大多只有基本原理和逻辑范式的基础性论述，而且其时工业革命引发的空间社会化也远不如当今深远、广泛和复杂。面对全球化、城市化、网络化等派生的大量新型空间问题，需要有新的解释方法和范式，去实现唯物史观对新生空间现象的概括和说明。诸如中心与外围、领土空间与交往世界错位、城市内部空间多元化、城乡空间的分离与融合、生产空间与生态空间、虚拟空间与现实空间、空间行为的"泛在"和"脱域"、"以时间消灭空间"与"空间主导时间"的行为方式转换，以及物理—社会运动中空间与时间的辩证关系所引发的必然与自由、现实性与合理性、原因和结果、确定性与不确定性等历史辩证法内容的新思考，都需要撷取社会科学乃至自然科学如相对论、复杂系统理论的某些方法、范畴去理解。本成果广泛借鉴相关学科的研究成果及其概念、方法，对其进行某些唯物史观、辩证法的对接乃至提升，实现空间现象社会哲学解释的拓展、转换和深化。

再次，着力回应现实生活中的空间实践挑战，对当代空间社会化的新格局、新秩序、新问题做出新的逻辑分析与理论诠释，为现实生活中空间—社会问题的解决提供新思维。中外学者对生存空间进行社会研究的热忱被高度激发出来，有深厚而强有力的现实原因。当代世界人口迅猛增长，土地、资源及生存空间日趋稀缺并发生某些恶变，而人类开发和利用空间的能力空前增强，极大加剧了人们对空间的关注与占有欲，从领土到资源，从战略要津到环境权力，从地球两极到外太空，都充满着博弈与抢霸之风。而更切身、更紧迫者，是自资本主义工业化以来相继产生的一些问题：土地、空间的资本化运作，伴随广大农村的城市化，人类栖居状态地覆天翻，生态与社会风险不断；生存空间的占有与利用，因人类交通、通信条件尤其是网络空间的建构而极大改观，不断在社会经济政治文化层面冒出诸如空间的资源分配、公平正义、社会等差、行为方式嬗变、环境保护、生态维权以及空间再造、空间文化表达等现代与后现代的一系列紧张问题。这些现象的阐释及社会矛盾的解决，强烈要求学术界把空间的生产、分配、利用、建构、管理与其机制、价值、意义等尽可能地纳入研究范围。而现代建筑技术的发展和超常运用，又带来了空间设计的"句法"革命，空间生产有了异常的赋义与释义，病态建筑屡屡出现。电子、数字化文化与网络交流的崛起，还使虚拟空间、想象空间、交往空间有了崭新的样态与机制。它们都迫使人们对空间做出一种源于马克思恩格斯空间理论又超出其历史视野的时代性理解。我国政府直面现实，在空间战略中系统提出：要合理开发利用领土空间，追求生产空间的经济高效，生活空间的环境宜人，生态空间的青山绿水，还有太空与网络空间的安全运作，等等。所有这些问题的科学说明与合理解决，无不涉及世界观、方法论、价值观、历史观问题，也无不涉及许多基本哲学理念在空间问题上的具体运用。鉴于此，本成果以清晰的问题意识为导向，自觉关注当今人类生存空间发展态势，关注中国城市化这一人类最大规模的生存空间挪移和重构，关注空间生产、分配、利用中的合理、合情、合法等科学与公平正义问题，关注网络空间带来的社会活动之虚拟与真实，"泛在"与"脱域"等新形式、新关系，关注当代空间实践的理论挑战与社会风险。所有这些问题，推动作者以强烈和深重的人类命运共同体情怀，以求真问是、存理去非的理性执着和学术担当，以经典作家的空间社会哲学思想为指南，广泛涉猎、采借经济、社会、政治、文化等领域的科学与哲学理论，将其集约化地注入现实社会空间问题的思考与探讨中，为直面并有效地解决一些空间难题，在理论领域回应实践的呼唤，提供有益的哲学参验。

2. 研究方法

其一，返本开新，历史与逻辑相一致。直面空间社会学说史的思想混沌，以尊重历史、尊重事实，坚持历史与逻辑相一致的理念和态度，在注重经典作家文本研读的同时认真回溯其言说的背景，实现语义与情境、认识与实践的具体统一；在彰显其思想的原叙事学理和当代解释力之同时，注重它们与现实生活、与后继学者的对话和比较研究，同时注意发现、撷取当代学者的新思想、新方法，作为进入新问题的通道，以丰富马克思主义的空间社会哲学理论，用科学事实、时代新声激扬经典作家的思想生机与社会活力，求其与时俱进。

其二，哲学的抽象反思与叙事的理性具体有机统一。实行空间社会理论的唯物史观凝练，与用唯物史观嵌入空间现实问题和具体领域之关照、分析、诠释相结合。前者维持思想的整合与理论高度，后者实现理论的深入和论述的具体、内容的完整，达到在具体言说中有唯物史观的透视、反思和抽象，在逻辑演绎中有实在内容承载与"事实逻辑"支撑。

其三，主从有序，一般与个别辩证契合。将唯物史观作为思想主旨在本成果中是一以贯之的，同时参验、撷取多种相关科学揭示的事实、成功的理论与方法，包括经济学、社会学、政治学、文化学、人文地理学、历史学和建筑现象学、相对论、量子力学、非线性复杂系统理论、社会生活的"云""钟"结合解释法则等有关思想，以助益社会空间具体论域问题的探讨和诠释，既拓展唯物史观视野、丰富其语义，又贴近现实、介入生活，最终激活、强化、推广马克思主义的空间哲学思想。

二、成果的主要内容和重要观点

1. 主要内容

本成果涉及的问题很广泛，但题旨集中，即在唯物史观和辩证法基础上，对人类生存空间的实践与理论问题，从空间哲学社会论域，分五个方面进行考察、探讨和解释。

第一部分，关于空间问题社会哲学的经典著作梳理和思想逻辑诠释。"马克思恩格斯关于空间的社会审视""社会形态的空间界画"两章，以原典为依据，结合对人类空间实践的历史审视和现实考察，着重寻绎和阐发马克思恩格斯解释空间社会逻辑的基本理论框架和叙事方法，创新性地关注和说明马克思以社会的空间界画为标尺划分人类历史形态的重要理论，为本成果的立论和具体问题的展开奠定唯物史观的理论前提。

第二部分，关于空间社会化的经济学—哲学探讨。在"空间的生产与生产的空间"一章，以马克思关于空间和生产实践之互动关系的微观论述为线索，揭示物质生产与空间生产的相关性，论述不同生产方式的空间组织特征，确认特定空间秩序对生产方式的反制和建构性，为空间的经济学诠释奠基。在"经济空间的'中心'与'外围'"一章，首先在空间生产和生产关系再生产的相关性基础上讨论了社会经济产业结构的空间分布机制，然后结合当今世界经济的分布和生产力布局，对中心与外围的空间关系，从分工和协作、经济落差、科技发展与交通不平衡等方面做了分析，批评了以往欧洲中心论的世界经济空间秩序观，对中国"一带一路"倡议的重大世界意义给出空间说明。"生产关系空间运行的'泛在'和'脱域'"一章，则依据当今交通尤其是移动网络服务技术导致的"泛在"性和世界市场、虚拟经济的"泛在"性，探讨了生产关系跨国土空间建构和"脱域"运行的新现象，对经济全球化做出了空间论的新诠释。

　　第三部分，从政治论域对空间社会逻辑给出政治—哲学的考察、说明。"空间政治学言说"一章，着眼于社会政治生活的阶级分野、权利配置与组织运行的空间秩序、规范和要求，探讨它们的空间机制和相关律，进一步阐发了马克思恩格斯当年以英国工人空间栖居状况的考察和论述为出发点的政治—空间论思想，发散性地延伸到当代相关现象的说明。"空间正义的唯物史观叙事"一章，在澄清马克思的空间正义论基础上，以其为指南剖析当今空间正义的诸多问题，现实地、创新性地强化其当代解释力，并对房地产资本化运作与民生、人权关系做了哲学观照和评析，为"房子是用来住的不是用来炒的"这一方针做出学理论证。"意识形态的空间形塑"一章，则对政治中枢、政治宣教场所和公共政治活动空间的意识形态赋义和释义，做出了实证分析和理论说明，具象地揭示了空间生产和利用的社会政治意蕴，也为从空间政治言说转向空间文化诠释提供过渡环节。

　　第四部分，生存空间的社会文化—哲学研究。"空间现象的文化解读"一章，在梳理经典作家的相关文献时，聚焦于其对空间距离、城乡关系、环境景观的文化内涵和气象的透视，抽象、凝练出他们的空间文化理念，为本部分各章节论述奠基。"空间文化释义分类"一章，就如何处理空间文化解释中的主体、客体之间以及空间实践门类与空间界域文化意识之间的关系，给出了方法论的剖析和诠释。"空间意象经营的文化机理与'句法'"一章，以建筑现象学的背景知识为支撑，对空间景观意象营构的文化机理和建筑的空间"句法"，在相互印证基础上做了空间社会文化—哲学的说明，使空间生产的文化嵌入和象征性表达之论述，得到了建筑现象学的印证与机理性发散。"'场所精神'与空间文化"一章，把文化的空间生产和形塑具体化入场所精神的解读中，通过对场所精神与栖居主体生活方式交互创造的机制分析，使之获得具体的有实证意义的说明。"空间文化现象解读的主体性与历史性"一章，则在社会实践的历史发展中具体探讨了空间文化的演变以及解读方法的历史具体性，彰显主体文化的涵构对空间文化生产和认知的人学意义。

　　第五部分，对当代社会行为和思维方法的空间范式进行了哲学分析，揭示了它们与空间实践和社会认知的内在互动关系。"社会行为方式变革的空间诠释"一章，立足于当代社会生活的物质技术基础，以及全球化、城市化、网络化的时空新格局，对生活世界时空关系的转型、网络虚拟空间与社会行为方式变革，进行了空间机制剖析，突出空间研究的时代感和现实性，亦使社会行为研究更有充盈的时空依据和深邃的机理揭示。"当代空间思维与社会认知"一章，作为本成果的思维高潮，以当代社会实践的空间性凸显为依据，就社会行为中的偶然和必然、原因和结果，给出了时空分析的全新思考和阐释，并从当下空间的生产性与被生产性、空间实践的时空关系变换、空间与社会规律的内在联系之创新性阐释中，对空间思维逻辑的时代特质给社会认知的深刻影响做出说明，旨在强化本成果对于社会现象审视的哲学穿透力。

2. 重要观点

（1）马克思恩格斯对人类生存空间早有社会逻辑的深刻研究和科学诠释，应当澄清和维护其空间社会哲学奠基者的地位。必须坚持马克思实践唯物论观点，从社会实践方面去理解生存空间结构及其演绎的内在秩序和历史逻辑。认为人、社会和空间环境之间是一种实践性的互生成关系，这种关系在相互生产、彼此建构、双向施受的过程中发生、发展。人的生命活动及社会的经济、政治、文化生活既受生存空间制约，被动地育化于其中，又生产生存空间，即开发、改造、形塑和利用空间环境。社会生活世界，是人及其构成的社会在生存空间长出来的，具有空间的形式与特征；生存空间又打上了社会的、人化的实践烙印，是社会自身再生产的产物，具有社会属性和发展变化的历史逻辑，需要开展唯物史观和实践论、辩证法的深入研究。做好这两方面的科学研究和学理阐释，是发展空间社会哲学、丰富历史辩证法的双重学术使命。

（2）人类生存空间是物理空间和社会化空间的统一。空间是社会运行的物理形式，社会各类事物既存在于空间又构成空间。人类改造自然环境的力量无论有多大、作用有多强，都无法摆脱物理空间运行逻辑的制约。一切存在于物理空间的现象如质量、距离、位置、引力、运动、速度、时空关系等，以及它们的内在机制，都将对人类活动、社会行为具有预设作用和永恒的规定性，不能超越物理规定性来讨论空间的社会化生产和利用问题。这是社会空间论的唯物主义前提。但人类及其社会，又非一般的无意识、无意志、无能动性的自然物理现象。人在改造环境中改造自身，形成人及其社会生产与空间生产的一致。探讨空间的社会逻辑，必须以物质生产方式对社会生活与生存空间的双重再生产为基础，在人类实践与生存空间的相互建构中，揭示那些存在于物理空间的诸如物质、运动、能量、位置、距离、速度、相互作用、时空关系等现象和规律，经人类的实际利用和某些方面的社会化重构所派生的特殊表现和机制，以及物理空间机制社会化利用的法则与意义。这样才能揭示和遵循空间的社会逻辑及其实践与认知的辩证法。

（3）社会事物是组织空间又被空间所组织的复合体，其运动特征和法则建构体现在空间的社会化形式及其演进逻辑中，须对社会生活各部类进行各别的空间分析。人类生存空间格局各具特色，很重要的方面源于不同社会主体的不同实践、不同生活对空间的生产性建构。社会是一个复杂系统，各部类子系统、要素以其特殊方式作用于空间，构成自身持存的空间自组织，因而与物理—社会空间发生不同的结合方式，形成具体的社会化空间。本成果展开对生存空间的社会历史形态和经济的、政治的、文化的领域分析，揭示这些方面的空间生产及其形塑特质，及它们之间内在的相互关系，借以深化空间的社会逻辑理解，增进空间社会哲学研究的具体性、系统性。

（4）空间思维逻辑与社会行为、认知方式具有内在的互动性、一致性。社会化的空间是社会事件、社会生活、社会实践的物质形式。生存空间生产和利用方式的改变，空间秩序和结构的改变，既是社会行为方式的变革，也是社会生活内容及其运行机制的转换，同时必然引发空间思维的时代迁转并受到特定空间思维的引领和支持。对社会生活空间法则之观照和理解方式的思维变革，必然引发对社会运动的内容及其逻辑机理理解的更新，最终导致社会历史认知方式改变。这些复杂问题的说明，需借鉴和撷取新兴科学思维方法，辅助和丰富辩证法与唯物史观的诠释，才能实现。

三、成果的学术创新以及社会影响和效益

1. 学术创新

其一，正本清源，返本开新，着力张扬经典作家空间社会哲学的当代解释力。在原生态的马克思主义中，这一学说是植根于辩证法和唯物史观的基础性理论加以演绎的，广泛渗透于诸多社会问题的阐释。然而，传统的马克思主义研究不幸把它遮蔽了，而新马克思主义的空间研究对它的论述又东鳞西爪，众说纷纭。为恢复这方面内容之原典、原理的真实，作者注重经典作家空间学说的元哲学研究，对其生成逻辑、学理结构、叙事方法及其学科分

置与自洽等问题给予具体说明，并将它们的基本理念延伸到当代社会生活的空间解释中，着力彰显其时代价值和中国意义。这样，也十分自然地把当代全球化、网络化尤其是中国城市化运动中出现的诸多现实空间问题，推到了学术研究的前台，迫使作者对其发散地、直接地展开学术研究的决难释疑。中国这样一个 14 亿人口的世界最大国，在现代规模宏大、速度迅疾的城市化空间生产、空间挪移的历史未有之大变局中，所遭遇的实践和理论挑战，尖锐而紧迫。巨量的空间重构、生态改观问题，更有由此生发的政治、经济、文化、社会历史等方面的空间实践与理论困惑，需要重新认识和深入探讨、说明。本成果做了大量的经典论述与现实生活空间行为的对话，注重用马克思恩格斯及其后继者的科学理论审视、解析、澄清我们面临的一些重要空间问题。并从具体到抽象，对当代空间实践、空间思维的深刻变革进行哲学概括与诠释，力图为创新性地研判社会行为的空间方式，认识和解决某些空间问题如城市空间无序筑造、"垂直主义"竞争、房地产空间正义、网络空间的社会意义、空间因素作用升位与社会认知离散及重构等，提供一些空间社会逻辑的新思考与结论。

其二，尝试创新研究方法，个性化地做了三项工作：第一，系统梳理和分述西方新马克思主义的空间理论，寻绎其学理、方法、态度，澄清思想是非，以资空间问题探讨。第二，跨学科地综观空间论域问题，对城市建设、生态、建筑哲学、栖居文化、空间正义、生产关系空间构型、城乡空间形塑与人类历史分期、场所精神筑造与空间文化、网络虚拟与"泛在"空间、当代空间思维等前沿问题给予哲学介入和反思。第三，关注由量子力学、复杂系统理论、不确定性理论等新思想给空间社会哲学研究带来的挑战和方法，取其精粹如大胆而慎重地采借微粒子"布朗运动"分析法则，非线性复杂系统思维如空间事物的接触律、分形论、自组织论、共时态时空思维，社会行为的"云""钟"结合解释法则，以及建筑现象学分析方法等，融入空间的社会哲学研究和相关社会科学门类空间叙事的复合运用中，另辟思路，探讨和阐释当代社会空间实践的深层复杂问题和新的逻辑机理，革新空间研究方法与叙事范式。

其三，拓展空间社会逻辑研究论域，刷新某些结论：一是在国内所见文献中首次阐明城乡空间格局是马克思界画人类历史形态的又一重要标准，即从生产方式出发，解释空间实践与社会形态同构的历史逻辑；从空间形塑与社会生活方式的相关律着眼，解释城乡空间格局对社会形态的规定与表达机理。二是揭示人类历史活动的时空统一性与其不同领域的时空特殊性相一致的机理，解释不同社会生活部类空间活动方式的领域特色和时代转换机制。三是联系移动网络"泛在"服务技术和经济全球化新业态，论述生产关系跨领土空间建构的某些"脱域"性新机制。四是运用空间连续性与间断性以及互渗律与单元自组织性相统一的原理，创新性地解释空间社会生产和利用中的正义问题，并从人权与产权关系别开生面地论证了"房子是用来住的不是用来炒的"重大方针的深刻学理依据。五是对社会生活因果律、必然与偶然关系、不确定性给予时空分析，为深化哲学范畴研究做了新尝试，同时为更新、推进当代社会运行逻辑机制的时空解释提供新思路。

2. 社会影响和效益

本成果是 2017 年国家社科基金优秀结项成果。阶段性成果为已发表的 16 篇学术论文，其中《中国社会科学》3 篇（内刊 1 篇），《哲学研究》2 篇，其余刊在《哲学动态》《江海学刊》《天津社会科学》《学术研究》等重要刊物上；有 3 篇论文被《新华文摘》《中国社会科学文摘》转载，6 篇论文被中国人民大学复印报刊资料转载。据知网统计，上述文章已被下载 11 000 多次，引用 134 次。本研究引发了更多学者对空间哲学的关注和积极反馈。很受鼓励的是，《中国社会科学》刊发的第一篇文章《空间的社会逻辑：关于马克思恩格斯空间理论的思考》，于 2015 年获广东省第六届哲学社会科学优秀成果奖一等奖，并被中国社会科学院社会学所收入年度文选《时空社会学：拓展和创新》一书，作为国家哲学社会科学成果文库项目在北京师范大学出版社出版，后译成英文在海外出版发行。这是学界的高度肯定。同时，两次评议本成果的 12 位专家一致认为，本成果丰富和拓展了空间问题的马克思主义研究，并为正确认识和处理城市化过程中的空间生产诸如城市规划、房地产开发等问题，以及对社会、经济、政治、文化的空间生产与释义，提供了新的思路。

《马克思主义哲学中国化与中国哲学的现代转型》概要

李维武 *

一、研究的目的、意义及方法

本成果旨在回答和解决马克思主义哲学中国化中一个尚未得到很好解决的重要问题。这个问题是：在以往的马克思主义哲学中国化研究中，由于着眼于马克思主义哲学与中国古代哲学的联系，因而未能从哲学传统上找到中国马克思主义哲学与中国哲学的贯通处和结合点，使中国马克思主义哲学真正进入到中国哲学传统之中，这就未能完全解决中国马克思主义哲学的民族文化身份认同问题。

近年来一些极端文化保守主义者认为，只有生长于或植根于中国的文化传统和哲学传统之中的哲学，才算得上是"中国的哲学"，才有资格成为当代中国思想世界的主流思潮；反之，与中国的文化传统和哲学传统没有这种关系的哲学，即使在中国有了近百年的传播、发展和中国化，那也只是"在中国的哲学"，是没有资格成为当代中国思想世界的主流思潮的。正是这样，就有了他们的"中国必须再儒化"的主张，这对中国马克思主义哲学保持中国思想世界的主流地位提出了严峻挑战。这就使中国马克思主义哲学的民族文化身份认同问题，成了一个必须认真加以回答和解决的问题。

本成果为回答和解决这个问题提出了新的思路：要从哲学传统上寻找中

* 李维武，武汉大学教授，博士生导师。

国马克思主义哲学与中国哲学的贯通处和结合点，就应转向马克思主义哲学与 20 世纪中国哲学的联系。20 世纪中国哲学经历了中国哲学的古今之变，实现了中国哲学的现代转型和传统更新；而中国马克思主义哲学作为 20 世纪中国哲学主要思潮之一，有力推进了中国哲学现代形态的开展，积极参与了中国哲学现代传统的创造，为中国哲学的古今之变做出了重大贡献。中国马克思主义哲学通过对 20 世纪中国哲学的参与，已经进入到中国哲学现代传统之中，获得了自己的中国文化身份，解决了民族文化身份认同问题。

本成果从这一新的思路出发，通过系统阐发，力求从学理上讲清楚中国马克思主义哲学何以是"中国的哲学"而不再是"在中国的哲学"。在这一阐发中，本成果着重采用了史与论相结合、历史与逻辑相统一的方法。这一方法包括：强调马克思主义的历史主义原则，通过哲学史的考察，具体地说明马克思主义哲学在中国的"出场"，以及由"在中国的哲学"转化为"中国的哲学"的过程；重视从百年来纷繁复杂的中国马克思主义哲学历史中找出内在的逻辑进程，将其中的关键性环节和代表性人物凸显出来做细致的分析和评论，并揭示这些环节和人物思想间的逻辑开展；开展"以哲学史为中心的思想史研究"，注意把那些处于哲学史研究边缘而往往作为思想史研究对象的内容，纳入到马克思主义哲学中国化研究的视野中来。

这一研究工作，在学理上对中国马克思主义哲学的民族文化身份认同问题做出了回答和解决，从理论上回应了中国马克思主义哲学所面临的挑战，既具有重要的理论意义，又具有重要的现实意义。

二、成果的主要内容和重要观点

本成果依照其新思路，形成了回答和解决中国马克思主义哲学民族文化身份认同问题的逻辑进路：首先以本成果所持 19—20 世纪中国哲学史观，对中国哲学现代转型的研究视域和研究框架做出阐发，揭示马克思主义哲学中国化研究与这个研究视域和研究框架的内在联系，从总体上说明中国哲学现代转型的研究视域和研究框架成为马克思主义哲学中国化研究的新视域和新框架问题；继则把马克思主义哲学中国化研究转入这个新的研究视域和研究框架中，使马克思主义哲学中国化成为中国哲学现代转型和传统更新的重要内容，梳理和说明马克思主义哲学中国化传统的形成与发展，考察和论述马克思主义哲学中国化代表性形态的建构与演进，由此在哲学史中阐明中国马克思主义哲学与中国哲学传统的贯通处和结合点，以及两者间的内在联系，以回答和解决中国马克思主义哲学的民族文化身份认同问题；最后着重从理论上对马克思主义哲学中国化与中国文化古今之变的关系问题进行思考和探讨，进一步说明中国马克思主义哲学在当前中国文化问题上应取的历史主义原则和主流地位立场，以昭显中国马克思主义哲学的中国文化身份。

　　根据这一逻辑进路，本成果以前后递进、相互关联的正文四编，形成了主体结构。

　　第一编"从中国哲学的现代转型看马克思主义哲学中国化"，专门就中国哲学现代转型的研究视域和研究框架成为马克思主义哲学中国化研究的新视域和新框架问题，进行论与史相结合的总体性说明，构成了本成果的总论部分。本编指出，以中国哲学现代转型的研究视域和研究框架，对马克思主义哲学中国化研究进行视域转换与框架重构，形成这一研究的新视域和新框架，不是依据某个马克思主义哲学原理、通过逻辑的推演而来的，而是依据19—20世纪中国哲学历史、通过对这一段哲学史的考察而形成的。因此在本编中，首先说明马克思主义哲学中国化研究视域转换与框架重构的缘由，以及这一转换与重构的哲学史根据和内在逻辑，从理论上廓清这一新视域和新框架；进而总论本成果看待这一新视域和新框架的19—20世纪中国哲学史观，强调这一史观所坚持的马克思主义的历史主义原则，以及这一史观的基本观点；由此进一步展开19—20世纪中国哲学史观，着重从历史走向和内在结构两个方面，阐明鸦片战争以来所发生的中国哲学的现代转型和传统更新，从而对这一新视域和新框架做出具体把握；最后从这一新视域和新框架出发，说明在五四运动后百年之间，中国马克思主义哲学参与了中国哲学的现代转型和传统更新，融入了中国哲学的现代形态和现代传统，成了20世纪中国哲学的重要内容，已经由"在中国的哲学"转变为"中国的哲学"。本编的这些说明，旨在确立马克思主义哲学中国化研究的新视域和新框架，进而从总体上阐明通过马克思主义哲学中国化研究的视域转换与框架重构，通过考察中国马克思主义哲学与20世纪中国哲学历史的内在联系，中国马克思主义哲学的民族文化身份认同问题是能够获得一个有效的回答和解决的。这个回答和解决的有效性，从根本上说，来自中国马克思主义哲学与

20 世纪中国哲学历史的内在联系，来自 20 世纪中国哲学历史真实的历史感。

　　第二编"马克思主义哲学中国化传统的形成与发展"，着重梳理和说明马克思主义哲学中国化传统的形成与发展。这个传统，就是把马克思主义哲学与中国的实际情况、革命实践、文化传统与哲学传统结合起来，使马克思主义哲学在中国具体化，以回答和解决中国问题，从而与中国哲学的现代转型和传统更新建立起内在联系，成为中国哲学现代形态和现代传统的有机内容。本编选择了马克思主义哲学中国化进程中的六个环节，由此而对这一传统的形成与发展做一通观。第一个环节是辛亥革命前十年间中国现代革命观念的形成与马克思在中国的"出场"。在辛亥革命前十年间，由于"革命"代替"改良"成为时代的主旋律，中国革命观念经历了从古代革命观念复活到现代革命观念形成的巨大变化，为辛亥革命的发生做了思想先导和舆论准备。马克思正是在这一过程中第一次以革命家兼哲学家的双重身份出现在中国思想世界。这一段中国马克思主义哲学的前史表明，马克思主义哲学来到中国思想世界，不是中国马克思主义者迎接来的，而是向西方寻求救国救民真理的中国非马克思主义者留下的重要思想遗产，由此可见马克思主义哲学在中国传播、发展和中国化的历史必然性。第二个环节是《新青年》与中国价值观的古今之变。1915 年，陈独秀创办《新青年》杂志，揭开了新文化运动的序幕，促成了中国价值观的古今之变：一方面树立和倡导了以"科学"与"民主"为代表的新价值观，另一方面批判和解构了以孔子、孔教、儒家纲常为代表的旧价值观；五四运动后，李大钊在《新青年》上发表《由经济上解释中国近代思想变动的原因》一文，运用刚刚接受和掌握的唯物史观对儒家传统价值观进行评判，成为马克思主义哲学进入中国哲学现代转型和传统更新的实际开端。第三个环节是五四运动与社会主义新价值观的诞生。以五四运动为转折点，新文化运动中新价值观的开展分为前后两个阶段：五四运动前，凸显和确立的是"科学"与"民主"新价值观；五四运动后，则凸显和确立了"社会主义"这一更新的价值观。围绕社会主义问题，中国马克思主义哲学通过与各种非马克思主义哲学思潮的相激互动，开始成为中国思想世界有影响的新哲学思潮。第二个环节与第三个环节合而论之，就是新文化运动中的中国价值观古今之变，以及中国早期马克思主义者对旧价值观的批判和对新价值观的建构，为马克思主义哲学进入并兴起于中国思想世界创造了条件、提供了契机、开辟了道路，孕育和萌生了马克思主义哲学中国化传统。这两个环节，多为今天的文化保守主义者所诟病和否定，因此本成果予以着重的考察和阐发。第四个环节是新文化运动与中国马克思主义政治哲学的开启。五四运动后，随着社会主义新价值观的确立，中国早期马克思主义者进而以马克思主义政治哲学为指南，围绕革命、阶级、国家、政党等政治哲学问题展开探讨，以回答和解决"中国向何处去"这一时代大问题，从而开启了中国马克思主义政治哲学的发展。这与社会主义新价值观的确立一起，共同构成了中国马克思主义哲学在五四运动后进入中国哲学现代转型和传统更新、成为20世纪中国哲学一大思潮的最初开展，反映了马克思主义哲学中国化传统的发生。第五个环节是唯物史观派与马克思主义哲学中国化的早期进程。唯物史观派作为由中国早期马克思主义者集合而成的革命家兼学问家群体，共同推进了马克思主义哲学中国化的早期进程。李大钊、陈独秀、蔡和森、李达、瞿秋白等唯物史观派代表人物，从不同维度对唯物史观进行了各具特色、各有创见的阐发，展现了马克思主义哲学中国化的最初形态和青春气息，使中国马克思主义哲学开始成为中国思想世界的主流思潮，标示着马克思主义哲学中国化传统的形成。第六个环节是20世纪三四十年代马克思主义哲学与中国传统哲学相结合的诸形态。在这一时期中，中国马克思主义者、中国马克思主义哲学家、中国赞成马克思主义哲学的学者，对于马克思主义哲学中国化有了更高的理论自觉和更强的历史意识，力求对"从孔夫子到孙中山"的中国文化与中国哲学进行马克思主义的历史主义的总结和承继，从而以论的方式或史的方式或两者结合的方式，发展出马克思主义哲学与中国传统哲学相结合的诸形态。毛泽东以"实践论"对湘湘学风的承继和发展，吕振羽从中国思想通史发现"唯物辩证法的前史"，侯外庐在明清之际早期启蒙思潮中探寻与马克思主义哲学的结合点，张岱年通过《中国哲学大纲》和《天人五论》从史与论两方面对辩证唯物主义新体系的建构，就是其中有代表性的形态。这些哲学形态所体现的"一本而万殊"的合理开展，使得马克思主义哲学中国化呈现出多彩的色调和多样的形式，显示了中国马克思主义哲学的创新活力和理论魅力，成为马克思主义哲学中国化走向成熟的重要标志，在马克思主义哲学中国化传统的发展中占有十分重要的地位。对于马克思主义哲学中国化传统的形成与发展，通过这六个环节当然不可能给予方方面面的阐发，但却能做出一个总体性的勾画，并由此而展现马克思主义哲学中国化的基本走向与逻辑进程。

第三编"马克思主义哲学中国化代表性形态的建构与演进"，着重考察和衡论马克思主义哲学中国化代表性形态的建构与演进。这些代表性形态的建构与演进，体现了中国马克思主义哲学家把马克思主义哲学与中国的实际情况、革命实践、文化传统与哲学传统结合起来，以马克思主义哲学为主体、融会中西古今哲学资源所进行的新的哲学创造，从而使中国马克思主义哲学与中国哲学的现代转型和传统更新建立起更为密切的内在联系，成为中国哲学的现代形态和现代传统的核心性有机内容，并在这种联系和内容中凸显了马克思主义哲学中国化的基本走向与逻辑进程。本编依这一基本走向与逻辑进程，选择了李大钊、李达、毛泽东、冯契四位中国马克思主义哲学家，以他们建构的哲学形态及其内在逻辑联系，作为马克思主义哲学中国化代表性形态建构与演进的四个重要环节，分别予以考察和衡论。第一位哲学家是李大钊。在俄国十月革命和中国五四运动的影响下，李大钊经历了从民彝史观到唯物史观的思想转变，成为中国最早的马克思主义者和第一个马克思主义哲学家，着重从历史学维度阐释唯物史观，对唯物史观的理论和历史都做出了深刻阐发，首先在中国思想世界树立起唯物史观的旗帜，开启了马克思主义哲学中国化运动。第二位哲学家是李达。李达从 20 世纪 20 年代对唯物史观的系统阐发出发，于 20 世纪 30 年代走向唯物辩证法，以"实践的唯物论"对唯物辩证法做出新的理解，对中国马克思主义哲学的辩证唯物主义形态做出了系统阐发，并从唯物辩证法中转化出方法论，"建立普遍与特殊之统一的理论"，从而使中国马克思主义哲学深入历史学、经济学研究而成其为指导思想，开展对中国历史问题和中国经济问题的探讨，以探寻中国革命的道路。第三位哲学家是毛泽东。毛泽东在 20 世纪 30 年代后期创立了以哲学名篇《实践论》和《矛盾论》为代表的"实践论"哲学体系。这一体系的创立，把中国马克思主义哲学的兴奋点由本体论移至了认识论，把认识论作为马克思主义哲学的最主要内容来讲，凸显了认识论、方法论在中国马克思主义哲学中的位置。这既对 20 世纪中国哲学认识论开展做出了重要贡献，又由此形成了毛泽东的中国历史观和中国文化观，发展出一整套中国化的马克思主义理论，成功地解决了中国革命的认识论、方法论问题，赢得了中国革命的伟大胜利，从而对马克思主义哲学中国化运动产生了最为深刻的影响。第四位哲学家是冯契。冯契在 20 世纪 80 年代适应中国人精神生活的新需要，从中国哲学史出发，建构作为"广义的认识论"的"智慧说"，以打通知识与智慧、认识论与本体论，不仅改变了中国马克思主义哲学认识论的知识论化倾向，而且揭示了中国马克思主义哲学与中国哲学现代传统的内在联系，论证了中国马克思主义哲学不再是"在中国的哲学"而已经成为"中国的哲学"。这一新哲学形态，成为马克思主义哲学中国化运动在改革开放新时期的一个标志性成果。本编通过对这四位哲学家及其哲学形态的解读和阐发，一步步展开了马克思主义哲学中国化的历史进程与丰富内容，具体而生动地呈现出马克思主义哲学中国化对中国哲学的现代形态和现代传统的塑造，表明中国马克思主义哲学已经成功地解决了自己的民族文化身份认同问题。

第四编"马克思主义哲学中国化与中国文化的古今之变"，着重从理论上对马克思主义哲学中国化与中国文化古今之变的关系进行思考和探讨，进一步阐明在中国文化的古今之变中，不论是中华优秀传统文化的创造性转化、创新性发展，还是革命文化和社会主义先进文化的发生发展，都是以中国马克思主义哲学作为指导思想；鸦片战争后百余年间，中国人的文化自信从失落中得以重建，亦是以中国马克思主义哲学作为其灵魂。本编通过这些思考和探讨，来说明中国马克思主义哲学在当前中国文化问题上应取的历史主义原则和主流地位立场，昭显中国马克思主义哲学的中国文化身份，对本成果进行总结。这些思考和探讨关涉的主要是文化观问题。在当前中国文化问题上，文化观是一个十分突出、多有争议的方面，也是本编所要着重阐明、着力解决的方面。本编所论中国文化观，实为马克思主义哲学视域中的文化观。因此，本编首先综论思考中国文化问题的主体、原则与方法，阐明这一思考中国文化问题的前提性问题，作为本编思考和探讨中国文化观的导论；进而从这一导论出发，展开对马克思主义哲学中国化与中国文化古今之变关系问题的思考和探讨，分别阐明三个关键性问题：一是传统文化的创造性转化与创新性发展问题；二是中华优秀传统文化、革命文化、社会主义先进文化三者关系问题；三是文化自信与马克思主义哲学中国化关系问题。这三个问题实是相互关联在一起的，有其内在的思考进路和逻辑联系，共同构成了本编围绕文化观问题对马克思主义哲学中国化与中国文化古今之变关系问题的阐发。本编通过这些思考、探讨和阐发，进一步从中国文化观上确立中国哲学的现代转型和传统更新这一新视域和新框架，以拓展和深化马克思主义哲学中国化研究，阐明中国马克思主义哲学的中国文化身份。

本成果的这些阐发得出了明确的答案：在过去百年间，中国马克思主义哲学通过对中国哲学现代转型和传统更新的积极参与和卓越贡献，已经成为中国哲学的有机内容，融入了中国哲学的现代传统，在中国落了地、生了根、开了花、结了果，由"在中国的哲学"转变成了"中国的哲学"，解决了自己的民族文化身份认同问题。

本成果的重要观点可以概括为以下几点：

第一，提出了马克思主义哲学中国化研究中一个尚未得到很好解决的重要问题，这就是：如何才能从哲学传统上找到中国马克思主义哲学与中国哲学的贯通处和结合点，使中国马克思主义哲学真正进入到中国哲学传统之中，解决中国马克思主义哲学的民族文化身份认同问题。而正是在这个问题上，中国马克思主义哲学遭到极端文化保守主义者的挑战。因此，对于这个问题，必须要正视和解决。

第二，对中国马克思主义哲学遭遇这个难题的理论原因进行了思考，发现以往马克思主义哲学中国化研究从哲学传统上寻找中国马克思主义哲学与中国哲学的贯通处和结合点存在着局限性，这就是只从马克思主义哲学与中国古代哲学的关系上着眼，但这两者由于发生的文化环境和哲学资源不同，本来就分属于不同的哲学传统；而当马克思主义哲学于19世纪与20世纪之交传入中国时，中国哲学已经由古代形态经过近代形态而转入现代形态了，中国马克思主义哲学与中国古代哲学的结合，主要是通过哲学史与思想史的反思来实现的，并不是直接接着中国古代哲学来讲的。这样一来，从哲学传统上寻找马克思主义哲学与中国哲学的贯通处和结合点就必然会陷于困境。

第三，提出了解决中国马克思主义哲学的民族文化身份认同问题的新思路，这就是：从哲学传统上寻找中国马克思主义哲学与中国哲学的贯通处和结合点，必须在马克思主义哲学与20世纪中国哲学之间进行。从20世纪中国哲学的视域入手，就不难从哲学传统上发现中国马克思主义哲学与中国哲学的贯通处和结合点：20世纪中国哲学，推进并实现了自鸦片战争以来的中国哲学的古今之变，在其开展中实现了中国哲学形态的转换和中国哲学传统的更新，形成了中国哲学的现代形态，创造了中国哲学的现代传统；中国马克思主义哲学作为20世纪中国哲学主要思潮之一，以自己理论的彻底性和原创性，以自己的批判精神和实践性格，以自己在哲学理论和哲学体系上卓有成绩的建树，赋予了中国哲学新鲜的内容和巨大的活力，经过对中国古代哲学资源的扬弃吸取，经过与20世纪中国哲学诸思潮的相激互融，经过进行马克思主义哲学中国化诸代表性形态的建构，有力推进了中国哲学现代形态的开展，积极参与了中国哲学现代传统的创造，为中国哲学的古今之变做出了重大贡献，也由此而成为20世纪中国哲学的有机组成部分。正是这样，中国哲学的现代传统中积淀着中国马克思主义哲学的精神特征和思想内容。只要人们承认中国哲学的现代传统，就必须承认中国马克思主义哲学与中国哲学存在着贯通处和结合点，就必须承认中国马克思主义哲学是与这个传统不可分割的。也就是说，中国马克思主义哲学已经由"在中国的哲学"转变成了"中国的哲学"，获得了自己的中国文化身份，解决了民族文化身份认同问题。

第四，循此新思路，本成果为马克思主义哲学中国化研究提供了一个新的研究视域和研究框架，这就是中国哲学的现代转型和传统更新。通过这个新的研究视域和研究框架，可以清楚地阐明中国马克思主义哲学与中国哲学传统的内在联系，说明在过去百年间，中国马克思主义哲学通过对中国哲学现代转型和传统更新的积极参与，已经成为中国哲学的内容，融入了中国哲学的传统。

第五，通过这个新思路、新视域和新框架，确实能够很好地从哲学传统上找到中国马克思主义哲学与中国哲学的贯通处和结合点，使中国马克思主义哲学真正进入到中国哲学传统之中，从而有效地解决中国马克思主义哲学的民族文化身份认同问题。这样一来，中国马克思主义者就能够在这个问题上，通过这种具有真实历史感的马克思主义哲学中国化研究，获得对于中国马克思主义哲学的理论自信，理直气壮地回应来自非马克思主义哲学思潮的挑战。

三、本成果的学术创新、应用价值以及社会影响

本成果主要的学术创新在于：

第一，本成果所要回答和解决的问题，即从哲学传统上找到中国马克思主义哲学与中国哲学的贯通处和结合点，使中国马克思主义哲学真正进入到中国哲学传统之中，解决中国马克思主义哲学的民族文化身份认同问题，是一个至今未能得到很好回答和解决的问题。本成果提出以中国哲学的现代转型和传统更新为新思路、新视域和新框架，从20世纪中国哲学史出发来回答和解决这个问题，是最大创新之处。

第二，本成果从所持的中国哲学史观入手，对中国哲学的现代转型和传统更新进行了总体性阐发，论析了19—20世纪中国哲学的历史走向与内在结构，以及与马克思主义哲学中国化的关联，从而从哲学史上深入地阐明了这个新视域和新框架。

第三，通过这个新视域和新框架，对马克思主义哲学中国化传统的形成与发展，对马克思主义哲学中国化代表性形态的构建与演进，做了新概括、新阐发，既富有强烈的历史感，又具有理论的深度和力度，从而在史与论的结合、历史与逻辑的统一上，阐明了中国马克思主义哲学已经在过去百年间成功地由"在中国的哲学"成为"中国的哲学"，解决了自己的民族文化身份认同问题。

本成果旨在解决中国马克思主义哲学所遭遇的现实问题，从而在21世纪的中国坚持和发展马克思主义哲学，使马克思主义哲学继续在中国思想世界保持主流思潮的地位，继续成为中国人民共同奋斗的思想旗帜。因此，本成果虽为学术著作，但在一定意义上也有其应用价值，并当产生积极的社会影响。

《逻辑学视野中的认知研究》概要

任晓明*

一、研究的目的、意义及方法

认知科学和人工智能等学科的研究目前是中外学者普遍关注的课题，但是认知科学与逻辑学关系的研究却没有得到应有的重视。近年来，国内外虽有一些知名学者逐渐开始关注这一领域，并对这一课题提出了重要观点，做出了重要的贡献，但从总体上看，这项研究仍然缺乏系统性，对其中的前沿性问题研究仍然很薄弱。

本成果的主题是"基于逻辑视域的认知研究"，亦即从逻辑学的视角看认知，探讨逻辑学与心理学、逻辑学与认知科学的关系。从思想史上看，逻辑学与心理学既相互缠结，又相互分离，呈现合久必分、分久必合的发展趋势。因此，考察逻辑学与认知心理学的历史渊源，研究其发展规律，对我们探讨逻辑学与认知科学的关系并提出和解决其深层次的哲学问题很有必要。

本成果的总体目标是：从逻辑视域切入，重新审视心理主义与反心理主义的关系，对新心理主义做批判性反思，在此基础上提出自己关于逻辑与认知关系的观点。这种认知研究不同于认知心理学的研究，也不同于逻辑学家的认知逻辑研究。我们聚焦于推理研究，既要考虑推理的心理状态，又要探究推理的逻辑机制；既追求规范性，又要考虑推理的描述性。我们所说的推理是广义的，既有形式化的推理，又有非形式的推理。当然，这种形式化也

* 任晓明，南开大学教授，博士生导师。

是广义的，不仅包括语形（句法）的形式化，也包括语义和语用的形式化。我们将在学界已有研究的基础上，对溯因推理的认知基础、类比推理的认知基础等重大理论问题提出自己的看法，试图对一些重大理论问题加以拓展和超越，以期获得总体性把握，并在某些研究基础较为深厚的方面进行深度挖掘和拓展。

20世纪发展最为迅猛、对人类生活影响最大的学科之一无疑是认知科学。而在今天，认知科学与逻辑科学成了新世纪的一种象征。哲学是时代精神的集中体现，认知科学与逻辑学的迅速发展，必然引起哲学范式的转换。这种范式的转换就是所谓"逻辑的认知转向"。这种转向的直接结果是逻辑与认知的交流互动和相互影响，从而使得认知和逻辑的概念、方法以及理论成为一种解释学框架，可以进一步对现实世界做出解释。总之，基于逻辑视域的认知研究必将从理论上和应用上推动人文社会科学的发展。本成果对认知与逻辑的哲学反思，具有重要的理论意义和实践意义。

研究方法主要有：第一，以重要理论问题为主导，采用理论阐释与案例分析相结合的研究方法。本成果就类比推理、归纳推理和演绎推理的关系以及溯因的认知和逻辑等重要问题，在理论阐释的基础上进行案例分析，以此展开对认知与逻辑的关系以及有关哲学问题的研究。第二，中国思想与西方思想互资互鉴的方法。本成果着重探讨西方思想史上关于认知与逻辑的理论和应用问题，同时也探讨了中国思想史上有关逻辑与认知的问题，并进一步得出不同的文化背景决定了不同类型和特点的逻辑与认知思想的结论，以纠正一些西方思想家对中国思想的误解和偏见。第三，逻辑与认知互动层面上开展的跨学科研究方法。对于逻辑与认知的跨学科研究，国内学者鞠实儿、何向东、黄华新等已经做了不少有价值的工作，但是将逻辑学的研究范围从自然科学领域扩展到社会文化领域，并将人工智能、心理学和认知科学的方法引入逻辑学研究领域，从逻辑和认知两方面研究重大前沿问题的成果并不多，这是本成果在研究内容和方法上的创新。

二、成果的主要内容和重要观点

1. 主要内容

以认知计算主义纲领的探究为核心，以心理主义与反心理主义之争为主线，从哲学与认知、逻辑与认知、计算与认知、认知与文化诠释多个角度展开，探讨类比推理、溯因推理、贝叶斯推理的认知基础和哲学问题。围绕认知、计算、逻辑与文化这四个方面，重点探讨人类推理的计算、认知及其哲学问题，分析了基于反心理主义观念的经典逻辑研究的贡献与局限，探讨了新心理主义背景下的计算和认知模型，如常识的类比模型、结构主义模型、平行推理模型等，进而挖掘与之相关的深层认知哲学理念，试图把这些理念、概念、方法和理论作为一种解释学框架，通过它对逻辑与认知的关系做出新的阐释。

本成果主要研究逻辑和认知科学哲学的一个纲领，即计算主义（认知计算主义）；一个核心理念，即主张我们应该坚持理性批判的新心理主义；评述和分析了两个主要流派，即心理主义和反心理主义；追溯了逻辑学与心理学合久必分、分久必合的历史发展趋势，展现了在新心理主义背景下逻辑与认知的交流互动、相互影响和制约的发展前景。本成果围绕逻辑视域的认知研究的几个核心主题如贝叶斯推理的认知研究、类比推理的认知研究、溯因推理的认知研究、认知与计算的研究、中国古代推类方法的认知分析和文化阐释等展开，共分 22 章。第一、第二、第三章探讨认知心理学视野中的逻辑推理问题。其中，第一章侧重于演绎推理和归纳推理的经验心理学研究。第二章侧重于主观概率判断的逻辑和认知研究。第三章侧重于贝叶斯推理的认知基础问题。第四、第五、第六、第七、第八章从哲学与认知、逻辑与认知、计算与认知角度探讨类比推理的认知科学问题和哲学问题。其中，第四章以逻辑和认知的不同视角比较对照的方法探讨类比推理的逻辑哲学和认知哲学问题。第五章从隐喻进路和非隐喻进路两方面探讨了类比推理与溯因推理融合的形式化、基于图示推理的类比形式化。第六章侧重探讨类比的计算理论，介绍和评述了易万思类比程序、基于案例推理的计算理论等。第七章主要从计算主义角度研究类比推理和类比程序，比较分析了计算主义的类比和数学中的类比问题。第八章进一步深入探讨类比推理的认知哲学问题，主要涉及可能的类比形式化和应当的类比形式化以及类比推理合理性的辩护或证立问题，等等。第九、第十、第十一、第十二章探讨溯因推理的认知问题。其中，第九章从思想史的角度探讨溯因推理从逻辑到认知的思想转变，以皮尔士溯因理论为案例，展开溯因推理的思想史研究。第十章侧重从科学哲学视角探讨溯因推理，研究它与最佳说明推理的联系与区别，并从认知角度看最佳说明推理的合理性。第十一章从视觉溯因角度看溯因推理，侧重从思想史方面探讨溯因推理的认知基础和思想渊源。第十二章从动物认知角度看溯因推理，讨论动物溯因究竟是本能还是推理的认知哲学问题。第十三、第十四、第十五、第十六、第十七章主要探讨信息、计算与认知的哲学问题。这一部分侧重于动态信息的认知问题、归纳推理的认知问题、计算主义的认知与哲学问题的探讨，把人类推理的认知研究从认知心理学的视域扩展到人工智能和计算机科学的较广阔视域，深化了逻辑视域的认知研究。第十八、第十九、第二十、第二十一、第二十二章探讨了中国古代推类的认知问题和文化阐释问题，并进一步探讨西方类比推理与中国推类相比较的特异性及其文化根基。首先从对中国逻辑史研究的困难和出路的分析入手，然后探讨中西逻辑思维的差异性，以推类法式的分析为案例，比较了中西方逻辑不同的认知特性以及这种特性产生的根源。

2. 重要观点

（1）围绕认知、计算、逻辑与文化这四个方面探讨逻辑与认知研究的若干前沿问题，重点讨论了推理的哲学问题、逻辑问题和认知问题，尤其是探讨了贝叶斯推理、类比推理、溯因推理以及人类推理的计算和认知问题，以及基于反心理主义观念的逻辑推理研究的贡献与局限的问题。本成果不仅探讨了新心理主义背景下的几个计算和认知研究模型，如日常类比模型、结构主义模型、平行推理模型等，而且挖掘了与之相关的深层认知哲学理念。

本成果认为，应当以辩证的眼光来看待心理主义与反心理主义之争。一方面，我们要吸取心理主义的合理内核，因为它在客观上推动了逻辑研究和认知研究的现代化。另一方面，必须承认，心理主义是有缺陷的。面对现代逻辑理论研究的挑战，仅仅坚持传统心理主义纲领，是不能真正解决问题的。我们需要更多地考虑主体依赖性、整体性、复杂性、不确定性等因素。本成果主张在心理主义和反心理主义两种极端的观点之间保持必要的张力。也就是说，一方面要保留心理主义的基本内核，另一方面要吸取反心理主义的合理内核，进而主张一种理性批判的新心理主义观点。

（2）对于心理主义和反心理主义之争，本成果的立场是：强心理主义的观点和反心理主义的观点都是过于极端的，它们都限制了逻辑学的发展。逻辑学的心理主义使逻辑学的发展进展缓慢，反心理主义使逻辑学的发展受到损害。把心理学和逻辑学的研究严格区分开来尽管在历史上有一定的进步意义，但在后来的发展中暴露出这种观点的局限和偏颇。逻辑学和心理学是两门相互独立的学科，应该坚持逻辑学和心理学的分工，应该看到逻辑对象和心理对象的区别。但是也应该看到逻辑学和心理学之间的相互联系，心理学的事实制约逻辑学规律的构建，但是要避免心理主义过于强势地侵占逻辑学的领域，影响逻辑规律的客观性和必然性；心理学需要逻辑学的形式语言来论证自身的理论，但是心理学主要是对心理事实的过程的描述，它们看重的是过程，而不是结果。随着人类认识的发展，认知科学正受到越来越多的逻辑学家的关注，与之相关的人工智能研究更是当今逻辑学和计算机科学主要关注焦点之一。同时，认知心理学作为心理学的分支也受到越来越多的心理学家和认知科学家的关注。总之，认知科学作为一个新兴的学科，吸收了心理学的理论营养并使用逻辑学作为它的工具，给予逻辑学和心理学平等的地位，对心理主义和逻辑主义之间的争论是一个超越。

逻辑学和心理学是两个不同的学科，当然应该坚持各自的独立性，应该为彼此保留一个界限和相对独立的范围；同时，逻辑学和心理学是相互影响、相互制约的，就像数学和物理学相互制约一样。类似地，逻辑学本质上是认知理论的一个组成部分，它运用恰当的数学语言表达认知的性质，运用数学工具探索认知的性质和过程。所以，逻辑学和认知科学之间的关系就像微积分和力学的关系一样，是相互影响、相互制约的。认知科学是包括逻辑学、心理学、人类文化学、哲学以及其他学科的一个交叉学科，这个事实本身是否可以看作强心理主义和反心理主义之间的一个和解？本成果认为，答案应当是肯定的。

本成果基本赞同新心理主义的观点，但是必须强调的是，我们主张的是一种基于理性批判的新心理主义。本成果主张在心理主义和反心理主义两种极端的观点之间保持必要的张力。也就是说，基于理性批判的新心理主义一方面要保留心理主义的基本内核，另一方面要吸取反心理主义的合理内核。关键的问题是，要准确把握"度"。

（3）基于新心理主义关于逻辑与认知相互影响的观点，吸取认知心理学研究的成果，从新的视角探讨了归纳推理和演绎推理的性质和合理性，考察了贝叶斯主义归纳支持理论与主观概率判断的支持理论之间的联系与区别，从贝叶斯推理的认知基础出发分析了归纳逻辑的认知基础问题。

本成果认为，逻辑的规范性研究对于心理现象具有较强的解释力，在心理学研究中吸取逻辑学的成果对于心理学的发展也是有益的；但是，弗雷格以后的经典逻辑学家只关注对保真性的要求而排斥对心理因素的考虑是有偏颇的。在实际推理过程中，这种保真性要求必须结合心理学因素而全面考虑。如果逻辑学只是在理论上寻求保真性，那么逻辑学的研究路径可能会越来越窄。因此，逻辑视域的认知研究不仅对认知科学有益，而且对逻辑学研究有重要意义。

本成果主张，认知视域中的逻辑推理具有以下特点：其一是过程与结果的统一。既考虑推理的逻辑结果，又考虑推理的心理过程，但着重考虑心理过程。其二是主观和客观的统一。主观和客观的因素都要考虑，但更注重主观因素。其三是分析（先验）与综合（经验）的统一，但更注重综合或经验因素。

（4）提出了证明类比推理合理性的方案，探讨了类比推理在哲学上、逻辑学上和心理学上的合理性。主张把类比研究与溯因研究、隐喻研究结合起来，通过分支融合和学科交叉，推进类比推理的逻辑和认知研究。探讨了类比推理形式化的可能路径和方向，提出了类比推理形式化的标准和类比推理较严格的定义，提供了类比推理合理性辩护的初步方案。

本成果认为，类比推理是一种主体经验性、知识依赖性、具有一定相对性的推理。以往的类比形式化方案虽然富有启发性，但面临许多问题和困难。类比形式化研究不能仅限于逻辑的研究，还应该研究认知科学中的类比计算模型和认知机制，比如结构主义和基于案例的推理。这些研究是类比推理在人工智能领域和认知科学领域的开拓和发展，为类比推理的研究奠定了科学基础和认知基础，值得借鉴和跨学科研究。

类比推理研究的重要启示是：第一，类比推理的形式化是广义的，它不仅应该包括语形（句法）的研究，而且应当包括语义和语用的研究；第二，对类比推理的辩护不仅要考虑其合理性，而且要研究它在自然科学、社会科学和人类思维中的可应用性以及创新功能；第三，类比推理研究既要考虑其客观因素，更要探究其主观因素，既要研究其外延，又要考虑其内涵。

（5）给出了在认知科学哲学框架内探讨溯因推理并证明其合理性的初步方案，认为这有助于摆脱以往的溯因推理逻辑研究面临的困境。提出了与纯逻辑研究角度不同的关于皮尔士溯因推理认知研究的新思路。探究了溯因推理与最佳说明（解释）推理的关系，凸显了皮尔士思想对溯因推理认知研究的思想史意义。给出了在视觉认知和动物认知的框架内发展溯因推理的初步构想。

溯因推理的逻辑研究所遭遇的困难向我们揭示出，溯因推理局限于逻辑研究是没有出路的。只有在认知研究的更宽广视域中，才有可能找到摆脱困境的出路。溯因推理可以看作是认知系统中的实践逻辑，是真正具有创造性的推理形式之一。视觉表征与溯因推理具有相互作用：在潜意识的心理活动中，视觉表征发挥直接作用；溯因推理即使在相对简单的视觉现象中也起作用。而视觉溯因出现在从曾经的类似经验储存中即时导出假说之时。对视觉溯因的研究，有助于我们更好地把握基于模型、知觉、操控等方面的溯因，展示视觉溯因在日常推理和科学发现中的认知作用，为构建一个令人满意、统一的视觉溯因模式奠定基础。

对动物溯因的研究，能帮助我们认识动物溯因在溯因推理和科学发现中的重要认知作用，有助于我们拓展溯因推理的研究视野，从静态和动态两个方面探究溯因推理，有助于推动动态认知逻辑、语言逻辑和人工智能逻辑的发展。

（6）考察了经典计算主义面临的困境，探讨了新计算主义的兴起对经典计算主义的冲击以及对认知和计算哲学思想发展的推动作用，提出了基于新计算主义的解困方案，主张以自然计算超越图灵计算，在此基础上进一步分析有关的人工智能的逻辑和认知问题。

要摆脱经典计算主义面临的困境，实现图灵计算向自然计算的转向可能是重要的突破口。本成果提出一种"扩大"的计算模型，但不主张放弃图灵机模型，只是主张考察图灵计算模型的假设和语境，表明它不适合自然计算，需要进一步拓展，进而考虑图灵机模型以及图灵计算的扩展定义，最终提出一种超越图灵机模型却能处理自然计算的扩展模型。

（7）分析了中国逻辑史研究的困境，主张从中国语言、中国哲学的文化背景理解和阐释中国特有的逻辑思想，认为这有助于我们全面理解和解读中国思想家的逻辑思想。着重探讨了中国古代推类的逻辑特性和认知基础，提出了以文化诠释和认知分析相结合的中国特色逻辑和认知研究的新路径。

按照崔清田先生的观点，先秦推类模式是在百家争鸣中被逼迫出来的推理模式，其所体现的传统思维方式是传统文化的一部分，体现了中国人的思维特点。通过对它背后的逻辑原则、文化传统、人文精神的了解，我们可以增强对传统认知方法意义、文化认同意义的了解。有助于我们克服西方中心主义的思维惯性，发掘中国古代思想家丰富而深邃的逻辑理论，实现逻辑研究的本土化。

从逻辑的认知基础角度看，中国古代逻辑的特点体现在：一是中国古代逻辑不是外延逻辑，而是一种讲求秩序和效率的逻辑；二是中国逻辑中的判断主要是一种悖论性判断；三是中国逻辑中的推理并不是西方逻辑意义上的类比推理，而是以类比推理形式出现的渗透归纳法即推类。四是这种推类是中国古代逻辑中的主要推理类型，它的结论由道德价值命题和事实判断命题共同导出，属于一种特殊的内涵逻辑。借助形式逻辑的公理化方法，可以找到最基本的伦理原则作为伦理推理的公理；采取广义论证的研究路径，可以为这种推理的非外延性和主观性做合理辩护，由此可以充分说明中国古代逻辑为何是当今的悖论逻辑、道义逻辑和语言逻辑的重要思想来源之一，从而为逻辑视域认知研究的本土化奠定基础。

三、成果的学术创新、应用价值以及社会影响和效益

1. 学术创新和应用价值

（1）提出了关于逻辑与认知的跨学科思想方法问题。本成果所做的研究主要不是纯逻辑和哲学的研究，而是在借鉴近年来国际上兴起的新心理主义研究成果基础上，从逻辑的视角对认知问题做出新的诠释，并在此基础上进一步探讨逻辑推理、计算模型、认知模型、认知机制以及认知基础问题。这些研究不仅对认知科学和哲学发展做出了贡献，而且对推动人工智能逻辑和哲学的研究有重要的意义。人工智能的逻辑理论基础不仅包括以演绎推理为主要内容的狭义认知逻辑，而且包括以归纳推理为主要内容的广义认知逻辑。然而，在国内外逻辑学界，对包括归纳推理在内的广义认知逻辑的研究还很薄弱。因此，基于人工智能逻辑的认知研究将促进哲学、逻辑学、计算

机科学、语言学、认知科学、文化人类学、心理学和社会学等的发展，有助于集结一支跨学科研究团队，开辟若干人文社会科学研究新方向，培育一批复合型人才。这不仅具有重要的理论意义，而且具有重要的实践意义。

（2）从逻辑学的特定视角探讨了认知的哲学问题。我们不仅探讨类比推理、溯因推理、贝叶斯推理的逻辑合理性和哲学合理性，更重要的是，从认知心理学角度探讨推理的合理性问题。这是过去的研究较少涉及的，它反映了计算机科学家、人工智能研究学者对逻辑学研究的一种范围拓展和理论深化。逻辑和认知理论的这一实践转向可以为计算机应用的伦理道德决策提供参考，因而具有一定的应用价值。我们主张把逻辑学家与认知科学家的工作结合起来，促进逻辑科学与认知科学的互动，开展基于逻辑视域的认知机制、认知推理、认知模型的理论与方法的研究，这对于推动逻辑科学整体进步具有重要的学术价值和应用价值。

（3）基于博大精深的中华文化背景，开展中国古代推类的文化诠释和认知基础研究。这对中国文化发展，对增强中国文化自信具有极其重要的意义。对中国古代推类的认知基础研究也有助于发展我国人文社会科学领域的创新研究技术，为建构具有中国特色的人文社会科学话语体系提供理论支持，为解决我国改革开放过程中面临的现实问题提供技术手段和方法论启示。

2. 社会影响和效益

（1）本成果在国内学界产生了广泛的影响。我们的阶段性成果在国内外重要期刊和会议上发表，在学界产生了广泛影响，如任晓明、那顺乌力吉、解丽的论文《类比推理辩护的常识模型困境及其解决策略》（《云南师范大学学报》2017 年第 3 期），任晓明、解丽的论文《视觉溯因的逻辑与认知问题初探》（《南开学报》2017 年第 2 期）被中国人民大学复印报刊资料等文摘转载。课题组成员还在《自然辩证法研究》《科学技术哲学研究》《逻辑学研究》等重要期刊和国内外重要会议发表相关论文。这些论文多次成为有关研讨会的大会主题报告。在 2013 年 10 月 19—20 日于南开大学召开的第六届两岸逻辑教学与学术研讨会上，我们比较集中地交流和展示了我们的逻辑与认知研究成果，特别是中国逻辑与认知的文化阐释问题研究成果。这些成果获得了学界的广泛好评，产生了较大的影响。我们还依托本课题邀请了台湾知名哲学学者林正宏、逻辑学者王文方等前来讲学，促进了本成果在台湾学界的传播，扩大了学术影响。

（2）本成果在国际学界也产生了一定的影响。本课题组成员多次利用参加国际学术会议的机会与国外同行交流，征求意见，使得我们的思考和探索得到了国外同行的充分肯定。如课题主持人任晓明曾于 2019 年应邀赴捷克参加第 16 届国际逻辑学、方法论与科学技术哲学大会（CLMPST），并在会上宣读了论文《溯因推理的三重含义》，引起了国际同行的热议和好评。

《宋代经学思想发展史》概要

姜海军*

一、研究的目的、意义及方法

1. 研究目的

在中国古代经学史上，宋代无疑是个至为关键的时期，具有承上启下的历史地位。其中，北宋是宋学范式建立与定型的时期，而南宋是宋学范式的最终确立时期。具体而言，北宋时期经学从注疏之学转向义理之学，而南宋是二程洛学后传诸派经学发展的历史，也是性理经学范式奠定的时期。南宋时期的经学发展已经进入了一个丰富、完善的阶段，开始在二程洛学的基础上结合当时的社会政治、思想文化做了进一步的发展，并形成了湖湘学、闽学、心学、浙学等流派。总之，宋代经学具有范式的意义，对中国近世乃至东亚的经学、儒学与文化都产生了深远的影响。

因此，本成果的研究目的有三：（1）全面而系统地研究两宋诸家、诸派的经学渊源、传承、经学诠释特点、经学诠释与思想建构等问题；（2）基于文献梳理，将两宋不同时期各家、诸派经学诠释研究与当时政治发展、文化演进相结合，探究两宋经学及思想发展的基本状况；（3）将两宋经学放在整个中国经学史、学术思想史的视野中，探讨其特征、地位及历史意义。

2. 研究意义

本成果基本上完成了对两宋不同时期各家、诸派经学的渊源、传承、诠

* 姜海军，北京师范大学教授，博士生导师。

释方法、思想体系、演进发展的系统梳理与总结，比如范仲淹、欧阳修、王安石新学、二程洛学、湖湘学派、朱熹闽学、陆九渊江西之学、浙东学派等。本成果在以下几方面进行了有益的探索：（1）首次对两宋不同时期各家、诸派经学的渊源、传承、诠释方法、思想建构以及不同学派之间的内在关联、交流、异同等问题做了系统而深入的分析，弥补了学术界在两宋经学及思想史研究上的遗漏。（2）首次基于文献学、历史学思路，从全新的角度，以扎实的文献考索、考辨为依托，客观而真实地对两宋不同时期各家与诸派经学的渊源、脉络、内容、思想进行分析和总结，改变了过去学术界对两宋诸派注重哲学史、观念史的研究向度。（3）首次将两宋经学与当时的社会政治、思想文化相结合，从思想史的角度来分析经学与社会、经学与政治之间的内在关联，加深了对两宋经学渊源、特点、演进及思想的理解，更加深了对两宋政治理念、社会治理方面的认识。

3. 研究方法

本成果的研究方法主要体现在以下几个方面：（1）本成果立足于经学文献、历史史料的细致梳理，通过大量的文献搜集、考据实证、归纳推理，对两宋时期的范仲淹、欧阳修、司马光、周敦颐、二程洛学、湖湘学、闽学、江西之学、浙东学派等的经学传承、诠释方法及思想体系做全面而系统的梳理、总结。（2）本成果用历史学的方法，以扎实的文献考据为基础，客观而真实地对两宋不同时期包括洛学、湖湘学、闽学、江西之学、浙东学派的思想渊源、师承关系、经学特点、思想体系、社会影响做一梳理与分析，还原当时诸派经学发展、演进、思想的本来面目。（3）本成果采用了比较研究法，将两宋诸派的经学及其思想进行横向对比，来分析彼此之间的关联与异同，从而加深对两宋经学的深刻理解与诠释。从学术史、思想史的角度出发，一方面将两宋不同时期各家、诸派的经学及其思想放在中国经学思想史中，来分析各家、诸派经学的源流、诠释方法特点、思想内涵及其在经学史上的意义；另一方面将两宋各家、诸派的经学研究放在两宋社会政治、思想文化的具体历史情境中，来分析各家、诸派的经学诠释、发展与两宋王朝社会秩序、价值信仰重建之间的关系。（4）吸收西方经典诠释学、范式转换学说、社会政治学等理论，从全新的视野对两宋各家、诸派的经学及其思想进行更加深入和多元的分析，以对两宋经学思想的发展、演进有更加深刻的理解和认识，更有助于理解经学在社会政治、思想文化中的价值与意义。

二、成果的主要内容和重要观点

1. 主要内容

本成果主要是对两宋不同时期各家、诸派经学的渊源、传承、诠释思想与方法及其思想建构、历史影响等问题做全面而系统的分析和总结。成果内容除了绪言、结论、余论之外，主体部分有十二章，每一章下有若干节进行详细梳理、分析。具体如下：

绪言，主要就本成果的学术价值与意义，海内外对此问题的研究现状与不足，本成果的问题意识、研究思路与方法做一介绍。

第一章，两宋"危机"、经学诠释与范式重建概论。本章主要从整体上将两宋时期的经学及其思想发生、演进的历史与当时的社会政治危机相结合进行分析，同时总括两宋时期经学及其思想传承、发展、演述的基本脉络。

第二章，宋初三朝经学思想的"墨守"与"新变"。本章主要对宋初三朝即宋太祖、太宗、真宗时期的经学进行全面分析，探讨了宋初社会结构变化、科举教育、儒释道三家的发展与经学发展演变的关系。

第三章，北宋庆、嘉之际的政治变革与经学变古。本章主要探讨了庆历、嘉祐时期政治的危机导致了儒者身份意识的觉醒，进而推动了政治变革、经学变古。同时，也分析了这一时期古文运动、史学革新与经学之间的内在关系。

第四章，北宋中期理学诸派的经学诠释与性理之学。本章主要是将北宋中期周敦颐、邵雍、刘牧等人的新易学与新儒学相结合，同时深入而系统地分析对当时及北宋后期经学有重要影响的王安石新学，并分析同时代二程、三苏等人的经学。

第五章，二程洛学的经学传承、诠释及其思想体系。本章主要是分析二程在汉宋经学范式中的地位及贡献，尤其分析二程的《四书》诠释在理学化经学体系建构中的价值与意义。同时分析二程如何借助经学诠释来建构新的儒学思想体系。

第六章，北宋后期理学诸派的经学传承与思想演进。本章主要分析王安石后传弟子经学诠释的思想与方法，同时也分析了同时代的蜀学、司马光、张载、二程等人的后传弟子的经学及其思想。

第七章，两宋之际新学与洛学的消长。本章主要分析两宋之际君臣及诸儒反思北宋灭亡的缘由，王安石新学派经学由此遭到了朝野一致的批判和抵制。与此同时，二程洛学由此勃兴，并开始在南宋初年流传开来。

第八章，南宋前期诸派的经学传承、诠释及思想。本章主要分析了南宋前期湖湘学如胡安国、胡宏等人的经学及思想。同时分析了闽学派"南剑三先生"的经学及其思想，更分析了南宋前期浙东学派的经学转型问题。

第九章，乾、淳时期经学诸派的传承、演进与鼎盛。本章主要分析了宋孝宗时期理学诸派经学大兴的状况，其中包括集湖湘学派大成的张栻经学及其思想、集二程洛学大成的朱熹经学及其思想、心学代表陆九渊的经学及思想以及浙东诸儒薛季宣、陈傅良等人的经学及思想情况。

第十章，宁、理时期经学的传承、发展与朱学的官学化。本章主要分析了宁宗、理宗时期经学诸派的传承、诠释与思想，尤其分析了这一时期心学派、理学派经学的分立与思想，以及理学化经学被立为官学的过程与影响。此外，还分析了朱熹后学、陆九渊后学、浙东学派集大成者叶适的经学及思想。

第十一章，南宋后期理学诸派的经学传承与思想会通。本章主要分析了程朱理学被立为官学之后经学传承、发展的基本状况，尤其分析了南宋后期理学、心学、浙学诸派经学传承、发展的特征，指出南宋后期经学开始出现了诸派合流的局面。

第十二章，宋代经学范式的建立、特质及其历史意义。本章从整体上分析了宋代经学范式形成缘由、确立过程及其深远影响。尤其探讨了宋代经学范式对中国近世政治、文化的深远影响。

结论，主要就两宋经学的整体脉络、思想内涵、诠释特征及其深远影响做一个总括，并结合两宋经学与当时政治文化、新儒学思想体系的关联进行深入分析与概括。

余论，主要分析两宋经学在经学史、学术思想史、哲学史上的意义，阐发它在中华文化传承、创新中的贡献及意义。

2. 重要观点

（1）汉学、宋学是儒家经典诠释的两种范式，同时也是两种不同的思想体系与文化类型。宋学尽管发轫于中唐"啖助学派"、韩愈、柳宗元等人，并经由北宋范仲淹、欧阳修、王安石、周敦颐、张载、程颢、程颐的推动基本建立，但实际上，宋学真正完善与定型是在南宋，尤其是经过南宋二程洛学、湖湘学、闽学、江西之学、浙学等流派的努力才最终完成此经学范式。之后，随着理学化经学——宋学的官学化，它在元明清之际得以发扬光大，影响了东亚文化及社会发展。

（2）两宋各家、诸派的经学体系、理学建构并不只是基于道统传承和对概念、范畴、命题的推演，也都借助了对"四书五经"的注疏、诠释而完成。各派学者在经学诠释的过程中，不仅致力于自身学派思想体系的建构，更是将经学诠释与社会政治秩序的重建、价值伦理的敦化紧密结合起来，从而积极参与到当时社会政治的建设之中。当然，不同学派之间社会政治治理路径的分歧也反映在经学诠释的思想与方法之中。

（3）两宋经学各家、诸派的经学都有门户之别，也有师承关联，尤其是在南宋时期，各家、诸派经学的渊源、诠释方法、思想建构上都与北宋二程洛学有一定渊源。可以说，南宋诸派是二程洛学的不同支脉，它们在经学旨趣上皆以道德修身为起点，以经典诠释为路径，以秩序重建、王权体系为归宿。只不过受到地域文化、个人视野、师承渊源、身份地位、历史传统等因素的影响，各派在解经方法、经典依据、政治理念与思想体系上各有特点、各有所侧重。

（4）南宋诸派的经学诠释，大体分为两脉：一脉是以程颢的体悟经学为基础的注重以心、性为核心的湖湘学派、陆九渊江西学派；一脉是以程颐的考索经学为基础的注重理、用的考亭学派、浙东学派。当然，两脉之间并非绝对对立、互异，而是基于经学传承门户不同、政治理念不同而形成了对经学的不同诠释。故在南宋后期社会政治危机严重之际，它们开始趋向合流，经学考据学兴起。

三、成果的学术创新、应用价值以及社会影响和效益

1. 学术创新

（1）笔者查考、阅读了大量以往学者很少关注的原始史料文献，首次从历史的视野对两宋各家、诸派经学及其思想的学术渊源、师承关系、内容特点、诠释方法、思想体系、理论结构、政治理念等多个方面进行客观

的考察分析，从而对两宋各家、诸派的经学及其思想有一个全面而系统的认识。

（2）首次改变了以往学者就两宋经学言经学、从文献到文献的单一分析方式，将文献梳理、考据实证与经学思想、学术思想、社会政治等相结合，以此来分析两宋经学及其思想的发生、发展、演进及其官学化的历程，同时展现了经学在社会政治、思想文化中的价值与意义。

（3）首次改变了过去学术界从概念、范畴等观念史的角度研究宋代理学、哲学的模式，注重从经学及其思想本身的角度分析两宋理学的发生、发展、内容、结构与思想体系。本成果吸收了诠释学、范式转换理论、社会政治理论等，分析两宋理学诸儒如何通过经典诠释的形式来建构新的思想体系，表达他们的政治理念（即经学与哲学、经学与政治的相互关系），同时也借此完成了经学由汉学到宋学的范式转换。

2. 应用价值以及社会影响和效益

本成果从古文献学、学术史、思想史的角度分析两宋各家、诸派经学及其思想的发展，对两宋经学诸派的学术渊源、诠释方法、发展演化、思想建构以及程朱派经学的官学化、发展演化等问题做了客观而公允的梳理分析，形成了对两宋经学及思想发展历程的全面而系统的认识。本成果的学术价值主要有以下五点：

（1）有助于我们全面而系统地了解两宋各家、诸派经学及其思想的渊源、传承、发展及演进过程，尤其有助于对南宋诸派如洛学、湖湘学、闽学、江西之学、浙东之学等的经学及其思想有一个系统而全面的认识。

（2）有助于我们了解两宋各家、诸派经学诠释与理学、哲学建构之间的关系，更有助于我们借助两宋理学来理解对中国近世思想文化有深远影响的宋学体系的形成、演化、诠释特征与思想特质。

（3）有助于我们理解两宋各家、诸派经学与社会政治秩序、道德信仰重建之间的内在关联，有助于理解经学诠释在宋代王权独尊的社会所具有的价值和所发挥的作用。

（4）有助于了解唐宋变革论下，宋代经学如何从汉学转向宋学，即如何从宋初章句注疏之学最终转化为理学化经学，亦即经学范式最终由汉学转向宋学。

（5）借助两宋经学及思想的研究，有助于我们理解近世以来中华文化的传承、诠释方式、思想特质与演变历程，更有助于弘扬经学在当前文化传承、文化认同以及国家认同方面的价值。

《经学与实理：朱子四书学研究》概要

许家星*

一、研究的目的、意义及方法

1. 研究目的

朱子学研究不仅是当前中国哲学研究之显学，也是八百年来中国思想学术研究之中心。在朱子广大精微的学术体系中，作为"朱子全部学术之中心或其结穴"（钱穆语）的四书学尤具特别之地位。可以说，自朱子四书学行世以来，对它的研究、阐释即成为中国哲学研究无法回避的课题。《四库全书》在经学下特立"四书"一目，充分表彰朱子编订《四书》对于塑造四书新经学的根本意义，四库馆臣言："《论语》、《孟子》旧各为帙，《大学》、《中庸》旧《礼记》之二篇，其编为《四书》，自宋淳熙始，其悬为令甲，则自延祐复科举始，古来无是名也"[①]。故朱子四书学不仅是朱子对"四书"原典注释阐发所建构的一套思想学术系统，也是经学理学一体化的最重要成果。朱子四书学内在蕴含了朱子学、宋明理学的核心命题，体现了朱子之学继往开来的集大成性质。同时，朱子四书学又树立了"四书学"这一新经学典范，开启了"四书学"这一新的经学时代，对于中国的经学思想产生了巨大影响。故本成果试图在准确把握和详尽分析朱子四书学的形成演变、内在体系、核心思想、经典诠释等方面的基础上，来推动中国经典学和中国哲学的深入研究，为传统文化的创造性转化和创新性发展提供借鉴。

---

* 许家星，北京师范大学教授，博士生导师。

① 永瑢等主编：《四库全书总目提要》卷三十五"经部·四书类"一。

2. 研究意义

对这一课题展开研究，至少具有以下意义：

（1）通过对理学最重要经典《四书章句集注》的阐发，以求推进朱子学、宋明理学的研究。

（2）注重经学与理学、汉学与宋学关系的考察，有助于推进中国经学思想的研究。

（3）侧重对朱子四书重点范畴的研究，有助于推进中国哲学范畴的深入展开。

（4）注重揭示朱子四书学的道德教化工夫，有助于推进中国传统道德伦理思想研究。

（5）注重对朱子诠释方法的研究，有助于中国哲学方法论的研究。

3. 研究方法

（1）文献考辨法。细致考辨朱子四书学文献的来源、形成、版本、诠释异同等。

（2）历史比较法。从动态角度分析比较朱子四书学的演变，判定其各阶段说法的一致性与差异性。

（3）发生还原法。从发生学的角度还原朱子四书学诠释的修改历程、各期看法。

（4）逻辑分析与工夫体验法。将范畴的逻辑分析与工夫体验相结合。

二、成果的主要内容和重要观点

（1）本成果恪守以朱子解释朱子的立场，力求以朱子对"四书"文本的研读为依托，从其固有的论题出发，采用朱子的治学方式，以忠实阐明朱子"四书"的本意为宗旨，可谓一"述朱"之作。这自然是一个很低级的目标，但却是并非易于达到的目标。一方面，从诠释学的立场而言，求朱子之意绝非易事，甚或不可能。朱子一生的治学目标，即是求圣贤本意。他反复倡导"求本意"的原则，然而从实践效果看，朱子的经典阐发在重视经文文本之义的同时，在义理解释上却多自出己意，以至于引起后世无穷纷争，如《大学章句》格物补传。但朱子坚持认为，只有经过其阐发（甚或调整）的文本才是符合经文本来面目的。他甚至以对天发誓的形式来指证自家的解释必合圣贤原意，否则"天厌之"！在这个意义上，创造性的阐发与具体文本的训释同为实现"求本意"的应有之方，朱子无疑是这方面最有心得和成就者。另一方面，朱子在"四书"诠释上倾尽所有，晚年引杜甫"更觉良工心独苦"之诗以自况解经用心之苦，抒发解人难遇之叹。故朱子非常担心学者无法真正理解《四书章句集注》看似简易实则精微的注文之妙，发出"不用某许多工夫，亦看某底不出"的警示。

在写作旨趣上，本成果以文本分析为主。文本是一个思想者思想的结晶，离开了对文本的深入解读，就不可能真正走入思想者的生命世界；离开了对文本的真切体悟，一切宏大叙述都不过是造塔于沙。而朱子的思想建构尤为倚重经典文本的诠释，他曾经历了从摆脱经典到回归经典的思想转变历程，"某后刻意经学，推见实理，始信前日诸人之误也"。认为自己对义理的洞彻乃源自对经典的深入钻研，从经中求理，最终形成了一种经学与理学浑然如一的经学哲学。而程门之误即在于脱离经文，借经典之文抒自家之意，已非解经而是自作文字。故朱子可谓一个"文本主义者"，他不厌其烦教导弟子应重视文本，忠实文本，再三提醒对文本的"咀嚼"与"涵泳"。事实上，对文本的重视，不仅没有束缚朱子的思想，反而使他在经学和哲学上提出了诸多富有创见的独到之解，实现了对前辈的超越。比如，对《周易》文本的重视，使他得出"易本卜筮"之书的卓然之见，指出如不从卜筮的角度着眼，而一味以义理解释，则《周易》一书在文义上将扞格不通。朱子还认为对文本本意的把握，是一件极其严肃和神圣的任务，它承担了真切探知圣贤原意所在的艰巨使命。由此朱子强调了"不多说""不少说"的恰到好处原则，倡导平实简易的解释风格，反对前辈及学人务为高远、险怪、惊奇、深幽的解经风格，并以《四书章句集注》一书，为后世经典注释树立了一种既简明又深刻、融经学与哲学为一体的诠释典范。

在写作方法上，本成果采用了内在问题分析法，而未取纯粹哲学概念的处理路径，这或许更契合朱子"四书"作为经学哲学的特点和朱子的学术抱负。朱子当然是一个伟大的哲学家，但朱子绝不只是哲学家，在《四书章句集注》中，深深凝聚着朱子作为经学家、教育家、宗教学家的思想和气质。故从朱子四书学具体章节、具体问题的分析入手，而不是从纯粹形式化的概念分析入手，可能更符合朱子著述之意，更贴合朱子著述之体。朱子治学，从来都是文本与义理并重，经学与哲学一体。他对二程学派的纯义理路数颇有反思和不满，认为脱离了经典的义理并不是好的义理，因为诠释者并不能无所依傍、无视经文而径直进入经典所承载的圣贤生命世界。而在"四书"具体文本和论题的阐发中，朱子始终着眼的是形上义理与实践工夫的契合，即下学而上达。为此，一方面，本成果选取了具有重要哲理意味的章节命题加以论述，如忠恕一贯、浩然之气等，以显示朱子诠释"四书"的哲学思维；另一方面，本成果对朱子的章句训释颇为留意，以显示朱子四书学的经学面貌。朱子多次强调章句之学的重要，直言"人多因章句不明，而看不成道理"！

在具体论述上，本成果取法《朱子哲学研究》所树立的典范，根据朱子"四书"诠释反复修改的客观情况，注重从历时发展、动态演变的眼光判定朱子论述的阶段性、矛盾性和统一性；根据朱子四书学文本众多、前后不一的情况，注重采用比较对照、综合分析的方法，来探求其思想错综复杂的来源和理路。据朱子"铢积寸累"的治学风格，本成果同样采用"铢积寸累"的方式，摒弃宏大叙述，力戒穿凿附会，以尽量细致的考察，来进入朱子由"铢积寸累"而构成的宏阔学术世界，以显朱子"唯其精微，方见广大"的融高明与精微为一体的学术特色。这也许是符合朱子意愿的。

（2）在研究内容上，本成果凡 7 章，都 32 节，计 60 万言。从朱子四书学的构成与形成、道统论、经学与实理、圣贤人格、寓作于述、文本考辨、传承发展七个方面对朱子四书学做了细致深入研读。采取比照而观、历史还原的方法，对朱子四书学涉及的诸多问题做了深入的考辨与阐发，在已有研究的基础上提出了独立思考的新观点，体现了论者于平实中见创新的质朴学风。

第一章概论朱子四书学。回顾了朱子四书学研究史，阐发了朱子四书学系统的构成，对朱子四书学的形成做出了新的考察。首节对朱子四书学研究史做了必要梳理，指出近八百年中国思想史，可谓是一部《四书章句集注》诠释史，着重从发展阶段、诠释样式、诠释体裁、研究态度、诠释目的等角度对异彩纷呈的四书学研究史加以概述。并展望未来朱子四书学研究应融合经学诠释与哲学分析两种方式，以求朱子四书之是为根基，实现朱子四书学与现代思想的对接与转化。次节对"四书"与四书学、"四书"与"五经"、"四书"内部构成、《四书章句集注》的核心地位等做出了阐发，指出朱子四书学是融思想建构与学术创新为一体的新经学典范。第三节对朱子四书学的形成做出了新的考察，提出应注意朱子诠释"四书"的撰述刊刻既齐头并进又分合有度的特点。朱子于《四书章句集注》中之各书或单刻，或《学庸章句》合刻，或《论孟集注》合刻，但并未合刻《四书章句集注》。并厘清了对《四书或问》认识的困惑，指出今通行本《四书或问》虽编为一帙，而实由丁酉《论孟或问》与朱子晚年《学庸或问》两部分构成，二者性质、地位皆有所差别。辨析《论孟精义》实为前后修订之著作，名称、刊刻皆多变，最后定本当为庚子版，而今流传通行本却不属任一版本，似为盗本。

第二章，朱子道统论。道统是朱子四书学一个富有创造性的重要论题，其内涵深刻丰富。本章第一节讨论了《中庸章句序》"道心惟微，人心惟危。惟精惟一，允执厥中"十六字心传的道统内涵，分析了其中人欲与人心的关系。第二节分析了《论语》"克己复礼"章对颜子传道地位的阐发，指出朱子盛赞孔颜"克复心法"乃"传授心法切要之言"，将之视为与"精一心法"相并列者，显示了儒家道统以工夫论为核心，由工夫贯穿本体的下学上达路线。第三节讨论了《论语》"忠恕一贯"章对曾子传道地位的肯定与阐发，朱子视本章为"《论语》中第一章"和"圣门末后亲传密旨"，分析了朱子忠恕说的三层不同含义，阐明其中的理一分殊思想及批判精神。第四节从一个更宏阔视野来看待朱子道统世界。认为朱子道统在"四书"工夫道统之外，还存在一个以周敦颐为道统传人，以《太极图说》为传道经典，以太极本体为道统核心的道统新谱系，故朱子道统实由"四书"谱系和《太极图说》谱系两方面构成。第五节则指出朱子很早即留心通过对儒家道统的"门户清理"来树立道统，典型的见诸《杂学辨》对南宋心学代表张无垢"始学于龟山之门而逃儒以归释"的批评。

第三章，经学与实理。朱子对自身治学有一反思和转变，早年解经受二程学派求其大义的影响，导致脱离经文，只说己意。后则领悟汉唐古注之妙处，提出应重新摆正经文与注者之主客关系，义理阐释须服务于经文、受经文制约而不可凭己意妄发之。反思哲理的阐发只有通过对经文原意的深入研读才可能真正获得，即"刻意经学"，方才"推见实理"。故本章以朱子对"四书"具体章节命题的诠释为中心，呈现朱子如何紧扣"四书"经文阐发理学思想，从而做到经学与哲学的融洽如一。首节讨论朱子对《论语》"学而时习"章的别开生面之解。朱子围绕何为学、如何学、学何乐、学何成四个中心问题展开诠释，并从工夫实践着眼，认为朋来而乐乃是基于自身"明善复性"基础上的"善信及人"的教化之乐。第二节讨论朱子对《论语》"克己复礼"章的解读。朱子基于工夫论立场，创造性地揭示了克复工夫笃实、亲切、健勇、精细、彻上彻下的"切要"特点，对"理"与"礼"、"克己"与"复礼"、彻上与彻下等问题深入辨析。本节还在已有成果基础上对朱子、张栻的《仁说》加以新的考察，认为二贤各自著有《仁说》，相互切磋，互相受益。第三节讨论《论语》对管仲的评价问题。以朱子对管仲的辨析为中心，并与孔、孟、程颐、王夫之等人的评析相对照，分析其中所折射出的儒家义利价值观。第四节讨论朱子对《孟子》"浩然之气"章的解释。朱子以本末内外说阐释了心气、心言、志气的含义及其关联，剖析了"浩然之气"神秘、刚大、先天、创生等特点，以俯仰不愧怍视为"浩然之气"的主旨，并将"知言"视为养气前提，直养、配义、集义为根本，"有事而勿忘勿正勿助"为节目，强调道德修养工夫的实践性、彻底性和一贯性。第五节讨论朱子对《大学》格物说的理解，认为朱子"格物"乃成圣之学而非知识之学，它融理性、信仰、存心、实践、境界、道德、觉悟为一体，具有深刻复杂的内涵。"至极"为朱子格物的根本点，朱子将"决定是要做圣贤"视为格物"第一义"。故只有从圣贤之学而非认识论的角度，方能真切把握朱子格物的蕴含，这也是理解整个宋明理学的立足点。第六节讨论《大学》诚意之说。朱子易箦前尚在修改"诚意"章注解，其修改内容演变为后世朱子学一段公案。全面考察朱子诚意之论述，尤其是对其前后"诚意""自欺"修改痕迹之比较，可证"一于善"说更合朱子本意。朱子对"诚意"章频繁打磨、死而后已的修改历程，体现了诚意在朱子学术生命中的独特地位。第七节讨论朱子对《中庸》首章的解释。朱子将《中庸》定位为儒家传心之书，这一心法要义在《中庸》首章中得到充分体现。朱子认为首章乃是"全书之体要"，依次论述了"道之本原""存养省察""圣神功化"三个涉及儒学根本宗旨的核心话题，揭示了《中庸》乃是集儒家以理（中、诚）为本体、存养省察为功夫、天人合一为境界于一身的成德系统。

第四章，朱子四书学的圣贤人格观。第一节，圣人论。朱子在继承周、程圣人观的基础上，分析了圣人与理合一、大、全、通、化的超凡特质和同于常人这两个向度，突出了大成至圣和偏至之圣、尧舜性之和汤武反之的圣圣之别，但朱子所坚持的偏圣说，也造成圣、贤、君子概念之间的紊乱。第二节论朱子《四书章句集注》对孔门弟子的批评及其引发的争议。《论语集注》根据"察病救失"的诠释原则揭发孔门弟子病痛，被清儒扣以"贬抑圣门"之罪名。朱子实以"造道之极致"为标准，以理学概念为参照，根据"对号入座""列举史实""针砭学弊"三种方法，论证孔子曾以"察病""救失""警告"方式纠正弟子为学之病。第三节论"学颜子之所学"。在"尊孟"之外，宋明理学的发展实是以"学颜"为主线。朱子采用对比方式，从工夫论角度阐发了颜子"具体圣人""贤之大成"的崇高形象，陆王心学通过颜、曾比较，尤为突出颜子"尽传圣人之学""见圣道之全"的独特性。

第五章，寓作于述。讨论了朱子对"四书"文本诠释的方法、态度、理念。第一节论《四书章句集注》引文的改易现象。《四书章句集注》虽引诸说为注，而朱子却多以己意"增损改易本文"，此"改文"大致有两类：一为古人所惯用的引其意而改其文，二是因不满被引之说而改之以就己意，甚至改为对立看法。朱子之做法体现了其经典诠释既述作兼具，又融汉宋一体的综合性与创新性。第二节论朱子对"四书"诠释的三个原则：一是力求切合文本原义。二是发明圣贤之旨，由圣贤之言，传圣贤之心。三是力求将诠释指向现实，就学者为学所暴露的问题，"因病发药"，以实现诠释的实用性和指导性。第三节论朱子与黄榦的《论语精义》之辨。《论孟精义》作为《四书章句集注》之蓝本，被朱子视为进入《四书章句集注》的必备阶梯。现存《朱子语类》保留了黄榦与朱子关于《论语精义》中《学而》《雍也》两篇的讨论，生动体现了朱子学"虚心、熟读而审择"的方法，"读书不可不仔细"的理念，"尽精微"的特色，这些至今仍具有切实的现实针砭意义。第四节论朱子与张栻（南轩）《癸巳论语说》之辩。今据《四书集编》《西山读书记》等书，可证《南轩论语解》存在癸巳初本与淳熙改本之别，改本主要据朱子意见修改而成，体现出朱、张"早异晚同"的趋势。《论语》之辩还反映了朱、张二贤在继承与突破洛学上的差异。第五节论《中庸章句》的章句学。《中庸章句》在诠释上实现了文韵与玄理的圆融无间。它以"理一分殊"这一核心，据中庸、体用、诚明三个范畴将全篇三十三章分为三大语义群，标志着《中庸》之学进入了"章句"时代。第六节论述朱子"四书"

的三重批判精神。"知得它是非，方是自己所得处"是朱子所倡导的反思批判精神，构成朱子学自我更新的不竭动力。初成于丁酉的《论孟或问》对《论孟精义》所收程门之说做了毫厘必显的辨析，对《四书章句集注》取舍用心加以详尽阐明，充分体现了朱子对程门学派的某种"决裂"与超越，堪称朱子思想之"独立宣言"。然《论孟或问》反映朱子中年看法，"原多未定之论"，朱子晚年对此多有否定与更改，终在对自我之批判与超越中达至圆熟。以勉斋学为代表的朱子后学得朱子批判精神之三昧，双峰学派与北山学派分别从义理与考据两面批判朱子。从三重批判的视野，可明乎朱子学对于后朱子学时代实具定盘意义。

第六章，朱子四书诠释文本考辨。第一节通过细致考察元代理学家陈栎与胡炳文关于《四书章句集注》版本的分歧，认为《四书章句集注》实存在流行于宋元的宋本与流行于明清的祝本两大系列，其中的差异体现了朱子后学对朱子晚年定见理解的不同。第二节对《四书章句集注》中华书局点校本提出了质疑。涉及引文句读、行文句读、人名误漏、校勘疏忽、分节不当等方面。盖诠解"四书"，虽本无定则，然《四书章句集注》点校，实应以忠实于朱子原意为准的，故须参照朱子思想及《朱子语类》等相关论述。第三节试图对今通行本《论孟精义》加以一定程度还原。据《论孟精义》与《四书章句集注》等之比照，可知今通行本较庚子本《论孟要义》缺少了周孚先《论语说》等内容。故《论孟精义》的初步推测复原工作对理解朱子四书思想及其演变仍具有一定意义。第四节朱子"四书"书信新考。本节将思想与事实考察方法相结合，重新考证数十封有关"四书"的书信年代，提出几个共性问题：一是《朱文公文集》经后人之手，难免存在书信的杂糅、重出；二是《朱子语类》未可全据记录者来判定其年代；三是朱子"四书"处于不断修改过程中，将其作为判定年代依据当持灵活、审慎态度；四是各书信之年代应保持相洽而无矛盾。第四节重论《近思录》与"四书"关系。指出《近思录》的"好看"与"难看"说并不矛盾，而是分指文本与读者；"阶梯"之喻蕴含凸显与不足双重意义；"《近思录》，四子之阶梯"如为朱子之言，则"四子"当指周张二程；如为陈淳之言，则当指"四书"。《近思录》关乎"四书"者约 158 条，仅占全书 622 条之四分之一，就其所涉"四书"范围来看，实不足以为阶梯。

　　第七章，朱子四书学的传承发展。第一节论"四书"与"字义体"。理学重范畴、讲辨析，形成了以"字义"为特征的范畴之学。朱子对"四书"的精密注释实为先导，程端蒙《性理字训》、陈淳《北溪字义》、程若庸《增广性理字训》、陈普《字义》于字义体皆有所发展，而真德秀《西山读书记》、朱公迁《四书通旨》则皆以"字义"为纲，类聚经书正文，分别形成"字义"＋注疏、"字义"＋"经疑"的综合体。朱子门人后学发展的字义体，构成诠释朱子"四书"的新样式，推动了"四书"范畴学的发展。第二节论朱子高弟黄榦在《中庸》章节之分、义理建构、工夫系统上对朱子中庸学的突破。黄榦将《中庸》分为三十四章六大节，指出道之体用乃贯穿全书之主线，提炼出以戒惧慎独、知仁勇、诚为脉络的《中庸》工夫论系统，并深刻影响了弟子饶鲁、后学吴澄的中庸学，对朱子学《中庸》诠释实具继往开来之意义。第三节论美国学者贾德讷（Daniel K. Gardner）的朱子"四书"研究。贾德讷对朱子"四书"的研究显示了英语世界所少见的文本翻译、注释和解析能力，并在朱子"四书"与理学、教化、经典诠释等重要论题上，取得了与国内遥相呼应的成果，显示了当代英语世界朱子"四书"研究之新特点。

三、成果的学术创新、应用价值以及社会影响和效益

　　1. 学术创新

　　一是对朱子"四书"文献研究的创新。在朱子四书学著述的形成问题上，本成果做了认真的文献考察，对以往在这个问题上的各种说法做了严谨的厘清。并指出当今流行的《论孟精义》本并非定本，进而对《论孟精义》定本努力做了复原工作。本成果还提出了以往甚少关注的《四书章句集注》的两大版本问题，指出了其中的具体文本差异及其所折射的义理之争。进而对通行多年的中华书局点校本《四书章句集注》存在的引文句读、行文句法、人名误漏、校勘疏忽等问题，提出了质疑和改正意见。本成果还对朱子书信中涉及"四书"的部分，做了新的考察，归纳出其中存在的共性问题。

　　二是对朱子"四书"诠释的创新。"经典与诠释"成为近来学界流行的主题，本成果亦受此影响，侧重对《四书章句集注》的诠释研究，拓展了朱子学研究的面向，揭示了朱子四书学不仅树立了一套新的经学系统，而且形

成了新的诠释理论。本成果通过对朱子《四书章句集注》与《四书或问》形成过程的具体考察来揭示朱子的诠释思想，指出诠释方法及其变化对朱子四书诠释的内容发挥了重要作用。如通过考察《四书章句集注》中朱子对五百余条引文的改写，归纳出其改写的两种类型，具体呈现了朱子寓作于述的特点。梳理了朱子与张栻有关其《癸巳论语说》的辩论，由此探讨了朱子青年时代到中年时代逐步突破二程的解经理念，建立起自己集汉宋之长的诠释方法的过程。本成果的特点是：一方面通过详细的、具体的深入考察，来进入诠释研究的细部；另一方面注意揭示朱子思想前后演变，展示其四书学诠释的动态发展过程。

三是对朱子四书义理论述的创新。本成果对朱子四书学的诸多理学命题做出了独到阐发。如对朱子四书的道统论给了特别重视，视为朱子四书学的一大贡献。朱子通过对"四书"的精心诠释，确立了儒家道统传承脉络，树立了孔曾思孟、周程以至朱子本人的道统谱系。朱子的道统世界蕴含着人物、经典、范畴三个主干，由两条并行路线构成：以二程为传人、"四书"为文本、工夫范畴为主的道德教化之路；以周敦颐为传人、《太极图说》为文本、本体范畴为主的形上超越之路。突破了以《中庸章句序》"十六字心传"论朱子道统的局限，揭示了孔颜克复之传为孔门"心法传授切要之言"、孔曾忠恕一贯之传为"圣门末后亲传密旨"的道统意义。此外，本成果对朱子"四书"中的仁学、诚意、格物、圣贤观、字义学等方面皆有发前人所未发之处。

四是对朱子"四书"工夫论研究的创新。工夫论的问题意识已为宋明儒学研究者普遍采用为内在研究的理路，本成果在对朱子四书内在论题如克己复礼、诚意之学、格物之方、浩然之气等的研究中，特别突出了朱子诠释中的工夫论意识。并从理论上总结了朱子对"四书"诠释的求本意、发原意、针砭学弊三大原则，特别阐发了"针砭学弊"原则在朱子治学及经典诠释中的主导地位。

2. 应用价值

本成果作为基础理论研究，对于传承和发展优秀传统思想文化，提炼具有中国特色的学术话语和思想话语体系，树立民族文化自信，推进中华文化的创造性转化和创新性发展具有一定的价值。

3. 社会影响和效益

本成果前身是笔者博士论文《朱子四书学研究》，经过了北京师范大学学位委员会和北京市学位委员会等专家的审查，曾先后获得北京师范大学和北京市优秀博士学位论文奖。

本成果作为国家社会科学基金青年项目结项成果，获得五位匿审鉴定专家的认可，如有专家指出："该项成果论述完备而可靠，系统而规范，与当今的学术浮躁、学术造假形成强烈的反差，是一部很有学术价值的优秀成果。"

本成果内容先后在《哲学研究》等刊物发表，相关论文被中国人民大学复印报刊资料、《朱子学年鉴》等转载引用，并获得 2011 年江西省第十四次社会科学优秀成果奖、2018 年第二届南溪书院学术奖、2020 年南轩奖等奖励，具有一定社会反响。

本成果获得学界前辈专家认可，陈来教授指出："本书把朱子四书学的研究在前人研究的基础上推向了一个新的高峰。在有关朱子学四书研究的诸问题上，本书都依据史料，做出了确实有据的论断；其中的发明论述，多有前贤所未及处；其研究的细致与深入，亦为以往朱子四书学研究所未见。本书可谓迄今为止有关朱子四书学的最富有成果的研究，也是近年来我所看到的最见功夫的朱子学研究的成果。"李景林教授认为："书稿呈现出文献扎实，分析细密，视角有新意的特点。""不仅对推进朱子学和宋明理学研究的深化具有重要的作用，对我们理解中国传统经学诠释方法，调整中国哲学的研究方法和思路，也有很好的启发意义。"

《〈周易〉与魏晋玄学》概要

王晓毅[*]

一、研究的目的、意义及方法

魏晋玄学是中国古代思想史上的重要发展阶段，而《周易》是玄学家构建理论体系的最重要经典之一，与《老子》《庄子》并称"三玄"。魏晋玄学与《周易》关系的重要性，不言而喻。王弼《周易注》与韩康伯《系辞注》是唐朝之后历代官方易学的文本，影响极为深远。因此，玄学家的易学著作，一直为学术界所关注。汤用彤先生于 20 世纪 30、40 年代撰写了关于王弼易学的三篇开拓性论文：其一，《言意之辨》，揭示了《易传》"言不尽意"在魏晋玄学理论建构中的方法论意义。其二，《王弼大衍义略释》，讨论了王弼用"无"解释易传中的太极观念，以贵"无"本体论取代汉代象数易学的宇宙论。其三，《王弼之〈周易〉〈论语〉新义》，重点阐述了王弼如何解决名教与自然的关系，融合儒、道哲学。汤先生的这些论著，堪称 20 世纪魏晋玄学义理易学研究的里程碑之作。

由于王弼《周易注》是无法回避的学术重镇，故各种中国哲学通史与易学通史类著作，大都涉及王弼易学思想。继汤用彤先生之后，当代学术界在这一领域继续用力，如余敦康、王葆玹、林丽真等学者的魏晋玄学研究著作。其中最有分量的作品，是朱伯崑先生所著四卷本的《易学哲学史》（北京大学出版社 1986 年版），其第一卷第二编的第六章标题为"魏晋玄学的易

[*] 王晓毅，清华大学教授，博士生导师。

学哲学"，分为三节：第一节王弼《周易注》与《周易略例》，第二节韩康伯的《系辞注》，第三节关于玄学派与象数派的争论。该章约 7.5 万字，对玄学易学的重要问题做了比较系统的梳理。尤其是第三节，对这一时期玄学家述及的重要易学问题，如曹魏时期何晏与管辂的易学清谈、阮籍的《通易论》、西晋欧阳建的《言尽意论》、顾荣与纪瞻关于"太极"的讨论，东晋时期殷浩与孙盛关于"易象"的辩论等进行了分析。这些论述，虽然仅是朱先生《易学哲学史》中的一章，但学术价值不可低估，是从哲学史角度研究魏晋玄学义理易学最全面的论著，也是研究这一课题最重要的参考书之一。

纵观这一时期的研究，尽管学者们在某些问题上有所拓展，但从整体上看，仍属于汤用彤体系的丰富或发展，没有刷新这个体系。其中原因有三：其一，绝大多数成果集中在王弼易学方面，对其他玄学家的易学思想用力较少，如对东晋易学的研究力度明显不足。其二，对玄学义理易学在社会实践中的影响——在政府政治决策与士大夫人生抉择中的作用，研究力度甚弱。其三，对玄学易学中的道家思想因素的研究，侧重老庄哲学，没有将汉魏之际最有生命力的黄老之学的影响纳入研究视野，而这恰恰是引发王弼易学革命的要素。这些因素影响了魏晋玄学研究的深化，使这一学科自汤用彤先生之后没有出现重大发展。

笔者研究魏晋玄学 30 多年，涉及了不同时段的各个流派。这些玄学流派的理论创建，都与《周易》有着密切关系，无法回避，故撰写并发表了多篇有关《周易》的论文。在这个研究过程中，感到《周易》与魏晋玄学的关系，是一个需要深入探讨的课题。为了能在这个问题上有所进展，笔者在前人研究的基础上，开掘了大量史料，并运用社会历史与学术思想相结合的方法，从士族社会政治与玄学义理易学、义理易学与象数易学、义理易学内部不同观点之间的互动角度，全面探讨了魏晋不同时期玄学流派与《周易》的关系，提出了一系列新见解，形成第一本研究魏晋玄学义理易学的学术专著。

二、成果的主要内容和重要观点

学术界一般将魏晋玄学划分为汉魏之际、正始、竹林、元康、东晋五个时期。每个时期的社会政治环境、士人群体的文化性格、学术主题与哲学理论，都存在明显差异。本成果分别探讨了在这五个不同时期《周易》与玄学思潮的关系，构成了本成果的五个篇章。下面将分别简介五章的主要内容尤其是其中的学术新见。

第一章，汉魏之际思想变革与义理易学兴起。面对经学衰落而道家思想复兴，融合儒家纲常名教与道家人性自然成为最重要的时代课题，也是尔后魏晋玄学试图解决的学术主题。这是学术界的共识。笔者的创新之处，是指出其中最有影响的道家学派并不是通常所说的老庄哲学，而是所谓的黄老之学。它不是战国秦汉之际黄老之学的简单重复，而是以"名理学"形式出现的新黄老之学。其特点是以黄老"因循"哲学为最高原则，运用形名学方法，对社会问题"循名责实""辨名析理"，儒、法、术并用，随社会变化而有所侧重。黄老之学成为曹魏前期意识形态的主流，对魏晋学术思想的发展产生了深远影响：黄老之学与儒学的结合，演变为魏晋之际的"礼法"儒学，表现为以古文经形式立于官学的王肃经学；黄老之学与老庄哲学结合，演变为正始玄学，代表作是王弼的《老子注》与《周易注》。黄老道家以无为"因循"事物自然本性的学说，对这一时期义理易学的变革产生了直接影响，表现为从荆州易学、王肃易学到王弼易学的一系列转变，尤其对王弼易学革命，影响最为显著，是王弼《周易注》的指导思想。

第二章，《周易》与正始玄学。王弼《周易注》前人研究成果甚丰，滞义不多。笔者对王弼家学渊源、学术方法以及本体论特点做过深入探讨，有较多的前期研究成果，经过充实提高，融合到本成果中。在以下两个问题上，取得了新的进展。

（1）将黄老道家"因循"哲学纳入研究视野。学术界认为，"援老（老庄）入易"是王弼《周易注》的特色。笔者则认为，道家的"老"，主要是黄老。关于卦时和爻位问题，《易传》已有分别论述，但是没有正面论述卦时与爻位两者之间的关系。王弼《周易注》的突出贡献，是以黄老道家"与时迁移、应物变化"的"因循"政治哲学为指导，创造性地发挥了《易传》中的时位学说。他认为，《周易》每卦都表达一种"时"，即社会所面临的时代大环境与所要遵循的特殊规律；每一卦都由六个爻组成，每个爻都与其他爻存在着复杂的关系，即爻位。爻位象征在某种时代大环境中，行为主体所面临的各种具体条件与关系。以卦时统率爻位，是王弼超越前人的突破点，也是贯穿于六十四卦注释中的思想主线。透过王弼卦时与爻位关系理论的《易》学外衣，可以清楚地看到，其目的不是总结抽象的一般哲学原理，而是力图为统治者顺应时变，灵活运用儒、法、兵等诸子学说经邦治国提供领导智慧：以德治国的时代，用观卦䷓智慧；以法治国的时代，用噬嗑卦䷔智慧；以军事手段解决问题的战争时代，用师卦䷆智慧。

（2）对何晏易学的性质，提出了新的观点。正始时期大多数义理派易学家的哲学基础，仍然是以阴阳五行为核心的宇宙气化论，他们反对的是汉代象数易学的烦琐与牵强附会的解释方法。他们的义理易学，主要是运用《周易》话语中的哲学智慧，指导现实生活与政治或进行人物品评。何晏、王弼是魏晋义理易学的领军人物，但两人的贵"无"论哲学并不完全相同，主要表现在对六十四卦"时义"形成原因的解释存在明显差异。王弼将事物变化动因归于自然之性，认为"时义"反映的是事物自身发展变化的规律，故用社会人事解易。何晏思想比较芜杂，汉代元气论影响较大，有较多的象数因素，在汉易与王弼新说之间徘徊，留下了"自言不解《易》九事"的时代困惑，其中之一就是"时义"的本质。

第三章，《周易》与竹林玄学。学术界对这个问题的探讨，一般局限于阮籍《通易论》个案，而对竹林玄学易学思想的整体状况未做系统梳理。笔者将阮籍《通易论》、向秀《周易注》佚文、嵇康与阮侃关于"宅无吉凶"四篇论文中涉及易学的相关文字置于学术变化大背景中做综合分析，认为竹林玄学以义理易学为主导方向，但是在汉代象数问题上存在两种态度。

（1）以嵇康、阮籍为代表的元气论，继承了汉代象数易学的诸多因素，有神秘文化倾向。关于阮籍易学中的象数思想，前人已有论述。本成果重点分析了嵇康风水理论中的象数易学因素。从嵇康与阮侃关于"宅无吉凶"的论战文章看，嵇康、阮侃的思想方法并非玄学的本末体用思维，而是传统的阴阳五行学说。他们都力图以深通"象数之理"的思想家形象出现，指责对方"惑象数之理"，所以他们对传统的相命论、占卜方法，都予以肯定。嵇康所肯定的"纳甲筮法"，是西汉象数易学家京房创造出来的，其理论特点是提出了"八宫卦"说，并将天干、地支、五行、六亲、六神以及世、应、身爻等纳入卦中，通过五行生克的演算以推断吉凶。其中干支与五行的纳入是其主要特色。

（2）向秀则继承了王弼的贵"无"本体论，否定象数，反对神秘文化，开启了西晋义理易学的发展方向。尽管向秀的《周易注》久佚，已无法恢复全貌，但是在现存的数条佚文中，向秀均以社会人事解释卦义，具有鲜明的义理易学倾向。将宇宙本体视为天地万物生成变化的终极原因，是向秀与王弼的共同点。双方的理论差异在于：王弼将宇宙本体视为一种无形的实体，定名为"无"，其既存在于天地万物之外，又存在于每个事物之中。向秀则倾向于将宇宙本体视为万物生成变化的环境或背景，而非某种无形的实体，称其为"玄冥"。向秀的这些思想因素，对郭象彻底否定宇宙本根存在、主张万物"独化于玄冥之境"的学说产生了直接的影响。

竹林玄学易学思想的分野并不是偶然的，背后是两种宇宙观的冲突。早期玄学存在以何晏、王弼为代表的贵"无"本体论学派和以嵇康、阮籍为代表的元气宇宙生成论两大学派。前者突破了元气说的旧形式，以"新学"面目出现；后者则继承并改造元气说旧形式，阐发玄学新论。尽管魏晋玄学对中国哲学发展的突出贡献是以"有无之辨"形式出现的本体论，但元气宇宙生成论仍是魏晋时期流行的思想方法，即使在玄学阵营内部也是如此。从以上分析中可以看到，曹魏后期的竹林玄学中，元气论与象数思维的影响都不可低估。

第四章，《周易》与西晋玄学。西晋时期没有留下比较完整的易学论著，因此本章着重分析了"言意之辨"这种源于《周易》的学术方法对元康玄学不同学派的影响：王衍、乐广的贵"无"派持"言不尽意"论，裴頠的崇有派持"言尽意"论，郭象的"性"本体论持"寄言出意"论。

本章的创新之处是对张璠《周易集解》的研究。汉唐时期的易学文献中，有三种以"集解"形式存在的重要著作：《荀氏九家易集解》、张璠《周易集解》与李鼎祚《周易集解》。张璠《周易集解》，因传世佚文甚少而备受冷落，至今未见专题研究论文。笔者对该书进行了深入探讨，通过对相关人物与佚文的考证，认为张璠《周易集解》大约成书于西晋后期，是魏末至西晋时期 22 家义理易学《周易》注释的汇集；作者既有礼法派，也有玄学派，并非王弼易学的简单复制。尽管王弼《周易注》是义理易学著作中最优秀的，但是当时并没有占绝对统治地位。张璠《周易集解》不以王弼本而以向秀本做底本，说明了这一点。魏晋义理易学虽然注家蜂起，但随着时间的推移，王弼易学以其高屋建瓴的哲学优势脱颖而出，不仅战胜了以郑玄为代表的汉代象数易学，也使魏晋义理易学的其他作品黯然失色，以至于在流传中大都佚失，留下了一部无法复原的张璠《周易集解》。其学术价值，是证明了魏晋时期曾有一个义理易学多元发展的繁荣时代。

第五章，《周易》与东晋玄学。在魏晋玄学研究领域，东晋时期属于薄弱环节，不仅学术成果少，而且集中在韩康伯易学与张湛《列子注》个案研究上。因此，东晋玄学与《周易》的关系，成为本成果用力最多的时段，创新之处亦多，表现在以下五个方面。

（1）将东晋玄学大致分为三个阶段：1）恢复阶段（317—344），以王导、庾亮为代表的中兴名士，纠正了西晋元康放达派的失误，在实践中推行"名教即自然"的主流派玄学理念，礼玄双修。王弼《周易注》立于官学，奠定了东晋士族社会的思想基础。2）鼎盛阶段（345—385），又可分两个时期：前期为345—354年，在司马昱、殷浩等第一代永和名士的推动下，太和十年间清谈达到了鼎盛，象数与义理在清谈中激烈交锋，但无重要学术建树。后期为355—385年，以谢安、王坦之为代表的第二代永和名士走上了历史前台，清谈盛况虽不如前期，但多有学术创建，韩康伯《系辞注》与张湛《列子注》是代表作。3）衰落阶段（386—420），以王恭、王忱、殷仲堪、桓玄为代表的太元名士生活放纵而无学术创建，士族社会与玄学文化走向没落。

（2）王弼《周易注》与东晋官方易学。王弼《周易注》立于官学是一个具有重大历史意义的事件，反映了魏晋义理易学取得了官方意识形态地位。遗憾的是，王弼《周易注》立于官学的时间，古代文献中没有明确记载，因此学术界在这个问题上众说纷纭。笔者考证的结论是，王弼《周易注》于东晋太兴二年（319）六月始立官学，这标志着魏晋玄学义理易学成为官方政治哲学。尽管太兴四年（321）增补郑玄《周易注》，太元九年（384）增补王肃《周易注》，形成王弼、郑玄、王肃三家并立官学的局面，但王弼易学仍占主导地位。这种格局，是东晋玄学名士与司马氏皇权"共天下"在经学领域的反映。

（3）从"公谦之辩"看魏晋义理易学的功能。东晋中期的玄学思想界内部发生了一场重要的论战，以辨析"公"（公开坦诚）与"谦"（谦虚退让）

两种品德的关系，史称"公谦之辩"。论战中各派均通过对《周易》之乾、坤、谦、损诸卦卦义的解释支持自家的学说。学术界对"公谦之辩"的研究多从伦理哲学角度展开，笔者则通过梳理大量史料，揭示了魏晋玄学义理易学在实践中的真实作用，认为以王弼《周易注》为代表的义理易学没有实现其原初设想的决策功能——摈弃象数派的占卜方法，通过理性分析"时位"正确决策。其实际作用，是通过解释《周易》的言辞，阐发社会政治与道德人伦的一般原理。

（4）东晋"易象妙于见形"之辩及其意义。东晋咸康六年（340），孙盛与殷浩就"易象妙于见形"发生了论战。《世说新语·文学》记载了这场辩论，刘峻的注释引了一篇关于易象问题的文章，却没有注明文章的作者。这篇未署名文章的作者是谁？学术界出现了不同观点。笔者认为，该文章不是殷浩的作品，是孙盛的《易象妙于见形论》。孙盛是象数派，认为易象揭示了"卦气"的运行奥秘，直接反映了事物的本质与规律（道）。殷浩是义理派，认为易象作为"意象"，不能直接表达圣人的思想；正确的途径，是运用形名方法，通过分析事物的外在现象，进而揭示事物内在本质规律（道）。这是魏晋玄学义理派与传统象数派在东晋新形势下的思想交锋，为韩康伯以义理为本融合象数的新易学，提出了新问题并提供了思想资源。

（5）韩康伯易学对"象数"的融通及其意义。对广大玄学名士来说，作为一般知识存在的元气论与阴阳五行学说，仍是他们认识世界的基本方法，象数易学仍有不可忽视的影响力。玄学士人往往是象数与义理兼而有之，东晋时期象数倾向明显上升。其原因有二：一是江南地区一直有着浓厚的神秘文化传统，是象数易学生长发育的土壤；二是面对两晋之际战乱带来的生离死别和命运的不确定性，渡江南下的北方士人心中的神秘文化因素也在发展，对占卜表现出极大的热情，为象数易学复苏提供了文化环境。在这个神秘主义与宗教情感浓重的时代，以摈弃象数占卜为特色的王弼易学显然不能完全适合时代需要。为了保持对社会的影响力，玄学开始了义理与象数的融合过程，韩康伯的《系辞注》应运而生。

王弼之所以注《易经》（包括《彖》《象》《文言》）而不注《系辞》，其主要原因是《系辞》中有明确解释占卜原理的文字，而王弼易学的鲜明特点是激烈反对象数与占卜。与王弼相反，韩康伯对象数与占卜并不排斥，而是采取了兼容态度。他将玄学前辈的各种宇宙本体学说——王弼的贵"无"论、嵇康阮籍的"元气"说和郭象的"独化"论融为一体，提出了独特的"大虚"理论与"机理"学说，成功解释了《易传》所涉及的象数问题，消除了义理易学与数术占卜之间的理论矛盾，将神异现象纳入玄学的"自然"哲学体系予以理性融通，弥补了王弼易学的局限，扩大了义理易学的解释空间，为东晋玄学理论的发展奠定了基础，直接影响了张湛《列子注》的理论建构。

张湛《列子注》是东晋玄学的集大成之作，但该书的哲学原理明显来源于韩康伯《系辞注》。换句话说，韩康伯的哲学思想，在张湛《列子注》中得到了进一步发展。张湛的年龄小于韩康伯，韩康伯于375年逝世，而张湛至少在382年仍健在，任中书侍郎。在历史文献中，韩康伯从事政治活动的时代主要是太元之前，而张湛则在太元之后。《列子注》的成书应当晚于《系辞注》，大约创作于东晋后期的隆和元年（362）至太元七年（382）之间，在太元时期的可能性较大。张湛将韩康伯的"大虚"观念发展成系统的"太虚"学说，将韩康伯的"几""数""理"观念发展成系统的"机理""理数"学说，建立了新的宇宙哲学体系，以理性思维解释了各种神秘现象。

三、成果的学术创新、应用价值以及社会影响和效益

通过上述五章内容简介不难看到，本成果对魏晋各个时期玄学与《周易》的关系做了全面梳理，对许多学术难点进行专题研究，提出了一系列具有原创性的学术观点。这些观点相互联系，构成了比较完整的解释系统，比较清晰地展现了魏晋义理易学的历史发展脉络。从总体上看，本成果的学术创新可以概括为以下两个方面：

其一，在玄学易学各流派的历史发展与理论特质方面，揭示了黄老"因循"哲学对王弼易学革命的指导意义，对何晏易学的象数因素、竹林玄学内部易学思想的差异、张璠《周易集解》的性质等许多问题，都提出了新见。尤其对东晋玄学与易学的关系，用力最多，因为这是历来研究的薄弱环节。笔者将东晋玄学划分为三个阶段，对每个阶段发生的易学论战，如"易象妙于见形"之辩、"公谦之辩"等进行了深入探讨；认为韩康伯《系辞注》融合了义理与象数，解决了东晋玄学所面临的时代课题，并对张湛《列子注》

的形成产生直接影响。

其二，对义理易学在实践中的作用，提出了自己的见解。认为王弼《周易注》虽然影响巨大，在东晋前期立于官学并成为官方易学，但其贵"无"本体论哲学没有取代传统天命论；其运用《周易》"时位"进行决策的学说，也因为难以操作而没有被官方与广大士人采纳。因为作为一般知识存在的元气论与阴阳五行学说，以及建立在"卦气"学说基础上的象数易学，不可能退出思想舞台。魏晋玄学对官方政治哲学的实际影响，主要表现在人才哲学方面。魏晋玄学易学的实际功能，是通过发挥《周易》某些卦爻辞的义理，为其政治理念与人生哲学提供理论佐证。

本成果的学术价值是推动中国思想史相关学科的发展，可以概括为两个方面：

其一，玄学是魏晋时期居主导地位的学术思潮，而《周易》是魏晋玄学建立哲学体系的最重要经典——"三玄"之一。对《周易》"太极"学说的解释，是各玄学流派构建其本体论哲学的重要途径，从阮籍的元气论、王弼的贵"无"论到韩康伯的"大虚"论，都是如此。显然，本成果将有助于魏晋玄学及魏晋思想史研究的深化。

其二，《周易》是影响中国历史文化进程最重要的经典——六经之首，而官方易学的权威版本与解释却是玄学家的作品。唐朝孔颖达撰《周易正义》，将韩康伯所注《系辞》上下、《说卦》、《序卦》、《杂卦》五篇合三卷，附王弼《周易注》后，合为一书，奠定了尔后王、韩易注在中国易学中的主流地位，成为历代官方易学的"思想底本"，对中国易学的发展产生了深远影响。显然，本成果将有助于中国易学史研究的深化。

《西方哲学中国化史论》概要

一、研究的目的、意义及方法

自晚清始，西学与中国之关系即成为历代中国知识分子关注的论题，国人在此用力甚深，百年来聚讼纷纭，迄今未歇。进入 21 世纪，西学新潮迭起，中国亦不复昨日，两者关系更趋复杂，抑且关涉全球化时代下确立中国文化主体性及中国文化与异质文化互动交流等问题。此外，具体到西方哲学与中国思想的关系，又不能不引出中国哲学、西方哲学、马克思主义哲学三者关系问题。本成果希望通过对西方哲学中国化的系统研究，重新介入前述问题，以期给出新时代的全新理解与全新表达。

西方哲学中国化是在思想上理解和把握西方哲学在中国发展流变的新范式，即对中国的西方哲学研究不停留于其空间上的出场，而是将其理解为不断融合于其所在场域的双向互动过程。西方哲学中国化作为动态的历史进程，萌生于西方哲学传入中国时，晚近才引起学者们的自觉关注和思考。是故，对其历史前奏、阶段嬗递、研究范式、思想基础、理论特质等问题的澄清与说明、回顾与把脉、反思与创新是十分重要和必要的。诚如任继愈在评述贺麟《五十年来的中国哲学》一书时强调："近三十年来哲学界的成败得失，至今尚未来得及很好总结。"方克立也指出："处在世纪之交的哲学家们，有责任对一百年来的中国哲学发展的现实历程和丰富内容作出深刻的总

结和反思，通过批判的总结和反思，为中国哲学的未来发展探索一条积极的现实道路。"而对西方哲学中国化发展历程与内在逻辑的全面总结也正是在这一意义上的关键环节。本成果将系统梳理"西学东渐"以来西方哲学中国化发展的历史轨迹、蕴含的内在逻辑、彰显的主体精神、传递的价值旨归及其间的经验教训与未来启示。这对于进一步理解西方哲学，重新审视西方哲学研究的历史和现实，指示西方哲学研究未来的发展方向，实现西方哲学与中华文化的自觉融通，助益未来中国哲学形态的建构，均具有重要意义。

本成果在西方哲学中国化问题剖析与研究思路把脉中，逐渐形成并确立多样化、整体性的研究手段和研究方法。宏观层面，为达到预期目标，本成果将整合哲学、史学特别是马克思主义理论等学科的优势力量，形成学科间交叉互补和研究方法整合；运用传统研究手段，开发利用现代化的研究方法与技术，最大限度地提高研究效率，保证研究质量；集中研究精力，保障研究时间，严格执行研究进度，按时完成阶段性研究成果与最终研究成果。微观层面，首先注重历史学的研究方法。在认真研读现有研究成果的基础上，借鉴系统论研究，通过知识考古学、知识谱系学方法，重点梳理新中国成立以来西方哲学在中国的具体境遇、基本线索和演进过程，寻找中国接受西方哲学的规律性的认识。其次注重文献文本的研究方法。认真学习和把握西方主要国家的经典哲学文本，努力寻找西方人解说自己哲学文本的立足点、写作目的、思维方式以及价值旨趣，深刻分析中西社会的文化差异及其对哲学的影响。再次注重中西哲学比较的研究方法。强调中国哲学、西方哲学、马克思主义哲学的对话性和互通性，通过认真考察西方哲学中国化过程中的成败得失，在视界融合的基础上建构起一个能够经得起时代考验和历史考验的中国特色的西方哲学新形态。同时，演绎法与归纳法的相互运用将贯穿上述方法的始终。

二、成果的主要内容和重要观点

在中国，西方哲学无疑是来自西方世界的外来文化，从传入以来经历了"接受—辨识—认同—融通"的过程，逐渐由西方的哲学转变为中国的西方哲学。这样的过程，既是西方哲学在中国传播、发展并逐渐走入中国文化的过程，更是西方哲学自身容纳中国式的思维而重塑自身形态的过程。在这个意义上，西方哲学经历了一个"转基因"而不断实现"中国化"的历程，我们将其称为"西方哲学中国化"。

西方哲学中国化是一个既具有丰厚思想基础，又适应当代西方哲学研究状况的时代论题。这一论题在"西学东渐"语境和思想基础之上，不仅仅将西方哲学在中国的发展视为外来文化在中国的传播，更将其视作中华文化自觉地容纳西方哲学，在不断加深对域外文化"理解"基础上实现内化的过程。依此理解方式，西方哲学便不再只是"外来的"文化，毋宁说是在一定程度上实现了"本土化"和"民族化"的文化形态。这一理解方式将更有助于中国哲学界对西方哲学的研究和理解。

鉴于上述观点，本成果通过运用历史与逻辑相结合的思维方式和论述形式，在学术前奏探源、发展动力挖掘、演进逻辑梳理、理论特质提炼、历史经验总结及未来创新空间探索的基本框架下，以马克思主义理论为主体立场，展开对西方哲学中国化的系统研究。主要包括以下三个方面内容：（1）"西学东渐"是西方哲学中国化的"史前史"，为西方哲学中国化提供了丰富多元的文化前提与资源准备，奠定了坚实的理论发展基础。（2）马克思主义中国化是西方哲学中国化的牵引者，正是马克思主义中国化的实质性成果和经验为西方哲学中国化点示理论发展道路，也正是秉承前者的方法原则，后者才得以走向前台成为显学，为学界热烈讨论、激烈争鸣。（3）西方哲学中国化在中国人的主体意识自觉中生发自身、澄显自身。国人立足于社会现实需求而择选、阐释西方哲学思想和中西哲学关系，从而在"哲学就是哲学史""哲学就是认识史""哲学就是哲学思想理论创新的发展史"的思想演进过程中自我诠释从"西化"到"化西"再到"融涵"的西方哲学中国化的历史内涵与思维范式。

西方哲学中国化是以"西学东渐"为历史前奏的。自晚清以来，"西学东渐"进程的接续推进与中国人自主选择心态的积极彰显使众多西方哲学思想一齐涌入中国，并参与到这一时期中国思想文化与中国人哲学世界观的变革、重塑之中。西方哲学中国化在"西学东渐"的文化史大背景中，伴随中国现代化进程的历史发展逐渐以一种思维范式创新的姿态成为显学。西方人在以坚船利炮打开我国国门使我们深陷民族危机的同时，也带来广博多元的西方思想文化，促成中西文化在传统与现代的时代更迭中进行对话。在迫切的救亡图存问题面前，国人充分彰显主体意识，面对"三千年未有之变局"的时代变迁带来的民族特性难题，中国学者提出"中学为体，西学为用"，从器物技术、政治制度、宗教精神、哲学思想等维度积极引介传播西方先进文化，以努力回应民族发展困境与社会发展需要，从而在试错与求变中积极寻找民族独立的可行道路。西方哲学中国化始终承载着自"西学东渐"以来的描述对象与内容，"西学东渐"为西方哲学在中国的传播和西方哲学中国化提供了资源背景与理论空间。

但是，最初的文化探索并未为中华民族之崛起提供立竿见影的成效，直至十月革命一声炮响为中华民族带来指引其现代化道路的唯一正确理论——马克思主义。马克思主义在中国大地生根成长，不仅带领中国人民和中华民族在民族独立解放事业上获得转折性巨大成功，而且其与中国实际相结合所形成的马克思主义中国化理论成果与思维范式成为中国现代化道路的指导性依据和中华民族复兴事业的关键性支撑。西方哲学中国化研究作为近几年来理论界在哲学理论主体自觉意识强化的情况下研究西方哲学的新范式和新路径，无论是在对"中国化"的内涵与方式的理解、哲学理论形态的建构，还是在哲学研究范式的变革上，都呈现出对马克思主义中国化研究成果的借鉴，对马克思主义中国化独特经验的吸收。西方哲学中国化研究无疑是在马克思主义中国化研究的指导下不断发展，在马克思主义中国化的助力下得以成长，在与马克思主义中国化的比较中差异性共存、交互性辨识，得以走出幕后成为学术界与思想界广泛关注与深入探讨的显学。

当然，坚持马克思主义的世界观方法论来推进西方哲学中国化，决不是阉割西方哲学活生生的探索精神和鲜明个性，也决不是重走学术研究泛政治化的老路，而是努力使西方哲学研究在推动中国现代化建设和文明创造方面发挥更富有建设性的作用。新中国成立后，西方哲学对中国哲学的影响伴随着其与中国哲学关系的变化而变化。西方哲学中国化发展历程大致经历了三个阶段：1949—1979 年从接受到辨识的对立阶段，1979—1999 年从辨识到认同的对话阶段，21 世纪以来从认同到融通的创生阶段。这一发展历程彰显着中国人主体意识的觉醒。中国人在不断用自己特有的思维方式、话语方式、实践方式译介、认知、辨识西方哲学，在历史发展与时代发展双重逻辑的演进中揭示出理论逻辑的进路，体现了国人面对西方哲学所采取的"接受—辨识—认同—融通"的主体自觉过程，凸显了西方哲学研究的理论自信、文化自信和中国智慧。

伴随着时代的发展，中国人对西方哲学的思想认识也在历时与共时的交错盘结中展现出由传统知识型、文化比较型到当代阐释型运思特征的"三跃迁"。可以说，西方哲学中国化是在从"哲学史就是哲学"的传统知识型形态、"哲学史就是认识史"的文化比较型形态到"哲学史就是哲学思想理论创新的发展史"的当代阐释型形态的历程中发展建构起来的。这"三跃迁"的演进轨迹与内在逻辑，反映了中国哲学界对哲学本性认识的发展历程。传统知识型的特点在于将西方哲学看作类似自然科学一般的知识，对其进行知识化、模块化、结构化的认识。知识的特点是"是其所是"，内涵明晰、简单明了，讲求确定性、规范性，便于学习，所以对知识型科学的认识和传播只能够按照其本来面貌力求原封不动地移植和描画，争取做到"形神兼具""形象逼真"。传统知识型的西方哲学研究本质上是将其看作一种异质文化，讲求"还原性"。以实现西方哲学"在"中国的空间移植。文化比较型则注重挖掘西方哲学的历史性与思想性的内在关联，特别是在中西文化比较的意义上解释西方哲学的思想特质。如果说传统知识型的西方哲学研究是从正面探究西方哲学"是什么"，那么文化比较型的西方哲学研究则是从它的反面，即中西哲学比较与对话中探究它"不是什么"；如果说西方哲学东渐时期，中国学者还渴求以一种考古学式的科学主义精神对西方哲学进行复原，追逐原汁原味的西方哲学，在哲学研究中更加强调研究客体的客观性，那么此时我国学者已开始有了研究过程中的主体意识，讲求的是主体与客体的对话，既包括古今对话——挖掘哲学史上各种哲学思想的当代价值，也包括中西对话——在对话中阐明各自的理论特质，还包括文本与读者对话——以研究者的思想解读文本的思想，实现思想间的互动与通达。当代阐释型即把西方哲学置于中国文化语境中加以进一步阐发，强调在中西哲学对话基础上的融通，在引介、反思基础上的重构，在交流互动基础上的再造。这里的"阐释"便不同于以往的"还原"，而是更加强调研究者的主体性，按照研究者的目的要求重新创造更具时代感和更符合中国人需要的新哲学。也就是说，以中国人的眼光看待和研究西方哲学。当代阐释型的西方哲学研究方式，在对西方哲学已有相当容量的知识储备和对其哲学特质有相对明晰认识的基础上，中国人开始对已进入中国的西方哲学的地位、功能、性质进行再理解和再阐释，越来越带上中国人独特的理解方式、诠释方式，真正地使西方哲学在中国发展为西方哲学中国化。从传统知识型、文化比较型到当代阐释型的范式嬗变，对应于中国人对哲学本性的认识跃迁，即从"哲学史就是哲学"、"哲学史就是认识史"向"哲学史就是哲学思想理论创新的发展史"的动态更迭。

至此，经过对西方哲学中国化学术前奏、发展历程、阶段跃迁与演进逻辑的梳理总结，我们可以对西方哲学中国化做出更加准确有效的界定与说明：不同于"西学东渐"，不同于西方哲学在中国，西方哲学中国化是指西方哲学的思想理论、哲学著作和哲学思潮被中国人所知晓、所理解、所接受、所辨识并不断成为中国文化现代元素的历史进程，是西方哲学在中国的传播过程中不断被中华文化包容、改造、吸收和诠释的过程，是中国人立足于中国式思维和中国式立场不断去解读西方哲学的过程，是中国人鲜明的主体意识和主动精神实现的历程。我们认为，西方哲学中国化进程不是简单对异质文化的单纯借鉴和接受过程，更多是一种文化形态在新的语境下的再诠释和再创造的过程，体现了西方哲学自身所具有的生命力和活力，展现了中华文化独具的包容性和创造力，反映了中国人对外来文化的检视能力和理论自觉。西方哲学中国化与马克思主义中国化形成鲜明照应，后者对前者具有规约性意义、指导性作用与参比性价值。与马克思主义中国化的内涵相对应，以马克思主义理论与方法原则予以观照，西方哲学中国化是指在反馈中国现代化进程所面临的人类性问题、时代性问题、现代性问题、全球性问题的思想意向上，西方哲学已有知识经验与理论学说以中国特色的表征形式得以重释新生，强调异质文化间哲学精神与哲学理论的相互借鉴与彼此交融。其大体包含三方面内容：其一，西方哲学已有智慧学说经验对中国现代化进程中新生与潜在的现代性共有问题的理论反馈与知识引介；其二，中国现代化民族性功效性的社会主义现代化经验对西方哲学相关理论内容的创新整合；其三，在继承中国优秀传统文化基础上，中西思维方式的有机融合对世界性哲学的理路启新，为人类思想文明引路辟径。其发展动力为：新中国成立以来的西方哲学中国化进程，其实就是西方哲学自觉或不自觉围绕中国现代化的三步走进程而进入中国，并为中国人所接受并改造的进程。中国的现代化发展是西方哲学中国化的直接动力。中国人按照自己的国情努力做出具有中国特色的西方哲学之学问，既是中国人的主体意识、民族精神、人类使命使然，更是西方哲学中国化的内在动力。其各阶段基本特点为：第一阶段传统知识型体现了以知识为中心的特点；第二阶段文化比较型体现了以历史研究和文化比较为核心的特点；第三阶段当代阐释型体现了以中国话语方式来阐述西方哲学为主导的特点。其基本规律是：其一，与新中国成立以来中国现代化文化建设的需求息息相关；其二，与中国哲学的现代发展、中西哲学的相互比较息息相关；其三，与与时俱进、创新发展的思维方式变革息息相关。其思想特质是：其一，从求取真知到在有变而化中彰显主体自觉；其二，在凸显中国语境与问题意识中体现理论自觉；其三，在创造性转化与创新性发展中追求实践自觉；其四，在由自觉走向自信的坦途中触动文化自信。

西方哲学在中国的传播和研究已经历了一个多世纪，产生了两重结果：一方面使民众接触到以西方哲学为代表的西方文化并开阔了视野，使西方哲学自身所具有的自由、民主等意识起到一定的思想启蒙作用；另一方面也构成了与中国哲学（中国文化）、马克思主义哲学相互对应的另一种哲学形态，为马克思主义中国化提供了某种素材，也为中国哲学构建自身的现代理论形态提供了某些思想资源。本成果认识到，西方哲学中国化不是简单地照搬照抄西方哲学，而是在中国自身的社会发展和中国社会的现实语境下自觉认识、反思和批判地接受西方哲学，由此提出，我们所面对的西方哲学应该是"中国化"的西方哲学，即这一历程经历了西方哲学在西方的生长—西方哲学在中国的传播—对西方哲学的反思与批判—对西方哲学的重组。西方哲学中国化不仅包含了在反思批判西方哲学的基础上实现的对其有益成分的吸收，更蕴含了在中国的思想土地上实现对西方哲学的重组；并非简单地对原有西方哲学进行解析和组合，而是将西方哲学中的有益因素分离出来，使之成为中国化的存在。基于此，本成果提出的西方哲学中国化不仅是命题概念，更是鲜明的问题意识；不仅是以事实为基础的史实性研究，更是以思想文化为基础的理论性研究；不仅是个体性的研究，更是以整体性研究方法对西方哲学进行宏观的现实意义上的深入研究，充分体现了对任何社会科学的研究首先是历史研究，任何历史研究都是当代研究的理解与把握。

　　用西方哲学中国化这一新的话语范式理解西方哲学，可以发现，在中国其实没有严格意义上的西方哲学，有的只是中国人理解、解释的西方哲学，是西方不同国家或民族的哲学经过我们翻译理解、思想加工后的中国化的西方哲学。西方哲学已逐渐脱离开它的母体，成为中华民族文化的外来基因和重要组成部分。可以看到，西方哲学在中国的传播过程是其不断被中华文化包容、改造、吸收和诠释的过程，是中国人立足于中国式思维和中国化立场不断去解读西方哲学的过程，体现了中国人鲜明的主体意识和主动精神。这种主体意识和主动精神将给西方哲学研究带来一股新的生机和活力，形成以下三个改变。首先，改变将西方哲学研究看作是对中华文化外在和异质的元素的研究，将西方哲学研究看作是不同文明的对话与思想的创造。西方哲学作为重要的文化资源被整合进中华民族文化当中，西方哲学不再被看作是外来的、异质的、与中华文化毫无共同性甚至老死不相往来的"另类"文化。自觉地以平等对话的态度审视西方哲学——对话的方式是真正的思想交流和理论探讨，对话的结果是两种不同文明形态的融通，对话的核心话题是文明的未来走向和民族的未来前景。其次，改变以往注重中国的西方哲学研究如何"西方化"的趋向，而是将中国的西方哲学研究如何"世界化"作为新的主体。以往西方哲学研究的主体意识不强，想要达到的结果就是如何成功地复制在西方的"西方哲学"。而伴随着哲学理论的主体自觉，人们日益认识到，西方哲学不仅是事实上"在中国"，更为重要的是通过"在中国"所浸染的中国气质重返世界，进而实践中国式思维的世界化、人类化和大众化。最后，改变以往对西方哲学研究的"哲学史就是哲学"的理解方式，将"哲学史就是哲学思想理论创新的发展史"作为中国的西方哲学研究的崭新姿态。以往的西方哲学研究是缺少足够民族文化自信的研究，因此西方就是西方，西方哲学就是西方哲学发展历程，人们尊重西方哲学研究所应具有的历史感，但却只将西方哲学理解为历史性的研究。伴随着近十年来国人主体意识和民族自信的增强，特别是伴随中国特色社会主义理论和实践不断完善，国人已经有了足够的自信在历史的基础上进行理论创造。在西方哲学理论界，人们认为，研究必须突破编年体式的哲学复制而实现哲学形态的更迭、哲学内容和形式的创新，而创新关键在于主体意识和精神自觉。于是西方哲学的研究开始转变为突出主体意识和精神自觉，呈现以中国人对哲学的当代理解去解读和解释西方哲学的新形态。这种对西方哲学根本理解方式的转变，使国内的西方哲学研究一改以往标准化的书写方式，而能够呈现以下特点：时代性内容——哲学以理论的方式关怀当前中国现实的时代问题，生成具有历史感的思想；民族性形式——以中西哲学不同民族性特点相互映照的方式表达对统一性问题的理解；个体性风格——研究者研究立场、研究旨趣和思想背景的不同使其西方哲学研究成果彰显出自身风格特征；人类性问题——对意义和价值的挖掘说明中西哲学史和文化史上的各种哲学思想以及对这些思想的研究成果都面对的是人类共同的问题，因而也具有人类性价值。这一研究方式充分展示了理解的先在性和成见的必然性，不再以相对狭隘的目光力图还原，而始终以建构和创造为理论旨趣。

西方哲学中国化实现了从为我所用的拿来主义到批判继承、辩证审视、合理改造的批判主义、研究主义的转换与超越，从根本上意味着思维方式、理论体系和总体方法的整体性变革。这种变革应是中国理论界对待西方哲学的合理态度。本成果在提炼西方哲学中国化发展阶段的理论轨迹，并总结其经验教训的基础上，进一步为中国的西方哲学研究的未来发展趋势指明了方向：以当代西方哲学各主要学派发展趋势的专题研究为基础，进一步描绘与勾勒当代西方哲学的基本走向；反思和体察当代中国人与社会发展的现代性处境，把握和洞见现时代中国哲学发展的理论自觉、精神诉求、思想任务；总结西方哲学史在中国作为课程、学问研究特别是学科建设的主要经验与教训。在梳理西方哲学史学术史的基础上，努力在学科建设、文献资料的整合归类、外国哲学二级学科发展趋势等方面做出新研究，力图在西方哲学中国化未来发展及建构属于中华民族自己的当代中国哲学新形态方面做出新贡献。在此一意义上，本成果属于为建构中国人自己的学术风格、学术气质、学术品味和学科体系做出的应有努力，属于为打造中国特色哲学社会科学学科体系、学术体系、话语体系做出的应有贡献。

三、成果的学术创新、应用价值以及社会影响和效益

本成果是对西方哲学在中国发展演变 70 年历史经验的总结，对社会、学术有三大贡献：其一，新话语范式的开创。在承认以往西方哲学研究之"西学东渐"话语范式的基础上，指出西方哲学中国化是从为我所用的拿来

主义到批判继承、辩证审视、合理改造的批判主义、研究主义的转换与超越。凸显主体立场的研究方式促成了主体性话语范式和话语体系的形成，是对西方哲学中国化的发展进程所做出的合逻辑性与合规律性的阐发，从根本上意味着思维方式、理论体系和总体方法的整体性变革。这一变革应是中国理论界对待西方哲学的合理态度，更是中国的西方哲学研究未来致思努力的方向。新话语范式的开创不仅有效地弥合了中国传统哲学与西方引入哲学在互通衔接上的断裂，也完整深刻地开显出西方哲学中国化命题丰富精深的思想意蕴。其二，理论自信的凸显。本成果在发展动力挖掘、历史经验梳理、发展规律总结、未来创新空间探索的基本框架下，提出西方哲学在中国的传播历程彰显了中国人的主体意识的觉醒。新中国成立后西方哲学对中国哲学的影响伴随着西方哲学与中国哲学关系的变化而变化，二者经历了由相互对立到彼此对话再到互相创生的过程。伴随时代发展变化，不断用中国人的思维方式、话语方式、实践方式译介、认知、辨识西方哲学，在历史发展与时代发展双重逻辑的演进中揭示出理论逻辑的进路，体现了中国人对西方哲学"接受—辨识—认同—融通"的主体自觉过程，凸显了中国的西方哲学研究的理论自信、文化自信和中国智慧。其三，学术问题的创新。西方哲学中国化打破了西方哲学研究与马克思主义哲学研究的传统界限，承认后者对前者具有的规约性意义、指导性作用与参比性价值。在积极对话与视域融合的维度上进一步将西方哲学、中国哲学与马克思主义哲学交流互鉴的学术问题推向历史前台，是对真正的具有学术价值、具有前沿性的学术问题的创新性阐发，促使西方哲学中国化得以在马克思主义中国化的指导下不断发展，在马克思主义中国化的助力下成长，在与马克思主义中国化的比较中差异性共存、交互性辨识。中国哲学、西方哲学、马克思主义哲学异质文化间哲学精神与哲学理论相互借鉴与彼此交融，共同为构建当代中国哲学新形态灌注强劲的精神动力，为实现中华民族伟大复兴中国梦提供宝贵的思想财富。

《心性现象学》概要

倪梁康*

一、研究的目的、意义及方法

笔者将这里列出的一系列哲学研究和思考冠以"心性现象学"之名。它的研究领域和研究方法会在导论部分的第一章中得到展开说明。这里仅仅满足于一个简单提示，即在这个标题下所表达出的志向和努力乃是与人类哲学思考同根同源的：探讨并认识心性或人类意识的本质，借此追问物性或世界万物的本质。

莫里斯·梅洛-庞蒂曾对这个志向进一步阐释说："探讨意识的本质并不意味着解释意识的'词义'，并且为避开实存而遁入单纯言说的王国之中；它更多是指：重新在我自己这里发现我自己的真实当下，重新发现意识的语词和概念所要陈说的我的意识之事实。追问世界的本质并不意味着，将它还原为我们话语的对象，而后将它提升为观念；它更多是指：回溯到世界在所有客体化之前就已经对我们而言实际所是的东西之上。"在《感知现象学》前言中的这段名言，将哲学的思考还原为对自我与世界的思考——探讨意识的本质和追问世界的本质，同时最扼要地说明了现象学的思考方式的根本特征，一言以蔽之：现象学要求回到语言之后和对象化之前。

回到语言之后和对象化之前，这是两个不同方向的现象学诉求。在胡塞尔那里，它们代表了意识结构现象学与意识发生现象学的两个总体走向：第

---

* 倪梁康，浙江大学教授，博士生导师。

一个走向意味着对感知、想象、图像意识、符号意识等表象、判断行为或客体化行为的描述分析，以及对爱恨、同情、羞恶等情感行为或非客体化行为的描述分析，还有对这两种行为之间的结构的奠基关系的描述、分析和研究。而所谓"奠基关系"是指，如果在 A 与 B 的关系上，A 的存在与发生不需要以 B 的存在与发生为前提，而 B 的存在与发生却必须以 A 的存在与发生为前提，那么在 A 与 B 的关系中，A 便是奠基性的，而 B 则是被奠基的。第二个走向则意味着对客体化行为—非客体化行为以及处在它们产生之前并导致它们产生的动机、欲求、本能、意愿等前客体化行为的说明分析，还有对这两种意识活动（严格地说，一种是行为引发的意识活动，另一种是行为进行的意识活动）之间发生的奠基关系的说明、分析和追踪。可以用胡塞尔的术语将前者称作"横意向性的现象学"，将后者称作"纵意向性的现象学"。对它们的总体思考，构成本成果第二、三部分的内容。

第二部分"横意向性与结构现象学"所关注和探讨的是意识的稳定不变的结构问题。首先是在所有意识类型中都可以发现的意识"共现"结构。其次是各种意识类型之间存在的奠基关系问题：一方面是在直观意识与情感意识之间的奠基关系，这个问题一直延伸到道德哲学领域；另一方面是在直观意识与符号意识之间的奠基关系问题，这个问题一直延伸到语言哲学领域。这两个问题决定了现象学与当代规范伦理学和与当代语言分析哲学的根本分歧。

但在第二部分与第三部分的思考中都既包含着结构—静态方面的描述，也包含发生方面的说明。实际上，发生的说明与结构的描述总是绞缠在一起的，对它们的分别思考和分类讨论只是在意识现象学中进行的理论抽象的结果。胡塞尔曾将它们比喻为横截面与整体的关系。当然，第三部分"纵意向性与发生现象学"在总体上还是属于广义的"发生学"或"缘起论"研究。所谓"广义"，是指它们不仅仅局限于通常的"个体发生学"，而是从普遍的时间意识分析开始，到单个主体、自我、人格的发生研究，最后落实在交互主体的历史哲学的思考中。这个发展的脉络与胡塞尔个人的思想历程是一致的。

由这三个部分构成的心性现象学研究，在内容上涉及意识的发生分析与意识的结构分析两个方向，在方法上涉及横向的本质直观与纵向的本质直观。这两个方面，在欧洲近代哲学史上体现着笛卡尔—康德的动机与黑格尔—狄尔泰的动机；在胡塞尔现象学中则代表了他的结构现象学与发生现象学的思考方向；在佛教唯识学中可以在"实相论"与"缘起论"的传统中找到共鸣；在儒家心学中则与对"未发"与"已发"、"性—命"、"性—情"等观念与问题的解释与展开密切相关。

二、成果的主要内容和重要观点

（1）第一部分提供心性现象学的纲要，主要论述心性现象学的基本内容和基本方法。

第一章"心性现象学及其研究领域与研究方法"以"心性现象学"为标题，确定其特有的研究领域与研究方法，逐步展开探索性的研究，最终获得对意识领域及其结构与发生的系统认识与整体解释。"心性"，在这里是指借助于西学、佛学、儒学传统中的相关"心的本性"的思想，从纵（发生的）、横（结构的）两个方向对意识及其本质进行研究，即内容上依据东西方的丰富"心性学"思想传统来展开意识问题的讨论；"现象学"，在这里则意味着借助于现象学的纵向本质直观与横向本质直观的基本方法，在意识反思的维度中展开现象学的意识结构描述和意识发生说明，即方法上依据现象学的意识研究的成熟手段。

第二章"东西方哲学思维中的现象学、本体论与形而上学"，指出在东西方哲学中均有现象学、本体论和形而上学这三种言说方式和思维向度：现象学是关于感性可见之物的学说、关于观念的被给予之物的学说、关于存在的无蔽的学说、关于在智的直觉中被把握的本体的学说；本体论是关于根本自在之物、倚于自身之物的学说，是关于万物存在的学说和关于历史存在的学说；形而上学则是对不显现的东西、在现象背后可能存在的东西的讨论和思考。这三种思想风格的差异都曾在海德格尔哲学中表露出来。

第三章"东西方意识哲学中的'意向性'与'元意向性'问题"，说明东西方意识哲学中都可以发现或多或少的对"意向性"问题的讨论，也都可以发现或强或弱的在"元意向性"方面的要求。"元意向性"意味着一种异于"意向性"但同时也可以包容"意向性"的东西。它被用来描述一种追求原初性、彻底性、超越性和深邃性的思维方式与思想取向。无论是西方哲学的现象学，还是佛教唯识学或儒家心学，它们都不满足于各种意义上的常识或俗谛，试图以各自的方式来扬弃和克服"意向性"。由此也可以重新理解东西方思想中各种意义上的本体论和工夫论主张。

第四章"探寻自我：从自身意识到人格生成"，说明东西方思想史上关于"有我""无我"问题的思考和争论从未间断，而意识现象学与佛教唯识学、儒家心学的比较研究为此问题提供了一个当代解答方案。一方面，在反思中对自我的横向本质直观只能提供对"纯粹自我"的结构理解，它相当于整个意识流的一个奇点，所有经验活动都从这个"点性自我"出发，但它本身不具有任何经验内容；另一方面，发生现象学、佛教"缘起论"和当代儒家心学在运用纵向本质直观方法的基础上，揭示"线性自我"的发生意义，从而为自我的"人格生成"问题提供了发生—历史的理解方案，并使人格的经验内涵得到具体展示，即人格本性与习性的发生，以及作为单子的个体人格与作为社会的交互人格的发生。从理论的自身认识到实践的自身修养（自身人格完善），因而构成一门当代自我学的基本思想脉络。

第五章"客体化行为与非客体化行为的奠基关系问题——从唯识学和现象学的角度看'识'与'智'的关系"，提供了对两种不同的非客体化行为的发现：一种是结构唯识观意义上的非客体化行为，一种是发生唯识观意义上的非客体化行为。前一种非客体化行为意味着与作为客体化行为的心王相对的心所。后一种非客体化行为则意味着与作为客体化行为的第三能变（意识）相对的第一能变（阿赖耶识）和第二能变（末那识）。这两种非客体化行为虽然都是非客体化的，但这里的"非客体化"不可同日而语。作为心所的非客体化行为是指向客体的，因此有"心、心所四分合成"。但这里的"指向客体"，并不意味着"构造客体"。由于心所自己无法构造客体，故而只能依据能够构造客体的客体化行为。在这个意义上，心所必须依据心王。贪、忿、嫉，都指向一定的对象——由客体化行为事先（在逻辑上事先）构造出来的客体。例如，首先有一个被表象的对象，而后才能对它产生可能的恨或爱。而且，即使对象已经消失，由对象所引发的情感依然可能延续，以至于它常常以一种独立于情感、无关对象的方式出现，如无名的悲哀、莫名的喜悦等等。而在发生唯识观意义上的非客体化行为，则根本不指向对象。这是两种非客体化行为之间的根本区别。在阿赖耶识与末那识阶段，由于作为"了境能变"的客体化行为尚未出现，因而客体也就无从产生。

第六章"客体化行为与非客体化行为的奠基关系问题再论——从儒家心学与现象学的角度看'未发'与'已发'的关系"，特别指出三种心理状态。第一种是"未发"，即情感、表象、思维尚未发生的状态。用现象学的术语可以将它称作"前客体化行为"的状态，亦即"客体化行为未发"的状态。胡塞尔也会将它称作"前意向的"或"前现象的"状态。而第二种和第三种都是"已发"，即各种行为已经发生的状态。但这里主要有两种行为：其一是客体化行为，即作为"闻睹""思为"的各种意向表象行为；其二是后客体化行为，即各种作为喜怒哀乐的意向情感活动。后者之所以可被称作后客体化行为，是因为喜怒哀乐的情感活动如前所述必须奠基于"闻睹"的表象活动。并非在时间的先后顺序上，而是在逻辑的奠基顺序上，必须首先有表象活动或客体化行为构造出各种对象或客体，而后才可能有对这些客体的喜怒哀乐情感产生。

第七章"关于事物感知与价值感受的奠基关系的再思考"，论述西方哲学中的意识分析传统和佛教唯识学的心识分析传统在知、情、意三分及其奠基关系问题上有共通之处。但在现象学中，胡塞尔和舍勒在"事物感知"与"价值感受"的奠基关系问题上产生了分歧和对立。通过对佛教唯识学的"心—心所"说的重新考察和理解，笔者在此提出一种立足于现象学直观的知、情、意三分及其奠基关系的新的解释方案："事物感知"与"价值感受"不应被视作一个复合行为中两个彼此间有奠基关系的行为，而只能被理解或被诠释为一个行为的两个彼此间有主从关系的部分或要素。这里只有一个意识行为，它以不同的模式进行：感知的模式、感受的模式和意欲的模式。当其中一种模式起主导作用或发挥主导功能时，这个意识行为就表现为突显这种模式的意识行为，如感知活动、感受活动和意欲活动，而它们各自所构造的对象或客体也会相应地发生变化。在此意义上，存在一种"动态的奠基"，一种不同于"发生的奠基"和"结构的奠基"的奠基关系或奠基秩序。

（2）第二部分主要从心性现象学的一个基本方面即横向的、系统的方面来展示其基本结构。

第八章，"现象学意识分析中的'共现'"。"共现"，是少数几个独具胡塞尔现象学特征的核心哲学概念之一。他在其意识分析中清楚地确定了在

"事物经验"和"他人经验"中"共现"的存在，并暗示了在"自身经验"中"共现"的存在。在此基础上，这里随胡塞尔一同尝试的分析将进一步表明："共现"同样在图像表象、符号表象与本质直观中一同起作用，即是说，"共现"这种经验方式存在于所有表象或直观的行为之中，即存在于所有经验之中。我们在胡塞尔这里已经可以看到一门"共现学"或"共现现象学"的雏形。对"共现"的研究一方面与对统觉的考察有内在的联系，另一方面也无法与视域的思想相分离，因而"共现现象学"是与统觉现象学和视域现象学并肩而行的。

第九章"观念直观与符号表象"，指明了含义与表达和符号这一方面的区别、与体验的第二方面的区别以及与对象的第三方面的区别。作为观念统一的含义得以表明自身是一种特有存在（弗雷格称作"第三领域"，胡塞尔称作"观念存在"），从而为现象学的观念论奠定了本体论的基础。不仅如此，由于在直观行为与符号行为之间、在观念（含义）与概念（表达）之间存在着本质性的奠基关系，因而在意识分析与语言分析之间、而后在观念论与语言论之间、最后在意识哲学与语言哲学之间也就存在着本质性的奠基关系。

第十章"图像、符号与本质"，通过对图像意识与符号意识的现象学分析来阐述图像、符号与本质这三类意向相关项之间的关系。胡塞尔的本质直观、海德格尔的存在领会、舍勒的伦常明察，都具有迥然不同的直观相关项，一如牟宗三把"智性直观"理解为纵向的生命本质直观、西田几多郎把"智性直观"理解为"审美直观"或"至善直观"一样。甚至在同一个哲学家那里，如胡塞尔，本质直观也被赋予不同的意义，它既可以是对超越的世界即外部世界的本质把握，也可以是对内在的世界即内心世界的本质把握。

第十一章"现象学伦理学的基本问题"所论述的基本命题在于：严格意义上的现象学的伦理学是一种反思—描述的伦理学。胡塞尔、哈特曼、耿宁的案例为我们提供了现象学伦理学的三种可能性，它们的共同特点都是在现象学反思中进行的对道德意识的有意无意的本质直观。这样一种现象学的伦理学与其说是一种价值伦理学，不如说是一种道德心理学或道德意识现象学。现象学的反思—描述伦理学与近代以来的规范伦理学的区别，非常类似于数学—逻辑学中的直觉主义与形式主义的差异。与后面两种数学理论一样，前面两种伦理学说也不能被理解为是非此即彼、相互排斥的。只是对它们之间的奠基关系的不同理解，会导向在伦理学思考中的两种不同立场：反思—描述伦理学的和规范伦理学的。这两种伦理学需要彼此互补才能最终构成完整的人类道德系统。

第十二章"道德谱系学与道德意识现象学"。尼采曾在其《论道德的谱系》中表达过他对道德研究的基本理解：一方面，道德研究应当还原为语言概念发生—发展史的研究；另一方面，道德研究应当还原为价值构成的问题与历史的研究。以后的一些哲学家似乎也在严肃地对待他的这个要求。这些哲学家中当然也包括现象学哲学家。直接的响应可以在另一位现象学家舍勒那里找到，他显然把尼采和康德视为两个最重要的精神对手。而本章的主要目的实际上并非在于清理现象学或道德意识现象学一般对尼采道德谱系学的响应，而是要讨论在此响应中一个比较具有代表性的案例：爱德华·封·哈特曼的道德意识现象学与尼采道德谱系学的关系。正是在哈特曼的《道德意识现象学》一书中，道德意识现象学的问题受到了系统的讨论。他本人所理解的人类道德体系，是由情感道德（Gefühls moral）、理性道德（Vernunft moral）和品味道德（Geschmacks moral）三位一体组成的。

第十三章"人的理念：天性还是历史？"指出一个事实，即本性论者与历史论者的对立并不存在于这样的两难选择——人性究竟是天生固有的，还是后天习得的，而是更多地存在于一种偏向——究竟人性更多是先天固有的，还是后天习得的。主张人性是文化结果的人偏向于后者，主张人性是天赋秉性的人则偏向于前者。哲学家在这种情况下能够做些什么？文化哲学家如罗蒂会一再地诉诸文化的进化，但这种做法的问题在于，文化进化最终会还原为某种社会的、传统的、历史的约定，即某种文化主义。而生物进化最终的结局也会导向自然主义。可能正因为此，科学哲学家如恩斯特·图根特哈特才要用哲学家面对当代道德困境的无助来提出警醒。社会生活规范目前从两个方面都难以获得一个坚实的基底。

第十四章"语言哲学的基本问题：结构还是生成？——卡西尔与海德格尔对洪堡思想的不同解读"，主要讨论威廉·洪堡对语言的思考——既包括结构方面，也包括生成方面。而海德格尔与卡西尔对洪堡思想的不同解读，在文本上都具有充分的依据。他们之所以在基本理解上产生冲突，一方面是因为洪堡思想本身具有两条发展线索，另一方面则是因为海德格尔和卡西尔在整个哲学信念和立场的差异所致。需要强调的是，洪堡在总体上还是偏向于结构主义的一极，他的哲学位置距离康德和卡西尔更近。他本人对人类语言的深层结构之存在深信不疑，同时也对用概念语言来把握这个结构的可能性深信不疑。

第十五章"在民族心智与文化差异之后"指出，康德的"先天综合判断"命题不仅在知识学中有效，而且也在与人类心智有关的其他领域起作用。这里讨论的民族心智和文化差异，便与康德的这一命题相关，同时也与威廉·洪堡关于各种具体语言以及在它们之后隐蔽地发挥作用的共同语言结构的设想有关。其设想后来在乔姆斯基的生成语法中得到发展。这个问题揭示出各种文化与世界观体系的差异性，这里则首先归结为：在作为民族心智和文化差异的各种不同世界观的背后，是否可能存在着一个先天的、为人类社会所共有的普遍世界观体系，它体现出人之为人的最基本要素或共性？

第十六章"从现象学的方法特征看现象学与人类学、心理学的关系"，着重从以下几个方面来分析现象学与人类学、心理学在方法上以及由此导致的在论题方面的差异：人类学与人类（学）主义的问题；科学分类的问题；心理学与心理（学）主义问题；精神科学的方法论问题；本质直观的问题；现象学对意识本质结构的分析工作。

（3）第三部分主要从心性现象学的另一个基本方面即纵向的、发生的方面来展示其基本的脉络。

第十七章"胡塞尔早期内时间意识分析的基本进路"指出，虽然我们的意识千变万化、流动不息，但仍然具有一个稳定的纵意向和横意向结构。也正是因为我们意识的流动性和时间性，我们才能够觉知时间化的感觉内容以及感觉内容的时间化，并进一步将这些时间化的内容立义为时间客体，再进一步感知到这些客体的时间性，最终可以把时间本身当作客体，即构造出客观时间。这是胡塞尔时间意识分析的一个基本思路和基本结论。在这个分析的基础上可以解释，为什么内时间意识是客观时间产生的前提。

第十八章"思考'自我'的两种方式"指出，胡塞尔现象学中的自我问题具有结构和发生两个方面。对自我的发生研究和历史研究在他的总体思考中占有核心位置。在对自我的结构分析和发生分析之间存在着内容上和方法上的相同与差异。虽然我们对自我的思考，原则上只能在反思中进行，但在反思的目光中，仍然可以区分出多重的思考路径。它们首先可以分为两类：横向的和纵向的，或者说，静态的和发生的。这是思考自我的两个基本途径。

第十九章"纵意向性：时间、发生、历史"，梳理在胡塞尔的时间、发生、历史之间的内在发展联系。他的《逻辑研究》没有将"时间"与"发生"置于某种联系、哪怕是对立的联系之中。只是从个别的零散论述中可以看出胡塞尔对时间分析的关注和对发生分析的排斥。但《内时间意识现象学》对时间分析与发生分析的态度则有改变，胡塞尔在这里将这两者放在一起讨论，并试图把握它们之间的内在联系。此后，他在《笛卡尔式的沉思》中对"时间"与"发生"问题的思考，表现为一种对静态现象学（对"横意向性"的分析）与发生现象学（对"纵意向性"的分析）关系的讨论。这个思考很可能是导致胡塞尔在《笛卡尔式的沉思》中把"时间"看作"所有本我论发生的普全形式"的原因。从这里出发，历史问题也开始——尤其是在《欧洲科学的危机与超越论的现象学》中——以一种与"时间"与"发生"内在相关的方式进入胡塞尔的视野，包括历史研究的方式与历史研究的范围、历史与"时间""发生"的内在关联，以及"形式的"和"内容的"历史现象学的可能联系与区别。

第二十章"胡塞尔时间意识分析中的'滞留'概念"，阐述胡塞尔内时间意识现象学分析中的"滞留"（retention）概念，说明它在他十多年的时间现象学研究中有一个形成并在含义上变化发展的过程。它最后得到确定，并被用来标识内时间意识中的一个特殊意向，从而有别于一般意义上的"回忆"。除此之外，胡塞尔在研究文稿中的相关思考以及对此概念使用的历程，也可以用来指证心智与语言之间的内在关系。

第二十一章"历史现象学的基本问题：胡塞尔后期的几何学起源研究"，旨在发现历史的观念基础。这个意义上的历史现象学分析，应当是对意义基础的本质结构的发生和展开的研究。具体地说，以历史的内在本质为其内容，同时以纵向本质直观为其方法，探索"内历史"或"普遍的、历史的先天"。在此意义上，胡塞尔即使在后期关注了历史的维度，也仍然没有放弃其本质哲学的基本意向。

第二十二章"历史现象学与历史主义"说明，与波普所反对的"历史决定论"意义上的"历史主义"不同，胡塞尔反对"历史相对论"意义上的"历史主义"。历史哲学的全部问题可以归结为历史是否具有一个本质结构和这个本质结构可否被把握到这两个问题。胡塞尔不仅从内容上认定历史有一个本质的意义结构，而且从方法上提供了对此意义结构进行纵向本质直观的可能性，并以此为依据对历史相对论进行批判。同时，本质直观或者观念化在与观念对象的另外两种实现方式即理想化和语言化的区分中得到进一步的澄清。总之，胡塞尔的历史观着重于内历史与历史的关系，否认概念、命题的发生、发展是偶然随意的，强调在命题意义背后的真理意义。

第二十三章"论海德格尔中期哲学的本体论与方法论——关于《哲学论稿》中两个核心概念 Ereignis 与 Besinnung 的中译及其他思考"是对海德格尔中期的文稿《哲学论稿》中译本的一个总体评论，包括以下几个方面：《哲学论稿》及其问题域；《哲学论稿》的风格问题或问题风格；"本然"（ereignis）作为本体论的核心概念；"思义"（besinnung）作为方法论的核心概念；其他一些琐碎的翻译技术问题。

（4）全书的尾声部分是从大思想背景出发来宏观地说明心性现象学的当下使命与未来设想。

第二十四章"西学东渐与心性现象学"指出，中国文化史上有两次最重大的本己文化与陌生文化的会通发生。两次的陌生文化都是来自西方或西域。在这两次经历之后，今天我们比以往更有理由、也应当更有意愿和能力以世界的眼光重思和重审华夏文明。这种审思必须立足于一个可以统览世界文明的制高点。这意味着，今天的国学研究，无论是在儒家还是道家或是佛家的意义上，都必须有一个"国际学"的眼光和视域。在对文化会通的历史与哲学的当下任务双重关照意向中，心性现象学是一种特定意义上的精神人文主义。它要对世界思想史上的关于心性的各种思考和讨论进行历史的和系统的研究，以便能够在一种跨文化的眼光中重新审思和诠释华夏文化中的心性思想与学说。

三、成果的学术创新、应用价值以及社会影响和效益

现象学是 20 世纪以来西方最有影响的哲学流派，对当代中国的哲学、

文学、教育学、建筑学等产生了重要的影响。本成果以对现象学的深入、成熟的研究为基础，提出并阐述了心性现象学思想。

本成果以现象学的方法处理中国和西方的心性问题，在跨文化的视野中，寻求不同文明传统的会通。笔者始终关注哲学性的思考，对于现象学、佛学、儒学的讨论具有开阔而扎实的知识基础，而在此基础之上对心性本质和世界本质的追问，构成了本成果的核心问题。本成果是当代中国哲学家哲学探索的重要部分，具有启发意义。

本成果的主要创新之处有：

（1）提出了"心性现象学"这个重要的哲学概念和术语，并对"心性现象学"这个名称所包含的内容和方法进行了论述。"心性现象学"这个概念的提出，是中国现象学研究中重大的理论突破。

（2）对现象学和中国传统心理学说做出了比较研究，富有新意，对于我国哲学界的理论创新有重要借鉴意义和推动作用。笔者力图把胡塞尔和海德格尔等人开创的现象学转化为人性学说。中国古代心理学说有儒佛之分，心性现象学与佛教唯识学甚为契合，本成果阐释甚为通达。

（3）以现代西方现象学的结构描述和发生说明去研究意识及其本质，力求形成一门跨文化的心性哲学。这就使得本成果既不跟在西方现象学之后讨论静态的意识结构，也不是按部就班地去言说中国古代的心性之说，而是以跨文化的方式去追问人类意识的本质和世间万物的本质。通过对"横意向性结构现象学"和"纵意向性发生现象学"的研究，本成果试图描画出人性意识与观念问题的缘起和本质。这使本成果具有重要的学术价值，对于推动哲学界研究意识问题具有重要的启发意义。

（4）心性现象学对心学转向和佛教唯识学的讨论，为中西哲学比较研究进行了非常有价值的尝试。

（5）第一次提出"纵向本质直观"的现象学概念，将狄尔泰的"理解历史性"要求与胡塞尔对发生现象学的本质直观方法结合了起来。

（6）首次将胡塞尔在时间意识分析中的"纵意向性""横意向性"概念扩展至发生现象学和历史现象学领域，以此对意识的意向性本质做了新的理解与诠释。

《四百年中国思想文化之大变局》概要

张允熠[*]

一、研究的目的、意义及方法

1. 研究目的

（1）以 1600—2000 年为近代历史的长焦距，以西方哲学和马克思主义哲学在中国的传播及其中国化为研究视域，梳理、探索四百年来中国传统主流文化大变局、大转型之文本交流、理论交锋、视界交融、观点互动、综合创新的心路历程、逻辑起点、规律、机制和最终格局。

（2）从"中国化"视域下梳理影响中国文化变局的重大历史与学术事件、人物、著述、案例，总结西方哲学中国化的经验教训，阐明中西哲学长期互动为马克思主义后来居上铺垫了前置路径。

（3）深度揭示马克思主义哲学中国化的来龙去脉，探寻自马克思主义传入中国之后，延宕数百年的中西哲学互动和重大转向，从历史与逻辑一致的原则揭示，中国社会变革实践与哲学思想革命是促成中国哲学、西方哲学、马克思主义哲学（以下简称"中西马"）三派哲学互动与融合新格局生成的前提条件。

（4）深度揭示马克思主义产生的思想文化背景，挖掘马克思主义形成过程中的中国哲学元素，论证中国人历史性地选择马克思主义的必然性，阐明马克思主义是吸收了人类思想与文化发展史上一切有价值因素的伟大思想文

* 张允熠，上海师范大学教授，博士生导师。

化成果。

（5）论证中国传统文化创造性转化和创新性发展的四百年历程，指出当今中国主流文化——中国马克思主义是四百年来中西文化互动与融合生成的最新思想成果和最高理论形态，是中国传统文化历史性转型的必然结局。

2. 研究意义

研究数百年和近百年"中西马"或"马中西"哲学互动的成果迄今尚缺，本成果聚焦几个世纪以来中西哲学互动的历程，进行哲学史、思想史和学术史的综合性跨学科研究，形成一部研究"中西马"哲学互动与融合的学术著作。本成果对于进一步探讨和理解中国传统文化的创造性转化和创新性发展既具有理论意义又具有现实意义。

3. 研究方法

（1）跨学科交叉研究的方法。一是在学科门类上跨越了哲学、史学、社会学、人类学及其他人文学科的大界域；二是在哲学的一级学科层面上，打通了形而上学、逻辑学、伦理学、宗教学等哲学学科内部的隔阂；三是在哲学的一级学科层面打破了马克思主义哲学、中国哲学、西方哲学三个哲学二级学科之间的学科壁垒，融哲学史、思想史和学术史为一体，真正体现跨学科交叉研究的特点。

（2）史论结合的研究方法。本成果力戒哲学研究从概念到概念、以理论证理论的玄虚和空疏学风，坚持把理论建立在坚实的论据基础上，以夹叙夹议、亦论亦史的文笔，寓深刻于平实之中。"致广大"而"尽精微"，这是对中国传统学术研究方法的继承。

（3）资料考证和诠释的方法。在浩如烟海的资料中去粗取精、去伪存真，对于筛选出来的资料中的难点、疑点和重点加以诠释，通过诠释理解原著，推出新意。

（4）运用文本案例。从西学开始入华到马克思主义在中国传播，因文本交流、思想碰撞和视域交融发生过不胜枚举的理论交锋和学术争论事件，其中有影响中国政局和主流思想文化发展进程的重大事件和重要历史人物，研究这些事件和人物可以起到解结化淤的作用。

（5）逻辑与历史一致的方法。历史从哪里开始逻辑就从哪里开始，本成果用马克思主义的这一方法作为剖析数百年来"中西马"哲学互动之众多历史事件和学理争讼的重要理性工具。

二、成果的主要内容和重要观点

历史表明，一种外来文化欲扎根于异质文化土壤之中，必定会经历一个本土化、民族化的过程。西方哲学和马克思主义哲学的中国化进程可分为几个阶段：文本交流、理论交锋、视界交融、观点互动和综合创新。因此，当代中国化马克思主义正是基于数百年来中国社会和文化发展的逻辑必然性和实践需要，在中西哲学会通与融合的历史进程中形成的思想结晶。追寻西方哲学自 16 世纪最早进入中国并引发中西哲学互动和视界交融的肇始轨迹，从源头上理清中西哲学互动的缘起，这一工作是迄今为止哲学与文化研究者少有涉足的领域。

前言部分交代了作者的研究思路、构思框架和需要向读者说明的问题，包括对本成果主要内容的概括和提领。以习近平 2016 年 5 月 17 日在哲学社会科学座谈会上提出的"要善于融通马克思主义的资源、中华优秀传统文化的资源、国外哲学社会科学的资源，坚持不忘本来、吸收外来、面向未来。坚定中国特色社会主义道路自信、理论自信、制度自信，说到底是要坚定文化自信，文化自信是更基本、更深沉、更持久的力量"的重要论述作为总引，用毛泽东在《新民主主义论》中提出的"用马克思主义的立场、方法来解决中国问题，创造些新的东西"的教导作为研究目标，阐述"新东西"之"新"的实质就是创造转化出"新文化"。马克思主义中国化一方面使马克思主义具有"中国作风""中国气派"，另一方面也促使了中国哲学的现代化；中国马克思主义在思想论争中前行，这也是中外文化互动客观规律的反映。中国文化与马克思主义的互动是一件"宏大叙事"，同时也是一种"格义"与"反向格义"的文本互动过程。

或问："中西马"三派互动是马克思主义传入中国后近百年之事，为何本成果却从四百年前写起？答曰："中西马"互动内含"中西"互动，由于"中西"互动先于三派互动数百年之久，故"中西马"互动必须从"中西"互动之始写起。

第一章"中欧学术邂逅　东西文化相逢"追述了中西哲学文本互动、视界融合的初始化。从总体上论述中国人第一次全面迎来希腊哲学时如何初识西学、如何将西学与儒家哲学进行文本互动和义理比较以及西学在晚明时期的传播状况。解析"哲学"概念，考证汉字"哲学"两字的来龙去脉，刨根究底早期的翻译史。从利玛窦的"天学"统系中剔析出西方哲学、神学、数学和科学门类，以利玛窦著作为例，剖析其在中西哲学早期互动中所产生的深远影响。《天主实义》所宣扬的经院哲学中包含着纯正的希腊哲学成分，《利玛窦中国札记》和《利玛窦书信集》记载了大量的中西思想文化相关史实和事件。经过考释和论证，断定利玛窦最早指证了中国哲学，他也是提出"中国哲学"概念的第一人。

重点剖析和解读艾儒略的《西学凡》。该著第一次向中国学界介绍了文艺复兴之后西方大学学科设置状况，在中西学术交流史上意义和价值非同一般。对《西学凡》中记述的六门学科的中文译名做出分梳析辨，将《西学凡》中重要论断进行考释解读。《西学凡》在中国最早使用"西学"概念，第一次将希腊"哲学"（philosophy）一词译成中文"理学"，这早于日本西周将 philosophy 译成"哲学"约 250 年。同时，傅汎际与李之藻在其合译的《名理探》中，将 philosophia 译成"爱知学"，这更接近希腊词根"哲学"原义。

对亚里士多德哲学体系中的物理学、形而上学、逻辑学、伦理学、心理学等哲学主要分支学科展开阐释和论证。"物理学"被西士们译为"性理之学"，其核心理论是亚里士多德自然哲学中的"四行"说，这在利玛窦的《天主实义》中有节译。傅汎际《寰有诠》、高一志《空际格致》的底本都来自亚里士多德《物理学》《宇宙论》和托勒密天文学。以利玛窦为代表的西士们竭力用希腊的"四行"说来否定中国哲学的"五行"说，旨在通过歪曲亚里士多德的自然哲学使其适应于经院哲学和天主教义。该章还把希腊哲学的"四元素"说与古印度、古巴比伦的"四元素"说进行了比较，推测希腊"四行说"源于古印度。

《名理探》中提到了"超性学""超形性学""超学"等概念，利类思与安文思译的《超性学要》论证了"超性学"和"超形学"，这些都是对亚里士多德"形而上学"（metaphysics）范畴的早期汉译。"超形学"对译 metaphysics（形而上学），"超性学"对译 theology（神学），"超形性学"既包含着形而上学又包含着神学，可译为"神哲学"。"形而上学"一词虽是日本人根据《易传·系辞》翻译而来，但最早的汉译字并非起于日本。无论是对philosophy的汉译，还是对metaphysics的汉译，在中国语境中，都早于日本人二三百年。

明末从西方传来的最重要的哲学分支学科是逻辑学。"逻辑"这一借词为清末严复首次使用，但最广泛的用法是"名学"，缘于先秦名家学派而得名。利玛窦跟徐光启合译了欧几里得的《几何原本》，其目的是向中国知识界介绍亚里士多德的逻辑学说。另一本西方逻辑学的译著就是傅汎际、李之藻合译的《名理探》。这本书的底本为葡萄牙科因布拉学院哲学教材《亚里士多德辩证法概论》，基本内容取自波菲利的《亚里士多德〈范畴篇〉导论》，其中"五公"指亚里士多德《范畴论》的五类全称命题，"十伦"即"十范畴"，"三通"即推理三段论。

西方伦理学的经典之作是亚里士多德的《尼各马可伦理学》。高一志的《修身西学》比较忠实地介绍了亚里士多德的伦理学思想，其最大的特点就是从中西学互动的视角中体现出中西贯通的视界交融和话语方式，从而使这种外来思想在与中国文化初遇时表现出一种明显中国化的趋向，实为西方哲学早期在中国的"格义"类型的代表作。高一志首创"义礼之学"对译ethics（今译"伦理学"），而宋明理学中只有"义理之学"之说。

心理学（psychology）作为一门科学是近代发展起来的，但却是在思辨哲学的母体中孕育的。亚里士多德的《论灵魂》奠定了其理论基础，毕方济的《灵言蠡勺》也是由亚里士多德哲学讲义编译而成。利玛窦的《天主实义》中已有关于亚里士多德《论灵魂》的内容，但这些希腊哲学著作都经过托马斯主义的过滤。《灵言蠡勺》并不是对亚里士多德理论完全忠实的译介，基本上是被经院神学改造过的东西，同时吸收了奥古斯丁《论灵魂》中的内容。

本章最后一节专门讨论了龙华民的《灵魂道体说》。这是中国哲学史上第一篇中西哲学比较的论文，意义重大，但以往无论是中国哲学研究者还是西方哲学研究者，都忽略了这篇论文的价值。龙华民站在基督教经院哲学的立场上论证西方哲学的"灵魂"即最高实体不等同于中国哲学的最高实体"道体"（理）。这不仅使中国哲学与西方哲学在性质上相反，也使中西在价值趋向上根本相异。

第二章，"两极相逢与中西互动"。清康雍年间中国朝廷与罗马教廷之间因"礼仪之争"而导致中西交恶，表面上这是中西之间关于宗教礼节和仪式上的争辩，实质上反映了双方在思想、理念、信仰上的深刻分歧。中西思想文化的交流不仅仅是文本互动和视域交融，还有理论交锋与思想碰撞。在中国传教 58 年被利玛窦指定为接班人的龙华民是天主教的激进派，也是一位通晓中西哲学、有着深厚素养的学者。龙华民的《灵魂道体说》公开揭示了中西哲学的根本差异，另一篇论文《孔子及其教理》传到欧洲去之后引发了西方思想界的震动。中国哲学从此被打上了"唯物主义"和"无神论"的标签，深深印刻在欧洲人的观念中。围绕着汉语"上帝"一词的翻译和教理解读，来华传教士们曾召开过几次学术研讨会，龙华民是会上利玛窦路线的坚定反对派。利玛窦传教想让中国的知识精英加入基督教，临终前甚至想让明朝皇帝也受洗，以为这样就能使整个中国基督化。为此他甚至不惜在教理、教义上采用儒家术语、概念，其本人也被中国士人称为"西儒"。龙华民认为，这很危险，非但中国不能基督化，基督教最终反而被中国化。龙华民一方面坚持基督教的基本教义和原则，反对"合儒"方针；另一方面坚持走底层传教路线，让那些不究教理、教义的普通民众出于对"斗斯"（Deus，天主）的信仰而加入基督教，从而扩大基督教的信众人数。利玛窦逝世后，龙华民在传教路线和教义哲学上都力图纠正利玛窦的"规矩"，此为引发中西"礼仪之争"的根本原因。

当来华天主教会内部在传教路线和教义理念上发生论争时，以理学为主体的中国思想界内部也正经历着分化。王阳明的心学是对朱熹理学的挑战，而理学内部产生的"实学"流派却对"西学"中的逻辑学、数学、天文历算学、测量学和其他科技知识倍感兴趣，因为"西学"迎合了像徐光启等士大夫们的"实学救世"思潮。明亡之后，由于清代统治者思维的局限性和政治上的要求，"实学"走向了古籍考证之途，导致有清一代哲学退落、经学（考据学）复兴的局面，明末传来的希腊哲学除逻辑学尚有余绪，其他几乎完全遁迹。

此时有"中学西源"说与"西学中源"说出现。持"中学西源"说者仅限于西士中的某些人。有清 270 余年，最流行的观点是"西学中源"说。这是由清康熙皇帝以"御制"论文的形式率先提出的，由数学家梅文鼎奉诏精心论证。清中期之后包括戴震、阮元等相当著名的一批考据学者几乎都持"西学中源"说。"西学中源"与"华夷之辨"相互交织，其中既有保守主义的心态，又有其合理的价值和积极的成分。

清代与"西学中源"说相伴而进的是"中体西用"论。"中体西用"论非张之洞提出，《劝学篇》中从没使用过"中体西用"的命题，认为张之洞是"中体西用"论的始作俑者，实为梁启超所误导。"中体西用"的思想源于徐光启"镕西方之材质，入大统之型模"的提法，借鉴了希腊哲学"形式"（型模）与"质料"（材质）之"四因"说，至清末演为本与术、主与辅、本与末、体与用的二元思维框架。沈毓桂第一个明确提出了"中学为体，西学为用"命题，以后广为流传，被普遍沿用。"中体西用"论虽然屡遭贬批，但生命力不减，直至今日，学界在阐述"中西马"三派的文化关系时，仍然需借助"体""用"这一说理工具。

明代是中国的一个重要历史时期。自明中期始，中国社会内部资本主义生产方式开始萌芽，生产力和商品经济发达，即使没有西方帝国主义的侵略，它迟早也要发展到资本主义社会。清兵的入关打断了中国社会的发展进程，生产方式落后、文明程度较低的满洲贵族的统治使中国资本主义的进程被大大延阻了，跟西方的差距越来越大。至 19 世纪后期，西学的涌入对中学呈压倒之势。由于它是随着西方的军舰、大炮开进来的，此时传入中国的西学具有显而易见的文化征服性质。

总结 16 世纪至 19 世纪三百年间中西学之间的互动关系，发现其间既有冲突又有融合。就冲突而言，主要表现在如下几个方面：一是思维方式的冲突；二是传统礼仪的冲突；三是天文历法的冲突；四是意识形态的冲突。中国文化系统内部的变化由于外来文化的助力激化了这一冲突的烈度，如明万历四十四年（1616）南京教案，清代康雍年间从旷日持久的"礼仪之争"到1723 年的雍正禁教，都是冲突激化的表现。但冲突背后也有融合的一面，这是一种双向的融合。一方面表现在早期来华传教士不仅将儒学概念吸收到基督教的宣教中来，而且把儒家学说有选择性地融入基督教义，使之中国化。但至鸦片战争后，中西文化之间互动的主要趋势转为"西学东进"，中国传统思想文化开始步入近代哲学革命的重要阶段。此时，被中国吸纳和融合的西学发生了质变：一是由原来只限于"质测之学"即西方的科学技艺转变为西方的哲学与人文社会科学；二是由数百年前欧洲文艺复兴后兴起的希腊学术转变为工业化之后西方新兴的近代学术。这些转变为进入 20 世纪的中国迎来马克思主义奠定了中西兼备的文化心理基础。

"中学西传"是中西之间的重大历史文化事件。17 世纪是欧洲启蒙运动酝酿和近代哲学形成的时期，中国哲学西传欧洲，对近代"欧洲哲学之父"莱布尼茨等人产生了影响。中国哲学原则被纳入了欧洲的思维形式之中，这表现在"实体""无神论""有机论""理性""实践理性"等西方哲学的重要范畴之中，从而在启蒙思想家那里，用中国哲学的"理上帝"取代了欧洲中世纪的"神上帝"。由此可见，近代西欧精神文明是吸收了全人类的思想精华而成。本章还分析了黑格尔哲学的实质，阐述了自"莱布尼茨—沃尔夫"学派之后，中国哲学要素已渗进了德国哲学理念之中，这在黑格尔哲学中也有体现。除此之外，在英法两国的空想社会主义思想和英法古典政治经济学中，也有中国思想的元素。这些正是马克思主义产生的思想文化土壤。

第三章，"哲学革命与三足鼎立"。中国近代哲学革命应以严复翻译和引进 19 世纪新起的进化论为始点。整整三百年间的西学东传已积渐成著，进化论一经传入，从康有为到孙中山，从维新派到革命党，一时都成了进化论者。他们把这种外来的进化论跟中国传统哲学中的进化思想相融通，并对其加以改造，化为变革中国社会、指导实践的思想武器。在中国人的眼里，马克思主义是西学队列中的一员。最早接受马克思主义的先进的中国人，恰恰都是进化论的信奉者。马克思最初是被作为"社会主义"学说（"大同学"）的代表人物引介到中国的。马克思恩格斯被中国人称为社会主义思想的"泰斗"。维新党人如梁启超办的《新民丛报》是当时传播西学的重要舆论阵地，其在对西方社会主义的宣传中不可避免地要介绍马克思主义。辛亥革命前后，有意识地传播马克思主义的主要力量是国民党及其前身同盟会的理论家们，孙中山甚至宣称他的三民主义中的民生主义就是社会主义，"又曰共产主义"。人们所了解的马克思主义仅局限于社会主义，社会主义作为马克思主义的同义词是该时期马克思主义在中国的主要理论特征。

马克思主义在中国最早传播的管道几乎全部来自日本，十月革命后马克思列宁主义在中国风靡。由于五四运动的洗礼，新文化运动的领袖群体围绕着"中国向何处去"出现分化，马克思主义派主张"第三种新文明"即共产主义的文明，与西化自由主义派分道扬镳，由此中国思想史上第一次出现了马克思主义文化派、西方文化派和东方文化派鼎足而三的格局。这种格局在1923年的"科学与玄学"的论战中充分亮相，三派的领军人物同时登台，揭开了三派互动的历史序幕。马克思主义在跟西化自由主义、文化保守主义的理论交锋中发展壮大，迅速上升为思想界的主流。

"三足鼎立"中的西化派于"五四"时期提出了一种激进的要求变革现实的口号，其中国民党元老吴稚晖、李石曾以及留学法国的"新世纪"无政府主义团体是"全盘西化"论的早期代表，而后的"全盘西化"论者则较为复杂。"三足"中的文化保守主义有各种派别，"五四"前后有国粹派、东方文化派、学衡派，以及现代新儒家等。以戴季陶、蒋介石、陈立夫等为代表的国民党官方哲学应归属于文化保守主义阵营，其与西化自由主义派之间屡有冲突。20世纪30年代初"十教授的宣言"，矛头所向既对着马克思主义又对着西化派。马克思主义者要与各种反马克思主义的思想进行斗争，如对"新理学""新心学"等新儒家代表人物的批判、关于"唯物辩证法的辩论"等，有助于马克思主义哲学的深入与普及。

本章对"五四"时期至新中国诞生之前约30年间代表中国传统哲学、西方哲学和马克思主义哲学的领军人物及其观点进行了系统、细致的评判和总结。本成果中出场人物众多，事件迭出，实难尽述。随着马克思主义哲学体系在中国整体性传播的结束，马克思主义日益在思想文化层面和学术研究领域占据主流。该时期中国出版发行的各类马克思主义的著作、译著书目，仅全面抗战前10年就有30余种。20世纪30年代，是西方哲学在中国取得重要发展的历史阶段，此时的西学不再是19世纪与20世纪之交时笼统意义上的西学了，译介群体与基督教脱离，哲学社会科学与数学自然科学分离，近代西方哲学以整体清晰的面貌呈现。人们开始研究西方哲学的不同流派和个案，取得了可观的成效。

20世纪30年代"中西马"哲学出现了深度融合。二张先生（张申府、张岱年）提出"罗素、列宁、孔子三流合一"的主张。"罗素"在这里代表西方哲学，"列宁"代表马克思主义哲学，"孔子"代表中国哲学。这个"三流合一"，一方面反映了中国思想界内在的逻辑进程，另一方面也反映了经历三四百年的思想文化大变局，学术思想界生发出要求重新整合中国主流文化的愿望。另外，现代新儒家的《新心学》《新理学》《新唯识论》等著作既接着中国传统讲，又采用西学方法；金岳霖的《论道》《逻辑》《知识论》三书，是一次打通中西哲学义理和方法的有益尝试。这些标志着西方哲学中国化的新进展。

第四章，"三学融合，主流永续"。本章首先专门讨论了马克思主义的起源问题。列宁认为马克思主义有"三大理论来源"，这里的"三大理论来源"主要指马克思主义的直接理论来源，并非指马克思主义产生的西方文化传统中深厚的历史渊源。相反，列宁一再指出马克思主义不是脱离人类文明大道的孤独自生的系统，而是吸收了两千多年来人类思想和文化发展中一切有价值的东西。"起源""渊源"与"来源"为近似词，非同义词。"来源"指直接的出处，"起源"指间接出处，"渊源"则是更深刻、久远的起源。

马克思主义的起源离不开基督教的传统。马克思出生在有浓厚宗教氛围的家庭，他成长为一位坚定的无神论者，是从反叛和批判宗教开始的；马克思主义的起源离不开形而上学的传统，马克思的精神导师黑格尔就是德国哲学最后一位形而上学的思想大师，马克思却扬弃了形而上学；马克思主义的起源离不开人文主义和科学主义的传统，文艺复兴之后欧洲新兴思想的大宗就是人文主义与科学主义，这也是18世纪至19世纪直接的欧洲思想文化土壤。马克思主义起源的另一个不容忽视的思想文化因素就是中国哲学纳入了欧洲哲学的思维形式之中。

中国传统主流文化和意识形态自明代中叶就已经显现出其衰败的趋势，它已经不能适应资本主义生产因素的发展和市民社会的精神需求。19世纪的太平天国运动、戊戌变法和20世纪的辛亥革命与五四运动等，都有着在外来文化刺激下中国内部思想变革要求的因素。马克思主义中国化，首先在于它适应了中国革命实践的需要；其次，在于它适应了中国近代主流文化转型的需要；再次，它不仅变革了中国社会，而且实现了延续四百年的中国思想文化的历史大转型，并为中国优秀的民族文化赋注了现代性。本章考察了毛泽东思想的形成过程、毛泽东本人的哲学活动等，并对新中国成立后马克思主义经典著作的出版情况进行了绍述，对重大的有影响力和代表性的学术事件如1957年北大哲学史会议和1978年芜湖西方哲学会议进行了评述和评价。

跟马克思主义中国化相辅相成，西方文化也没有中断中国化的进程。20世纪50年代，我国有组织有计划地翻译出版了数十种西方近现代哲学名著，其中包括来自苏联和东欧社会主义国家研究西方哲学的著作。对古希腊哲学的翻译和研究进入了一个新的阶段，不仅再版了一些新中国成立前的汉译名著，而且还重新翻译了亚里士多德的著作，其中的思想精粹已经广泛地渗入我国哲学社会科学的理念之中。改革开放以来，西方哲学在中国进入了一个发展的新时代，涌现了对现代西方哲学、西方马克思主义的研究热潮，仅译著就出版了数十种，中国学者的研究性著作也不断涌现。可以说，西学研究出现了"涅槃再生"的局面。

20世纪以来有关中国哲学、中国哲学史、思想史研究的近百种著作，大部分都是在新中国成立后撰写和出版的，"马中西"三派哲学的互动和融合展现了新的气象。所谓"互动"，即文本交流、理论交锋、视界交融、话语交汇；所谓"融合"，即义理融会、思想融贯、范畴融通、命题融洽，最后实现价值互鉴和综合创新。20世纪80年代"文化热"中，张岱年重提"三学合一"，并阐释了"文化的综合创新论"；进入21世纪，方克立阐发了"马学为魂，中学为体，西学为用，三流合一，综合创新"的主张。"一"与"三"的关系："一"是目标，"三"是现状；"一"是对"三"的综合，"三"是对现状的分析；"三"是实存，"一"是追求。"三流合一"是综合的方法，"马魂中体西用"是分析的方法，分析与综合都是必需的。经过"综合创新"而建构起来的"中国特色社会主义新文化"，"魂"就是中国特色社会主义新文化之魂，"体"就是中国特色社会主义新文化之体，"用"就是中国特色社会主义新文化之用。换言之，"马"是中国化马克思主义，"中"是伟大复兴的中华文化，"西"是吸收外来的人类优秀文化。在中国化视域下，"马中西"三派哲学互动使中国传统文化完成了一次空前的历史性大转换，中国马克思主义以胜利者的姿态谱写和总结了四百年的历史。

三、成果的学术创新、应用价值以及社会影响和效益

1. 学术创新

（1）挖掘了马克思主义中国化的思想文化渊源，弥补了马克思主义中国

化研究的空缺。以往的研究通常认为马克思主义中国化是马克思主义传入中国之后尤其是 1938 年毛泽东提出"马克思主义中国化"命题以后的事，而忽略了对马克思主义哲学中国化的文化背景的挖掘和对中国传统文化历史性大转型的必要追溯。

（2）从中国化视域下考察"中西马"三派哲学的互动关系，提出西方哲学也存在着中国化的问题。指出中西互动在前，马克思主义后来居上，马克思主义加入中西互动的历史进程以及马克思主义中国化，统领了"马中西"三者的联动与融合。

（3）拓展了马克思主义中国化的研究领域。本成果以中国化为视域，聚焦于数百年的长时段审视"中西马"三派哲学的互动，从哲学史、思想史和学术史上深刻地展示了马克思主义中国化的文化背景和深层文化因素，大大开拓了马克思主义中国化的研究空间和学科范围，在学理上是一次有益的探索。

（4）为近代思想史和哲学史研究提供了全新视角。把中国近代思想文化大转型的历史焦距拉长到四百年前，这并非一个单纯的论点，而是有着坚实的论据和方法。

（5）阐明了一个重要结论：当代中国化马克思主义是四百年来中西互动和融合的最新思想成果和最高理论形态。本成果 60 万言旨在围绕这样一个理论轴心——从 1600 年至 2000 年，中国传统思想文化经历了四百年的伟大的历史变局。

2. 应用价值以及社会影响和效益

（1）有关"中西马"或"马中西"三派哲学互动与融合的研究成果中，本成果是第一部专著，出版发行后将会发挥影响作用，对研究中国传统文化的创造性转化和创新性发展有启发价值。

（2）本成果属重大主题研究，有益于新时代主流文化与意识形态的构建。对于深入进行社会主义核心价值观和爱国主义教育、对于提高民族自豪感增强文化自信心，具有强烈的现实意义和积极作用。

（3）本成果中大量的资料和系列的观点对相关人文学科领域的研究也具有参考借鉴价值。

（4）对学科建设和人才培养将会产生效益。一是扩大和延伸了马克思主义的学科领域，为马克思主义学科学者开拓了更广阔的理论视野；二是可作为培养博士生的教材，有利于青年学子打下坚实的文科综合知识基础，培养高远的学术志向。

（5）本成果不仅对学术研究有补缺之功，对党校、理论宣传部门、干部培训机构等也可发挥参考资料、理论书籍和知识读本的效用。

《人类文化象征及其效用》概要

居伟忠*

一、研究的目的、意义及方法

本成果针对目前存在的研究缺陷，旨在弄清诸如象征文化产生的原因、象征的本质特征、象征的结构、象征的表达与形式、象征的内涵外延等问题，对含糊不清的概念予以界定，总结概括象征所具有的带普遍意义的基本规律，从而较全面地认识象征原理。弄清象征的基本规律，有助于提高对象征文化现象的解读能力和自觉运用的能力（而非不自觉地运用象征）。从这个意义上讲，研究象征原理具有理论上的方法论意义。象征原理可以帮助我们由表及里，完成从现象到本义的认识过程，破译种种文化现象，从而完整解释和还原人类文化的含义，这将有利于推动文化研究、文化创新和文化应用的发展。因而，本成果又有实践意义。我国文化具有很强的象征内涵，通过本成果有利于宣传作为人类优秀文化重要组成部分的中华民族传统文化，更深层次地把中国文化介绍给世界，所以本成果又具有一定的世界意义。本成果把象征作为一种思维形式，重视象征与思维关系的研究，对象征表达与形式做动态变化研究，可以为思维科学提供研究参考。

研究方法以文本研究为主实证研究为辅，避免从理论到理论缺乏现实联系的研究，现实生活案例贯穿本成果的始终，有效提高了研究的可理解性和说服力。由于象征以"象"表意，所以实地收集各种图形、符号和图像，如徽号、建筑符号、神像、器皿、招贴画、地方票据等等，将其插入本成果中

* 居伟忠，华东理工大学教授，硕士生导师。

作为佐证，使象征研究图文并茂，更有说服力。

二、成果的主要内容和重要观点

1. 主要内容

（1）按研究目标把象征研究推进到发生的源头，从本能和思维视角切入，回答象征是怎样产生的问题，为认识象征本质提供新的视角。

（2）概括出具有一般意义的象征图式，解决了象征结构和本质的基本问题，规范什么是象征，为界定象征提供依据。理论与实际紧密联系，第三章"象征的工具效用"、第四章"象征的治世效用"、第五章"象征的精神生活效用"列举大量实例阐述象征，使枯燥的理论鲜活起来，具有说服力。

（3）定义象征。象征是借助一个作为中介的文化形式表达另一种意义的表意方式，约定俗成和相似性、联想是象征的必要条件，隐喻、寓言、拟人化、符号、写意、对比等是象征方式。

象征思维作为人类思维的一个维度，与本能一起，成为文化象征发生的原点。在象征发展过程中，文化观念是多种象征产生的原因，决定文化象征具有普遍性，不分种族、时代和地区，凡有人类的地方就有象征文化。由于种族、地理环境造成的不同文化背景，同一文化现象所表达的象征含义不尽相同，有时甚至相反，因而象征的内容又具有特殊性。象征文化构成的另一个语义世界是人类文化的一个重要组成部分，不包括象征文化理解的文化认识将是不完整的，没有象征文化理解的文化解释往往是浅表性的，甚至是错误的。象征视角可以帮助我们由表及里完成从现象到本义的认识过程，从而完整认识文化的全部含义。

（4）概括象征文化产生的原因。我们从宇宙现象中看到，一种自然现象可以是另一种将要发生的自然现象的征兆，这时作为征兆的现象就是另一种将要发生的自然现象的信息载体，所以一种"象"负载着"象"背后的另一层"意义"，乃是宇宙的通常法则之一。从人类与宇宙同一性看，人类思维中保持了与自然征兆模式的一致性，人类思维具有文化象征图式的潜质成为文化象征产生的根本原因，因此，象征思维是人类思维的一个维度，是象征发生的源头。基于挑战—应战模式来看，人类本能则是象征发生的原点，此后产生的文化观念成为许多象征发生的原因。与此同时，人类作为宇宙系统中的一分子，具有与之相适应的能动性，受到自然征兆关系启发，运用"象"表达另一层"意义"，发展了象征思维。象征有效突破人类传达的先天限制，效用突出，这成为象征发生的永续动力。

（5）概括象征的本质特征。可以通过三个方面认识象征的本质特征。其一，文化象征行为是人的生命本质之一。人类具有逻辑思维、抽象思维、创造思维等思维形式，也有联想、想象、幻想、暗示等心理活动，象征是人类固有的思维活动和心理活动的方式，是人类理性与非理性思维、心理活动的结果。观念在象征文化形成过程中起关键作用，是象征文化产生和发展的重要原因。本能是象征文化发生的原点。象征文化伴随人类的出现而出现，是人类文化发生最早的部分。

其二，文化象征是一种综合交叉的文化表现形式。人们可以通过各种感觉器官感知象征。象征现象遍及各个文化领域，如艺术、建筑、天文、语言、民俗、信仰等，以色彩、符号、形象、动作、味道、身体接触、气味等方式体现，仅把象征研究集中在文学艺术领域显然是偏狭的做法。由于象征文化留存了人类的各种感觉经验和文化观念，我们可以通过视觉、听觉、味觉、机体觉和嗅觉感知象征文化传递给我们的信息，因而感知象征文化是一个综合交叉的过程。当我们看到高大的天安门和太和殿时，感受到封建帝王的权威；听到《黄河大合唱》时感受到当年民族危亡的紧迫感；口含一粒喜糖，能分享到新婚夫妇的甜蜜感觉；手摸到一块温软滑腻的美玉，产生一种富贵的感觉；闻到荷花发出的清香，联想起文人高洁的品性。

其三，象征通过中介间接表达意思。间接表达方法有两种：第一种与简单象征一致，借 B 表达 A 的本义，如送人石榴，表示祝愿对方多子多孙，家族兴旺。第二种方法与复杂象征一致，借 B 表示 A 的深层意思。如苏州留园"闻木樨香轩"旁边植桂花，其题名和桂花的深层含义源自一则佛教公案。这则公案讲晦堂禅师启发黄庭坚悟道的故事，阐明了"直心是道"的道理。由于间接表达意思，所借用的象征及 B，是传递象征义的中介，它可以是事物，也可以是人或者一种特殊的表达符号，如手势、眼神等。中介 B 一般与 A 有"相似性"，能引发人的联想和想象。如果 B 与 A 风马牛不相及，那么中介 B 与 A 之间相联系的象征义来自传承下来的文化观念。所以，象征表达过程中，中介是必要条件，相似性和联想又是中介的必要条件。

（6）解构象征的结构。从内容上看，象征结构由三个层面的内容构成。第一个层面的内容是人的本能、人固有的心理活动。这个层面属于人固有的天性，与生俱有，会对环境做出本能反应，产生各种观念，进行象征思维活动。第二个层面的内容是人的非理性思维。人们依靠感官感性地认识世界，对自然环境做出朴素的反应，甚至通过幻想寄托对理想的追求，如原始宗教、神话、巫术等。非理性层面的象征文化内容往往缺乏现实实体，由抽象的或传承的观念充当内容。第三个层面以理性思维为主体，体现人们对世界现象的认识、分析和概括。这个层面的象征意义往往在思想对象和其他事物间寻找类似点，然后通过具有类似点的事物进行表达，如比喻、寓言、拟人化、图形、写意、对比等。象征有时介于各层面之间，特别是高度抽象的象征部分如符号中的音符、占卜符号等，常常表达运用者理性与非理性的混合思维。

从结构类型上看有四种。第一种是简单象征，这类象征由作为中介的象征体与携带的象征义组成。象征义仅用一次间接的表达，意义清晰，通过一次联想即可理解象征体的含义，如石榴多子，象征子孙满堂，家族兴旺。

第二种是复杂象征。这类象征体大多因年代久远，相关的事件不断增多，使含义愈来愈丰富，必须通过层层剥笋、几经曲折才能找到象征含义的全部解释。如北京四合院，主房居正北，表面上看，居北向南是追求冬暖夏凉功能，其实背后有很深的含义。在五行学说中北为"坎"位，属水，水可压火，正房居北位可得冥冥神力护佑免除火灾。宅门置于东南方的"巽"位，属木，与"坎"位产生"水木相生"的关系，以此带来平安。至于为什么"坎"位属水，"巽"位属木，水木能相生互佑，要解释清楚，先得说清五行学说，而要说清五行学说则要弄清《易经》、原始天体观、天人感应论、天人合一观等。因而复杂象征的结构像一串多个环扣相连而成的链条，缺了其中任何一环都将难以理解，这是有的象征现象使人觉得晦涩的原因。今天，许多象征文化现象因传承中断，使象征符号变成难以解读的"密码"。研究这类象征现象，须经过艰苦的考证工作，重新找回破译象征的"解码"——原始解说（故事、传说、观念等），即象征文化现象的原因。可以这样说，简单象征是单次象征；复杂象征是多次象征，或者说是复合象征。

第三种是多义象征。复杂象征伴随着时间而发展，呈一维性；多义象征则呈多维性，多种象征义呈散发状排列，含义之间没有前后左右的相互联系，有时含义甚至完全相反。如白色有以下几层含义：1）象征光明；2）象征正义；3）象征西方；4）象征死亡；5）象征贬斥；6）象征吉利。上述六种含义分属六个独立的方面，含义之间不仅不相互联系，相反，其中正义与邪恶、死亡与吉利是完全对立的。像白色这样具有多种独立的象征含义的现象并不少见。

第四种是个性象征。个性象征与简单象征相仿，是单次象征。它带有地方文化特征或个人主观色彩，缺乏普遍性。如云南丽江民居与北京四合院的建筑含义有很大不同，北京四合院的建筑方位与《易经》、五行观念有关，丽江民居建筑方位的象征含义则有纳西族文化的特征。许多文艺作品带有个体的主观创作意象，只出现喻体，却没有本体，如李商隐《锦瑟》诗句："庄生晓梦迷蝴蝶，望帝春心托杜鹃。沧海月明珠有泪，蓝田日暖玉生烟。"其中庄生梦蝶、杜鹃啼血、沧海珠泪、良玉生烟等典故表达意象朦胧，这些意象所象征的本体究竟是什么并不十分清楚，诗人只是通过片段意象的某种内在联系表达内心的复杂感受——因仕途不畅产生才高位下、失落沮丧的情感；或对少年时代的追忆；或对转机无奈的哀叹。这种迷幻的个人感受并不是实在的象征本体，其断断续续的情思使象征本义朦胧模糊，晦涩难懂。如果说前三种象征形式可通过实证研究找到相应的内容，破译其象征本义，那么，个性象征特别是个人创作作品的本义决不是实证能解释的。表现个人主观创作意图的作品的本义只能靠艺术感染传达，靠艺术语言的通约性——一种微妙的共同感受来沟通。

本成果共分引言和六个部分：引言、第一章"象征的发生"、第二章"象征形式转向与意义表达"、第三章"象征的工具效用"、第四章"象征的治世效用"、第五章"象征的精神生活效用"、结论。其中"象征的发生"涉及的本能问题和象征思维问题是首要的难点。从发生学角度看，象征文化与人的本能和观念有密切关系，本成果已经初步探明了象征文化与人的本能、观念之间存在因果联系。决定象征产生的另一个重要原因涉及人类思维，否则象征不会成为普遍的文化现象，本成果做了相应的研究。

难点是象征的形式与表达。以美学中的象征为例，传统美学时期，意义与形式是二元分立的，象征含义总是借助一个作为中介的符号进行表达。象征符号是意义的凝聚和呈现，承载形式背后隐藏的意义。进入 20 世纪后，西方现代派文艺理论认为，艺术的内容就是形式，两者是粘连在一起的。为此，象征的二元分立表达方式受到了质疑，象征形式发生转向，将意义消融在纯形式中。但是，象征意义并没有消失，相反，现代象征充满否定和批判性，较传统象征更为深刻地介入和披露社会问题。从这个角度看，转向后的现代象征形式超越了传统美学的层面，传达比以往更为丰富而深刻的社会意义。但是，作为传统象征形式必需的中介消失后，象征思维发生了什么变化，是否还需要借助相似性、联想，通过抽象思维、形象思维综合的路径来完成象征意义的表达与理解，这些问题对象征原理的理解是至关重要的，它们反映当代人是如何进行象征思维的。当我们动态分析象征原理时，这是一个绕不过去的难点问题。

本成果用了相当大的篇幅研究象征的效用问题，认为没有社会效用或者社会效用较小的必然不具备普遍性，象征的普遍性背后必然是象征效用的广泛性。通过象征效用的深入举证，对象征原理的认识也随之深化，把握更趋准确。然而，象征像天空中的粉尘一样散落在人类生活的各个角落，本成果只能限于较为成熟的前期研究，将象征的效用分成象征的工具效用、象征的治世效用和象征的精神效用三部分。尽管如此，还是涉及了语音、符号、建筑、音乐、政治、社会、宗教信仰等方面，应该是有一定说服力的。

2. 重要观点

（1）象征是本能的需要。人类的物质世界是现实的世界，但人类同时还需要一个虚拟的精神世界，所以虚拟世界很多时候借助象征进行表达。

（2）象征思维是与抽象思维和形象思维并列的思维方式。作为一种表达方式，象征表达要借助相似性，通过联想，结合抽象思维和形象思维才能完成，唯其如此才能解释象征的普遍存在。

三、成果的学术创新、应用价值以及社会影响和效益

1. 学术创新

（1）有新的研究视角。1）把象征研究推进到发生的源头，从本能和思维视角切入揭示象征的产生问题。2）研究象征与思维的关系，提出象征思维是与抽象思维和形象思维并列的思维方式，以象征思维证明象征文化的普遍性。同时，为思维科学提供参考。

（2）有新的研究目标。界定象征概念，对象征原理进行较全面的梳理和概括。

（3）有新的研究要求。以往的象征研究偏于静态，本成果为适应迅速发展变化的时代和原理研究的要求，把象征问题放在动态框架中研究，发现象征意义与形式的二元分立模式在现代文艺中有过另类表现，反映人类思维的灵活性和变异性。在动态研究中同时回答当今象征现象的新问题，包括网络语义构建和解读，为现实应用提供参考。

2. 应用价值以及社会影响和效益

（1）具有认识论方法论意义，可用于研究、教学和实践，应用价值明显。本成果对象征文化产生的原因、象征的本质特征、象征的结构、象征的表达与形式、象征的内涵外延、象征的基本规律等问题做了全面探索，有助于提高对象征文化现象的解读能力和自觉运用的能力。本成果对象征表达与形式做动态变化研究，可以为思维科学提供研究参考。

（2）有利于中华文化传承和走向世界。象征文化是一种泛文化，象征原理可以帮助我们由表及里地完成从现象到本义的认识过程，破译种种文化现象，从而完整解释和还原人类文化的含义，这将有利于推动文化解释、文化创新和文化应用的发展。象征研究揭示了象征的一般规律，可以广泛应用于设计，变不自觉传承为自觉传承，并将中华传统文化发扬光大、推陈出新。中华文化具有很强的象征内涵，本成果有利于宣传作为人类优秀文化重要组成部分的中华民族传统文化，更深层次地把中国文化介绍给世界，所以又具有一定的世界意义。

（3）为象征文化研究提供参考。用谷歌学术搜索中国象征文化，得到42 500项条目，搜索"象征"关键词，得到125 000项；用百度搜索"象征文化"，出现32 900 000篇相关文章。这些说明，学术界对象征文化的关注程度相当高，但是，这种轰轰烈烈的研究局面，仍然局限在分体研究，关于文化象征的总体研究著作至今几乎没有。本成果对文化象征在宏观层面做了尝试性研究，这对推进总体研究起到抛砖引玉作用。本成果关于象征效用的研究案例，具有示范作用，随着象征应用的扩大，象征效用必将显示出巨大的社会效益。

理论经济

《中等收入阶段的中国产业升级：经验和理论》概要

杜曙光 *

一、研究的目的、意义及方法

1. 研究目的

本成果旨在检验世界银行提出的"中等收入陷阱"假说，透析中国在中等收入阶段产业升级和收入水平提升的发展奇迹，在理论层面确立中等收入阶段经济发展的研究议题，从产业升级的效率提升和结构调整两个方面，结合实证检验，概括"中国经验"，总结"中国理论"。

第一，聚焦中等收入阶段的中国发展奇迹。传统经济发展理论关注的是低收入国家摆脱贫困实现起飞的发展议题，这也成为分析中国发展经验的传统思维。1998 年中国进入中等收入阶段，此后 20 年来，出现了明显不同于"中等收入陷阱"假说的收入水平快速提升，很可能以 25 年左右的时间完成其他国家 50 年才能走过的中等收入阶段，创造了中等收入阶段的发展奇迹。这 20 年来，参照世界银行收入水平划分标准得出的中国人均收入水平指数，其提升速度达每年 11.65%，超过了经济总量的实际增长速度，实现这一超越的关键就是效率提升和结构变迁引致的价格结构变迁和国际财富效应。因此，理解中国在中等收入阶段的发展奇迹，需要突破传统的"唯增长论"思维，从效率提升和结构调整的角度，考察中国的产业升级道路。本成果尝试

* 杜曙光，曲阜师范大学教授，博士生导师。

以全新的视角总结中国在中等收入阶段推进产业升级、实现收入快速提升的发展经验，并从理论层面总结这一过程中形成的新型工业化道路、经济新常态和包容性增长等"中国理论"。这些"中国经验"和"中国理论"，都是中国进入中等收入阶段后形成的新经验和新理论，值得高度关注。

第二，创新数据指标，以"中国经验"和全球数据检验世界银行的"中等收入陷阱"假说。衡量一国收入水平，应参考世界银行的收入水平分组标准。由于世界银行需要根据汇率和物价的波动每年调整其收入水平分组的门槛值，导致参考标准逐年调整，难以连续性地把握一国历年的收入水平变动。本成果将研究相对指数的方法应用于世界银行的门槛值，形成新的收入水平指数：以世界银行公布的高收入国家门槛值为参照，中等收入国家的门槛值稳定在这个高收入门槛值的 8.1%，上中等收入国家的门槛值稳定在这个高收入门槛值的 32.3%。因此，以各国收入水平占高收入国家门槛值的比例为指数，以 8.1%、32.3%和1为临界门槛值，就可以划分各国收入水平，并连续性地考察各国历年的收入水平变动，从而实现"以世界银行的指标检验世界银行的假说"。依据这一指数，我们考察了 1987 年世界银行提出收入水平分组标准以来所有曾经进入过中等收入阶段的国家。虽然在 2000 年以前各国存在不同程度的收入水平停滞和下降，但是在 2000 年以后，各国收入水平已经重回上升轨道。而中国在进入中等收入阶段后，出现了收入水平的调整提升，创造了中等收入阶段的发展奇迹。因此，无论是中国的发展奇迹还是各中等收入国家的普遍表现，都不同程度地证伪了"中等收入陷阱"假说，验证了习近平新时代中国特色社会主义思想提出的"新兴市场国家和发展中国家快速崛起"的重要判断。其中，作为以最快速度实现收入水平提升的发展中国家，中国在中等收入阶段的发展经验和理论，具有重要的世界意义。

第三，实现两类产业升级的综合与全景考察。产业升级存在价值链升级和结构升级两类理论，分别关注产业升级的效率提升和结构调整问题。本成果将两类产业升级理论进行了综合，并结合两类升级理论全面考察了在中等收入阶段推进产业升级的"中国经验"和"中国理论"。在经验层面，我们对效率提升和结构调整进行考察：分别从制造业的效率提升，以及工业化和城市化的结构演变，考察了中国在中等收入阶段推进产业升级的发展经验。

在理论层面上，我们重点考察效率提升与结构调整的关系：通过分析效率提升对产业结构和增长速度的影响，概括了中国的新型工业化道路和"结构—速度"关系理论；通过分析进出口结构、分配结构和生产方式对经济效率的影响，概括了中国的开放观以及产业升级的"方式空间"和包容性增长理论。

2. 研究意义

虽然只是一个理论假说，但是"中等收入陷阱"假说的影响深远。在全球范围"中等收入陷阱"命题是否成立，哪些因素决定着中国对"中等收入陷阱"的跨越，都有待于深入研究，这些研究已经逐步延伸到中等收入阶段的经济发展议题。然而，这一研究领域尚缺乏深厚的基础理论、客观的实证检验、全局的战略把控。对中等收入阶段经济发展的探讨，流于概念层面和某一局部的战略思考，可能导致对我国的经济发展形成战略误判。本成果的研究意义在于，夯实理论基础，综合评价指标，梳理全球数据，统筹影响因素，以期总结中国在中等收入阶段推进产业升级的"中国经验"，概括这一过程中形成的"中国理论"。

第一，有助于社会各界准确把握新的历史起点。《习近平新时代中国特色社会主义思想学习纲要》指出："当代中国正处于近代以来最好的发展时期。在新中国成立以来尤其是改革开放以来取得的重大成就基础上，我国发展站到了新的历史起点上"。以1998年中国进入中等收入阶段为分界点，改革开放40余年可以界分为前后两个阶段，其中1998年以来中国在中等收入阶段所取得的发展成就、经验和理论，是准确理解新的历史起点的重要内容。本成果聚焦这一新阶段上的中国产业升级之路，有助于社会各界准确把握当代中国的新成就、新经验和新理论。

第二，有助于总结中国发展理念、发展道路、发展模式的国际价值，讲好"中国故事"。面对当代世界百年未有之大变局，中国发展理论、发展道路、发展模式的影响力、吸引力显著增强。受世界银行"中等收入陷阱"假说影响，世界各国高度关注中等收入阶段的发展经验，中国在中等收入阶段以产业升级实现收入水平快速提升，创造了中等收入阶段的发展经验。这一经验对于发展中国家具有很强的影响力和吸引力，总结这一经验，有助于丰富中国发展理念、发展道路、发展模式，为其他发展中国家提供"中国经验"和"中国理论"，在世界范围讲好"中国故事"。

3. 研究方法

第一，以问题导向的方法确立本成果整体的逻辑框架与内容体系。本成果开篇即回应"中等收入陷阱"命题是否成立、中国如何推进中等收入阶段的产业升级等问题，以此问题为导向，通过因式分解方法，将影响中国收入水平提升的全部因素置于统一分析框架。通过对这些因素的分类综合，构造本成果的逻辑架构。

第二，运用指标的综合与分解，找到破题和深化研究的切入路径。以什么样的指标衡量收入水平的提升，是中等收入阶段经济发展研究破题的关键。本成果对现有衡量指标进行比较综合，确立以世界银行高收入门槛值为目标的赶超指数，准确衡量各国的收入水平提升过程。通过对这一指标影响因素的层层分解，把影响收入水平提升的因素分解为产业升级、人口红利和外部因素，产业升级因素又分解为价值链升级和结构升级。由此，既实现对研究的深化，又避免陷入局部视角。

第三，运用理论溯源的方法，确立中等收入阶段产业升级的理论基础。"中等收入阶段"和"产业升级"两个议题均缺乏以其为题的经济学基础理论。本成果首先析出两个议题中的核心逻辑——收入水平衡量、效率提升和结构变迁，再对这些逻辑进行理论溯源，从而发掘"中等收入阶段"和"产业升级"的方法论源头，基于经济学经典模型对其进行理论重构。

第四，大量运用比较借鉴方法展开研究内容。首先通过理论比较，借鉴竞争优势学说、法国调节学派、高级发展经济学和非平衡增长模型等理论，吸收其分析工具，将经济发展过程、技术进步和结构变迁等问题层层展开；其次，运用国际比较的方法，把握中国经济体制和发展道路的独特性，总结"中国经验"，概括"中国理论"。

二、成果的主要内容和重要观点

1. 主要内容

本成果研究内容从最初考察中国能否以及如何跨越"中等收入陷阱"，拓展为概括中国在中等收入阶段推进产业升级形成的"中国经验"和"中国理论"。这一转变的根本原因在于中国在中等收入阶段实现的发展奇迹。中国于 1998 年人均收入超过世界银行规定的中等收入国家收入水平门槛值，进入中等收入国家行列。进入中等收入阶段后，中国并未出现"中等收入陷阱"假说所预言的收入水平提升放缓，反而出现了收入水平的加速提升。与高收入国家收入水平的"高门槛"相比，中等收入水平的门槛值显得很低，仅为高收入国家收入水平门槛值的 8.1％左右，但是到 2018 年中国的收入水平已经从 1998 年占高收入国家门槛值的 8.1％跃升至高收入国家门槛值的 78.6％，年平均提升速度为 11.65％。进入新时代以来，2012—2018 年的提升速度也在 8.9％以上。其中，产业结构变革及其背后的价格结构调整，是收入水平增长速度超越经济增长速度的关键——中等收入阶段的中国经济发展，已经明显超越"唯增长论"的惯性思维。按此趋势，中国收入水平将很快超过高收入国家门槛值，中国将进入高收入国家行列，实现对"中等收入陷阱"的跨越。可以说，过去的 20 年，中国在中等收入阶段续写了改革开放以来的经济发展奇迹，是在新的历史起点上实现新跨越的重要历史时期，其中的发展经验和理论成果，值得高度关注。

在理论上，"中等收入陷阱"还是一个有待验证的理论假说，其理论基础有待发掘；在经验上，"中等收入陷阱"过于关注部分国家的经验或教训，尚未在全球范围内对所有中等收入国家的赶超过程进行全景考察，作为理论假说，在学界尚未形成可信服的验证结论；在对策上，"中等收入陷阱"理论基础的缺失和实证研究的系统性不足，导致相关战略研究局限在某一领域的经验性探讨，缺乏全面系统的战略规划。本成果的研究目的在于综合既有的衡量指标，全景考察所有中等收入国家的赶超过程，以验证"中等收入陷阱"命题的存在性；全面分类考察影响中国赶超过程的各类因素，以准确判断中国能否跨越"中等收入陷阱"；将各类影响因素进行分类综合，确定主导性因素，从而概括中国在中等收入阶段的产业升级进程。前期研究表明，实现对"中等收入陷阱"的跨越，关键在于产业升级，因此，本成果将目标锁定在中等收入阶段产业升级的"中国经验"和"中国理论"。

本成果分为基本数据、基础理论、"中国经验"和"中国理论"四篇，以中国在中等收入阶段的产业升级为问题导向，将研究深植于客观的全球数据和扎实的经济学基础，层层深入展开研究，对关键战略再进行专题的"数据＋经验＋理论"考察。

　　第一章至第三章为基本数据篇。在中等收入阶段的经济发展议题上，"中等收入陷阱"是一个切入点，同时也是一个尚待验证的假说。第一章综合现有指标，以世界银行的高收入门槛值作为收入水平的赶超目标，考察1987年至今所有中等收入国家（人口在900万以上）收入水平走势，对"中等收入陷阱"进行检验。第二章以此指标考察中国进入中等收入阶段（1998年）以来的收入水平赶超趋势，发现中国收入水平的赶超不再唯一地取决于实际经济增长，而是出现了"增长速度放缓、收入水平激升"态势。第三章运用因式分解公式，考察各影响因素对中等收入水平提升的贡献，将这些因素分类综合为人口红利、产业升级、外部因素三类，其中产业升级是主导因素，由此形成本成果的逻辑框架。

　　作为破题，这一篇首先对"中等收入陷阱"假说进行了验证。结果表明，在2000年之前，多数中等收入国家的确存在收入水平停滞甚至下降的趋势。基于这一趋势，世界银行在2006—2007年间提出"中等收入陷阱"假说有其合理性。但是2000年之后，多数中等收入国家收入水平呈稳定提升态势，这一趋势不再支持"中等收入陷阱"假说。中国进入中等收入阶段后，收入水平以每年11.65%的速度提升，远高于8.6%的经济增长速度。影响中国收入水平的因素通过因式分解和分类综合，可归结为人口红利、产业升级、外部因素三类。其中，近年来人口红利和外部因素的影响由正转负，跨越"中等收入陷阱"越来越依赖产业升级。

　　第四章至第七章为基础理论篇，明确中等收入阶段产业升级的基础理论。其中，第四章明确中等收入阶段的理论基础；第五、六章分别明确企业升级和产业升级的理论基础，将价值链升级与结构升级相统一；第七章是价值链升级与结构升级在战略研究领域的拓展。

　　这一篇在基础理论方面，确立了中等收入阶段和产业升级两个研究主题的理论基础。本篇立足多重均衡模型，为中等收入阶段的产业升级研究确立一个恰当的理论基础，同时深入到企业内部的微观决策层面，提出了"纵向一体化"与"横向一体化"相统一的企业升级分析框架；在企业升级的基础上构建一个价值链升级和结构升级相统一的产业升级理论框架，为两类产业升级提供了相应的理论基础。本篇关于融合升级的研究将价值链升级的效率提升与结构升级的结构调整进行了综合与统一，将价值链细分法和战略研究贯彻到了具体战略研究层面。

第八章至第十章是"中国经验"篇，分别从效率提升和结构调整两个方面考察中国产业升级的基本历程，总结其中的"中国经验"。第八章从价值链升级角度分析中国竞争优势提升的历程和现状，总结价值链升级的"中国经验"。第九、十章从结构升级角度总结"中国经验"，包括产业结构视角下的工业化进程和经验，以及城乡结构视角下的城市化进程和经验。

这一篇经验研究方面，深入考察了我国应对"中等收入陷阱"的现实背景、时代机遇与潜在风险。我们具体考察了"中国制造"在全球价值链中的地位，结果表明，"中国制造"在全球价值链中的地位有所提升，但是整体地位依然偏低，中国产业升级的优势条件相对不足。我们从产业结构升级的角度考察了中国的工业化进程，指出：中国产业结构升级相对滞后的主要原因在于工业生产率提升速度较慢，中国不但没有完成工业化，而且需要进一步推进工业化进程，才能顺利实现产业结构的升级。中等收入阶段的产业升级，要毫不动摇地抓住"中国制造"这个战略载体。本篇从城乡就业结构的角度讨论了中国特色的空间产业升级进程，其中，以农民工就业为典型特征的"半城市化"进程是焦点。指出中国特色的空间产业升级在很大程度上彰显了中国土地革命和社会主义基本制度对于经济增长的重要作用，认为"农民工市民化"进程是中国未来实现经济持续增长的关键动力。

第十一章至第十五章是"中国理论"篇。如果说经验源自对效率提升和结构调整历程的考察，那么理论总结则来源于本篇对这两者关系的分析。本篇从新型工业化道路、对外开放、"结构—速度"关系、优势条件变迁和生产方式变革的角度入手，考察效率提升与结构调整的交互影响，从中概括中等收入阶段中国产业升级的基本理论，由此得出的结论也易于理解：进入中等收入阶段后，产业升级的"中国理论"就是实现效率提升与结构升级的良性互动理论。其中第十一、十二章考察的是效率提升影响下的三次产业结构和"结构—速度"关系，第十三、十四、十五章分别考察了进出口结构、生产方式结构、分配结构对效率提升的影响。

这一篇在理论层面探讨了中国进入中等收入阶段后如何实现效率提升和结构调整的良性互动。通过分析效率提升对产业结构的影响，具体分析了中国的新型工业化道路以及"转方式—调结构"关系理论；通过分析进出口结构对效率提升的影响，总结了中国"用好国内外两个市场、两种资源"的新型开放观；通过分析生产方式结构和分配结构对效率提升的影响，概括了中国推进产业升级的"方式空间"理论与包容性增长理论。

2. 重要观点

本成果对于"中国经验"和"中国理论"的研究，未集中于具体措施的细化分析，而是聚焦全局视角下的产业升级道路。"中国经验"和"中国理论"具体观点概括如下：

（1）"中等收入陷阱"命题的意义不在于其理论假说成立与否，而在于在理论上确立了这样的时代背景：随着东亚人口整体进入中等收入阶段，全球范围的经济发展问题已经由低收入国家的经济起步转变为中等收入国家向高收入国家的跨越。

（2）关于"中等收入陷阱"命题真伪的验证：考察全球范围所有中等收入国家的赶超趋势，结果表明，以 2000 年为界，多数中等收入国家的收入水平呈先降后升的 V 形趋势，"中等收入陷阱"假说的提出相对合理，但与提出后的历史走势不符。

（3）关于收入水平的赶超，既有研究不同程度地存在"唯增长论"局限，即锁定物价和汇率因素，将收入水平提升等同于实际经济增长。由于更高收入阶段的国家其内部价格结构明显高估服务业产值，要求较低收入阶段的国家完全依靠实际产出的增长提升其收入水平已失去了不同收入阶段上纵向比较和赶超的合理范畴。

（4）2008 年金融危机后，虽然受净出口减少的影响，中国经济增长速度有所放缓，但是随着工资的加速提升，中国内部物价结构的演变回归服务业价格相对上涨路径，使中国整体价格结构与对外实际汇率加速向高收入国家逼近，从而加速了中国的收入水平提升。因此，2008 年金融危机后不必过于夸大经济增长放缓引发的"中等收入陷阱"风险。

（5）在理论上，无论是"贫困的恶性循环""中等收入陷阱"还是"高福利陷阱"都是多重均衡模型中某一收入阶段上均衡点周围形成的"锁定效应"，因此，"中等收入陷阱"不具备区别于"低收入陷阱"或"高收入陷阱"的理论本质差异。但是，就经济结构、效率水平、动力转换和制度变迁等具体表现而言，中等收入阶段上的经济发展具有明显的独特性，应调整相应理论框架展开专题研究。

（6）产业升级的经济学基础：无论是价值链升级还是结构升级，所关注的都是经济效率的提升和结构的变迁，两者之间的关系始终是经济增长理论和经济发展理论的核心议题。抓住效率与结构这对核心逻辑，就能将产业升级深植于经济增长和经济发展的经典模型，确立理论基础，实现理论重构。

（7）产业升级的中心线索在于提高投入要素的产出附加值，其关键在于避免更高附加值在竞争中的"租值耗散"，因此，掌握知识产权维持垄断租金，是产业升级之要义。知识产权二分法区分了专利等技术知识产权与商标著作权等文化知识产权，是产业升级多元化战略的理论基础。

（8）关于"中国制造"国际竞争优势的研究表明，中国在高新技术产业领域的拓展主要依托劳动力成本优势，进一步的产业升级有待于强化技术进步、品牌升级，培育和维持更多的知识产权优势。

（9）工业化是中国跨越"中等收入陷阱"的总引擎：工业技术进步速度最快，对经济增长的贡献最大；工业生产效率最高，其就业比重的提升，是拉动经济增长的主要结构红利；工业生产效率的相对提升，扩大服务业就业份额、拉高服务业相对价格，使国内产业结构和物价结构向高收入国家逼近。

（10）当前中国正处于工业化的加速阶段，跨越"中等收入陷阱"越来越依赖实体经济的效率提升。"去工业化"和"脱实向虚"有违中国当前经济发展阶段的"大逻辑"，是加重"中等收入陷阱"风险的最大隐患。

（11）中国农民工总数达 2.7 亿，农民工的大规模使用降低了中国的工业化成本，延缓了城市家庭服务业的扩张，以及由此引发的"服务业成本病"，是中国经济高增长的重要动因。同时，农民工过高的流动性也不利于实体经济的知识积累和技术进步，"农民工市民化"是中国未来产业升级的最大引擎之一。

（12）经济"新常态"论断隐含"结构—速度"之间的负相关关系。鲍莫尔的非平衡增长模型揭示了"工业效率相对提升→服务业份额提高→经济增长放缓"的基本逻辑，其"效率—结构—速度"关联与经济发展历史相符，是解释经济"新常态"的恰当理论基础。实证检验也表明，其结论适用于中国，经济发展战略需要有效权衡效率、结构、速度三者之间的关系。

（13）"中等收入陷阱"的理论基础之一是中等收入国家的"比较优势断档"风险——其方法论源头在于比较优势的离散性视角。乔治·斯托克总结日本经济提出的比较优势连续演化的"五阶段论"，为化解"比较优势断档"提供了比较优势的连续性视角。战略视角从离散性向连续性的转换，是跨越"中等收入陷阱"的关键。

（14）国民收入中劳动报酬份额就是工资占劳动产出的比例，即工资与劳动生产率的比值。2008年之前中国劳动报酬份额的持续下降源于工资增长速度滞后于劳动生产率；2008年之后工资"跑过"劳动生产率，是劳动报酬份额提升的实现形式。这有助于矫正中国经济劳动报酬份额过低，基尼系数过高的结构性缺陷，化解"中等收入陷阱"风险。

（15）发展中国家的工资差异数据表明：1992年之前中国工资低于其他亚洲国家，是中国依赖劳动力成本的典型阶段，对应乡镇企业异军突起的发展阶段。此后，随着产业园区与产业集群的大规模发展，"中国制造"的竞争优势逐步向规模化和专业化优势转换，对工资成本优势的依赖逐步下降，因此，不必过于忧虑中国工资上涨会加重"中等收入陷阱"风险。

三、成果的学术创新、应用价值以及社会影响和效益

1. 学术创新

除上述对策主张和主要观点外，本成果的学术创新大致可概括为以下几个方面：

（1）基于统一指标的量化分解。解析"中等收入陷阱"既要全局把握各类影响因素，防止局限于某一局部视角；又要抓出重点，避免面面俱到。本成果从收入水平的衡量指标开始，依据指标的计算公式，将公式中的每一个变量对应具体的显示数据，核算衡量各因素贡献率的大小。其中，贡献最大的是经济增长因素，再依据经济增长分解公式将经济增长速度分解为规模、效率、结构三部分，其中，结构再分解为城镇化、工业化、服务化三部分，再把这些因素归结为产业升级、人口红利、外部因素三部分。这是关于"中等收入陷阱"经验验证的重要学术创新。层层分解的方法可避免遗漏关键因素，每项因素贡献率的核算保证了主导因素的抓出。分解、核算过程中梳理出的各因素间的逻辑关系，为"中等收入陷阱"研究提供了科学的逻辑

框架。

（2）基于统一模型的理论重构。围绕"中等收入陷阱"的既有理论研究大致分为"阶段论""陷阱论""比较优势论"三类，本成果对这三种理论的方法论基础进行梳理，将三者的主题思想、分析工具、理论范畴与核心逻辑统一归于高级发展经济学的多重均衡模型，从而在一个统一的模型中重构出不同收入阶段上均衡点周围形成的"自我强化"和"锁定效应"。在中等收入阶段所面临的"锁定效应"，即为"中等收入陷阱"的理论基础，由此可以启动经济发展和经济增长研究领域既有的深厚理论基础，破解"中等收入陷阱"基础理论不足的研究困境。

（3）基于理论综合的战略纵深。传统的产业升级战略的研究，容易流于经验总结、战略层面的对策探讨，缺乏系统性的基础理论，难以实现理论化的战略纵深。尤其是价值链升级和结构升级两个序列的研究，有待交叉综合。本成果在价值链升级和结构升级的核心思路中析出效率和结构两个逻辑线索，发掘了经济增长理论和经济发展理论围绕结构、效率之间的关系进行的深入理论探讨。以此为基础，立足经济增长和经济发展的基础理论，对价值链升级和结构升级进行层层展开，对涉及的具体专题，进行"理论＋实证＋策略"的深入剖析。这一学术创新有助于提升产业升级研究的理论化和学术化水平，提高战略研究的系统性与科学性。

（4）竞争优势战略视角的转换。发展中国家进入中等收入阶段后，原有的要素成本优势逐步削弱，但是，在技术和品牌等高端优势方面又难以与发达国家相抗衡，从而形成"比较优势断档"风险。这是对竞争优势的离散性视角的考察，其优点在于能够从理论上揭示中等收入国家可能面临的潜在风险，但难以指明避免这些风险的有效路径。本成果的创新在于，系统梳理了由乔治·斯托克提出的竞争优势连续性视角，战略视角从离散性向连续性转变，有助于在发展中准确把握中等收入阶段的过渡性比较优势，从而有效揭示化解"比较优势断档"风险的战略路径和对策措施。

2. 应用价值以及社会影响和效益

（1）就全球范围中等收入国家的情况对"中等收入陷阱"假说进行验证，有助于社会各界准确认识"中等收入陷阱"风险，澄清谈虎色变和盲目乐观的误区。

（2）具体核算各项因素对中国收入水平提升的贡献率，能够为全面的战略把控提供经验化、数量化的参考借鉴。

（3）提出知识产权二分法，将商标商号、外观外形、著作版权等知识产权的垄断租金视为高端产业高收益的重要来源。这些文化类知识产权与专利等技术类知识产权应等量齐观，可以将文化要素支撑的产业升级与高新技术产业支撑的产业升级相类比，借鉴后者已有的战略框架和政策措施，为产业升级研究和战略实践开拓新路。

（4）针对经济"新常态"下结构调整与增速放缓问题，具体核算了工业相对生产率提高影响国内服务业份额提升和价格相对上涨的技术参数，并进一步核算了由此引发的服务业比重提高导致的增长速度放缓程度，为准确把握效率、结构、速度三者之间的关系，权衡"稳增长"与"调结构"提供了量化参考指标。

（5）提出开放条件下的"杨格定理"模型，针对中等收入阶段的"锁定效应"，论证了打破"锁定效应"所需的开放条件与对外经济措施，可以为我国利用国内外两个市场、两种资源提供模型借鉴。

（6）以乔治·斯托克的"五阶段论"，梳理我国产业竞争优势动态演化之路，有助于各界正确评判"中国制造"的成本优势和发展前景，避免对工资上涨等因素谈虎色变，增强各界对于我国供给侧结构性改革的信心。

《经济增长的多维解构》概要

严成樑*

一、研究的目的、意义及方法

本成果通过对经济增长理论以及现实经济问题进行深入细致的研究，以期更好地解释经济增长的动力和源泉，从而深化对经济增长理论作用机制的认识。同时，从学科融合的视角拓展完善经济增长模型，丰富经济增长理论研究主题，推动经济增长理论学科发展。此外，针对中国经济增长中存在的问题，展开有关政府政策对中国经济均衡发展影响的理论和实证研究，提出激发经济发展活力的对策建议，更好地服务经济决策。

本成果的研究意义主要体现在如下两个方面：

第一，本成果能够深化对经济增长最主要机制的理解，推动经济增长理论发展。在过去的数十年里，尽管经济增长理论取得了极大的发展，但在技术性分析和模型精准反映现实方面还存在一些差距。例如，内生增长理论要求的技术性条件与现实经济不一致，弱化需求侧在经济增长中的重要性以及关于发展中国家和经济转型国家经济增长理论薄弱，经济增长的微观基础薄弱等。本成果尝试修正现代经济增长理论的缺陷，以丰富和发展现有经济增长理论和经济转型理论，拓展发展经济学和经济增长理论的分析框架。

第二，本成果关注制约我国经济高质量发展的现实约束，通过深入细致的研究提出激发经济发展活力的对策建议。当前，存在诸多制约我国经济高

* 严成樑，中央财经大学教授，博士生导师。

质量发展的因素。例如，人口老龄化带来的劳动力供给减少、人力资本错配和人力资本拥挤效应、基础研究投入不足、环境污染问题、民生性财政支出比例过低、产业之间和产业内部结构优化问题。本成果研究如何解决这些问题，这对于促进我国经济均衡发展具有较为重要的现实意义。

本成果采用如下的研究方法：

第一，理论模型方法。本成果属于发展经济学和经济增长理论的拓展研究。本成果在新古典增长模型、物质资本驱动经济增长模型、人力资本驱动经济增长模型、水平创新经济增长模型、垂直创新经济增长模型、政府投资驱动经济增长模型、产业结构变迁模型的基础上，引入更加微观的设定，从更微观的视角来解释经济增长。同时，从跨学科的视角，将社会学、公共财政理论、金融学等学科的分析方法引入经济增长理论，从多学科的视角来理解长期经济增长。

第二，数值模拟分析方法。基于更加现实的经济环境，本成果在传统理论模型基础上引入更多的内生变量，构建与现实经济环境更加一致的经济增长模型。拓展后的模型对应更多的状态变量动态积累方程，本成果借助于Matlab等软件运用数值模拟方法求解模型竞争性均衡得到非线性方程。具体地，本成果根据模型中各变量对应的现实经济意义进行参数赋值，而后将基准参数值代入模型系统，进行定性分析和定量分析。

第三，计量分析方法。主要包括时间序列分析、面板数据分析和横截面数据分析。时间序列分析主要运用年度数据分析。面板数据分析包括静态面板数据分析和动态面板数据分析，运用固定效应模型、随机效应模型、差分GMM、系统GMM等研究方法，主要运用我国省级数据和世界上主要国家和地区的数据进行分析。横截面数据分析主要运用跨国数据分析。

第四，多学科交叉渗透与创新的方法。本成果的研究以经济增长理论为主，综合运用经济学、统计学、社会学等学科知识，注重宏观经济学、经济增长理论、发展经济学、公共财政理论、产业经济学、社会保障理论、环境经济学、制度经济学等经济学分支结合研究，多方面、多层次体现多学科交叉渗透与创新的方法。

二、成果的主要内容和重要观点

本成果主要包括以下六大部分内容：第一部分介绍基础理论，包括经济增长理论（第二章）、经济增长政策（第三章）；第二部分从劳动层面展开分析，包括延迟退休体现的劳动数量（第四章）和人力资本错配体现的劳动质量（第五章）；第三部分从资本层面展开分析，包括信息通信技术（ICT）资本（第六章）、无形资本（第七章）和社会资本（第八章）；第四部分从全要素生产率层面展开分析，包括技术创新（第九章）和生产要素在产业之间的配置（第十章）；第五部分从经济增长环境层面展开分析，包括金融发展（第十一章）、制度质量（第十二章）、孝道文化（第十三章）、绿色税收（第十四章）和福利性公共支出结构（第十五章）。第六部分从理论和实证分析中国成功的经验、存在的问题、未来发展的路径（第十六章）以及关于中国经济增长模型构建的思考（第十七章）。

本成果各部分的重要观点如下：

（1）第一部分：基础理论。

1）经济增长理论。经济增长理论的发展旨在更好地解释经济增长的动力，更好地解释不同国家和地区之间收入水平的差异。基于经济增长特征事实和数据，经济学者通过构建经济增长模型来研究经济增长问题。本章系统地梳理了现代经济增长理论的发展脉络，从新古典增长理论、内生增长理论到统一增长理论，并得出了一系列结论。经济增长理论的演进逻辑是：经济增长理论的发展过程是人们对全要素生产率认识深化的过程，经济增长框架微观基础深化的过程，也是经济增长理论与其他学科交叉融合的过程。经济增长理论存在的问题包括：经济增长模型技术性要求与现实经济存在差距，例如，内生增长理论面临"线性批判"，聚焦平衡增长路径分析，对转移动态缺少关注；过度强调供给的决定性作用，弱化需求的反向作用；对发展中国家和转型经济体经济增长理论研究不够。同时，大量有关经济增长理论模型的论文关注的重点是从数学上如何实现某一结论，而对模型中体现的经济直觉、模型设定的现实依据等关注不够。本成果认为经济增长理论需要回归现实问题，更好地解释现实经济现象。经济增长模型的构建应遵循精确、严谨、清晰的原则。如何用简洁的数学语言刻画反映现实经济的关键变量是理论面临的重要挑战。经济增长理论未来的发展方向是：研究新技术对经济增长的影响，构建需求决定的经济增长理论，进行大学科融合视角下的经济增长微观基础研究。

2）经济增长：需求刺激政策还是供给侧结构性改革？为实现供给与需求的动态平衡，我们既可以运用供给侧政策即实行供给侧结构性改革，也可以运用需求侧政策即施行需求管理政策。需求管理政策和供给侧政策各有所长，需求管理政策主要用于解决总量性问题，供给侧政策主要用于解决结构性问题。经济政策是侧重供给还是侧重需求，要结合经济发展的具体情况来进行分析。当前，我国经济的问题主要在供给侧无法与需求侧对接。供给侧结构性改革从提高供给质量出发，用改革的办法推进结构调整，矫正要素配置扭曲，减少无效和低端供给，扩大有效和中高端供给，提高供给结构对需求变化的适应性和灵活性，提高全要素生产率，促进经济社会持续健康发展。供给侧结构性改革对应供给能力和效率提升的一揽子政策组合，这些政策通过促进生产要素配置优化、科技水平提升、产业转型升级、政府与市场关系优化等几个渠道激发我国经济发展内生动力，从而使得我国供给效率提升，实现供需匹配和经济均衡发展。

（2）第二部分：劳动层面分析。

1）劳动数量与经济增长。本章分析延迟退休政策对经济增长的影响。理论分析表明，延迟退休使得劳动增长率上升，这是因为延迟退休使得个体老年时期有更多的收入，从而年轻时期会有更多的消费和子女数量，人口出生率上升使得劳动增长率上升，这被称为劳动扩展效应。同时，延迟退休使得个体老年时期收入增加，预防性储蓄减少，资本增长率下降，这使得经济增长率下降，这被称为资本抑制效应。延迟退休对经济增长的影响取决于上述两种力量的对比。数值模拟的结果显示，延迟退休引起的劳动扩展效应小于资本抑制效应，延迟退休使得经济增长率下降。本成果认为，在实施延迟退休政策的同时应从宏观和微观角度采取经济增长刺激计划，以实现代际福利改善。根据资本抑制效应，单纯从政策层面放宽生育预算约束限制对提高人口出生率的作用可能很有限，未来的一个重要工作是降低抚育子女成本，这包括采取对生育子女的补贴。

2）劳动质量与经济增长。经济增长不仅取决于人力资本的数量和质量，也取决于人力资本的配置。经济发展水平高的地区聚集了更多人力资本，这会产生拥挤效应，抑制经济增长。本章在卢卡斯（1988）经典的内生增长模型基础上考虑人力资本的拥挤效应，这为现实经济中人力资本与经济增长的非显性关系提供了一个解释。在此基础上，本章构建了一个熊彼特增长模型，以研究人力资本错配对经济增长的影响。人力资本错配是指由于垄断性企业相比竞争性企业有更高的收入，这使得研发企业的人力资本减少，使得均衡状态的研发投入和经济增长率下降。基于我国省级层面数据的测算显示，近 20 年来，我国各省份之间的人力资本错配程度在下降。人力资本配置在一定程度上依赖于人才发展环境，人才发展环境越好越有利于降低人力资本错配。基于全球竞争力指数中关于吸引人才、留住人才和人才使用效率的指数可以发现，人力资本发展环境的三个方面都显著促进了经济增长。政策启示是，我们不仅需要注重人力资本数量和质量，也要注意人力资本拥挤效应，努力减少人力资本错配，为人力资本成长和配置提供更好的环境。

（3）第三部分：资本层面分析。

1）信息通信技术资本与经济增长。资本内部结构也会影响经济增长，我们可以将总的资本划分为信息通信技术资本和非信息通信技术资本，两者对经济增长的作用机制存在差异。本章构建了一个包含信息通信技术资本的内生增长模型。信息通信技术资本通过投资效应作用于经济增长，可以避免生产函数中物质资本边际生产率递减的问题，从而使得经济由新古典增长模式切换为内生增长模式。信息通信技术投资越多，经济增长率越高。信息通信技术资本内部又包括计算设备资本、通信设备资本以及计算机软件和数据资本，三者对经济增长的影响机制也存在差异。信息通信技术资本对于我国经济转型和培育新的经济增长点，实现从人口红利型、资本红利型经济增长到数字红利型经济增长转型具有重要意义。

2）无形资本与经济增长。本章将总的资本分为有形资本和无形资本，其中无形资本主要包括计算机化信息、创新特质和经济竞争力。相对于只考虑有形资本的经济增长框架而言，包含无形资本的框架可以更好地拟合和解释现实经济。基于新古典增长模型的理论研究发现，无形资本投资的差异决定了经济发展不同阶段，高的无形资本投资可以使经济收敛到更高收入水平，这可以解释贫困性陷阱等问题。基于内生增长模型的研究发现，无形资本投资率越高，经济增长率越高。基于经合组织国家数据和我国省级层面数据的经验分析发现，无形资本投资对于均衡收入具有显著的促进作用。传导机制的分析表明，无形资本的三个维度——计算机化信息、创新特质和经济竞争力对均衡收入都具有促进作用，这说明我们要充分重视无形资本在经济增长中的作用。无形资本的边际产量远高于有形资本的边际产量，这说明我国经济中存在较为严重的资本错配问题，应减少有形资本投资，增加无形资本投资。

3）社会资本与经济增长。社会资本是驱动经济增长的引擎。社会资本不仅可以提高生产效率，而且可以增进人们之间的相互信任、合作和交流，从而提高人们的社会福利水平。因此，在经济增长框架下内生化社会资本时，一个更为合理的设定是，社会资本可以同时提高生产效率和改善代表性个体的福利。本章将社会资本同时引入家庭效用函数和企业创新生产函数，研究发现，社会资本偏好通过增加社会资本投资和物质资本投资、促进研发效率提升对经济增长产生正向影响。数值模拟显示，社会资本偏好通过经济增长渠道对社会福利的促进作用大于其通过挤出消费对社会福利的抑制作用，社会资本偏好使得社会福利水平上升。根据世界价值观调查（WVS）数据，本章综合了社会资本各个维度（包括信任、参加活动和社会规则）的数据，并考察社会资本不同维度对经济增长及其传导变量的影响。政策启示是，需要重视社会资本在经济增长中的作用，提升社会资本水平。

（4）第四部分：全要素生产率层面分析。

1）技术创新与经济增长。根据研究类型的不同，研发活动包括基础研究和应用研究。基于同时包含基础研究和应用研究的内生增长模型的研究发现，现实经济中研发投入规模低于社会计划者经济下研发投入规模。现实经济中基础研究投入占研发投入的比例过低，应用研究投入占研发支出的比例过高，即现实经济中存在研发资本错配的问题。基于我国数据的经济增长核算表明，基础研究资本存量和应用研究资本存量对我国经济增长的贡献度分别为 30.89％和 44.99％。以往的文献没有区分不同类型研发资本对全要素生产率的影响，从而可能高估了物质资本对经济增长的贡献，低估了全要素生产率对经济增长的贡献。政策启示是，增加研发投资，提高我国研发投入占 GDP 的比例；增加研发支出中基础研究支出的比例，增加政府对高等教育和科研机构的财政支持力度；要为创新和研发投资创造更好的环境，加强知识产权保护，加强区域之间的创新协同发展。

2）产业间要素配置与经济增长。产业结构变迁促进生产要素由生产效率低的部门流向生产效率高的部门，这被称为结构变迁红利。产业结构变迁过程中会将先进技术转移到其他部门，这被称为产业结构变迁的关联效应。本章在传统产业结构变迁概念的基础上提出了广义产业结构变迁，即劳动力不仅在农业、工业与服务业三大产业之间流动；在产业内部各行业之间也存在劳动力流动，包括工业内部各行业之间以及服务业内部各行业之间的劳动力流动。基于格罗宁根增长和发展中心（GGDC）数据的研究发现，无论是狭义产业结构变迁，还是广义产业结构变迁，随着人均收入水平的提高，两者对经济增长的贡献度都呈倒 U 形。这说明当经济发展水平较低时，产业间要素配置优化对经济增长的贡献度不断上升；当经济发展到较高水平时，产业间要素配置对经济增长的贡献度不断下降。本章提出发展中国家要加快产业结构变迁，减少产业间要素配置扭曲，释放产业结构变迁红利。

（5）第五部分：经济增长环境层面分析。

1）金融发展与经济增长。我国正在加快从要素驱动型经济向创新驱动型经济转型。创新驱动是我国未来经济增长的主题，在此过程中金融发展大有作为。本章的理论研究表明，金融发展水平越高，研发部门越容易融资，知识生产速度和创新能力越强，经济增长率越高。金融发展是经济持续增长的必要条件，本章从金融发展视角为经济转型提供了一个理论解释。基于我国省级层面面板数据的分析表明，金融发展通过创新的渠道促进我国经济增长。政策启示是，通过金融发展支持企业创新，鼓励银行信贷加大对民营经济的支持力度，加快我国金融业市场化竞争。

2）制度质量与经济增长。一个国家在不同发展阶段的经济增长动力存在差异。经济发展初期，经济增长主要依赖于自然资源和劳动投入；经济发展到一定阶段后，经济增长的动力转换成依赖资本形成；当经济达到高级阶段后，经济增长的动力依赖技术创新。经济在不同发展阶段进行动力变换，如何从低的发展阶段切换到高的发展阶段，关系到发展中国家如何摆脱"中等收入陷阱"的问题。本章认为制度选择决定经济增长模式，制度选择不同，经济增长模式也差别较大，制度质量是经济实现转型的必要条件。知识产权保护促进创新成为经济增长的动力，高质量教育制度促进人力资本成为经济增长动力。制度选择差异可以产生四种经济增长模式：新古典增长模式、人力资本驱动经济增长模式、创新驱动经济增长模式、人力资本和创新相互作用驱动经济增长模式。其中，人力资本与创新相互作用框架下对应的经济增长率最高。基于全球竞争力数据库提供的创新和人力资本方面的三个指标的分析表明，知识产权保护、高校与企业的合作以及教育质量对经济增长具有显著的促进作用。

3）孝道的代际传递与经济增长。家庭是构成社会的基本微观单位，本章从家庭代际行为的视角来理解经济增长。家庭代际行为是指父母和子女之间的策略互动，其中一个重要的方面是孝道。本章在一个包含孝道代际传递的跨期迭代模型中，将孝道的代际传递对经济增长的影响分解为储蓄率效应和教育支出效应。孝道的代际传递通过减少储蓄率抑制了经济增长，其对教育支出比例的影响不确定。孝道的代际传递使子女为父母的转移支付比例上升，这使得人力资本的回报率上升，通过引致效应使得教育支出比例上升，但又通过挤出效应使得教育支出比例下降。若人力资本生产函数中教育支出的产出弹性较高，孝道的代际传递使得教育支出比例和经济增长率上升；若人力资本生产函数中教育支出的产出弹性较低，孝道的代际传递对教育支出比例和经济增长率的影响都呈倒 U 形。将子女人力资本引入父母效用函数的分析表明，父母对子女人力资本的重视通过教育支出比例上升的渠道促进经济增长，但不能影响储蓄率。本成果认为，应重视文化层面的因素在经济增长中的作用，适度提升孝道的代际传递水平。

4）绿色税收、经济增长与福利不平等。本章强调绿色税收与污染治理支出相互协调在经济增长中的重要性。基于跨期迭代模型的研究发现，绿色税收能否产生双重红利，在很大程度上依赖于绿色税收收入用于污染治理支出的比例与生产函数中资本产出弹性的大小对比。若污染治理支出比例低于资本产出弹性，则绿色税收可以带来双重红利。此时，随着绿色税率上升，均衡状态的收入和环境质量都上升。若污染治理支出比例高于资本产出弹性，则绿色税率使得收入下降，对环境质量的影响不确定。经济中存在使得社会福利极大化的绿色税率和污染治理支出比例。根据社会最优经济与竞争性经济的对比发现，经济中可能存在资本动态无效性和环境质量动态无效性。基于异质性跨期迭代模型的数值模拟显示，绿色税收和污染治理支出会加剧福利不平等。这是因为富人和穷人对健康的偏好存在差异，富人相对于穷人有更多的健康支出。本章认为应注意绿色税收和污染治理支出的相互协调，也要注意这些政策对福利不平等的影响，提高人们对环境和健康的重视程度。

5）公共服务提供与经济增长。基于内生经济增长模型的研究表明，公共服务可以由政府提供，也可以由市场提供。如果税收的扭曲性足够大，公共服务的外部性较小，则相对于政府提供公共服务而言，市场提供公共服务会对应更高的经济增长率和社会福利水平。基于我国省级层面的数据研究发现，财政教育支出和财政医疗支出对经济增长具有显著的促进作用，且这一结论是稳健的；财政社会保障支出对经济增长的影响不显著，甚至可能抑制经济增长。理论模型研究和实证分析为公共服务市场化提供了理论依据。政策启示是，发挥民间资本和政府资本的协调配合作用，共同提升社会福利；从促进经济增长的视角考虑，优化地方政府财政支出结构，增加民生性财政支出，尤其是财政教育支出和财政医疗支出，提高财政支出使用效率。

（6）第六部分：现代经济增长理论与中国经济增长。

1）中国经济增长：跨国比较分析与发展展望。本章梳理了从需求侧和供给侧研究中国经济增长动力的文献，并就中国经济增长与世界主要国家经济增长做了对比分析。基于我国数据的经济增长核算发现，全要素生产率和资本深化是改革开放以来我国经济增长的最重要动力，两者对我国经济增长的贡献度超过80%，劳动参与率和人力资本对我国经济增长的贡献度很低。分时间样本区间的经济增长核算发现，全要素生产率和资本深化对我国经济增长的贡献度在上升，劳动参与率和人力资本对我国经济增长的贡献度在下降。跨国对比分析发现，相较于发达国家、新兴经济体以及代表性的发展中国家，我国经济增长成功的核心是全要素生产率，其次是资本深化，劳动参与率的贡献度较低。我国人力资本提升幅度较小，且人力资本对产出的影响力度很有限，人力资本是制约我国经济增长的短板。

本成果对未来中国经济走势的判断是，中国经济增长既不会像国外经济学家预言的那么悲观，也不会像国内经济学家预测的达到7%～8%的经济增长率。中国经济增长依赖于结构优化和市场化改革的进程，在此过程中，受外部环境不确定性的影响，中国经济增长可能会出现阶段性的下滑。不过，结构优化和市场化改革最终会为中国经济增长提供新的动力。

2）关于中国经济增长模型构建的思考。中国经济增长既要遵循世界经济发展的一般性规律，也有自身发展的特殊性。因此，我们既要运用一般性的研究思路和分析方法，也要注意将中国经济核心特征事实揭示出来，可以采用"中国核心特征事实＋标准分析方法"的思路构建适合中国经济增长的模型。构建中国经济增长理论模型时，需要识别中国经济增长中的关键特征事实，并通过模型体现出来。构建中国经济增长模型时，本章认为以下几个方面非常重要：第一，理解中国经济增长，需要将过去、现在和未来结合起来，尤其是研究改革开放前中国经济增长模式对于理解改革开放后的经济增长具有重要意义。第二，需要考虑市场化改革对中国经济增长的促进作用，包括产权改革、国有企业改革、金融市场改革等。第三，需要考虑政府在经济增长中的重要作用，包括政府主导的经济增长、中央政府与地方政府的动态博弈。第四，需要充分考虑中国经济的基础性特征，包括中国高投资、低消费的特征事实，中国人口结构变化，城乡二元结构动态演化等。

三、成果的学术创新、应用价值以及社会影响和效益

本成果的学术创新主要体现在以下两个方面：

第一，理论模型构建的创新。本成果在传统经济增长模型基础上引入更加现实的因素，使得内生增长模型的假定与现实经济更一致。从更细的维度来理解劳动、资本和全要素生产率在经济增长中的作用。通过引入更多的因素来修正现有内生增长模型的缺陷，且考虑到不同要素影响经济增长的机制存在差异。例如，构建不同类型的研发驱动经济增长模型，有内生化社会资本、信息通信技术资本、无形资本等。基于现有的经济增长理论的微观基础薄弱的问题，本成果在模型设定上更注重微观机制设计。研究延迟退休对家庭微观行为选择的影响、社会资本和金融发展对经济增长影响的微观机理、孝道的代际传递对经济增长的影响，这都属于探究经济增长的微观基础。

第二，学术观点的创新。通过经济增长理论与公共财政理论、产业经济学、环境经济学、社会保障理论、制度经济学等学科的交叉融合研究，本成果提出了关于经济增长的一系列观点。这包括：可以采用"中国核心特征事实＋标准分析方法"的思路构建适合中国经济增长的模型，人力资本的拥挤效应会抑制经济增长，经济增长过程中基础研究投入与应用研究投入的错配，经济增长过程中有形资本与无形资本的错配，产业结构变迁对经济增长

率的影响呈倒 U 形，经济中存在最优的产业要素匹配结构，孝道的代际传递对经济增长的影响不确定，绿色税收能否产生双重红利依赖于污染治理支出比例，绿色税收可能会加剧福利不平等，民生性财政支出对经济增长的重要性等。

随着生产要素成本上升、资源环境约束加大，我国粗放的经济增长模式难以持续，我国需要寻找新的增长动力源泉，必须推动经济结构优化，力求实现经济高质量发展。当前，我国正在大力推进的供给侧结构性改革旨在化解我国经济在过去增长中积累的问题，同时培育新的增长点和寻找经济增长新动能。本成果主要从劳动、资本、全要素生产率等供给侧方面探讨如何提升经济的供给能力和供给效率，同时，也关注经济社会环境，包括金融发展、制度质量、绿色税收、公共服务提供、孝道文化等，采用新的视角来研究促进经济增长的路径，并据此提出对应的政策建议。本成果深入分析我国经济中存在的深层次问题，总结我国经济发展中的经验、教训，并从中总结出有意义的政策设计原则，这对于促进我国经济高质量发展具有较为重要的应用价值和社会效益。

《中国劳动经济史（1949—2012）》概要

宋士云[*]

一、研究的目的、意义及方法

改革开放以来，伴随着社会主义市场经济体制的建立与完善，中国劳动力供给与需求、劳动力就业与流动、劳动力培训、工资与收入分配、劳动者保障、劳动关系等都发生了重大变化，并深刻影响着产业结构的升级和民生制度的安排。与此同时，政府部门和理论界对劳动经济理论与实践的研究也取得了重大进展。在已出版的有关劳动经济研究的优秀论著中，有侧重国外经验借鉴的，有侧重劳动经济问题与对策论述的，有侧重劳动经济某一方面或几个方面研究的，也有从历史变迁视角研究劳动经济的，还有在研究新中国经济发展史中较多内容涉及劳动经济变化的，等等。上述论著的出版，不仅为中国劳动经济理论与实践的发展做出了巨大贡献，而且为今后对劳动经济问题进行更深入的研究奠定了坚实基础。然而，对新中国劳动经济发展史尽管在上述论著中也都有论述，但就目前来看尚缺乏系统性和深层次研究。本成果从经济史学的视角，在中国工业化、市场化和现代化的背景下，以劳动力资源配置方式的变革为主线，对新中国 60 多年间的劳动经济发展史进行了全面系统的研究，以期在理论上对中国劳动经济制度进行反思，进而为构建现代劳动经济体制框架提供理论依据，为国史研究写上"劳动经济史"这一重要篇章；以期在实践上能够为中国建立完善的、统一的劳动制度体系

* 宋士云，聊城大学教授。

提供重要借鉴，为完善社会主义市场经济体制和实现经济发展模式的转换提供决策依据。

本成果以马克思主义理论为指导，在哲学思辨、劳动年鉴和档案资料分析，以及政府部门、学术界的调研数据和前人研究成果的基础上，综合运用经济学、历史学、法学、管理学等多个学科的方法和知识，以劳动力资源配置方式的变革为主线，对 1949—2012 年中国劳动经济史，分五个时期进行专题性研究。在具体的研究方法上，本成果特别注重经济学基本理论与历史学方法相结合的分析方法，这也是进行经济史学研究的基本方法。在运用经济学理论方面，以马克思主义经济学为指导，也尝试运用新制度经济学的理论对中国劳动经济制度的变迁进行研究和阐释。在采用历史学方法方面，用史学方法挖掘、考证史料，并按历史发展逻辑分析劳动经济制度演变的轨迹。同时，还采用了实证分析与规范分析相结合的方法、动态的或进化的研究方法、比较研究方法、个案与整体分析方法等等，以更好地总结经验教训和变革规律。

二、成果的主要内容和重要观点

本成果主要研究新中国劳动经济产生、演变和发展的历史。它从工业化、市场化和现代化进程的视角，以劳动力资源配置方式变革为主线，分五个历史时期，全面系统地研究了新中国成立以来劳动力供给与需求、劳动力就业与流动、劳动力培训、工资与收入分配、劳动者保障、劳动关系等方面的发展变化与特点，分析了变迁的原因和劳动制度与社会经济发展之间的互动关系，探讨了新中国劳动经济发展演变的规律与逻辑，总结了经验与教训，并提出了未来一个时期劳动经济发展的思路和政策建议。从研究对象所处的空间看，是中国的大陆地区，不包括香港、澳门和台湾地区。从研究对象所处的时间看，主要是从 1949 年新中国成立到 2012 年这一时间段。

第一篇"两次社会经济形态转变中的劳动经济（1949—1956）"。它的主题是"转变中建立"，即在经历两次经济形态的转变中建立起社会主义的劳动经济制度。1949 年是这个阶段的起点，其标志是中华人民共和国的成立。1956 年是这个阶段的终点，其标志是到 1956 年底随着我国对生产资料私有制的社会主义改造基本完成，新中国初步建立起一套新的劳动经济制度。这个阶段，新中国经历了从半殖民地半封建经济形态到新民主主义经济形态（1949—1952 年），从新民主主义经济形态到社会主义初级阶段经济形态（1953—1956 年）的两次转变。这两次经济形态的转变都是凭借强大的政权力量与群众动员，对既存经济形态实行改造，并逐渐形成了高度集中统一的计划经济管理体制和优先发展重工业的战略，开展了大规模的经济建设。在这个过程中，中国共产党和人民政府高度重视人民群众生活的改善和提高，采取了一系列有力措施减少失业和扩大就业，逐步调整、改革工资制度和劳动关系，建立起劳动保险制度。一是坚持"公私兼顾、劳资两利"的新民主主义经济的基本方针，通过救济与安置并举、疏浚与堵源结合，较为成功地缓解了就业压力，同时建立起由政府统一介绍、招收与调配劳动力的制度。随着国民经济的恢复和有计划大规模经济建设的开展，在宏观层面上，劳动人口数量增多，就业人数扩大，失业率下降，劳动力就业结构发生了明显变化；劳动就业的计划管理体制开始形成，劳动力市场调节的空间不断缩小。在微观层面上，企业劳动定额、编制定员等管理制度正在形成，管理的内容和目标在不断强化。劳动力的职业技术培训工作开始从失业工人转业训练转入为大规模经济建设培养后备技术工人。二是采取各种措施制止物价上涨和稳定职工生活，在适当提高工资水平的基础上，对全国职工工资制度进行逐步清理、调整，特别是历经两次大的工资改革，到 1956 年初步建立了基本上体现按劳分配原则的社会主义工资制度。工人工资标准按产业统一规定，并根据不同产业生产技术特点，建立了不同的工资等级制度；国家机关工作人员和企业职员实行了职务等级工资制。建立了职工升级制度，推广和改进了计件工资和奖励制度。从收入水平上看，职工工资收入总体呈现波动上升的态势。三是初步建成了以国家为责任主体，覆盖国家机关、企事业单位职工的社会保险和福利制度。《劳动保险条例》是最早颁布的劳动法规之一，其内容比较齐全，包括养老、疾病、工伤、生育、死亡等保险项目，适用于企业。国家机关、事业单位的社会保险制度，则由国家颁布的各项单行法规确定。它们都以就业为基础，实行的是以单位付费制为基础的现收现付筹资机制，呈现出国家—单位保障制的共同特点。四是在民主改革和社会主义改造中，彻底废除了城市中的封建把头制度以及欺压工人的不合理的制度，实行了以固定工为主的用工制度，根据"劳资两利"的方针，调整劳资关系。

劳动争议主要是按照国家的有关法规，处理私营企业中劳动关系当事人之间发生的劳动纠纷。各级劳动行政部门会同有关部门为处理劳动争议、稳定劳资关系做了大量工作，维护了劳动关系双方的合法权益。五是农村个体劳动制度向集体劳动制度转变。土地改革完成后，地主土地所有制变为农民土地所有制，广大农民在自己的土地上，基本上以家庭为单位进行生产经营，生产积极性空前提高。过渡时期的总路线提出以后，随着农业社会主义改造的完成，1亿多个以土地私有制为特征的个体农业家庭转变为100多万个以土地公有制为特征的农业合作社。农业合作社实行有别于个体农民家庭的经营形式，即统一经营、集体劳动、统一分配，"工分"成为社员劳动计量的尺度和进行个人收入分配的依据。可以说，"转变"是这个阶段的主要特征，而"建立"社会主义的劳动经济制度则是这个阶段的实质内容。

第二篇"计划经济体制下的劳动经济（1957—1978）"。它的主题是"曲折中探索"，即中国劳动经济历经"大跃进"、国民经济调整和"文化大革命"，在曲折中探索与发展。1978年是这个阶段的终点，其标志是1978年12月中共十一届三中全会的召开，结束了"以阶级斗争为纲"，党和国家的工作重点转移到经济建设上来。在计划经济体制下，中国总体上采取一种城乡二元分割的劳动经济制度。因应优先发展重工业战略的实施，城市实行劳动工资计划管理，统包统配、能进不能出的就业与固定用工制度进一步强化，新成长的劳动力就业基本上只有全民所有制单位一条途径。为了缓解城市的就业压力，甚至采取精简职工、知识青年"上山下乡"等逆城市化的措施和手段。按劳分配原则以及计件和奖励工资制屡遭冲击，尽管多次对工资进行调整和改革，但基本上实行的是一种带有平均主义色彩的等级工资制度，职工工资收入长期偏低且呈平均化态势。社会保险与职工福利制度基本上延续着建立时期国家—单位保障制的格局，但在"文革"中由于社会保险的管理机构被撤销，面向城市劳动者的劳动保险制度从社会统筹模式转化成为由单位负责的现收现付模式，劳动保险开始微观化为企业保险。而农村则在人民公社三级（人民公社、生产大队、生产队）所有的体制中，以生产队为基本核算单位，统一组织社员进行集体生产劳动和个人消费品分配。农村劳动力向城市流动的渠道基本被堵塞，中国城市化进程极其缓慢。受"左"的指导思想影响，过度强调职工（社员）利益服从集体利益、集体利益服从国家利益，职工对单位、社员对农村集体组织形成过度依赖。总之，1957—1978 年中国劳动经济管理工作深受各种社会的、政治的因素制约和国民经济曲折发展的影响，走过了一段曲折的探索之路。"曲折"是这个阶段的主要特征，而"探索"在社会主义条件下实行什么样的劳动经济制度是这个阶段的实质内容。

第三篇"向市场经济转轨初期的劳动经济（1979—1991）"。它的主题是"摩擦中改革"。随着经济体制改革的起步和展开，一方面传统计划经济体制开始解体，但计划体制因素在资源配置中依然居于支配地位；另一方面，市场因素开始复苏和成长，并在资源配置中具有越来越重要的作用。这种二元经济体制的内在矛盾决定了两者之间的摩擦。摩擦、较量与转轨的互动，提升了劳动力资源配置的效率，决定了中国劳动经济体制改革的历史走向。在城市，以增强国营企业活力为中心，相应地开展了劳动合同用工制度、工资制度和社会保险制度等方面的配套改革：一是改革传统的统包统配就业制度，实行"三结合"就业方针、广开就业门路，推行劳动合同制、搞活固定工制度，建立和培育劳务市场、促进劳动力的社会调节；二是职业技术培训事业迅速恢复并有新的发展，从培养新技术工人的后备培训制度逐步转向多形式、多层次、全方位的职业技术培训网络；三是改革单一的等级工资制度，国营企业推行工资总额同经济效益挂钩的工资制度，国家机关、事业单位建立起以职务工资为主要内容的结构工资制，非国有部门市场化工资决定机制开始显现，工资水平相比计划经济时期有所提高；四是社会保险制度改革逐步"去单位化"，国家、企业、个人三方共同参与，实行保险基金社会统筹，实现了由企业自我保险向社会互济的过渡；五是国营企业在劳动关系确立和管理中的权限不断增大，原来行政性的劳动关系出现松动，企业和劳动者的利益诉求开始分化，具有市场经济属性的劳动关系双方利益主体逐渐形成。在农村，随着家庭联产承包制的推行，集体生产劳动形式转变为以家庭为单位的劳动形式，农民的农业收入分配转变为"交够国家的，留足集体的，剩下都是自己的"；农村剩余劳动力开始向非农产业和城镇流动，城乡劳动力二元分割的局面被打破。两种体制的"摩擦"是这个阶段的主要特征，而"改革"传统的计划化的劳动经济制度是这个阶段的实质内容。

第四篇"建立市场经济体制时期的劳动经济（1992—2001）"。它的主题是"定向中转轨"。1992—2001 年是中国由计划经济体制向社会主义市场经济体制转轨的关键时期，是中国经济发展史上一个相对完整的新阶段。这个阶段经济体制改革和发展的特征可以概括为"定向"两个字，即中国正式确立了走市场经济之路，确立了市场机制在资源配置中发挥基础性作用的地位，各经济主体必须面向市场展开其经营活动。1992 年是这个阶段的起点，其标志是中共十四大报告明确提出了"经济体制改革的目标是建立社会主义市场经济体制"。此后，两种体制仍存在摩擦，但再也不会出现 1979—1991年这段时间里两种体制不仅并存，而且谁胜谁负的前途未定那种局面。2001年则是这个阶段的终点，其标志是中国加入了世界贸易组织。从此，中国市场经济国际化之门大开，中国开始走上了市场化与国际化相互交融并接受国际市场检验之路。

"转轨"，即传统的计划经济体制下的劳动经济制度向适应社会主义市场经济体制的新的劳动经济制度转轨，则是这个阶段的实质内容。在这个阶段，一是劳动就业体制发生了根本性变革。1992 年以后，随着国有企业进入产权改革阶段和国有经济战略性调整，在计划经济体制下形成的国有企业内部的大量隐性失业人员公开化并被推向社会，安置富余人员与做好下岗职工基本生活保障和再就业，就成为这个阶段劳动体制改革的首要任务。因此，推行全员劳动合同制、实施再就业工程，培育和发展劳动力市场、建立市场导向的就业机制，积极推动双轨制就业体制向市场就业体制演变，就成为这个阶段劳动就业体制改革的主旋律。与此同时，随着"民工潮"的兴起和发展，党和政府开始把农村劳动力就业考虑进来，开展农村劳动力开发就业试点，实施劳动力跨地区流动有序化工程，提出了走城乡统筹就业之路，尝试建立城乡平等的就业体制，则构成了劳动就业体制改革的另一条主线。二是职工教育培训从"职业培训"到"职业技能开发"转型。职工教育培训以市场需求为导向，形成了政府为主导、企业为主体、各类职业培训实体积极参与的格局。职工教育培训工作范围不断拓展，从单纯为城市服务、为国有经济服务，转变为以全社会劳动力为服务对象，以开发和提高劳动者的职业技能为宗旨，培训与就业紧密结合。在职业教育培训投入上，贯彻"谁受益，谁投资"的原则，改变了过去由政府（或企业）统包统揽的做法，从根本上解决了职业教育培训经费投入不足的问题。三是工资收入分配的市场化改革加速推进。中央明确提出要坚持按劳分配为主体、多种分配方式并存，以及效率优先、兼顾公平的原则，允许和鼓励资本、技术等生产要素参与收益分配，探索建立与现代企业制度相适应的工资分配制度。国家对工资的管理，从实施弹性劳动工资计划到完善分级调控、分类管理体制，从建立最低工资保障和工资支付制度到对部分行业、企业实行工资控制线办法，从建立工资指导线、劳动力市场工资指导价位和人工成本预测预警等制度到加大运用法律和经济等手段调节收入分配的力度，国家不再统一制定国有企业内部工资分配的具体办法，实现了从直接计划控制到间接调控的转变。同时，继续深化企业内部分配制度改革，工资的激励作用明显增强。企业推行岗位技能工资制，探索按生产要素分配的办法，经营者工资逐步从职工工资中分离出来；改革工资总量管理方式，改进完善工资总额与经济效益挂钩办法，部分企业开展了工资集体协商的试点。工资由市场决定成为20世纪90年代工资改革的趋势，到2001年底初步建立起一个由"市场机制调节、企业自主分配、职工民主参与、政府监控指导"的现代企业工资收入分配制度。四是社会保险制度的改革与转型。社会保险制度改革在维系经济体制改革和国民经济持续增长、保证整个社会基本稳定的同时，基本完成了从传统的国家—单位保障制度模式向现代的社会保障制度模式的转型。统一的城镇企业职工养老保险制度框架基本形成，职工医疗保险制度改革全面推进，失业保险制度改革取得积极进展，工伤保险、生育保险制度改革逐步展开，社会保险管理体制日臻完善，一个独立于企事业单位之外、资金来源多元化、保障制度规范化、管理服务社会化的社会保险体系基本建立起来。五是劳动关系市场化转型的任务基本完成。国有企业成为独立的经济主体和企业法人，企业与劳动者通过签订劳动合同普遍建立起契约化的劳动关系。《劳动法》等法律法规的颁布与实施为市场化劳动关系的运行基本构建起了一个法制体系框架，劳动关系的法制化建设也取得了重大进展。

第五篇"完善市场经济体制时期的劳动经济（2002—2012）"。它的主题是"统筹中完善"。2002年是这个阶段的起点，其标志是2002年11月中共十六大提出了全面建设小康社会的奋斗目标。2003年10月，中共十六届三中全会通过的《中共中央关于完善社会主义市场经济体制若干问题的决定》提出了科学发展观，并详细阐明了"五个统筹"的含义。关于劳动经济体制改革问题，《中共中央关于完善社会主义市场经济体制若干问题的决定》提出，要深化劳动就业体制改革，推进收入分配制度改革，加快建设与经济发展水平相适应的社会保障体系。就业是民生之本，收入分配是民生之源，社会保障是民生之安全网，这三项都是民生的基本问题，关乎经济发展、社会稳定和政权兴亡。中国劳动力资源配置、劳动力市场发展、社会保障制度改革等进入了统筹城乡、全面发展的新时期。"统筹"可以作为这个阶段的主要特征，再者，"统筹发展"也有"全面发展"之意。2012 年是这个阶段的终点，也是本成果的研究下限。2013 年 11 月，中共十八届三中全会通过的《中共中央关于全面深化改革若干重大问题的决定》，提出了"使市场在资源配置中起决定性作用和更好发挥政府作用"的论断，这标志着劳动力资源配置方式将会有新的变化。所以，2013 年宜作为下一个阶段的起点。

"统筹中完善"，"完善"的是社会主义市场经济体制，"完善"的是劳动力资源配置机制，包括就业、工资收入分配、社会保障制度等，进而实现劳动关系的和谐，这些方面构成了这个阶段的实质内容。一是实施城乡统筹的积极就业政策。进入 21 世纪，中国就业问题，既有发达国家主要面临的青年劳动力的就业问题，也有转轨国家主要面临的转轨带来的结构性失业和再就业问题，还有发展中国家面临的农村劳动力的转移就业问题，可谓就业问题"三碰头"。通过实施积极的就业政策，我们不仅有效地化解了当时的就业压力，而且随着就业规模的扩大，就业结构也进一步优化。二是劳动力市场发展与转型。2002 年以来，中国劳动力市场的制度变革和发展，既有在二元经济发展过程中，劳动力市场从低级到高级、从分割到统一、从不太规范到有序运行的发展任务，也有在完善市场经济体制过程中，劳动力资源配置进一步发挥市场机制基础性作用的转型任务。随着城乡劳动力二元分割的逐步瓦解，问题的焦点已逐步集中到城市内部的二元分割上。2007 年，中共十七大报告明确要求"建立统一规范的人力资源市场，形成城乡劳动者平等就业的制度"。以"民工荒"从东南沿海向内地蔓延为标志，中国劳动力市场供求开始从"无限供给"转入"有限剩余"的新阶段。三是工资收入分配制度改革取得重大进展。在"效率与公平并重、更加强调公平"的改革理念指导下，在企业工资分配方面，按照建立与现代企业制度相适应的收入分配制度的目标，以建立激励与约束相结合的收入分配机制为中心，突出推进国有企业经营者收入分配制度改革和改善对垄断行业工资收入分配调控两个重点，抓好企业内部分配制度改革、宏观调控体系建设、完善政策法规三个环节，职工工资水平进一步提高。在机关、事业单位工资分配方面，进一步深化公务员工资制度改革，实行国家统一的职务与级别相结合的工资制；改革事业单位分配制度，建立和实行岗位绩效工资制。四是社会保障从作为经济体制改革的配套措施转变为一项基本的社会制度安排。中国政府坚持以科学发展观为指导，强调以人为本，统筹城乡社会保障制度建设，基本建立起覆盖城乡居民的社会保障制度框架。各项社会保障制度覆盖范围从国有企业扩展到各类企业和用人单位，从单位职工扩展到灵活就业人员和城乡居民，越来越多的人享有基本社会保障。社会保障水平较大幅度提高，多层次社会保障体系得到进一步发展。五是劳动关系制度建设进入专业化、精细化的新阶段。政府逐渐用市场化劳动关系的专业思维，进行劳动关系问题的处理和调整，不再把调整劳动关系作为改革的辅助措施，而是作为整个社会经济发展中的有机组成部分予以规制。《劳动合同法》《劳动争议调解仲裁法》《社会保险法》等劳动关系领域的专项法规出台，相关规定越来越细，具有较强的操作性，消除了法规适用的模糊地带，给劳动者和用人单位提供了更为准确的法律预期。

回顾历史，我们充满自信；展望未来，祖国前程似锦。中共十八届三中全会为全面深化改革指明了方向，吹响了新的历史起点上的号角。从2013年起，中国劳动经济已经进入一个新的阶段，即中国特色社会主义新时代，目前尚处在发展之中。"当某一经济事物尚处在发展之中，即目前的阶段尚未结束时，人们不可能根据实践的效果，对它做出历史性的结论与评价。这样的经济事物或其发展阶段，不属于经济史学的研究对象。"（著名经济史学家赵德馨教授语）因此，2013年以来的劳动经济发展，也就不属于本成果的研究范围了。这也是本成果把研究下限断在2012年的主要原因。

研究经济历史的目的在于说明现实和预见未来，研究经济史的人应该关注现实经济。2013年以后，这个阶段的下限断在哪一年呢？目前下结论为时尚早。这仍然要看劳动经济发展在这个阶段的实质内容和主要特点。不过，根据党中央已经确定的"两个一百年"奋斗目标和近年来的劳动经济发展态势，我们能够推测，这个阶段的主题可能是"共享中发展"，即其特征是"共享"，实质内容是民生的"发展"与提升。2015 年 10 月，中共十八届五中全会通过的《中共中央关于制定国民经济和社会发展第十三个五年规划的建议》首次提出了"共享是中国特色社会主义的本质要求"，要使全体人民在共建共享发展中有更多获得感、幸福感、安全感，增强发展动力，增进人民团结，朝着共同富裕方向稳步前进。

三、成果的学术创新、应用价值以及社会影响和效益

新中国成立以来，劳动经济制度几经变革，而每一次变革都有其深刻的理论与社会经济根源，都对当时的社会经济发展产生了深远影响。总的来说，新中国劳动经济制度经历了一个从建立到与权力高度集中的计划经济体制相适应，再到改革开放后与社会主义市场经济体制相适应的制度安排和变迁过程。在这个过程中，因应社会经济发展战略变化之需要，劳动力资源配置方式不断进行调整、改进和完善。但是，由于发展理念、资源禀赋与体制模式适应性的原因，每一发展阶段也都在某种程度上存在着这样或那样的不足和问题。站在新时代的高度，从独特的国情、以往劳动经济制度渐进改革的历程和当前经济新常态下劳动经济未来的发展考量，本成果的主要创新之处表现在：

第一，研究框架与思路方面。劳动经济涵盖劳动力供给与需求、劳动力就业与流动、劳动力培训、工资与收入分配、劳动者保障、劳动关系等诸多方面的内容。以往有关新中国劳动经济史的论著，大都集中于某一时段或某些方面，尤其是较多地关注城市劳动经济的研究，或者是改革开放后劳动经济的研究。本成果既研究城市也研究农村，既研究改革开放前也研究改革开放后，它以劳动力资源配置方式变革为主线，分五个历史时期，贯穿劳动经济的诸多方面，全面系统地研究了新中国 60 多年间劳动经济产生、演变和发展的历史以及劳动经济与社会经济发展之间的互动关系，总结了经验与教训，提出了未来一个时期的发展思路和政策建议。可以说，全面性、系统性是本成果的一大特色和建树。

第二，研究视角方面。从全面建设小康社会、城乡统筹发展的视角，透视中国劳动经济制度的二元结构特征，指出这是中国城乡差距拉大、经济发展质量不高和劳动关系问题突出的重要原因之一。当前中国经济已由高速增

长转向高质量发展阶段，必须牢固树立和贯彻落实创新、协调、绿色、开放、共享的发展理念，以使全体人民在共建共享发展中有更多获得感、幸福感、安全感；从工业化、市场化和现代化进程的视角，依次分析中国劳动经济制度变迁的五个阶段，提出当前在中国新型工业化、市场化和现代化进程中，要有效发挥市场在资源配置中的决定性作用和更好发挥政府作用，兼顾效率与公平，进行统筹规划，积极为建立现代劳动经济制度体系，建设统一规范的人力资源市场，实现中国城乡劳动经济的一体化搭建基础和创造条件。

第三，研究结论方面。劳动经济是事关国民切身利益的基本民生问题，也是衡量民生福祉最为重要的指标。劳动就业是民生之本，解决了就业问题也就解决了国民稳定的收入来源问题，即民生之源问题。稳定的收入来源渠道加上社会保障的安全预期（民生之依），是民生得到保障与改善的可靠依据和重要条件。因此，实施就业优先战略，推动实现更加充分、更高质量就业，形成合理有序的工资收入分配格局，是劳动经济可持续发展的一条最基本的经验。而构建和谐的劳动关系是加强和创新社会管理、建设社会主义和谐社会的重中之重，是保障经济持续健康发展和民生改善的重要基础，即和谐劳动关系是民生之基。总结和反思新中国六十多年的劳动经济发展史，可以发现，它是一部从改革开放前的"生存"到改革开放后"生活"的蜕变史。

本成果的应用价值在于揭示了新时代构建现代劳动经济体制的历史逻辑和未来指向，为中国建立完善的、统一的劳动经济制度体系提供了重要借鉴，为完善社会主义市场经济体制和实现经济发展模式的转换提供了决策依据。

《中日货币战争史（1906—1945）》概要

燕红忠[*]

货币战争亦称"货币战"，一般是指资本主义国家或集团之间，在货币领域为争夺世界市场及金融霸权而展开的斗争。虽然在不同时期主要资本主义国家之间货币战争的表现形式有所差异，但其主要内容都是利用汇率和外汇市场来争夺对国际贸易市场和国际金融霸权的控制权。本成果所考察的近代中日之间的货币战争，并不完全等同于一般意义上两国之间的货币战争，而是在近代特定的政治经济背景下，中日之间围绕货币和金融展开的一场侵略与反侵略的对抗和斗争，其斗争的表现、形式、内容和发展演变过程更为复杂丰富。同时，这场货币战争对于当时的中国经济发展、中日经济关系、抗日战争走向、中国统一进程都产生了深远影响。

一、研究的目的、意义及方法

1. 研究目的

从 1894 年的甲午战争到 1945 年战败，日本对中国发动了不断扩大的侵略战争，在部分中国领土上实施了长达数十年的殖民统治。在其殖民渗透和侵华经济政策中，不断动用货币金融手段，诸如设立银行、发行银行券和纸币、干预货币制度、掠夺白银和黄金、操控汇率、实施通货膨胀等，来影响中日经济交易中的利益分配，获取扩大侵略行为的经济资源。同时，日本在对华殖民渗透和经济侵略过程中所采取的货币金融策略不断遭到中国各阶层

---

* 燕红忠，上海财经大学讲席教授，博士生导师。

（如民族工商业者、北洋政府、国民政府等）的反对和抵制，也受到老牌帝国主义国家的排挤与遏制。

到目前为止，学术界直接围绕近代中日货币战争而进行的研究主要集中在全面抗战时期，即关于货币和银行政策对于动员战争资源的重要作用。尽管中日学术界关于战时货币战争已经积累了大量资料，并取得了一定研究进展，但这些研究基本上都是依据各自的档案资料和立场而展开，在研究视角上具有较强的事件性和片段性，缺乏对近代日本在华金融活动和长期政策演变的系统研究和评估。特别是日本学术界和一些战时亲历者对当时货币金融政策的反思和披露，不仅很少考虑中国自身的历史发展和演进进程，而且在研究目标上，基本上也是站在日本的立场上反思其对华战争背后的金融政策失误问题，甚至否认存在对华持续的金融侵略倾向，认为"九一八"事变之前的对华金融政策仅仅是正常的经济关系。本成果在上述已有资料和研究的基础上，将中日档案资料和研究结合起来，对战时货币战争进行重新梳理，希望能对战时金融史的研究有所推进。更为重要的是，本成果将拓展研究时段，不仅仅将中日货币战局限于八年全面抗战时期，而是从货币战争的视角重新审视日本势力进入中国到抗战结束的全过程。

2. 研究意义

史料是史学研究的基础，之前学术界对于近代中日货币战争的关注主要局限于全面抗战时期，很大程度上是由于晚清和民国初年相关史料缺乏的制约。本成果的推进很大程度上得益于对大量日文调查资料、中日官方档案、海关报告，以及时人在报刊上发表的报道和论述等资料的挖掘和利用。特别是当时日本银行、学术机构、特务机构的调查资料和电报信函，日本内阁、陆军省、大藏省、外务省的各种有关文件，在很大程度上弥补了晚清和民国初年中文文献资料的不足。我们通过系统收集整理各类资料，在考辨其形成的背景、过程，并尽可能剔除资料形成过程中参与人立场观点的基础上，澄清了诸多历史发展事实。诸如东北最重要的金融机构东三省官银号在产生、发展过程中，与日本金融资本、民间商业行会之间围绕货币发行权的争夺和博弈过程，以及东北地方货币体系的发展变化；日本在拓展殖民金融政策过程中的金银货币本位之争、演变过程及其影响；"九一八"事变前的兑换问题和奉票危机的发生过程、本质及其影响；国民政府的币制改革、华北危机与抗日战争之间的关系等。

本成果从关注战时经济背后的货币和金融策略，拓展至整个近代时期商业、贸易和产业政策背后的国际货币金融对抗。通过考察货币金融发展的国际因素和内外部力量的交互影响，推进了近代中国货币和金融发展史研究的深入。同时，通过对大量调查资料、档案资料的充分发掘，澄清了近代中日货币战争的表现、形式、内容、演变及影响等客观历史事实，有助于我们从长期历史的视角理解政治和军事战争背后货币和金融的争夺和对抗。此外，在当前复杂的国际经济关系背景下，本成果也会在一定程度上对我国的贸易和货币金融政策提供历史镜鉴和决策参考。

3. 研究方法

经济系统是一个非常复杂的体系，人们一般会根据不同的研究目的使用不同的研究方法。本成果的基本指导思想为："论从史出"，历史和逻辑相统一。在研究中突出理论视角与历史实证相结合的基本方法，着重通过挖掘第一手调查资料和档案资料，对中日货币战争的基本过程和特点进行历史考证和实证研究。同时使用社会经济结构理论、货币金融理论、国际经济关系理论、策略互动和博弈均衡等具体方法和原理对中日之间在各个阶段的货币和金融策略及其相关问题进行系统探讨。

二、成果的主要内容和重要观点

1. 主要内容

货币制度、金融秩序历来是影响贸易格局和资源分配的主导因素。近代中日之间的货币对抗从日本殖民势力进入中国开始，先后围绕扩大对华贸易、抢占经济权益、殖民渗透、币制改革和直接的经济和金融资源掠夺而展开，在不同时期对抗形式、内容和关注重点也都有所不同。

（1）关于东北贸易和货币主导权的冲突。

19 世纪 60 年代以后，随着外国金融资本的侵入、地方政治权力的增强和政府对货币市场的干预，中国各地币制日趋紊乱。清政府试图通过币制改革，收回货币发行权，并抵制外来经济势力的入侵。但由于清廷积贫积弱，在列强争夺中国经济权益的大趋势下，中国各地逐渐形成以地区为中心的交易市场和币制体系。各地商人主导的地区性商业交易体制，尤其是以传统币制为核心的地区货币安排成为货币制度的主流，构成最初对抗列强争夺商权的防卫体系。这一体系对于阻止外国金融机构的直接渗透，防止掠夺式贸易对地方经济的直接打击，延缓经济殖民化进程起到了重要作用，同时也为地方工商业按自身规律的发展演变创造了空间。

近代中日之间的货币对抗正是在上述背景下展开的。作为后起的主要资本主义国家，日本早在东北开港后就逐渐进入中国，但直到 19 世纪末之前，外商和相继侵入中国的俄日金融机构，仍然无力改变中国内贸形成的交易和支付体制。由于不适应中国的货币和信用体系，许多日本贸易商在进出口贸易中惨遭失败。到日俄战争时期，日本殖民势力正式进入东北。殖民当局与蜂拥而来的日商首先遇到的强敌就是中国商人，他们运用根植于商业自治体系的交易制度与区域货币安排构筑的防御体系，成为殖民势力控制东北经济的最大障碍。因此，如何利用和摧垮东北的传统经济秩序，成为当时日本殖民势力经济上的主要目标。营口军政署与横滨正金银行认为，妨碍日商进行东北贸易的主要障碍是过炉银制度，便合谋通过强迫决算一举废除这一货币和信用制度。这一企图遭到华商一致抵制后，又退而强迫银炉公开账目，进而以此为要挟强制修改银炉章程，企图将过炉银制度改为对外资和小资本有利的制度，以消除华商对日商的竞争能力。在军管期间，日本军政署对营口经济一直实施高压管制政策，对华商的贸易和金融业造成严重的摧残。

日俄战争之后，作为殖民金融机构代表的横滨正金银行对摧垮东北的地区货币体系更是不遗余力。横滨正金银行利用战争和动乱造成的危机，以种种手段渗入和摧垮当地商业和金融体系，以实现其攫夺货币发行权、垄断东北币制、扶植殖民势力的目的。尽管有日本政府给予的种种特权，横滨正金银行在东北最初的业务开展并不顺利。当时，横滨正金银行主要采取了以下几方面的对策以扩大其影响：第一，尽力拓展对中国各地尤其是对上海的汇兑业务，以争夺作为主要交易货币的地位；第二，以华商为主要交易对象，展开吸收存款和提供信用贷款业务，以获取华商信任；第三，利用日本殖民当局摧垮东北原有商业自治与信用货币制度，为日商进入扫清道路；第四，力主银本位制，以独占日本对华货币发行权，贯彻由日本金融资本控制中国贸易主导权的方针。面对日本以国家为后盾侵蚀和争夺东北商贸主导权，营口商人和后来的大连商人，以国内市场和传统的商业秩序为依托与之展开了长期对抗，并逐渐占据上风。以大连商人为主体，为规避农产品和矿业商品交易风险的汇市交易、平衡金银差价交易，成为影响上海汇市乃至后来标金市场的强大金融势力，也是通过上海金融市场左右日元定价和世界银市的主要势力之一。

日俄战争是两大帝国主义国家为争夺东北权益与势力范围的战争，其战后安排却是通过转让俄国在东北权益的形式进行。日本继承了俄国的旅大殖民地和中东路南段长春到大连的所有权益，设置了殖民机构和殖民铁路公司，开始在租界施政，并运营铁路和港口，对中国主权形成极大挑战。日俄战争期间，日本以旧日本银洋 1 元为本位，在东北发行了多达 1.8 亿日元的军票，用于军队开支和筹措战时物资。1905 年下半年，日本政府在做战后安排时，又将回收剩余 5 000 余万日元军票的职能委托给横滨正金银行实施。主权国的货币发行权受到侵害，也引起清廷的忧虑。在这一背景下，盛京将军赵尔巽出资设立奉天官银号，铸造和发行小洋为主的金属铸币和小洋票，由此出现以东北地方官府为主体的与日本殖民金融势力围绕东北货币主导权的第一轮正式对抗。这一过程同时也贯穿着官方控制与民间金融自治之间的矛盾斗争。官方金融机构特别是官银号的设立和发展，与日本的金融入侵形成有力竞争，但随着双方的金融斗争及各类货币发行额的迅速增加，东北金融市场的紊乱与割据程度不断加深。

（2）围绕奉票兑换、货币市场竞争和币制借款等问题的相互博弈。

民国初年，日本殖民机构利用侨民挤兑制造货币危机，以介入东北货币发行；利用日本商会压迫华商改变币制和交易方式，以方便日资进入。兑换问题一度在中日货币对抗中占据核心的地位，这既是由于货币兑换直接关系到日本商人的切身利益，也是因为货币兑换是当时日本政府推行日系货币的重要手段。面对日本挑起的货币危机，东北地方军阀主导，在华商及中国银行的配合下，逐渐回收过量发行的货币，挽救了大型破产造成的危机。兑换问题的主要转折点是由小洋本位向大洋本位的转换，这一转换的完成，标志着日方从攻势转向守势，由优势一方逐渐转变为弱势一方。兑换问题以中方的完全停兑而结束，并对日本在东北推行日元货币政策形成强有力的制约。与此同时，朝鲜银行在旅大和满铁附属地发行与日元挂钩的银行券，企图迫使商民在农产品与钱钞交易中以金本位货币结算。面对日本在大连交易所强制通行朝鲜银行券的企图，大连华商联合罢市、拒绝入场交易，使其在东北扩展日系货币的企图落空。在东北市场上，金银本位货币和中日货币长期同时并行。

20世纪20年代初，日本经济陷入慢性萧条，其对东北贸易和币制的争夺也有所放缓。但到20年代中期以后，日本再次挑起奉天票风波，意图干涉东三省财政金融以攫取权益。日本军方对东三省财政、金融、货币体系展开秘密调查，为未来侵略战争做准备。但在以北伐战争为代表的中国民族解放战争的压力下，日本不得不放弃在货币方面与地方军阀的争斗，以确保其在东北的"特殊权益"。这一时期，日本政府向中国提出的诸如维持奉票与金票的行市、聘请日本人做顾问以及成立中日合资银行的建议，都是对东北地区直接利益的诉求，但这些都没有达到日本政府所预期的效果。

皇姑屯事件发生后，张学良政权逐渐走向与日本殖民机构的全面对立。这一时期，官银号在对日本商社的大豆货源之争中逐渐占据上风，内地所产日用品也逐渐在东北取代日货，东北与内地的经济联系逐步加强。同时，东北政权制定和实施修建葫芦岛港、修建与满铁平行的铁路计划，以切断满铁主要利益来源；禁止将土地房屋租给日本人和朝鲜人、限制朝鲜移民进入中国等，以消除土地商租权的影响。华商在东北地方政权和内地的支持下，逐渐收回失去的市场与权益。

同一时期，日本也倾全力在中国内地争夺权益。清廷灭亡之后，日本以商业银行团对华私人和官方提供大量贷款以换取权益，并趁机买占中国的矿山和其他资源。在第一次世界大战期间，日本提出"二十一条"，企图将北洋军阀政府变为傀儡政府，提供西原贷款继续争夺在华权益。币制借款是西方列强瓜分中国利益的重要手段，日本最初是作为列强诸国银团中的一员参与联合贷款。随着局势的变化，日本逐渐开始寻求独占中国市场，在货币金融领域挤占其他国家的利权，在除东北以外的广阔地区进一步实现对中国市场的独霸。结果，日本单方面出资的西原借款未能落实，《金券条例》受到多方抵制无法实行，币制借款受阻，日本全面控制中国金融的野心也归于失败，暂时退入守势。与此同时，日本对华资本输出呈现明显的上升态势，其在华直接和间接投资有了大规模增长，金融活动和对华借债也更加频繁，进而引发了一系列金融冲突和相关权益的斗争。

　　总体来看，从日俄战争到"九一八"事变前，尽管总的态势是日本殖民势力步步进逼，采用货币金融手段不断抢占在华经济权益，使中华民族危机日益深重，但就中日双方在商业贸易和金融领域的对抗来说，并非日本殖民势力占绝对优势，而是双方基本处于均势状态。最终打破这一均势的关键要素是日军对东北的军事占领，致使东北地方政权对抗日本金融野心的政策都半途夭折。

　　（3）围绕币制统一和法币改革的斗争。

　　1928年中国在形式上完成政治统一，将币制改革提上日程，并着手制定和论证币制改革方案，实施海关金单位和废两改元等准备工作。日本担心中国的改革会强化政治统一，增强经济实力，进而致使其失去在华"特殊权益"，加之大萧条对日本经济造成的巨大冲击，因此，一面发动"九一八"事变占领东北，实施以伪满洲中央银行为核心的金融统制政策，控制东三省金融，为其资源掠夺和扩大侵略创造有利条件，另一方面，在政治、军事、外交等领域设置重重障碍，积极干预中国的币制改革。

　　1934年6月，美国实施《白银收购法案》，世界市场上的白银价格急剧上涨，对中国的货币、财政和经济造成了巨大冲击。随着危机的不断加深，1935年初国民政府分别与美英日等国进行沟通，请求贷款以支持中国币制改革。日本政府不仅拒绝单独或者联合对华借款的建议，而且反对召开列强会议。英国特使李滋罗斯来华前，曾于1935年9月初先到日本，希望与日本共同采取行动，给予国民政府贷款，援助中国币制改革，但同样遭到了日本的拒绝。

　　1935年11月3日，国民政府在金融恐慌之际断然宣布实施法币改革。这一措施引起日本舆论一片哗然，尤其引起日本军事当局的极大震动。由于法币改革的实施打乱了日本变华北为第二个东北的预谋，日本军部上至参谋本部、驻华武官下至关东军和中国驻屯军，都极力阻挠和破坏法币改革。他们一面压制国内外舆论、宣扬中国币制改革必定失败的论调，一面阻止华北白银的南运，积极策动华北实力派的独立。同时，策划成立华北中央银行，威逼利诱华北军政界、金融界接受他们的方案。想通过舆论、外交、军事几方面的压力，迫使国民政府接受日本的"援助、指导"，重新进行币制改革。

　　但是，日本军部对于华北实力派的策动和纠合各国银行拒绝将存银交给国民政府的阴谋最终归于失败。他们期待的地方实力派的对抗和列强各国的干涉，最终都没有出现。劫夺河北银行的计划，也由于英国租界当局的抵制成为泡影。当国民政府在英、美支持下，通过同英镑和美元的挂钩而成功实现法币改革，进而带动中国经济不断恢复发展、融合统一之时，日本军部担心等待下去将丧失灭亡中国的机会，这在一定程度上促使日本发动了全面侵华战争。

（4）围绕摧垮或动员"经济抗战力"的对抗。

发生在 1937 年至 1945 年的全面抗日战争，是中华民族民族解放的主要进程。在全面抗战中，正面战场和敌后战场的对日军事对抗，无疑是直接对抗军事侵略的主要手段，另外，金融、财政、货币、物资、争取海外援助等经济政策，则是支持中国抗日军事行动的物质基础，是关系到能否坚持抗战的决定性因素。换言之，抗战期间的经济政策是"抗战力"的重要指标，是能否坚持抗战的决定性要素，而经济政策中的主要核心要素就是货币政策。

法币改革为战前中国经济统一和全面抗战期间经济资源的动员提供了基础。全面抗战期间，日本的货币政策以摧毁中国"经济抗战力"为首要目标，采取设立傀儡银行，强制推行"联银券""蒙疆券""华兴券""中储券"和军票等日伪币，强制贬低法币对伪币汇率，设立外贸银行渗入贸易结算，制造假币、套取法币等一系列金融手段展开货币攻击，并辅以物资管制、经济封锁、通货膨胀等其他政治经济手段，企图通过货币战使法币崩溃、中国灭亡。

面对日方以摧毁中国"经济抗战力"和掠夺战略物资为主要内容的货币攻击，国共两党也采取一系列货币政策予以应对。国民政府在全面抗战初期主要采取临时性的紧急金融管制措施维持法币的稳定，之后逐渐强化战时金融管理机构，有目的地采取了一系列反击日伪货币以维持币值、防止套购、利用租界维持贸易、贸易结汇中反渗透、开放市场吸引走私等对抗措施。太平洋战争后，进一步采取全面的战略物资管制和破坏日伪币信用等手段予以对抗。中国共产党领导下的抗日根据地发行了一系列"边币""抗币"抵制日伪的货币金融侵略，按照各个根据地的具体状况采用灵活多样的合作和斗争方式，为根据地开展独立自主的抗战奠定了经济基础，并最终取得货币战争的全面胜利。

2. 重要观点

近代中日货币战争是一场侵略与反侵略的对抗和斗争，主要表现出以下特点。

第一，近代的中日货币战争虽然在各个时期采用不同的对抗形式和内容，但各个阶段都存在着内在的密切联系，构成了一个长期持续的历史过程。

晚清时期，由于日本商人很难适应并融入中国传统的交易和支付体系，故其对东北贸易不断受挫。这促使日本贸易商人和金融资本家借助殖民势力干预东北商业贸易和过炉银制度，并在日俄战争之后试图用银本位钞票统一东北币制，在不平等条约的保护下争夺贸易、金融主导权。结果是加剧了东北货币市场的混乱，使其成为民国初年兑换危机的源头之一。到 20 世纪头 20 年，日本在货币兑换和奉票问题中的斗争失败，标志着其通过市场竞争在东北扩展日系货币的破产，这直接促成其在"九一八"事变后统制东北地区金融政策的实施。而以伪满洲中央银行为核心的金融统制政策，则使日本成功地控制了东三省金融，为其资源掠夺和扩大侵略创造了有利条件。1935 年日本分裂华北，并试图制造华北金融独立阴谋，在很大程度上就是因袭其在伪满洲国的金融经验。与此同时，国民政府的法币改革，也是日本发动全面侵华战争的诱因之一。因此，从这一长期视角来观察，日本 1937 年至 1945 年期间的对华军事及金融侵略，正是其自甲午战争以来为全面占领中国所采取的最终手段，也是中日长期政治经济矛盾的总爆发。

第二，近代中日之间的货币对抗，在地域上呈现出从局部地区开始逐步扩散的过程；在对抗主体和方式上则表现为由民间为主到官方主导，从经济手段为主向政治、经济和军事手段相结合的综合斗争方式进行转变。

日本通过甲午战争侵占我国台湾，日俄战争后则获得了旅大租借地、南满铁路及其附属地，很多日本人认为，日俄战争后东北已经是其半殖民地。由于东北地区领土广阔，同时存在日俄殖民势力和中国地方政权的交错，因此直到"九一八"事变之前，一直是中日货币对抗和争夺的核心地区。另外，民国初期，日本不但寻求在东北地区建立独占性优势，更是谋求在内蒙古东部、山东等地区逐渐扩大利权；"九一八"事变和伪满洲中央银行成立以后，日本彻底统制东北金融，并开始策动华北金融独立，企图侵占华北；

全面抗战爆发后，日本进一步侵占我国华北、华中和华南的广大地区，中日之间的货币对抗也从东北到华北，再到全国范围内展开。

"九一八"事变前，中日货币斗争主要是在官方筹划或支持之下的市场主体之间进行，主要围绕货币发行、货币兑换、金融机构的设立、交易货币制度（本位）、币制借款和投资等，采用经济手段和市场竞争方式，并辅之以外交交涉和舆论压力等手段，民间商业团体和主要银行机构则是其相互斗争的代理人和具体实施者。"九一八"事变后，政治、军事和外交手段凸显并走向前台，逐渐成为实施货币对抗政策的主要基础。中日之间的货币斗争也开始围绕伪银行和伪币发行、汇率管制、制造假币、通货膨胀等，采用政治、经济、军事相结合的综合方式。

第三，在中日货币政策的主要对抗过程中，同时存在各方内部的多层次矛盾交织和复杂博弈。

中日货币战争最初表现为日本殖民势力与中国民间商业金融团体之间的矛盾，随着东北地方政府的加入，逐渐演变为中国官府、民间商业行会和日本金融资本之间的对立和博弈。在日方内部，又有产业资本及侨民中小工商业者与金融资本家不同主张的对立，最初表现为横滨正金银行和关东都督府、满铁之间的争论，后则逐渐演变为朝鲜银行与横滨正金银行两大阵营之间的长期斗争，造成日本政府在华推行货币政策上的摇摆不定和政策的不连贯。在民国初年围绕兑换问题的斗争中，相关参与者包括中国商人、日本商人、东北地方政府、中央政府、日本政府，同时还包括其他国家的商民和政府等。中日商人之间既有对立又有合作；中央政府与东北地方政府既有对外的一致性，也存在利益上的矛盾和分歧；日本政府主要借助日本侨民和商业团体的挤兑来进行殖民渗透，而日本政府和侨民团体之间的政策含义和利益诉求并不一致。各方势力的相互牵制、相互作用，使得围绕兑换问题的货币斗争也在不断反复。各方势力的相互博弈，也使得民间货币规则过炉银制度能够在中日货币对抗的夹缝中长期延续下来。

在20世纪30年代国民政府的币制改革进程中，既有中国、日本和英美集团相互博弈的国际背景，也有国民政府和地方新军阀之间的斗争。而在日方内部，中国驻屯军、外务省、民间工商业团体等之间也持有不同的态度和主张。全面抗战时期，国民政府的法币、日伪货币和共产党抗日根据地的

"边币""抗币"之间都存在相互竞争和斗争，而且在国共两党之间、日军和伪政府之间也存在复杂的合作和斗争关系。特别是日本政府和其派遣军、日本海军和陆军、日军和伪政权之间以及不同占领区（华北、华中、华南等）、各个伪政权之间在推行货币政策和货币发行上的矛盾更为突出。相对而言，在近代中国民族主义不断高涨和民族解放的进程中，中方各阵营、各阶层之间的共识在不断凝聚，一致性逐渐大于相互分歧。而日方在推行殖民渗透和殖民侵略过程中，长期以来不同团体的多头货币政策，则是导致其在近代中日货币战争中最终走向失败的重要原因。

三、成果的学术创新、应用价值以及社会影响和效益

1. 学术创新

第一，研究内容和视角上的突破。本成果从纵向上拓展了中日货币战争的时段，从关注战时经济背后的货币和金融策略，拓展至整个近代时期商业、贸易和产业政策背后的国际货币金融对抗，探讨了不同时期中日货币战争的表现形式、内容和特色，并构成了一个完整的历史过程。从横向上将近代中日货币战放到中日经济贸易对抗的大格局中进行考察，拓展了货币战争研究的宽度与深度，得出了一些新认识，弥补了学术界关于近代中日货币战争系统研究的不足。

第二，在史料运用上的突破。在近代经济史的研究中，由于受资料和数据不足的制约，长期以来对国际关系经济史、战时经济史等领域的研究始终非常薄弱。本成果不仅运用了大量的中文史料，而且下大力气挖掘和利用了大量日文调查资料、日本官方档案、海关报告以及日本人在报刊上的报道和论述等，弥补了晚清至民国时期中文资料的不足，澄清了一些历史细节，还原了历史本真面貌。

第三，对货币史和理论实证方面的贡献。一方面，对货币金融发展的国际因素和内外部力量的交互影响的考察，使我们深刻认识政治和军事战争背后的货币和金融的争夺和对抗，进而推进了近代中国货币发展史、战时金融史研究的深入。另一方面，近代金银复本位、信用本位货币在经济中的实际运行及其问题的考察，对于货币本位理论的实证研究也有所贡献。

第四，对抗战史研究的贡献。通过系统探讨近代日本对我国经济金融的

侵略过程，从货币政策的角度反映了日本侵华的一个重要侧面，以及抗战时期日本侵凌我国金融体系的历史根源。同时也揭示了日本全面侵华战争的必然性，在很大程度上弥补了抗战史相关研究的不足。

2. 应用价值

在当今中国经济实力不断增强和复杂的国际经济关系背景下，对历史上中日间货币战争的研究，有利于我们深入理解中国当前与其他国家之间的贸易竞争、货币金融竞争，并可以在一定程度上为人民币的国际化策略，以及处理国际金融和贸易关系提供历史镜鉴和决策参考。

3. 社会影响和效益

本成果在研究过程中先后在《历史研究》《近代史研究》《中国经济史研究》等国内权威期刊发表阶段性论文 10 余篇。其中，3 篇论文被中国人民大学复印报刊资料《中国近代史》和《中国现代史》全文转载，并被多家专业网站和微信推送；1 篇论文获上海市哲学社会科学优秀成果奖二等奖。按照知网统计，相关论文已被引用 40 余次。本研究及相关阶段性成果在学术和社会领域反响良好。

《对外贸易影响我国劳动力要素流动的经济效应研究》概要

赵春明*

一、研究的目的、意义及方法

1. 研究目的

经济增长作为宏观经济的基本特征，会对劳动力市场的各种主体和内在机制造成影响，这一点已经成为学术界的共识。对外贸易作为一国经济增长的"三驾马车"之一，会直接影响包括劳动力要素流动在内的劳动力市场的运行，而并非传统理论认为的只能依靠经济增长来间接实现。

本成果的主要目的就是试图通过深入分析对外贸易影响劳动力流动的就业效应、收入效应、集聚效应、城镇化效应和人力资本积累效应，来构建一个比较完整和科学的关于对外贸易发展与劳动力要素流动关系的分析框架和研究体系，揭示对外贸易与劳动力要素流动关系的一般性规律，为我国进一步加快劳动力要素的自由流动和人力资本积累，实现从劳动力大国到人力资源大国、从贸易大国到贸易强国的伟大转变提供理论依据和政策建议。

2. 研究意义

在理论价值方面，对外贸易与劳动力市场之间的关系既是国内外学术界的一个理论前沿性问题，也是开放型经济新体制的一个重要内容，具有重要的研究价值和很大的研究空间。

---

* 赵春明，北京师范大学教授，博士生导师。

在现实意义方面，党的十八届三中全会在《中共中央关于全面深化改革若干重大问题的决定》中指出："适应经济全球化新形势，必须推动对内对外开放相互促进、引进来和走出去更好结合，促进国际国内要素有序自由流动、资源高效配置、市场深度融合，加快培育参与和引领国际经济合作竞争新优势，以开放促改革。"党的十九大报告也提出："经济体制改革必须以完善产权制度和要素市场化配置为重点，实现产权有效激励、要素自由流动、价格反应灵活、竞争公平有序、企业优胜劣汰。"而在所有的生产要素成分和流动活动中，劳动力要素的流动无疑是国民经济发展过程中最基础、最重要和最关键的因素。我国已成为世界第一货物贸易大国，也是世界第一劳动力要素大国，深入研究对外贸易与劳动力要素流动的关系，无疑具有极其重要的理论和现实意义。

3. 研究方法

（1）在理论分析中，将国际经济学、劳动经济学、新经济地理学、国际政治经济学等相关学科的前沿性理论与方法综合运用于本成果的研究中。比如，在对外贸易影响劳动力流动的就业效应理论分析中，借鉴皮萨里德斯（Pissarides）的匹配模型、梅里兹（Melitz）的异质性企业理论和将两者结合起来的赫尔普曼（Helpman）等"筛选—匹配"模型，并进一步把对外贸易作为内生因素引入模型，从而构建了劳动力作为微观个体的最优化理论分析框架。

在对外贸易影响劳动力流动的收入效应理论分析中，构建了以中国这样一个发展中国家开展加工贸易活动为背景的分析加工贸易与工资差距的分析框架；运用新制度经济学、国际政治经济学的分析方法，从区分进口来源国的经济发展水平及国内政治风险程度、区分中国与进口来源国的经贸关系、区分中国与进口来源国的政治关系等方面，深入研究了进口贸易来源国特征与企业性别工资差距。

在基于职业地位获得角度对贸易开放与城镇劳动力流动的理论分析中，利用经济社会学中分析社会行为的制度、权力、网络和认知四种机制，探讨作为制度变迁的贸易开放在社会权力、职业网络、认知能力等方面对劳动者职业地位获得的影响。

（2）在实证分析中，综合运用了多种先进的计量经济学和统计分析方法。比如，在有关对外贸易发展与劳动力要素流动关系的实证考察中，主要采用扩展的文凭信号显示模型与行业面板回归方法。

在实证检验对外贸易影响劳动力流动的就业效应中，除了使用传统的时间序列分析方法如向量自回归模型（VAR）、向量误差修正模型（VECM）等外，还使用基于递归算子的卡尔曼滤波；除了使用传统的面板回归方法如固定效应估计量（POLS）、组间异方差情形下的稳健估计（PGLS）等外，还使用被外国学者[①]证明并一致建议使用的能够最大程度减轻内生性的差分广义矩估计（Difference GMM）与系统广义矩估计（System GMM）。

在实证检验对外贸易影响劳动力流动的集聚效应中，一方面，考虑到人口集聚的变化可能受到除关税减免政策以外的其他政策和经济冲击的影响，因此在基准回归中，本成果控制了省份固定效应，部分地吸收了这些冲击对结果的干扰；另一方面，为了克服内生性问题，本成果采用了外生冲击即2002年美国对中国实行"永久性正常贸易关系"的政策实验，来考察出口扩张和劳动力集聚的关系。

在基于非农就业路径选择视角对贸易开放与农村劳动力流动的实证检验中，为了克服不可观测特征的影响，本成果采用修正效应模型进行估计，即第一步利用 probit 模型估计劳动者非农就业和外出务工的影响因素，并得到逆 mills 比率；第二步将逆 mills 比率代入劳动时间和工作收入模型，得到劳动者非农工作时间和收入的决定因素。

二、成果的主要内容和重要观点

1. 主要内容

本成果的结构安排主要包括三个部分，共十章内容：

第一部分是关于对外贸易与劳动力要素流动关系的一般性分析，主要体现为第一章的内容。本章重点从经济全球化和加工贸易角度分析了我国劳动力流动的历史与现实特征，揭示了对外贸易与劳动力要素流动关系的一般性规律，并通过构建扩展的信号显示模型，实证检验了我国出口贸易规模与劳动力流动方向、水平之间的内在关系。

---

① Arellano & Bond (1991)，Arellano & Bover (1995)，Blundell & Bond (1998).

第二部分是关于对外贸易影响劳动力要素流动的经济效应研究，包括第二章至第九章，这是本成果的主体部分。

第二章研究对外贸易影响劳动力要素流动的就业效应。首先梳理和总结了对外贸易就业效应的研究进展，在"筛选—匹配"模型基础上构建了出口贸易就业效应的分析框架，并分别从时间序列、省际层面和企业层面对出口贸易的就业效应进行了实证研究。

第三章主要从总体贸易、出口贸易和加工贸易角度来研究对外贸易对劳动力要素流动所具有的收入分配效应。主要内容有对外贸易与异质性劳动力收入水平、对外贸易与城乡收入差距、出口贸易结构变化与女性工资、加工贸易与工资差距。

第四章专门从进口贸易的角度集中探讨对外贸易影响劳动力要素流动的收入分配效应，以期更加深入地揭示二者之间的关系。主要内容有进口开放与城镇居民收入差距、进口竞争与企业内部工资差距、进口贸易来源国特征与企业性别工资差距。

第五章研究对外贸易影响劳动力要素流动的集聚效应。首先，建立关于个人区位选择的模型，从理论上考察对外贸易影响劳动力集聚的具体机制，并从进口和出口两个方面提出本章实证研究所要检验的结论；其次，主要介绍中国人口集聚的测度和主要事实，为后文的计量分析奠定基础；再次，通过考察地区关税削减和人口流动的关系，研究对外贸易如何通过进口竞争影响人口集聚；最后，主要通过考察地区关税不确定下降和人口流动的关系，研究对外贸易如何通过出口扩张影响人口集聚。

第六章研究对外贸易影响劳动力要素流动的城镇化效应。系统分析我国对外贸易发展的城镇化效应，剖析改革开放以来对外贸易与城镇化的关系，探寻对外贸易促进城镇化的作用机制和途径，并应用省级及地市级数据进行实证验证，进而提出切合实际的新型城镇化道路的发展对策。

第七章研究对外贸易影响劳动力要素流动的人力资本积累效应。主要研究贸易开放对我国人力资本积累的影响、进口竞争对我国人力资本投资的影响以及出口贸易与学历误配问题。

第八章从职业地位获得角度研究贸易开放与城镇劳动力流动之间的关系。利用经济社会学中分析社会行为的制度、权力、网络和认知四种机制，探讨作为制度变迁的贸易开放在社会权力、职业网络、认知能力等方面对劳动者职业地位获得的影响。

第九章从非农就业的路径选择角度集中研究贸易开放与农村劳动力流动之间的关系，将农村劳动力就业区分为务农、本地非农就业和外出非农就业三个类别，通过工作参与、工作时间和工作收入三方面的计算，深入分析贸易开放对农村劳动者本地非农就业、外出务工决策的差异化影响以及贸易开放对劳动者工资的作用机制，并进一步探讨贸易开放与贫困减少的内在关系。

以上各章内容是一种渐次发展的逻辑关系。从动态发展的观点来看，劳动力市场的形成本身就是基于微观个体优化行为的演化过程。个体劳动者首先会对包括对外贸易影响因素在内的外在条件与自身条件进行结合和比较分析后择优就业；在开放经济条件下，当对外贸易影响了不同岗位、不同行业和不同地区的劳动力收入水平之后，就会催生劳动力要素的流动，当收入水平基本符合劳动者的心理预期时，个体劳动者就会完成流动后的再次就业选择，从而形成劳动力向收入更高和环境更好的行业和地区集聚；当大量劳动力由乡村向城市流动和集聚时，就会产生城镇化效应；最后，由于对外贸易的影响以及劳动力的流动受市场支配，在知识经济时代，素质高的劳动力往往获得更多的回报，这促使人力资本的发展和积累，使劳动力要素出现要素内涵式的演进，并对对外贸易的发展产生深远的影响。

此外，鉴于贸易开放对整个社会的分层结构和农村劳动力非农就业产生了重要的影响，第八章从职业地位获得角度深入分析了贸易开放与城镇劳动力流动的关系问题，第九章则从非农就业的路径选择角度专门研究了贸易开放与农村劳动力流动问题。因此，这两章的内容可以说是对前面所研究内容的进一步拓展和延伸。

本成果的第三部分是关于以加快劳动力要素自由流动为基础的对外贸易战略转型问题研究，主要体现为第十章。本章重点剖析我国对外贸易的发展特点与存在的问题，从国际角度深度比较研究我国劳动力成本以及出口商品比较优势的变化，进而阐析基于劳动力要素自由流动的对外贸易战略转型的内涵与措施。

2. 重要观点

从经济学角度来说，劳动力市场的形成本身就是基于微观个体优化行为的演化过程。根据微观经济理论，个体选择从事何种工作，取决于其最优化效用的结果，其中对外贸易是影响劳动力就业的一个重要因素，因此要研究开放经济条件下劳动力要素的流动问题，首先就需要深入研究和揭示对外贸易发展的劳动力就业效应，而劳动力的初始就业选择和状态就将成为劳动力要素流动的本源和起点。

本成果研究发现，出口贸易的就业效应存在合理的负向机制。一方面，进行出口贸易的企业由于可能普遍存在更为理想的生产率，因而能够提供更高的收入，从而吸引更多的劳动者；另一方面，进行出口贸易的企业可能面临更广泛的竞争和更具风险的预期利润，因而提供更不稳定的收入和更高的招聘门槛，由于劳动者在追求利益最大化的同时往往非偏好风险，因而出口贸易的就业效应存在负向机制，即可能由于提供不稳定的收入而促使劳动力放弃应聘或被更大程度地淘汰。具体来说，出口贸易的筛选机制会显著提高高学历劳动力的就业水平，而降低低学历劳动力的就业水平；国家和省际层面出口贸易就业效应显著为正，但出口贸易对就业的促进作用存在滞后效应；企业层面出口贸易的就业效应显著为正，但却显著降低了女性就业水平；行业出口贸易规模的提高显著促进了劳动力的流入，且高技术行业的出口贸易发展是劳动力流入的格兰杰原因。

当个体劳动者完成就业选择后，在开放经济条件下，对外贸易的发展将对劳动力的收入水平产生重要的影响。这种情况下，在劳动力市场上就会出现劳动者的流动现象，包括地区间流动、行业间流动和城乡流动等，而流动的基本趋向是从收入低的行业和地区流向收入高的行业和地区。本成果研究发现：进出口贸易均显著扩大了城乡收入差距，而出口对城乡收入差距的影响比进口更大；出口产品结构优化与女性工资增长正相关，其中不同出口能力省市的产品结构优化对女性工资增长的促进作用存在显著差异。无论是机电产品还是高新技术产品，中、高出口能力地区促进女性工资增长的效果更加显著，同时出口产品结构优化水平对女性选择外出工作意愿的决定因素有根本性影响。进口产品质量提升总体上扩大了企业性别工资差距，并通过进口竞争和成本加成机制对企业性别工资差距施加影响。进口来源国是经合组织国家时该效用更加明显，并且当企业从低政治风险国家进口时，产品质量对性别工资差距的影响更大。

所有劳动者流动完成后，将各自稳定在自己最优选择的行业中，于是在宏观层面就会形成劳动力的集聚，包括特定行业、地区和部门的集聚等。其中出口扩张是促进劳动力集聚的有效手段。由于劳动力集聚通常会通过集聚效应促进生产率的增长，因此我们应该鼓励这种对外贸易引致的人口集聚。事实上，沿海城市正是因为对外贸易的发展吸引了大量的人才和劳动力，构成了当地经济发展不可或缺的基础。

在劳动力要素流动和集聚的过程中，中国作为一个发展中大国和劳动力大国，出现了城镇化的快速发展。本成果研究表明，贸易开放程度提高显著增加了农村劳动者非农就业机会，有利于剩余劳动力从农业向非农部门转移。其中，在非农就业方式的选择上，贸易自由化程度更高地区的劳动者更倾向于本地非农就业，而开放度较低地区劳动者更倾向于外出务工。在省内和省外外出的选择上，开放程度高的地区劳动者更可能选择省内工作，选择省外就业的劳动者一般位于中西部开放程度较低的地区。对不同地区和年龄阶段劳动者而言，贸易开放程度提高增加了劳动者非农就业尤其是外出务工参与程度，这对于 1978 年及以后出生的劳动者尤为明显。对非农工作收入而言，贸易开放对中部地区劳动者非农工作收入的提升作用高于东部地区，而对西部地区的作用不是很显著。

在劳动力要素的流动过程中，对外贸易通过工资价格信号机制、信贷约束机制和知识技术溢出机制，对劳动力的要素内涵产生了不可忽略的影响，也就是促进了人力资本的积累。通过本成果的研究，我们可以明显地发现对外贸易对不同质量的劳动力要素产生了很大的差别性影响。在开放经济条件下和市场在资源配置中起决定性作用的当今中国社会，随着劳动力要素的大量流动，出现了劳动力的要素内涵式演进态势，即那些收入较高、就业较好、集聚较明显的行业和地区，往往要求和吸纳的是较高素质的劳动力。这就迫使劳动力需要不断提升自身素质，加强人力资本的积累。

依据上述研究成果，本成果提出以下主要对策建议：

第一，多方发力，采取综合措施，加快劳动力要素的自由流动，为对外贸易的战略转型提供条件和动力。如进一步打破劳动力要素流动的壁垒，促进劳动力要素自由流动；积极完善社会保障体系，促进低技能劳动力自由流动；推行政府职能转变，促进高技能劳动力的自由流动；提高教育与劳动力市场需求的匹配程度等。

第二，加快劳动力要素的自由流动，以保证劳动密集型行业以及技术密集型和资本密集型行业发展的有效劳动力供给。即一方面通过劳动力要素自由流动增加低技能劳动力供给保证成本优势，其中特别是以农村剩余劳动力转移为特征的低技能劳动力流动，可以保证成本优势的持续，为对外贸易转型升级提供时间和空间。另一方面则应通过劳动力要素自由流动增加高技能劳动力供给，促进技术升级，如：顺应劳动力高技能化趋势，积极建立技能工人的规范流动制度体系；顺应技能工人供给曲线长期不可逆向上、价格相对便宜、质量型人口红利凸显的新趋势，通过财政扶持、税费与资源使用优惠、信贷与金融支持等手段，降低高技能制造业尤其是战略性新兴产业所属企业的运营成本；顺应新生代劳动力择业行为变化，政策引领制造业高新化、服务化发展等等。

第三，加快劳动力要素的自由流动，优化我国出口商品技术结构，提升我国在全球价值链分工中的地位。一是通过劳动力要素自由流动优化我国出口商品技术结构；二是通过劳动力要素自由流动提升我国出口商品比较优势；三是通过劳动力要素自由流动提升我国在全球价值链分工中的地位。

第四，加快劳动力要素的自由流动，以增加人力资本积累，促进我国对外贸易的进一步发展和转型升级。劳动力质量的提升和人力资本的积累，对我国对外贸易的发展产生了深远的影响。故此，在加快劳动力要素的自由流动过程中不断增加人力资本积累，改进劳动力要素的质量与结构，对于我国摆脱长期以来主要依靠低廉劳动力成本来发展贸易和经济的困境，实现对外贸易发展方式的转变，进而从贸易大国成长为贸易强国具有关键性的作用和意义。

第五，加快劳动力要素的自由流动，在维持我国现行比较优势的基础上，进一步培育和构建超比较优势的形成。一是稳定和发展具有静态比较优势的产业，如纺织业、服装业、电子及通信设备制造业、文体用品业等，对于这些产业依然可以按照现行静态比较优势原则展开贸易，政府应通过贸易政策和产业政策稳定该类行业的发展。二是积极培育具有动态比较优势的行业，如化纤制造、通用设备制造业、专用设备制造业的人力资本投入较多，其贸易竞争力提升也较快，具备一定的动态优势。三是战略性地发展具有超比较优势的产业。超比较优势的来源主要是高素质人力资本的运用和科学技术的进步。目前，我国在航空航天、高铁、集成电路封装、高端电子专用设备、跨境电商等行业上已经取得这种超比较优势，而医药制造业、仪器仪表及其他设备制造业、交通运输设备制造业、新能源、新材料等行业也已基本具备发展和培育超比较优势的条件。在这个过程中，除了政府的政策支持以外，促进劳动力要素的进一步流动也可以通过人力资本的集聚，产生报酬递增的规模经济和范围经济效应，形成人力资本优势推动该地区和行业的产业集聚与升级，进而形成对外贸易的超比较优势。

三、成果的学术创新、应用价值以及社会影响和效益

1. 学术创新

第一，在总体上首次构建了一个比较完整和科学的关于对外贸易发展与劳动力要素流动关系的分析框架和研究体系。针对现有研究文献直接研究对外贸易与劳动力要素流动关系较少的问题，本成果遵循对外贸易影响劳动力要素流动"起点—动因—结果—拓展"的内在逻辑，从对外贸易与劳动力要素流动的一般关系分析，到对外贸易影响劳动力要素流动的具体效应和路径研究（就业效应、收入效应、集聚效应、城镇化效应和人力资本积累效应），再到以加快劳动力要素自由流动为基础的对外贸易战略转型研究，从而构建了一个比较完整和科学的关于对外贸易发展与劳动力要素流动关系的分析框架和研究体系，推进了该领域的研究。

第二，在对外贸易影响劳动力流动的就业效应研究方面，本成果借鉴克鲁格曼（Krugman，1991）创立的第三代劳动力迁移模型，基于触发战略构建了"反因徒悖论"模式的厂商—劳动者博弈框架，揭示了出口贸易就业筛选机制短期难以实现而长期却可能显著降低就业水平的根本原因。

第三，在对外贸易影响劳动力流动的收入效应研究方面，除了研究对外贸易与异质性劳动力收入水平、对外贸易与城乡收入差距、加工贸易与工资差距、进口开放与城镇居民收入差距、进口竞争与企业内部工资差距等重要问题以外，本成果还特别研究了进口产品质量与性别工资差距问题，为近些

年来我国性别工资差距的动态变化和劳动力流动提供了一个新的研究视角和理论解释。

第四，在对外贸易影响劳动力流动的集聚效应研究方面，本成果建立了关于个人区位选择的模型，从理论上考察了对外贸易影响劳动力集聚的具体机制，并从关税削减角度实证分析了贸易进口与贸易出口对劳动力集聚产生的不同影响。

第五，在对外贸易影响劳动力流动的城镇化效应研究方面，本成果探寻了对外贸易促进城镇化的作用机制和途径，揭示了贸易开放通过价格效应、收入效应、工业化推进城镇化，是对现有研究的一个有益补充。

第六，在对外贸易影响劳动力流动的人力资本积累效应研究方面，本成果进一步从价格信号、知识外溢和信贷约束等机制论述我国贸易开放对人力资本积累的作用，并展开地区之间的比较分析。同时，从微观企业角度实证分析了进口竞争对我国企业人力资本投资的影响，在一定程度上弥补了已有相关研究大多集中于人力资本总量考察的缺陷。

第七，从职业地位获得角度深入分析了贸易开放与城镇劳动力流动的关系问题，全面探讨了作为制度变迁的贸易开放在社会权力、职业网络、认知能力等方面对劳动者职业地位获得的影响。

第八，从非农就业的路径选择角度专门研究了贸易开放与农村劳动力流动问题，深入分析贸易开放对农村劳动者本地非农就业、外出务工决策的差异化影响以及贸易开放对劳动者工资的作用机制，并进一步探讨了贸易开放与贫困减少的内在关系。

2. 应用价值

总体上说，通过深入研究和考察对外贸易与劳动力要素流动的关系，探寻和剖析对外贸易影响劳动力要素流动的机制、效应和路径，总结和揭示对外贸易与劳动力要素流动之间关系的规律，构建和确立科学的对外贸易转型战略。只有促进劳动力要素的自由流动，才能充分发挥出劳动力要素的工作热情和最大潜能，最大程度地达到资源高效配置，为实现中华民族伟大复兴的中国梦提供最宝贵和最关键的人力资源和动力要素。

具体而言，从政策制定者的角度来看，深入揭示对外贸易的劳动力集聚效应，有利于政府制定合理的对外贸易发展政策，以促进高技能劳动力向国家急需发展的重要行业的流动和集聚，及时培育出我国参与和引领国际经济合作竞争的新优势；深入揭示对外贸易的城镇化效应，有利于推进我国从目前主要以土地城镇化和项目城镇化为特征的城镇化建设，向以人的城镇化和市民化为主要特征的真正城镇化发展方向转变。从民众的角度来看，深入研究对外贸易的就业效应和收入效应，则有利于理解对外贸易带来的企业招聘要求的变化机制，以促进普通劳动者提前进行"目标性的人力资本积累"，减少非自愿失业，保证人民生活水平的稳步提高，从而不仅使改革的福利，而且要使对外开放的福利能够更多和更公平地惠及全体劳动人民。

此外，在开放经济条件下和市场在资源配置中起决定性作用的当今中国社会，劳动力要素的流动也在很大程度上催动和推进了劳动力自身的要素内涵式演进，而劳动力要素的内涵式演进即劳动力质量的提升和人力资本的积累，也正是我国可以摆脱长期以来主要依靠劳动力成本优势驱动对外贸易发展的困境，快速提高国际分工地位，转变对外贸易发展方式，实现贸易大国向贸易强国转变的根本性途径。

3. 社会影响和效益

（1）本成果作为国家社科基金重大项目的最终成果，鉴于成果的研究质量、学术水平以及丰富的阶段性研究成果，结项时获得免于鉴定（审核通过）的资格。

（2）在本成果的研究过程中，发表了丰富的阶段性研究成果。与本成果密切相关并标注为国家社科基金重大项目阶段性成果的学术论文共有41篇，其中CSSCI期刊论文35篇，SSCI期刊论文2篇，CSSCI扩展版期刊论文3篇。以上阶段性成果产生了较为广泛的社会影响，其中，1篇论文被《新华文摘》全文转载，2篇论文被《中国社会科学文摘》转摘，4篇论文被中国人民大学复印报刊资料全文转载，2篇论文被《高等学校文科学术文摘》转摘。另据中国知网的统计，上述成果被引用总次数达600余次。

《积极扩大进口与中国经济增长》概要

魏　浩[*]

一、研究的意义、目的及方法

1. 研究意义

近年来，党中央、国务院高度重视扩大进口工作。习近平早在不同时间、不同场合反复强调主动扩大进口的重要意义。2014 年 12 月 5 日，习近平在中共中央政治局第十九次集体学习时提出："要加快从贸易大国走向贸易强国，巩固外贸传统优势，培育竞争新优势，拓展外贸发展空间，积极扩大进口"。2017 年 7 月 17 日，习近平在中央财经领导小组第十六次会议上明确表示："要在稳定出口市场的同时主动扩大进口，促进经常项目收支平衡。"在博鳌亚洲论坛 2018 年年会开幕式上，习近平向世界宣布了中国对外开放的一系列重大举措，其中一项是"主动扩大进口"，强调"内需是中国经济发展的基本动力，也是满足人民日益增长的美好生活需要的必然要求。中国不以追求贸易顺差为目标，真诚希望扩大进口，促进经常项目收支平衡"。商务部会同发展改革委、财政部等 20 个部门起草形成了《关于扩大进口促进对外贸易平衡发展的意见》，2018 年 7 月 9 日国务院办公厅下发该通知。

2018 年 11 月 5 日上午，国家主席习近平在首届中国国际进口博览会开幕式上向世界宣布：中国将进一步扩大开放，推进开放的五项措施之一是激

---

　　* 魏浩，北京师范大学教授，博士生导师。

发进口潜力；中国主动扩大进口，不是权宜之计，而是面向世界、面向未来、促进共同发展的长远考量。毫无疑问，积极扩大进口已经成为中国经济的一项长期政策。

总的来看，自从 2012 年以来，党中央和国务院围绕扩大进口贸易颁布和实施了一系列的政策和指导意见，积极扩大进口已成为党中央着眼于推动新一轮高水平对外开放做出的重大决策。在"十四五"时期，我国将坚定不移扩大开放，坚持实施更大范围、更宽领域、更深层次对外开放，全面提高对外开放水平，推动贸易和投资自由化便利化，更有效率地实现内外市场联通、要素资源共享，积极扩大进口，让中国市场成为世界的市场、共享的市场、大家的市场。

积极主动扩大进口，对于统筹利用国内外两个市场、两种资源，满足人民群众消费升级需求，加快科技进步和创新，促进国内供给体系质量提升，推动经济高质量发展，都具有极其重要的战略意义。但是，长期以来，学术界对于出口与经济增长的相关研究较多，针对进口与经济增长的相关研究较少，缺乏对进口影响经济增长的系统性研究。基于此，本成果对进口贸易与中国经济增长问题进行了深入考察。

2. 研究目的

本成果的基本目的就是弄清楚中国进口发展的历程、基本态势，以及中国进口的影响因素和进口对中国经济的影响，在此基础上提出积极扩大进口的政策建议。具体来看：（1）针对我国进口产品结构及其变化、进口地区结构及其变化、进口产品质量及其变化进行具体测算，弄清楚进口发展的变化趋势，确保进口贸易发展方向符合我国经济发展规划。（2）对进口贸易的影响因素进行分析，重点弄清楚融资约束和知识产权保护对中国进口的影响，从而为制定积极扩大进口政策提供理论依据。（3）从国家层面、行业层面、地区层面、企业层面等多个维度，系统研究进口贸易对中国经济发展方式转变、工业行业经济增长、地区经济增长、企业生产率、企业创新、企业就业的实际影响，力求对进口影响国内经济增长的效应有个全面的认知，从而为中国积极扩大进口促进国内经济增长提出具有可行性的政策建议。

3. 研究方法

本成果采用跨学科的研究方法，综合运用宏观经济学、国际贸易学、产业经济学、统计学和计量经济学等各种理论和方法，结合大型微观数据和宏观数据，进行理论和实证研究。研究结论是建立在高质量的数据、先进的分析方法、理论与中国现实紧密结合的基础之上的。总的来看，本成果秉承研究方法的先进性、前沿性，注重中国问题本身的特殊性和现实性，力求成果本身具有较高的理论与现实价值。

二、成果的主要内容和重要观点

1. 主要内容

本成果的主要内容包括：（1）中国进口贸易的发展历程与现状；（2）中国进口产品结构及其变化；（3）中国进口地区结构及其变化；（4）中国进口产品质量及其变化；（5）中国进口增长的三元边际及其影响因素分析；（6）融资约束与中国企业进口行为；（7）知识产权保护与中国高新技术产品进口；（8）进口商品技术水平与中国经济发展方式转变；（9）进口专业化与中国工业行业的经济增长；（10）多维进口、进口贸易与中国地区经济增长；（11）中间品进口来源地结构与中国企业生产率；（12）进口产品质量与中国企业创新；（13）进口投入品与中国企业就业变动；（14）基于全球视角的进口结构与经济增长；（15）中国积极扩大进口的政策建议。

2. 重要观点

（1）中国连续十年位居世界第二大货物进口国地位。

自新中国成立以来，中国货物贸易进口发生了巨大的变化，进口规模不断迈上新台阶，逐步跻身于世界进口贸易大国之列。在 1950—1978 年期间，中国进口总额占全球进口总额的比重一直低于 2%，占全球进口比重较低。在 1979—2001 年期间，中国进口总额虽然有所增长，但增长幅度相对较小，到 2001 年中国进口总额仅为 2435.53 亿美元。中国进口贸易的跨越式增长始于 2001 年中国加入世界贸易组织之后，从 2002 年开始，中国进口总额开始呈现出指数增长的态势。自 2011 年开始，中国进口占世界进口的份额一直维持在 10% 左右。2009 年，中国货物进口额超过德国，首次成为仅次于美国的世界第二大进口国，到 2018 年中国连续十年位居世界第二大进口国地位。2018 年，中国进口总额达到 2.14 万亿美元，占世界进口总额的比重是 10.75%，有进口记录的企业数量是 21.1 万家。2018 年中国货物进口总额大约是 2001 年的 9 倍，大约是 1979 年的 136 倍，大约是 1950 年的 3 663 倍。

（2）中国进口产品结构发生了结构性的调整。

自 2000 年以来，我国进口产品结构发生了结构性的调整，非农业型初级产品、高技术产品在我国进口总额中所占份额大幅度增加。目前，我国主要进口非农业型初级产品、高技术产品、中高技术产品，非农业型初级产品是我国第一大进口商品，高技术制成品是我国第二大进口商品。在中国市场上，进口产品具有比较优势的产品数量和比较优势水平都下降了，其中，低技术产品、中低技术产品、中等技术产品和中高技术产品中具有比较优势的产品数量下降最多、比较优势水平下降幅度最大。从中国进口结构与世界整体进口产品结构的比较来看，我国进口相对较多的商品是非农业型初级产品、中等技术产品、中高技术产品，进口相对较少的商品是农业资源型制成品、低技术产品、中低技术产品、高技术产品、特高技术产品。从中国与其他国家之间的贸易关系来看，中国是菲律宾、马来西亚、巴西、南非、墨西哥、泰国、印度、印度尼西亚、越南和俄罗斯等 10 个国家的主要出口国，但是，这些国家不是中国的主要进口来源国；韩国、美国、荷兰、日本、新加坡、英国、德国和法国等 8 个国家是中国的主要进口来源国，而中国不是这些国家的主要出口国。

（3）中国进口市场过于集中的现象比较突出。

从进口贸易伙伴数量来看，1979 年中国进口贸易伙伴主要涉及全球 42 个国家和地区，2018 年中国进口来源地已涵盖全球 230 多个国家和地区。2018 年，我国货物进口的前十大地区是东盟、欧盟、韩国、日本、中国台湾、美国、澳大利亚、巴西、俄罗斯、沙特阿拉伯。2018 年，东盟是我国第一大进口地区，在我国总进口中所占的比例大约是 12.58%；欧盟是我国第二大进口来源地，在我国总进口中所占的比例大约是 11.69%；韩国是我国第三大进口来源地，在我国总进口中所占的比例大约是 9.58%。

在 1998—2018 年期间，我国进口商品的洲际分布主要在亚洲、欧洲和北美洲。我国最大的进口地区是亚洲，所占份额在 55%～67% 之间；其次是欧洲，所占份额在 14%～20% 之间；再次是北美洲，所占份额一般在 10% 左右。大洋洲、非洲和拉丁美洲三个大洲所占的份额较小，都在 7.5%

以下。我国在各个地区的进口情况是：1）在亚洲地区，目前我国进口主要集中在中国台湾、日本、韩国、东盟和沙特阿拉伯5个地区，此外，印度和中国香港也占了一定的份额。我国从这7个地区的进口在我国从亚洲进口额中所占的比例一直比较大，在1998—2018年期间，这7个地区所占份额之和基本上都在70％以上，最高曾达到92.83％。2）在拉丁美洲地区，从整体来看，我国从拉丁美洲地区的进口主要分布在巴西、智利、阿根廷、墨西哥和秘鲁5个国家。3）在欧盟地区，从整体来看，我国进口主要集中于德国、法国、英国、意大利、荷兰、瑞典、西班牙、奥地利、芬兰和比利时10个国家。4）在东盟地区，我国从东盟的进口主要集中于印度尼西亚、马来西亚、菲律宾、新加坡、泰国和越南6个国家，这6个国家几乎占中国从东盟进口的全部。

在1998—2018年期间，中国进口的国际地区结构在部分地区存在一定程度的不平均性，进口市场过于集中的现象比较突出。从洲际地区来看，中国进口严重依赖亚洲，中国大约1/2的进口来自亚洲；从区域来看，我国在欧盟的进口过度依赖德国，在拉丁美洲的进口过度依赖巴西。

（4）中国进口产品质量变化趋势需要引起重视。

从国家层面来看，在2008年经济危机前，我国一般贸易整体进口产品质量呈现下降趋势；在2008年经济危机后，我国一般贸易整体进口产品质量变动趋势不明显。无论危机前还是危机后，资本密集型行业进口产品质量均没有较大变动。经济危机前，劳动密集型行业进口产品质量呈现下降趋势；经济危机后，劳动密集型行业进口产品质量变动趋势不明显。总的来看，在考察期内，在2008年经济危机前，我国国家层面一般贸易进口产品质量总体轻微下降，其主要是受劳动密集型行业进口产品质量下降影响；在2008年经济危机后，我国一般贸易总体进口产品质量没有发生明显改变。

从企业层面来看，在一般贸易进口方式下，企业一般贸易进口产品整体质量呈现下降的趋势。资本密集型行业的企业一般贸易进口产品质量未有明显变动，劳动密集型行业的企业一般贸易进口产品质量有较大幅度的下降。在2008年经济危机前，国有企业和民营企业一般贸易进口产品质量均有所上升，而外资企业一般贸易进口产品质量有所下降；在2008年经济危机后，不同所有制企业一般贸易进口产品质量变动趋势都不明显。总的来看，在考察期内，一般贸易进口方式下，在 2008 年经济危机前，我国企业一般贸易进口产品质量总体轻微下降，其主要是受劳动密集型行业和外资企业进口质量下降影响。

从企业层面来看，在加工贸易进口方式下，不管是经济危机前，还是经济危机后，企业加工贸易进口产品质量都有所下降。不管是经济危机前，还是经济危机后，我国资本密集型行业企业加工贸易进口产品质量都下降明显。经济危机前，劳动密集型行业企业加工贸易进口产品质量有所上升；经济危机后，进口产品质量有所下降。不管是经济危机前，还是经济危机后，国有企业加工贸易进口产品质量变化不显著，但是，外资企业和民营企业进口产品质量都下降。总的来看，在考察期内，我国企业加工贸易进口产品质量下降，其主要是由资本密集型行业、外资企业和民营企业进口质量下降导致。

（5）中国进口规模的增长主要源于进口产品数量的快速增长。

从多边角度看，自 2000 年以来，中国进口产品广度变化不大，进口产品广度对中国进口增长没有实质性的贡献；中国进口产品价格长期高于世界平均水平，表现为略微增长的趋势，但整体上对中国进口增长的贡献也不大；中国进口产品数量总体上呈现快速增长的态势。也就是说，中国进口规模的增长主要来源于中国进口产品数量的快速增长。

从双边角度看，对于中国台湾、日本、美国、韩国和德国这些中国传统的贸易伙伴来讲，中国进口这些地区的产品广度一直处于高位且基本保持稳定，进口产品价格一直经历波动，但没有明显上升和下降的趋势，只有进口产品数量呈现较明显的上升态势，因此，中国从这些地区的进口增长主要来源于进口产品数量的增长。对于澳大利亚、巴西、南非、越南、印度尼西亚、泰国这些国家来讲，中国进口这些国家的产品广度和产品数量都经历了稳定增长，而中国进口这些国家的产品价格一直经历着上下波动，因此，中国从这些国家的进口增长是依靠进口产品广度和进口产品数量共同增长带动，进口产品价格贡献不大。

（6）融资约束主要通过抑制进口扩展边际影响企业进口。

从理论上看，对于企业来说，进口市场范围和进口产品范围的扩张都将带来交易费用的增加，与新地区建立分销网络、让新产品服从国际贸易规则等行为将带来固定成本的增加，而进口规模的增加将带来保险费用、运输费用、关税等可变成本的增加。企业如果想扩大进口，就需要更多的资金去支付进口贸易增加带来的固定成本和可变成本。可见，融资约束是影响企业进口行为的重要因素之一。基于中国企业的实证分析表明，融资约束对企业进口决策存在显著的抑制作用，融资约束与企业的进口产品总价值、代表扩展边际的进口来源国数量和进口产品种类存在显著负相关关系，与代表集约边际的进口平均价值则不存在显著负相关关系。也就是说，高融资约束企业主要是难以克服进口扩展边际增加带来的固定成本，而不是难以克服进口集约边际增加带来的可变成本。从企业所有制类型来看，相对于外资企业，内资企业的进口更容易受融资约束的影响；从进口方式来看，相对于一般贸易进口，企业的加工贸易进口更容易受融资约束的影响；从出口状态来看，相对于只进口的企业，同时具有进口和出口行为的企业更容易受到融资约束的影响。

（7）知识产权保护程度提升会增加高新技术产品进口。

从理论上来看，如果进口国能够为贸易伙伴提供强有力的专利保护，那么，贸易伙伴就会放心地向这个国家出口高新技术产品，而不用担心遭受侵权，即使遭受侵权也会得到合理的补偿；相反，如果某个进口国的专利法规不健全、执行强度松散，那么，生产创新型产品与核心技术产品的出口企业对该进口国的出口将存在很多顾虑，不利于进口国高新技术产品的进口。基于中国的实证分析表明，中国专利保护程度的提升会增加高新技术产品的进口，但是，这种效应对于从专利保护指数较低国家、发展中国家进口更明显，也就是说，中国专利保护程度提高后，从发展中国家进口高新技术产品的增加幅度高于发达国家。中国专利保护程度提升对高新技术商品进口的促进效应高于世界平均水平，即世界各类进口国专利保护程度提升对本国高新技术产品进口贸易的平均促进效应明显小于中国。中国国内专利保护程度提升对中国从发达国家进口航空器材、电子通信设备、医药制品、科学设备、电力机械、化学材料、武器与军用设备的促进作用是显著的，对中国从发达国家进口电脑及办公设备、非电力机械的促进作用是不显著的。

（8）进口产品技术含量的提升对经济发展方式转变具有促进作用。

基于中国的实证分析表明，从整体来看，货物贸易进口技术含量的提升会为中国工业经济发展方式的转变带来正向影响。从不同类型行业的考察来看，资本密集型行业进口商品技术含量的提升会显著地促进该行业发展方式的转变，但是，劳动密集型行业进口商品技术含量的提高则会阻碍该行业发展方式的转变。从不同类型商品进口的考察来看，消费品进口技术含量提升对劳动密集型行业、资本密集型行业经济发展方式转变的影响都是正向的，在资本密集型行业中这种效应更为显著；资本品进口技术含量提升对劳动密集型行业经济发展方式转变具有促进作用；中间品进口技术含量的提升对劳动密集型行业经济发展方式转变具有阻碍作用，但对资本密集型行业经济发展方式转变具有显著的正向影响。从行业外部进口的考察来看，其他行业进口产品技术含量的提升会对本行业经济发展方式的转变产生显著的正向影响，资本密集型行业之间的相互促进作用十分显著，劳动密集型行业之间表现为抑制作用，资本密集型行业与劳动密集型行业之间的相互促进作用不显著。

（9）进口专业化程度提高有利于工业行业的经济增长。

一般来说，人均收入的提高会使消费者开始逐渐偏好于多样化的产品、高质量的产品，因此，从消费者的角度来看，在制定进口战略时，政府不仅要重视进口规模本身的变化、进口产品质量的变化，还要高度重视进口产品种类的多样化。但是，从生产者的角度来看，当进口专业化程度较低时，过度分散的进口将会导致与生产无关、与前沿技术无关的产品进口增加，反而不利于技术进步；相反，专业化的进口将有助于企业把自身力量聚焦于某一方向，进而有可能在某些方面取得突破性进展，进口专业化也会带来经济增长中的规模经济效应，有利于企业节约成本、稳定运营，进而帮助企业提升在市场中的竞争力。基于中国的实证分析表明：从全部行业来看，我国工业行业进口专业化程度的提高对工业行业经济增长具有显著的正向影响；从细分行业来看，进口专业化程度提高对劳动密集型行业经济增长具有正向影响，但结果不稳健，进口专业化程度提高对资本密集型行业经济增长具有显著的正向影响且结果稳健，资本密集型行业进口专业化的经济增长效应比劳动密集型行业大得多。也就是说，从生产者的角度来说，进口专业化程度提升有利于工业行业的经济增长。

（10）进口会显著促进地区经济增长。

基于中国省市数据的实证分析表明，从整体来看，进口规模增加、进口技术含量增加、进口商品种类增加都会显著促进地区经济增长，但是，进口市场集中度的提高显著抑制了地区经济增长。从不同技术类型商品视角来看，中高技术与高技术类型商品进口技术含量的增加显著促进了地区经济增长；从贸易方式看，一般贸易与加工贸易进口规模的增加都会促进地区经济增长，但是，一般贸易进口增加对经济增长的促进作用大于加工贸易；从进口商品用途看，中间品进口的增加会显著促进地区经济增长，而消费品与资本品进口的增加对地区经济增长没有显著影响；从进口来源地看，对高收入水平国家进口规模的增加会显著促进地区经济增长，而对中等收入水平国家进口规模的增加会显著抑制地区经济增长，对低收入水平国家进口规模的增加对经济增长没有显著影响；从国内区域来看，沿海和非沿海地区进口规模的增加都会显著促进经济增长，进口规模对沿海地区经济增长的促进作用更大。

（11）进口来源地数量增多和进口来源地集中度下降有利于企业生产率的提高。

基于中国从不同类别国家进口、以不同贸易方式进口、由不同类型企业进口、由不同出口行为企业进口等四个视角的考察，研究结果都表明，进口来源地数量增多和集中度下降均有利于中国企业全要素生产率的提升。从理论上来说，进口来源地的结构变化主要通过成本节约机制或生产互补机制来改变企业生产率水平。实证结果表明，进口种类多元化带来的生产互补机制是提升中间品进口企业生产率的显著渠道，尤其对于异质产品进口企业更显著。此外，只从发达国家进口的企业和同时从发达国家、发展中国家进口的企业，其进口来源地数目对企业全要素生产率的影响显著为正，只有同时从发达国家和发展中国家进口的企业，其进口集中度的上升对其全要素生产率的影响显著为负；外资企业增加进口来源地数量、降低进口来源地集中度对其全要素生产率的提升效应最大，合资企业次之，内资企业最小；与非出口企业相比，出口企业增加进口来源地数量、降低进口来源地集中度对其全要素生产率的提升效应较大。

（12）进口产品质量主要通过技术溢出和市场规模两个路径显著促进我国企业创新。

基于中国的实证分析表明，我国企业进口产品质量的提升，不仅对企业创新有促进作用，而且对企业持续创新时间有正向影响。企业进口产品质量的提升显著促进了企业自身的创新，进口资本品和中间品质量的提升均对企业创新有显著正向影响，进口产品质量的提升对出口企业、外资企业、东部地区企业、劳动密集型企业和垄断性企业创新活动的促进作用更大。在中长期内，相对于进口低质量产品的企业，进口高质量产品的企业持续创新概率更大，即进口投入品质量的提升有利于增加企业持续创新的时间。一般来说，投入品进口主要通过技术溢出效应、降低成本效应和市场扩大效应影响企业创新。在技术溢出方面，由于企业的技术创新需要以知识和技术积累为基础，存在显著的技术门槛效应，高质量投入品的进口带来的技术溢出使得企业通过吸收技术溢出克服技术门槛，进而有利于提升创新能力；在市场扩大方面，企业进口高质量中间品和资本品会提升企业自身产品的质量，从而有助于提升企业在国内外市场中的份额，而规模经济使得高技术的边际回报增加，进而促进企业创新；在成本下降方面，企业通过进口更低成本、更高质量和更多种类的投入品可以降低企业的生产成本。研究结果发现，进口产品质量从技术溢出和市场规模两个路径显著促进了我国企业创新，但是，生产成本路径不是影响企业创新的主要路径，也就是说，我国企业通过进口高质量投入品提升创新能力的侧重点是吸收技术外溢和获得更大的市场规模，而不是降低生产成本。

（13）进口强度和进口产品种类数是影响企业就业增长的重要因素。

一般来说，进口投入品对企业就业变动的影响受制于进口投入品的属性，并可能通过就业再配置效应、生产率提升效应和出口市场扩张效应三个渠道来实现。当进口投入品与国内生产是互补关系时，如果生产率提升带来的技能劳动力需求增加幅度大于对非技能劳动力减少幅度、出口市场扩张效应显著拉动就业增长，那么，进口投入品就会促进企业的就业创造和就业规模增加。统计分析发现，相对于非贸易企业、纯出口企业和纯进口企业，有出口行为的进口企业就业规模最大，就业增长最快，就业创造最多，就业破坏最少。基于中国企业的实证分析表明，进口强度、进口产品数、进口来源国收入水平以及进口产品属性都是影响我国企业就业变动的显著因素，进口强度越大、进口产品数越多，企业就业增长就越快。相对于一般贸易方式进口，加工贸易方式进口对企业就业增长效果更为显著，其原因可能是，从事加工贸易的更多为劳动密集型企业和劳动密集生产环节，对劳动力需求较大。相对于同质产品进口的就业破坏作用，异质产品进口的就业创造效果更为显著，其原因可能是，异质进口产品会增加企业产出品的差异化程度，给企业带来一定的垄断定价能力，促进企业发展和对劳动力需求的增加，而同质产品可能会对企业原本生产环节产生替代，降低企业对劳动力的需求。

（14）进口产品多样化和中高技术产品进口份额增加有利于发展中国家的经济增长。

针对全球 104 个国家，基于进口商品结构、进口技术结构、进口产品多样性三个视角，实证分析了进口对经济增长的影响。研究结果发现：1）资本品进口份额的增加对经济增长具有显著的正效应，中间品进口份额的增加对经济增长具有明显的抑制作用，消费品进口份额的增加对经济增长的促进作用不显著。消费品进口份额增加对不同类型国家经济增长的作用存在异质性：消费品进口份额的增加对发展中国家经济增长具有显著的正效应，消费品进口份额的增加对发达国家经济增长具有显著的负效应。2）相对于低技术密集型产品来说，中等技术产品和高技术产品的进口份额增加对经济增长具有显著的促进作用。低技术产品进口份额增加对发展中国家经济增长的正效应不显著，中等技术产品、高技术产品的进口份额增加对发展中国家的经济增长具有显著的正效应；低技术产品、中等技术产品进口份额的增加对发达国家经济增长的作用并不显著，只有高技术产品进口份额的增加才能促进发达国家的经济增长。3）进口产品多样化对发展中国家、发达国家的经济增长都具有显著的正效应。

（15）多措并举做好积极扩大进口工作。

进口在经济发展中具有极其重要的作用，我国政府要对进口作用进行重新审视，充分发挥进口对经济增长、就业、出口等的促进作用。目前，我国进口发展存在的问题是：进口地区结构有待于进一步优化、对发达国家高技术产品的依赖过大、进口商品技术结构还需继续优化、进口定价权缺失问题日益凸显、部分进口来源国存在"中国威胁论"的错误认识、中国和部分进口来源国未签订自贸区协议、部分进口来源国的国内政治不稳定、部分进口来源国的基础设施不发达、部分进口来源国的贸易便利水平较低。因此，针对我国积极扩大进口的政策建议是：实施进口市场多元化战略，优化进口商品技术结构，提升进口定价权，注重防范进口来源国的政治风险，积极应对"中国威胁论"的不利影响，重点挖掘从"一带一路"沿线国家进口的新增长点，加快进口来源国的基础设施建设，帮助进口企业降低融资约束，适度调整知识产权保护程度。与此同时，要防范进口对国内经济的负面冲击。

三、成果的学术创新、应用价值以及社会影响和效益

1. 学术创新

（1）研究视角方面。研究视角多样化，既有宏观视角，也有微观视角。已有文献大多是从进口的某一个维度探讨进口对经济增长的影响，本成果尝试从进口规模、进口技术含量、进口商品结构、进口地区结构、进口产品质量、进口专业化水平等多个进口维度，全面系统地考察进口贸易对经济增长的影响。在具体研究时，不仅考察了进口对经济发展方式转变的影响，还考察了进口对工业行业经济增长、地区经济增长、企业发展的影响，并从不同贸易方式、不同类型产品、不同类型企业等视角进行了分类考察。另外，还从进口商品结构、进口技术结构和进口产品多样性等多个维度考察了进口对经济增长影响的全球规律。

（2）研究方法方面。本成果构建了新的分析框架，借鉴并融合了多个学科的研究方法，并比较了不同方法的实用性。具体来看：1）构建科学的国际贸易商品结构分析框架。在对非技术性商品单独进行分类的基础上，引进新的商品分类方法，引进科学的商品分组数方法，避免了人为分类的随意性。2）借鉴并融合集中度指数、多样性指数、均匀度指数等不同学科的研究方法，科学测度中国进口地区结构的变化。3）从国家层面进口产品质量、企业层面进口产品质量两个视角出发，将已有的研究方法进行归类，利用中国数据，通过测算和对比，找到不同研究视角下最符合中国现实的测算方法，为中国进口产品质量的相关研究提供测算方法依据。

（3）理论分析方面。在对中国进口发展情况进行科学测算和详细分析的基础上，本成果还尽力探究现象背后的原因，进行理论分析。例如，提出并

检验了进口产品质量影响企业创新的路径机制、进口来源地结构变化影响企业生产率变化的路径机制。

2. 应用价值

（1）针对进口贸易对经济增长影响的多维度、全面系统考察，有利于各级政府全面认识中国进口发展变化的特点以及经济效应，为进口政策的制定以及调整提供了理论依据，有利于我国积极扩大进口政策更好地实施，服务国家重大发展战略。

（2）本成果提供的多维研究视角、构建的分析框架、运用的研究方法为后期进口贸易相关研究提供了参考资料和研究依据，为进一步深入研究进口贸易相关问题奠定了基础，是对国际贸易研究的重要补充，有利于国际贸易学科、世界经济学科的建设。

3. 社会影响和效益

本成果的部分内容已经在经济类权威期刊发表，其中，部分论文被中国人民大学复印报刊资料、《中国社会科学文摘》全文转载，部分论文荣获全国商务发展研究成果奖、安子介国际贸易研究奖。已发表论文被广泛引用，部分观点以署名文章等形式发表在《光明日报》《人民日报（海外版）》《经济日报》《中国经济时报》《国际商报》等主流媒体上。与此同时，部分内容报送多个国家部委，服务于国家政策的制定与调整，服务于国家重大发展战略。

应用经济

《我国电价体系建设与电力发展战略转型研究》概要

叶 泽[*]

电力工业技术资金密集，是国民经济与社会发展的重要基础产业。虽然我国从 2002 年起就开始了以电力市场建设为核心的电力体制改革，但是，目前我国电力发展与电价政策仍然以国家管理为主。改革开放 40 多年来，我国电力发展以满足国民经济和社会发展需要、保证电力供应为主，电价体系服务和支撑电力工业外延扩大再生产。近年来，随着我国电力供求平衡状态的根本转变和电力生产技术进步，与经济高质量发展相适应，如何通过电价体系建设促进电力发展战略转型，推进能源革命，成为国家和社会关注的重要课题。

一、研究的目的、意义及方法

1. 研究目的

习近平总书记 2014 年提出"能源革命"。本成果从电价体系建设入手，从以下四个方面服务于"能源革命"四个方面。第一，通过电价政策与电力工业低碳发展战略转型关系的研究，主要探讨运用电价政策促进清洁能源特别是可再生能源发展，改善电源结构，服务能源生产革命。第二，通过电价形成机制与电力工业集约发展战略转型关系的研究，主要探讨如何改善电价机制的运行促进发电企业、电网企业和电力用户集约化发

---

* 叶泽，长沙理工大学教授，博士生导师。

展，以服务于能源生产革命、消费革命和技术革命。第三，通过电价传导机制与电力工业协调发展战略转型关系的研究，探寻电力供应链不同生产经营环节的电价相互协调并促进整个电力工业甚至国民经济的协调发展，服务于能源体制革命、生产革命和消费革命。第四，通过对电价管理体制机制改革的研究，探讨重建与中国特色社会主义市场经济体制相适应的以政府管制为基础的电力发展模式，服务于能源体制革命。

2. 研究意义

我国的电价政策长期以来以补偿电力企业成本为主，较少考虑或者没有系统地考虑电价对电力工业发展的作用，更不用说考虑电价对电力工业发展战略转型的影响。以促进我国电力工业发展战略转型为目标，分析当前我国电价政策中存在的不足和问题，提出电价体系建设的具体方案，可以充分发挥电价的资源配置功能，优化电源结构，降低生产成本，对促进我国电力工业及国民经济高质量发展具有重要战略意义。

3. 研究方法

本成果的研究方法体现在三个层次上。在思想方法层次上，主要运用了辩证唯物主义的思想方法，突出了对电价体系建设与电力工业发展战略转型之间关系的系统性、动态性、协调性研究。在研究方法论层次上，主要使用了规范分析法。目前在我国电价政策与电力工业发展战略转型中存在理论基础不明确和路径不清晰等问题，特别需要借助规范分析提供本质正确的做法。在具体方法层次上，本成果主要使用了五种方法。第一，调查研究。重点调研了湖南等七省（市）的销售电价、上网电价和输配电价结构与水平，电价政策与电力工业发展情况、电价政策与国民经济和社会发展状况之间的关系。第二，比较研究。主要做了我国与发达国家、发展中国家电价政策及电力发展状况的比较研究，以及我国各省（市）电价政策与电力工业或国民经济发展水平的纵向与横向比较研究。第三，计量与数理模型分析。对我国电价政策与电力工业集约发展的关系进行了计量经济学研究，利用数理模型进行了有关电价方案设计和模拟分析。第四，政策分析。提出了利用现行阶梯电价逐年解决电价交叉补贴问题的具体方案和政策建议。第五，制度分析。分析和比较了政府行政定价与管制定价的制度差异与制度成本。

二、成果的主要内容和重要观点

1. 主要内容

（1）总论。有关电价体系和电力工业的基本知识与概念界定，为本成果提供了相对独立的概念体系；同时，对本成果研究工作的总体方案进行说明，指出本成果研究工作与其他相关研究工作相比的差异和特色，为更好地理解本成果提供基础。

（2）电价理论、方法与政策。以微观经济学、管制经济学等相关理论为依据，对电价基本理论、方法与政策进行规范分析，为本成果建立统一的理论平台。理论是基础，方法是理论的延伸与应用，政策则具体表现为定价目标的权衡，定价规则、参数及其标准的选择。我国电价制定中没有明确采用什么理论，但明确提出过还本付息定价方法、经营期电价、标杆电价和准许成本加合理收益定价方法。除早期制定的还本付息电价和经营期电价外，后面两种方法没有具体的计算规则和办法，严格说来不能称为方法。电价政策方面，除可再生能源电价补贴等外，总体上我国电价政策停留在电价管理与改革的思路和原则表述上。

（3）我国现行电价政策分析。主要是系统梳理我国电价政策，并根据第二章理论、方法与政策的基本知识从规范性和实施效果两个方面进行分析和评价，为后面的分析和改革建议奠定基础。总体上看，我国电价政策有这样几个特点：一是功能上以成本补偿为主，缺少对资源配置效率的追求；二是有原则无规则和方法，许多实施多年的方法如分省火电标杆电价，其实只是一个概念，没有操作程序和计算方法；三是总体上体现为事后定价，即投资完成后根据实际成本核定价格，这种定价机制有利于技术进步，但失去了价格信号引导资源配置的功能，容易造成投资过剩；四是低水平定价模式选择。政府为几乎全部为国有的电力企业选择了低水平定价模式，电力企业的净资产收益率低于社会平均收益率（以一定期限的贷款利率或国债利率为标准）。这种电价水平控制策略是一种纳什均衡结果，政府可以显示出对社会整体福利的偏好，企业也可免去社会的关注和苛责，却并不一定是有效率的结果。

（4）我国电力工业现状与发展战略问题。我国电力工业发展总体上与整个国民经济和社会发展需要相适应。在我国电力工业发展的过程中，电价政策与国有资产管理等其他政策相配合，在满足用电需要的规模扩张和结构改善上发挥了一定的作用。但是，我国电价政策对提高电力工业生产效率和国民经济用电效率的作用相对不够，这是我国电价水平不低和电耗强度明显落后于世界先进水平的重要原因。根据能源革命的具体内容，结合电价体系改革潜在的效果，本成果提出了当前我国电力工业发展战略转型的四个方面，即从高碳到低碳发展转型，从粗放到集约发展转型，从局部到协调发展转型，从政府行政管理到政府管制的发展转型。

（5）电价政策与电力工业低碳发展战略转型的关系及政策研究。低碳发展成本更高，需要特殊的电价政策支持，这是国内外低碳电力发展的基本经验。我国在促进以水电为主的清洁能源和以风电、光电为主的可再生能源方面都出台过专门的支持性电价政策，也产生了积极的效果。但是，水电电价相对偏低没有产生足够的投资信号，导致我国水电开发与资源潜力相比相对滞后。相反，风电、光电的电价相对较高导致了可再生能源快速发展，甚至出现了过剩。因此，如何根据低碳发展目标，运用适度的激励性电价政策，并且采用动态调整方式，形成可持续或与需要相适应的低碳电力发展战略，成为亟待解决的问题。本成果在分析和总结经验与教训的基础上，对适应我国电力工业低碳转型的电价政策进行了研究，提出了完善可再生能源发电价格和费用分摊管理办法的"可再生能源固定电价补贴调整建议"，推进可再生能源绿色电力证书核发及自愿认购交易制度的"可再生能源固定价格补贴市场化改革建议"，把产业政策与竞争政策区分开来的"差别电价政策调整建议"和贯彻落实政府绿色发展理念的"自愿绿色电价实施管理办法"。

（6）电价形成机制与电力工业集约发展战略转型的关系。电力工业资金密集，集约发展的经济效益十分明显。长期以来，电力工业通过大规模投资，被动地满足国民经济与社会发展产生的持续高速增长的用电需要，提高生产和用电效率的激励和约束机制不够充分。从电价形成机制的角度看，国外许多运用价格机制提高电力生产效率和用电效率的措施我国都没有采用，或者应用范围和程度有限。本成果针对我国实际情况，在充分借鉴国外经验的基础上，指出了目前我国电价政策缺乏定价效率的理论基础，以及其中存在的不进行效率评价和实际效率低的问题，研究和提出了促进上网标杆电价规范和科学管理的"燃煤火电标杆上网电价制度与调整办法建议",推进输配电价深化改革的"省级电网输配电价定价办法的完善建议",考虑用电特性的销售电价改革的"推行负荷率电价改革建议",体现帕累托优化方式的"推行可选择电价改革建议",考虑负荷率和同时率的固定成本最优分摊的"基本电费计费方式的完善建议",以充分提高电力设施利用率为原则的"分时电价政策的完善建议",引导需求侧参与降低系统成本的"推行可中断负荷电价改革建议",通过阶梯电价解决交叉补贴问题的"居民阶梯电价政策的完善建议",针对约占比 5% 的电价附加的"清理和规范我国电价附加费的调整建议",针对我国电耗强度相比世界其他国家明显偏高问题的"电网企业收入或利润与售电量'脱钩'的改革建议"。

(7)电价传导机制与电力工业协调发展战略转型的关系。电力体制改革把电力生产经营环节纵向、横向分割得越多,电力工业协调发展的重要性就越大。电价传导机制包括电价的经营性传导和技术性传导两个方面。经营性传导与一般供应链上下游企业的价格传导具有相同的机理,技术性传导如不同电压等级之间的传导则与电力生产技术有关。从煤电价格联动政策或"基准价＋上下浮动"机制的执行效果看,即使经营性传导,电力工业中实施起来也更复杂。本成果针对我国电力工业发展实际和电力生产经营特点,借鉴国外经验,运用新发展理念中协调发展的思想,研究和提出了解决煤电价格联动政策失效的"我国煤电价格联动政策完善建议",基于可再生能源发电成本和电网消纳技术能力的"我国可再生能源消纳的市场化电价机制改革建议",目前电价和电量"双轨制"下"销售电价与上网电价联动的改革建议",系统分析和解决交叉补贴问题的"我国销售电价交叉补贴问题解决办法政策建议",国家"降电价"和潜在补贴背景下"我国电价水平模式选择的完善建议",取消交叉补贴后体现电力普遍服务的"在销售电价中增加普遍服务电价或生命线电价的改革建议"。

(8)电价管理方式与电力工业实行政府管制的发展战略转型的关系。能源革命包括体制革命。从电价管理方式的角度看,目前我国电价管理方式以政府行政管理为主,这种体制根源于传统的计划经济体制,与市场经济体制强调的法制经济不相适应,会显著增加制度运行成本。本成果研究和提出了基于信息经济理论的"中央政府和省级政府电价审批权配置优化建议",适应市场经济体系的"政府行政定价向管制定价转变的改革建议"，有利于定价成本信息核算与监管的"建立管制会计制度的改革建议"，强化和优化政府宏观调控职能、综合考虑成本与补贴的"建立电力平衡账户的改革建议"，基于用户用电成本的"目录销售电价分类及结构的完善建议"，尊重用户和改进服务质量的"电费账单透明化的完善建议"。

2. 重要观点

（1）电价体系的四个组成部分与电力工业发展的四个战略转型及其相互关系。从电价角度考虑目前我国电力工业发展战略转型而提出电价体系的四个特定内容与电力工业发展战略转型四个主要方面的关系，即电价政策与电力工业低碳发展战略转型，电价形成机制与电力工业集约发展战略转型，电价传导机制与电力工业协调发展战略转型，电价管理与电力工业实行政府管制的战略转型。这是本成果的主要内容框架，也是重要的创新观点。国外研究没有这样分要素研究电价体系与电力工业发展战略的关系。对当前我国电力工业发展战略转型，现有的研究也主要局限在低碳转型和集约转型，对协调转型与管制转型认识和探讨较少。研究电价体系的四个方面而不是整个电价体系与特定电力工业发展战略转型的关系，并且将其与能源革命的四个方面结合起来，非常有针对性，也很精准。

（2）电价水平模式及其选择与"低电价陷阱"现象。从理论上讲，电价有三种定价方法：按边际成本（实际中经常理解为短期边际成本即可变成本）的定价、考虑电力企业财务平衡约束条件的拉姆齐定价（Ramsey Pricing）和平均成本定价。三种定价的电价水平分别由低到高，而定价效率则由高到低。在电价政策制定过程中，与一定的配套措施相适应，政府对电价水平实际上存在高、中、低三种选择。值得注意的是，基于我国西部、中部和东部地区电价水平与经济发展水平关系的实证研究证明，理论上效率最大的低水平电价模式却表现为"低电价陷阱"，即表面上有利于经济发展的低电价水平实际上产生了相反的结果：西部地区电价水平长期低于东部地区，但与东部地区经济发展水平的差距却越来越大。这个矛盾现象可以用与电价相关的产业结构优化调整来解释，即低电价水平地区吸收了从高电价地区转移过来的高耗能产业，降低了发展的质量，从而在长期内不利于经济发展，形成了"低电价陷阱"。

（3）事后定价的两种效应。事后定价指电力企业投资和运营前没有事先确定的定价规则，事后或者事中根据企业实际运营成本情况在使企业补偿成本并获得合理收益的前提下确定电价。目前我国电价政策总体上属于事后定价。有关电网建设与运营的实证研究表明，事后定价产生了两种相反的效应：一种积极的效应是有利于推动技术进步，我国特高压电网建设和发展的实际就证明了这种效应；另一种消极的效应是导致投资相对过剩，特高压电网建设项目利用率较低和发电年利用小时低、电网年负荷率（年平均负荷与年最大负荷之比）逐年降低的事实证明了这种效应。本成果将其与投资回报率定价产生的投资过剩效应即 AJ 效应相比，提出了基于事后定价的另一种投资过剩效应。

（4）政府定价的两种不同模式。结合我国实际，本成果将政府定价区分为行政定价与管制定价两种模式。在管制定价方式中，有事先确定的相对完整的定价规则、计算方法与审批程序等，电价结果电力企业是可预期的；在行政定价中，则是完全相反的。行政定价虽然有利于政府对电力企业和电力工业的调控，但是，行政定价所产生的自由裁量权太大，不仅容易滋生腐败等问题，更重要的是会造成企业对政府的依赖，使电力企业缺乏生产经营的主体责任。虽然都是政府定价，行政定价属于计划经济，而管制定价却属于市场经济。因此，我国电力商品的政府定价必须从行政定价向管制定价转变，电力工业也必须从行政管理向政府管制转变。

（5）取消交叉补贴。交叉补贴不仅会产生社会福利净损失，产生不公平问题和"穷人补贴富人"扭曲问题；而且对于被补贴者来说，由于以不同形式分担净损失，实际福利小于补贴金额，甚至可能为负值。目前我国工商业对居民用电的交叉补贴强度大，年补贴金额超过 3 300 亿元，所造成的社会福利净损失很大。因此，必须尽快取消交叉补贴。对居民用电的补贴政策来源于过去低工资高福利的分配政策，目前这种分配政策已经不复存在，不宜把高强度补贴与民生画等号。在社会福利最大化目标下，我们创造性地发现和提出了阶梯电价各档次电价的最优比值，可实现减少交叉补贴和节约用电的双重功能。另外，把交叉补贴与普遍服务电价区别开来，以现有的低保户电价电费政策为基础，针对低收入用户，在目录电价中独立设置普遍服务电价，主要以电价折扣形式实现电力普遍服务，同时避免"穷人补贴富人"的尴尬现象。

（6）存在用户和电力企业"双赢"的可选择电价制度。传统的电价调整模式是购售电双方"零和"调整，一方提高价格，另一方接受价格，不考虑损耗，电费收入和支出总和不变。本成果在研究可选择负荷率电价制度过程中，提出了"双赢"的电价调整模式，通过设计可选择电价套餐，用户通过提高用电负荷率降低了电费支出，电力企业也因为提高设备利用小时相对节约了成本，提高了收益。

（7）在电价政策中合理界定产业政策与竞争政策的边界。价格公平是竞争政策的基本内容。目前我国对高耗能产业执行最高超过正常电价 0.30 元/千瓦时的差别电价。差别电价是价格歧视，不符合市场经济规则，违反竞争政策。在电价政策中合理界定产业政策与竞争政策的边界，不宜用产业政策否定甚至取代竞争政策。政府可以通过提高税收、进入管制（项目审批）、产量管制等产业政策实现相同的目标，但是，不能对不同市场主体使用价格歧视。在目前售电市场竞争价格肯定低于目录电价的情况下，对参与售电市场改革的用户的审批与限制也是用产业政策取代了竞争政策。国外售电市场改革都是按电压等级由高到低逐步对用户放开，我国却按产业政策选择用户享受低电价。包括 2016 年出台的针对困难大用户的容量电费计价方式的调整，也存在相似的问题，对困难企业以这种方式减免电费同时带来了对优势企业的不公平，可以减税让利，不能降低电价。

（8）在电网电价政策中建立企业收入或利润与售电量脱钩的机制。我国电耗强度是世界平均水平的 2 倍，在一定程度上与电网企业的电价政策有关。目前我国电网企业收入或利润甚至员工薪酬与售电量挂钩，这种制度必然造成电网企业"管供不管用"，追求售电量增长而不顾用电效率，结果导致输配电设备和用电设备利用率低，单位产值电能消耗大，国民经济不能实现集约化发展。在目前我国电力供应相对充足的情况下，应该通过电价机制或收入机制设计，比如规定电网公司在节能设备上的投资与输配电资产一样计入有效资产，获取同等收益，鼓励电网企业帮助用户节约用电，提高用电效率。

（9）电价功能要从现在的成本补偿为主向资源配置为主转变。我国电价政策长期以来主要考虑企业成本补偿，忽视资源配置，甚至不清楚按成本定价就可以实现资源优化配置。从 20 世纪 80 年代中期的还本付息电价开始，我国电价政策主要考虑如何补偿企业成本并使企业获得合理收益，对电价引导电力企业投资和经营行为合理化及用户用电合理化的功能关注、强调和发挥不够。实际电价制定中关注企业成本，却不关注用户用电成本，甚至不以用户用电成本作为定价依据，如目前各省峰谷分时电价制定中几乎没有核算用户或峰谷电能的分时成本，省级电网输配电价实际上也没有按照分电压等级分用户类型进行成本核定。另外，销售电价分类从过去按用户类型分类简化为按更大的用户类别分类后，电价分类在更加简单的同时，也失去了引导资源优化配置的功能。我国电价分类、电价结构和水平要以资源优化配置为目标，以用户用电成本为依据，不能简单地以"简单"、企业成本、公平甚至用户承受能力为依据。

（10）电价管理权限配置合理化。目前我国电价管理权限呈现明显的集权管理特征，应该向分权管理转变，这样可产生更符合实际需要的电价体系。同时，各省比较竞争还有利于提高电价管理效率。集权或分权的范围与程度取决于目标和条件。过去电力供应相对紧张，相关要素市场体系也不完善，中央政府对电价进行集中管理有利于宏观经济调控和保障电力供应。现在条件已经发生根本性变化，决策目标也应该以提高电价效率为主。相对而言，省级政府比中央政府了解更多的本省电力供求信息和企业成本信息，能够更好地制定和管理电价。因此，电价管理权限应该尽可能下放给省级政府，比如省级电网输配电价就应该由各省制定。

三、成果的学术创新、应用价值以及社会影响和效益

1. 学术创新

本成果中有普遍性的学术创新主要有三项：电价水平的三种模式、"低电价陷阱"、事后定价的技术进步效应与投资过剩效应。有些学术或理论创新仅针对目前我国电价理论研究和政策实际而言，主要有七项：政府定价有行政定价和管制定价两种方式，管制定价才是市场经济体制下的政府定价；基于用户用电成本的政府定价在补偿成本的基础上还可以提高资源配置效率；两部电价中固定成本在容量电价和电量电价中的分摊比例；电价交叉补贴的社会净福利损失评价方法；可选择电价通过提高设备利用率可以实现用

户和电力企业"双赢"；电网企业电价或收入要与售电量脱钩，要鼓励和发挥电网企业节约用电的功能；基于电力系统综合效益的储能技术管制收入与市场收入"双轨制"电价机制。这些学术创新相对成熟，以 25 篇论文形式发表，其中发表于 CSSCI 期刊 20 篇，已发表论文被引用 210 次。

2. 应用价值以及社会影响和效益

本成果以应用价值为主。除提出了以上 10 条针对当前我国电价体系建设与电力发展战略转型中存在问题的政策性建议或观点外，本成果还分电价政策与电力工业低碳发展战略转型的关系等四个专题，针对当前我国电价政策中和具体文件中存在的不足，提出了 26 条具体的政策建议。这些政策建议在不同程度上补充和完善了我国电价体系，使我国电价政策在促进电力工业和国民经济发展中更加科学、有效，在不同程度上得到了实际应用。其中 1 项政策建议写入新华社内参《经济分析报告》，得到国家领导人肯定批示；4 项政策建议在国家能源局主管的内参《电力决策与舆情参考》上发表。有些政策建议已经在 10 余家电力企业中应用，如有关江苏省尖峰电价改革建议由江苏省物价局采纳并报国家发展改革委审批后，形成政策性文件"苏价工〔2015〕126 号"，当年实施削减高峰用电负荷 189 万千瓦，节约电源投资成本约 94.5 亿元。

《中国制造业海外并购整合与产业技术创新研究》概要

陈菲琼*

一、研究的目的、意义及方法

1. 研究的目的和意义

教育部哲学社会科学研究重大攻关项目"中国制造业海外并购整合与产业技术创新"是国内很有影响力的研究项目。全球新一轮科技革命与产业变革加速演进，中国正面临创新驱动高质量发展的历史新机遇。世界知识产权组织等机构联合发布的《2018 年全球创新指数报告》显示，中国创新能力排名第 17，正式跨入世界科技创新型国家行列。但是，中共中央、国务院发布的《国家创新驱动发展战略纲要》指出，当前中国也面临差距拉大的严峻挑战，企业创新动力不足，创新体系整体效能不高。中国制造业面临发达国家高端制造回流和发展中国家低成本竞争"双向挤压"的严峻挑战，需要积极利用全球资源和市场形成新的比较优势。国务院发布的《中国制造2025》指出，与世界先进水平相比，我国制造业仍然大而不强，转型升级和跨越发展的任务紧迫而艰巨，应把握战略机遇建设制造强国，实现"中国制造"向"中国创造"的转变。产业技术创新是核心企业主导、相关支持企业共同参与，以产业新旧技术整合、关键技术突破及共性技术扩散为主要特征的系统性、协同性创新活动。如何提升产业技术创新能力是中国制造业发展

---

* 陈菲琼，浙江大学教授，博士生导师。

面临的现实难题。

在全球化、信息化、网络化深入发展的条件下，创新要素更具开放性、流动性。为实现《中国制造2025》的规划目标，需要创新活动将"引进来"与"走出去"相结合。积极融入全球创新网络，全面提高中国科技创新国际合作水平。通过海外并购整合，聚四海之气、借八方之力，深化中国企业参与全球科技治理与国际创新网络交流合作的深度。因此，通过海外并购从外部获取战略资源和核心能力，是提升我国制造业产业技术创新的重要途径。近年来，中国制造业以技术获取和战略资产寻求为目的的海外并购持续活跃。路孚特《2018中国大陆并购年度报告》显示，2018年全球跨境并购金额达1.6万亿美元，较2017年提升31.5%。中国大陆跨境并购金额为1 166亿美元，占7.5%，位居世界第五。先进制造和科技领域是海外并购最集中的行业，然而近期研究发现，并购方能否获取"1＋1＞2"的协同效应提升技术创新最终取决于整合。通过技术获取型海外并购整合获取外部资源，打破创新边界，已成为中国制造突破产业创新能力锁定、实现由大到强的蜕变、扭转核心技术受制于人的被动局面、加速向"中国创造"跨越转型的必由之路。本成果旨在帮助中国制造业企业选择恰当的整合策略、管理创新网络，通过海外并购整合把握新一轮全球产业调整和科技进步的机遇，抢占未来全球产业发展的战略制高点，缩小与发达国家之间的差距，改变在全球产业国际分工格局中的不利地位，加快技术后发赶超，以创新驱动高质量发展。中国制造业海外并购整合与产业技术创新研究具有重要的理论与现实意义。

2. 研究方法

本成果秉承科学的研究思想，采用规范研究与实证研究相结合、定性分析与定量分析相结合、静态研究与动态研究相结合的方法，遵循"研究回顾—机理与假设—模型构建—演化仿真—实证检验"的研究思路逐层深入，利用多层次的数据（宏观、中观、微观统计数据，微观调查数据以及典型案例资料），借助统计软件完成研究任务。

二、成果的主要内容和重要观点

1. 主要内容

本成果以中国制造业产业技术创新为研究基点，在经济发展新常态与中国制造业大而不强的背景下，遵循问题导向，采用多样的方法进行跨学科交叉研究，构建具有中国特色、中国优势的海外并购整合推动中国制造业产业技术创新的科学有效战略路径。本成果的总体框架可表述为"一个视角，两个机制，三个层次，一个支撑保障体系"。

一个视角：从"资源识别—资源整合—资源创新利用"的资源配置视角出发，将我国制造业企业海外并购整合的资源识别、并购后整合策略、创新网络嵌入和产业技术创新纳入统一的分析框架，整体性地分析了制造业海外并购整合推进产业技术创新的过程。

两个机制：重点研究中国制造业海外并购整合对产业技术创新的动态演化机制与传导机制，通过仿真研究、实证研究、案例分析等多种途径建立完整的研究框架，旨在理清中国制造业海外并购整合与产业技术创新的关系，并在理论分析基础上为中国制造业海外并购整合实践与产业战略布局提供指导与借鉴。

三个层次：开展企业层次—跨层次—产业层次三个层次的分析，基于并购双方企业不同资源特征、不同跨层次影响因素、不同类型的中国制造业构建整体性、多层次的中国制造业海外并购整合推进产业技术创新的分析框架。

一个支撑保障体系：结合基本理论范式与国际经验模式，从企业、产业和政府层次提出路径与政策建议作为理论与实践接轨的支撑点，构建中国制造业海外并购整合促进产业技术创新的支撑保障体系。

在世界新一轮科技革命与产业变革加速演进的趋势下，中国制造急需超越原有内源式创新模式和渐进式技术积累框架。如何应对挑战制定海外并购整合策略，如何把握机遇有效利用全球资源提升产业创新能力，是亟待解决的重大问题。本成果从"资源识别—资源整合—资源创新利用"的资源配置视角出发，将企业海外并购整合的影响提升到产业层次，并以创新网络的生成演化作为微观到中宏观的跨层次传导媒介，探索并购方恰当的整合策略，通过提升其在全球创新网络的位置，最终促进产业技术创新的跨层次传导机制。本成果通过跨学科交叉研究推动中国制造业海外并购整合与产业技术创新研究新发展，具有重大理论与实践价值，对学术发展及实践指导有突破性贡献：学术成果在国内外产生重要影响，得到社会各界的高度评价；对策研究帮助政府和企业解决目前在海外投资中所面对的共同而紧迫的现实问题。

本成果对中国制造业海外并购整合与产业技术创新的研究分设五篇，每一篇的具体研究内容如下：

第一篇为中国制造业海外并购整合与产业技术创新的现状分析及基本理论研究。本篇全面梳理中国制造业海外并购整合与产业技术创新发展现状与理论基础，从资源配置视角出发，围绕企业、创新网络与产业层次展开层层深入的理论研究，建立逻辑自洽、内容全面的中国制造业海外并购整合与产业技术创新的理论框架，为后续研究奠定理论基础。本篇主要内容包括四个方面：（1）中国制造业海外并购整合与产业技术创新的发展现状与研究评述；（2）基于资源相似性、互补性的中国制造业海外并购整合与企业技术创新的微观机理；（3）基于资源相关性的中国制造业海外并购整合策略与并购协同效应的微观机理；（4）基于创新网络的中国制造业海外并购整合与产业技术创新的理论机理。基于理论框架，本篇提出，与资源相似性、互补性匹配的海外并购整合能够促进企业技术创新，还能够影响并购方与目标方内部网络的凝聚力以及并购方嵌入外部网络的程度，恰当的海外并购整合通过外部网络位置提升促进产业技术创新，内部网络凝聚力提升有利于外部网络位置进一步提升。经济制度环境则作为海外并购嵌入的外部环境影响并购整合的效果。

第二篇为中国制造业海外并购整合与产业技术创新的数理模型及动态演化研究。本篇通过数理建模刻画资源相似性、资源互补性作用于海外并购整合影响企业技术创新、网络连接决策、产业技术创新的机制，并进一步利用多主体动态仿真与系统动力学仿真，从微观动态机制、创新网络演化、制造业产业技术创新三个方面模拟基于创新网络的海外并购整合跨层次传导产业技术创新的动态过程。本篇主要内容包括四个方面：（1）基于资源相似性、互补性的中国制造业海外并购整合与企业技术创新的数理模型；（2）基于创新网络的中国制造业海外并购整合与产业技术创新的数理模型；（3）利用多主体仿真与系统动力学仿真刻画基于资源相关性的海外并购整合决策对企业技术创新的影响；（4）基于创新网络控制力与创新网络嵌入进行海外并购整合跨层次传导产业技术创新的动态演化研究。研究发现，并购方的整合程度与目标方自主性程度应与并购双方资源相似性、互补性匹配，从而使企业并购收益最大化。经济制度环境在资源相关性与整合策略匹配中，起着不可忽视的调节作用。创新网络及与资源相关性匹配的整合策略，将有利于提高并购方企业在全球创新网络的中心度，进而促进产业技术创新。本篇为基本理论框架提供了静态与动态的数理层面的验证支撑。

第三篇为中国制造业海外并购整合与产业技术创新的传导机制及国际比较的实证研究。本篇利用多群组结构方程、最小二乘分析、方差分析、网络分析等方法，通过对传导机制的实证研究，分析中国制造业海外并购整合策略与产业技术创新的跨层次传导路径。选取美国、德国作为代表性欧美发达国家，选取日本、韩国作为代表性后发新兴国家，通过国际比较验证海外并购整合效果差异。本篇主要内容包括三个方面：（1）基于资源相关性的中国制造业海外并购整合对企业技术创新的传导机制的实证研究；（2）基于创新网络的中国制造业海外并购整合对产业技术创新的传导机制的实证研究；（3）制造业海外并购整合与产业技术创新的国际比较研究。本篇通过事实数据验证了与资源相关性匹配的海外并购整合策略对于企业技术创新的促进作用，及其通过创新网络传导将有效推进产业创新的传导机制。同时验证了经济制度环境在海外并购整合跨层次传导中的重要调节作用。本篇的实证检验提供了丰富的事实证据，与数理证明形成呼应，相互支持，为基本理论提供坚实的验证基础。

第四篇为中国制造业海外并购整合与产业技术创新的案例分析。本篇选取中国制造业技术获取型海外并购整合的典型案例，对海外并购整合带动产业技术创新的过程展开系统性分析，结合典型案例比较研究与基于扎根理论的多案例研究，通过案例的归纳总结对理论机制进行验证与补充，深入分析海外并购整合通过提升收购方全球创新网络位置带动产业技术创新的具体过程。本篇主要内容包括三个方面：（1）中国制造业海外并购整合对企业技术创新传导机制的案例研究；（2）基于资源相关性的中国制造业海外并购整合对并购协同效应传导机制的案例研究；（3）基于创新网络的中国制造业海外并购整合与产业技术创新的案例研究。本篇从典型案例分析的角度，对数理建模、仿真与实证分析提供了补充说明，丰富了本成果基本理论框架的事实论据与支持，使研究更具有说服力。

第五篇为中国制造业海外并购整合与产业技术创新的路径与对策。本篇结合理论体系构建与国际经验借鉴，从企业、产业与政府三个层次提出路径与对策建议，构建全方位多维度的中国制造业海外并购整合与产业技术创新的支撑保障体系，旨在为企业海外并购整合决策与技术创新能力提升提供实践指导，为产业发展与竞争力提升提供有力支撑，为政府发挥服务与引导职能、完善政策体系以促进制造业企业海外并购整合与产业技术创新提供借鉴与参考。在本成果理论体系构建的基础上，本篇运用理论成果实现价值转化，是利用中国制造业海外并购整合促进产业技术创新的实践参考和行动指南。本篇主要内容包括两个方面：（1）中国与欧美发达国家、后发新兴国家的制造业海外并购整合与产业技术创新的国际经验比较；（2）中国制造业海外并购整合与产业技术创新的多层次保障体系。本篇作为结尾，是对于前文基本理论和全方位验证分析的总结与归纳，是对于前文理论研究成果的现实价值转化与运用，是利用制造业海外并购整合实现产业技术创新的行动指南。

2. 重要观点

基于上述研究，本成果主要观点体现在以下四个方面：

第一，企业层面，中国制造业海外并购整合与并购方资源相关性匹配的相关理论。本成果基于"资源识别—资源整合—资源创新利用"的资源配置视角，形成中国制造业海外并购整合决策体系。技术获取型海外并购整合程度与目标方自主性对于实现并购协同效应目标的影响并不是单一方向的，而是既有促进作用又有损害作用，该影响依赖于并购前双方资源的相似性与互补性，因而决定并购中如何实施并购整合需要考量并购双方的资源相关性。尤为重要的是，本成果针对中国企业海外并购中的整合风险，提出了资源相似性、互补性及其交互作用对海外并购整合风险的作用机制。综合利用因子分析法、Logistic 回归等计量方法进行实证分析，验证了理论假设。从资源相似性与互补性的视角出发，研究中国企业海外投资整合风险的生成机制，创新性地提出资源相似性与互补性的交互作用。同时，本成果探究技术获取型海外并购中，资源相似性与互补性的不同强弱组合如何作用于并购整合决策，不同资源基础下的并购整合动态演化特征如何。利用多主体仿真方法，应用 Netlogo 平台检验不同资源组合下并购整合过程中的动态行为。

第二，基于资源配置视角的中国制造业海外并购整合决策体系是企业技术创新能力提升、实现并购协同效应的关键所在。资源识别阶段通过全面的尽职调查选择与并购方发展战略契合的目标方是海外并购整合促进企业技术创新的基本前提。同时，本成果发现，为提升企业技术创新能力、实现并购协同绩效，并购后整合程度与目标方自主性决策应与并购双方资源相似性、互补性强弱特征相匹配的同时，需要考虑到外部环境的重要影响。在技术获取型海外并购双方经济环境差距较小的情形下，海外并购整合主体本身的特征在海外并购资源转移和整合的过程中起到主要作用，因此并购后整合程度与目标方自主性决策应与并购双方资源相似性、互补性强弱特征相匹配，方能实现并购后协同效应的最大化。在技术获取型海外并购双方经济环境差距较大的情形下，海外并购整合发生环境的特征在海外并购资源转移和整合的过程中起主要作用。由于经济环境特征不同，并购交易和后续整合失败的风险大大提高，使得资源相关性与整合策略之间的匹配效应被削弱，整合策略的选择因此更依赖于经济环境的影响，此时并购方总是选择低整合程度及高目标方自主性程度，从而有利于并购后协同效应的实现。尤为重要的是，本成果试图将海外并购整合推动企业技术创新的过程进行分写，基于全局博弈的多主体仿真，引入非对称收益结构，通过并购前、并购整合、并购后技术创新三阶段序贯建模，分析双方资源基础—并购整合—企业技术创新的动态匹配，推进全局博弈在海外并购领域的应用。

第三，创新网络层面，基于资源配置视角的中国制造业海外并购整合是企业提升创新网络位势的关键所在。在国际化、全球化趋势下，企业配置的创新资源不再受到组织边界、地理边界的约束，通过海外并购整合突破创新边界，利用全球创新网络内丰沛的创新资源，将本土资源与海外资源结合重组和有效对接是众多企业海外并购的重要目标，也是提升企业国际竞争力的有效手段。因此，中国企业应积极融入全球创新网络，在海外并购整合决策中重视创新网络关系可能带来的收益。不同资源禀赋的海外并购中，企业通过海外并购整合嵌入全球创新网络的机制不同。如何通过海外并购整合顺利地嵌入全球创新网络，不同资源条件的海外并购整合会使创新网络连接与企业创新水平发生怎样的变化是本成果关注的重点之一。

第四，产业层面，并购方恰当的整合程度能够通过提升自身在全球创新网络中的位置进而促进产业技术创新。创新网络在微观的海外并购整合对中宏观产业技术创新的跨层次传导中起到媒介作用。恰当的海外并购整合下并购方中心性位置的提升有利于增加创新资源渠道、增强对创新资源的控制力，并购方结构洞位置的提升有利于其获取跨区域、跨领域创新连接的视野优势与信息优势。并购方在创新网络中占据优势位置的外部性效应能够通过技术溢出促进本土产业技术创新能力的提升。尤为重要的是，本成果分析了技术获取型海外并购中，恰当的并购整合通过提升企业创新网络位置带动产业技术创新的传导机制，以及经济制度环境的影响机制。以中韩制造业海外并购为样本实证地进行国际比较，得出如下结论：与资源基础匹配的海外并购整合通过中心性与结构洞提升促进产业技术创新，经济制度环境完善性能增强匹配的海外并购整合通过创新网络传导产业技术创新的效应。创新性地将海外并购整合的影响范围向网络与产业层次拓展，并实证地检验了在不同经济制度环境的影响下，不同国家海外并购整合传导产业技术创新效应的差异。

3. 对策建议

本成果在理论构建与国际经验借鉴的基础上，建立了企业、产业与政府多点发力、多措并举的支撑保障体系，多方位、多角度地提出对策建议，引导与服务于中国制造业海外并购整合与产业技术创新，以期为政府部门的海外并购相关政策制定和产业升级战略选择提供有益的参考和借鉴。

在企业层次提出中国制造业海外并购整合与产业技术创新的途径建议。（1）资源识别阶段，注重尽职调查，识别核心资源价值与特征，根据战略发展需求选择目标方是海外并购整合成功的基本前提。（2）资源整合阶段，海外并购整合策略应当与资源相似性、互补性特征相匹配，恰当整合有利于获取目标方资源价值以及嵌入目标方创新网络。海外并购企业应将创新网络位置提升作为整合策略制定的依据，以成立海外研发中心、与海外企业达成技术合作或专利授权协议、积极参与国际产业链分工等形式获取创新要素与巩固比较优势。（3）在资源创新利用阶段，随着并购方突破创新边界、打破技术垄断，国外技术优势与国内市场规模形成良好互补，并购方成为跨区域资源与信息汇集枢纽，应发挥核心企业的辐射作用引领本土产业技术创新。

在产业层次提出中国制造业海外并购整合与产业技术创新的途径建议。（1）依托海外并购整合技术打造高端产业集群。海外并购整合技术溢出需要本土产业配套体系的支持，对此中国制造业应注重产业集群建设，鼓励产业园区兴建，支持创新平台搭建，形成海外并购整合技术逆向溢出的载体。（2）完善产业标准体系，提高并购整合技术转化效率。应注重积极主导或参与国际技术标准制定，以模块化方式整合吸收技术，提高技术通用性并推进海外并购整合技术沿产业链扩散。（3）开通关键共性技术海外并购整合绿色通道。对关键共性技术发展给予全方位政策支持，通过打破关键共性技术受制于人的局面加速产业升级。（4）发挥产业联合实力推动海外并购整合。一是并购方发挥引领优势，聚集本土企业专注产业布局，提升本土产业链各个环节的国际竞争力。二是产业链内企业可超越以往单打独斗的模式抱团出海，加快产业整体技术创新。三是要加快建立健全部门联动协同、资源配置集聚的体系化创新机制，强化上下游协同发展，推进整合技术逆向溢出。

在政府层次提出中国制造业海外并购整合与产业技术创新的政策建议。（1）完善经济监管与保障制度，管控海外并购整合风险。包括及时出台对外投资的相关法律、增强知识产权法律保护等；丰富海外投资风险管理工具，推行海外投资保险制度、准备金制度、调查补助制度等；树立海外并购整合模式的成功典范，提供咨询服务，建立资源共享平台，提供东道国经济环境信息服务，开展国际技术交流及召开研讨会等。（2）完善海外并购整合信息服务系统。为提高海外并购整合的成功率与促进并购方创新网络位置提升，应完善信息服务系统，建立专业分析智库，为海外并购整合实践提供行动依据与参照典范。（3）发挥政府资源优势与信用附加作用。包括提供人才支持保障，指派专家参与海外并购谈判与整合；牵头搭建海外并购交流平台，为后续并购企业提供并购整合经验及技术与投资市场信息。（4）引导企业抱团并购整合，提升产业的全球价值链。成立海外并购基金，鼓励以"企业抱团＋产业基金"的形式进行海外并购整合，推动产业组团出海，形成蜂群效应，提升我国企业在全球创新网络中的话语权；鼓励协同出海整合突破关键技术和共性技术，与本土产业链企业组成新的专利架构，在全球市场取得竞争优势。

三、成果的学术创新、应用价值以及社会影响和效益

1. 学术创新

（1）企业层面，基于资源配置视角研究中国制造业海外并购整合策略选

择机制，揭示海外并购整合促进产业技术创新的理论机理；以"资源识别—资源整合—资源创新利用"的资源配置过程为视角，有助于构建"资源相似性与互补性及其交互作用—整合策略—技术创新"的中国制造业海外并购整合与企业技术创新的综合分析框架。

（2）创新网络层面，探索中国制造业海外并购整合与产业技术创新的动态演化机制，基于网络嵌入理论和网络动力学，利用多主体仿真和网络仿真方法，探究不同并购双方资源基础、不同创新网络位置与结构、不同制造业类型下，中国制造业海外并购整合如何通过创新网络嵌入及创新网络生成演化，影响产业技术创新的动态演化机制。

（3）产业层面，从创新资源投入、创新知识产出、创新产品产值三个维度构建了中国制造业产业技术创新的指标体系，探讨海外并购整合对产业技术创新的跨层次传导路径——从企业主体、点对关系、创新网络等不同层次全面分析制造业海外并购整合与产业技术创新的传导机制。

（4）国际比较研究，研究不同经济发展环境下制造业海外并购中并购双方资源基础、整合行为、创新网络与产业技术创新的差异，比较经济发展环境对整合行为中通过创新网络促进产业技术创新的传导机制的影响及国别差异。

（5）跨学科的交叉研究，对学科发展具有重要推动作用。本成果从国际投资理论、产业组织理论、创新理论和国际竞争优势理论出发，结合企业资源基础观、网络动力学，与我国制造业海外并购形式相结合，形成多学科综合、跨学科交叉的中国制造业海外并购整合与产业技术创新研究的新发展。

2. 应用价值

（1）构建"企业—创新网络—产业"多层次的制造业海外并购整合与产业技术创新的理论体系。聚焦于中国制造业，围绕企业、创新网络与产业层次构建海外并购整合与产业技术创新的理论体系，以利用海外并购整合提升我国制造业产业技术创新能力为落脚点，揭示中国制造业企业如何通过海外并购整合提升在全球创新网络中的地位，进而推动产业技术创新的传导机制。

（2）提供"中国特色"中国制造业海外并购整合决策体系。强调中国特色，根据海外并购整合双方企业的资源特征和经济发展环境、创新网络环境等因素的影响，构建一个符合中国现实国情的制造业海外并购整合决策体系，为中国制造业企业利用海外并购整合有效嵌入国际创新网络，进而提升产业技术创新能力提供借鉴和指导。

（3）构建中国制造业海外并购整合对产业技术创新的支撑保障体系。

从企业、创新网络、产业三个层面提出中国制造业海外并购整合促进产业技术创新的途径与政策建议，支撑保障体系的提出顺应《国民经济和社会发展第十三个五年规划纲要》完善对外开放战略布局、推进双向开放、促进国内国际要素有序流动、资源高效配置、市场深度融合的战略指导。

本成果有助于推动我国制造业打破技术锁定，实现全球创新网络嵌入，在推动"中国制造"向"中国创造"转型，实现技术后发赶超方面具有重要的指导性。为企业和政策制定者制定在新形势新阶段下的海外并购整合策略和我国产业技术创新能力的提升提供理论支撑和现实指导，具有重大的理论意义与现实意义。

3. 社会影响和效益

本成果系教育部哲学社会科学研究重大课题攻关项目的最终研究成果，形成了有益的社会价值及影响：第一，成果要报1篇在《光明日报》和国家社会科学基金《成果要报》刊登，对策研究2篇获得省部级领导的批示。第二，本成果核心内容以9篇论文的形式在SSCI期刊发表，有效地宣传了本成果，在理论上有所贡献与创新，在学术界形成有益的影响。第三，作者积极为政府部门提供咨政工作，将研究成果应用于经济发展，取得广泛社会影响。第四，研究报告"中国制造业海外并购整合与产业技术创新研究"获2019年浙江省第十九届哲学社会科学优秀成果奖一等奖。

《面向制造强国的中国产业政策》概要

黄群慧*

一、研究的目的、意义及方法

1. 研究目的

近年来国内有关产业政策的争论中涌现出来的各种立场和观点，常常由于混淆了产业政策理论的抽象性和一般性与产业政策实践的具体性和丰富性、面向历史的实证意义上的产业政策的合理性与面向未来的诊断意义上的产业政策的恰当性之间的联系和边界，而对理论发展和实践指导造成误导。本成果试图在廓清相关基本理论概念和问题的基础上，从中国由制造大国向制造强国跃进的基本事实和要求出发，对一些似是而非的产业政策批判的理论逻辑进行再批判，进而唤起国内学术界朝着建设性的产业政策这一更具现实意义和理论拓展可能性的方向发展，深化中国的制造强国和产业政策研究。

本研究的具体目标包括：一是将研究置于中国由制造大国向制造强国跃进的背景之下，分析在全球产业链中掌握"非对称"竞争优势对产业政策的规定性；二是认为并不存在理论上绝对最优的产业政策，有效的产业政策必须与制造业发展的阶段性条件和目标相适应；三是每一个研究问题的设定必须是国家产业政策实践的"真问题"，所谓"真问题"就是问题设定须是中国产业政策制定和实施当事人现实工作和决策中面临的问题，作者在确保问

---

* 黄群慧，中国社会科学院研究员，博士生导师。

题真实的基础上再进行经济学的理论提炼和抽象；四是研究的落脚点应当是建设性的，即超越抽象的产业政策是否有用的讨论，尽可能通过理论和实证分析揭示产业政策失效的原因或有效的边界，从而开展更具诊断性和建设性的学术研究。

2. 研究意义

本成果的意义在于针对国内既有产业政策研究的不足，在制造强国建设的背景下，拓展、修正或补充国内已有的产业政策研究：一是针对国内产业政策研究存在的批判性观点多、建设性分析少的问题，主张开展建设性的产业政策研究。无论是在产业政策是否有效的规范意义上，还是在产业政策是否会被政府放弃的实证意义上，更好的关于产业政策的问题应当是产业政策有效或无效的边界条件是什么。中国制造强国建设急需建设性的产业政策研究。二是针对国内产业政策研究存在的抽象理论讨论多、现实问题研究少的缺陷，重点针对我国产业政策执行和实施中存在的现实问题和具体问题展开讨论，如对产业政策制定和实施程序、产业政策项目的组织方式、共性技术的治理和组织模式等问题的探讨，在国内都具有探索性。三是针对我国产业政策研究宏观思路探讨多、产业政策工具分析少的问题，针对税收优惠、人才技能提升、技术路线图等具体的产业政策工具问题开展系统的研究。

本成果的意义在于从以上三个方面拓展、补充或修正了国内既有的产业政策研究，从而基于建设性而非批判性的视角，更好地支撑我国的制造强国建设，这是本成果的理论和现实意义之所在。

3. 研究方法

考虑到产业政策问题研究的综合性，本成果主要运用了更适于将多种因素同时纳入分析框架的质性研究方法。为了质性研究的可靠性，本成果中各章多数研究的数据和文档资料都来自直接的现场调研和座谈。在服从于研究目的的前提下，本成果部分章节也采用了数理模型与一些较为前沿的计量方法。例如，运用数值模拟方法分析贸易摩擦与美国制造业回流问题等。

作为具有明确现实问题导向的学术研究成果，本成果在综合运用理论和实证研究方法的同时，也特别注重对国外相关经验的准确引介，以及最重要的，注重对于国外产业政策有效性的边界条件的准确刻画，从而更好地启发针对中国现实问题的理论和实证研究。

二、成果的主要内容和重要观点

本成果共分为十二章，总体的框架结构和篇章逻辑如下：导论、第一章至第三章可以视为"总论篇"，分别探讨了制造强国建设与产业政策研究的背景、产业政策设计的思路、贸易摩擦对中国产业政策的影响、产业政策制定的组织和实施四个方面的问题。第四章至第九章可以视为"产业政策工具篇"，是对特定产业政策工具的分析，各章分别对支撑制造强国建设的技术路线图、技术标准、政策项目管理、技能扩散政策、税收政策等进行了系统的研究。第十章和第十一章可以视为"创新体系篇"，分别从共性技术供给和区域创新体系两个角度分析了制造强国建设背景下我国制造业创新体系完善和发展的方向。

其中，导论从我国工业化阶段、新工业革命等视角为未来我国产业政策调整构建了一个基本的分析框架；第一章"'建设性'的产业政策"，主要分析了与制造强国战略相适应，未来我国产业政策调整和创新的基本思路及方向问题；第二章"贸易摩擦与中国产业政策调整"，研究了在贸易摩擦、美国制造业回流的背景下我国如何构建面向国际竞争新形势的产业政策体系；第三章"产业政策的有效制定与组织流程"，主要针对目前我国产业政策制定和实施中存在的问题，分析我国产业政策制定和实施的有效流程的问题；第四章"国家重大创新项目的组织实施"，分析了产业政策如何以"政策项目"的方式组织实施国家重大创新项目；第五章"技术路线图作为协调产业创新活动的政策工具"，主要依据国际经验探讨了如何用技术路线图指引和协调企业创新的问题；第六章"自主技术标准的选择、培育和'走出去'"，基于中国高铁案例探讨了中国标准如何培育发展为国际标准的问题；第七章"促进技术扩散应用的产业政策：以节能技术为例"，主要以能源技术为例探讨了产业政策如何使有效技术、成熟适用技术在广大企业扩散的问题；第八章"创新发展导向的税收政策"，分析税收优惠作为一种普遍的产业政策安排如何更加有效地激励企业的创新性投资而不是生产性投资；第九章"制造强国的人才培养体系"，分析了制造强国对人才的知识和技能结构的需求以及人才培养体系的建设和完善问题；第十章"产业共性技术研发和供给体系的建设与运营机制"，分析了共性技术研发机构的组织和治理模式以及共性技术的供给方式；第十一章"构建有利于新兴技术突破的区域创新体系"，从区域创新体系的角度探讨了有利于新兴技术突破的创新体系的特征和要素。

本成果主要的研究发现包括：（1）在关于制造业最优比重问题方面，提出要防止"过早去工业化"风险。对于中国当前制造业下滑过快、服务业占比上升过快的"过快去工业化"倾向，应该高度重视并采取有效措施预防。按照世界银行的数据，2017 年德国人均 GDP 为 44 470 美元，制造业占 GDP 比重为 20.7%；2016 年日本人均 GDP 为 38 972 美元，制造业占 GDP 的比重为 21.0%；2017 年韩国人均 GDP 为 29 743 美元，制造业占 GDP 比重为 27.6%。而中国 2017 年的人均 GDP 仅为 8 827 美元，制造业占 GDP 的比重为 29.3%，仅略高于韩国。我国作为一个还未实现工业化、处于工业化进程中的发展中国家，必须坚定不移地推动以制造业为核心的实体经济的发展，避免"脱实向虚"，并将制造业比重稳定在一个合适水平。"十四五"及未来更长时期我国产业政策的一个重点就是，通过进一步优化制造业政策体系和创新体系，实现制造业稳中求进。

（2）在产业政策与发展阶段的动态性问题方面，提出随着我国制造业技术能力的提升，创新体系建设特别是针对通用技术的创新将成为产业政策的重点。结构性产业政策、制造业创新体系的相对作用取决于中国制造业的发展阶段，在制造强国建设阶段，制造业创新体系和功能性产业政策在产业政策中的主导地位将日益突出。后发国家在工业化发展过程中可以利用"后发优势"，即通过模仿先进国家产业结构的调整路径而缩短追赶进程。而库兹涅茨和钱纳里等经济学家所揭示的先行工业化国家产业结构演进的一般规律，为后发国家的产业结构调整提供了较为明确的对标和参照，大大降低了后发国家选择产业的难度和风险。随着一国产业结构的日臻完善和技术水平向全球技术前沿的拓展，选择性产业政策的有效性会下降。基于这样的理论视角，本成果提出，在中国产业结构日益完善、产业技术逐渐接近技术前沿的新阶段，产业政策的指向应当由特定产业转向创新，特别是通过制造业创新体系的建设和完善促进战略性前沿技术、通用技术和共性技术的研发和扩散应用。

（3）国内既有的产业政策研究多聚焦于对产业工具的研究，缺乏对政策制定与实施过程的研究，而政策制定与实施过程及其制度基础对于政策的质量与最终绩效往往具有决定性影响。已有的关于如何确保成功地制定实施产业政策的研究主要围绕发展型国家与嵌入自主性展开，然而这些研究在经验证据上面临严重质疑，其理论也存在较大缺陷。作为分析中国工业管理体制、指导中国工业管理体制改革顶层设计的基础理论制度分析与发展框架，应包容以下因素：第一，中国工业领域的产业政策是在什么样的组织构架、制度安排与程序下被制定和实施的。第二，对于产业政策的制定起决定性作用的部门（组织）、群体或个人是哪些，权力是如何在这些部门（或者群体或个人）分配的。第三，这些部门（组织）、群体或个人在政策制定中的政策偏好与动机是什么，以及他们如何利用各自的权力（或影响力）对政策的制定产生决定性影响。第四，中国工业经济领域产业政策制定的组织构架与程序如何重构。

（4）中美贸易摩擦是未来影响中国制造业发展路径和绩效的重要因素，产业政策调整必须能够适应应对中美贸易摩擦的要求。本成果基于数值模拟方法的测算结果表明，"特朗普新政"中的削减个税和基建投资方案，不仅不会引发美国制造业回流，反而有利于中国出口，只有削减企业所得税才能引发美国制造业回流现象。而在美国制造业回流过程中，我国资本品所受冲击比消费品更大，中间产品所受冲击比最终产品更大。本成果揭示出，"特朗普新政"是基于制造业大国竞争的深层次原因，并且与之后美国发动的中美贸易战一脉相承，在战略战术的各个层面设计周密。中美之间围绕先进制造及其供应链体系进行的大国博弈具有长期性和战略性。为此，要立足推动国内实体经济高质量发展，做好全方位应对。

（5）强调产业政策在促进前沿技术突破的同时，也要促进成熟技术的扩散，从而提升我国制造业的总体效率。近年来我国工业全要素生产率增速持续下滑的事实表明，我国工业强国建设的问题不仅表现为前沿技术和原始创新的缺乏，同时也表现为企业生产效率的普遍低下，而后一类问题需要通过技术扩散政策等合理化政策来解决。合理化政策的核心内容，就是政府通过提供资金支持或公共服务来协助企业在生产活动中提高生产效率和技术水平的技术改造政策。本成果以节能技术的扩散为例的研究显示，以各种政策鼓励采用新技术、提高能效、实现能源节约一直是我国节能减排的重要途径。

但是这种推行方法仅考虑节能技术的正向外部性特点，过多依靠行政命令方式推行，并且不重视节能技术扩散的规律和特点，在政策实际实施过程中往往出现效率低、成本高等问题。

（6）本成果首次清晰界定了共性技术的经济学特征，并指凸，共性技术发展的特殊障碍集中体现在以下方面：第一，技术识别阶段的"双盲"条件。"竞争前"特征意味着共性技术的技术路线和应用市场仍然在生成初期，二者不仅难以预计，而且随时可能出现预想不到的变化。科技和经济实力越强的国家，共性技术研究的市场失灵越容易出现在创新链条的早期，可靠的市场信息和技术信息更加缺失。此时，决策者只能在技术和市场近乎"双盲"的条件下识别具有潜力的共性技术，判断失误的概率很高。第二，技术研发阶段的竞合关系。共性技术研发多数需要跨领域知识，加之风险高、投入大，因而要求研发主体在竞争前阶段进行广泛合作。一旦共生技术开发完成，创新活动进入专有产品技术开发和市场开发阶段，各研发主体（特别是企业）则可能成为直接竞争对手。如果不能处理好竞争前阶段与竞争阶段的竞合关系，研发主体之间将很难在竞争前阶段达成合作，或在合作中过于保守，从而降低共性技术研发成功率。第三，技术应用阶段的知识产权分配。共性技术研发涉及多个利益主体，而"通用性"特征意味着没有参与研发的利益主体也能从共性技术的后续开发中获益。共性技术研发主体之间的知识产权分配以及后续保护，决定了是否能在发挥共性技术正向外部性的同时，保持研发主体开展共性技术研发的积极性。

（7）在制造强国人才政策方面，提出应着重解决制造业人才的结构性短缺和人才链、产业链的协调部署问题。当前中国的高素质人才仍相对较少、工程技术人才短缺、高端人才在制造业的分布较少、人才的技能结构和质量与实际产业需求存在较大差异等因素会对制造强国战略目标形成制约。发达国家在人才培养中平衡市场需求和劳动力自身偏好；重视职业教育及其与普通教育的有机结合，促进职业教育与企业紧密相连；重视培养年轻劳动力对制造业的兴趣及提升技术劳动人才的收入；重视通过吸引高技术移民来弥补国内人才空缺：这些经验对中国具有重要的借鉴意义。并对未来中国构建更好地支撑制造强国战略的人才培养体系的着力点进行了分析。

（8）本成果系统地介绍了技术路线图这种重要的产业政策工具的有效组

织和实施方式。技术路线图作为创新活动的管理工具，其独特之处不仅是把创新目标细分化、具体化和分期化公示出来，更在于编制过程和运用过程中吸取各方智慧、形成共识、诱发创意的协调方式。在产业政策体系中运用技术路线图，可以促进相关部门及人员对创新目标形成共识，集中资源有针对性地开展创新活动，对创新过程进行更及时有效的跟踪调节，以保证各环节创新的方向性和有效性，保障国家创新目标的实现。当前中国已进入高质量发展阶段，要靠创新驱动从制造大国转型升级到制造强国。因此，如何借助技术路线图，使各创新主体形成共识、密切协作配合，对于制造强国目标的实现至关重要。

（9）在产业政策特别是重大科技项目的管理方面，我国的重大科技项目组织模式经历了从"举国体制"到柔性管理的变迁。我国的"双线管理"模式有利于让研发人员专心考虑攻关，但必须要加强战略性科技创新的顶层设计，最大限度地规避多头管理、权责不清。在项目执行和运营层面要强化产学研联合，以市场为导向，加快科技成果的转化。在项目执行过程中，要重视信息沟通、监督、评估等辅助机制的建设。

（10）在共性技术研发机构建设方面，应加快建设公私合营、治理透明、社会广泛参与的共性技术研发合作机制。近年来，各级政府直接推动建设了一批制造业创新中心（如国家动力电池创新中心）和产业技术研究院（如上海产业技术研究院、江苏省产业技术研究院、广东省工业技术研究院），试图以台湾工业技术研究院、德国弗劳恩霍夫协会、美国半导体制造技术研究联合体（SEMATECH）等成功的共性技术研发机构或研发联盟为标杆，打造中国共性技术供给的新生力量。这些新设机构在短时间内已经取得了不少成就，如广东省工业技术研究院已经与德国弗劳恩霍夫协会下属多个研究所开展了科技合作项目，但从治理机制与运营机制来看，仍然以政府或国有企业为绝对主导，距离成熟的多方投资、社会参与治理的模式还有较大差距，不利于企业主体探索形成可持续的竞合机制。

（11）在共性技术研发机构服务制造业企业方面，为了使共性技术研发能够匹配不同地区、不同部门、不同规模制造业企业的实际问题，有针对性地加快最新共性技术在广大制造业企业中的扩散与应用，应切实降低中小企业了解、获取、应用相关知识产权的障碍。首先，应讨论制定政府领投、企业参与、专业运作的共性技术研发平台的知识产权保护和使用权分享制度，保障成员机构特别是中小企业能够以便捷、合法的方式获得先进共性技术并加以应用。其次，应设立广泛的共享机制，如技术设施共享、共同的技能培训、最佳制造技术实践分享、内部成员和外部相关者的信息共享等，使大、中、小型的制造业创新中心成员企业都能获取有关共性技术发展方向的最新信息，从而在技术应用、人才培养和就业创造上形成共同利益和一致行动，更加高效地实现前沿的、跨领域的共性技术转化应用。最后，应加强平台在知识产权生成、知识产权保护、知识产权诉讼等方面的服务能力，为中小企业会员提供知识产权应用的相关咨询与指导。

（12）在区域制造业创新体系建设方面，我国应该构建以集群为依托的产业专业化型、以大城市为依托的多元化环境型、以大型的行业科研机构为依托的集中攻关型、以创新型大学和国家级科学研究机构为依托的政产学研用融合型等四种有利于新兴技术突破的区域创新体系模式。为了实现关键核心技术早日突破，我国既要发挥区域创新体系条块结合的作用，又要发挥政府与市场的作用。同时，中央有关部门也要出台有针对性的政策措施解决区域创新体系的激励机制、模式探索等问题。

三、成果的学术创新、应用价值以及社会影响和效益

1. 学术创新

（1）论证了产业政策的动态有效性。本研究发现，任何一国的产业政策都是在不断试错过程中的"干中学"和"用中学"，中国的经济环境、产业规模、市场结构和企业竞争行为动态性强，政府不可避免的有限理性和有限能力都会制约产业政策的科学性和有效性，因而现实中有一些产业政策从政策设计到政策工具选择都存在违背经济学和公共管理基本规律的现象。在中国迈向制造强国的过程中，产业政策必须根据变化了的情况及时进行调整和改革。

（2）回答了中国产业结构完备条件下的产业政策重点调整方向问题。与既有的产业结构政策分析不同，本成果提出在中国产业结构日益完善、产业技术逐渐接近技术前沿的新阶段，产业政策的指向应当由特定产业转向创新，特别是通过制造业创新体系的建设和完善促进战略性前沿技术、通用技

术和共性技术的研发和扩散应用。

（3）基于实证研究分析了美国制造业回流对我国制造业的影响，并进一步分析了应对思路和政策。本成果基于数值模拟方法的测算结果表明，"特朗普新政"中的削减个税和基建投资方案，不仅不会引发美国制造业回流，反而有利于中国出口，只有削减企业所得税才能引发美国制造业回流现象。

（4）本成果在国内较早地对技术扩散服务机制和共性技术研发机构的治理问题进行了系统的分析，对促进技术扩散的政策和公共服务体系进行了系统内的阐述，首次对共性技术的经济学内涵及共性技术供给机制进行了系统的理论分析。

2. 应用价值以及社会影响和效益

由本成果写作中提炼形成的多篇要报获得了习近平总书记、李克强总理、韩正副总理、刘鹤副总理等党和国家领导人的批示，并产生了重要的政策影响。本成果的主要作者以不同的形式直接参与了"十四五"国民经济社会发展规划、制造业中长期规划等国家重大战略的前期研究，本成果的研究发现直接应用到了相关的政策研究和制定中。

部分中间成果在理论界和社会形成了较大的影响，课题组在《人民日报》《光明日报》《中国社会科学》《中国工业经济》等报纸、杂志发表论文80余篇，其中部分被《新华文摘》、中国人民大学复印报刊资料、《高等学校文科学术文摘》等转载。

《纵向财政不平衡形成机制、激励结构
与平衡策略研究》概要

李永友*

一、研究的目的、意义及方法

中国共产党十八届三中全会提出"财政是国家治理的基础和重要支柱"，中国共产党十九大报告又明确提出"加快建立现代财政制度，建立权责清晰、财力协调、区域均衡的中央和地方财政关系"，以及"赋予省级以下政府更多自主权"。从十八届三中全会到十九大，不仅财政体制改革的目标越来越清晰，而且改革的价值取向也在发生变化。相较过去的财政体制改革，新时代的财政体制改革真正具有了国家治理的战略意识。所以有理由相信，基于国家治理能力现代化和社会主义现代化建设目标，新时代的财政体制改革对上下级政府间关系确立、市场经济发展，以及经济社会协调发展会发挥更大作用。实际上，纵观中国改革开放之后的经济社会发展，一个不可否认的事实是，财政体制改革的作用非常显著，尤其是1994年实施的分税财政体制改革，对调动各方积极性，尤其对激发地方政府活力，提高中央宏观调控能力，发挥了积极作用。然而，当我们基于国家治理的要求重新评估中国财政体制改革进程时，一个典型问题非常突出，就是财政体制改革始终没能理顺上下级政府间财政关系，更没能有效解决如何更好发挥政府作用的问题。和其他领域的改革不同，财政体制改革虽然牵涉到经济社会的各个方

* 李永友，浙江财经大学教授，博士生导师。

面，但核心处理的问题就是上下级政府关系。由于中国是一个政府主导型国家，政府对经济社会的影响巨大，如果不能很好处理上下级政府关系，就必然出现政府行为扭曲，进而造成资源错配和社会不公等问题。那么，财政体制如何改革才能处理好上下级政府关系？这不仅需要明确上下级政府的财政地位，而且需要明确上级政府如何看待下级政府。前者涉及财政体制改革的内容，后者涉及财政体制改革的价值取向。就前者而言，上下级政府的财政地位具有两个方面，即政府职责的垂直分工和政府收入权的垂直分配。但在中国历次财政体制改革中，改革的重点始终聚焦于政府收入的垂直分配，而关于政府职责的垂直分工总是轻描淡写。当然，这与中国"守土有责"的地方治理逻辑有关，但其带来的问题却非常明显，就是财政体制的纵向不平衡。不平衡的财政体制一方面造成了地方政府行为扭曲，另一方面又强化了中央对纵向财政不平衡的依赖。前者的具体表现就是地方政府融资行为失范、竞争行为粗放等，地方政府行为扭曲又进一步加深了纵向财政不平衡。后者的具体表现就是财政的不断集权和无序的条块治理。对照这个核心问题重新审视十八届三中全会后中国提出的《深化财税体制改革总体方案》（以下简称《总体方案》），以及十九大报告提出的财税改革框架，在这一核心问题的解决思路和改革推进路径上需要进一步明晰。所以，开展对这一核心问题的研究，对完善《总体方案》和新时代财税改革框架，进而对提高财政治理水平，乃至国家治理能力有极其重要的意义。

基于上述分析，可以看出，改革中国财政体制，既不是简单的支出责任上移中央，也不只是建立或完善地方税体系，又不是赋予地方政府发债权，同样不是支出责任与事权相匹配，也不是省直管县财政改革和乡财县管改革，因为这些只是被动地去解决现行财政体制存在的问题。改革中国财政体制，首先需要理解中国纵向财政不平衡这一重要体制特征，因为只有这样，才能看透中国财政体制改革的一贯逻辑和价值取向，才能理解中央、地方互动关系下的地方政府治理困境。其次需要结合中国政治集权下的市场化改革这个大背景，理解纵向财政不平衡的合理限度，因为只有用整体视野俯视中国财政体制问题，才能避免中国财政体制改革中出现的过度集权和过度分权问题。最后需要遵照国家治理能力现代化这一根本要求，明确中国纵向财政不平衡有效纠偏机制，充分挖掘体制对各级政府的激励作用，实现有限政府下的有为政府。因为财政不只是政府收支问题，财政反映的是一个国家建构遵循的基本原则。财政改革如果没有这一认识，无论是改革内容还是改革路径，都可能会迷失方向。

为了能够厘清中国财政体制改革的核心任务和理想进路，研究立足中国政治集权和市场化改革这个现实，通过计量方法、比较研究方法、政策叙事方法，演绎中国纵向财政不平衡的形成机制和激励结构，揭示纵向不平衡这一中国财政体制重要特征的表现形式、演化路径和诱导机制，并基于分析，探究纵向财政不平衡的合理程度和纠偏策略。

二、成果的主要内容和重要观点

本成果的研究按照如下逻辑展开：首先，在文献梳理基础上，基于成熟市场经济国家提出的纵向财政不平衡测度方法，分析不同方法在中国运用的局限，并结合中国条块兼容管理体制，建立适合中国国情的纵向财政不平衡测度方法。利用这一方法，测度中央、地方之间的纵向财政不平衡水平和县市政府的纵向财政不平衡程度，并对其趋势特征和地区结构做比较分析。

其次，从两个视角分析纵向财政不平衡形成机制。研究分两个层面展开，一是回答纵向财政不平衡存在的原因，二是分析纵向财政不平衡加深的可能机制。对于纵向财政不平衡存在的逻辑，主要基于中央政府视角，将财政视为政治集权下的又一个激励工具，分析大国中的地方政府治理，提出纵向财政不平衡不是一个想当然的错误安排，而是有其存在的合理性。对于纵向财政不平衡的加深机制，重点讨论地方政府在竞争约束下的行为效应。通过分析揭示，纵向财政不平衡除了体制本身因素，软预算约束和财政竞争是造成纵向财政不平衡加深的两个重要机制。

再次，对纵向财政不平衡产生的影响进行实证考察，重点讨论纵向财政不平衡下地方政府公共支出行为，及其对宏观经济的影响，包括经济增长、投资消费等。纵向财政不平衡下的地方政府公共支出行为研究分两个层面展开：一是纵向财政不平衡与地方政府支出结构的关系；二是纵向财政不平衡与社会性公共品相对短缺的关系。由于中国经济是政府主导型经济，地方政府的支出行为必然影响经济增长等宏观变量，所以又进一步探究了纵向财政不平衡与经济增长、经济结构的关系。

基于研究发现，我们开始转向中国在现有体制下对纵向财政不平衡的两种主要纠偏机制——一种是转移支付，一种是体制改革，并分析这两种机制产生的激励效应。其中关于转移支付的研究，重点集中于转移支付这种纠偏机制有没有在实现纠偏的同时发挥协调地区间财政竞争的作用，如果没有，或效果很弱，这种大规模转移支付机制又会如何影响地方政府行为？由于在纵向财政失衡下，转移支付是解决下级政府公共品成本补偿能力不足问题，所以转移支付理应能激励地方政府提高行政效率，研究对此展开了分析。而体制改革研究则集中于研究省直管县财政和乡财县管两个致力于解决县乡财政因体制不平衡产生财政困难问题的改革。其中，对省直管县财政改革研究，重点讨论省直管县财政改革在纠正纵向财政不平衡同时带来的软约束效应及其可能的传导机制。对乡财县管改革研究，重点讨论乡财县管这种纵向财政不平衡纠偏机制对提高基层政府公共品供给行为的影响，进而研究乡财县管改革对城乡二元发展结构的改善效果。

面对两种纠偏机制存在的激励问题，研究开始从更为根本的问题出发，探究不平衡体制下的纠偏策略。由于在既有的政治集权体制和央地关系框架下，不平衡的重要原因是政府职责垂直配置和政府收入的垂直分配不对应，所以解决不平衡问题关键是厘清政府职责垂直配置和收入权的垂直分配。由于收入权垂直分配国内研究已经很多，并且在《总体方案》中已做了安排，所以我们的研究暂且集中于政府职责的垂直配置。研究从两个层面展开，一是跨国经验，一是中国现实。其中，跨国经验重点讨论财政支出职责垂直配置的规律性和决定因素。中国现实重点研究政府层级以及政府职责在不同层级之间的垂直配置。在政府层级研究中，重点分析中国现有五级政府存在的历史传承性和相对合理性。在职责垂直配置研究中，重点分析政府职责对应的支出在中央—省—市—县—乡之间垂直分配的演化路径和空间结构特征。在此基础上，结合中国政府层级设置，讨论合理的政府职责垂直配置及其对应的支出分配。

最后，又回到转移支付这一最主要的纠偏机制。因为从跨国经验看，纵向财政不平衡实际上是一个普遍现象，各国用于纠正这种不平衡的主要机制是转移支付，所以本成果研究最后落脚点，重新回到转移支付机制设计。在这部分，重点研究不对称信息下的转移支付设计，以及转移支付设计价值取向和路径选择。

通过系统深入研究获得如下发现：

第一，中国纵向财政不平衡不仅有扩大趋势，而且存在明显的地域差异。1995—2015年，不平衡程度平均达到了近15％，并在时间趋势上呈不断扩大态势。尽管在统一的财政分权体制下，各地都存在与中央的纵向财政不平衡，但由于政府职责垂直分工的地域差异，省域内纵向财政不平衡程度呈现出显著的域间差异。

第二，中国纵向财政不平衡的形成既有体制自身的因素，也是出于国家治理的需要。后者使财政体制保持一定的不平衡有其必要性，因为中央政府基于国家治理的需要，在晋升机制之外又有了一个符合市场经济体制改革要求的激励机制。除此之外，地方政府预算软约束下的支出扩张加深了纵向财政不平衡程度。

第三，中国纵向财政不平衡不仅对地方政府的举债融资和支出行为产生了显著影响，而且还对经济增长产生了非线性影响，并加重了经济不平衡程度。纵向财政不平衡对地方政府举债融资的激励呈倒U形结构，并已经位于倒U形的右端，即激励了地方政府不谨慎财政行为。不仅如此，纵向财政不平衡还对地方政府支出行为产生了扭曲，激励了地方政府的支出选择偏向，导致了地方政府经济职责增强，而社会职责减弱。

第四，纵向财政不平衡通过影响地方政府行为对经济增长产生了非线性效应，并加深了经济结构失衡。其中对经济增长的非线性效应伴随着纵向财政不平衡的加深变得更加凸显，并已经构成对经济增长的显著负面影响。纵向财政不平衡不仅在总量上影响经济，而且在结构上影响经济，其与经济结构不平衡的长期均衡关系表明，经济结构不平衡显著受到纵向财政不平衡的影响，而且这种影响在西部地区显著更大。

第五，作为纵向财政不平衡主要的纠偏机制，中国的转移支付制度在解决地方政府因不平衡体制造成的财政困难的同时，也对地方政府履责行为产生了不利影响。其中大规模转移支付不仅未能矫正地方政府的支出选择偏向，而且还加重了这种偏向激励。不仅如此，转移支付因放松了对地方政府的财政约束，加剧了地方政府间财政竞争。不过，从转移支付这一纠偏机制的最重要目的——激励地方政府履职尽责看，无论是一般性转移支付还是专项转移支付，都能显著提高地方政府对居民诉求的回应性。

第六，为了纠正省域内纵向财政不平衡，各地政府实施了省直管县财政改革和乡财县管改革。其中省直管县财政改革是通过财政收入分配关系由市—县（市）体制调整为省—县体制，以解决县级政府财政困难问题。乡财县管改革则是通过支出权的上收到县解决乡镇财政困难问题。从两个纠偏机制的影响看，两种纠偏机制在解决基层政府财政困难的同时，也对县市政府产生了显著激励，其中省直管县财政改革加重了县市政府预算软约束，乡财县管改革增强了县市政府支出选择偏向，导致农村公共品供给的显著下降和农村居民增收速度下降。

第七，在跨国经验中，政府职责垂直配置的国家间差异很大，但尽管如此，基层政府只提供公共品的职责是共同特征，且不同层级政府间职责互补性较强。跨国证据表明，政府职责的垂直配置具有明显的规律性，决定政府职责垂直配置的因素主要有经济发展水平、宗教传统、人口规模、地域差异、外向型程度等。中国是一个发展中大国，地域差异巨大，所以五级政府体制比较适合这一国情。对照跨国经验，中国要解决纵向财政不平衡问题，不是通过兼并政府层级的省直管县财政改革和乡财县管改革，而应建立与五级政府体制相一致的政府职责垂直配置。但在中国，不同层级政府间的职责同构现象较严重，相当多政府职责有不断下移的倾向。

基于上述发现，本成果认为：第一，中国应重视纵向财政不平衡问题，因为这一问题不解决，十八届三中全会和十九大提出的"更好发挥政府作用"就很难实现。第二，基于国家治理的需要，保持财政体制适度的纵向不平衡是必要的，因为合理不平衡的财政体制可以提高上级政府，尤其是中央政府区域统筹能力和平衡发展能力，以及抵御治理风险的能力。第三，消除纵向财政不平衡不能局限于财政，需要跳出财政，站在国家治理的高度，审视纵向财政不平衡的根本诱因。为此，中国纵向财政不平衡的解决需要重新梳理政府间职责垂直配置，严格政府履责规范，消除纵向财政不平衡的加深机制。第四，在政府职责垂直配置上，应区分不同层级政府职责重点，消除政府间职责同构，具体应是：政府层级越低，社会发展职责越强，经济发展职责越弱；政府层级越高，决策职责和监督职责越大，除全国性公共品外，公共品提供职责越弱；位于中间层级的政府，其职责重点应放在管理和域内协调方面。第五，作为最重要的纵向财政不平衡纠偏机制，转移支付不仅需要解决不平衡问题，更需要注意在解决不平衡问题时可能产生的其他激励问题。为此，转移支付设计应充分考虑地方政府信息优势，提高转移支付的法制化程度，以提高转移支付的可预期水平。同时，转移支付制度设计应有国家治理的意识，以赋予地方政府更大权限，在此基础上，应坚持对等性、稳定性和客观性原则，正确认识转移支付结构效应，针对不同目的，差异化选择转移支付类型。第六，为了消除转移支付的扭曲效应，在大规模转移支付下，中国的转移支付制度应尽快从纵向为主转向横向为主，以消除转移支付筹资和分配割裂产生的激励异化问题。

三、成果的学术创新、应用价值以及社会影响和效益

本成果的价值和意义体现在如下两个方面：一是拓展了财政体制研究的深度；二是逆转有关财政体制的一些传统认识。就第一个方面而言，本成果系统测度了中国纵向财政不平衡深度，并将其与中国条块治理体制相结合，分析纵向不平衡外生机制及其变迁特征。同时建立纵向财政缺口与垂直分权不对称测度方法，以及纵向财政失衡合理性判别依据，界定纵向财政缺口类型特征。在此基础上，基于信息不对称和序贯博弈分析，从理论上建立纵向财政不平衡内生机制，并在经验上建立纵向财政不平衡对各级政府激励效应及其传导机制的识别方法。尤其是借鉴企业组织理论，并基于组织效率原则研究政府垂直结构选择问题，同时利用跨国数据研究政府垂直结构选择对政府尽职履责的影响，据此，进一步分析政府垂直结构选择决定因素。这些研究将极大拓宽中国财政体制研究的理论视域，无论对后续理论研究，还是经验分析，抑或是财政体制改革，都会具有独到参考价值和指导意义。就第二个方面而言，本成果对于中国纵向财政不平衡的原因，从事权与支出责任不相适应，或事权与财力不相适应的主流观点，转变为决策、执行与成本补偿主体三位一体多重不平衡共存。此外，本成果从反向思维角度，建立政府责任边界，突破公共品思维存在的困境。同时利用跨国数据实证考察政府责任及其垂直配置的国际经验与决定因素，并将其与政府垂直结构选择相结合，根据权的属性和类型，界定政府责任类型，为职责的政府间垂直配置建立依据。在此基础上，基于纵向财政不平衡与缺口研究，建立上级政府对下级政

府的拨款策略。上述研究不仅会改变财政体制改革既有思路，跳出政府间职责分工和转移支付结构方面面临的改革困惑，而且将重塑财政体制改革的目标和策略，跳出以财政体制内部调整来改革财政体制。所以本成果为财政体制改革的实践探索提供了理论支撑。

本成果的创新之处体现在解决了财政理论与改革实践的三个关键问题。第一个关键问题就是纵向财政不平衡与纵向财政缺口测度方法。拓展已有研究，目的是为中国财政体制改革决策部门提供可参考的事权与支出责任相适应的财政体制框架。实现这一目的，关键是要分析现存体制中事权与支出责任不相适应的程度、特征及其形成机制。对现存体制问题分析得越透彻，问题症结就会把握得更准确，据此提出的改革方案就会更具针对性和可操作性。但对现存体制分析，关键是能有一套科学的方法测度中国纵向财政不平衡与纵向财政缺口。方法越科学，测度就会越准确，在此基础上的进一步分析才可能正确。但已有文献提供的测度方法都是针对西方相对稳定和成熟的财政分权体制，在这些国家，政府边界和政府责任相对清晰，政府垂直结构相对稳定和简洁，所以纵向财政不平衡，主要就是下级政府的公共品成本补偿能力不够，也即虽然同样存在事权与支出责任不相适应，但与中国下级政府事权小支出责任大不同，在这些国家，下级政府是事权大支出责任小。这种差异表面上看是结构问题，但实际上背后反映的是纵向财政不平衡的合意性判断，以及对应的转移支付方式。所以在已有文献基础上，创建一套符合中国体制运行特征的测度方法，是拓展研究能否准确刻画中国纵向财政不平衡的关键。

第二个关键性问题是建立事权与支出责任相适应的财政体制的前置条件。解决财政体制问题，需要跳出财政体制，否则不可能真正理清财政体制问题症结。中国财政体制表现出的事权与支出责任不相适应问题，不可能在体制内得到有效解决，因为在既定政府间财政收入垂直分配关系下，事权与支出责任不相适应，根源于政府垂直结构与政府责任边界。中国虽然一直以来都是实行行政性分权，但地方政府只有很小的真正意义上的事权。不仅如此，事权被高度部门化。在中国，无论是中央政府还是各级地方政府，事权边界过大，表现出来的现象就是越位情况普遍。所以财政体制中存在的事权与支出责任不相适应，其根源实际上在体制外，我们将这称为财政体制问题解决的前置条件。如果不能对事权与支出责任相适应的前置条件进行充分研究，就不可能提出解决事权与支出责任不相适应问题的方案。所以拓展研究应以财政体制处理的核心问题为依据，将权责执行主体的垂直结构和权责边界作为事权与支出责任不相适应问题解决的前置条件，通过跨国数据分析，揭示问题前置条件对纵向财政不平衡的影响。

　　第三个关键问题是纵向财政不平衡及其纠偏机制激励效应识别方法。事权与支出责任不相适应所表现出的纵向财政不平衡，不是一个纯粹外生现象，而是有一定内生性特征。事权与支出责任在财政体制建立之初可能有明确制度安排，对各级政府来说，可以看作是外生变量。但由于中国财政体制对各级政府事权边界没有做出明确约定，对支出责任没有法定约束，使得在财政体制运行中，各级政府在事权执行上拥有较大自由裁量权。即使有明确制度安排，各级政府也会有激励选择对自己最有利的事权执行方式。所以事权与支出责任不相适应，既有体制本身因素，也有政府间策略性互动因素。这意味着，真正解决事权与支出责任不相适应这一问题时，如果不能准确识别制度对各级政府产生的激励效应，即使在制度上做到了事权与支出责任相适应，在体制实际运行中也不可能实现这一目标。建立事权与支出责任相适应的财政体制，制度调整是简单的，而制度内在的激励效应识别是很难的。只有创建科学的识别方法，精准识别制度对各级政府的激励效应，才能在体制改革方案上做出更加科学可执行的制度安排。

统计学

《非市场服务测度与绩效评价研究》概要

罗良清*

一、研究的目的、意义及方法

1. 研究目的

伴随社会和经济的不断发展，非市场服务生产活动的重要程度不断提高，非市场服务产出对国民经济的贡献越来越大，对非市场服务的测度工作也成为世界各国学术界关注的一大焦点。

本成果在深入剖析非市场服务概念的内涵与外延的基础上，充分借鉴国内外学术界、国际组织和各国政府的最新研究成果与实践经验，从核算与绩效测度两个视角，对非市场服务进行深入研究与测度，并通过对比非市场服务和 2014 年版政府财政统计核算体系（government finance statistics，GFS）的核算范畴，提出利用 2014GFS 的核算框架记录和反映非市场服务的信息。

2. 研究意义

非市场服务的测度研究工作，无论是在经济核算理论研究中还是在改革实践中都具有重要的意义。

首先，非市场服务测度可促进相关经济管理理论的发展和完善。非市场服务测度涉及的研究内容非常广泛，需要多方面的理论作为指导依据，而理论又来源于实践，通过对非市场服务的测度研究工作可有效促进相关理论的发展和完善。与其他机构部门相比，政府机构部门具有截然不同的生产方式

---

* 罗良清，江西财经大学教授，博士生导师。

及生产特点，并且在不同经济体制的国家或不同的社会经济发展阶段，政府部门的主要职能也是不尽相同的，进而相应的核算方法体系必定与其他部门的核算方法体系存在较大差异，这些差异都需要在测度过程中进行分析研究。通过非市场服务的测度研究工作可有效促进政府绩效管理理论、生产理论、核算理论和测度理论等相关理论的发展与完善。

其次，非市场服务测度可促进经济核算方法的改进和扩展。非市场生产部门以免费或无经济意义的价格提供服务给消费者，没有或缺少市场价格，且非市场生产的成果形式一般难以界定，许多如公共品的非市场服务产品具有不可分性，所以国民经济核算体系中都是假定非市场生产的营业盈余为零，以生产成本来估算非市场服务产出，即"投入代产出"法。伴随着非市场服务生产的不断发展，尤其是新公共管理运动的兴起，"投入代产出"法的缺陷逐渐显现出来。对非市场服务进行科学的测度，不应该单一地从投入角度或产出角度进行测算，而是要将非市场服务生产的投入测度与产出测度有机结合起来，以达到对非市场服务部门绩效水平的科学度量与客观评价。因此，非市场服务测度构建的将是投入与产出、生产过程与生产结果、生产与消费等多角度相结合的测度框架体系。对非市场服务的研究可以有效扩展经济核算的方法体系，丰富经济核算的内容。

最后，对非市场服务核算与测度的研究还可有效丰富政府绩效管理理论。非市场服务测度是一个在非市场服务核算的基础上，再进一步对非市场生产的绩效水平进行测度分析的动态研究过程。而当前绝大部分非市场服务还是由政府机构部门提供的，所以非市场服务核算与绩效测度的主要对象是政府机构部门和事业单位。该领域的研究成果有助于相关部门绩效管理工作的有序高效开展。

3. 研究方法

本成果主要采用了以下研究方法：

（1）文献研究法。通过对国内外理论界的学术研究成果与国际组织和各国政府实践经验的搜集和整理研究，系统梳理非市场服务的内涵、外延和本质特征，多层面测度非市场服务的总量与绩效，全视角反映我国非市场服务核算与绩效测度的发展状况，为后续进一步研究奠定基础。

（2）定性分析与定量分析相结合的研究方法。定性研究主要从两个方面展开：第一，从非市场服务的本质特征、理论基础出发，结合国际组织的先进实践经验，演绎非市场服务各个领域的具体核算方法的改进，包括教育、医疗、其他一般政府服务等各领域。第二，对比非市场服务与2014GFS的内涵，发现两者在核算外延上高度重合。2014GFS作为国际核算规范，其框架可以为测度非市场服务的总量与绩效提供借鉴。定量研究主要从两个方面展开：第一，基于数据包络分析（DEA）模型的非市场服务绩效测度方法进行改进与实证分析；第二，基于2014GFS的核算框架，对试点地区进行案例试编，用以验证采用2014GFS框架统计政府非市场服务信息的可行性。

（3）比较研究分析法。一是采用纵向比较法，梳理并对比国际组织非市场服务产出核算的实践经验与理论发展脉络，提炼对我国非市场服务产出核算研究的有益经验；二是采用横向比较法，对中国在非市场服务各个领域的现状和实践情况进行对比和总结，找出存在的问题和特色，为探索有中国特色的非市场服务核算与绩效测度奠定基础。

（4）进行大量的数据查询和筛选。本成果运用的方法较多，需要多方面的数据资源，如时间序列、省际面板数据、国际截面数据等，因此在数据的查询和整理上，需保证数据选取的科学性和准确性。在数据选取上主要通过《中国统计年鉴》、《中国商务年鉴》、财政部官方网站、经合组织数据库、世界银行官方网站等相关统计资料和官方网站查询、筛选和核算。

二、成果的主要内容和重要观点

1. 主要内容

本成果的主要内容包括：

（1）非市场服务测度涉及的基本问题研究。

通过分析非市场服务测度的研究背景，建立了测度的必要性以及可行性依据，并对本成果的主要内容、结论以及创新之处进行了概括性描述；通过分析非市场服务的内涵特点以及其生产主体的概念界定及职能，确定了非市场服务测度的基本内容及范围；在对非市场服务测度特性的分析基础上，构建了非市场服务测度工作所需遵循的相关原则。

（2）非市场服务测度的理论与方法。

结合已有研究基础，针对研究中可能存在的问题，对非市场服务测度的理论与方法进行重构和探讨，以期将它们实现于后续章节的应用性研究中。为了能够探究到既有效又可行的方法，必然要首先找到可支撑其方法实现的理论基础。与已有研究对理论的孤立阐述不同的是，本成果试图对可能的相关理论建立一个逻辑间的联系，主要是尝试从价值论的角度对非市场服务存在的理论基础以及非市场服务测度的理论基础进行研究，以建立一个理论支撑体系，进而找到新的测度方法的突破口。具体研究路线为：一是从生产活动的现实背景出发，探寻到作为生产活动的非市场活动产生和发展的现实依据和理论基础，进而明确非市场服务活动存在的价值。二是在明确非市场服务存在价值的基础上，分别从内部价值和外部价值来探讨非市场服务测度的价值。三是在上述对非市场服务存在价值和测度价值研究的基础上，对非市场服务的测度边界和测度方法进行阐述和比较研究，以明确我国现阶段对非市场服务测度的可实现路径。

（3）非市场服务测度的国际经验和中国实践。

本成果梳理了意大利教育服务产出的测度实例、丹麦统计局医疗卫生服务的产出测算实例、荷兰统计学会针对一般政府部门的服务产出核算的经验做法等，在此基础上提出我国非市场服务测度的实践借鉴和对比。目前我国的国民教育以公立教育为主，民办教育为辅，并且与公立教育活动相比，民办教育的办学规模及办学经费在整个教育事业中所占的比重很小。初等教育和中等教育中的公立教育产出核算，可参照高等教育服务产出的核算方法。民办教育的教育服务产出核算可按照一般服务的核算方法，采用营业收入法进行核算。医疗卫生服务属于针对个人消费提供的服务，即医疗卫生服务是对不同的病人提供各不相同的治疗服务。在我国实践中，医疗卫生服务的产出是核算期内病人接受完整治疗的服务总量。在一般政府服务产出的核算实践中，从合理性和可操作性角度对各种方法进行考量，优缺点各异。基于国内外的核算实践，目前我国主要还是使用投入替代法来核算一般政府服务产出。

（4）教育服务产出测度与绩效评价研究。

教育作为非市场服务的重要组成部分，其产出的正确测度，对 GDP 核算、一国的生产效率分析和绩效评价等都具有非常重要的意义。本成果系统探讨了教育服务产出测度的基本理论和方法，试图提出教育服务产出测度的改进方法和思路，并对中国的教育绩效进行系统的实证测算。在教育服务产出测度的基本理论和方法部分，首先科学界定了教育服务产出的内涵，分析了教育服务及教育服务产出的特点和属性。接着，对教育经济学中教育产出的核算方法、现行国民经济核算中教育产出的核算方法进行了系统的梳理和分析。最后，对教育服务产出核算中的核心问题——物量测算和质量调整进行了研究，特别是对教学服务产出的质量调整问题，分析了教学服务产出质量的影响因素，探讨了班级规模（师生比）对课堂教学质量的影响及解决不同教学单位产出加总的两种思路。在我国教育绩效评价部分，对我国各地区初等教育、中等教育及高等教育的教育绩效进行了全面、系统的静态和动态分析，以期全面、准确地测算我国各层次的教育绩效，为相关教育部门提供重要参考。

（5）医疗卫生服务产出核算与绩效评价问题研究。

本成果对我国非市场服务产出在医疗领域的测算问题和绩效评价问题进行了研究。在对医疗卫生服务的定义进行界定的基础上，讨论了医疗卫生服务的内涵、外延、性质特点以及基本分类，同时概括了医疗卫生服务市场的特点；引出医疗卫生服务产出的概念和核算范围，对现有的产出核算基本方法进行了介绍、比较和评述，特别对完整治疗法的前景进行了展望；阐述了医疗卫生服务绩效测度方法的理论基础，归纳了国内外研究者在投入产出指标选取上的现状和改进方向，遵循绩效测度的原则，构建了医疗卫生服务绩效测度的指标体系；应用数据包络分析方法对我国各地区的医疗卫生服务绩效进行测度，提出了一系列相应的提高医疗卫生服务绩效的措施和建议。

（6）其他一般政府服务测度与绩效评价问题研究。

对于其他一般政府服务，本成果从测度方法和绩效评价两个角度进行了研究。在对其他一般政府服务的测度范围进行界定的基础上，详细讨论了行政管理服务、国防安全服务以及社会保障服务的主要特征，针对这些特点，剖析了现行的政府服务产出测度方法在应用上的不适用或存在的缺陷，进而对其他一般政府服务测度方法的改进思路进行了深入探讨。另外，还对其他一般政府服务的绩效评价问题进行了实证研究。

（7）2014GFS框架下的非市场服务核算。

本成果在对非市场服务的内涵、核算外延与核算方法进行解析的基础上，提出在已有的、比较成熟的几大宏观经济核算体系中，GFS 是最接近非市场服务部门核算范畴的核算体系；通过对非市场服务核算与 2014GFS 的核算范畴进行对比研究，进一步明确两者的核算界限，提出可以利用 2014GFS 的核算框架记录和反映非市场服务的信息，从而规避或完善非市场服务核算集中代表性思路中存在的限制和不足；进一步地，解读 2014GFS 框架下如何核算非市场服务，以资产负债表、政府运营表、其他经济流量表和现金流量表记录和核算非市场服务各个重要方面和环节的统计信息；为验证核算框架的可行性，对试点乡的非市场服务部门进行案例试编，试编结果显示 2014GFS 框架可以用于记录和反映非市场服务的规模、结构、流量、存量等统计信息，用于对该地区的非市场服务部门进行绩效评估和分析。

2. 重要观点

本成果基于以上研究内容，得到一系列重要观点：

（1）明确非市场服务核算与测度的基本理论问题，是深入开展理论和实践研究的基础。这些基本理论问题包括：非市场服务测度是伴随非市场服务理论、核算方法以及绩效评价工作的产生和发展过程逐渐形成的；非市场服务的测度研究工作，无论是在经济核算理论研究中还是在改革实践中都具有重要的意义；非市场服务具有价格非市场性、非营利性、公共性以及外部性等特点，当前非市场服务最主要的生产供给者是政府部门，政府部门主要具有政治、社会、经济和文化教育四方面职能；非市场服务测度的内容主要包括非市场服务的生产过程核算、生产结果核算以及绩效度量三个部分；非市场服务测度的原则应与国民经济核算体系（SNA）保持一致，还应与我国现实环境相适应。

（2）历史经验和理论严格证明，非市场服务存在的目的在于满足人类个体需求，国家发展目标的实现必须与人类个体需求相结合，并最终为满足人类个体需求而服务。现实条件和理论研究证明，非市场服务测度的必要性不仅在于它的内在价值和外在价值都是不可小觑的，更重要的是它对于宏观经济各指标的重要影响。如果忽略或不对其价值进行测度，将会导致如 GDP 等宏观经济指标被误读或低估。基于非市场服务存在价值和测度价值，提出现阶段对其进行测度的可实现路径。具体提出从非市场服务测度的目的、原则和范围、测度边界以及测度方法四个方面进行分步研究，并就不同类型非市场服务测度存在的共性关键性问题进行分析，提出解决思路。

（3）在教育服务测度方面，荷兰和澳大利亚都是从产出角度，选用产出指标来测算教育产出，该方法在我国直接套用是行不通的。我国教育服务产出核算可按照一般服务的核算方法，采用营业收入法进行核算。医疗卫生服务的产出是核算期内病人接受完整治疗的服务总量。对于一般政府的非市场服务产出，我国目前还是使用投入替代法来核算。

（4）我国各层次教育整体呈现非数据包络分析方法有效状态，初等教育的综合效率呈现出西部—东北—中部—东部依次递增的阶梯状格局。中等教育的综合效率呈现出西部—东北—中部—东部依次递增的阶梯状格局。高等教育的综合效率呈现出东北—西部—中部—东部依次递增的阶梯状格局。在全要素生产率分析中发现，初等教育和中等教育的全要素生产率均呈现下降的趋势，下降主要是由技术退步所导致。高等教育的全要素生产率呈现攀升的趋势，主要是技术进步促进了高等教育全要素生产率的提高。

（5）由于各地区的经济发展水平参差不齐，各地区的医疗卫生资源的投入力度也存在较大差异。各地区医疗卫生资源的投入或多或少均存在浪费的情况，特别是北京、江苏、浙江等一些经济相对发达的地区，其医疗服务的综合效率反而远低于全国平均水平。在现有的医疗服务产出规模下，这些经济发达地区应当适当放缓乃至减少医疗卫生投入，不宜再盲目扩大医疗卫生服务的生产规模，以扭转卫生资源投入大量冗余的局面。部分地区医疗服务综合效率偏低的根本原因是医疗服务技术效率偏低，而不是医疗服务规模效率偏低。我国东、中、西部地区的医疗服务技术上的差距正在逐步缩小。地区的医疗服务生产存在规模不经济。

（6）我国各地区一般政府服务综合效率水平皆偏低，究其原因，在行政管理服务和社会保障服务方面是由于技术效率水平偏低导致的，在公共安全服务方面则由规模效率低下引起。我国不同省份的其他一般政府服务效率水平各异，进行区域比较可知：我国西部地区行政管理服务综合效率明显落后于其他三大区域；但是其公共安全服务综合效率要高于其他三大区域，东部地区公共安全服务综合效率较低；对社会保障服务而言，东部综合效率要高于其他三大区域，东北地区的综合效率较低。

（7）非市场服务部门与2014GFS的核算主体——公共部门具有高度的重合，因此2014GFS是最接近非市场服务部门核算范畴的宏观经济核算体系；正因为两者具有高度的重合，2014GFS的核算框架可以用于反映非市场服务部门中占主体地位的公共部门的规模、对经济的影响广度与深度等统计信息，可以规避或完善现有的非市场服务核算的几种思路的限制与不足。

3. 对策建议

（1）充分借鉴非市场服务核算与测度的国际经验，积极开展基于我国国情的理论研究和实践探索。

国家的经济活动由市场活动和非市场活动两部分构成，因此在全球范围内进行非市场服务测度具有一定的实践意义。现行的国民经济核算体系对市场活动部分进行了系统性的测定，其中最具代表性的指标是国内生产总值；而对于非市场活动部分，现行的国民经济核算体系则关注度不够。因此进行非市场服务测度可以弥补这一不足，能够更加全面地测算一个国家的经济活动总量。本成果系统地梳理了经合组织、国际货币基金组织等国际组织和英国、美国、意大利等国家的探索和经验，再充分结合我国国情，据此提出对我国的非市场服务具有可行性的核算方法。

（2）根据教育、医疗、一般政府服务等不同类型非市场服务的特点，开展有针对性的研究。

非市场服务涵盖范围广泛，一般包括公共教育、公共医疗和一般政府服务三大块。三大领域非市场服务的特点相去甚远，因此非常有必要对三大领域的非市场服务核算和绩效测度的方法开展有针对性的理论与实践研究。这也是本成果的研究重点。

（3）在核算思路上，积极与国际接轨，探索在2014GFS国际规范的框架下建立对非市场服务的信息披露机制。

2014GFS是最接近非市场服务部门核算范畴的国际规范核算体系，应探索在其框架下对非市场服务信息的披露机制和分析方法。我国还没有建立成熟的政府财政统计核算体系，如何构建我国的政府财政统计体系，又如何从中分析我国非市场服务的规模信息以及对宏观经济影响的深度与广度，这是一个研究难点，但对宏观经济分析具有重要意义，值得探索。

三、成果的学术创新、应用价值以及社会影响和效益

1. 学术创新

（1）在对非市场服务的内涵及特点、非市场服务测度的内容及特性进行研究分析的基础上，建立了非市场服务测度工作应遵循的主要原则。

（2）本成果基于价值论对非市场服务的相关理论体系进行建构，试图从非市场服务存在的必然性到对它进行价值测度的必要性，最后到价值测度的可实现路径三个方面层层深入地进行理论探讨，以形成严谨的理论逻辑架构。

（3）本成果在系统的理论阐述基础上，结合对现有测度方法的比较研究，提出了对非市场服务测度的基本思路。非市场服务的生产部门和服务类型不同，本成果着重于对非市场服务共性问题的讨论，并就其中关键性问题的解决方案提出了可供参考的意见和建议。

（4）系统梳理和分析了公共教育服务产出测度的理论和方法，对教育服务产出的物量核算和质量调整提出了改进方法和思路，特别是提出了不同教学单位产出加总的两种思路，力图解决不同教育提供者的差异造成的不可加总性。并且采用数据包络分析方法，结合全要素生产率对我国各层次的教育服务部门绩效进行了系统的测度，这对于解决教育资源短缺问题、优化教育资源合理配置、提升教育服务部门绩效水平具有重要的意义。

（5）系统归纳了既有的公共医疗服务产出核算的基本方法，评述了各种方法的优点和缺陷，并且结合我国医疗保险制度改革的现状和将来的改革方向，指出病例组合的思想相较传统的投入替代法和产出指标法更加合理，完整治疗法的可操作性会在不远的将来变得越来越强，符合我国医疗实际现状的完整治疗法可能成为现有方法的改进方向。

（6）考虑到投入替代法并未体现劳动生产率的变化，对五种增长率调整法进行了系统梳理，为后续研究提供了一些有益的启示。并对我国其他一般政府服务进行较为全面的绩效评价研究，分别测算我国行政管理服务、公共安全服务和社会保障服务的综合效率、纯技术效率和规模效率，并在此基础上进一步进行区域差异性比较。

（7）在对非市场服务的内涵、核算外延与既有的几种核算思路的优缺点

进行解析的基础上，对非市场服务部门与2014GFS的核算主体进行对比研究，提出两者在核算范畴上具有较高的重合，2014GFS是最接近非市场服务部门核算范畴的核算体系和国际规范。因此，2014GFS的核算框架可以用于记录和反映非市场服务部门中占主体地位的公共部门的规模、对经济的影响广度与深度等统计信息。在此思路下，本成果通过解读2014GFS框架下的资产负债表、政府运营表、其他经济流量表和现金流量表来记录和核算非市场服务部门中占主体地位的公共部门的各个重要方面和环节的统计信息。

2. 应用价值

非市场服务核算与绩效测度的主要内容，是对政府部门在管理公共事务以及提供非市场货物与服务过程中的投入、产出和成果所反映的绩效进行核算、测算与评价。所以，非市场服务核算与绩效测度的应用价值体现在以下几个方面：

第一，在政府投入方面，绩效测度可有效降低收入与成本分离、软预算约束等因素给政府生产带来的不良后果，节约政府部门的生产成本，并可建立有效的财政资金管理机制，从而提高财政资金的使用效率，促进政府公共资源使用过程的公开化、透明化，优化政府资源配置。

第二，在政府产出方面，通过绩效测度可判断政府各部门服务产品质量的优劣，并认清个体消费者、群体消费者以及公共消费者的消费需求的差异即特点，进而可促进政府部门的服务产品质量和生产效率显著提升。

第三，在政府绩效管理方面，通过绩效测度不仅可以客观评价政府各部门的工作绩效，进而提高政府部门的整体效能，还可以作为政府部门绩效改革工作的"风向标"。并且通过绩效测度工作的公开化和透明化，可增进政府与公众之间的沟通与了解，进而有助于提高政府部门的信誉与形象。

3. 社会影响和效益

本成果可作为统计局、财政局统计部门、其他政府部门、公共企业、高校和医院等事业单位进行核算与绩效评价、管理决策的科学依据和学术研究的交流基础。预期将取得良好的社会效益，包括：（1）可作为政府决策的科学依据；（2）可为同行的后续和深入研究提供有实际意义的参考资料。

《综合评价基本理论与前沿问题研究》概要

苏为华[*]

一、研究的目的、意义及方法

1. 研究目的

综合评价起步于 20 世纪 80 年代初期，当时国内统计学术界讨论的一个热点问题就是关于经济效益的统计评价。此后，综合评价理论与方法快速发展，评价理论多样化（不同背景的学者给出了不同的概念体系与方法体系）、指标数据复杂化（基于混合型数据、多层嵌套数据、区间数据、残缺数据的评价理论研究）、评价过程动态化（从动态角度设计评价模型与参数，包括基于函数型数据的评价思想）、评价应用广泛化（综合评价技术已经演化为一种多属性测度技术，广泛应用于各种类型的现象测度分析之中）、评价方法智能化（各类人工智能方法、统计学习理论、数据挖掘等有学习能力的学科方法被引入综合评价领域）、评价工具软件化（已经有团队在开发综合评价专用软件，从而使得评价计算过程自动便捷、评价结果实时可视）以及研究领域交叉化（综合评价方法与多目标决策方法、运筹优化技术、应用数学方法等学科方法之间的结合日益密切，使得创新的评价方法更加复杂），使得综合评价技术成为各领域中应用最为广泛的技术之一。

30 多年来的实践表明，多指标综合评价技术的应用价值是毋庸置疑的。但是，如果对综合评价技术或活动的本质缺乏足够清晰、准确的认识，将极

---

* 苏为华，浙江工商大学教授，博士生导师。

易因误用、误读、误解、曲解而误导判断与决策。尤其是面对当下各种机构铺天盖地而来的形形色色排名评价与考评运动，面对各种不绝于耳的讨伐质疑之声，我们更加需要对综合评价这种技术及其结果有科学的认识。

因此，本成果的第一目的就是解决综合评价技术的科学使用问题，故在撰写过程中努力突出理论方法的基础性（通用性）与实践可操作性的结合，同时对实践应用过程中已经或可能存在的各类误区进行讨论。虽然综合评价方法随着其源学科的发展而发展，变得日益复杂，但"万变不离其宗"，指标的同度量化处理、集成要素赋权、要素的加权集成，永远是综合评价最基础的构件。这些貌似简单、初等的基础要素，却是最本质的内容，并且学界就这些基本要素还有不少创新，可令人遗憾的是，人们或是嫌弃这些方法的简单，或是不了解既有的创新，不愿或不会关注这些要素的价值，从而导致一些低级的错误。一些由繁复步骤与时髦术语包裹的"新方法"，其所包含的这些基本要素却是十分粗糙甚至有很大的偏误，不禁令人惋惜。

本成果的第二个目的是，通过介绍当前相关研究的前沿问题与技术，剖析其他学科的一些学术研究思路，给统计学界（特别是经济统计学界）的学者提供有益的参考。

2. 研究意义

第一，经过30多年的发展，多指标综合评价方法经历了从简单到复杂、从单一到多元化的发展过程。来自众多不同学科领域的定量分析方法源源不断被引入到综合评价实践中。这一方面极大地推进了综合评价技术的进步与思想的丰富，但另一方面也催生了一种误区，即过于注重评价方法的复杂性，轻视方法的简明性，忽视方法的适用性与实质性含义。因此，本成果在阐述理论体系时，辅以大量社会经济领域的实际案例。与现有研究相比，既保证了理论性，又兼具实际应用价值。

第二，来自其他学科领域的分析方法本身在不断发展，将其引入到综合评价过程中时，必须关注这种发展。但遗憾的是，当前不少综合评价应用文献并没有及时更新，依然采用已经被学界认为不太合适的技术细节。本成果引入了大量相关学科的研究方法，同时在分析时注重综合评价学本身的问题，既对综合评价理论体系进行了完善，又提升了方法应用的科学性。

第三，当前综合评价理论研究中的一种极端化倾向是：片面强调综合评价的客观性，无视评价过程中人的认识与判断的主观能动性需要。并且，对"客观性"与"主观性"这对哲学概念做了错误的理解。认为越没有评价者的主观判断的方法就越科学，把评价过程的独立性甚至机械性与哲学层面的客观性等同起来，进而与科学性之间画上了等号；把哲学层面的主观性与主观随意性混为一谈，进而在主观性与随意性之间画上了等号。鉴于此，本成果一方面着重强调了主观评价方法的应用及发展，同时也提出了一些主客观兼顾的方法，并用实际例子说明了方法的有效性，能提升社会各界对综合评价技术的认识。

3. 研究方法

本成果遵循的基本方法是：结合决策学、经济学、管理学以及计算机科学中的相关知识，采用实证分析、比较研究法、文献研究法、信息研究法等方法，以科学应用综合评价基本理论为出发点，对综合评价领域的前沿问题进行探讨。

二、成果的主要内容和重要观点

（1）综合评价研究的基本问题。

新的评价方法与新的评价思想层出不穷，总的来说，围绕综合评价理论与应用的研究，基本上都是从综合评价方法体系的研究（从功效系数法到基于各类多元统计方法的评价理论，从模糊理论与评价方法的结合到智能化评价技术，从个体行为理论到群体性的评价理论等）、基于指标数据类型的综合评价技术研究（实数、区间数、模糊数、语义数及其混合形式）、关于综合评价技术应用的问题（在目前发表的各类中文文章中，基于综合评价方法进行实证研究的文章位居前列，但问题较多，方法滥用司空见惯）、关于综合评价工具的软件使用问题（从 20 世纪 90 年代的智能决策支持系统，到 21 世纪初的群决策支持系统、分布式决策支持系统、智能—交互—集成化决策支持系统等）以及基于学科交叉的综合评价技术（与管理科学、数学、经济学等多学科交叉，且呈越来越紧密之势）等几个问题展开的。

（2）综合评价理论与实践。

当前方法的理论创新总体仍然较慢，特别是关于综合评价的基础理论问题依然没有解决，理论的自洽性弱，未能构建起相应的公理性体系，使得这一种方法在实践中缺乏最基本的、统一的、公认的优劣标准或评判体系。并且由于综合评价研究成果的推广不够，一些早已经被证明不合适甚至错误的方法依然被应用者广泛使用，而更多更有效的评价方法却被束之高阁，无人问津。从当今的实践看，无论是国内还是国外，让人焦虑不堪的综合考评体系，不时激起褒贬不一舆论风潮的排行榜单，令人眼花缭乱的指数产品，推进政府工作的绩效评价、记分牌，各类经济或非经济利益包裹着的评价体系与评价报告、博人眼球、包罗万象的评价类指数等，数不胜数，凡可判个大小断个高低分个类别的东西，哪怕连"星级"都无法标，皆可谓之"某某指数"。如此繁荣的综合评价应用体系，参差不齐，如此众多的第三方评估机构，鱼龙混杂，如此汹涌的考评大潮，嘈杂混浊，令人方向不清，真假难辨，无所适从。

（3）综合评价要素体系。

综合评价是一项复杂的统计认识活动。它通常是由评价组织者根据有关方面的要求，遵循一定的原则或指导思想，采用特定的方式方法，从多个维度对特定对象的某一综合特征进行度量，并集成为综合性度量，进而据之对特定对象进行分类或排序或计分比较。在这个过程中，需要回答一些关键的问题：对谁进行评价（评谁）？评其什么（方面）？为什么要评价？由谁来评价？怎么评？何为优何为劣？评的结果是什么？如何解释？评价质量好不好（总结）？等等。在回答这些问题的过程中，还涉及更细更具体的问题。它们在整个评价过程中，将直接影响到评价的结果，因此非常关键。换一个角度看，既然综合评价过程就是上述问题的"解题过程"，那么，不同的解题方法，只要是有效的，都可能成为综合评价的创新方法。我们把综合评价过程中会涉及的众多因素（评价要素）归为以下八大类：评价目的、评价主体、评价客体、评价判据、评价模型、关联信息、评价实施方案和评价结果。

（4）指标处理。

指标处理是综合评价技术实施的基础步骤。首先，本成果分别从设计形态的指标、理论模型、完成形态的指标、数据获取和抽样、数据量化（定性数据量化）、数据同构（非结构化数据的处理）、指标转化和数据质量等维度，就综合评价问题中的指标理论进行了阐述；其次，着重论述了指标处理技术，主要涉及数据清洗和指标变换（或称为指标无量纲化处理）两大环节。其中，数据清洗包括异常值的处理、缺失值的插补以及数据质量控制等环节。对于异常值问题，分别给出了基于奈尔检验法、标准差未知检验法、四分位数检验法以及绝对中位差检验法的异常值识别与处理方法；对于缺失值问题，给出了众数插补、均值插补和回归插补、K 最近邻插补等方法；对于数据质量控制问题，着重对数据质量的控制标准和影响因素进行了探讨。关于指标无量纲化处理技术，除了对经典的无量纲化方法进行拓展，还给出了极标复合法、反三角函数法以及几种简明的动态无量纲化方法。

（5）权数理论。

权数是衡量指标重要性（或指标对目标影响程度）的最基本方式。首先，本成果对实践中大量使用的单准则层次分析法（AHP）进行了研究，提出了基于算术平均法、几何平均法和规范列平均法求解指标权重的思路。同时，考虑到信息不充分和自身价值取向等因素，专家在对指标进行重要性评分时可能会选择保留意见或提出模糊意见。在这种情况下，传统单准则层次分析法将难以准确量化专家给出的指标重要性信息。鉴于此，提出了一种基于意见不确定信息的层次分析法——证据理论层次分析法（D-AHP），该方法相对于传统层次分析法主要新增了证据理论（Dempster-Shafer）测度判别矩阵和结果置信水平 λ。前者主要用于处理不确定信息，后者则主要对前者的可靠性进行识别。其次，由于评价主体通过层次分析法给出指标之间的偏好关系，需要耗费较多的时间和精力，因此，实践中经常存在决策主体偏好信息缺失的问题。针对该类问题，本成果提出了一种基于残缺矩阵的层次分析法。另外，考虑到实践评价中专家构权法应用广泛，故本成果还根据专家反馈的方式，讨论了德尔菲构权法和无反馈系统的群组构权法。最后，指标具有"截面＋时序"双重特性，故基于指标的属性和动态变化问题，提出了熵权法、时间权向量、序列综合法、多指标动态权重法、均方差法、极差法等权重确定方法。

（6）质疑补偿构权理论。

国际上关于指标权重最前沿的理论都是基于质疑补偿构权（benefit of the doubt，BOD）理念开展的，其作为一种内生赋权方式，借鉴了数据包络分析（DEA）思想，以求解每个评价对象可以获得的最大得分的权重向量为主要目标。本成果对 BOD 法进行了论述，并指出了其存在的 0-1 权问题。

基于该问题进行了相应的拓展，分别提出了补偿性和非补偿性 BOD 法，但其仍然难以处理样本规模小、异质性强、极端值多等不同情形的评价值问题。因此，还提出了广义 BOD 法以及双向 BOD 法。其中，广义 BOD 法拓展了传统 BOD 法的运算领域，考虑了累乘情况下的评价问题；双向 BOD 法则基于非补偿性 BOD 规划和反向非补偿性 BOD 规划，通过"好指数"与"坏指数"的加权方式解决非补偿性 BOD 法存在的缺陷。

（7）集成理论。

单个指标所包含的评价信息，一般是由单项评价值表明。若要得出综合评价的结论，需要合（集）成总评价值。综合评价集成方法大致有两类：一类为基于指标性能的集成方法，被综合评价领域广泛使用，主要根据单项指标在指标体系中的重要性进行集成；另一类为基于位置信息的集成方法，该类方法在决策学领域中较为流行，主要根据指标的属性值大小关系进行集成。针对指标信息集成方法，论述了幂平均函数的主要形式（包括算术平均、几何平均和平方平均等）、幂平均数的数学性质、平均合成模型的选择原则以及二次集成—理想点贴近法（TOPSIS）的集成原理及特点。特别是，针对不同情形下平均合成模型的特点与比较，对实践评价活动中如何有针对性地处理不同评价目标下的指标合成问题，具有重要的价值。另外，针对位置信息集成方法，对有序加权平均算子（OWA）、有序加权几何平均算子（OWGA）、庞费洛尼平均算子（BON-BM）、庞费洛尼有序加权平均算子（BON-OWA）和希律安有序加权平均算子（H-OWA）等集成算子的前沿问题进行了探讨。最后，还就如何结合两类方法，分别提出了基于组合加权算术平均算子（CWAA）、有序加权几何平均算子（OWGA）、组合加权几何平均算子（CWGA）、信息熵等理论的多指标集成方法，有利于评价者在集成过程中更好地处理指标的主观重要性和属性值信息的客观性。

（8）群组评价技术。

在许多评价活动中，受评价对象的复杂性、评价信息的模糊性以及主体判断的不完备性、有偏性等因素的影响，常常需要通过构建一个由多个评价主体组成的群组来进行评价，并把个体意见按照约定的方式加以汇总或集成，这种评价技术即为群组评价。首先，本成果针对主客体分组后评价意见的集成问题，提出"链式"修正的思路，并从评价主体（即指评价者，称为

"纵向")与评价客体(即评价单元,称为"横向")两个角度进行异质性的划分,首次提出了主客体分组的群组评价问题可以划分为四种基本类型,并且探讨了每种类型的特点。其次,考虑主客体分组的链式评价应用问题,分别给出了共基链式和定基链式的评价步骤,详细论述了上述两种情形下如何根据链式评价意见确定不同小组的评价值关系,并结合例子说明了方法的可行性。最后,目前大多采用聚类方法处理评价主体趋于大规模的情形,但聚类的本质是将主体降维,容易出现信息损失。更为重要的是,聚类方法无法解决评价客体趋于大规模的情况。而且,目前的各种方法均不能避免评价主体采用逐一评价和交互式评价的方式进行群组评价。本成果以此为切入点,对传统的群组评价技术进行了改进,提出了一种两阶段群组评价技术。该方法通过两次交互式群组评价保证了评价结论的科学性与准确性,并通过测验等值技术推断非样本客体的全体一致性意见,使得评价意见更易被接受,避免了主客体分组后因评价标准不一致对评价结论产生影响。

(9)区间综合评价问题。

在传统的评价过程中,评价指标的数据、权数以及评价结果都是以点值形式表现的。而事实上,从综合评价的实践活动来看,区间形式的数据更加符合综合评价的事实。比如,在群组评价过程中,不管是基于点值的频率,抑或是基于区间的频率,都会形成单项指标取值的区间化。因此,本成果研究了基于区间数的综合评价问题。首先,对传统的 TOPSIS 法进行了拓展,提出了区间 TOPSIS 法的综合评价步骤;然后,结合管理科学领域的前沿成果,将 OWA 算子拓展到区间情形,提出了一种基于区间 OWA 的评价技术;最后,主成分分析是综合评价领域应用最为广泛的方法之一,本成果还就区间主成分问题进行了探讨。目前,区间主成分分析主要分为两类:一类是基于符号数据分析框架的区间主成分分析方法,另一类是基于模糊数据分析建立起来的区间主成分分析方法,但上述两类方法应用于主成分分析存在代表性不足、稳健性较差等问题。本成果通过增加区间代表性点数,比较了各种区间分布状态下结论的稳定性,并提出了一种多点区间主成分方法。

(10)模糊综合评价问题。

随着社会的发展、科学技术的进步,评价环境越来越复杂,评价者往往受到自身主观和客观因素的影响（如知识结构、判断水平和个人偏好等），所做出的评价很大程度上具有不确定性或模糊性。另外，在日常的现实生活中，由于模糊性现象大量存在，决策问题本身的模糊性使得人们所接触到的大量信息大多数都是模糊和不确定的，致使我们所要认识的对象的数量方面并非总是以"0－1"这种二值逻辑的形式表现的，更有可能是以模糊的概念表现。因此，本成果还讨论了模糊综合评价问题。首先，考虑模糊信息中的隶属度、非隶属度和犹豫度问题，引入了直觉模糊集的概念，并基于此，构造了一种直觉模糊综合评价技术，用以解决传统模糊数只能处理"亦此亦彼"信息的问题。其次，考虑评价者对客体认知的模糊性，通过引入置信水平，研究了基于置信水平的语义加权平均（CLWA）算子和语义有序加权平均（CLOWA）算子的特点。进一步地，基于广义平均的概念，提出了广义语义有序加权平均（CGLOWA）算子，并据此给出了相应的评价流程。该方法相比传统方法能更有效地处理模糊信息，且从使用条件上更具一般化。最后，为了研究调查指标的时序动态问题，引入三角模糊数的概念，并利用模糊 ARAS 法，给出了一种基于三角模糊数的综合评价技术。

（11）函数型数据的综合评价问题。

一切社会现象都处于不断变化和发展之中，在不同的时点上评价对象具有不同的特征，从而要求评价过程具有动态化的视角。同时，为加强管理需要，有必要对评价对象进行连续性的观察。当时间点足够密集时，对于社会科学现象的发展均可基于函数的视角去研究。此时，就变了基于函数型数据的综合评价问题。本成果探讨了当数据形式为函数型数据时，如何对指标进行无量纲化处理、利用基函数进行拟合、求解特征向量形成权重等问题。特别是，针对由函数型数据表支持的综合评价问题的特殊性，提出了一种新的确定权重系数的"全局"拉开档次法，利用 Matlab 编程，使得该方法具有可操作性，并给出一个实际例子。最后，将该方法与传统方法进行比较，阐述了所提方法的优势。

三、成果的学术创新、应用价值以及社会影响和效益

1. 学术创新

第一，立足学科交叉，系统梳理了综合评价领域的前沿理论，对综合评

价理论体系的构建具有重要的学术创新价值。本成果从要素视角，融合了管理科学与工程、应用经济学、计算机科学等学科领域知识，重构了综合评价基础理论框架，并对质疑补偿构权理论、不同数（区间数、函数型数据、模糊数等）的综合评价问题和群组评价技术进行了拓展，对综合评价理论体系的搭建具有重要的学术创新价值。

第二，从主客体角度对群组评价技术进行了拓展。子群评价技术提出以来，部分学者开展了系列研究，但理论体系并不完善。本成果从主客体角度，结合管理领域的群决策理论，在大规模情形下运用统计方法对链式群组评价、多阶段群组评价、混合信息下的群组评价、主客体双重动态下的群组评价等技术进行了拓展，充分体现了统计学在管理科学中的工具价值。

第三，提出了基于模糊理论的系列评价方法。模糊数的研究是近几年学界关注的焦点，形成了较为丰富的研究成果。本成果立足三类模糊数（直觉模糊数、语义数以及三角模糊数），就运算规则、集成法则与数学性质进行了讨论，并以实践为例，详细阐述了基于三类模糊数的评价步骤与原理，将模糊数学理论相对科学地融入了综合评价理论体系。

2. 应用价值

第一，有利于指导各界更好地开展综合评价实践活动，提升管理的科学性。本成果强调方法的应用性与可操作性，对每一类方法都以相应的实际案例为背景进行了深度应用。特别是，对综合评价技术实际使用过程中经常遇到的问题进行了详细说明，可帮助各类综合评价方法的使用者更科学地处理各类评价活动，提升结果的公正性与科学性。

第二，通过前沿方法的应用研究，有利于综合评价技术的进一步推广。随着管理科学等领域学者的加入，综合评价理论方法层出不穷，应用范围愈加广泛。本成果在阐述前沿理论方法的同时，强调应用研究与学科交叉，既有利于综合评价理论的学习者充分掌握方法的科学使用方式，又有利于其他领域的学者进行更充分的交叉融合。

第三，本成果对于综合评价理论的学习者，特别是对深入掌握综合评价技术的读者，具有较强的使用价值。本成果以综合评价要素构成为视角，从基础理论到相关前沿理论，较为系统地梳理了综合评价技术的理论与应用研究，能帮助相关领域的学者更全面地了解与使用综合评价技术。

3. 社会影响和效益

本成果是在《基于子群的群组评价共识度与评价机制问题研究》《评价的共识与子群评价机制的设计——基于第十一届全国统计科研优秀成果评价的研究》《复杂情形下的综合评价技术研究》等研究报告的基础上，经过系统提炼撰写的。研究报告先后得到了浙江省统计局、国家统计局统计科学研究所、浙江省教育评估院、浙江省科技信息研究院、杭州市统计局、嘉兴市统计局等 6 个部门的采纳，并获得了高度肯定与评价。

其中，浙江省统计局采纳了相关研究报告，认为其具有非常突出的实际应用价值，在设计各类包含大规模主观调查打分的综合评价方案时，采用或借鉴有关子群评价方法。同时，在 2016 年度的全省统计干部新知识培训班，以及 2017 年度全省县（市、区）统计局长培训班中安排专题讲解子群评价方法及应用。国家统计局统计科学研究所采纳了相关研究报告，认为其对于研究所改进包括"全国统计科研优秀成果评奖"在内的各项科研项目与成果评价工作具有指导价值。同时，对于政府统计部门开展各类大规模多客体的满意度统计评价等工作，具有较强的指导与借鉴价值。浙江省教育评估院采纳了上述研究报告，认为其对评估院更科学地开展教育评估、满意度评价以及其他相关评价工作，具有较强的参考意义与借鉴价值。浙江省科技信息研究院采纳了上述研究报告，认为该成果能够应用于科技文献评价、科技项目评估以及群体性的战略决策等领域，并在研究院开展科技成果转化指数研究工作中加以应用。杭州市统计局采纳了上述研究报告，认为其提出的异质性分组评价不可集成的解决思路，具有非常突出的实际应用价值，对统计局更科学地开展满意度评价以及其他大规模主观调查打分类工作，具有较强的借鉴价值。嘉兴市统计局采纳了上述研究报告，认为其具有重要的现实意义与参考价值，在技术资格考试、满意度调查、各处室的工作考核以及相关评比中进行了应用。

法　学

《中国特色社会主义法治道路的理论创新与实践探索研究》概要

汪习根*

一、研究的目的、意义及方法

本成果旨在全面深入研究中国特色社会主义法治道路的理论体系与实践路径这一新时代法治重大核心命题。习近平在《关于全面推进农法治国若干重大问题的决定》的说明中指出，中国特色社会主义法治道路包含三层核心要义：坚持党的领导、坚持社会主义制度、贯彻中国特色社会主义法治理论。围绕这一课题，本成果以马克思主义中国化、当代化、现实化的最新理论成果为根本指导，立足于习近平法治思想基本原理，运用科学的法治理论进行深度阐释和研究，揭示中国特色社会主义法治道路的法理基础、科学含义、价值取向、战略构想和实践方案，对全面依法治国和法治中国建设沿着正确方向和路径运行具有重大的理论意义和现实意义。

一是促进法治理论创新发展，科学阐释中国特色社会主义法治道路的创新价值与创新意义；二是通过在法治道路问题上的学理创新，深入揭示和阐释法治道路的内在逻辑与理论构架，为增强法治的道路自信奠定理论基础；三是在思想上厘清中国特色社会主义法治道路与其他法治道路尤其是西方法治道路的根本原则界限，澄清错误观点和模糊认识，认清中国特色社会主义法治道路的独特价值与世界意义；四是揭示维护和固化这一法治道路的实践

---

* 汪习根，华中科技大学教授，博士生导师。

路径、方式与方法，推进中国特色社会主义法治道路的实践发展。

为了全方位深度探索法治道路的理论与实践问题，本成果综合性地运用了不同研究方法：一是价值分析法。运用马克思主义关于社会公平、正义、人权、效率价值的整合之方法论，研究法治道路构建的价值取向与最佳整合。二是规范分析法。从现行法律层面分析规范文本对法治道路的确立、规定与保障的经验与逻辑，揭示在制度层面予以优化的路径。三是历史分析法。对自中国共产党成立以来党对法治道路探寻的历史轨迹及其演进进行全面系统梳理，以揭示出规律性，探明其未来必然走向。四是比较研究法。对欧美国家以及韩国、泰国、新加坡、埃及等新兴国家的法治道路进行比较，揭示新兴国家法治发展的惨痛教训，引以为鉴。

二、成果的主要内容和重要观点

按照法治道路的起源和去路、理论与实践、核心要义与具体构造相互对应的内在逻辑关系，本成果内容分为前言、历史探源篇、法理基础篇、域外借鉴篇、党法关系篇、制度保障篇、法治理论篇、实践构建篇七大板块，对法治道路进行理论创新和实践路径设计。主要内容概述如下：

（1）历史探源。研究了中国共产党自成立以来法治道路探索历史的总体脉络和演进规律。分析了中国共产党创立时期法治探索的特定背景与基本特征，新民主主义革命时期法治探索的实践经验，新中国成立初期的法治道路构建样态，改革开放前20年法治道路建设的法理破冰和实践路径，从党的十五大首次提出"依法治国"到十八大提出"全面依法治国"、十八届三中全会提出"法治中国"、十八届四中全会揭示"中国特色社会主义法治道路"以至十九大对法治道路的战略谋划。中国在法治道路上的创新分别体现在对以下三方面问题的处理上：一是国体、政体及与国家权力横向、纵向分配的问题；二是如何正确处理政党与国家权力的关系；三是妥善处理公权力与私权利的关系。而从法治道路构架上分析，在法治道路的价值定位、国情基础、制度属性、领导力量和民本取向五大层面彰显了法治道路探索历史进程所留下的宝贵本土经验。

（2）法理探析。一是法治道路的科学含义。通过法理分析，在内涵上阐释法治道路的中国特色与社会主义属性，并以此为基础科学地阐释法治道路的核心要义。二是法治道路的系统整合。在外延上，揭示本体、理念、内容与方策四者全面融合的道路构造。三是法治道路的法理依据。论证法治道路的制度合法性、人民意志性、客观必然性和现实紧迫性。四是法治道路的价值诉求。分析法治道路的本体迷惘、价值探寻、价值逻辑与价值整合之必要路径与方式。五是法治道路的基本原则。在本体论、价值论和认识论的高度揭示在党领导下的人民主体地位原则、法律与道德的均衡治理原则、从实际出发的法治认识论原则。六是法治道路的指导思想。即马克思主义法学当代化、中国化、现实化的最新成果——习近平全面依法治国新理念新思想新战略。七是法治道路的文化传承。在以人为本、以法治国、天下为公、公平正义、德法共治等思想线索的串联下，揭示中华法系法治文化传统的当代意义。

（3）域外借鉴。选取欧、美、亚、非9个具有典型代表意义的国家的法治道路建设进行系统梳理和比较分析，为当下中国法治构建提供域外经验教训之借鉴。揭示了：一是英国法治道路呈现的自然演进的特点、功能及其对中国法治道路构建的正反方面的意义；二是从建国、重建、工业革命时期以及新政时期到当下的五大阶段阐释了美国法治演进历程与现实样态及其带来的启示；三是法国自上而下的法治路径取向对法治中国的启发；四是日本引进西方"法治国家"和"社会法治国"理念遭遇的现实困惑及其启示；五是韩国法治道路的宪法构造及其实践困境；六是新加坡实用主义法治模式构建的经验之谈；七是泰国法治道路探索过程呈现的法治乱象、面临的现实挑战及其教训；八是埃及法治道路建设的曲折历程及其惨痛教训；九是苏联社会主义法治建设最终失败及其深层次的原因。如此等等，为我国法治道路建设少走弯路留下深刻教训。

（4）党法关系。坚持党的领导是中国特色社会主义法治道路的第一层核心含义。围绕这一本质特征，主要研究了：一是党的领导与法治的价值关联，包括党的领导对法治的根本价值、法治对党的领导的价值优化。二是党领导法治的作用机理，包括党的领导在法治道路建设中的价值作用，党领导法治的作用基础、作用规律、作用机制。三是党领导立法的实现方式，包括党领导立法的合法性分析、基本原则、规范性文件创制对策建议。四是党保证执法的基本途径，包括党保证执法关系的优化与保证途径。五是党支持司法的理性路径，包括党的领导和司法文明的关系及其实证分析、政党支持司法的科学含义与实现之道。

（5）制度保障。坚持中国特色社会主义是法治道路的第二层核心要义。主要论证了五大制度问题：一是中国特色社会主义法治道路的制度基础，包括法治和社会主义的兼容性、法治道路的制度基础和制度保障。二是法治道路的根本政治制度框架。三是政党制度与法治道路构建，包括中国共产党领导的多党合作和政治协商的本质特征、文化基因、中国特色、时代发展。四是法治道路的经济制度逻辑，包括法治道路的经济制度架构、经济价值释放、经济法治的实现路径。五是民族区域自治与法治道路选择，包括民族区域自治、民族共同体构建与法治道路的内在契合、自治与他治、自治与平等、自治与制约、保护与发展、自治与共治、官方与民间的二元互动。六是基础群众自治与法治道路构建，包括自治权的法治属性辨正、基层自治的法治路径优化。

（6）法治理论。贯彻中国特色社会主义法治理论是法治道路的第三层核心要义。全方位梳理和阐释了新时代中国特色法治理论对传统法治论的超越与创新，主要包括十大方面：一是把社会主义核心价值观融入法治中国建设而形成的良法善治论。二是在正确处理党法关系基础上、坚持党的领导是社会主义法治的本质特征的法律权威论。在党的领导、人民当家做主和依法治国三者有机结合这一基本原则的基础上，进一步论证了党的领导是中国特色社会主义法治的最根本保证这一核心命题。三是坚持人民主体地位、以人民为中心、以生存权和发展权为首要的基本人权的权利保障论。全方位揭示了不同于西方的三代人权论的中国新人权观：以生存权为核心的第一代人权，致力于解决温饱问题；以发展权为核心的第二代人权，致力于解决小康问题；以人民的幸福美好生活权利为核心的新一代人权，致力于保障人民共同富裕。四是构建不敢腐不能腐不想腐、把权力关进制度笼子里的权力制约论。重点研究法治化反腐的价值理念、动力机制与制度构架。五是以机会公平、规则公平和权利公平为核心要旨的社会公平论，克服了单纯的形式正义论或实质正义论之不足。六是让人民在每一个司法案件中都感受到公平正义的司法正义论。七是学法尊法懂法守法用法的法治信仰论。八是以法治思维和法治方式深化改革、促进发展、化解矛盾和维护稳定的法治思维论。九是全面依法治国与全面深化改革相结合、改革于法有据的法治改革论。十是构建中国特色社会主义法治话语体系、不断提升其国际影响力和代表性的法治话语论。等等。

（7）实践构建。科学地阐释了：其一是法治道路的实践模式。通过反思传统型、形式法治实施模式，提出构建具有自身鲜明特征、符合中国实际的包容型法治实施模式。其二是法治道路的运行机理。包括法治道路的平衡机理与自我调适、调整机制与功能优化、制度整合与自我完善之间的优劣比较、二元互动关系模式。其三是权威主导的法治道路实施路径。包括实施模式及其理论基础与具体现实展开，也就是在公权力的强势主导下实现顶层设计与微观实践的有机统合。其四是公众参与的法治实施路径。包括中西方公众参与的比较分析，以及当前中国公众参与的法治化对策。其五是上下联动的法治实施道路。包括国家合法性、国家与社会互动方式的比较分析，当下中国的上下联动法治实施道路。

三、成果的学术创新、应用价值以及社会影响和效益

本成果在总结梳理现有相关文献的基础上进行了大胆的理论创新和实践对策问题研究，提出和论证的理论观点和对策建议集中表现为以下几大方面：

（1）首次提炼出法治道路探索演进过程的规律性识见，提出四个新命题和新结论。结论一：中国共产党既是一个革命党，也是一个法治的政党。改变了过去认为革命党不讲法治的不当看法。革命的过程就是一个法治重构的过程，从建党之始到新民主主义革命和社会主义革命胜利，法治道路与政权建设始终是贯穿于党的建设之中的一条主线。结论二：中国特色社会主义法治道路建设具有导向上的价值性、制度上的社会性、过程上的持续性以及领导上的政党性特点。结论三：法治中国道路建设分为四步走战略，即法治立国、法治建国、法治大国和法治强国，提出和论证了四个基本理论命题。结论四：法治道路绝不只关涉制度规范建构问题，应当在价值定位、国情基础、领导力量和民本取向四位一体中得到提升与实践。

（2）科学解析了中国法治道路的内在构造，在总体上归纳为："一元两面三层四维"。所谓"一元"是指党对法治的一元化领导。所谓"两面"是

指国家治理与社会治理、国法党规与社会规范两方面的有机整合。所谓"三层"是指三层核心要义，即坚持党的领导、坚持社会主义、坚持中国特色社会主义法治理论，从而实现了政策导向、制度本质和科学理论的融合。所谓"四维"即可在学理上简要归结为是"党导""国体""民本""法权型"四位一体的法治道路模式。其中，"党导"就是坚持和完善中国共产党对法治的领导，在人类法治史上开创党领导法治的新模式；"国体"是指由国家公权力作为法治建设的主体力量，以法治国家和法治体系为全面依法治国的总目标；"民本"是指法治道路必须始终坚持先进正义的社会制度，以平等参与平等发展权利为依归；"法权型"是指法律权威至上，包括国家法律和党内法规的权威至高无上。所有上述特点都必须满足法治体系的权威理性运行这一要件，才符合法治道路的运行规律。

（3）全面阐释了法治道路的系统整合，即本体、理念、内容与方策四者的融合。可分解为法治本体、法治原理、法治原则、法治体系、法治领域、法治途径、法治方式、法治方法、法治环节以及法治机关十大方面的有机整合。其中，在本体上，法治本体是对法治道路的外部基础和决定因素进行分析，以探明法治的起点与根基；在理念上，法治原理及其具体化的原则则是法治道路建设的根本思想与理论指导，以确保法治的实践方向；在内容上，法治体系及其领域、途径、环节四者共同构成法治本身的系统结构层次内容；在方策上，法治方式、方法则为法治体系的运行所必备，如果没有好的运行方式方法，再好的法治体系也无法进行良性运行，也就无法产生良法善治的最终效能。而为了整合以上几大方面，尚需全局性、权威性的法治机关进行战略统筹和系统规划，从而实现本体、理念、内容和方策四大结构板块的有机融合，凝聚为法治中国道路建设的壮丽图景。

（4）深刻揭示了法治道路设计的法理依据，体现为制度合法性、人民意志性、客观必然性和现实紧迫性四大层面。回答了法治道路的本体迷惘、价值探寻和价值逻辑三大问题，以"均衡""充分"的发展消解西方现代法治之局限，传承中国古典政法文化的优秀基因，展开"新政法话语"，迈向法治中国的新时代。中国共产党对中国特色社会主义法治道路的具体价值诉求：一是着重强调法自身的权威价值，这是法治内在价值的基本要求与核心内容；二是在宪法法律权威的基础上，强调法治对人民权益、社会公义和国家安稳的整体维护功能，这可以视为法治的外部价值。三是在内外价值均衡一体的局面下，通过实施法治特定的价值战略，为中国梦的实现提供有力的保障。这是一种对法治内在价值与外在价值、本体价值与战略价值的均衡表述，其内在逻辑显现了中国共产党的独特价值思维：经由党、人民和国家的价值共识缔造的法律必须具备足够的权威，在实践中发挥确定的保障功能。从政治话语和法律话语的逻辑沟通审视，这样的表达既能强化中心立意，也可补充单一话语之不足。

（5）重新类型化世界法治模式及其中国意义。选取欧、美、亚、非9个国家法治模式进行比较分析，得出一个基本结论：当今世界已有的"自由模式"和"正义模式"都没有为后发国家或社会主义国家法治带来真正的福音，欧美的法治道路或许适应了其自身独特的历史和现实国情，而被强行引进到亚、非、拉国家之后，看似具备法治的皮囊却无法治之实质，韩国、泰国、埃及等国政权频繁更迭甚至出现军事政变，实践无情地昭示出了西式法治道路在非西方语境下的重重困惑。只有实现外来法治主义的本土转化尤其是创构出具有自身特色的法治价值理念，才能够为法治道路的正确选择奠定牢固基础。

（6）纵深推进党法关系基本理论创新发展。一是将党的领导对法治的价值细化为倡导、引领、总揽、协调、统筹和保障六大形态，揭示了法治对党的领导的优化、固化、强化价值。提出党领导法治的根本出路在于从领导制度、机制、依据、程序和保障五位一体中进行法治建构。二是党领导法治的作用机理，包括从法理和规范两个面向全面揭示领导法治的作用属性、作用客体、作用面向、作用基础、作用规律、作用机制。三是研究党领导立法、保证执法和支持司法的实现方式与理性路径，揭示党的领导与依法、民主、科学立法的统一关系，党的领导与司法机关依法独立行使职权的生成逻辑，党的领导与尊重法律权威的内在的法治化融合方式。

（7）深入分析了中国特色社会主义法治道路的制度命题，从理论上细化了坚持社会主义制度是法治道路的核心要义这一基本命题的研究。揭示了新时代法治制度保障的法理依据、价值原则和现实途径，从制度属性、制度活力、制度机理、制度合力论证了法治道路何以需要社会主义制度保障及其方式方法。以此为法理始点，全方位阐述了新时代关于人民代表大会制度、中国共产党领导的多党合作和政治协商制度、经济制度、基层群众自治、民族区域自治制度的新理念新思想新战略对法治道路选择的关键意义与作用方式。彰显制度优势是法治中国道路生命活力的发力点，而要在新时代进一步释放制度效能，必须完善治理体系，强化治理能力。为此，既要进一步理顺法治、德治与自治的关系，又要优化自治、互治、共治的关系尤其是其互动模式、机制与具体方式。

（8）全面阐释了习近平新时代中国特色政党协商理论体系。包括其本质属性、内在依据、价值定位、权力架构、构成要素、体系构建、法治保障七大层面，其核心在于明确"一个价值判断"即政党协商是社会主义协商民主的首要内容，"两大价值特色"即中国特色民主政治的"特有形式"和"独特优势"，"三大价值整合"即秩序与自由、正义与效率、权利与义务的统一，实现从西式"竞争型"政党制度向"合作、参与、友好型"政党制度的根本转变。

（9）发掘理论共识与法治特色的交汇点，创构"中国版本"的法治理论。贯彻中国特色社会主义法治理论是法治道路的第三层核心要义，其原创性贡献主要表现在十大方面：自治、德法共治、核心价值引领的良法善治论；党章为本、宪法至上的法律权威论；人权普遍性与中国实际结合、以生存权发展权为首要基本人权的权利保障论；把权力关进制度笼子、构建不敢腐不能腐不想腐的权力制约论；以机会公平、规则公平、权利公平为核心的社会公平论；优化司法职权配置、增强司法获得感的司法正义论；尊法信法守法用法的法治信仰论；提升法治能力的法治思维论；改革于法有据的法治改革论；国内法治与国际法治相互统筹、提升全球治理能力的法治话语论。

（10）创新法治道路的运行模式及其实践之道。在比较外来法治模式、中华法系的混合法治模式以及当代理念型和规范型法治模式的基础上，提出构建符合中国国情的包容型法治实施模式。在法治道路的平衡机理与自我调适、调整机制与功能优化、制度整合与自我完善三大方面完善法治道路的实践运行机制，提出了一系列关于法治道路建设的实践对策建议。具体包括以下几个方面：

1）总体方案设计。采用从理论到实践的总方法，遵循本体论（法理探析）—发展论（纵横比较：历史探源和域外比较）—认识论（核心要义：政党、社会与理论三维价值与规范分析）—实践论（法治路径：价值、规范与实证方法交叉研究上、下联动的路径）的逻辑理路，论证中国特色社会主义法治道路的实践模式、途径与方法。概言之，设计出法治道路实践战略安排，即构建权威主导、公共参与、自上而下、上下联动的"共享型法治"。在当下发展阶段采取权威主导的实施方式自上而下强力快速推进，以适应从大国到强国转变之急需。同时，以公众参与和自治德治法治之互动培育法治道路建设的民意基础。再则，通过国家与社会的上下联动实现中国特色的"共享型法治"。在终极意义上，自上而下的法治路径不是绝对的，上与下的联动才是最终出路，以此出发揭示了上与下的联动机理、机制、路径与方法。

2）根据十八届四中全会决定和十九大报告战略部署，设计出《中国共产党领导国家立法工作规程》立法建议稿，将其定性为一部党内法规，共分为总则、党的重大立法事项决定权、修宪建议权、立法规划与计划审查权、听取立法报告权和保障措施与责任机制7章23条，以实现党领导立法工作的规范化、制度化和程序化。

3）为了适应新时代中国特色社会主义政党制度建设的新形势，提出了构建新型政党关系、强化中国共产党领导的多党合作的基本思路和具体方法。

4）提出了党保证执法和支持司法的总体构想、具体方法和实施程序，确保党法关系理性定位及其实际运行。

5）为了提升领导干部运用法治思维和法治方式的实践能力，设计了领导干部法治能力提升方案，明确法治能力的标准、评价和培育路径与责任机制。

本成果的社会影响如下：

（1）围绕本研究课题的十多篇有关系列成果与决策咨询报告先后被《求是》《求是内参》《人民日报》《光明日报》《新华文摘》登载、报道或转载。本成果负责人应邀担任中央"马工程"课题负责人，参与中央"马工程"教材编写。

（2）中央采纳了本成果的有关内容。其中，《求是内参》登载的《着力提升中国发展权话语体系的国际影响力》被中央有关部门领导批示，被中央宣传部采纳并付诸实施，产生良好社会效益。关于"习近平法治思想"和"创新发展中国特色社会主义法治理论"的研究成果先后获得中央主要领导批示。

（3）提出了提升中国法治道路运行的国际影响力，以及中国参与、促进和主导全球治理的实践方式方法。例如，2016年和2018年，受中央宣传部委托负责牵头起草了2部中国人权白皮书，经中央批准，由国务院新闻办向全世界发行，对树立中国发展道路自信产生一定国际影响。

（4）受中央宣传部委托，作为承办协调人承办的中欧人权对话于2019年6月在奥地利维也纳举办，中央电视台、新华社、《人民日报》、《光明日报》、《欧洲时报》、奥地利《新闻报》等进行报道，对在海外传播中国特色社会主义法治道路与人权理念产生重要作用。奥地利前总统费舍尔先生、总理以及中国驻奥地利大使等出席，奥地利前总统费舍尔先生聘请本成果负责人为奥中友好协会终身高级顾问、奥地利奥中法学会终身高级顾问。

（5）笔者受联合国邀请担任联合国咨询专家，所提供的关于中国人权与法治道路建设对世界各有关国家的借鉴意义的对策建议被联合国采纳，载入联合国官方正式文件。

《弱者权利保护基础理论研究》概要

胡玉鸿*

一、研究的目的、意义及方法

本成果的研究目的在于为弱者的法律权利保护奠定相应的理论基础，拓展弱者权利保护理论研究的深度与广度。众所周知，任何一个社会都建立在差别与分层之上，而社会上的人们在条件、能力、机会上也各有不同，因而，任何社会中都存在着心理上、生理上、能力上、机会上、境遇上处于相对劣势地位的弱者，对他们的关爱、帮助以及制度支撑，不仅是法律人道主义的体现，更是和谐社会、人的尊严、以人为本、社会公平原则与理念的落实。本成果力图通过对弱者成因、类型的分析，追溯弱者权利保护的历史源流，研究在法律上如何将弱者保护融入制度架构之中，从而为弱者合法权利的维护和保障奠定扎实的理论基础。

在目前我国建设社会主义和谐社会的过程中，弱者的权利保护研究有着极为重要的理论意义和现实意义。首先，和谐社会的构建，根基在于社会公平，这本身即需要社会各阶级、阶层的利益平衡，因而弱者的保护是和谐社会的题中应有之义。一定程度上可以说，忘却了对弱者的人道关怀，不仅使社会公平正义无法兑现，同时也会加剧社会矛盾和社会冲突，从而最终影响着和谐社会的建构。其次，人权保护的主要对象即社会上的弱者，可以说，弱者保护本身就是人权保护的标尺，标志着一个国家人权保护状况的范围与

* 胡玉鸿，华东政法大学教授，博士生导师。

水平。实际上，处于社会劣势地位的人员才更会有对权利的需求与期待，因而通过弱者权益的保护达到人权的进步，意义极为重大。再次，中国在社会转型时期，各地区发展不平衡，个人收入悬殊，引发社会冲突不断，社会对抗激烈，迫切需要从理论上寻找解决问题的对策与办法，从而维护社会稳定，促进社会良性发展。最后，从学理意义上说，以人为本的理念与马克思主义关于人的自由而全面发展的理论，也需要结合实际进行更为深入的研究，以真正指导社会实践。弱者并非国家和社会施舍的对象，而是有着主体性、目的性的社会存在，维持弱者的权益也即保护弱者的尊严。

　　在研究过程中，作者坚持实事求是的科学态度，通过实证分析和理论创新，为建构有中国特色的弱者权利保护制度献计献策。研究既注重前沿理论的分析，也结合以往法学论著的成果；既分析现实中国的弱者权利保护问题，也重视国外相关制度经验的科学借鉴。力求在理论上能够做到有的放矢，不事空谈；在实践上能够为国内弱者权利保护提出有益的对策建议。

　　本成果所采用的研究方法包括：（1）文献阅读与理论分析法。本成果充分吸纳学术界有关弱者权利保护的相关研究成果，结合新时代中国特色社会主义思想中有关弱者权利保护的内容，以其作为本课题的研究基础和指导思想。本成果收集了国内外现有的研究弱者权利保护理论与制度的优秀论著，着力分析其中加强弱者权利保护的制度设计和运行模式的先进经验，辅之以有重要影响的个案材料，以厘定弱者权益保护的基本理念和价值设定，明确其理论框架与内容构成，总结其理论构建与制度实践之成败得失，从而确立弱者权利保护的相关核心命题。（2）比较分析法。主要采用规则比较、制度比较和文化比较的方法，从规则安排、制度构造和文化浸润方面来比较弱者权利保护在东西方乃至全球范围内的不同形态及其效果，从而为构建有中国特色的弱者权利保护制度提供更为广阔的视野。在这一比较分析过程中，既要注重制度、规则等内容的分析，又要透过文化、民俗等因素，了解相关制度形成的社会背景与理论基础。与此同时，本成果还透过比较方法的运用，力图寻求弱者权利保护理论与实践方面在全球范围内制度构建上的最低限度共识，并强调基于不同的政治、文化和经济现实，同样的制度构造或规则设定在不同的地域和文化体系中所占的位置和所起的作用可能会有差异。（3）实证调查法。主要是通过对不同地区的弱者权利保护状况进行广泛调查，在此基础上进行样本的筛选和分析，辅之以对相关当事人、公众进行随机抽样调查的方式，了解当下弱者权利保护制度建设现实状况，并在此基础上结合理论构建的框架对弱者权利保护制度建设中存在的诸多问题进行分析说明。

二、成果的主要内容和重要观点

1. 主要内容

本成果以"和谐社会"为切入点，在导言部分着重分析和谐社会的建构目标与弱者权利保护的内在关联。民主法治、公平正义、诚信友爱、安定有序等和谐社会目标的达致，在在离不开弱者权利的保护，由此弱者权利保护既是和谐社会建构的必要条件，更是和谐社会建构的充分条件。一方面，弱者保护是建构和谐社会的前提，没有对弱者处境的关注，一个社会不可能成为充满关爱、温情、合作、互助的和谐社会；另一方面，对于和谐社会的建构来说，弱者的保护程度又是这种社会类型文明、进步的标志，只有充分保障弱者权利的实现，才是真正意义上的和谐社会。为此本成果强调指出：重视弱者的人权保障，是构建和谐社会的制度前提；保障社会的分配正义，是构建和谐社会的关键机制；补足弱者的法律"应得"，是构建和谐社会的首要任务；维持弱者的实质平等，是构建和谐社会的精神动力。总之，和谐社会的建构与弱者权利保护密不可分，一定程度上两者也是相互配合、相互促进的关系。

成果的第一章至第三章重在研究"谁是弱者"以及"谁是法律上的弱者"这一基础问题。"剥夺与弱者的生成"部分，以"剥夺"作为弱者形成的本质性原因，通过自然的剥夺、社会的剥夺、政治的剥夺、法律的剥夺等情形的揭示，展示了自然、社会与制度可能对人的命运所造成的不公平对待。总体而言，弱者的形成既可能是自然的不公所导致，更与社会、政治、法律等因素密不可分。揭示弱者生成的原因，正是为解决弱者权利问题寻求破解的法门。当然，弱者是普遍的、众多的，如何对弱者进行科学的归类，本身就是弱者理论研究上的重要课题。通过对弱者深入细致的研究，本成果将弱者分为心理上的弱者、生理上的弱者、能力上的弱者、机会上的弱者、境遇上的弱者五大类型，并在此基础上，将弱者界定为"由于自然的、社会的、政治的、法律的剥夺，形成在心理上、生理上、能力上、机会上、境遇上处于相对劣势地位的人"。这一概括，既注重了弱者成因的分析，也注重了弱者类型学意义上的划分，更以"相对劣势"凸显了弱者的比较性意义。但是，社会学意义上的弱者并不等同于法律上的弱者，在第三章"弱者权利保护的法律契机"部分，本成果重点分析了社会上的弱者转化为法律上的弱者的条件，从而为法律识别弱者以及保护弱者提供了理论基础。就法律上所意欲保护的弱者而言，实际上具有三个最为关键的因素：一是成因的外部性，即法律上的弱者是自然剥夺和制度、社会剥夺的产物，与自身的主观特征并无内在关联；二是劣势的绝对性，即弱者处于一种客观且长久的劣势地位，无法在短时期内对之加以变异；三是无法自我补足性，也就是弱者无法通过其他方面的优势来补足业已存在的劣势地位，从而成为法律必须要对之施以援手的弱者。本成果第四章"弱者权利保护的历史演进"则是从历史发展的视角，探讨了古今中外保护弱者的制度进程，尤其是对当今社会的弱者问题进行了重点阐述。总体而言，古代虽然也有慈善理念和救助制度，但是，真正将社会上的弱者纳入法律保护的视野，则是从19世纪下半叶开始的制度建构，弱者的请求权和受益权由此作为法律上的权利而正式得以存在。

任何制度的建构，都离不开理念和价值的支撑，弱者权利的法律保护制度自然也不例外。本成果的第五章至第八章即从人的尊严层面与法律原则层面，探讨了建构弱者权利保护制度的指导思想与基本准则。现代社会普遍承认每一个个人都是拥有尊严、具有价值、不可替代的特殊个体，因而，在人的尊严的光环之下，弱者正大光明地走进了法律的保护视野。在这一制度的建构过程中，人的尊严既是弱者权利保护的理论前提以及权利确定的推论基础，也是弱者权利充实、全面地得到保护的发展动力，更是弱者可以请求、主张法律地位和法律资格的有力保障。然而必须注意的是，尊严不是权利，但它可以派生出权利，包括弱者得到不受歧视、体面生活的权利等。为了充实课题研究的理论基础，本成果专章阐述了弱者权利保护中的以人为本、社会公平和失败者正义三大准则。以人为本是现代法律的目的所在、本源所系以及价值维度，它从个人本位的角度，证成了弱者为何必须被平等对待的正当理由。法律以人为本，弱者自然也包含其中，说到底，在共享社会发展成果的过程中，不能有一个掉队者。对弱者的关心、支持、扶助，是法律的使命所在，职责所在。社会公平则是以社会和谐理念为基本的出发点，强调国家与社会对于改善弱者不利生存境况所必须承担的责任，使社会真正成为人们唇齿相依、患难与共的命运共同体。与古代社会的公平正义观不同，现代社会的公平观更注重抑强扶弱，保持社会各阶层之间的和谐共存，为此，法律要以"看得见的手"来抑制强梁，扶持弱者，营造出一个公平公正的社会环境。"失败者正义"则是对于在风险社会之中人们由于选择不当、认识错误所导致的失败，强调国家与社会必须通过给予其"第二次机会"的方式，使弱者得到保护、休整，从而能在总结教训、提升能力的基础上再行出发，重建自己的美好生活。这三大准则从逻辑上构成了一个密不可分的整体，无论是对个体、社会还是对特定弱者来说，这三个准则都具有极强的指导意义，可以为一个全面的、公平的社会福利制度提供理论基础与制度设计时的伦理依据。

法律以权利与义务为其内容，弱者权利的法律保护，同样必须有权利与义务作为支撑，否则，弱者无从主张，或者主张不可能有预期的结果。正因如此，弱者拥有怎样的权利，谁又是承担救助责任的主体，这都是弱者权利保护制度设置中首先必须解决的问题。"弱者权利保护的权能基础"与"弱者权利保护的义务分配"两章，就是为阐述弱者权利保护的权能基础与义务分配而作。自英国思想家马歇尔提出"社会权"的概念以来，社会权即成为一种公民能够主张、可以主张的特殊权能：它可以为所有人所拥有，但特定时期它只能为一部分人所拥有；它不仅是一种权能，更是一种身份，即公民体面地生存于国家之中、有权主张国家给予救助的法律身份。因而，本成果同样以社会权诠释公民在遭受不幸、丧失能力时得以请求国家履行救助义务的基本权能。自然，社会权是一个权利束而非单独的权利，诸如生存权、社会保障权、受教育权、劳动权等都可以涵盖其中。就救助义务而言，受益的对象只能是"需要救助"和"值得救助"的弱者，毕竟国家不是慈善机构，一个良性的社会更需要鼓励人们直面困难，担负责任。固然，对于个人已经尽力但还无法摆脱困厄状态的弱者而言，救助义务自然需要无条件地加以履行，这既有国家的救助义务，也有社会与家庭、个人的救助义务。国家救助是法定的、根本的，因为国家掌握着最为主要的社会资源，保护其治下的弱者有个体面的生活也是其职责所在；社会的救助义务则是协议的、互惠的，是在一个大家庭之中人们守望相助的互相支持；家庭、个人的救助义务则是道义的、辅助的，它更多的是在道德上提倡人们对于自己的同类在遭受危难时要伸出援助之手，避免最坏情形的发生。

2. 重要观点

（1）本成果没有沿用学界通用的"弱势群体"一语，而是将弱者定位在普遍的人之上。具体说来，弱者是一个涉及社会上普遍的人的概念，任何人都可能因为自然的和社会的原因而成为弱者，并不存在一个固化的、特定的弱势群体阶层。这一认识，既说明了人人都可能成为弱者的脆弱性、必然性，同时也说明了弱者作为社会问题的现实性与普遍性，从而证成了保护弱者的必要性和正当性。

（2）以"剥夺"作为弱者生成的根本原因，展示了弱者得以产生的自然、社会、政治与法律原因。弱者既可能因自然的命运不公导致，也会因社会偏见、政治制度与法律规范而催生，这一分析，表明了弱者在外在的自然与社会现象面前的无力感与孤独感。虽然"剥夺范式"一直是学术界用来解释弱者存在的经典范式，但本成果的分析早已突破了已往的研究框架，将社会性、偶然性因素也一并融入弱者成因的分析之中。

（3）本成果将弱者分为心理上的弱者、生理上的弱者、能力上的弱者、机会上的弱者、境遇上的弱者五大类型，以"完全归类"的逻辑追求，对社会意义上的弱者进行了没有遗漏的类型化处理。人们既可能因为不可更改的客观原因而成为弱者，也可能因主观的心理、偶然的机遇而成为弱者；既可能因主观努力不够而落入弱者的行列，也会因为特殊的境遇而势必作为弱者存在。上述分析，揭示了弱势现象的多维视角，也为法律的多维保护提供了基础。

（4）社会意义上的弱者不同于法律意义上的弱者，换句话说，一般意义上的弱者要作为受法律保护的弱者，还必须符合相关的条件：一是外在剥夺，源于自我不可控制的种种外在因素；二是努力无果，自身已尽了相关的努力但无法改变自己的境况；三是社会阻隔，制度和其他社会因素将人人为分等；四是相对恒定，即弱者在短时期内无法改变自己的境况；五是无法补足，在某一方面具有弱势的人无法通过其他方面的优势来实现自我补足。

（5）以人的尊严作为弱者权利保护制度的伦理总纲，揭示了法律理念在形塑法律制度中所产生的重要作用。对于人的尊严的认识，本成果特别指出，尊严不是权利的规定，而是地位的显示；当代社会之所以普遍将人的尊严作为弱者权利法律制度的指导思想，是因为人的尊严证成了弱者的主体地位，涵摄了弱者的权利类型，也是推进弱者权利全面、充实的理论基础。与人的尊严相对应，国家负有对弱者权利的宣示、维护与保障义务，以使弱者能够在国家的倾斜保护之下，享有体面、尊严的社会生活。

（6）在法律原则方面，除对学术界经常提到的以人为本、社会公平原则进行深度阐释外，还在国内学术界第一次引入"失败者正义"原则作为奠定弱者权利保护制度的基础性原则。"失败者正义"原则建立在选择的多样性与失败的可能性基础之上，着重于对偶然的失败者提供"第二次机会"，从而使弱者权利的法律保护能起到社会安全网的作用，有利于弱者在休整、提高的基础上重整旗鼓，再行出发。

（7）在弱者权益保护的进程中，赋权与责任密不可分。赋权是国家法律对于弱者的权利授予，意在为处于困厄状态之中的弱者提供生存的维护与技能的提升，是根据"需要"和"应得"的原理所进行的制度设计。但是，本成果也着重指出，在改变自身处境方面，弱者本人负有重要的责任：一方面，能否成为法律上被保护的弱者本身就与个人是否努力有关；另一方面，国家的保护只是最低限度的生存保护，弱者要根本改变自身的处境，还有待自己的不懈努力。

（8）弱者权利保护制度的建构，应当与法治的理念和精神相吻合。法治不同于法制之处，正在于法治着重于以人为本，反对国家权力的扩张与滥用。因此，本成果也一再指出，为健全弱者权利保护的法律制度，必须实行保护主体的多元化，由社会、家庭和个人参与弱者救助，避免国家权力的大包大揽；必须强调人的尊严，将弱者保护与个人自主原则相协调；必须坚持正当程序，扩大弱者的法律参与。

三、成果的学术创新、应用价值以及社会影响和效益

1. 学术创新

第一，在研究的基础上，本成果以党和国家倡导的和谐社会为根本指导思想，论证弱者权利保护与和谐社会建构存在的内在关联，详细分析了弱者

权利保护对于和谐社会建设所具有的理论意义和实践价值。特别是结合新时代中国特色社会主义思想，从党的十九大报告提到了"弱有所扶"的角度，认真梳理了在和谐社会建设过程中弱者权利保护的指导思想与基本原则，从而确立课题的总体研究思路。

第二，在研究的特点上，从弱者的本源问题出发，奠定弱者权利保护研究的内容框架。诸如和谐社会与弱者保护的内在关联、弱者的概念、弱者的成因、弱者的类型等相关基础问题，学术界现有成果虽然也有所分析，但总体来说多语焉不详。与以往的研究不同，本成果将这些基础问题视为弱者研究的前导性问题，因而细加论述，揭示了弱者这一特殊人群的生存困境，提出了以法律保护弱者权利的正当性与必要性。

第三，在研究的体例上，注重成果内容的逻辑推演，形成了内容连贯、脉络清晰的研究框架。在解释了谁是弱者、为何会产生弱者以及弱者的类型之后，对谁才是法律上的弱者给出答案。在明确了这一前提之后，本成果即借助历史分析的方法，叙述了弱者权利法律保护的制度沿革，展示了历史经验及其对当代的现实影响。在现实问题的分析层面，从伦理总纲、法律基点、法律理念、机会供给、权能基础、义务担当层面，展示了弱者权利法律保护涉及的诸多理论与实践问题。

第四，在研究的路径上，本成果坚持个人主义方法论的研究进路，以弱者个人作为分析的视角，重在揭示弱者的心理、能力、机会、境遇，以"需求"与"应得"诠释弱者的权利主体资格，展现了弱者自身的发展与存在逻辑，从而为正确地认识弱者以及正确地对待弱者奠定了方法论基础。

2. 应用价值

本成果的学术价值和应用价值主要表现在：第一，奠定了弱者权利法律保护研究的基本理论框架，特别是注重从法哲学、法律社会学的角度对弱者的概念、成因、类型方面进行扎实的基础理论研究，深化了以往的学术研究成果，在弱者的发生学研究和类型学分类方面有较大影响。第二，解放思想、大胆创新，在坚持马克思主义世界观和邓小平理论、"三个代表"思想和科学发展观、习近平新时代中国特色社会主义思想的立场上，提出了诸多有创见的观点，如弱者成因、弱者类型、法律上的弱者之界定、人的尊严在保护弱者方面的特殊意义、"失败者正义"原则在制度设计中的运用等等，都能不囿旧说，科学创新。第三，通过伦理总纲、法律原则、权能基础、义务担当的具体研究，为我国建设完备的、充实的、合理的社会福利制度提供了相应的理论基础。尤其是关于如何通过法治精神的贯彻，保证弱者权利的全面实现，本成果有较为充实的理论叙述，对具体的立法、执法和司法有重要的理论借鉴意义。第四，通过社会权概念的分析与救助义务的揭示，证成了弱者权利所具有的正当性与合理性，同时，认真梳理了国家、社会、家庭、个人等在救助弱者上所具有的法律义务与法律责任，从而为现实的弱者权利保护制度的建构提供了理论前提。

3. 社会影响和效益

在社会影响和效益方面，本研究形成了《弱者权益保护研究综述》（中国政法大学出版社 2012 年版）、《法律的人道关怀——弱者权益法律保护论丛》（中国政法大学出版社 2012 年版）、《人权视野中的弱者保护》（中国政法大学出版社 2012 年版）等前期研究著作和大量高质量的研究论文，在一定程度上推动了国内有关弱者权利保护的法学研究。在论文方面，本课题研究过程中，先后发表了 20 余篇研究论文，其中发表在 CSSCI 期刊的论文包括《人的尊严的法律属性辨析》（《中国社会科学》2016 年第 5 期）、《新时代推进社会公平正义的法治要义》（《法学研究》2018 年第 4 期）、《"失败者正义"原则与弱者权益保护》（《中国法学》2014 年第 5 期）、《以人为本的法理解构》（《政法论丛》2019 年第 1 期）、《论我国宪法中基本权利的"级差"与"殊相"》（《法律科学》2017 年第 4 期）、《我国现行法中关于人的尊严之规定的完善》（《法商研究》2017 年第 1 期）、《正确理解弱者权利保护中的社会公平原则》（《法学》2015 年第 1 期）、《质疑与回应：围绕法律以人为本的法理论辩》（《政法论坛》2014 年第 5 期）、《人的尊严与弱者权利保护》（《江海学刊》2014 年第 2 期）、《和谐社会视域下的弱者人权保护》（《现代法学》2013 年第 2 期）。相关成果有 11 篇/次论文为《中国社会科学文摘》、中国人民大学复印报刊资料、《高等学校文科学术文摘》等转载。论文也有很高的引用率，体现了本成果为学界所注重，也在一定程度上证明了本成果的学术质量。

《论佛教对中国传统法律之影响》概要

周东平*

一、研究的目的、意义及方法

1. 研究目的

宗教与法律两种基本行为规范之间的关系历来是学界热门论题。传统中国深受佛教影响，关于佛教与本土思想、文化、制度之间的冲突与融合问题，已有大量相关研究成果问世。

儒、法思想外，佛教可谓对中国传统法律影响最深远的意识形态之一。在佛教与中国传统法律关系的研究上，学界多着眼于传统法律如何规范、影响佛教，而疏于关注后者如何影响、反作用于前者，故在佛教如何具体而深刻地影响传统中国的法律思想、法律制度、司法运作、犯罪预防等一系列问题上，除个别先行研究外，总体呈现薄弱状况。两者的关系若未厘清，其在主流法律史叙事中的定位必将难以准确，也无法得到重视，故本课题是一个颇具探索空间和价值的新领域。进一步探讨佛教对中国传统法律的影响，对两者的关系进行更为全景式的研究，不仅有助于深入分析中国法律史中宗教与法律的关系，而且有益于厘清这一命题在整个中国法律史中的定位。

2. 研究意义

（1）有助于深化中国传统法律的研究。目前，对中国古代法律与各种宗教之间关系的全面系统考察与研究的成果尚不多见，故本选题具有重要学术

---

* 周东平，厦门大学教授，博士生导师。

意义。中国历史上佛教与法律的关系，举其大者不外乎两个交叉影响又逐步交融的层面：一是传统法律如何规制佛教；二是佛教如何影响传统法律。只有克服后者的研究薄弱局面，才能正确阐明传统法律发展的该侧面。本课题致力于提升后者的研究水平，待条件成熟时，还可以扩展到对东亚地区的相关比较研究。这样，有利于我们正确认识中国古代法律的特色及中华法文化的包容性，为借鉴传统法律文化提供新视角。

（2）综观儒释道三教影响中国传统法律的不同表现及其特征，尤其在汉语世界"罪"的用法没有像西方那样特别区分为刑事的罪（crime）与宗教的罪（sin）的背景下，明确罪与恶、罪恶与罪秽的联系与区别，进而探讨佛教之罪与律令之罪的相互关系，阐明中华法系特有的十恶、五逆之罪的形式与实质，堪可弥补学界空白点。

（3）本课题作为跨学科的课题，知识储蓄度要求高。法史学界不能坐等其他学界先我着鞭，要有强烈的紧迫意识，有所突破，以丰富"法与宗教"论题的内涵，促进佛教史和历史学的研究，在学际交流对话中证明本学科的学术尊严和地位。

（4）本课题是中国古代重要的社会治理命题之一。梳理传统中国法律与佛教之间的互动关系、佛教"自律"与法律"他律"的关系、宗教问题法律化等经验教训，能够为我国现代法治的发展提供历史经验，树立中国的文化自信，具有一定的现实意义。

3. 研究方法

（1）文献学的方法是本课题最基础的方法。"论从史出"是治史者的基本信念。凭借严谨的史学训练优势，综合运用版本目录学、音韵训诂学等考据学知识，多方收集、梳理、考订、运用敦煌吐鲁番文书，尤其佛道藏等文献史料，使观点建立在扎实的论据之上。如说明法律史上的十恶借用佛教十恶为其形式即是一例。

（2）法学研究的方法是本课题法学定性的基本前提。如借用价值分析方法，透过价值取向，可以建立评价佛教对中国传统法律影响的基本准则，佛教罪观念对罪责自负的推动，实乃建立在法律文明化这一价值理念的基础之上。又如通过规范分析方法，可以更好地发现佛教在中国传统法律中的实际地位；引入社会分析方法，可以通过分析佛教对法律实效的现实影响而避免结果的片面性。

（3）整合与联系的方法。注意综合运用史学、法学以及其他学科的研究方法，改变视角的单一性，打破知识壁垒，强化整合与联系，深入说明（尤其在评判环节上）佛教如何影响传统法律的历史背景、表现形式及其实质与限度，这也是本课题可能取得突破的基本保证。如佛教在本土化之前之后对传统法律的影响力就不一样，孝、平等、罪的观念的分析，佛教对中国传统法律结构、表现形式，乃至髡刑消失的影响等，均是其例。

二、成果的主要内容和重要观点

1. 主要内容

（1）佛教对中国传统法律产生影响的历史背景与脉络。

中国的自然环境存在地理的封闭性、四季变化的明显性、水旱灾害的频仍性等问题。在小农经济模式下，中国基于农耕经济的先进性、因治水需要而产生的公权力的早熟性和管理的周密性，以及宗法组织发达、人际关系复杂等各种因素，产生农业型政权，这也决定了汉民族需要有内容较为系统完整、与农耕经济相配套的法律与其生活相适应。在这种政治、社会背景下，我国历史上遂形成以世俗性、伦理性为主要特征的法律体系，从来不存在所谓教权对政权的控制问题，甚至不存在系统的独立宗教组织。1）在政治上，中国曾产生以西周宗法制度为核心的礼制，秦汉以来以帝制为核心的大一统君主专制主义国家和制度，以及汉武帝以降的儒术独尊，这些固有的重要因素构成当时中国传统社会的基本面貌。而中国古代的君主专制制度更是凌驾于其他一切政治制度之上，其他一切政治制度都是由君主专制所派生并为其服务。对宗教也只是加以利用而不是真正的崇拜，不容其超越君权。2）在思想上，中国古代特别推崇、渲染世俗思想，并把它而非宗教思想作为国家的主要指导思想。儒道释三教均以能服务于人主为殊荣，最终沦为专制主义的工具。在"天下之本在国，国之本在家"，"家齐而后国治，国治而后天下平"的治国理念下，以家族为核心的阶级格局，是中国古代社会的基石，国家乃至一切社会组织皆依血缘家族的宗法原理建立，都是家族或家庭的摹本，家国同构。3）由此派生了中国古代法律的伦理性特征。社会成员的官民之分、贵贱鸿沟，家族成员的尊卑长幼之别，强调单向义务，"峻礼教之防，准五服以制罪"，刑以弼教，法以济礼，法律具有一准乎礼的伦理性特征。在这种背景下，佛教作为异质文化传入中国。

佛教自东汉时期传入中国后，其在中国的传播史是一个不断适应中国社会并本土化的发展过程。所谓佛教在中国的本土化，是指佛教在力图保持自身特色的前提下，为适应中国的社会、政治、经济、文化和民族等而发生的一切变化，包括信仰、教义、组织、制度诸多方面。中国传统价值观与佛教的教义格格不入：中国传统厉行等差有序，佛教主张众生平等；中国传统宣扬教化与刑罚相结合，佛教倡导慈悲为怀；中国传统崇尚家族伦理，佛教强调个体体验；中国传统青睐入世的、世俗的文化，重今生而不相信有来生，不看重因果报应，佛教推崇出世文化，注重来生而不是今生的幸福。诸如此类，不一而足。尽管如此，但佛教努力修正教义、教理，调适制度，使自身更适合中国土壤，以便为中国文化所接纳，发挥自身力量，最终成为中华文明的有机组成部分。如早期的僧尼拜君亲、沙门袒服之争等，都是原始佛教跟儒家思想的冲突。佛教本土化的一个路径就是，在遵循佛陀精神的指导下，为社会发展提供助力，并按照中国化的语言和方式诠释出来。佛教与儒道两家的融合，也是一个对话并使佛教本土化的过程。中国对于佛教的接纳是一种主体性的自觉，是一种主体性的吸纳和领受，继而发展出适合自己的本土佛教思想。

佛教东传后，通过自我变革，深入挖掘与中国传统理念之间的契合点，以及调和融合、随时吸收等途径，努力适应中国社会；与儒、道的论争，也使其在中国站稳脚跟；历代统治者对佛教的规制等政权的直接压力，更加速其本土化。而本土化的佛教遂能化解诸多难题，为中国古代各阶层普遍接受；佛教也与中国传统文化紧密连接，并开始对中国的政治、经济、文化等领域产生深远影响——传统法律亦莫能例外，在各个层面都逐渐刻上佛教的烙印。1）在政治观念上，除"受命于天"的传统正当性事由外，佛教也成为当时社会政治正当性的重要依据之一。众多佛教徒与中国古代政治关系密切，佛教对很多统治者都产生直接影响，而统治者也不得不思考政治上的应对方式，把佛教徒视为王化之下的臣民。对僧侣予以规制是国家的当然权力，由此直接推动僧官、度牒等政治制度的产生，以加强对僧侣的管制；即使对其免除租税徭役，也是国家恩典。2）在经济上，佛教的寺院经济自魏晋南北朝以来就成为中国经济的重要组成部分；佛教也在许多经济制度的发展中扮演着重要角色，深刻影响着传统租赁、典当、拍卖、税制等经济制度。3）在文化上，佛教不仅为上层社会所接受，而且逐渐世俗化，大众由此对佛教有更高的亲和度和更容易接受佛教传递的文化资源，佛教的理念、礼仪和偶像崇拜等遂成为中国人日常文化生活的一部分。例如，佛教对中国传统文化观念如平等、慈悲、报应、地狱等，对中国传统文化行为如日常生活用语、节日、禅茶、素食等，甚至对物质文化，都产生深刻影响。4）尤需注意的是，中国古代法律与佛教在法律意识上各具伦理性，但前者的意识是世俗的，后者的意识是神圣的。佛教一方面固化了中国传统的某些法律意识，如无讼观念；另一方面也对中国传统法律理念产生巨大冲击，如中国传统法律意识具有以家族主义为基础的伦理特征，而佛教主张的是个体主义。伦理性在一定时间、一定程度上让位给宗教性。当然，这些影响是有限的，并产生了反作用力。

外来佛教在中国的传播，也深受中国传统宗教规制方式的影响。中国古代国家在对宗教进行法律规制的过程中，绝大多数时间内将佛教与道教作为同质性的社会存在加以法律意义上的调整。对佛教和道教的规制在法律形式与内容上极为接近，甚至适用同一法律内容，如隋唐以来各朝代的法律文本中，多以"僧道""道"概括佛教与道教之教众，对其法律要求基本一致。历代政府对宗教的规制采取宽严相济的政策，并随时代变化进行调整。政府允许一定程度的宗教自治，但又通过各种方式对宗教场所、人员加以管控。这不仅体现在僧官、度牒等制度的创立，而且体现在禁止私创庵院，以及沙汰僧尼、以戒为法等保持僧团纯洁性的措施上。但历代对于僧道之外的宗教信仰多持严厉打击态度。例如，政府往往严禁民间淫祀，对邪教包括以宗教为名义的民间结社等采取严格限制态度，并禁止因此产生的宗教书刊等的传播。

（2）佛教对中国传统法律中罪观念的影响。

佛教在深入影响中国法律的过程中，对法律本体的影响当是首要抑或是统率性的。作为本体论的一部分，罪观念是建构法律尤其刑法正当性的基础。目前，中国传统罪观念的研究尚处薄弱环节，至于对其中佛教要素的影响及其地位的阐述则更属罕见，本成果对此做出专门研究。

"罪"是佛教的重要观念，也是中国古代刑法史的主题之一。中国传统罪观念深受传统道德观影响，而佛教罪观念的出现，实际上是外来道德观对本土道德观的冲击。佛教的罪观念建立在业报观的基础上，罪是违反事理的行为而又会带来业报。这种罪观念带有强烈的道德性，与法家的工具主义罪观念有很大区别；儒家的罪观念虽然也具有道德性，但儒、释两家道德观的差异，使得两者仍然存在不同。在深入探讨佛教罪观念的独特性及其与儒、法罪观念差异主要体现在伦理价值、功能取向以及惩罚方式等方面的基础上，可知其对中国传统罪观念有着深刻影响，主要体现在以下两个方面。

第一，佛教罪观念有助于改造中国传统的罪刑关系。受业报观的影响，佛教罪观念强调业与报的分离。中国传统法律观念中并不严格区分罪与刑，随着法律制度的发展，罪与刑才逐渐析分，这种分离在佛教传入后有深化的趋势。同时，在中国传统家族主义观念下，家族是命运共同体，因此严刑重罚的范围往往超出犯罪者本人。而佛教的业报观认为，业与报之间的关系是以个体为中心，由此形成佛教罪责自负的惩罚观念。佛教的传入和普及，有助于进一步缩小族刑的适用范围、软化刑罚的社会预防功能。

第二，佛教罪观念影响了传统中国对罪的构成的认识。佛教罪观念中有很明显的价值分层，通过四重、五逆、十恶等建构起罪的轻重差异。中国传统法律虽然也对不同的犯罪予以轻重不同的惩罚，但仍缺乏相对明确的法益位阶。随着佛教的传入，中国传统法律也试图借用十恶、五逆等形式在犯罪行为中建构起更为明显的法益位阶。同时，佛教罪观念的独特性推动中国传统法律中部分具体罪的种类的形成，产生一些新罪名，对特定群体的某些犯罪予以超乎一般人的严惩，等等。

在此基础上，佛教之罪与中国传统法律之罪的异同也鲜明地体现出来，它们在伦理性、报应性以及具体罪之间存在诸多相似，而在规制对象、规范内容、惩罚措施以及技术手段等方面存在差异。因此，中国古代法律对佛教罪观念的吸收应区分普适性和特殊性，或从全体社会层面吸收佛教之罪的规则，或从佛教徒的层面认同佛教之罪的规则，并分别对应普通民众和佛教徒。而以权力结构和根本伦理规范为限制，如对佛教徒的刑罚权，具体罪的冲突等，从而体现中国古代法律对其他文化折冲、吸收、融合的过程，以及对外来文明带有很强的模式选择性和吸收的有限性。在此基础上，可以将中华法系的一个动态特征概括为"礼法一体的总体趋势，异域文明的有限包容"。

（3）佛教对中国传统法律结构与表现形式的影响。

法律本体是法律正当性的基础，法律还需要具体的文本、规范、法篇、法典等予以展现，尤其是成文法的国家。佛教对中国传统法律结构与表现形式也是有影响的，只是其内容学界关注甚少。本成果主要从佛教对法律语言、法律规范的表达方式、法律整体结构等三个方面的影响展开论述。

第一，随着佛教对中国传统文化的深入影响，佛教用语也逐渐成为法律用语。通过搜集、整理隋唐、宋元、明清时期部分法律文本中的佛教语言痕迹，可以发现佛教用语对法律的影响历代皆有，且对中国传统成文法的影响呈逐渐加深趋势，亦即佛教用语进入成文法的数量与领域不断增加。但相较于其他领域，佛教对法律的影响显然较小。尤其法典编纂更多地受到儒家文化的影响，法典编纂者也会在一定程度上刻意规避佛教用语。而在清末变法后，随着新的立法模式的出现，一些佛教用语开始大量进入法律。这说明儒、释之间的冲突实际上无处不在，而在礼法关系的制约下，法律不能轻易吸纳佛教的内容，故佛教对传统法律语言的影响在不断拓展的同时也呈现有限性。

第二，佛教对中国传统法律规范的表达方式的影响主要可从义疏体、问答体、法律语言及图表规范等四个方面来考察。一是《唐律疏议》的义疏体可能受到佛教义疏体的影响。佛教传入中国后，为疏解经义，很早就向中国传统注疏方式学习，在其获得发展后又以自身的义疏体影响了《唐律疏议》的表达。二是对比秦汉律、唐律与佛教的问答体结构，可以发现《唐律疏议》的问答体结构与佛教更为相似。三是相较于前代法律，明律的语言表达方式具有简洁性与通俗性，此固与其传播的内在需求有关，也与佛教因传播教义的需求而致力于最大限度地提高传播效力，因此积累的丰富经验的影响有关。四是法律规范的传播本身存在一定的规律性，佛教经典的传播与法典的传播也有相似之处。佛教在传播过程中，创造了许多方式来增强自身的影响力。举凡寺庙、塔、雕塑、壁画等都可以看作是一种图形表达方式，也十分注重利用图表等方式传播自己的观念，表达佛理和戒律等，甚至有"象教"之称，故其传播效率颇高。而在内在传播需求颇强的《大明律》中，五刑图、狱具图、丧服图、服制图、例分八字之义等图表占据重要地位。它作为法律传播的重要手段，应当在一定程度上受到前代礼图和律学的影响。这种传播手段的相似性，可能也是佛教带给中国传统法律的影响。当然其他类似的图形表达方式在明代也不少见。

第三，佛教对中国传统法律的整体结构也可能产生影响。律令分野的前提是将律主要作为禁止性规范的载体，而将令主要作为非禁止性规范的载体。因此，晋的律令分野显然需要对"律""令"这两个词赋予新的内涵。佛教受中国传统影响，更早将"律"作为对独立的禁止性规范的统摄，这也使得律能够与刑法的内容相吻合，这可能为晋时律令分野的形成奠定工具基础。同时，传统法律也针对佛（道）教而设有某些专门的篇目，如《道僧格》和《庆元条法事类·道释门》等。这既说明佛教影响之大，也说明对佛教徒进行规制的法律规则具有一定的独立性。

（4）佛教对中国传统刑罚制度的影响。

中国传统刑罚制度自先秦以至隋唐发生了深刻变化，其中魏晋南北朝时期是从上古五刑到中古五刑变迁的重要时期。而佛教对这种变迁的最终定型也发挥了一定程度的作用。本成果在深入剖析佛教刑罚观的基础上，探析其对中国传统刑罚制度的影响。

1）佛教对刑罚或处罚的态度可归纳为三种：佛教针对自身的处罚观、佛教地狱刑罚观以及佛教世俗刑罚观。佛教的处罚观带有强烈的教育性，地狱刑罚观带有强烈的警示性，世俗刑罚观则同样带有教育性色彩。佛教整体来说对世俗刑罚采取否定和怀疑态度，并且强调刑罚的预防性。

2）佛教的世俗刑罚观的教育性色彩，使其总体上持刑罚轻缓化观点，即佛教从根本上希望世俗刑罚能够尽量轻缓。这种轻缓化的刑罚观，通过与统治者有密切关系的高僧大德渗入中国传统法律，而有虔诚佛教信仰的立法者尤其君主也存在轻刑思想，并影响到具体法律。可以说，佛教在推动中国传统刑罚轻缓化的发展中起到重要作用。但是，佛教的地狱刑罚观则在某些方面起到了反面作用。

3）佛教的发展推动了髡刑在中国的消失。髡发在中国古代存在牺牲、风俗、卑贱象征、刑罚等多重意义。佛教的髡发在很大程度上不仅挑战中国传统风俗习惯，也挑战礼教。在佛教理念中，髡发既是对佛祖的模仿，也是摆脱世俗烦恼的象征。因此，随着佛教社会地位的提高，髡发难以被视为卑贱象征，耻辱性刑罚意义随之降低。随着中国传统伦理文化对佛教的调和妥协，到北周《大律》，髡刑消失，不再作为刑罚。当然，在这个转变过程中，它也受到北朝少数民族政权风俗的影响，即取消髡刑的北周所源自的少数民族也有髡发的固有风俗，这也是重要因素。

4）佛教对中国传统刑罚的执行也产生影响。断屠月、斋日等期间不行刑自魏晋南北朝开始逐渐成为定制；因为佛教所进行的赦免等不断出现，尤其极度信仰佛教的君主以之为理由而赦免者往往有之。不过断屠月、斋日等期间不行刑的做法，到明清后有所消退，这从一个侧面反映佛教对中国传统法律影响的趋势。

（5）佛教对中国传统法律实效的影响。

随着佛教的传播，统治者多有利用佛教进行社会治理的想法，希冀由此使得社会大众能够更大程度地顺服国家政权。从统治者试图通过佛教使社会大众能够遵纪守法的角度来说，也意味着佛教使法律具有更强的实效。但历史上佛教对法律实效的影响强烈地呈现两面性。在深入剖析佛教理念与中国传统法律文化异同性的基础上，本成果专门分析了佛教对中国传统守法实践的积极与消极影响。

1）佛教对中国传统法律实效的影响以其戒律与法律的异同为基础。一般认为，佛教戒律与法律有很强的相似性，佛教在发展过程中也试图不断将自身中国化。但透视戒律与法律的关系也会发现，戒律既有与法律相同的一面，也有相异的一面。佛教戒律与法律对善的认识有很强的相似性，戒律主要反对的行为也是法律严惩的行为。但佛教戒律的独特性仍使其从本质上否定中国传统法律对个人课以的家族义务、国家义务等，由此构成两者之间的对立。基于佛教的信仰性，戒律与法律的相似性有助于增强人们的守法意识，相异性则会侵蚀人们的守法意识。

2）佛教对中国传统社会中民间乃至政府司法观念的变化影响颇大。首先，佛教强化了中国传统的无讼观。中国早期的无讼观强调解决讼争是政治人物应有的政治能力，嬗变后的无讼观同时强调拒绝讼争是个体的道德素养。无讼观念合乎佛教的禁欲理念。佛教在本质上支持无讼观，强调讼争具有个体罪责性。讼争意味着对外物的追求，与佛教的禁欲理念相悖。在佛教业报轮回观中，讼争不仅能够引起恶业，甚至本身就是一种专门的恶业，故其轮回报应观，尤其作为佛教本土化产物的禅宗所推崇的忍、无我观等，都对中国传统无讼观念产生影响，强化了讼争与个体道德修养之间的关系，从而推动了中国传统无讼观的嬗变与强化。但其对无讼观的推动仍有局限，即便佛教徒内部，也难免出现讼争乃至恶性犯罪。其次，佛教影响了中国古代法官的司法理念。受因果报应、轮回、地狱、业镜、福报等佛教观念的影响，部分法官倾向于化死为生的裁判理念，这对法律正义的实现产生较为深刻的影响。但是，地狱观念等并未产生绝对积极的效果，司法中刑讯、酷刑的泛滥等，也可能是受其推动。

3）从佛教对中国传统法律实效的积极性来看，无论出家还是在家佛教徒，相当一部分在谨守戒律的同时，也能够遵守法律，两相无违，反映了佛教对守法的积极影响。

4）仍有相当一部分佛教徒没能谨守法律。在中国古代社会，佛教徒有政治、经济以及刑事等诸多特权，同时部分佛教徒又与政治关系密切。这不仅使佛教能够吸引相当一部分非基于信仰的群体，而且与权力的亲近也造就可利用权力之机。一方面，佛教理论实际上内含对现实统治的反对，容易成为吸引民众的理论工具，自魏晋南北朝以来，佛教徒或者借助佛教理念的部分人群，就不断成为谋反的高发群体。另一方面，还有一部分出家佛教徒不断犯下各种重罪和轻罪，且历代不绝。对此，统治者都有所认识，他们或基于统治需要，或基于儒释斗争，不时攻讦佛教。可见，佛教对中国传统守法实践不仅起到积极作用，也存在很大程度的消极作用。

总的来说，佛教对中国传统法律的影响的特征具体体现在：佛教对传统法律渗透的多元性；佛教影响传统法律内容的复杂性，甚至存在矛盾；佛教影响传统法律进程的曲折性，某种程度上呈现抛物线状发展。而中国传统法律对佛教的制约主要体现在佛教处在儒法的基本法律价值统摄之下；统治者控制佛教的企图与努力在不断增强；建立了整体的宗教管理体制，尤其是传统刑律对佛教的系统规制，从而体现中国本土法律文明与外来宗教文明、法律文明的深刻冲突。只是这种冲突的结果，既非本土战胜外来，也非外来战胜本土，而是本土对外来文明的有限接受。在中国法律发展史上则体现为传统法律对佛教理念既接受又限制的态度，既试图从佛教理念中吸收优秀的成分（从对统治有利的角度讲则是有利成分），也企图排除佛教理念中糟粕的部分。虽然中华法系是世俗法与伦理法，但仍然拥有巨大的包容性，使其能够在相当程度上接受外来法律文明，尽管后者与前者在理念上存在巨大差异。当然，这种接受也是有限的，以不从根本上冲击中国传统理念为基础。同时，中国古代国家仍然试图通过具体的法律规制佛教，将佛教徒变成可以管控的顺民。在这种两面性状态下，不仅佛教的功能得以体现，法律的功能也得到展现。信仰何以影响法律，法律又何以反控信仰，这就构成中国传统法律与佛教关系中最为重要的研究主题。

2. 重要观点

本成果提出了一些新的学术观点。如十恶之罪的形式来源于佛教；佛教罪观念对中国传统法律中罪刑关系的影响；佛教之罪在中国古代的法律化及其限度；中国传统族刑的限缩等可能受到佛教罪责自负观念的影响；佛教戒律与中国传统法律之间在家族义务、国家义务等方面存在矛盾，这是佛教影响力有限的重要原因；中国传统法律中六杀（或七杀）的最终形成也可能受到佛教的影响；中国古代的律令分野在形式上可能受到佛教戒律的规范形式的影响。诸如此类的观点，或多或少对当前学界的传统观点有所修正，或者触及盲区。

佛教对中国传统法律的影响远不止于目前学界的关注点。无论是法律本体、法律形式还是具体的法律规则等，都深受佛教的影响。这与佛教对中国政治、经济与文化的全面影响如出一辙。即使是中国古代法律实践与佛教的内在关系，目前相关的资料和研究仍较薄弱。故佛教与中国传统法律关系这一命题仍是具有巨大研究空间的富矿，有待进一步发掘。

佛教对中国传统法律的影响有其自身的局限。中国传统法律具有强烈的世俗性和伦理性，各种宗教莫不受到国家的诸多规制。外来的佛教之所以能够对中国传统法律产生深远影响，不仅因其接受政府的规则，而且因其能够在发展过程中逐渐实现中国化。这意味着佛教对中国传统法律尽管具有深远影响，但这种影响仍要受到根本原则的制约。一旦涉及相关问题，佛教不仅不能对中国传统法律产生影响，反而成为规制的对象。

三、成果的学术创新、应用价值以及社会影响和效益

1. 学术创新

（1）专门探讨学界尚未关注或者较少关注的一些领域，如佛教对中国传

统罪观念的影响、佛教之罪在中国古代的法律化及其限度、佛教影响中国法典中言语表现和图表的形成等。即使对学界已关注的领域，亦能深化研究。如对法律十恶来源的新解；又如对佛教戒律与中国传统法律的关系问题，多数研究主要集中在两者的相同性上，本成果在此基础上对两者的差异性给予较为深入的阐述；再如推进了佛教与髡刑消失关系的研究深度。

　　（2）针对学界目前的研究成果提出新观点。本成果在深入研究的基础上，或提出一些前人尚未触及的观点，或提出与之不同的看法。兹举几例：1）族刑在中国古代的削弱与佛教的罪责自负观念存在内在联系，仅以中国古代儒家刑罚思想的变迁并不能充分证成族刑的变迁。2）佛教对中国传统法律的影响呈现先增强后削弱的抛物线形态。3）对髡刑消失与佛教之间的关系进行更为深入的论证，认为佛教髡发作为对佛祖的模仿和摆脱世俗烦恼的象征，可以否定髡发所具有的身份与礼教象征等。4）针对北魏《僧制》或隋代《众经法式》等的出现意味着国家规范佛教的独立法律篇目开始形成的通说，认为至少要到唐代的《道僧格》才具有这种意义。类似的创新在本成果中还有所体现，不再一一述及。

　　2. 应用价值以及社会影响和效益

　　本成果善于综合多学科研究方法，研究进路较前人有一定的突破。征引文献资料丰富扎实，无论在原始资料尤其佛教经典史料的发掘运用上，还是对既有学术研究成果的吸收上，都比较翔实细腻，增强了研究结论的可信度和说服力。

　　对本课题涉及的重要问题能进行系统、全面而又不失具体的描述、分析和概括，提出新的见解和命题，分析有据，论证严谨，结构层次合理，体系完备，逻辑较为严密，将该领域的研究推向一个新的高度。这对于我们全面了解佛教与中国传统法律制度、文化之间的关系不无助益，也为进一步认识中国传统法律文化的特性提供新的视野和内容，对于我们今天的法治建设具有积极的参考意义，具有较高的学术价值。

《侵权公平责任论》概要

王　竹[*]

侵权公平责任是自 1986 年原《民法通则》颁布以来，我国侵权法上长久不衰的理论热点和疑难复杂的实践争议点，在比较法上也引起了广泛关注，但长期缺乏系统的理论梳理和论证。本成果首次对该问题进行了系统论述和深入研究，在对侵权公平责任的源流、发展过程和理论基础进行探讨的基础上，通过对大量实务案例的具体分析，深入研究了各类侵权公平责任的具体适用规则、抗辩事由、补偿范围和适用上的补充性，并对司法适用提出了理论限制，避免侵权公平责任的司法滥用。在理论建构上，本成果首次提出借鉴英美法系衡平法上的"衡平法追随普通法"法谚，构建了"侵权公平责任追随侵权责任"的"追随原则"来理顺侵权责任与公平责任的关系，建立起了符合我国国情和社会需求的中国本土公平责任理论体系。根据《民法典》对公平责任的体系定位和具体规则调整，本成果提出了《民法典》"侵权公平责任"相关条文司法解释建议条文，供最高人民法院起草相关司法解释参考。

一、研究的目的、意义及方法

1. 研究的目的和意义

本成果的主要目的和意义体现在：

第一，构建我国侵权公平责任的理论体系。《民法典》通过之前我国侵

---

* 王竹，四川大学教授，博士生导师。

权法上的公平责任理论体系，一直围绕原《民法通则》第 132 条和原《侵权责任法》第 24 条展开，限于当事人"对损害的发生都没有过错"这一不当前提，始终无法对其正当性进行论证，也导致了侵权公平责任的其他类型受到牵连，难以形成完备的理论体系。本成果通过对公平责任一般条款的去中心化，并通过对共同意外行为的新理论进行改造，拓展出了侵权公平责任的理论空间，并构建起了借鉴衡平法上"衡平法追随普通法"法谚的"侵权公平责任追随侵权责任"的理论体系框架。

第二，明确各类侵权公平责任的法律适用。由于立法者未在适用侵权公平责任的案例类型中对社会保险、商业保险、社会救助、政府救助等侵权法之外的救济途径给予足够的关注和考量，使得裁判者陷于在行为人和受损人之间分配损害的两难选择。这在一定程度上导致了我国司法实务中侵权公平责任的滥用与"和稀泥"的现象屡有发生，这也与侵权公平责任具体适用规则不清晰相关。本成果不但明确了每类侵权公平责任的适用范围，还对其责任构成与抗辩事由进行明确，确保了侵权公平责任的适用结果公平。

第三，提出《民法典》"侵权公平责任"相关条文司法解释建议条文。在《民法典》编纂过程中，侵权公平责任既是绕不开的话题，同时也是我国侵权法上理论最为薄弱的关键点。尤其是高空抛物、坠物致害责任这一由原《侵权责任法》创设的公平责任类型更是受到社会的广泛关注。本成果以论文和《民法典·侵权责任编（编纂建议稿）》的形式，提出了《民法典》上侵权公平责任立法的体系性建议，并得到了立法机关的部分采纳。《民法典》通过之后，本成果通过对侵权公平责任进行体系性的研究，又提出了《民法典》"侵权公平责任"相关条文司法解释建议条文，供最高人民法院起草相关司法解释参考。通过准确解释《民法典》"侵权公平责任"相关条文，确保民法典时代的侵权公平责任规则清晰准确，以实现《民法典》弘扬社会主义核心价值观的立法目的。

2. 研究方法

本成果使用的主要研究方法包括：

第一，基于大量案例分析基础上的理论研究。研究过程中，作者依托承担的国家重点研发计划项目研究成果，在最高人民法院中国裁判文书网已经公布的 1 亿份裁判文书中，收集到与本项研究相关的案例近 10 000 个，经过初步筛选和整理，实际有效案例超过 2 000 个，逐个阅读和整理研究后，本成果直接引用典型案例 200 余个。

第二，着重对苏联、东欧侵权公平责任源流的法制史进行研究。作者掌握了大量 20 世纪 50 年代和 80 年代翻译的苏联、东欧民法资料，经过全面的梳理，厘清了以原《民法通则》为中心的我国传统侵权法上公平责任的立法和历史源流，作为评估以原《侵权责任法》为中心的我国现代侵权法上公平责任体系的背景，以历史责任感展开对以《民法典》为中心的我国当代侵权法上公平责任体系的研究。

第三，全面深入的比较法研究。作者通过世界侵权法学会咨询了 20 多个国家和地区的侵权法学者，收集到了与我国侵权公平责任相关的主要立法例，主要借助英文文献和中文译作进行了全面梳理。作者还特别到牛津大学法学部访学一年，通过与英国侵权法学者当面研讨和资料查询，研究衡平救济的源流与现状，以确保与中国侵权公平责任的准确比较。

二、成果的主要内容和重要观点

本成果合计五编十二章，主要内容和重要观点如下：

第一编包括第一章至第四章，为侵权公平责任总论。

第一章"侵权公平责任导论"。从 2001 年的"平台坠楼案"到 2016 年的"大蕉窒息案"，两起《最高人民法院公报》刊载的公平责任案例的裁判思路差异，体现出了人民法院对公平责任类案件裁判倾向随时代变迁产生的路径选择难题。我国侵权公平责任立法具有偶然性与必然性的双重属性。在伦理学的"德性"体系中，侵权公平责任中的"公平"不同于主要体现在合同法上的"常态公平"，而是一种"例外公平"；也不同于"体谅"（即广义的公道），而是一种狭义的"公道"。"公平"应当与"正义"进行区分，解读为"免责不尽公平"的双重否定。侵权公平责任不违背矫正正义，而是对结果公平、实质公平和个案公平的进一步追求。侵权公平责任具有"侵权责任"和"公平责任"的双重特征。

第二章"大陆法系侵权公平责任研究"。大陆法系基于"自然公平"认定未成年人承担责任的观念起源于 1794 年《普鲁士普通民法典》，并在德国法律中得到了完善。《德国民法典》未确立普遍适用的公平责任，而仅适用于第 827 条和第 828 条规定的情形，并存在一定的扩展适用与类推适用的情形。大陆法系民法典并未普遍性地规定公平责任。比较法上唯一实际将公平责任作为一般性责任基础的立法尝试是 1922 年《苏俄民法典》第 406 条，而在司法实践中曾经得到实际运用的公平责任一般条款是 1928 年《匈牙利民法典（草案）》第 1737 条。前社会主义国家民法典上的公平责任体系有三种不同的规定模式。从比较法上体现公平原则的侵权责任立法例来看，各民法典普遍规定了"被监护人致害公平责任"，部分立法例规定了"暂时没有意识或者失去控制致害公平责任"。《民法典》通过之前我国侵权法上"具有普遍适用性的公平责任"是现代民事立法例的孤例，而我国台湾地区"民法典"上的"雇员致害公平责任"也较为特别。

　　第三章"英美法系衡平法救济研究"。英国衡平法的发展大体可以分为五个阶段，即 13 世纪至 15 世纪早期衡平法的确立阶段、16 世纪至 17 世纪早期衡平法优先性的确立阶段、17 世纪晚期至 19 世纪早期衡平法体系的形成与程序改革阶段、19 世纪衡平法的发展与僵化阶段、1873 年和 1875 年《司法组织法》实施阶段。衡平法的发展是为了缓和严格执行普通法规则造成的不公平，遏制普通法权利的不当主张。衡平法实践"正义"具有历史偶然性。现代英国衡平法救济包括程序性和实体性两个方面，与我国侵权法上使用的"衡平责任"（即"公平责任"）概念无任何直接关系。与侵权公平责任在立法精神上暗合的衡平法法谚主要是"洁手原则"和"追随原则"。我国侵权公平责任的"当事人对造成损害都没有过错"的要求来源不明，与"洁手原则"没有可比性；应该比照"衡平法追随普通法"构建"侵权公平责任追随侵权责任"的"追随原则"。

　　第四章"我国侵权公平责任体系的变迁、现状与展望"。按照相关条文和司法实践中具体情节的实际适用和考量效果，学者提到的与"公平原则"相关的侵权责任规范可以分为六大类十三小类。原《民法通则》上的公平责任，实际上包括以第 132 条为核心建立起的"无过错受害人"补偿责任体系和以第 109 条为核心确立的"见义勇为人"受害补偿责任两大体系。原《侵权责任法》对以原《民法通则》为核心建立起来的公平责任体系产生了明显的体系变迁效应，建立起了新的侵权公平责任体系，实际上分为了"行为能力欠缺公平责任""共同意外分担公平责任""优者负担补偿公平责任""受益人身保护公平责任"四种类型。这四种类型，都是本应该免除侵权责任，但如果让受损人自我承担损害"不尽公平"，而例外承担补偿责任的情形。在这四种类型之下，又各自分为不同的子类型。《民法典》时代，我国侵权公平责任要着力解决如下三个方面的问题：第一，优先考虑其他社会救济来源而非直接适用侵权公平责任；第二，明文将侵权公平责任的例外适用限于人身损害，尤其是严重的人身伤害或者死亡；第三，明确"根据实际情况"的主要内容是"考虑双方经济状况"等实际情况。

第二编"行为能力欠缺公平责任论"包括第五章和第六章。

第五章"被监护人致害公平责任论"。对我国侵权法上监护人责任的不同解读方案，均忽略了从原《民法通则》第133条到原《侵权责任法》第32条的体系位移效应。原《民法通则》第133条受制于第132条公平责任一般条款尤其是"双方均无过错"的限制，定位为特殊公平责任，两款之间应做平行关系解读。原《侵权责任法》第32条摆脱了第24条公平责任一般条款的约束，与第33条完全民事行为能力人暂时失去意识致害责任并列，定位为特殊侵权责任，两款之间应该做内外关系解读。《民法典》将监护人责任重新定位为传统民法意义上的例外性公平责任，摆脱了"双方均无过错"的不当限制。由于《民法典》继续以民事行为能力制度包含民事责任能力制度，应该区分无民事行为能力人致害和限制民事行为能力人致害两种情形。前者由监护人承担无过错责任，后者由监护人承担过错推定责任。被侵权人无法获得侵权责任救济的，再考虑被侵权人、监护人和被监护人的经济状况和其他实际情况，适用公平责任进行损失分担。

第六章"无过错暂时失去行为控制时致害公平补偿责任论"。原《侵权责任法》第33条采用的是"一般规定加典型列举"的立法模式，从立法史看实际上是对新中国第三次民法典起草模式的回归，并非原《侵权责任法》第24条的特殊规定，而是独立的侵权公平责任类型。原《侵权责任法》实际上是参考我国台湾地区"民法典"第187条立法例，比照第32条规定的被监护人致害公平责任，在第33条第1款规定了无过错暂时失去行为控制时致害公平补偿责任，因此不适用于行为能力欠缺者和间歇性发作的精神病人。区分"暂时没有意识"和"暂时失去控制"本身没有法律适用上的差别，反而增加了举证责任，建议将"暂时没有意识或者失去控制"改为"暂时失去控制"，统一适用过错推定责任。只要是"饮酒、服用国家管制的精神药品或者麻醉药品"，就可以认为是《民法典》第 1190 条第 1 款前段规定的"暂时没有意识或者失去控制造成他人损害有过错的"情形。该条第 2 款的"醉酒、滥用麻醉药品或者精神药品"典型性列举应该理解为危险责任。完全民事行为能力人无过错暂时失去行为控制时致害包括积极侵害型和消极侵害型两种类型，其补偿责任具有补充性质。

第三编"共同意外分担公平责任论"包括第七章和第八章。

第七章"原《民法通则》第 132 条公平责任条款的确立过程"。我国原《民法通则》第 132 条是 20 世纪 80 年代中期我国民事立法"批发改零售"的特殊转轨时期的产物，它在较短的时间内，总结 50 年代和 80 年代两次民法典起草经验，引进南斯拉夫债法修订所贯彻的社会主义公平原则，内容和体例上综合借鉴了 1922 年和 1964 年《苏俄民法典》。原《民法通则》第 132 条应仅适用于第 133 条和原《最高人民法院关于贯彻执行〈中华人民共和国民法通则〉若干问题的意见（试行）》（简称《民通意见》）第 158—161 条规定的情形。原《侵权责任法》第 24 条实质上延续了原《民法通则》第 132 条的立法例。

第八章"共同意外分担公平责任论"。按照传统侵权法学说的思路，试图从侵害行为的"单方"角度寻求原《民法通则》第 132 条和原《侵权责任法》第 24 条的正当性，始终无法回应对于其正当性的质疑。应该从"由双方分担损失"的"双方"角度切入，按照"共同创造的风险共同分担"的新思路，提出"共同意外行为"的新概念，来解读《民法典》第 1186 条。共同意外行为，是指二人以上共同实施的行为意外造成其中一人或者数人人身损害，行为人对损害的发生都没有过错的情形。共同意外行为具有风险双向性和损害单向性的特点。共同意外行为不同于共同危险行为、共甘风险行为、共同经历灾害、双方争吵致害以及婚前性行为怀孕流产等类型情形。共同意外分担公平责任的适用范围以法律明文规定为限，仅适用于过错责任侵权行为类型，且排除存在第三人原因的侵权行为类型，损失分担范围仅限于人身损害。《民法典》第 1176 条关于自甘风险的规定实质上排除了参加业余竞技体育活动意外受伤的立法空间，可以考虑的立法类型包括非机动车之间发生意外交通事故和散养动物之间争斗造成的损害等。共同意外行为的处理以调解为原则，判决应当参考双方的意愿，主要考量双方的财产状况以及原告受损害的严重程度。共同意外分担公平责任具有补充性救济性质，只有受害人无法得到充分救济，法律规定根据各方的经济状况等实际情况对受害人给予适当补偿的，才能适用。

第四编"优者负担补偿公平责任论"包括第九章和第十章。

第九章"机动车交通事故优者危险负担补偿责任论"。2007年立法机关对《道路交通安全法》第76条第1款第2项的修改，在解决旧法原有适用问题的同时，也产生了新的适用疑义。通过对修改后第76条第1款第2项两个分号的用法进行分析，该项规定的前段与中段是并列关系，前两段与后段是交叉适用关系。原《侵权责任法》第27条规定的"受害人故意"免责事由实质上改变了《道路交通安全法》第76条第2款的规定，又回到了2007年修改之前的"交通事故的损失是由非机动车驾驶人、行人故意造成的，机动车一方不承担赔偿责任"的适用效果。《道路交通安全法》第76条第1款第2项规定的不超过10％的责任是机动车交通事故优者危险负担补偿责任。应该根据非机动车驾驶人、行人与机动车驾驶人双方主观过错的不同情况，区分四种不同的情况适用。《民法典》未能将《道路交通安全法》第76条的内容法典化，建议未来通过司法解释明确四种情况的具体适用规则。

第十章"来源不明抛掷、坠落物品致害道义补偿责任论"。《民法典》第1254条第2、3款规定的"情形"是指"难以确定具体侵权人的"情形。第1款第2句分号之后的"侵权人"，应该理解为"可能加害的建筑物使用人"。该条规定的"建筑物"是指三层以上区分所有的高层建筑物，且区分所有单元具有一定的开放性。建筑物区分使用人负有作为道德义务的"抛掷、坠落物品来源消极说明义务"，违反该义务的"可能的建筑物使用人"承担的是补充性道义补偿责任，在责任构成的结构上类似来源不明产品的销售者责任，在责任分担的结构上类似补充责任。建筑物区分使用人可以通过证明抛掷、坠落物品不可能源于其使用的区分所有单元来免除补偿责任。道义补偿责任应该按份承担，与社会保险救济并行不悖。第1款标点符号使用存在瑕疵，第2句的分号应该改为句号，而该句的句号则应该改为分号。物业服务企业"等"建筑物管理人应做限缩解释。公安等机关"查清责任人"，既包括查清"具体侵权人"，也可能经调查仍然未能确定具体侵权人，但查清了第 1 款规定的"补偿责任人"和第 2 款规定的"补充责任人"。"必要的安全保障措施"主要包括安全警示、宣传和教育措施，消除危险措施和高空抛物坠物来源监控措施三个方面，但作为信息积极提供义务的高空抛物坠物来源监控措施，不属于安全保障义务范围。建筑物管理人承担补充责任的情形，既包括经调查难以确定具体侵权人的情形，也包括能够确定具体侵权人，但具体侵权人逃逸或者无法完全承担赔偿责任的情形。在抛掷物致害情形，补偿责任人的追偿权并不减少受害人向具体侵权人寻求赔偿的金额，以达到惩罚的目的。"补偿责任人"优先于"补充责任人"追偿，但劣后于受害人的赔偿请求权。不符合《民法典》第 1254 条适用前提的特殊情形来源不明抛掷、坠落物品致害案件，可以参照该条的立法精神进行处理。

第五编"受益人身保护公平责任论"包括第十一章和第十二章。

第十一章"无偿个人帮工关系人身保护公平责任论"。从原《民通意见》到原《人身损害赔偿司法解释》再到原《侵权责任法》，帮工关系存在体系位移，并保持到了《民法典》时代。原《人身损害赔偿司法解释》中的帮工关系包含无偿个人劳务关系和无偿个人帮工关系两种类型，应当按照《民法典》的立法模式进行内涵改造，将无偿个人劳务关系与有偿个人劳务关系合并为个人劳务关系，将无偿个人帮工关系与有偿个人帮工关系合并为个人帮工关系。有偿个人帮工关系不适用人身保护公平责任。无偿个人帮工关系人身保护公平责任的正当性在于，帮工人创造的利益本来拟赠予被帮工人，由于被帮工人的拒绝未能达成赠予合意。帮工人用自己创造的利益来填补自己的损害，具有最佳合理性。适当补偿责任金额在法理上存在"受益范围"限制，如果严格适用这一限制，因金额一般较小，实用价值欠佳。在第三人不能确定或者没有赔偿能力的情形下，可以补充适用无偿个人帮工关系人身保护公平责任。不应将无偿个人帮工关系人身保护公平责任作为优先顺位的救济手段，应当建立起多顺位补偿机制。

第十二章"见义勇为人受损受益人补偿责任论"。见义勇为人受损受益人补偿责任是指见义勇为受益者对见义勇为受损者应当承担的适当补偿责任。我国建立独立的见义勇为人受损补偿机制源于对苏俄民法"因抢救社会主义财产而发生的债"理论的继受，在发展过程中存在问题意识迁移现象。

见义勇为人受损受益人补偿责任具有独立性，但《民法典》上的"无因管理"和"见义勇为"两项制度存在价值评判趋同现象。见义勇为人受损受益人补偿责任的正当性在于无偿性和受益性，并具有补充性质。应该改变在私法内部寻求全部救济可能的路径依赖，建立多顺位的见义勇为综合救济机制，统一规定补充性的见义勇为人受损受益人补偿责任。

三、成果的学术创新、应用价值以及社会影响和效益

1. 学术创新

第一，本成果在对侵权公平责任的源流、发展过程和理论基础探讨的基础上，通过对大量实务案例的具体分析，发掘侵权公平责任的社会功能和本土法治意义，在回应比较法上的理论质疑的同时，对侵权公平责任司法适用提出了理论限制，避免侵权公平责任滥用对侵权责任体系造成的不当冲击。

第二，本成果是我国民法学界第一次对侵权法上公平责任进行的体系化研究，首次提出借鉴英美法系衡平法上的"衡平法追随普通法"法谚，构建"侵权公平责任追随侵权责任"的"追随原则"来理顺侵权责任与公平责任的关系，构建起以《民法典》为中心的侵权公平责任理论体系，实现了四大类侵权公平责任的体系化定位。

第三，本成果特别关注到了从原《民法通则》到原《侵权责任法》，再到《民法典》立法过程中的体系位移效应及其背后的问题意识位移。通过对各类侵权公平责任规范理论的逐项梳理，结合司法适用情况，提出了《民法典》"侵权公平责任"相关条文司法解释建议条文，供最高人民法院起草相关司法解释参考。

2. 应用价值

第一，在立法价值上，限定《民法典》和特别法上侵权公平责任的立法范围，避免侵权公平责任立法泛化。作为例外承担补偿责任的情形，侵权公平责任只能适用于虽然满足侵权责任构成的事实要件，并基于法定事由本应该免除侵权责任，但如果让受损害一方自我承担全部损失"不尽公平"的情形。

第二，在司法价值上，以《民法典》为中心，明确了各类侵权公平责任的具体适用规则、抗辩事由、补偿范围和适用补充性，指导司法实践限制侵

权公平责任的适用，避免公平责任滥用带来的对侵权责任体系的不当冲击。

第三，在理论价值上，摆脱了我国侵权公平责任对英美法上"衡平责任"的依附倾向，建立起了符合中国国情、源于司法实践和社会需求的中国本土公平责任理论体系，为《民法典》实施之后的学术研究构建起了基本理论框架。

3. 社会影响和效益

第一，对《民法典》时代的侵权公平责任体系做出了全面的立法规划。作者多次参加全国人大法工委民法室组织的《民法典》专家论证会，提交了《"民法总则"修改建议》和《"民法典·侵权责任编"修改建议》等书面文件，并出版了《〈民法典·侵权责任编〉（编纂建议稿）附立法理由书》，对我国侵权公平责任的立法进行了系统论证，提出了明确的立法建议。

第二，参与高空抛物、坠物专项治理论证，提出了原《侵权责任法》第87条在《民法典》上的具体完善方案。为回应高空抛物、坠物这一社会问题，2019年8月23日中国法学会组织召开高空抛物坠物法治工作座谈会。作者受邀参加该次座谈会并从侵权公平责任体系化角度提出了《建筑物抛掷物、坠落物致害道义补偿责任立法修改建议》，核心观点发表在《法制日报》和《民主与法治时报》专栏。

第三，参与《道路交通安全法》第76条机动车一方无过错交通事故公平责任的立法论证。早在2008年《道路交通安全法》修改之后，作者就与最高人民法院民一庭法官合作，在《人民司法》发表《新修改〈道路交通安全法〉第76条第1款第2项的解读与适用》一文，指导全国法官正确理解与适用新法，得到了司法实践的广泛接受。该文核心观点被《道路交通安全法》2011年修改时所采纳。

《网络犯罪的法教义学研究》概要

刘艳红*

本成果以法教义学为研究方法和研究视角，积极回应风险社会时代网络犯罪治理的理论和实践重大问题，实现实体法与程序法、科技与法理、宪法与刑法的贯通，合理借鉴国外先进制度和理论解决中国网络犯罪的治理，构建了完整的网络犯罪教义学理论体系。以网络犯罪是传统犯罪在网络空间新环境下的进化而非异化界定网络犯罪，分析网络犯罪立法的象征性并提出具有实效性的网络犯罪立法，认为网络犯罪之于传统刑法的影响和挑战体现在犯罪智能化中行为构造的演进、犯罪平台化中行为主体的转向、犯罪网络化中裁量基准的设置等各个方面，并主张基于隐喻解释与实质解释论构建形式入罪实质出罪的网络犯罪出罪通道，以使网络犯罪的刑事治理范围合理公正，推动新兴的"网络法学""网络刑法学""人工智能法学""司法大数据"等在刑法领域的教义学化，并引领刑法学学科体系、学术体系、话语体系的形成与创新。

一、研究的目的、意义及方法

积极回应经济社会发展和学科建设的重大问题，具有强烈的时代问题意识和本土问题意识。"十三五"时期，我国大力实施依法治国战略、网络强国战略、"互联网＋"行动计划、国家大数据战略，加强和创新社会治理。本成果直面最为基础与突出的网络犯罪问题，可谓正当其时。

---

* 刘艳红，东南大学教授，博士生导师。

（1）建构完整的网络犯罪理论体系。理论贡献首要体现在，在前人分散论述的基础上形成自身的理论体系。本成果分为三编：上编"法教义学的网络犯罪范畴"、中编"网络空间的刑法介入边界"、下编"网络时代的刑法实质解释"。三编的逻辑关系是从基础概念到具体问题再到方法论的提升。网络犯罪立法具有象征性，应当由立法论向解释论、由政法法学向教义法学转变；网络犯罪的法教义学研究的前提是，对法教义学有正确认识；基于正确的法教义学立场，可以建构网络犯罪的基本原理。

（2）提出新概念新理论，具有延续性。理论贡献在根本上体现在，理论本身能够在一定程度上反映并超越现实，由此提出新问题以供后来学者进行更为深入的探讨。亦即，理论的根本可能在于自身的可深入探讨性。简言之，理论需要提出值得学界关注的新问题、新方向，而能够引发学界的深入批判则体现了理论的存在价值。本成果提出了"网络立法的象征性""法教义学的五大误区""结果及与行为关联度标准""主观的客观解释论"等新命题，研究的可延续性强。

（3）回应社会热点问题，社会效益高。理论贡献务实地体现在对实践的指导作用上。作为人文社会科学，法律解释结论不可能像自然科学那样精确，但可能详细、具体，从而具有较强的可操作性。综观本成果提出的诸规则，都较为详细具体，在司法实践中具有较强的可操作性。然而，由于理论具有前瞻性，要在现有司法实践中完全贯彻本成果的意旨是困难的。这需要司法体制的配套改革。由此，也希冀本成果能够在促进司法改革、法治进步这一更为宏伟的目标上做出理论贡献。

研究方法创新。现代社会是风险社会。不同的社会形态具有不同的风险类型，且以复杂的形式相互交织又变异升级。网络犯罪是网络时代最显著的社会风险。为了回应这类风险，20多年来，我国网络犯罪刑事立法不断发展完善。一定数量的网络犯罪刑事立法是统治者为应对风险社会的象征性立法。然而，象征性立法因过多地服务于安全目的而损害了刑法的法益保护功能，因谦抑性不足而损害了刑法的人权保障功能，因执行不足而损害了刑法的实用主义功能。为缓解安全与自由、风险抗制与刑事治理的紧张关系，在网络犯罪的刑事立法已经较为完备的情况下，立法者应当暂停犯罪化的刑事立法，使网络犯罪的研究范式由立法论向解释论、由政法法学向教义法学转变与回归。

（1）法教义学是网络刑法学的研究方法与基本立场。政法学派与教义学派之间的根本差别是政治化与法治化，社科法学与教义法学的关键区别是经验性与规范性。在三者之间，网络刑法学应该选择法教义学。然而，网络犯罪的法教义学研究应当避免陷入五大误区：1）在未对"刑法教义学"达成共识的情况下，即已纷纷展开了具体的刑法教义学的研究，导致学派、立场、方法的根基不稳；2）在未彻底厘清刑法教义学与刑法解释学之间的关系时，即等同使用这两个概念，导致对刑法教义学的认识莫衷一是；3）缺乏对刑法教义学科学特质的探讨，进而缺乏对刑法教义"化成"过程的揭示，导致中国刑法实行教义学化的必要性未能充分揭示；4）将刑法教义学等同于法条主义/反实践主义，并因此误解、不信任甚至反对刑法教义学；5）将中国刑法的教义学化等同于研究中的概念转换，使刑法教义学化的志业庸俗化，导致中国刑法教义学化进程受到影响。

（2）网络刑法学教义学化的本质是互联网治理法治化。法治是良法之治。亚里士多德主张，"法律为优良时就应具有至上性"。这种"优良的法律"主要体现在形式和实质两个方面。一方面，法治是规则之治、守法之治等观点，奠定了法治的形式要件；另一方面，关于法治分为良法之治与恶法之治、正义的法律之治与非正义的法律之治的看法，所针对的是法治的实质要件。而法教义学是遵循价值论路径的，它塑造了整个法律体系和个别法律领域所依据的价值、法律原则和推导关系。刑法教义学能以不变之形式和变动之价值保证日新月异的网络时代的刑法适应性。网络犯罪的法教义学研究具有双重意义。

（3）刑法教义学能够优化网络犯罪刑事立法的司法适用。近年来，刑法教义学的研究方法在我国刑法理论上得到了不少学者的关注。刑法学经历了一个从以立法论为中心到以司法论为中心的演进过程，尤其是刑法教义学逐渐生长，成为我国刑法知识的主体内容。网络犯罪层出不穷，案情各异，刑法教义学总能灵活应对。"法莫如一而固，使民知之。"（《韩非子·五蠹》）法的尊严源于法的统一性与稳定性。频繁改造刑法典之"体"，不如善解刑法典之"义"。

（4）网络犯罪刑事案件能够促进刑法学学科的深入发展。网络犯罪能够检验传统刑法教义学的真理性，并成为刑法教义学建构与发展的新的质料。面对新型的网络犯罪刑事案件，刑法教义学通过对其进行"抽象的去语境化"，改造或者变革传统的刑法理论，生成修正的或者全新的刑法教义学，而其又将应用于新的网络犯罪或者其他疑难案件之中。所以，刑法学者既不能悲观地返回立法论的老路，也不能随意得出解释结论。一种从网络犯罪刑事案件和刑法条文相互对应的过程中得出的合格解释结论，至少应当既能够适用于线上，也能够适用于线下。反之，当一种就网络犯罪得出的理论学说反而在线下案件的应用中得出了不当结果时，解释者需要反思这种解释结论是否适当，有没有能体系性地协调应对线上和线下场景的解释结论。

二、成果的主要内容和重要观点

1. 主要内容

本成果共有三篇十二章。上篇是"法教义学的网络犯罪范畴"，中篇是"网络空间的刑法介入边界"，下篇是"网络时代的刑法实质解释"。三篇的逻辑关系是，上篇是基本原理，中篇是具体问题，下篇是方法论的升华，从而形成一个完整的理论体系。

（1）上篇的主要内容是基本原理。当前的网络立法是象征性立法；由于象征性立法具有损害刑法功能的种种弊端，研究立场和方法应由立法论转向解释论，由政法法学转向法教义学；然而，当下的法教义学本身存在诸多认识误区，需要在匡正法教义学的基础上，围绕着源于犯罪学、刑事政策学的网络犯罪这一核心概念进行法教义学（刑法学化）的基本原理建构。

（2）中篇的主要内容是具体问题。鉴于网络时代的新挑战，中篇围绕网络空间效力、网络犯罪构造、网络中立行为、网络言论自由、网络爬虫行为等五个方面展开论述。这几个问题分别涉及刑法的基础论、犯罪论和刑罚论各个部分。其中，网络空间效力问题属于刑法基础论；网络犯罪构造、网络中立行为问题属于刑法犯罪论（体系论和共犯论）；网络言论自由和网络爬虫行为问题同时涉及刑法犯罪论和刑罚论。其研究特色在于科技与法理的跨域、宪法学与刑法学的贯通、实体法与程序法的结合。

（3）下篇的主要内容是方法论。经过上篇的基本原理建构和中篇的具体问题解决，下篇在方法论上升华主题。网络时代刑法实质解释，其思维是禁止类推和谨慎入罪；其要求是提高立法技术、重视网络本身与案件事实；其方法是主观的客观解释论。最后再次重申网络犯罪的研究方向是法教义学。

2. 重要观点

网络刑法教义学体系建构的出发点是犯罪学、刑事政策学上的网络犯罪概念的刑法学化。网络犯罪生成于社会性的网络空间。社会性网络空间自我向善的内生需要使其成为具有强力控制色彩的法律场所，因而网络犯罪不可能不受刑法规制。网络犯罪的内涵不断膨胀以至于其类型相互交错，在国际上一直被宽泛理解和广义使用。网络犯罪是传统犯罪在网络空间新环境下的进化，而非异化。异化说的弊端在于，刑法理论更加体现为或者容易滑向为一种重打击的态度；进化说能够为在网络空间法治化治理中实现惩罚犯罪与保障人权的平衡提供思想基础和实践指南。Web3.0 时代网络犯罪的代际特征使得网络犯罪之于传统刑法的影响和挑战，主要体现在现实与虚拟双层空间中网络犯罪的保护法益、平台化与智能化背景下网络犯罪的行为主体、个性化与数字化背景下网络犯罪的行为构造、线上与线下重叠交织中网络犯罪的裁量基准等刑法教义学的基础论、犯罪论和刑罚论各个方面。这需要具体问题具体分析。

（1）网络空间效力。传统的属地管辖原则在网络空间失灵。实害或者影响关联性标准是解决刑法的网络空间效力问题的方案之一。但是，该标准具有形式较模糊、内容不确定、借鉴不充分、根据不明确等缺陷。与此标准相关，我国刑法亦无法原封不动地移植最低联系标准、最密切联系原则、领土具体化说、社会关系重心说、效果原则、普遍原则等。我国的网络主权是一项事实性和领土性的物理权力。基于该网络主权观，结果及与行为的关联度模型可能是对我国管辖规定的最优解释。根据此模型，实害结果及其与行为的关系越直接、集中的法院地法院，管辖地位越高；危险结果及其与行为的关系越间接、松散的法院地法院，管辖地位越低。无论如何，刑法的网络空间效力的标准设定应遵循国际法主权原则、刑法体系性原则、程序正当性原则、司法技术性原则、国际法标准原则等五项原则。

（2）网络共同犯罪。网络中立帮助行为是网络时代共犯论的新课题。帮助信息网络犯罪活动罪将中立的网络帮助行为的正犯化，体现了法益保护的前置化，其在理念上值得反思，在技术上过于草率，有违现代刑事法治基本精神。而德国、日本则是通过一系列的理论限制网络中立帮助行为的可罚空间。通过和德国、日本刑法实务、理论的对比，我国目前所采取的态度根源于我国传统的入罪思维。然而，极端地将网络中立帮助行为入罪化将会阻碍网络技术的发展。在网络时代，对于中立帮助行为的判断应当经过"全面性考察"的审核，合理界定网络中立帮助行为的可罚性。

（3）网络言论自由。从言论型犯罪的一般性构造与诉讼条件出发，可对网络空间言论自由的边界展开基于宪法视角的建构性解释。在言论型犯罪的构造中，应将客观真实和合理确信规则下的"主观真实"作为违法阻却事由；基于网络媒介的科技特点与社会属性，网络服务提供者具备中立义务，对之不应简单地以共犯理论或不作为犯罪理论予以入罪。言论型犯罪的诉讼，原则上须根据实际或推定的被害人意愿来启动刑事诉讼程序。当言论行为严重危害社会秩序和国家利益且被害人无法表达其是否告诉意思时，可直接适用公诉程序；"严重危害社会秩序和国家利益"等入罪基准须是现实物理的秩序混乱，且行为人要对其有故意而无任何正当目的。对轻微言论犯罪不应轻易适用有期徒刑的刑罚；信息网络工具具有很大的生活用途，一般不应没收。

（4）网络爬虫行为。结合侵犯公民个人信息罪的具体场景，情境化地探讨爬虫行为违法性及其刑事规制问题具有重要意义。《网络安全法》与《个人信息保护法》等确立的公民个人信息保护合法性原则，以及爬虫领域规范爬虫行为的行业规则即爬虫协议（Robots 协议），是判断爬虫行为形式上非法的重要标准。对爬虫行为侵犯公民个人信息是否构成犯罪还应从实质上加以判断。行为人在权限许可范围内实施爬虫行为获取公民个人信息的，或者实施爬虫行为所非法收集的公民个人信息无法识别特定自然人身份的，不构成犯罪。通过形式判断与实质判断、形式入罪与实质出罪双重机制，合理实现对爬虫行为的刑事规制。

网络刑法教义学体系建构的落脚点是网络犯罪刑法条文的解释原理和解释方法。实质刑法观主张实质解释论。首先，实质解释的思维反对出罪禁止和类推入罪。犯罪的认定不在于自然科学意义上的技术本身是否有罪，而在于技术的管理。我国网络管控重心由网络用户向网络服务提供者的转移，赋予了网络服务提供者一定范围内的信息网络安全管理义务，并使得对网络服务提供者的行为定性带上了浓厚的先入罪、后确定罪名的色彩。其次，实质解释的要求是立法技术和解释能力并重、探究网络空间的社会哲学、重视案件事实的隐喻推理。最后，实质解释的方法是修正的客观解释论。以扩张为导向的传统客观解释导致"客观解释等同于扩张解释"，形成了网络时代刑法治理的入罪化，并造成法律公权力对技术性网络空间自由的伤害，对网络时代公民自由权利的忽视。针对网络空间层出不穷的新型违法犯罪行为，应警惕客观解释论的过度使用；结合主观解释论的法治基因优势，宜以"主观的客观解释论"重新塑造网络时代刑法客观解释论。总之，网络犯罪研究不是简单的科技概念的附会，网络犯罪研究的是真问题而非科幻主义的伪问题，网络犯罪研究应当走向法教义学。

三、成果的学术创新、应用价值以及社会影响和效益

本成果的创新点包括理论创新、实践创新与方法创新。理论创新是指本成果以网络犯罪这一时代主题为研究对象，探讨在中国国家治理结构转型、大数据和新媒体迅猛发展的时代背景之下网络犯罪的核心问题及其基本理论体系，具有理论创新性。实践创新是指本成果研究国家治理结构转型背景下的网络犯罪的司法治理，发展出的教义学理论具有鲜明的时代性，能够极大丰富法学学科知识，形成"网络刑法学"，甚至"网络法学"，为法学学科的发展做出应有贡献。方法创新是指本成果主要采取法教义学的方法与立场研究网络不法行为，与社会学等其他学科的对策学研究相得益彰。法教义学与法治思想、法治思维相契合，能够有效地为国家的网络空间治理现代化提供坚实的理论支撑。

（1）网络时代和法教义学的视角创新。

网络犯罪首先是一个犯罪学、刑事政策学意义上的概念，关于其深入、系统的法教义学研究比较少因而极有必要。以往关于互联网法学这一主题的研究成果，要么脱离了网络时代的社会背景，要么只是局限于刑法中的某一罪名或者某一司法解释的某一条文，缺乏时代感和深度的问题意识。一方面，本成果以网络时代为写作背景。这就意味着本成果需要细致观察网络时代的社会情状，充分了解互联网所搭建的网络空间的科技特点与社会属性，完整总结网络空间犯罪不同于物理空间犯罪的特点。另一方面，本成果以网

络犯罪为研究对象。本成果分为法教义学的网络犯罪范畴、网络空间的刑法介入边界、网络时代的刑法实质解释三编，三编之间是由基本概念到具体问题，最后上升到方法论的逻辑关系。

（2）实体构造与诉讼程序的架构创新。

刑法实体法的构成要件与刑事诉讼法的正当程序之结合是本成果架构上的创新之处。以往实体法研究与程序法研究泾渭分明，本成果则打破了实体法与程序法之间的屏障，跨越了二者之间的鸿沟，尝试以网络空间的刑法介入边界为例展开论述。具体而言，一方面，本成果的第七章在《刑法修正案（九）》对网络亲告罪（诽谤罪）的诉讼证明程序进行修正的背景下，用刑事诉讼法的程序正义价值和诉讼程序规范，来证明实体法中关于亲告罪的亲告性质的传统观点的谬误之处，从而指出网络亲告罪的亲告内涵需要重新界定。另一方面，该部分通过将实体法中的入罪条件，也即可罚性基准，与诉讼法的公诉条件联系起来，实现了刑法实体法与刑事诉讼法的话语的等价转换，从而有利于使刑法实体法的研究成果转化到对可操作性要求极强的刑事诉讼法中。

（3）领域跨界与交叉学科的方法创新。

科技与法理的跨域、宪法学与刑法学的贯通是本成果研究方法上的创新之处。当下，一方面，有的关于互联网法律问题的研究虽以互联网为背景，但只有互联网之名，并无互联网之实。换言之，其并未认真研究互联网的科技特点与社会属性，未能将科技与法理真正有机结合起来。本成果深入论述了 Web3.0 时代信息网络的代际特征，由此出发分别论述了现实与虚拟双层空间中网络犯罪的保护法益、平台化与智能化背景下网络犯罪的行为主体、个性化与数字化背景下网络犯罪的行为构造、线上与线下重叠交织中网络犯罪的裁量基准，实现了科技与法理的自然跨越。另一方面，有的宪法视角下关于合宪性解释的研究，并未对宪法的价值内涵进行深入研究，也未与相关入罪限制机制联系起来。本成果对此研究方法的弊端进行了革除，在深入展开宪法价值阐述的同时，实现了与相关入罪限缩规则的紧密结合。

（4）纵向深度与横向广度的论证创新。

运用科技、宪法、诉讼法等各方面的广博材料对论点的深度论证是本成果论据上的创新之处。如果说核心观点是学术著作的灵魂，那么，论据就是学术著作的肉体。本成果在前人的基础上，深入论述了宪法基本权利的价值、网络的科技特点与社会属性、刑事诉讼法的程序价值与规范，并将其与项目主题自然、紧密地融合起来，大大突破了以往只在刑法内部研究刑法的论证方式。此外，原始英文文献资料、原始台湾文献资料、日本和德国的有关译著资料，大大充实了本成果的论据。

《法治新时代的公共财政监督》概要

刘剑文*

一、研究的目的、意义及方法

在中国，因长期受计划经济体制和国家分配论的影响，财政监督往往被简单化为财政部门的自我监督和内部监督，对其层次问题特别是法治化缺乏深入研究。国内财政学者对税收和预算的研究较为充分和集中，有一定的广度和深度；而对财政监督方面的研究起步较晚，触及的面窄，成果零碎。基于财税法治的立场，更有必要从法学视角研究公共财政。近年来，法学界对财政事项研究逐步增多，立基财政法治和公平正义的价值观来进行理论探讨。然就研究现状而言，财税法研究中关注税种立法与预算法治的著述偏多，鲜有财政监督法治化方面的研究成果，特别是从控制政府财政权和保护纳税人权利的角度来做法理阐释和制度设计。十九届三中全会公报特别强调要"完善公共服务管理体制，强化事中事后监管，提高行政效率，全面提高政府效能，建设人民满意的服务型政府"。由此可见，在提供公共品和公共服务的财政运作过程中，加强财政监督管理及其法治化建设至为关键。站在新时代的历史节点，我国社会主要矛盾转化为人民日益增长的美好生活需要和不平衡不充分的发展之间的矛盾，具体到财税领域，财税事关全社会收入调节和分配公平，因此财税体制改革已然成为治理现代化中的重要一环。因此，本成果从新时代财税法治的新要求出发，探究公共财政监督的

---

* 刘剑文，辽宁大学特聘教授，博士生导师。

基本理论内涵，倡导财政控权理论，合理配置财政监督权，通过改革和创新我国财政监督体制机制，将制约政府财政权和保障纳税人基本权利系统地联系起来。

当下适逢我国财政转型新时期，立基于法学视野的财政监督研究具有非常重要的意义：其一，在理论上突破了财政监督仅从经济学视角进行研究的窠臼，从更深层次的国家治理现代化和法律规则角度研究公共财政监督，通过优化顶层设计和转变监督理念来实现财政权的合理分配与监督制衡，以更好地保护纳税人基本权利，实现公共财政监督理论的新突破；其二，在实践上则契合了中国财税体制改革向法治化转型的现实需要，在公共财政监督成为中国财税法治重要突破口的前提下，发挥法理阐释和制度构建对公共财政监督实践的双重引导作用，其研究对进一步推动中国政治体制改革和廉能政府建设具有重大现实意义。

本成果在研究方法上，注意兼容并包，突出论证效果。以财政控权理论为中心，并结合实践进行交叉研究，以国际比较、中国语境和法治路径作为研究主线，形成最终研究成果，具体包括：一是比较分析方法。以英国、法国、德国、日本等发达国家和巴西、俄罗斯、韩国等新兴国家为主要研究对象，比较各国、各地区的公共财政监督法律体系和制度体系，为中国公共财政监督法律制度建构积累参考素材。二是历史分析方法。对中国财政监督制度的演进加以梳理，分析相关制度的历史发展脉络，准确地把握中国公共财政监督制度的变迁进程和趋向，使提出的操作方案具有针对性。三是实证研究方法。通过调查研究，分析相关数据和案例，揭示公共财政监督的客观规律，提高研究成果的可靠性。四是系统研究方法。在研究中立足于中国国情，既考虑法治转型的必要性和正当性，又兼顾现实改革的合理性和可行性，同时广泛借鉴财政学、公共管理学等邻近学科的研究成果，为从法学角度研究公共财政监督问题提供资料和思路。

二、成果的主要内容和重要观点

财政法治是法治国家的必然要求。在公共财政体制下，财政制度及其治理也从管制模式过渡到法治模式。在财税法律体系中，以税收法治为主体的财政收入制度、以预算法治为主体的财政支出制度、以财政监督为主体的财政控权制度构成了财政法治最核心的基本框架。在这之中，以财政监督为主体的财政控权制度是廉能政府建设和政治体制改革的重要突破口。基于不同视角，财政监督既可以提炼为一种功能价值，也可以阐释为一种实体规则，还可以理解为一种程序安排。

本成果的研究重点在于以下六个方面：其一，法治视野下公共财政监督的法律概念、内在价值和外在表征。具体涉及财政监督与公民权保护、财政监督与民主政治等。其二，提炼财政控权理论。在阐述法治的基础界定、辨识标准及检验依据的基础上，探讨财政监督、行政控权与财税法治，财政监督与法治政府、廉能政府建设。其三，国外公共财政监督制度的历史沿革、转型经验和技术规则。包括欧美国家的理念与实践、新兴国家的经验与教训，在比较视野下思考中国公共财政转型与第三条道路。其四，中国公共财政监督法律制度的价值检讨和逻辑反思。梳理中国财政监督变迁，尤其侧重于参与式民主下的财政监督与政治体制改革等方面。其五，中国财政监督法治化转型的本土语境、现实障碍和克服途径。检讨行政主导下的财政监督实践，包括财政收入规模与机构监督、预算与公共投资及地方债监督、转移支付与超收收入监督等，旨在推进由行政监督到立法监督的转型。其六，中国财政监督的法律模式选择、法律规则及配套措施。包括财政监督宏观模式设计、中观运行机制和微观技术规范，财政收入监督、财政支出监督、财政管理监督等实体及程序事项，与财政监督有关的机构改革与配套设施。

本成果积极提炼和倡导财政控权理论，聚焦公共财政监督法治化研究。在当前财政收入高速增长以及财政支出因不公开、不透明而颇受公众质疑的背景下研究中国财政监督制度改革，探讨公共财政监督的法理念、基本规则和中国财政监督法治化路径。本成果主要阐述以下内容：

第一章是"概念重构：公共财政监督的概念界定与价值重构"。在当前建立与社会主义市场经济相适应的公共财政和现代财政框架体系的进程中，大力加强财政监督制度建设，对于有效约束政府行政权力和贯彻落实依法治国基本方略具有十分重要的意义，是新时期法治社会、法治政府、法治国家的应有之义。

本章对公共财政监督的逻辑和基本理念予以厘清，探寻公共财政监督所内含的法治财政、财政民主和纳税人权利保护等深层次意涵。解析法治视野下公共财政监督涉及的相关概念和因素，包括公共性、权力性和制衡性等特征，并在范围上影响到预算、税收、央地间财政关系等整个财税法领域。在模式选择和机构设置维度，关系到立法、行政与司法等机构设置和权力配置，需要综合了解独立性的问题。建议公共财政监督应注重监督范围的进一步拓展，具体包括：一是监督机构更加多元。公共财政监督的机构应包括立法机关和行政机关，在立法机关应设立专门的预算和审计委员会，在政府机关内部应加强政府财政、审计和监察部门的职能。二是监督层次更加复合。应建构财政收入、财政支出和财政管理三方面全面、系统、协调的公共财政监督体系，并根据经济社会发展具体情况进行偏重分布。三是监督内容更加全面。公共财政监督的内容既包括对财政资金的运行和分配进行全环节和全流程的监督，也包括针对行政机关、国家公务员以及行政机关任命的其他人员履行政府职能进行监察。并从规范性、绩效性、均衡性等方面出发，重构公共财政监督的价值体系。

第二章是"理念改革：财政控权与监督规则的中国转型"。财政权属于一种国家权力，其运行过程与其他权力一样都需要由权力的设定、执行和监督等一系列具体环节构成。从权力的设定来看，宪法、国家机构组织法等法律法规规定了国家以及有关机关享有决定征税、编制和批准预算、财政支出决策等诸多权力。从权力的执行来看，国家的财政税收机关是最主要的财政权执行部门，但是所有的国家机关都存在着与财政权执行相关的工作程序和职责，这构成了对财政权在动态上的限制；从权力的监督来看，需要不同的主体对财政权运行的过程进行控制，包括行政内部、司法以及审计等多角度的法律监控。将权力监督作为权力运行过程中的一个具体环节，有助于更好地理解监督对于权力存在的重要意义。立法上的设权、授权必须与限权、监督紧密结合起来，才能保证权力的规范性及其实施的正当性。监督是确保权力规范的基本途径，财政监督则是确保财政权正当性的关键所在。而财政监督的本质则在于通过法律对财政权力进行必要的控制。因此，对财政监督而言，需要从财税法治的角度来探究如何构建财政权的法律控制机制。在通过财税立法来实现财政监督的过程中，需要从理念的层面来反思财政权的基本属性，寻找控制财政权的特殊性法律途径，尤其是要从财政民主、财政法治以及财政绩效等理念出发来探讨和完善财政监督的制度结构。

本章在财政控权理论和法治理念指导下，探讨不同的机构设置、制度规则和运作实践在中国实施的可行性及正当性。在行政审计监督基础上加强财政行政问责，推进各级人民代表大会监督的主导性和终极性，完善媒体社会监督的正当性和必要性。从根本上说，需结合财政法定、财政民主、财政平等、财政绩效等财政法基本原则和理念，重塑公共财政监督的法规范和制度。

第三章是"国际比较：公共财政监督的历史经验与比较借鉴"。财政监督作为国家财政管理的重要内容，与财政制度同步产生。西方国家奴隶社会的财政监督制度的发展是在古代民主政治制度条件下产生的。令人遗憾的是，这种民主财政监督制度并没有就此发展起来，而是随着古代城邦民主制度被封建专制所替代而夭折。在封建专制统治下，财政监督主要是从封建君主为监督下属官员所进行的财政、财务账目检查开始的，其主要特征是以审计监督为主体，但也具有了一定的独立性、权威性和法律性。直至 13 世纪以后，随着资本主义制度的确立和现代民主制度的形成，独立于政府的财政监督和注重经济效益的绩效监督才成为财政监督制度的重要组成部分。

本章以英国、法国、德国、日本等发达国家和巴西、俄罗斯、韩国等新兴国家为主要研究对象，对各国、各地区财政监督制度的法律语境和制度规则、监督主体和施责机构、权利范围和重点内容进行比较，并对其演进路径、模式选择和规则设置进行评介，尤其关注财政监督法治化的一般经验，比如议会的财政监督机构、内部监督机关和审计机关等的设置及其对整个财税法治体系的影响和保障作用。

通过比较，我国新时期公共财政框架中财政监督法治化的总体思路应是，按照完善社会主义市场经济体制和依法治国的要求，以推进依法理财、科学理财和依法行政为核心，结合预算管理机制和支出管理机制的建立，构建涵盖财政资金运行全过程的财政监督机制，加大监督检查力度，逐步实现对财政资金运行和财政管理事项的全方位、全过程监控，确保财政资源安全、有效运用，最大限度防范违法、违纪行为的发生。具体政策建议包括：建立和健全管理型财政监督新模式，建立和健全财政监督法规新体系，建立和健全财政监督管理的新机制，建立和健全科学完善的预算监督新体系，建立和健全各财政监督主体有效协调的新机制，建立和健全财政监督人员构建，建立和提高严格的财政监督信息的透明度。

第四章是"本土反思：中国语境下财政监督的法理与制度检讨"。在全面深化改革的新时期，财政要着眼于为整体改革"铺桥搭路"，从以"放权让利"为主调的技术工具性改革，到走上制度创新之路，旨在建立新型财税体制及其运行机制的 1994 年的财税改革；从主要覆盖体制内的政府收支和税制为代表的财政收入单向维度，到体制内外政府收支双重视角；从以规范政府收支行为及其机制为主旨的税费改革以及财政支出管理制度的改革，到作为一个整体的财税改革与发展目标的确立；从"摸着石头过河"构建公共财政基本框架，到进一步完善公共财政体制和公共财政体系，再到"财政是国家治理的基础和重要支柱"的新表述，这些体现出我国加强财税体制改革的顶层设计，中国特色的公共财政制度开始得以渐进构建。

本章首先梳理中国财政监督制度变迁的历程，具体包括古代财政监督制度、1840 年后的近代财政监督制度和 1949 年以后的财政监督。我国公共财政监督制度由来已久，是经济发展、社会变迁和文化传承的最为直接的客观体现和记录载体。最早可追溯到我国商朝出现的财政监督考核规定的记载，西周形成了以宰夫为主体的交互考核制度，秦汉时期出现御史大夫监督与地方上计制度相结合的监督制度，唐代出现了比都和勾覆制度，宋元时期设有审计院，实施多重监督制度，明清时期设有都察院和科道制度。新中国成立后，我国财政监督制度随着社会主义的发展迈入了新的历史时期。

本成果认为，广义的"财政监督"为"监督财政"和狭义"财政监督"的总和。从这个概念逻辑出发，探讨实现公共财政监督法治化至少具有两个方面的指导意义：一是凭借作为政府"钱袋子"的预算财政的规范化，通过实施财政监督，以法治财政建设推动法治中国建设；二是财政监督本身亦是法治政府建设的固有组成部分，对加强财政管理和提升预算正当性具有重要的工具性价值。

本章分析了我国当前公共财政监督的不足之处：范围方面，覆盖面有限；方式方面，缺乏规范性；手段方面，强制力不足；组织方面，体系不完善；运行方面，财权太分散等。提出完善的可能路径是：固化机构，人大设置专门审计委员会；优化流程，人大进行预算监督的程序；强化人大在预算权配置中的地位。

并将财政监督提炼总结为财政监督模式从行政监督过渡为立法代议监督，财政监督对象从单向支出监督转换为收支管理监督，财政监督方式从责任追究为主的事后监督调整为事前事中事后结合的全程监督等发展方向和规律。

第五章是"制度设计：公共财政监督的顶层设计及规则建构"。客观而言，公共财政监督是国家为了保障公共财政收入、支出和管理等活动合规、有效运行，并促进经济社会的健康、协调和可持续发展，依据法律规定行使公权力，在财政运行过程中对相关主体的各类行为进行监控、督促、检查、稽核等活动的总称。当下中国特色社会主义全面进入新时代，财政是国家治理现代化的基础和重要支柱，法治国家建设是促进全面深化改革的前提保障。公共财政监督不仅是国家治理和全面深化改革的重要环节，而且还是推动国家民主法治建设的关键步骤。因此，加强公共财政监督的顶层设计和规则建构非常重要。

本章探讨如何根据一般原理和规则，合理配置财政监督中的行政权、立法权和司法权，重塑运行规则与技术要素。构建以财政监督法为中心，以预算法、审计法、行政问责法等为主体，规制清晰、层次分明、重点突出的财政监督法律体系和法律机制。

目前，我国的财政监督法律体系主要包括《审计法》和《财政违法行为处罚处分条例》，另在《预算法》《会计法》《各级人民代表大会常务委员会监督法》也有相当部分财政监督条款。2005 年施行的《财政违法行为处罚处分条例》（国务院令 427 号），主要规定了财政违法违规行为的处罚问题，但对如何进行财政监督则没有提及。其后，财政部虽陆续颁布了《关于加强地方财政监督工作的若干意见》《关于加强财政监督基础工作和基层建设的若干意见》等规范性文件，但这些意见均属于探索性和建议性的"指导意见"，实际约束力有限。总体来看，我国公共财政监督的法律供给明显不足，尚未有一部全面规范公共财政监督行为的法律。

除了要建立健全公共财政监督法律制度，还必须完善财政监督权力配置，统筹发挥权力机关监督、政协的民主监督、检察院的法律监督、法院对行政行为的监督、专门监督机关的监督以及行政机关自我监督的作用。同时，要扩大公民参与，强化群众监督，重视舆论监督。

就当下中国而言，在加强国家能力建设过程中，预算能力和财政监督能力的建设至关重要。一个国家若需要成功地引导经济和社会发展，首先必须能够从社会中汲取财政资源。在国家财政充裕之后，必须建立起一个运行良好的预算体制，在确保财政可持续的条件下，有效地利用财政资源，实现国家的财政目标，满足公民的需要。而在其中，作为现代公共预算制度基石的预算控制体系，包括政府内部的行政控制和立法机构的预算监督，仍待有效地建立。

本成果立足于财税法治视野，以财政控权理论为中心，结合实践进行交叉研究，以国际比较、中国语境和法治路径建构作为逻辑主线，形成研究成果。其一，比较借鉴国际经验，阐释公共财政监督制度的法律理念与技术规则。从财政学和公法学的学理基础入手，并通过考察主要发达国家和新兴国家财政监督制度发展的历史进程，归纳出具有普适性的经验和法律原则。其二，立足于中国语境，以财政收入持续性高速增长为背景，探讨公共财政监督制度的历史沿革和转型时期特殊问题。理性检讨和梳理中国公共财政监督制度的得失；探讨对财政事项广范围、宽口径和全流程的约束监督，以立法监督为核心、以司法监督为保障，强化审计监督和行政问责，完善媒体监督和公民监督。其三，提出对策性建议，以公共财政监督技术改造和机制构建为框架，合理选择财政监督机构模式，形成体系性法律规则。研究技术管理层面和传统收支管理领域的公共财政监督，探讨公共财政监督体系，包括监督权力在立法、行政和司法机关的合理分配，以及专门机构监督和媒体社会监督的正当性及其相互关系。

本成果立足于新时期的中国国情，既考虑法治转型的必要性和正当性，又兼顾现实改革的合理性和可行性，在充分比较借鉴的基础上，将国外法律制度的有益经验与中国特定的政治体制背景和国情相结合，就公共财政监督制度安排和法治化的构建提出切实可行的对策及建议。其一，如何遴选把握国际经验比较中的价值取舍和规则借鉴。深入分析不同历史背景和法治环境的国家或地区做法上的共性和历史经验。同时，也分析其个性化和本土化的差异，进而寻求中国转型的法治途径。其二，如何平衡中国语境下监督体制改革的公平性和效率性。财政监督具有极强的专业性和技术性，也具有鲜明的政策性和政治性。既要监督政府财政行为，约束公权力滥用；又应与国家财政政策相协调,保障其正当性。其三,如何理解掌握法治路径选择与实施的稳定性与渐进性。无论是公共财政监督法律理念更新,还是具体监督制度转型改革,均需充分考虑中国实情和渐进改革的偏好,提出正当性和可行性兼备的对策建议。

三、成果的学术创新、应用价值以及社会影响和效益

国家治理的核心在于公权力的有效配置和高效运行,具体到财政领域,财政法律制度的构建与国家民主法治进程紧密相连,是关乎理财治国、实现分配正义、保护纳税人权利的重要构成。因此,在当前公共财政监督体系建设进程中,必须坚持法治化的思维与原则。其中,财政平等的法律原则所蕴含的是通过对权力、义务和责任等法律资源的均衡配置来实现对财政权力的约束,确保财政法律规范的实效性。财政绩效原则强调的是提高公共财政运作效率,更高效地提供优质的、满足人民需求的公共品和公共服务,而这必然依托于财政活动和财政权力受监督、可问责的整体制度建构,由此凸显新时期强化公共财政法治化监督的现实意义。

从学术价值的角度来看,本成果在研究思路、研究路径和研究视角上均有显著创新。一是研究思路的创新。立足于公共财政转型和法治国家建设的双重立场,遵循中国语境下渐进改革的基本思路,重新界定和阐述公共财政监督的民主特质。二是研究路径的创新。本成果不仅以发达国家的相关理论与实践经验为分析样本,而且结合新兴国家的模式变迁,立足于中国国情,勾勒公共财政监督法治化的中国图景。三是研究视角的创新。以公法理论为分析视角,透过财政行为表象探讨纳税人基本权利保护的深层次问题,挖掘公平正义理念,并基于此系统论证公共财政监督的法治路向和技术规则构建。

从社会效应来看,本成果为我国新时期财税法治建设提供新理论、新思想和新战略。首先,公共财政监督的目标是推动财税体制改革和建设现代财政制度。党的十八大以来,依法治国、依法执政构成了公共财政监督的时代背景。而财税体制改革作为经济体制改革的总开关和政治体制改革的突破口,对经济、社会层面的影响效果较为直接明显,通过保证公共财政监督的实效,有助于实现新时期我国财税改革的预期目标。其次,法治财政是公共

财政监督的制度前提。一方面，公共财政监督客观需要法治财政提供基础性的、前置性的法制条件和规范依据；另一方面，法治财政也必然要求公共财政监督为法治财政的推进提供指引性和可控性的运行环境。最后，公共财政监督的法治化取向是实现权力制约和基本权保障。预算、税收征管、国有资产运营保值与增值、公债的发行与上市等所有涉及财政资金的流转过程都需要公共财政监督。对处于转型社会的中国来说，财政对收入分配的影响不限于再分配环节，而是对基本的分配格局都具有重要的影响，同时还影响到社会整体收入、纳税人整体福祉和基本财产权利的保障。因此，加快推动公共财政监督的法治化、科学化、系统化建设无疑是回应和解决新时期诸多法治难题的必然之举，助益于社会经济转型和国家治理体系现代化全局。

《债法总则》概要

谢鸿飞 *

一、研究的目的、意义及方法

1. 研究目的

债法是民法典规范数量最多、调整领域最多的一编，传统民法典如此，现代民法典更是如此。我国《民法典》只是将传统债编分为合同编和侵权编，并未纳入债编总则，其内容主要通过合同编来接纳。合同编能否接纳、如何接纳债法总则的全部实质内容，是中国民法典编纂中的重大立法技术问题与法释义学。要解决这一问题，必然要回到传统债法总则的实质内容上。但在理论和立法上，债法总则作为债法分则的共同规则，到底应包括哪些内容，并没有完全取得共识。唯有通过梳理债法总则这一法域的学术脉络，辨别各家理论体系的差异和各国民法典债法总则的具体规范，才能提炼出债法总则的有效内容，才能为立法提供有价值的智识支援。相对而言，中国民法学中债法总则的研究较为薄弱，因此，本成果的研究目的在于推进中国债法总则理论体系建设，为《民法典》合同编、侵权编的解释做理论准备。

2. 研究意义

本成果的首要研究意义是为我国民法典提供逻辑自洽且易于适用的债法总则具体条文。本成果的理论预设和研究结论都是，无论中国民法典的分则体例如何编排，债法总则的内容必须存在，民法典若不适用"债""债权"

* 谢鸿飞，中国社会科学院大学教授，博士生导师。

"债务"这类债法术语，难以想象民法典何以能整合社会经济领域的各种债权债务关系，民法典的体系化特征如何呈现。考虑到颁布实施的《民法典》已放弃了债法总则独立成编，但并不排除将来立法修订时债法总则独立成编的可能，因此本成果分两种情形提出立法论建议：一是单独设置债法总则编；二是不设债法总则编，如何将实质内容编排入典。

本成果的次要研究意义是阐释债法总则的价值，进而阐释债法总则在民法典立法时的独立价值。然而，要完成这一任务，必然要深入研究与债法总则本身相关的问题，如债法总则学术史和立法史，还必须结合债法总则概念、理论、制度和规则产生的社会土壤，从债法总则的实质内容契合社会实际需求的角度，细化我国债法总则的理论建构。

本成果的第三项研究意义是寻求债法总则最大可能的学术共识。学界在民法典编纂中最大的贡献莫过于提供规范共识，切实地为民法典提供智力资源。中国学界债法研究的最大问题是：即使对最为根本性的法律规则和法律问题，学界也未达成共识，其结果是造成了立法中自说自话、争而不论的情况非常严重。按照中国学界的共识，法律最重要的功能是提供韦伯意义上的形式理性，为当事人提供稳定的行为预期，最为理想的状态是法律如同计算机一样，能实现预测自己行为的法律效力。按照卢曼的说法，法律作为一种意义系统，最重要的功能是为社会交往创造稳定的规范预期系统，既能使自己信赖自己对他人的期望，也能预测他人对自己的期望以及这些期望的落空。这种预期可以减少社会生活的复杂性和偶在性。

3. 研究方法

本成果的基本研究方法，是在债权体系研究中整合三种方法，即体系—概念法学方法、历史—社会方法和利益—价值方法。在概念法学成熟后，民法学甚少使用其他两种方法，因概念法学是封闭的，法学与法律规则只能在体系中自我演绎与繁衍，"概念"被提升到了法源的高度。不可否认的是，概念法学保证了体系的自洽与圆融，保证了法律适用的统一性，但完全以概念剪裁现实生活中的新问题，却难以保证其结论的合理性，且概念法学假定的自洽未必能全部落实。本成果致力于从概念法学建构的时期，深入讨论债权体系建构的学术史，并分析概念法学体系（又称内在体系、实质体系）内在的价值，进而说明其债权体系建构的学术过程。

二、成果的主要内容和重要观点

（1）债法总则的历史。

第一，债法总则的学术史。债法总则的最早理论根源可追溯至罗马法时期。罗马立法和法学虽未发展出债法总则的体系，但罗马法学家对债的概念和债的种类的总结和提炼，对后世债务的一般规则的发展起了根本性的作用。若没有对债的种类的总结，就不可能出现抽象的债的概念，若没有债的概念，很难想象后来会有关于债务法的一般规则。而后，通过对罗马文献的解释、收集和整理，法学家在中世纪晚期对债务的一般理论进行了总结。理性法时期是上承罗马法—中世纪注释法学派和评论法学派的余绪，下启潘德克顿学派。理性法学派的代表人物普芬道夫将债的体系做了全面研究，如债的担保、债的履行、履行的代替工具、交互计算、免除、更新与移转、解除约定的解除契约、违约或状态的变更等，对债法总则内容进行了初步概括。无论是在理性法学派时期，还是在罗马法继受时期，债法在欧洲均得以保持，甚至成为欧洲的共同法。理性法学派饱受自然法学的浸淫，在个体与个体的关系、个体与国家的关系方面，全面承认了自由意志的枢纽地位。而一旦以"自由"为社会运行和社会关系的阿基米德点，加之运用当时盛行的物理学、数学和理性哲学方法，就很容易为债法建构一个抽象理论体系。然而，理性法学派并未全面完成这一工作，普遍理论的扩建也必须借由理性法，以烦琐哲学、伦理神学为基础以发其端绪，并且要到学说汇编学的时代才真正完成。

罗马法与理性法时期之后，潘德克顿时期的法学家几乎都创设了自己的债法体系。尽管潘德克顿学使用的"债"的术语不一样，但对债务关系都是以罗马法为基础的。唯一引起争议的，是给付是否以具有财产利益为限。罗马法认为，给付需要财产价值，因为罗马法的诉讼形式要求每个给付判决都应有金钱数额，给付的标的就必须可以用金钱来评价。潘德克顿法学家对此存在争议，例如邓伯格认为，债产生经济价值，它和物权一样属于财产权，因此债权必须具有财产价值。这是债的边界。而温德沙依德则认为，债权为人权的下属权利，不需要具有财产价值。德国民法典债编起草人库贝尔也认为，只要给付对债务人具有利益，无论是何种利益，都可以构成债。当时一些判决也不再要求受保护的给付利益，而认为债的边界是当事人受法律拘束的意思。到德国民法典编纂时，立法者认为，无须在法律中规定债务人给付应具有财产价值。债的关系生效，只需要该法律关系存在值得法律保护的利益。除罗马法学派的法学家对债法总则进行体系化之外，日耳曼法学派的代表人物吉尔克、贝斯勒等人也提出了日耳曼法学派的债法总则体系。

现代德国法学家对债法总则的构建大致围绕民法典的体例，并以请求权基础规范的思路展开。他们强调债的关系是债务人对债权人承担给付义务（Leistung）或照顾义务（Rücksicht），认为债是债权人和债务人之间一种特别拘束关系（Sonderverbindung）。德国民法典第 194 条第 1 款规定，以很不显眼的方式界定了德国民法典的核心概念——请求权（Anspruch），将德国民法典所有五编贯穿起来，体现了德国民法典的体系性和逻辑性。它分为债法上的请求权、物权法上的请求权、亲属法上的请求权和继承法上的请求权。债法上的请求权称为债权（Foderung），属于第 194 条"请求权"。

汉语学界的债法总则理论体系存在共同结构但并不统一。在对债的界定中，汉语学界也是以给付为中心展开。对给付是否必然具有财产价值，汉语学界几乎持否定观点。我国学界对债责区分理论存在曲解与误用，我国学者所欲证成的独立民事责任体系，与比较法上债责区分理论所指并非一事。在该学说理论构建下的责任概念，仍属债法范畴。但是，就责任概念而言，其虽存在语义混用的现象，但其在逾百年的使用中，多义之"责任"概念已成使用惯性。"责任"概念的重构不仅希望渺茫，而且毫无必要。能够期待的，仅仅是区分"责任"概念在不同领域的适用从而明晰"责任"概念，涤除概念使用时的扞格之处，以避免不加区别地将内涵丰富的"责任"概念适用于不同的事项而导致混乱。在重新解读"责任"概念时，亦应考虑到传统债法体系与既成体系之间因时代变迁产生的裂隙。正视在社会生活进步下催生的各种特别法领域所要求的"责任"概念，对前工业化时代形成的传统潘德克顿债法体系做必要修正，以尽可能使"责任"概念契合于现代债法体系。至于债法总则的缺失对民事责任体系的影响，因以实用性为主的立法逻辑与以抽象为主的理论逻辑不必重合，因此民法典的立法抉择并不构成对统一债法理论体系的实质性伤害。

第二，债法总则的立法史。从 18 世纪末到德国民法典之前，欧洲即诞生了一系列法典，以 1794 年的普鲁士普通邦法典、1804 年的法国民法典和 1811 年的奥地利一般民法典为代表，都涉及债法总则的内容。德国民法典在吸纳前鉴的基础上，通过界定社会关系中的核心构成要件，抽离其具体情境，建构抽象的规范，以抽象的法命题为依据，在法律上建构出债法总则。德国民法典的债编称为债的关系法（Recht der Schuldverhaltnisse），立法者将债之标的也称为债的内容（Inhalt），即给付；并将物权和债权以相对和绝对（relativ/absolut）、对物和对人（dinglich/personlich）两个标准进行区分。

（2）债法总则的体系。

第一，债法总则的外部体系。民法典外部体系的建构只是立法者将社会纳入形式理性治理计划的外化。外部体系决定了民法典的风格，是衡量民法典品质的重要标准。如果民法典体系规模过小，司法界就不得不承担难以承担的法律解释责任，理论界则不得不承担繁重的再系统化任务。债法总则外部体系的建构有不同的模式，其中，以债法总则统领分则的立法模式更有助于提升民法典的体系效益。比较法上，不论是法国民法典通过改革设立债法通则，还是《欧洲示范民法典草案》第三卷规定对于合同债务与非合同债务关系均可适用的规则，均是向抽象的债法总则立法模式靠拢的倾向。我国立法者本着务实、便利的立法态度，以合同法总则代替债法总则，此种立法面临的困难是如何划分"仅适用于合同的规则"和"通用于合同之债与非合同之债的规则"，对此，似乎可以借鉴埃塞俄比亚民法典的经验，在章节的标题上直接标示出来。对于不当得利、无因管理等法定之债，比较法上既有纳入债法总则中债之发生（或债法渊源）的立法模式，也有将之规定于债法分则的立法模式。对于后者而言，又可以分为两种规范模式：一是将之置于作为债法分则的各种债之下而使之与各种合同并立，二是将之规定于债法分则使之与整个契约法并立。

第二，债法总则的内部体系。内部体系是支撑或决定作为外部体系材料的法律规范或法律命题的、体现不同价值的法律思想、法律原则等。任何法典都是系统化的，具有内在的一致性和逻辑的内部关联性，这就必须实现外部体系和内部体系的一致。内部体系和外部体系最重要的差异在于，内部体系无法完全通过形式逻辑的演绎方法，发现建构类型及规定功能的概念。内部体系在抽象—具体方面，也存在等级序列。法律的最高理念是正义，正义又派生出若干相互冲突的价值，这些价值进一步派生出不同的法律原则。法律原则具有"一般法律原则—具体法律原则"的层次区分，并产生了功能性概念。这种序列可以表述为：正义—实现正义的诸价值——般法律的基本原则—具体法律的基本原则—功能性概念。内部体系最重要的功能在于为法律命题提供真值条件，至少是寻求真值条件的思维框架。内部体系可以实现完整涵摄的功能以及使法律论证妥当的功能。

债法在内部体系层面存在普遍价值冲突。卡纳里斯就列举了原理的四项特征：1）原理不可能毫无例外永远妥当，可能会相互对立或者矛盾；2）原理没有排他的要求；3）原理只有在彼此补充或者限定的协动关系中才会获得原本的含义内容；4）为了实现自身，原理需要具有通过独立的本质内容的下位原理和个别评判实现的具体化。在法律上，各种价值具体化为原则。尽管原则相对价值更为具体，但它在运作过程中依然会和其他原则发生冲突。在立法上，原则因为其作为裁判理由的不完整性，需要通过中介来实现自己；在司法中，裁判者在面临不同规范竞合、运用扩张或限缩解释等法律续造作业时，也难免面临价值冲突。如侵权法的核心价值就是自由以及权益的保障，这二者必须要实现合理的权衡，而拉伦茨以及卡纳里斯也明确表示："任何侵权规范的基本问题都存在于法益保护与行为自由之间的冲突上……侵权法的目标就是根据最合理的平衡或实际合理性来解决这一冲突。"

要解决内部体系价值冲突，就必须建构解决价值冲突的合理标准（但不是客观标准），在理论上这被称为融贯论（Coherentism）。按照怀特海对融贯论的经典界定，它是指体系内的基本观念必须互相依存，任何一个观念都不可能被单独定义。在法律上，它体现为：法律命题的真伪不在于它是否切合或者对应于社会实际或社会实在，而是必须与其他命题作为一个整体保持连贯的关系。实现内部体系价值融贯的方式有两种：价值—原则协作制和价值—原则等级制。依照前一理论，内部体系中每个价值—原则要实现自己追求的价值目标，都必须和其他原则相互协同，不可能依据事先设定的优先规则来决定原则适用的取舍。协作制适用的结果，可能是相互冲突的原则同时适用，各自实现部分目标而不是全部目标，或者是某个原则压倒另外一个原则。协作制最大的优点在于拒斥了价值的优先顺序，更能在具体的情境中生成具体的价值优先性判断，不仅可以适应不同时空的价值理念、法律精神的差异和变迁，而且能在立法上和疑难案件中寻求细致入微的价值权衡。依照后一理论，可在价值—原则的优先序位发生冲突时，轻易决定哪个价值或原则胜出。它实际上是通过根除价值或原则冲突的方式来解决冲突，因为在有优先序位的情形下，价值或原则是不存在冲突的。可以说，这是解决价值或原则冲突一劳永逸的方法，也能有效地通过预先确定顶点，克服明希豪森三重困境。

债法总则的内部体系实际上也是整个债编的内部体系，它是整个债法规范赖以建立的价值理念、法律原则、功能性概念的总和。内部体系是否应通过法律原则等具体化，在立法上有不同的做法。一是将全部内部体系通过基本原则的方式明确表示出来。这可以称为"内部体系的外化"。最典型的做法是中国的《民法典》《合同法》《侵权责任法》。它们分别详细列举了民法典、合同法和侵权责任法的全部原则，也包括平等、自由等一般法律原则。二是并不在立法中明确规定原则，而是将其作为隐含在立法内的公理性原则。立法者之所以不明白言及，是因为他们认为这些原则被视为"理所当然"，没有必要提及它们。规则是对原则的体现、清晰化及标准化。如果例外遇到违反某个领域法律原则的情况，则通过法律规则予以明确。债法总则内部体系的具体内容包括：自由、权利、衡平、效率、共生及其衍生原则。

第三，债法总则的动态体系。动态系统理论就是为了对债法外部体系和内部体系协调问题进行合理处理而诞生的，最早由奥地利著名法学专家威尔伯格提出。威尔伯格的问题意识是：如何把损害赔偿责任的法律构成要件进行一体化处理。这一问题之所以产生，是因为当时出现了诸多无过错责任类型，这些无过错责任甚至有和过错责任并驾齐驱之势。两种责任的理念和构成要件都有重要差异，能否将其统合为一个体系，是损害赔偿法的疑难问题。威尔伯格在其1941年的损害赔偿法著作中，试图将两种责任合为一个体系，其方法是抽离或还原为两种责任的共同构成要素。这些要素强度不同，然而组合在一起却能够实现协同互动，综合构成损害赔尝义务的基础。这是因为侵权损害情形过于复杂，难以通过"固定条款＋例外"来处理。威尔伯格总结的概念并没有采用传统的过错、无过错等术语，而是用了更具体的要素，甚至包括经济能力和投保可能性等。

动态体系论的核心概念是"要素"（Element）或"力"（Kraefte），其后"要素"也多称为原则。卡纳里斯认为，这两个术语选得不太好，一个像化学术语，一个像物理术语，不如用评价原则（Bewertungsprinzipien）或公正标准（Gerechtrtigkeitskriterien）。本成果之所以使用这些术语而不是卡纳里斯建议的术语，其目的是强调动态体系与传统固定构成要件条款、一般条款的差异，在过于僵化和过于灵活之间取得一个平衡，此外考虑到"要素"是法规范中的动力。动态体系最重要的两个特征是：其一，将传统构成的要件进一步进行抽象处理，并且使其转为更高层次的相关要素，这些要素可能属于某些单个的构成要件也可能属于综合性的构成要件。在具体领域的研究中，也可能反过来将某个抽象的构成要素分解为更具体的要素。其二，构成要件之间存在一种协力，也就是不同的构成要件能够互补或者互换。动态体系通过一般要件中隐藏的要素，并且通过不同要素的组合尤其是不同强度的要素的组合达成不同的法律效果。这不仅对固定要件里的相关构成要件进行了改变，也对法律效应的具体强度进行了改变。按照传统思路，一旦构成要件成立，则不再区分各构成要件的强度（如过错的程度），一概发生同样的法律效力。但是动态系统要对构成要件具体的强度进行区分，并且对其法律后果的不同层次进行有差别的考量："构成要件越多，法律效果越多"。这样，动态体系不仅改变了因某个构成要件缺失而造成的"全有全无"原则，亦在法律效力方面增设了"或多或少"的区分。

债法是民法典与特别民法的重要部分，也是内部体系和外部体系协调最为重要的领域，应当利用动态体系理论。特别民法大多产生于债法领域，如消费者保护法、劳动基准法等。而民法典如何处理与特别民法的关系，是当前所有成文法国家在民事立法时所遭遇的最为严峻的问题。民法典已经无法囊括所有民事法律规范，这是现代社会不容置疑的现实。民法典可以通过法源规定（如瑞士民法典第 1 条）和外接性条款，以容让公法（所有权的法定义务、违反强行法的合同与侵权行为的违法性）、引入社会生活的底线道德与习惯（公序良俗、习惯入法）并尊奉社会共同的基本价值（宪法私法化、政策型特别民法），这些简便易行的方法确可维护体制中立。对急需完善社会主义市场经济体制的中国而言，这种以自由为导向的体制中立更有吸引力。在现代法律体系中，除了补充型特别民法外，其他特别民法完全可以归入社会法、经济法范畴，以维护民法典地位为出发点的"法典重构"无疑是

"民法帝国主义"的表征。尽管如此，法典解构不应成为我国未来民法典的主导思路，这不仅因为民法典是大陆法系各国的民族史诗，更因为中国的法制现实需要民法典保持基本法地位，将民法典作为社会自我组织与权利管理的基本工具。无论是法典解构还是重构，立法者都面临两难选择：前者使民法典成为活的"博物馆"，与现实生活却渐行渐远；后者使民法典处于不断变动中，成为不能完工的"永建工程"。民法关乎人类生生不息的生活规则（记忆）与理性化组织这些规则（理性），特别民法则更多涉及人类变动不居的意志。这种意志何时成为社会的法信念，是立法者要做的重大判断。与法典解构相比，法典重构要调整民法典使其适应当代现实，要"在正确的原则上重建现代民法"，难度当然要大得多。这也印证了"要为人类立法，简直是需要神明"。

（3）债法总则的功能。

第一，债法总则的一般功能。债法总则的功能包括在民法典外部体系上的整合规范功能，以及在民法典内部体系上的价值融贯功能。在法典编纂与债法整合中，形式逻辑只是作为规范的整合工具，通过不同的使用方式发挥作用。最具形式逻辑理性的德国民法典的编纂者分别微观上的概念数学手段，以及宏观上的体系理论手段，对法典规范进行了体系整合。立法者通过概念数学和体系理论手段在形式逻辑上整合法典外部规范体系所欲达到的目的有二：其一是简化法律条文数量，其二是达到立法上的体系性与安定性。此外，通过对司法案件的定量分析，可证实债法总则规范能起到融贯债法内部体系、统一债法规范评价的作用。在具体的债法问题上，更能体现债法总则的体系整合和价值融贯功能。例如在代物清偿、不当得利、无因管理问题上，更需债法总则统合规则。

第二，债法总则的功能实现。债法总则的功能还可从统一返还请求权、不真正连带责任以及违约责任和侵权责任的竞合制度中得以体现和发挥。可考虑构建统一返还请求权制度，淡化债的发生原因。对于债之发生原因与债法总则之间的关系，应认为合理的处理方式为在债法总则中淡化具体的债之发生原因，而只需明确债之发生原因包括意定和法定即可。在此基础上，对于散落于债法体系中的各类返还请求权，应当寻找到联系它们的纽带，使它们在债法体系内部寻找到自己的合适位置。从而进一步明晰债法体系的规范结构，确保规则之间的有序衔接，避免规则之间的冲突与矛盾。各种返还请求权之间的共通性为返还请求权的系统整合提供了基础。现代债法发展过程中，各种返还请求权的系统整合已经成为日益突出的趋势。多数比较法国家都没有选择从法律构成（即构成要件）上对返还请求权进行规定，而是选择从法律效果这一端来对债法中的各种返还请求权进行统一调整。为此，结合我国债法体系中返还请求权产生基础的多样性，可以通过制定统一的返还规则来将各种返还请求权串联起来，从而形成债法中的返还请求权规范体系。此种做法有利于法律规定的整合，提高法律适用的明确性，避免支零破碎的规定所引发的法律适用与理解上的困难。

另外，债法总则在责任竞合问题上发挥重要功能。同一生活事实具备两个以上的法律要件，产生基于同一目的的两个以上的请求权，在法律实践中相当常见。这是因为，民法规范是以立法者提炼与抽象的某类规律性的生活事实为基础和原型，现实中的复杂生活场景被转化为法律中的"观念上的指导形象"（Vorstellungsgebild）或"事实构成要件"（Tatbestand）。在生活事实被转化为法律上的构成要件后，调整不同生活事实的法律规范本不应重合或交叉，而是呈现井然有序尤其是二元对立的形态，如物权—债权、违约—侵权等。然而，立法者"谁又可能完全预见全部的构成事实，它们藏身于无尽多变的生活海洋之中，何曾有一次被全部冲上沙滩"。正是用纯粹理性剪裁实践理性的立法困境，导致了竞合现象无法根除。侵权责任与违约责任的责任竞合设计不应偏向任何一方当事人，而是要依循责任规范的目的，使债权人获得其有权获得的赔偿，亦使债务人不受双重不利评价。为此，我国完全可以采取法条竞合论，探寻责任规范的意旨，对同一行为进行充分评价，既不能评价过剩，也不能评价不足。通常应采"合同优先"原则，适用合同法规范群，这尊重了当事人对未来风险与利益的安排，符合私法自治的要求。侵权法或其他特别法规定了某类合同关系产生的侵权责任时，应适用侵权责任。除了损害赔偿以外，其他责任方式也可发生竞合。责任方式的适用不应依据责任成立的原因，而应依据损害的性质。既然《合同法》已规定了保护义务，在违约行为侵害人身权并造成符合《侵权责任法》规定的精神损害时，人身损害与精神损害就都应在违约之诉中获得赔偿。司法实践中违约之诉不包括精神损害赔偿的错误急需纠正。为保障债权人获得合理赔偿，竞合时的侵权赔偿也应纳入返还利益，《侵权责任法》纳入产品自伤损失不仅具有合理性，而且可予推广。

中国民法典未来在修订时若规定债法总则编，其主要内容应包括：债的发生（重点是无因管理和不当得利）、债的种类、债的履行、债的保全、债的变更、债的消灭、多数债务人和多数债权人。若不规定债法总则，则可在合同编中设置准用条款，将合同总则规定准用于其他债的种类；在合同法总则中单设"非合同之债"或"准合同"，包括无因管理和不当得利；并在合同效力或合同履行部分设置"多数当事人"规则，以纳入多数债权人和多数债务人的内容。

三、成果的学术创新、应用价值以及社会影响和效益

本成果深入、细致地阐述了债法总则外部体系和内部体系的内容。（1）在外部体系上，本成果全面分析了如何使民法典获得体系效益，尤其是首次将民法典的外部体系分为三种风格、三种条款。（2）在内部体系上，本成果在理论上澄清了国内外学术界都语焉不详的问题：内部体系到底是价值理念还是法律原则？是仅仅包括法律原则还是也包括功能性概念？法律原则是否还进一步区分为一般法律原则、民法基本原则和债法基本原则等？本成果区分了法律体系两种意义上的一致性，将内部体系界定为"各种基本原则＋功能性概念"，而非指代不明的"法理念"。（3）本成果深入揭示了在民法学中内部体系内在的价值冲突的不可消除性和融贯性及其产生原因，并有力地论证了简单的价值排序方式是不可能的。

本成果分析了债法内部体系和外部体系的冲突及其可能的协调方式。债权编立法的最大问题是债法内部体系和外部体系的协调。为解决此问题，奥地利法学家威尔伯格等人发展出了动态体系理论。本成果梳理了动态体系的学术脉络、适用范围和立法尝试，并仔细分析了它的安定性障碍，辨别了它和论题学方法的差异，阐述了它何以能成为固定要件和一般条款之外的"第三条道路"。最后，从相对公允的立场，评价了它的学术贡献和对立法、司法的影响，展望了它可能的适用空间，以扬长避短，最大可能实现法律的安定性与妥当性。

本成果阐释了"债"和"债法总则"概念形成的理论史。通过对罗马法

学家作品到潘德克顿学派的债法作品分析，可以发现，它们形成的理论前提是抽象出"一方对另一方请求给付"的法律关系，赋予其法律强制力（法锁），并进一步抽象出各种债的共同规则。在给付概念方面，罗马法到潘德克顿时期争议最大的是，给付是否必须有财产利益？直到德国民法典编纂时期，这一问题依然存在争议。德国民法典立法者有意未做规定，将其交由学界和司法实践处理。这又涉及债和责任的分离的复杂学术史。此外，本成果用了大量的一手德语材料，包括1794年的普鲁士普通邦法、19世纪潘德克顿学派大量的作品以及德国民法典编纂时期的作品，详细说明了德国法一脉中债法总则的理论历史和立法历史。以此为基础，本成果深入分析了潘德克顿学派、日耳曼法学派、德国民法典编纂时期的债法总论的不同体系安排。在德国法学理论和民法典中，债法总则最大的问题是在债法总则规定了债的种类，如不当得利、合同、侵权等，同时又在具体之债中规定了各类合同，这样就使债法总则与债法分则的层次非常不突出，造成了难以体系化问题。

本成果深入阐述了民法典去法典化最重要的领域——债法领域如何应对民法典和特别民法的关系。本成果认为，民法典作为社会基本法和私法基本法，应具有超越政治、经济和社会的中立性，但也并不固守民法典的体制中立的特征。民法的本质是"历史生成的自然法"，即社会公认的交往规则和实践履行，因此，若特别债法领域的规则已经具有"新自然法"属性，完全可以纳入民法典。但目前债法领域的特别法尚不具有这种属性。本成果分析了中国债法在外部体系上存在的一般性重大瑕疵，比如私法自治规范和公法管制规范的混杂、过度抽象化和过度具体化等，并提出了解决方案。

本成果通过遴选一些债法总则中的具体制度，如统一返还规则、债的清偿、多数人之债、责任竞合等，说明债法总则的设置不仅有可能，而且有必要。即使不设单独的债总编，其实质内容也必须通过合同编妥善安置。在此基础上，本成果为中国民法典设计了两种方案：（1）单独设置债法总则编及债法总则编的内容；（2）不单独设置债法总则时，在合同编纳入债法总则的实质内容。在说明债法总则的功能时，通过整理中国裁判案例和现行规则，分析了研究较为薄弱的制度和规则，如代物清偿、统一返还规则、不真正连带责任等，对立法和司法裁判有所助益。

社会学

《从"独生子女"到"全面二孩":中国社会的又一场生育革命》概要

风笑天*

一、研究的目的、意义及方法

2013 年底,全国开始实施"单独二孩"的计划生育政策,这是 30 多年来我国计划生育政策的首次重大调整。2015 年底,国家又开始实施"全面二孩"政策。本研究正是在"单独二孩"政策刚刚出台时开始进行的,是全国同类主题的课题项目中最早立项的课题。本研究的目标,是在二孩生育政策全面放开、我国实施长达 30 多年的独生子女生育政策结束后,对政策带来的社会影响进行系统的研究。特别是全面准确地了解一孩育龄人群的二孩生育意愿,回答二孩生育政策的开始实施对于整个中国社会的发展将会带来什么样的影响,以及在这些影响面前,我们应该从哪些方面做出应对等问题。

人口是社会的基本构成因素之一。二孩生育政策调整所引发的社会影响将是巨大而深刻的。生育政策的调整,所带来的绝不仅仅是社会人口数量的增加或减少,而是与整个社会的经济、文化的发展紧密相连,与社会的稳定、人民的幸福紧密相关。二孩政策的实施,不仅会给中国带来一些新的社会问题,也将对国家的经济发展、人口结构、社会负担等形成新的考验和挑战。人口生育政策的"后滞效应"也预示着各种潜在的社会问题。因此,提

---

* 风笑天,南京大学教授,博士生导师。

前开展与生育政策调整相关的社会维度的研究，分析预测生育政策调整对社会结构的各种影响，及时防范这种影响可能导致的新的社会问题，无疑具有十分重要的现实意义。与此同时，将政策的调整作为自变量，可以对相关的人口社会学理论，特别是对人口因素与社会、经济、文化因素之间相互影响的理论和命题提供新的经验事实和科学证据，具有很好的理论意义。

本研究采用实地调查的方法进行。2015 年初，课题组在前期文献回顾和研究设计的基础上，制定了大规模抽样调查的计划。2015 年 4 月，课题组按东部、中部、西部，以及直辖市、省会城市、普通大中城市、县级市两个维度，随机抽取了全国 12 个不同类型、不同规模、不同地区的城市（即北京市、上海市、重庆市、吉林长春市、江苏南京市、甘肃兰州市、河南新乡市、福建厦门市、广西桂林市、广东四会市、湖北汉川市、四川简阳市）作为调查点。同时组织了南京大学、北京工业大学、华东师范大学、西南大学、吉林大学、兰州大学、厦门大学、广西师范大学、河南师范大学、西南交通大学、华南农业大学、中南民族大学等 12 所大学社会学系的教师和学生组成 12 个专门的调查组，于 2015 年 5 月至 10 月，在全国 12 个城市同时开展了问卷调查。调查采用抽取幼儿园、小学和初中的幼儿和学生，然后调查幼儿和学生家长的方式进行。既保证了调查的随机性，又保证了调查的可行性。在各大学负责老师和调查学生的共同努力下，12 个城市实地调查工作圆满完成，收集到丰富的问卷资料。经过 4 个月的工作，全部数据清理完毕，建立了高质量的调查数据库，为后续资料分析和论文写作奠定了扎实的基础。

2016 年 9 月，课题组根据"全面二孩"政策实施的具体现实，又设计和组织了第二次大规模问卷调查。调查抽取了地处全国中部、社会经济发展水平也处于全国中部的湖北省作为调查地点，抽取了 5 个调查城市。并组织 5 个大学的社会学教师和学生组成的调查组，于 2016 年 9 月至 12 月，分赴 5 个城市开展问卷调查。2017 年 1 月，组织专门队伍，对问卷进行审核、录入和数据清理，形成了第二次调查的数据库。通过对两次大型调查数据的系统分析，得出了一系列有重要参考价值的研究结论。

二、成果的主要内容和重要观点

本成果从实施二孩政策的实质及意义开始，通过对现有生育意愿研究及其结果进行反思，引出生育意愿问题的重要性；然后利用几项大规模实地调查得到的数据资料，紧扣二孩政策的背景，详细分析和探讨了育龄人口的二孩生育意愿以及影响二孩生育意愿的因素问题；最后，在前述各章详细分析的基础上，探讨了从独生子女时代向后独生子女时代的转变，指出从"独生子女"到"全面二孩"，意味着中国社会的又一次生育革命。本成果在结构上环环相扣，从不同的方面步步深入地对研究主题展开探讨。

本成果由导论和上中下三篇共二十章组成。

第一章是导论部分。在第一章中，主要探讨了国家生育政策调整，即实施"单独二孩"以及"全面二孩"政策的意义，特别是指出了生育政策调整对中国社会的可能影响。正是基于这一点，本成果认为，在生育政策调整之初，及时开展政策调整的后果及其影响研究具有重要意义。本章中还提出了生育政策调整研究的几个重要主题，从人口学后果、对家庭的冲击和影响以及对实际承担生育任务的青年夫妇的影响等方面进行了说明。同时，本章还介绍了开展生育政策调整研究的具体思路、所使用的方法以及本成果的结构、内容以及相关调查项目的简介。

上篇是反思现有生育意愿研究以及对二孩政策效果评价部分，由四章构成，主要对改革开放以来学术界所进行的生育意愿研究进行系统反思。同时也对"单独二孩""全面二孩"政策实施效果进行评价。

第二章对实施改革开放以后 30 多年中我国学术界最重要的一批生育意愿调查的结果进行了详细解析，指出在 30 多年生育意愿的调查中，研究者通常采用"理想子女数"或者"假设条件下的意愿生育子女数"来测量人们的生育意愿。但实际上，"理想子女数"所测量的只是人们对生育的看法，而不是人们对于生育的意愿，因而测量效度不高；"假设条件下的意愿生育子女数"则是在有计划生育政策的现实中假设没有相关政策，因而也不能很好反映人们的真实意愿，从而揭示出我们对于中国人生育意愿的认识和了解实际上并不多的现实。以此提醒学界和政府相关部门意识到现有生育意愿调查结果的局限性及其与现实之间的距离，这是将现有的生育意愿调查结果作为制定人口政策重要参考时应特别注意的关键一环。

第三章在回顾这些重要的生育意愿调查的基础上，针对调查对象的基本状况，从性别、年龄、城乡等多种角度分析了不同生育意愿调查所存在的局限。本成果认为，在生育意愿调查中，对象的年龄是最重要的因素，只有育龄人口，特别是 35 岁以下的青年育龄人口才是最恰当的调查对象。同时，由于生育是由夫妻共同决策并实施的行为，因此，仅以女性作为生育意愿调查对象的做法也不恰当。除了年龄和性别外，调查对象所具有的计划生育政策属性也会对调查结果产生影响。各种不恰当的调查对象选择都会导致生育意愿调查结果形成偏差，并对我们的认识以及生育政策制定产生误导。

第四章则结合"单独二孩"政策出台后学术界和社会舆论广泛议论的"政策遇冷"观点，用大量事实和数据对学术界两种基本的看法进行了系统解析，实事求是地评价了"单独二孩"政策的实际效果。本章分析指出，评价"单独二孩"政策的效果，既不能用年出生人口 1 100 万的目标作为比较的背景，也不能以生育意愿调查中 60% 的二孩生育意愿作为计算的比例。要将符合政策条件的人口划分成愿意和不愿意再次生育的、能够和不能够再次生育的、急于和不急于再次生育的等类别。然后再来评估目前申请人数与在各种现实条件限制和影响下可能的申请人数之间的差距。重要的是，政策效果的评价和讨论揭示了目前人们生育意愿普遍较低的现实。

第五章则进一步结合"全面二孩"政策出台后各方对政策效果的评价展开分析。研究结果认为，政府相关部门对"全面二孩"政策实施效果的评价相对乐观但依据有所不足；学术界从宏观层面的分析大部分认为政策近期效果明显，但所依据的评价指标存在同样的局限；从微观层面进行的二孩生育意愿调查结果则因方法缺陷而可靠性不足。本章通过估算、整理和分析近四年全国二胎出生人口信息，提供了政策实施效果明显的具体证据。并指出要进一步完善政策效果评价，需要认识政策目标与政策效果评价之间的关系，特别是需要解决相关统计数据的可得性问题。

中篇由十章构成，主要集中描述和分析了二孩政策背景下育龄人群的二孩生育意愿，同时探讨了影响育龄人群二孩生育意愿的各种因素。

第六章依据国内两项大规模调查的数据结果，集中分析了符合二孩政策的潜在育龄人口的年龄结构、城乡结构及生育意愿。结果表明，"全面二孩"政策前实施的三项二孩生育政策，总共覆盖到现有一孩育龄夫妇的 40%，而"全面二孩"政策则覆盖到现有一孩育龄夫妇的 60%。在符合"全面二

孩"政策的人口中，一半左右已经超过了生育高峰年龄，特别是城市中，这
一比例接近70％；符合"单独二孩"条件的对象想生二孩的比例为25％～
40％，远低于政策实施前全国调查中60％的结果；育龄女性的年龄对计划
生育二孩的时间有一定影响，随着育龄女性的年龄增高，计划一两年内怀孕
生育的比例也不断提高。研究结论对于预测和了解二孩政策的可能效果提供
了较好的参照。

　　第七章则利用课题进行的一项对全国12个城市5 297名一孩育龄人群
的抽样调查数据，对符合"双独二孩"政策、"单独二孩"政策、"全面二
孩"政策的三类育龄人群的生育意愿进行了比较分析，更为清晰地展示了三
类育龄人群生育意愿的不同特点。研究直接探讨了城市一孩育龄人口的年龄
结构、生育意愿及二者对政策实际效果的影响。结果表明：三类一孩育龄女
性的比重分别接近10％、25％和70％；三者的年龄结构呈现出前二者相对
年轻、后者相对年长的特点；三者的再生育意愿相差不大，希望生育二孩的
比例均在40％～50％之间。结合三者年龄分布与生育意愿的分析结果，研
究提示，"全面二孩"政策实施后，高龄孕产妇的比例可能有较大幅度的上
升，社会应提前做好相应准备。

　　第八章通过对"全面二孩"政策实施前和实施后进行的两项调查所得数
据的分析，探讨了育龄人群在假设条件下的生育意愿与在现实条件下的生育
意愿之间所存在的差别，从而为更好认识"全面二孩"背景下育龄人口的生
育意愿提供了很好的参考。本章利用"全面二孩"生育政策实施前后两次大
规模抽样调查所得的数据，对城市"双非"一孩育龄人群在"全面二孩"生
育政策实施前后的二孩生育意愿进行了对比分析。研究结果表明：政策实施
前后，城市"双非"一孩育龄人群"对现有子女数目的满意状况"以及"理
想的子女数目"均没有明显差别，前者为40％，后者为80％，说明政策变
化对这两个指标的影响不大；而"意愿生育子女数"和"二孩生育意愿"两
项指标在政策实施前后的结果之间产生了明显的差别，说明具有现实性的测
量指标对政策变化相对敏感，导致"假设"与"现实"之间存在着距离。综
合分析表明，目前城市"双非"一孩育龄人群中，会生育第二个孩子的比例
在40％左右。

　　第九章则将讨论的焦点转换到代际之间，利用28年前和28年后同一地

区相似样本的调查结果，对城市两代父母生育意愿的变迁状况进行了探讨，得出了"从两个到一个"是前后两代城市父母生育意愿变迁主要特征的结论。从中可以感受到中国社会变迁在生育领域的烙印。本章利用相隔 28 年的两个相似样本的社会调查结果，对城市两代父母的生育意愿进行了对比分析。研究结果表明，改革开放初期的那一代城市小学生父母与他们的下一代即当前的城市小学生父母之间，在生育意愿上已经发生了显著的变迁。从大部分希望生育两个孩子，到大部分希望生一个孩子，是这种变迁的突出特征。这种城市两代父母生育意愿的变迁，是改革开放以来的几十年中，整个中国社会的结构、文化所发生的巨大变迁在育龄人口生育意愿上的一种反映，也是我国社会的生育观念、生育文化逐渐从传统向现代转变的一个缩影。

第十章基于全国 12 个城市的调查数据，对城市两类育龄人群二孩生育意愿的影响因素进行了研究。结果表明，对现有孩子数目不满意，是两类育龄人群想生二孩的最主要原因。祖辈支持、女方年龄、丈夫文化程度等，也都对他们是否想生育二孩有一定影响。但是，所生活的城市类型、夫妻的收入水平，与"双独、单独"一孩育龄人群的二孩生育意愿无关，只对"双非"一孩育龄人群的二孩生育意愿有显著影响。研究结论提示，影响一孩育龄人群二孩生育意愿的根本原因或许既不是经济条件，也不是个人精力或祖辈支持，而是育龄夫妇内心所具有的生育需求。同时，对于以"单独一孩"政策为背景进行的生育意愿调查中所得到的一些结论，当放到"全面二孩"背景中时，情况可能会发生变化。

第十一章从生育动机的角度，探讨了城市一孩育龄人群"为什么想生二孩"的问题，研究所得出的"为了孩子生二孩"的结果值得重视。基于两项抽样调查的数据，研究探讨了在二孩政策背景下城市一孩育龄人群的二孩生育动机。研究结果表明，城市一孩育龄人群生育第二个孩子的主要动机是"给孩子一个伴"。这一结果显示出，城市一孩育龄人群的二孩生育动机已经从传统的"为家庭生孩子""为自己生孩子"转变为"为孩子生孩子"。根据这一特征，从子女抚育和教养的角度开展宣传引导并制定相应的政策措施，或许是促进"全面二孩"政策发挥更大实效的一条重要路径。

第十二章则从相反的角度探讨了城市一孩育龄人群"为什么不想生二

孩"的问题。研究结果表明，除了已知的经济因素、精力因素外，"主观上本来就只想生一个"的因素同样是重要的。基于两项调查所得的数据，研究探讨了二孩政策背景下，城市一孩育龄夫妇不想生育二孩的主要原因。研究结果表明，觉得生一个孩子就很好、抚养孩子成本高经济压力大以及工作忙没有时间精力，是城市一孩育龄人群不想生育二孩的主要原因。因此，要增加城市育龄人群的二孩生育率，除了要从减轻他们的经济压力、减少他们时间精力消耗等方面制定相应政策措施外，还要从提高他们生育二孩的内在动机和主观意愿方面采取措施。要通过大力的宣传，逐步转变人们的生育观念，形成新的、鼓励育龄人群生育两个孩子的生育文化。

　　第十三章将关注的焦点放在城市一孩育龄人群的二孩生育抉择上，集中分析了影响城市育龄人群最终决定生或不生二孩的关键因素，并将这种影响生育抉择的因素与影响生育意愿的因素进行了比较，从中可以了解到二者之间的若干差别。研究基于对全国 12 个城市 1 487 名符合二孩生育条件者的调查数据，描述了一孩育龄人群提出二孩生育申请的状况，并对相关影响因素进行了分析。研究结果表明，符合条件者中，只有 14％的人提出了二孩生育申请。与未申请者相比，申请者中女性年龄主体相对年轻，其现有一孩的年龄相对较小，其中女孩的比例相对较高。未提出申请者中，"不想生二孩"的比例只有 55％左右；"想生育二孩"是符合条件者提出二孩生育申请的最主要原因。而对现有子女数不满意、妻子年龄相对年轻、第一孩为女孩、生活在非中心大城市、双方祖辈对其生二孩的愿望强、丈夫的文化程度高等因素，都会增加符合条件人群提出二孩生育申请的可能性。研究的结论对于分析和预测"全面二孩"政策下育龄人群的二孩生育抉择具有较好的参考价值。

　　第十四章将社会心理学中的从众理论引入到生育领域中来，通过对经验调查资料的分析，较好地揭示出二孩生育中从众行为的可能性大小及其影响，对于更好地预测二孩政策实施效果有一定的参考价值。基于两项调查的数据，研究探讨了"全面二孩"政策背景下，城市一孩育龄夫妇在二孩生育中发生从众行为的可能性及其特征。研究结果表明，城市一孩育龄人群在二孩生育上受周围其他人行为影响而发生从众行为的比例在 10％左右。其中，想生二孩者发生从众行为改变原有意愿的可能性相对较大，而不想生二孩者发生从众行为改变原有意愿的可能性则非常小。研究结果提示，在从众心理影响下，城市育龄人群的二孩生育水平只可能比生育意愿调查所显示的比例更低。这一结果对于更准确地预判"全面二孩"政策实际效果有一定参考作用。

第十五章对目前所有探讨二孩生育意愿影响因素的研究结论进行了系统的回顾、梳理和分析，从中总结出相对一致但十分有限的结论，使读者可以更清晰地了解到，我们在这一问题上的认识其实十分有限。关于育龄夫妇二孩生育意愿的影响因素，现有研究所用的变量不同，采用同一变量所得到的结果也不一致。现有结果描绘的是一幅杂乱的图画。相对可靠的结论是：祖辈支持和家庭收入变量对育龄人群二孩生育意愿具有正向影响；女性年龄、地区经济发达程度变量具有负向影响；一孩性别主要对农村居民具有影响；健康状况对二孩生育意愿没有影响；户口性质的影响只在真正的城乡居民之间存在差别，在流动人口与城市居民之间、在城乡已婚独生子女之间或许并不存在差别；文化程度与二孩生育意愿之间的关系，目前还不能获得相对确切的认识。

下篇是从独生子女时代向后独生子女时代转变部分，由五章构成。主要探讨了随着二孩生育政策的实施，我国社会开始由独生子女时代向后独生子女时代转变中所带来的相关问题。

第十六章主要围绕独生子女时代学术界和全社会普遍关注的"四二一"问题展开论述。本章通过系统梳理国内相关研究，指出"四二一"概念既不是指家庭，也不是指家庭结构、人口结构等等，而是指"双独家庭"的代际结构；"四二一"问题的实质既不是宏观层面的社会抚养比问题，也不是微观层面的独生子女教育问题，而是"双独家庭"的代际结构所带来的家庭养老保障问题。研究结果表明，"四二一"问题对于中国社会来说既不是一场虚惊，但也不是一种整体性的、长期的危机。

第十七章围绕生育政策调整对中国家庭模式变化所带来的影响展开分析。指出"全面二孩"是中国计划生育政策的又一次重大调整，其后果直接冲击着中国家庭，使其在家庭规模、家庭结构和家庭关系等多方面都发生变化。在"全面二孩"政策下，中国家庭不再接受强制性的独生子女家庭结构，而可以自主选择生育。尽管其可能难以对现在这一代人的家庭问题做出补救，但从长远来看，"全面二孩"政策将会减轻家庭养老的压力，降低家庭风险，并拓展家庭的重要关系。在"全面二孩"政策下，中国家庭很可能会出现家庭规模上升、家庭结构变迁、家庭关系复杂化以及家庭生命周期正常化等变化。

第十八章则进一步结合社会现实，对二孩生育政策对年轻家庭社会化的影响进行了探讨。研究结果表明，二孩生育政策在带来二孩生育增加的同时，也给年轻家庭中的父母和第一个子女的社会化过程带来新的学习内容。父母要在继续社会化的过程中，学习正确面对和调适与两个孩子之间的亲子关系；家庭中的第一个孩子也要在基本社会化的过程中，学会接受面对弟弟妹妹的现实，并学习哥哥姐姐的角色。

第十九章则对后独生子女时代中的独生子女问题进行了探讨。"全面二孩"政策的实施，意味着独生子女政策的终结和后独生子女时代的开启。但这既不意味着独生子女人口的消失，也不意味着在后独生子女时代中没有独生子女问题。研究表明，目前中国社会依然存在着大约 1.7 亿独生子女人口，今后一段历史时期中，独生子女人口的规模还会有所增加。而独生子女的教育问题、独生子女父母的养老问题、失独家庭问题、亲属关系缺乏问题、独生子女文化的社会影响问题等等，是后独生子女时代中长期存在且值得重视的研究主题。

第二十章则对从只生一个孩子向生两个孩子的生育转变进行了深入探讨。本章指出，40 多年前开始实施的独生子女政策，开启了中国社会史无前例的第一场生育革命。这场生育革命的结果不仅有效降低了中国人口的增长速度，还形成了只生一个孩子的生育文化。而生育两个孩子，将成为中国社会又一场生育革命的目标和标志。新的社会历史环境、新的生育承担者，给这场新的生育革命带来了不同的特征和困难。要实现新的生育革命的目标，除了要在政策上形成相应配套外，还需要大力开展宣传和引导，在形成生两个孩子的生育文化上下功夫。

三、成果的学术创新、应用价值以及社会影响和效益

本课题项目是在"单独二孩"政策刚刚出台时申报的，是全国同类主题的项目中最早立项的课题。这在一定程度上决定了本课题既具有突出的创新

性，同时又具有相当的难度。特别是在课题进行的过程中，国家推出了"全面二孩"政策，使得原有研究计划中有关生育政策对人口影响的部分内容有所改变。尽管如此，课题组依然较好地按照原课题计划开展了研究工作。课题组成员利用2015年和2016年两次大规模调查所得资料积极开展研究，在国内核心期刊上发表了28篇学术论文，取得了非常丰富的阶段性成果。其中多篇论文被中国人民大学复印报刊资料全文转载，形成了较大的学术影响。

本成果的创新之处体现在以下几个方面：

一是对现有生育意愿研究进行了系统的反思和分析，得出了一些有启发意义的结论。如本成果认为，30多年生育意愿调查的实践表明，研究者通常采用"理想子女数"或者"假设条件下的意愿生育子女数"来测量人们的生育意愿。但实际上，这两个研究者"不得已而为之"的间接测量方式，并不能很好地完成对人们真实生育意愿进行准确测量的任务。现有的生育意愿调查结果并没有准确地测量到人们的生育意愿。因而对于当代中国人的生育意愿，我们实际上了解得并不多。这是一个值得重视的现实。

二是本成果较好地区分和突出了二孩政策潜在人口的城乡分布特征和年龄结构特征，为预测二孩政策的可能效果提供了科学的依据。研究结果表明，在城乡一孩育龄夫妇总体中，"双独二孩"生育政策的潜在受惠人口比例大约只占总体的5％，且其中3/4在城市。说明"双独二孩"生育政策的潜在受惠人口非常少，且主要集中在城市；"单独二孩"政策的潜在受惠人口比例大约占总体的11％，其中大约2/3在城市，农村户口的比例仅为1/3左右。它同样说明"单独二孩"政策的潜在受惠人口只是现有一孩育龄人口总体中很小的一部分，且大部分集中在城市。农村"一孩半"政策的潜在受惠人口比例大约占到了总体的23％，比前两者的总和还要多。"全面二孩"生育政策的潜在受惠人口比例则大约占到了总体的61％，其中农村人口略多于城市人口。说明现有一孩育龄夫妇中，"双非家庭"占到了绝对的大部分。研究结果所表明的这种大约为"5％、10％、25％、60％"的比例结构，是本研究的一个重要发现。

三是大范围、多角度地调查了解到城市一孩育龄人群的二孩生育意愿。通过对两项大规模调查数据的统计分析，本成果不仅探讨了政策潜在人口的总体结构及其生育意愿、城市一孩育龄人口的年龄结构及其生育意愿，还特别探讨了政策实施前后育龄人口生育意愿的变化，及其两代父母生育意愿的变迁。研究结果表明，政策实施前具有"假设"性质的生育意愿调查结果，与政策实施后具有"现实"特征的生育意愿调查结果之间的距离，会随着测量指标的不同而有所不同：对现有子女数的满意程度以及理想子女数这两项指标由于具有较强的主观看法、态度和认知的色彩，因而在政策的变动面前并不敏感，即在政策实施前后的测量结果之间不存在差别。而更加接近生育意愿内涵的"意愿生育子女数"，以及接近生育计划内涵的"二孩生育意愿"，则由于其所具有的现实性特征，因而对政策的变动相对敏感，即政策实施前的测量结果与政策实施后的测量结果之间会产生明显差别。这是本研究最重要的一个发现。

四是从多个侧面对影响育龄人群二孩生育意愿的因素进行了分析。本成果不仅通过经验数据印证了现有的某些关于一孩育龄人群二孩生育意愿影响因素的结论和观点（比如祖辈支持等因素），更重要的是在现有的"经济条件、个人精力、祖辈支持"等影响因素之外，提出了另一个可能被人忽视、却可能是更为重要的影响因素：这就是对现有子女数目的不满意（或不满足）。这可以说是本成果的一个重要的发现。本成果的这一结论启示我们，目前影响一孩育龄人群二孩生育意愿的根本原因，或许既不是经济条件，也不是个人精力或者祖辈支持，而是育龄夫妇内心所具有的生育需求。其含义可以用一句简单的话来表述，那就是：真正想生二孩的人，其他的因素都不重要了（或者说其他的问题也就都不是问题了）。所以，真正了解育龄人群的生育需求，既是我们了解和认识人们的生育意愿状况的基础，也是估计人们生育行为和社会生育水平的重要保证。

五是在多侧面实证研究结果的基础上，通过系统的分析和冷静的思考，得出两个重要的研究结论：一方面，"全面二孩"政策的实施，虽然意味着独生子女政策的终结和后独生子女时代的开启，却既不意味着独生子女人口的消失，也不意味着在后独生子女时代中没有独生子女问题，二孩时代的中国社会中依旧存在着值得长期关注和重视的独生子女问题；另一方面，本成果将 40 多年前开始实施的独生子女政策，看作是开启中国社会史无前例的第一场生育革命的主要动力。二孩生育政策的实施，意味着"生育两个孩子"将成为中国社会又一场生育革命的目标和标志。研究最后强调了生育文化的重要性，指出要实现新的生育革命的目标，除了要在政策上形成相应配套外，还需要大力开展宣传和引导，在形成生两个孩子的生育文化上下功夫。

《人的城镇化研究》概要

吴业苗[*]

一、研究的目的、意义及方法

1. 研究目的

党的十八大以后，中央统筹谋划新型城镇化发展战略，明确提出新型城镇化发展要以人的城镇化为核心。党的十九届五中全会指出，"推进以人为核心的新型城镇化"。各级政府在中央统一部署下稳步推进以人为核心的新型城镇化，不断提高城镇化发展质量。2019 年末，我国城镇常住人口城镇化率达到 60.6％，户籍人口城镇化率达到 44.38％，分别比上年末提高 1.02、1.01 个百分点。然而，当前中国的城镇化仍存在诸多不尽如人意的地方，不仅人口城镇化滞后于土地城镇化，而且大多数进城农民因得不到均等化的公共服务，难以转变身份，成为正式市民。

学界对人的城镇化研究不够充分，多数研究仍在物的城镇化视域下讨论人口城镇化问题。很多学者注意到土地城镇化发展与人口城镇化发展的不平衡，主张加快推进人口城镇化，但没有将人口城镇化与人的城镇化两个概念严格区别开来，把人口城镇化视为人的城镇化，没有从根本上解决城镇化粗放发展问题。就社会学学科的相关研究看，学者们的主要兴趣集中在进城农民市民化、城郊农民市民化上，冀望通过市民化改造农民，增强他们的城市认同感和归属感，但多数是重物轻人的"应然性"研究，缺少农民市民权获

吴业苗，南京师范大学教授，博士生导师。

得的"实然性"研究，城镇化的一些研判没有凸显以人的城镇化为核心。鉴于此，本成果以发展社会学视角研究人的城镇化理论、实践与政策，探讨有效促进人的城镇化发展的制度改革和体制创新，具有十分重要的理论意义和实践价值。

2. 研究意义

人的城镇化是一个充满社会学想象力的课题。本成果拓展了社会学学科的研究领域，形成了完整的人的城镇化理论体系，丰富了"人的发展"理论。并且，本成果以新时代新型城镇化、城乡融合发展为社会大背景，力求研究成果能够有效解决人的城镇化实践问题，即在促进农业人口向城镇转移过程中不断增强进城农民和居村农民的获得感、幸福感和安全感，保障城乡居民过上更美好的生活。本成果的意义主要有：

第一，人的城镇化发展是维护农民公民权益的新途径。国家实施乡村振兴和新型城镇发展战略都在一定程度上提高了农民权益：国家实施"少取、多予"和"工业反哺农业、城市支持农村"的支农、强农、惠农政策，改善了农民生存和发展条件，农民的多方面权益得到显著改善；国家全面放开建制镇、小城市和中等城市落户限制，落实大城市积分落户，打开了城市中的农民向市民身份转变的通道；国家推进基本公共服务向常住人口全覆盖，进城农民享有越来越多的同城待遇。但必须承认，由于乡村振兴和城镇化发展没有充分重视农民权益保障，农民包括进城农民拥有的权益仍低于城镇原居民。实施人的城镇化，将居村农民和进城农民纳入城乡融合和新型城镇化发展中，赋予他们均等化社会权益，有助于促进农民享有"市民待遇"。

第二，人的城镇化发展是推进城镇化协调发展的新要求。长期以来，中国城乡发展不协调、不同步，城市发展快于农村，市民生活好于农民。虽然改革开放后国家允许农民进城打工，越来越多农民涌进城市，成为居住、工作和生活在城市的打工者，但由于城乡二元结构形成的结构力依旧强大，阻碍了进城农民身份转变，农民向城镇流动易和向市民转身难的矛盾一直没有得到很好解决。尽管国家进行了一系列制度改革和政策调整，进城农民生存环境有所改善，但人口城镇化落后于土地城镇化、人的城镇化滞后于物的城镇化的局面没有改变，并成为新型城镇化发展的最棘手问题。因此，城镇化协调、有序发展，不仅要继续推进以土地城镇化和空间城镇化为主要内容的物的城镇化发展，还必须将城镇化发展重点转移到农村人口向城镇转移和实现市民化上，加速发展人的城镇化。

第三，人的城镇化发展是基本实现现代化的新引擎。中国城镇化持续推进，从"离土不离乡、进厂不进城"的小城镇发展到城镇土地、人口规模化扩张的物的城镇化发展，城镇化质量不断提高。新形势下，国家在建成更高水平小康社会上开启基本实现现代化新征程，需要以人的城镇化发展为引擎，消弭城乡二元结构，促进进城农民和居村农民享有均等化公共服务。人的城镇化发展是基本实现现代化的动力和抓手，没有农村人口减少和城乡公共服务、社会保障一体化，就难以实现社会主义现代化目标。

3. 研究方法

本成果采用理论研究与实证研究相结合的方法。（1）理论研究采用文献法、比较法，重视交叉学科研究发现，以及国外城镇化实际经验和研究成果，研判中国人的城镇化一般理论和"应然"路径。（2）在实证研究上，根据促进农民向城镇有效转移、保障城乡居民享有均等化公共服务权益、提升进城农民（新居民）的市民素质"三级目标"，开展了较大规模的社会调查，获取了丰富的第一手资料，努力使人的城镇化"实然"研究写在中国城乡大地上。

采用理论与实证研究相结合的方法便于从物的城镇化、人口城镇化和城乡一体化三个维度研究人的城镇化问题与发展困境，揭示人的城镇化内涵，发现人的城镇化实践中的主要问题，完善人的城镇化体制机制。此外，采用理论与实证研究相结合的方法便于研究"农业人口有效转移—享有同等权益—提升城镇新居民市民素质"三个递进目标，即不仅能够明确研究的任务指向，而且能够保证研究内容深化有序。

二、成果的主要内容和重要观点

1. 主要内容

本成果围绕以人为核心的城镇化主题进行理论、实践和政策三个方面研究，包括城镇化转型与人的城镇化发展的理论研究、人的城镇化实践探索与突出问题研究、完善人的城镇化体制机制的政策研究。

（1）在理论研究上，本成果注重以发展社会学视角阐述人的城镇化理论，深入地探讨人的城镇化与公共服务均等化之间的耦合性、农业转移人口向城镇转移和实现市民化的内在逻辑、人的城镇化困境和诉求。理论研究的主要内容有：

1）人的城镇化的基本内涵。物的城镇化与人的城镇化不同，物的城镇化的诉求是空间城镇化、土地城镇化和人口城镇化的发展，注重城市空间扩大和人口数量增多，而人的城镇化是以人为核心的城镇化，更侧重于进城人口的城镇化权益及其实现，新市民、准市民与原住市民共享城市经济社会发展成果和政府提供的公共服务。虽然人的城镇化需要继续推进人口城镇化发展，使人口城镇化与空间城镇化相协调，但人口城镇化并非人的城镇化的全部内涵，人的城镇化发展要赋予进城农民和居村农民均等化"市民权"。人的城镇化是人口城镇化质的转变和升级。

2）人的城镇化的基本要求。城镇化是空间不断扩张和农业人口持续向城镇聚集的过程，在物上表现为扩大城镇占地面积和增加城镇人口数量，要求土地城镇化与人口城镇化协调发展。新型城镇化侧重于城镇化质量提高，关心农民在城镇化进程中日益增长的美好生活需要。如此，实施人的城镇化发展战略，一方面要修正国家在城镇化发展中物的城镇化发展与人的城镇化发展偏差、失衡，补上新型城镇化发展的短板；另一方面要在城镇化发展中坚持人本理念，依据人的城镇化诉求推动城镇化健康、可持续发展，实现城乡经济社会发展一体化。

3）人的城镇化的实施途径。城乡二元结构是国家重城市轻农村、重市民轻农民的城乡经济社会发展不平衡的结构，其结构力及其形成的诸多"制度屏蔽"阻碍了农业转移人口转变身份、实现市民化。从表面上看，当前的城乡二元结构能在一定程度上保障进城失败的农民返回农村，并能在一定程度上防止城市出现贫民窟和形成城市内二元结构。但从本质上看，城乡二元结构阻碍了城乡要素平等交换和公共资源均衡配置，不利于形成工农互促、城乡互补、协调发展、共同繁荣的新型工农城乡关系，也不能充分保障农民的生存权和发展权。人的城镇化发展急需拆除城乡二元分立的藩篱，消弭城乡差距和沟壑，促进农村发展与城市对接、并轨和城乡融合发展。

4）人的城镇化的核心内容。公共服务是促进人的城镇化发展的重要基础，其均等化程度是检测人的城镇化发展的重要指标。只有进城农民真正享有了与市民同质的公共服务，拥有了均等化市民权益，他们才能在此基础上完成市民化。尽管各地政府在"十三五"期间响应中央政府"推进城镇基本公共服务常住人口全覆盖"，一些城市的公共服务已经从"重点推进"走向"全面覆盖"，进城农民在公共教育、公共卫生、公共文化体育、公共交通、社会保障、住房保障、就业保障、医疗保障等方面享有越来越多的服务，但毋庸置疑的是，公共服务仍是掣肘进城农民市民化的弱项、短板，实现人的城镇化还要进一步推进公共服务均等化发展。

5）人的城镇化的重要主体。进城农民和居村农民是人的城镇化的重要主体。转移农业人口、实现农民市民化的社会情境与 20 世纪八九十年代不同，乡村振兴、新型城镇化和城乡发展一体化已经部分地改变了农民的生存状况和生活场景，一些农民进城愿望减弱，一些进城农民返乡创业、生活，人的城镇化发展情境变得更加复杂。人的城镇化发展需要以"实现好、维护好、发展好"广大农民根本利益为出发点和落脚点，根据农民市民化新情况和农民过上美好生活的新需要，擘画改善农民生活品质、提升农民福祉新水平的美好蓝图。

6）人的城镇化的利益诉求。人的城镇化诉求体现在城镇化进程中不同农民群体的利益诉求及其实现上。居村农民、城郊失地农民、进城农民三大群体参与城镇化程度不同，其城镇化诉求不尽相同。后一个群体的城镇化利益诉求普遍比前两个群体多，更关心市民权益的实现。虽然人的城镇化发展需要兼顾居村农民、城郊失地农民和进城农民三大群体的城镇化利益诉求，但大城市尤其是特大城市的人的城镇化矛盾最尖锐，问题的解决也最棘手。大城市和特大城市新生代农民工的市民化诉求强烈，他们迫切希望转变农民身份为市民身份，而城市的公共服务还不能满足他们的需要，城市社会对他们的融入还设有较高门槛。

（2）在实践研究上，本成果通过对调研资料的全面分析，阐述了人的城镇化的社会背景，以及不同地区、不同人群向不同类别城镇转移及实现市民化的意愿现状和相关影响因素，具体指出了人的城镇化实践状况、存在的问题。

1）一些农民向市民转变的意愿不强。近年来，国家为促进人的城镇化发展，深化了城乡二元户籍制度改革，取消农业户口和非农业户口性质区分，减少进城农民向市民转变的障碍。但随着国家强农、惠农、利农、便农政策和乡村振兴战略的进一步实施，农村基础设施和公共服务水平大幅度提高，农村变得更加宜居，越来越多的农民觉得"做农民没有什么不好"。尤其在城郊和经济发达地区的城乡融合程度较高的农村，人的城镇化发展不确定因素增多，部分农村居民愿意过"农民式"的生活，不愿意甚至抵制市民化。

2）进城农民在大城市落户仍旧困难。就当前农业转移人口集中程度看，近半数进城农民聚集在大城市和特大城市，并且还有很多农民希望到大城市打工。大城市的进城农民人数多，人的城镇化难度大，特别是特大城市聚集了大量进城农民，农民市民化与人的城镇化任务艰巨。而户籍制度改革没有有效回应大城市尤其是特大城市的农民落户问题，也没有具体措施限制农业人口继续流向特大城市，大城市和特大城市的人口空间压力大，每年的积分落户指标杯水车薪，绝大多数农民难以通过积分落户方式转为市民。

3）公共服务没有向进城农民全面覆盖。人的城镇化的重要使命之一就是促进进城农民包括居村农民享有均等化公共服务。但进城农民与市民在公共服务享有上存在的差距还很大，城市的一些公共服务，包括基础教育、职业培训、卫生健康、养老、低保等还没有完全向进城农民放开，广大农民只能部分地享有市民的公共服务权益。增强城镇社会的包容性，无条件、无差别地向所有进城农民供给公共服务任重道远。

4）住房成为进城农民实现市民化的最大障碍。中国的大中小城市都存在进城农民没有稳定住所问题，大城市的进城农民住房矛盾尤其尖锐。一直以来，城镇政府几乎没有把解决进城农民住房问题提上日程，更多的农民利用在城市打工赚的钱到县城镇或集镇买房，人房分离问题突出。再者，进城打工者一般依靠自己的能力或单位的有限帮助解决打工地的住房问题，多数进城农民为了节省居住成本，选择居住环境和住房条件比较差的房子，甚至还有一定数量的打工者居住在地下车库、简易工棚中。进城农民住房问题是人的城镇化发展中的深层次矛盾，如果进城农民在城镇没有安家之所，推进他们市民化就无从谈起。

5）乡村留守老人被城镇化发展遗忘。城镇化快速发展造成乡村出现留守老人、留守妇女和留守儿童的"人"的问题，"三留守"是中国城镇化发展沉重的隐痛。随着城镇化进一步发展和部分进城打工者在城镇拥有稳定工作和收入，越来越多的留守儿童和留守妇女进入城镇就学、打工、居住，一些地方"三留守"问题转变为日趋严重的留守老人问题。当前留守老人问题十分复杂，他们是农业劳动的主力军和村庄的"看守人"，用羸弱身躯勉强支撑农业生产和农村建设的天空，为进城打拼的子女提供稳定、温馨的大后方，但他们似乎为城镇化发展所遗忘，终年过着空巢、寂寞和缺乏家庭与社会养老支持的生活。

（3）在政策研究上，本成果就建立和完善促进农业人口转移和人的城镇化体制机制进行了全面探讨，主要包括增强农民市民化意愿、寻求进城农民落户新途径、保障进城农民享有深层次公共服务、解决进城农民居住问题、促进居村农民市民化发展等政策研究。具体有：

1）不断拓展农民进城的通道。广大农民处于进城和向市民转变的上升通道上，急需国家打通进城农民向市民转变的"最后一公里"，消除农民市民化的顾虑。一方面，国家在农村承包地、宅基地确权和集体收益股份化改制基础上建立农村土地等产权交易平台，让进城农民有偿转让农村权益，提高进城农民的财产获得感；另一方面，国家除了拆除进城的藩篱外，还要拆除农村"围墙"，允许城镇资本、非农村集体的人进入农村参与农业生产活动和土地、宅基地、集体股权的交易活动，避免国家在打破城镇桎梏过程中封闭、禁锢农村，阻碍城镇要素向农村流动。支持城市资本下乡发展农业、振兴农村，允许它们在给定条件下适度挤压居村农民的居住生活空间，进城农民和居村农民才会主动参与市民化进程，更坚定地转变身份。

2）继续寻求进城农民落户新途径。2015 年《关于加大改革创新力度加快农业现代化建设的若干意见》指出，现阶段不得以退出土地承包经营权、宅基地使用权、集体收益分配权作为农民进城落户的条件。本成果认为，"三置换"政策并非一无是处，积分落户也非尽善尽美，二者都有一定有效性和局限性。"三置换"主要适用于城郊、乡镇，针对的是农民就地转移或就近转移。如果政府给予进城农民足够多的"置换"补偿，农民就可以在利益不受损的情况下享有同城镇市民一样水平的社会保障。而积分落户主要适用大城市尤其是特大城市，对象是异地或远距离打工的农民。就目前各个大城市积分落户分值及权重设置看，只有极个别的农民能落户大城市。积分落户政策不公平，它用"分数"将绝大多数农民理所当然地屏蔽掉，以至于占城市外来人口多数的农民无法进行市民化。大城市需要有博士硕士学历的有文化的人，需要海归、专家等高层次人才，但大城市也需要大量"蓝领""灰领"进城农民。相较而言，大城市进城农民落户指标要是高学历人才指标的若干倍，以满足城市建设和发展的需要。

3）切实保障进城农民享有更广泛的公共服务。公共服务是进城农民的基本权益，人的城镇化发展需要城镇公共服务全面、深度地覆盖全体农民工及其家属。公共服务均等化发展是个长期过程，但政府不能以此为借口拒绝为进城农民提供更多的公共服务，或有意拖延公共服务供给，从而阻碍人的城镇化发展。就进城农民的公共服务迫切需求看，政府要着力解决他们就地看病的问题，以便他们能低成本、方便地在打工地看病、治病；解决农民工子女读好书问题，让他们的孩子能接受到与城镇孩子一样水平的教育；解决进城农民再就业培训、低保问题，真心实意地留住、善待进城农民。

4）着力解决进城农民居住问题。进城农民住房问题不仅关系到拉动国内消费、促进国内大循环和加快城镇化发展的经济问题，还关涉中国农村社会向城镇社会转型的社会问题。房子是进城农民能否进行、实现市民化的关键性制约因素，它影响着人的城镇化质量。鉴于农民工对公寓、租赁住房以及用工单位提供住房都有较高要求，城镇政府有必要将解决进城农民住房问题列入城镇化发展规划中，多渠道、全过程地为进城农民提供居住服务，让进城农民在打工城市有一个自己的家。

5）大力促进居村农民市民化发展。居村农民可以经过市民化改造转化为市民，其进路有两条。第一条进路是，将乡村振兴重点放在村镇，打造村镇公共服务"高地"，引导农村人到村镇尤其向县城镇集中，从事非农职业，过城镇化生活；第二条进路是，加快农业农村现代化发展，促进居村农民转变为农业职业者，通过市民化改造培育职业农民。职业农民仍从事农业生产劳动，如种植、养殖，但居村职业农民是"体面的职业"，他们与居住在建制镇中的市民和临时居住在乡村的城市市民没有身份差异，都过上市民式生活。与此同时，同步推进美丽乡村建设、乡村振兴与新型城镇化发展，促进城乡深程度融合，鼓励、支持城市居民下乡居住、生活，以壮大居村市民群体。

2. 重要观点

本成果以新型城镇化发展、城乡一体化发展、城乡融合发展为社会大背景，力求理论和政策研究成果能有效解决人的城镇化实践问题，让城乡居民更美好地生活。其主要观点和政策建议不仅对人的城镇化发展有应用价值，而且对公共服务均等化、城乡融合发展、乡村振兴、精准扶贫、培育新型农业经营主体等政策制定有参考价值。

（1）人的城镇化在实践中存在公共服务供给总量不足、结构失衡、精准缺乏等问题。公共服务供给侧改革需要改变公共服务供给侧不过硬的状况，解决公共服务供给端不足的问题，优化公共服务资源空间配置，提高公共服务共建能力，推进公共服务差别化供给，增强基本公共服务国家统筹，优化公共服务项目清单，防范公共服务供给风险。

（2）人的城镇化不同于人口城镇化，户籍制度改革需要破解诸如农业流动人口落户城镇、转变身份，以及消解城乡二元结构、留住"乡愁"等棘手问题，为新型城镇化发展提供制度保障。

（3）农民消费空间城镇化是人的城镇化的先决条件和实现手段，拓展农民城镇消费空间，可以更好地促进城乡空间对接和人的城镇化发展。

（4）中国农民市民化有其特殊性，庞大的农村人口不能全都涌入城市，除了继续促进农民进城外，还需要采用就地市民化方式促进居村农民分化，将城镇公共服务延伸到农村，保障居村农民过上类似于市民的生活。

（5）家庭农场等新型农业经营主体取代分散农户、居村农民实现身份转变都需要一个较长的过程，其间，除了尊重农民意愿、使家庭农场等新型农业经营主体做大做强外，还要为家庭农场等新型农业经营主体发展和农民身份转变提供基本公共服务。

（6）人的城镇化发展情境已经发生了较大变化，部分农民因乡村振兴、城乡融合发展而出现市民化动力不足，急需政府采取有效措施解决农民市民化意愿不强、大城市落户难、公共服务不均等、进城农民条件差和居村农民市民化等问题。

（7）随着以人的城镇化为核心的新型城镇化进一步推进，城镇不仅需要重视来自农村的"转移性贫困"问题，而且由于城镇社会比较富裕，解决贫困问题比农村更有效率，城镇还应该成为国家减少贫困人口的主阵地。鉴于进城农民的贫困是"富裕社会的贫困问题"，城镇反贫困策略可以从三个方面实施，即：修复城镇贫困空间，解决进城农民"人的贫困"问题；发展均等化公共服务，解决进城农民"公共贫困"问题；给予更多的民本关怀，解决进城农民"权益贫困"问题。

三、成果的学术创新、应用价值以及社会影响和效益

1. 学术创新

人的城镇化的系统性研究成果少，本成果将人的城镇化与新型城镇化、乡村振兴、城乡一体化，以及人的社会化、人的现代化、人的发展等结合起来进行综合研究，既凸显研究的"人的关怀"，又强调成果的系统性、理论性。

本成果的主要特色有：全面、科学地界定了人的城镇化概念，讨论了实现人的城镇化的基本条件；在调查基础上详细阐述人的城镇化实践状况、存在的问题；结合国家扶贫攻坚战略实施需要，研究人的城镇化中的农村扶贫的城镇转向和扶贫策略改进；考虑人的城镇化发展最终要有助于"三农"问题的解决，分别研究了人的城镇化与解决农业、农村和农民问题的关系；根据公共服务的公共性理念要求，探究人的城镇化的公共性诉求及其实现；将政策研究重点放在农业人口转移、户籍制度改革、人的城镇化下的乡村治理和农民获得感上，描述了乡村治理的城镇面向与图景，指出了提升进城农民获得感的政策建议。

2. 应用价值

人的城镇化发展面临一系列制度瓶颈，需要国家顶层设计。本成果研究了促进人的城镇化发展的制度改革、政策调整等内容，并对建立和完善促进农业人口转移和人的城镇化的体制机制进行理论论证和实践探究，能为国家和政府决策提供参考。

3. 社会影响和效益

本成果已经形成了人的城镇化理论、实践与政策研究体系，在《学术界》、《农业经济问题》、《城市问题》、《中国农业大学学报（社会科学版）》、《社会科学》（上海）、《社会科学战线》、《社会主义研究》、《江苏社会科学》、《人文杂志》、《浙江社会科学》、《湖湘论坛》、《中国研究》、《中国社会科学

（内部文稿）》等期刊上发表了论文 20 多篇，其中 17 篇论文发表在 CSSCI 期刊上，有的成果被《中国社会科学文摘》、中国人民大学复印报刊资料《社会学》《社会学文摘》等刊物转载。本成果的出版可以为学界进一步研究人的城镇化、新型城镇化、市民化等提供理论参考。

人口学

《人口与经济发展方式》概要

王金营*

本成果为国家社科基金重点项目（12ARK001）的最终成果，在经济增长理论、经济发展理论、经济增长与经济发展关系、经济增长方式与经济发展方式关系、人口转变与经济增长的关系、人口转变与经济发展的关系、世界主要国家人口与经济发展方式转变的关系、中国人口与经济发展方式转变的关系等方面进行了深入分析和阐释，对中国未来的人口发展趋势和转变特征进行了细致深入的预测分析，对适应人口发展的经济发展方式转变的政策支持体系进行模拟，并对新时代、新发展理念下人口与经济发展方式转变的政策支持体系构建等方面进行了深入的研究和探讨。

一、研究的目的、意义及方法

1. 研究目的

本成果的研究目的之一是，在梳理归纳经济增长与经济发展关系、经济增长方式与经济发展方式辩证关系的基础上，结合经济增长理论以及人口与经济增长之间的关系理论，从理论上阐释人口与经济发展方式转变之间的关系，阐明经济增长方式转变进程中人口因素的作用及其影响机理。研究目的之二是，通过实证研究揭示人口发展变动在经济发展中特别是在经济发展方式转变中的具体作用，以及人口各因素变动发挥作用的条件、途径和方式，为完善和认识人口与经济发展方式转变之关系提供新的视角和方法。研究目

---

* 王金营，河北大学教授，博士生导师。

的之三是，基于人口转变过程与充分把握未来中国的人口转变态势，采用系统动力学方法构建人口与经济发展的仿真模型系统，模拟并实证检验了经济发展方式转变过程中人口因素的影响，探寻和揭示如何在人口低速增长或负增长约束下实现经济持续增长和发展的动力转换、实现途径等发展方式的转变，在此基础上进一步提出适应人口发展的经济发展方式转变的政策支持体系，为应对未来人口负增长带来的挑战提供政策建议。

2. 研究意义

本成果在理论创新和实践借鉴两个方面均具有明显的价值和意义。

（1）理论意义：本成果丰富了经济增长理论，拓展了将人口发展因素内生化于经济增长和经济发展的理论边界。通过对古典经济增长理论、新古典经济增长理论和新增长理论的系统梳理，深入挖掘了人口数量、人口质量、人口年龄结构、人口流动、人口集聚与经济增长的内在关系，提出了人口活跃度的概念和人口规模回旋空间的概念，丰富和拓展了经济增长理论。通过规范的数理逻辑推演分析，阐明了经济增长方式转变进程中人口因素的作用及其影响机理，对经济增长理论和经济发展理论有所扩展，具有理论创新意义。

（2）实践意义：本成果根据理论研究和实证研究的结论并结合系统模拟结果，提出了一系列应对中国人口负增长对经济增长和发展方式转变带来的复杂影响的政策建议，有利于促使各经济体和各级政府追求可持续经济增长。强调人口转变过程中人口数量、人口质量、人口年龄结构和人口流动、集聚的综合作用，针对技术创新、结构调整、人口聚集、人力资本投资和教育投资在经济增长和发展中的要素作用，提出提升人口活跃度和适应人口发展的经济发展方式转变的政策支持体系。这对于中国这样一个人口规模巨大的国家，应该如何应对人口负增长带来的影响，实现未来经济高质量持续发展，具有理论指导和实证支撑的参考价值。

3. 研究方法

（1）辩证的分析方法。为了深入、清晰地掌握经济增长与经济发展、经济增长方式与经济发展方式、人口与经济发展、人口转变与经济发展方式转变的辩证关系，本成果从经合组织国家的发展和中国人口发展与经济发展的实际出发，辩证地梳理总结经济增长和经济发展理论的形成和发展逻辑；深入挖掘和阐释经济增长和经济发展基于人口情境目的和由人口因素所形成的动力以及经济增长方式和经济发展方式的内涵与类型，为后续研究打下理论基础。

（2）数理经济学方法。通过采用数理分析方法、归纳演绎法，引入人口发展因素，寻找在人口规模减少、人口年龄结构老化、劳动供给减少、劳动负担加重、资源环境约束加强的情况下，经济能够实现持续增长的途径、方式、内生因素和外在机制。同时，阐释经济发展方式与人口发展的数理关系。

（3）计量经济学方法。采用中国改革开放以来的人口、经济等统计数据，利用多层分析方法和综合测评方法测度人口活跃度，并将人口活跃度引入含有人力资源、物质资本、技术进步和政策变量的经济增长模型，继而比较分析不同人口发展态势下未来经济增长状态，分析不同经济发展方式对于人口发展的适应性。同时，解答人口因素如何作用于经济增长和经济发展方式转变。

（4）系统研究和归纳研究。通过系统仿真模拟研究、方案比较研究和政策归纳综合研究等方法，对包括人口政策、产业政策、教育和人力资本投资政策、技术创新政策、循环经济政策等在内的经济发展方式转变的政策体系及其经济效果进行评估和分析，提出基于新发展理念的可选择性政策支持体系的对策建议。

二、成果的主要内容和重要观点

改革开放 40 多年之后，中国人口、经济进入新的发展阶段。人口方面，总量即将达到峰值，进而转入负增长阶段；经济方面，GDP 持续的高增长转变为中低增长。在这一背景之下，人口数量、人口质量、人口年龄结构、人口流动与经济增长之间关系如何？经济发展方式会有哪些新的变动？值得注意的问题是什么？如何应对这些变动及其挑战？本成果紧扣核心问题和目标，探索人口负增长的态势下实现经济增长和发展的新动力和新途径。为此展开了多方位、体系化的研究，在以下几个方面形成了一系列成果。

1. 主要内容

（1）理论研究成果。

首先，深入研究并拓展经济增长和经济发展基本理论。在考察经合组织国家以及部分发展中国家人口与经济发展的实际轨迹，特别是深入分析中国人口发展与经济增长方式和经济发展方式转变轨迹的基础上，对经济增长和经济发展理论的形成和发展过程、逻辑关系进行梳理；深入挖掘了经济增长与经济发展、经济增长方式与经济发展方式、人口转变与经济发展方式转变的辩证关系；理论阐释经济增长和经济发展的目的与动力、经济增长方式和经济发展方式的内涵与类型，理论上探寻经济增长的内涵性因素，深入剖析经济增长和发展的源泉，进而阐明经济增长的内涵、经济发展方式转变所具体体现的目标、动力和途径的转变。理论的分析阐明，经济增长方式和发展方式转变会促进经济良好运行与发展；经济活动的存在是要依托人口作为主体，经济活动的各个过程和主要环节，诸如生产、流通、分配和消费等都离不开一个具体的人口；经济发展的最终目的一定要以人的全面发展为核心，也要从人口自身因素中寻求动力和途径。

其次，建立人口与经济发展的数理分析框架。本成果从古典经济增长理论、新古典经济增长理论和新增长理论中探析经济增长的核心要素，深入分析了已有人口与经济关系相关研究和理论的争论，阐明这些争论的焦点和症结，对人口与经济之关系进行理论上的再认识，从而明晰人口因素在经济增长和经济发展中的具体作用，展现人口转变发展对经济增长方式和经济发展方式的约束及其在方式转变中的重要作用；同时，从不同的角度建立了人口规模、人口质量、人口年龄结构、人口流动、人口集聚等综合因素与经济发展之间的数量关系，提出了人口活跃度概念，并将人口活跃度这一综合因素纳入经济增长和发展方式的分析框架中，从理论上深入分析了人口变动与经济增长之间的动态关系，以及人口约束下经济发展目的、动力和途径等方式转变。

通过理论研究和数理推演分析，获得了人口与经济发展、经济发展方式转变的关系的进一步结论。

人口与经济发展均是经济体的内生因素，两者互为因果，相互影响。当社会经济条件发生改变，会带动人口发展，即社会经济和资源环境的固有关系发生变化会促使人口均衡点发生改变。人口因素如人口规模、人口密度、人口流动、人口聚集、劳动力负担和年龄结构、受教育水平等，都可以在某个阶段对经济发展发生作用和影响。但是，人口因素对经济的影响不是指某一个单独因素，而是综合的影响因素。

使经济发展方式适应人口的发展就要通过经济发展的动力转换、实现途径的优化和增长方式的转变，以适应人口负增长、劳动力减少、人口老龄化、劳动力老年负担加重等人口发展。充分发挥人口规模、人口年龄结构、人力资本及人口空间分布等综合因素的作用，充分利用人口规模回旋空间，实现既保持增长速度又提升质量的经济发展目的。加大创新引领、产业升级优化，增加有效劳动投入，积极调整投资结构实现动力转换；推进经济集约增长、内需拉动、内涵发展，使得经济能够在人口负增长下实现持续高质量的增长和发展。

（2）实证研究成果。

本成果从国际经验到国内实际，通过建立相适应的人口与经济发展模型展开对世界主要国家经济发展和中国各地区经济发展的实证研究，检验了人口变动发展与经济增长和经济发展之间的内在关系，以此分析人口发展对经济发展方式转变的影响。

首先，以经合组织国家中17个国家1960—2016年的数据为基础，从人口规模、质量、年龄结构和分布迁移等方面刻画这些国家的人口变动轨迹，继而采用面板校正标准误差（PCSE）估计法和广义最小二乘法（FGLS）检验分析了上述国家人口变动各因素和综合因素对经济增长、产业结构和发展质量等的影响及其作用规律。研究结果显示：1）在一定人口规模和人口密度下，总人口的过快增长会对经济增长和经济发展质量产生一定的抑制作用，人口迁移率对经济增长和经济发展质量的提高有促进作用，但对经济结构的调整有抑制作用。2）人口年龄结构的变化会改变经济结构，进而作用于经济发展方式转变。3）劳动年龄人口的增加、受教育水平的提升、人口的集聚对经济增长、经济结构的调整和经济发展质量的提高有正向作用。4）预期寿命的提高为服务业的发展带来了机会和动力，人口老龄化则促进了产业结构的调整升级。5）将各个因素综合纳入模型检验，可发现，人口发展的各个方面相互联络、相互作用，形成合力对经济增长、经济结构优化和发展质量提升等产生积极的综合性作用。由此可见，人口发展的各个方面对经济增长和发展及其方式转变分别产生不同的作用，且其影响是综合性的。

其次，为了揭示人口与经济发展之间的关系，本成果提出人口活跃度的概念，对人口活跃度进行了动态指数化的综合测度，并将其引入生产函数模型中。以中国省级面板数据为基础，采用可变参数人口—生产模型开展实证研究。结果证明，人口活跃度及人口各活跃因子与经济增长之间存在长期稳定关系；人口各因素综合起来通过资本促进、劳动促进和外部性途径对经济增长起着显著的推动作用，并且外部性作用明显大于其他路径的作用，从而进一步证明，在经济增长中并非单一人口因素起作用。根据所获得的模型可以核算得到，人口综合因素提高了全要素生产率在经济增长中的贡献，促进了经济增长方式由粗放扩张型逐步向集约技术型转变，是全要素生产率提升的重要促进变量之一。同时，也表明引入人口活跃度的生产函数模型比传统模型对于中国经济增长更具有解释力，使劳动产出贡献凸显出来，克服了传统生产函数无法显示人口因素对要素配置作用途径的弊端。

通过对经合组织中 17 个成员国数据和中国改革开放以来的数据进行分析，证明人口与经济增长之间存在长期稳定关系，这一关系不是由单一人口因素，而是由人口多维度综合因素共同作用而形成。一个具体的人口存在着综合性的活跃因素，而人口活跃因素是经济增长的内生动力源泉，促进经济长期增长。同时，人口活跃度对经济发展具有很强的外部性作用，对产出变量及要素贡献具有非常高的解释度；人口活跃因素的不同作用路径使资本和劳动的要素产出弹性存在差异，表现为劳动要素在经济增长中的贡献份额大于资本要素的贡献份额。人口活跃因素的作用主要是通过促进劳动要素效率和外部性影响因素两个途径作用于经济增长。但中国的实际是，初次收入分配没有充分考虑劳动力的贡献，劳动收入份额过低，降低了人口活跃因素的作用。

人口活跃度的要素配置和外部性作用，使全要素生产率呈阶段性增长态势，表明人口活跃因素促进了技术进步和制度创新效率的发挥，提高了全要素生产率对经济增长的贡献，促使经济增长方式逐步由粗放扩张型向集约技术型转变，由资本拉动型向劳动拉动型转变。未来中国将面临人口快速老龄化、人口迁移流动趋于稳定，这必将使人口活跃度降低，而仅依靠人口素质提高和人力资本投资也不能长期维持人口较高的活跃程度。

由此我们得到三个方面的启示。一是实现中国经济长期稳定增长的人口政策或者战略重点应该是在加大健康和教育投资、提高人口素质、优化年龄结构、促使人口合理分布和城镇化发展等方面协调联动，而不能仅强调某一方面或者单一因素。二是未来初次收入分配应大大提高劳动力所占的份额，激励劳动效率提高和人口各个活跃因素提升或优化。三是未来的经济增长方式和经济发展方式必须适应人口发展的这一转变趋势，大力推进区域发展的创新驱动和区域非均衡发展，在不断加大人力资本投资、优化人口年龄结构的同时，促进人口特别是劳动要素流动配置和人口的合理分布。

最后，本成果还对区域经济发展中人力资本聚集、产业分布和经济发展方式转变以适应人口变动的途径、机制进行了实证研究。通过建立空间计量模型，从经济、产业、教育、就业、医疗等方面探讨中国地级中心城市对区域人力资本的聚集效应和路径，发现中心城市的产业发展、公共支出、教育医疗等水平均对人力资本聚集有着显著影响。不同的中心城市在区域人力资本聚集中的作用是不同的，有的是积聚作用为主，有的是溢出作用为主。因此，在制定区域经济发展战略时要积极发挥中心城市的引领带动作用，同时，既要从自身经济发展角度考虑又要兼顾城市间的互动关系，最终实现共同发展。

（3）人口与经济发展方式转变的系统仿真模拟。

首先，准确把握中国人口的规模、结构和素质在未来发展中的主要变动特征。为此，通过深入细致分析 1990 年以来中国历次人口普查、人口死亡模式和寿命变动、生育水平和生育模式变动的特点，确定了"单独二孩"生育政策和"全面二孩"生育政策的目标人群，依此测算了目标人群规模及其生育意愿，并且以此为基础构建了"全面二孩"政策下的生育水平、人口城镇化及其转移模型和受教育结构，设定预测模型、估算方法和相应参数，对 2010—2100 年中国的人口规模变动和结构转换趋势进行多方案预测和分析。进而分析了未来中国的劳动力供给及老化和负担趋势、人口教育结构和人力资本变动趋势。主要结论是：

未来中国总人口规模将会持续减少，人口呈现负增长状态。尽管 2016 年开始实施"全面二孩"政策，但是由于长期的低生育率以及未来持续低生育水平，中国人口规模将会在 2030 年前后达到峰值。中等生育水平下，峰值人口达到 14.4 亿左右，即使在高生育水平预测方案下，峰值也不会超过 15 亿人。受低生育水平固化的影响，中国出生人口规模仍会逐渐减少，总人口规模在 2030 年之后将处于长期减少状态，这一趋势在 21 世纪将不会得到改变。

人口年龄结构方面，中国人口将是一个少子老龄化、高龄化状态。未来 0～14 岁人口将持续减少，占比维持在 12％～16％之间；未来中国劳动年龄人口规模将从 2015 年的 10 亿人减少到 2100 年的 5.8 亿人左右，约减少 4 亿人，所占比重将从 75％下降到 2060 年及以后的 57％。预计在多种因素的综合影响下，未来中国劳动年龄人口的劳动参与率还将持续下降。全国劳动年龄人口的劳动参与率将从 2010 年的 76％持续下降到 2020 年的 73％左右和 2030 年及以后的 66％左右。未来 65 岁及以上老年人口还会增加，到 21 世纪 60 年代达到峰值，接近 4 亿。2020—2050 年是人口老龄化的加速阶段，老年人占比由目前的 13％左右将达到 2060 年的 30％左右，之后处于深度老龄化状态。在全面放开二孩生育政策的情形下，相较于不调整生育政策，人口年龄结构老化速度将明显放缓。随着生育水平和预期寿命增长的稳定，2080 年后，中国人口金字塔将保持一个稳定状态，各年龄组人口的比重均衡。

教育与人力资本发展方面，中国未来学龄人口规模下降不可逆。人口预测结果表明，虽然生育政策放开增加的人口达到各级学龄，使得未来各级学龄人口规模有所回升，但之后又会继续下降。到 2030 年、2035 年，中国高中阶段教育基本得到普及，高等教育有了长足发展，社会整体人力资本水平得到较大提升：经测算可知，2030 年 15～64 岁人口平均受教育年限是 11.09 年，2035 年可以达到 11.75 年，相比 2010 年人力资本水平有了很大提升。

其次，系统模拟分析了人口约束下未来经济发展方式的转变效果，探讨了未来经济发展方式转变的目标、动力和实现途径。提出未来经济发展方式转变的目标是向着经济质量型增长、经济结构合理优化、区域经济协调发展、增进社会福利、提高生产效率、建立环境保护和资源节约型社会转变；未来经济发展方式转变的动力主要是技术创新、结构调整、新型城镇化、消费升级、人力资本投入、教育投资、资本投入、制度安排及创新、区域竞争与合作；未来经济发展方式转变的实现途径是通过加快城镇化发展进程，延缓老龄化程度，提高就业水平，调整就业结构，调整投资结构，提升人力资本水平，加大科研投入与提高自主创新能力以及能源结构调整，来实现可持续、稳定、高效的发展。

（4）提出建立与人口发展相适应的经济发展方式转变的政策支持体系。

中国当前正在对经济发展结构进行战略性调整，转变目前经济发展方式将对现有的人口结构、劳动力充分就业结构和产业结构等产生比较大的冲击，导致人口结构与经济发展方式不相匹配的状况出现。面对未来中国人口低速增长甚至负增长的状况，需要经济增长方式逐渐从劳动密集型向技术密集型和人力资本密集型转变，在未来经济发展中充分发挥和挖掘人口规模大有利于分工细化、产业分化和成长的回旋空间，加大教育和健康投资提升人力资本、促进人口迁移流动，顺利实现聚集和高质量城市化发展等综合性作用。同时，为了适应人口结构和经济结构转变，产业结构逐步向满足养老服务和老年人需求的方向转变。

具体而言，政策支持体系的构建应主要集中于：

第一，构建充分发挥中国人口优势的政策支持体系。构建人口规模稳定、充分发挥人口回旋优势的支撑体系。包括逐步放开生育政策，鼓励按意愿生育，使生育率能够维持适度水平，防止人口过快增长或大幅度减少，使得人口规模保持适当的稳定状态；改善人口年龄结构、空间结构，缓解人口老龄化，促进人口内部长期均衡发展，为实现经济发展方式的转变创造一个良好的人口环境。同时，推动人口聚集和有序合理地流动，延长退休年龄以及有效利用和释放青年劳动力的潜力。

第二，构建适应人口老龄化、提升居民消费层级的政策支持体系。中国由传统消费模式和"未富先老"状态向现代消费模式和"即富即老"的状态转变中，需要抓住机遇构建满足居民健康需求、文化需求和康养旅游需求等的政策支持体系，促进消费层级提升。由此，一方面通过保持消费需求上升促进市场容量增大，促进产业体系完善扩大、产业结构和经济结构的升级优化，为人口负增长下的经济发展注入新的动力；另一方面，足够大的市场需求和容量有利于创新和新技术的应用，实现创新引领。

第三，构建提高人口质量、促进人力资本水平提升的政策支持体系。改革教育体制机制，构建有利于提高人口质量的教育体系和健康发展体系，构建职业教育、培训与高等教育的衔接，形成促进人力资本水平逐步提升的制度和政策保障体系。这既可以为推动经济发展提供要素动力和创新资源，又可以为提高人民生活水平和质量提供人口素质保障。

第四，构建技术创新对经济发展方式转变的政策支持体系。本成果建议，从国家层面完善立法、建立技术创新机制，充分开发利用中国人口所形成的巨大市场和丰厚的创新人力资本；从市场层面加快技术交易市场建设，促进创新成果转化；从区域层面强化区域创新发展战略，建立智慧新城、高新技术产业；从企业层面挖掘自身动力，提高创新能力。

第五，构建结构升级优化的经济发展方式转变的政策支持体系。通过理论分析、实证研究进行检验和系统模拟，本成果提出，结构调整对经济发展方式转变的政策支持体系应该包括：构建现代产业体系的支持政策、产业结构调整的政策支持体系、区域结构调整的政策支持体系、要素投入结构调整的政策支持体系、经济增长动力结构调整的政策支持体系、收入分配结构调整的政策支持体系。

第六，构建人口集聚与经济发展方式转变相适应的政策支持体系。人口的集聚综合能力越强，集聚规模越大，集聚质量越高，就越有利于经济社会的发展。积极深化新型工业化、新型城镇化建设；打造人口集聚与产业集聚、城市联动的发展新格局；理顺相关关系，增强城镇区域人口集聚承载力；促进公共服务均等化，推进城镇社会管理创新与社会和谐发展。

第七，构建促进企业着力发展循环经济的政策支持体系。政府大力发展战略新兴产业，利用财税政策激励企业进行科技创新和绿色生产，科学促进人才引进，助力科技创新；大力发展绿色消费市场，扶持社会静脉产业；通过资源价格市场化减少企业生产过度消耗和浪费资源问题；激励企业提升科技创新能力，减少人力依赖，实现集约生产。

第八，构建保障经济发展实现途径转变的支撑体系。包括构建现代产业体系、绿色产业和循环经济等，建立生态友好、资源循环利用、可持续发展的生态文明社会。完善各项社会保障制度，更好地满足人民群众的需求，还要转变经济发展方式，及时调整收入分配制度，使人民共享改革开放的成果。

三、成果的学术创新、应用价值以及社会影响和效益

1. 学术创新

（1）理论研究的创新。通过规范的数理逻辑推演分析，阐明了经济增长方式转变过程中人口变动与经济增长之间的关系，具体分析人口规模、人口

质量、人口年龄结构与人口集聚变动对经济增长的影响以及所形成的与人口条件相适应的增长方式和发展方式。理论上总结梳理并系统阐释了经济增长和经济发展的关系、经济增长方式与经济发展方式的辩证关系，提出了人口活跃度—经济发展的理论模型。

（2）理念和建议的创新。通过理论归纳和实证检验，基于人口规模回旋空间的理念和理论，提出新的建议。一方面提出在中国人口规模较大的前提下，充分利用不同年龄人口的规模，构建教育、健康等人力资本投资和学制缩短机制，释放青年劳动力潜力，提升就业率，增加成熟劳动力供给，实行弹性退休以减缓老龄化，从而充分利用人口规模回旋。另一方面提出充分利用中国区域辽阔和区域间存在巨大差别，在保障人口规模足够的情况下，构建实现人口聚集适度、流动充分的城市体系，提升人口负增长下经济发展的空间回旋。

（3）研究方法的创新。一是建立系统仿真模型研究了人口因素与经济增长之间的影响路径；二是在人口学方面扩展的贡献。为了评估人口与经济增长之间的关系以及未来需要解决的问题，本成果采用 2000—2016 年的中国相关数据，创新性地构建了人口与经济发展的系统仿真模型，模拟仿真了 2000—2050 年人口系统、经济系统、能源系统与环境系统相关的指标，进一步研究了各个因素影响经济增长的路径，为寻找未来经济发展方式转变的途径提供依据。

（4）数据挖掘和指标测算的创新。通过构建动态的人口活跃度指数分析了人口综合因素的变动，基于多层次分析方法的人口活跃度指数将多个人口属性涵盖在内，能够系统涵盖人口变动要素，为分析人口与经济增长之间的关系建立指标基础。构建了区域中心城市中心度指数，探究了中心城市对区域人力资本聚集的作用。这些也体现了统计分析方法的创新性。

2. 应用价值

一是利用经典的经济增长理论分析了人口与经济增长之间的关系，丰富了人口与经济增长关系的理论体系，这对经济增长理论具有一定的创新和开拓意义；二是利用系统仿真模型模拟分析了各个因素对经济增长作用的影响途径，并通过政策模拟研究了不同影响途径下的动力因素，丰富了人口演变对经济增长影响途径的理论；三是通过设立不同人口发展模式的参数，模拟分析了未来中国人口规模、结构和质量的变动趋势，具有较强的应用性和价值；四是通过前期的理论和实证研究，构建了与人口发展相适应的经济发展方式转变的政策支持体系，为相关的各级政府提供了可供参考的依据。

3. 社会影响和效益

本项目立项以来已经发表了 10 篇高水平有影响的学术论文。这些论文对于人口与经济增长、未来人口发展以及政策支持体系产生了一定影响。所发表论文被许多研究者引用，截止到 2020 年 11 月 13 日，引用次数达到 214 篇次，其中 1 篇被中国人民大学复印报刊资料全文转载。此外，有三名博士生的博士论文选题出自本项目，是对项目内容的延伸研究，为培养高端人才提供了平台。本成果将为制定未来经济发展方式转变的政策提供决策参考或理论和实证的支持，从而产生积极深远的社会影响和实践效益。

民族问题研究

《康藏史》概要

石 硕[*]

一、研究的目的、意义及方法

"康"是藏文 Khams 音译，意为"边地"，大体指西藏丹达山以东、四川大渡河以西、青海巴颜喀拉山以南、云南高黎贡山以北的地区。学术界常以"康区"或"康藏"称之。康区地处川、滇、藏、青四省区毗邻区域，西接卫藏，北连安多，东界川西平原，南邻云南和印缅北部，是藏族传统的三大历史地理区域之一和三大方言区之一。因介于西藏与内地之间，康区自唐代吐蕃东扩以后，成为汉藏政治交往、贸易往来和文化交流的通道与交汇地带，也是明清以来历代中央政府经营西藏的前哨和依托之地。特别是清末"固川保藏"策略的提出为后世"治藏必先安康"战略思路之滥觞。因此，明清以降康区往往成为左右汉藏民族及政治关系走向的关键区域，在藏区地缘政治格局中占有十分重要的战略地位。

长期以来藏学界普遍存在忽视康区研究的倾向。社会文化多样性和资料相对匮乏，也极大增加了康区研究的难度。康区基础研究相当薄弱，尤其缺乏整体性研究，迄今仍无一部完整的康藏通史著作面世。作为一部大型藏区地方史著作，本成果不仅可以填补藏学领域一个重要的基础性空白，推动藏学研究的整体和健康发展，对于研究和解决康区当前突出的社会稳定、边疆安全的隐患问题，亦具有重要的现实意义和长远的基础性价值。

---

* 石硕，四川大学教授，博士生导师。

本成果旨在实现三个目的：

（1）遵循系统性、整体性和综合性研究的原则，以通史体例，对康藏史各时段史实进行深入的实证研究，提炼和把握康区历史的重大历史事件、重要人物及其演变趋势，系统梳理和研究康区历史的基本脉络和主体框架，全面把握康区各历史时段的主要面貌和特点。

（2）将康藏史置于历代中央政府、西藏地方、汉藏民族交流与互动，及康区与安多、卫藏关系的宏观时代背景中加以探讨和认识，系统梳理和分析康区的民族源流、社会特点及人文特性，揭示出历代中央政府治藏过程中康区与安多、卫藏及内地之间错综复杂的历史关系，以及康区历史发展过程中与周边各民族之间的密切联系。

（3）最大限度地搜集、发掘和吸纳藏文、汉文及相关外文文献资料、既有研究成果，确保本成果在资料运用上的丰富性、完整性和权威性，使之成为国内外康藏史研究的集大成之作。

本成果主要运用历史学、考古学、民族学等研究方法，按照通史体例，对康藏历史发展演进的总体脉络、主要特征进行全面、系统的研究和编纂。

二、成果的主要内容和重要观点

本成果基于康区历史的基本脉络及总体特点，分为"古代卷"（一册）、"近代卷"（一册），共76万余字，以通史体例，多角度、全方位和最大限度地呈现康区历史发展演进的总体面貌和突出特征。

"古代卷"分为十二章，上起石器时代，下至清末瞻对事件。本卷以康区族群和政治格局的演变为线索，完整勾勒出康区古代历史的整体面貌和基本脉络。第一章"康区在藏族三大传统区域中的特点与地位"，首先综论藏族高原地域、藏传佛教文化两大特点，及卫藏、安多和康区三大传统区域。将康区置于青藏高原的地域和文化背景下，总结康区江河并流、横断山脉、高山峡谷的地理环境特点，归纳出康区六个最为突出的人文特点：康区是农牧混合与农牧过渡地带；康区地处民族走廊地带，是藏族与西南众多民族互动与交融的地区；康区是藏、汉民族交流互动以及西藏与内地之间的连接通道；康区是一条历史文化沉积带，沉积着许多古老的历史遗留；康区地域文化具有突出的多样性、复合性与兼容性；康区历史上是一个政治多元地区。

康区人文特点的总结具有提纲挈领和统摄全书的开篇意义。迄今为止，国内外学术界还没有一部在区域上囊括整个康区范围的完整、系统的康区通史类著作问世，这在很大程度上制约了当前藏族历史研究的整体水平。这是撰著本成果的重要缘由。

接着全卷着重阐述三个重要议题：

（1）石器时代至吐蕃时代以前康区的族群构成、源流及基本格局。第二章"公元7世纪以前的康区历史源流"指出，康区的新石器文化直接渊源于黄河上游甘青地区，是甘青地区新石器文化向南辐射和发展形成的一个系统。这些经由不同的路线和通道南下的新石器时代居民不仅是康区新石器时代文明的主要开拓者和创造者，也是藏缅语族最早的祖先人群。石棺葬文化与汉代白狼部落相对应。白狼部落无疑是汉代（乃至唐以前）康区最大和最重要的部落。"白狼歌"语料反映出白狼部落语言同藏语存在亲缘关系。这也是后来康区与西藏地区在文化面貌和语言系属上发生密切联系的重要基础。苯教东传与藏地祖源传说暗示，7世纪以前康区部落与卫藏已有密切、广泛的交往联系。隋唐时期的附国则似乎与白狼部落存有继承关系。

（2）吐蕃东扩以来康区"吐蕃化""藏化"的进程。第三章"吐蕃王朝的崛起与东扩"、第四章"吐蕃对康区部落的役属与联盟"和第五章"从分裂时期到元朝统治下的康区"重点论述公元7世纪初松赞干布统一西藏高原建立吐蕃王朝之际，介于吐蕃与新兴唐朝之间的康区地域乃是一个辽阔而又薄弱的中间地带。分布于康区地域的部落，大抵以附国为中心。7—9世纪吐蕃向康区扩张，选择从南、北两路大范围迂回绕行进入，征服和统治康区部落后，与苏毗、多弥、附国、东女国等形成特殊的"役属"或联盟关系。吐蕃王朝的崛起和向东扩张正式开启了康区逐步纳入和整合于藏族三大传统区域的历史进程。大量吐蕃时期摩崖造像、碑铭等遗迹、遗物表明，佛教随之在吐蕃中后期向康区传播和辐射。吐蕃覆亡后的两百余年间，康区地域经历人群整合和"蕃化"的过程。"吐蕃遗种"或者"吐蕃赞普遗种"这一称谓的出现，标志着青藏高原东部特别是康区地域的人群整合已逐步达到一个新的阶段。在公元10世纪佛教后弘期以后，在藏人尤其是佛教高僧的观念中，已逐渐将包括康区在内整个辽阔的青藏高原东部地区作为与"卫藏"中心相对应的"边地"纳入自己的体系之中。而元朝在藏区划分的三大行政区，即乌思藏纳里速古鲁孙等三路宣慰司都元帅府、吐蕃等处宣慰使司都元帅府和吐蕃等路宣慰使司都元帅府，既奠定了藏人"三区"概念的基本内涵和轮廓，也对藏族传统三大地理区域概念产生决定性影响。元代朵甘思地区已成为乌思藏地区通往元朝大都的重要交通孔道。随着卫藏地区家族及地方政治势力特别是朗氏家族势力向康区的渗透，"黑头矮人"和"六氏族"传说建构起卫藏与康区部落人群之间的整体认同，使二者成为有共同起源、共同祖先记忆并在信仰与文化上相互认同的共同体。

（3）康区历史发展进程同中原地区、西藏地方之间的互动关系。第六章至第十三章构成本卷的主体内容。继元朝在康区建政立制后，明清时期康区政治格局经历了漫长而重大的转变，大致可分为四个阶段。

第一阶段：第六章"明代康区政教格局的发展与演变"、第七章"康区白利土司的兴起与覆灭"论述明代在康区的建政分封，丽江木氏土司、蒙古土默特部相继进入康区活动，格鲁派开始向康区传播的过程，提出康区以东卫所的设置对于消除蒙古影响，威慑康区地方势力，稳定康区政局所起到的重要意义。木氏家族巧妙地将自身势力的崛起置于明朝政策的掩护之下，对康区及整个西南的政治、族群、宗教格局产生了重要的影响。格鲁派在康区的早期发展，并且建立和增强与当地地方政治力量的联系，实际上是为困境中的自己寻求新的生存和发展空间。而蒙古土默特部在康区的活动，在一定程度上为后来蒙古和硕特部自青海南下征服康区奠定下基础。明代中后期随着藏区朝贡贡道南移康区，康区的战略地位、纽带作用得到提升和增强。明末清初，白利土司的崛起意味着康区地方势力的强大和走向政治舞台，开始改变康区的地缘与政治格局，标志着康区历史开始进入新的阶段。白利土司顿月杰在其辖区内奉行的宗教政策乃是多元和兼容藏传佛教各教派的，并不存在独崇苯教而排斥藏传佛教的情况。其覆亡的主要原因乃是与格鲁派交恶，而非仇视佛教。

第二阶段：第八章"和硕特蒙古入据康区"探讨和硕特蒙古南下接管和经营康区的历程，分析罕都同格鲁派、青海和硕特蒙古、清朝势力之间错综复杂的关系，以及木虎年事件。本章指出罕都的军事征伐改变了康区的政治和宗教格局，德格土司逐步在康北崛起，丽江木氏土司则退出康南。但是五世达赖顾及到同清廷、吴三桂的关系，以及格鲁派、和硕特蒙古在康区的整体利益，对罕都扩张个人势力的野心已难以容忍。罕都与格鲁派之间的联盟合作关系最终走向破裂。木虎年事件并没有改变和硕特蒙古对康区统治的现状。格鲁派在康区南部的影响力反而进一步增强。

第三阶段：第九章"清朝经营康区与治藏重心向康区转移"、第十章"雍正时期全面控制康区与康藏划界"、第十一章"七世达赖喇嘛移驻康区惠远寺"分析清朝势力如何通过"西炉之役"等行动逐步全面控制康区，主要阐述清朝在"驱准保藏"过程中开拓出由打箭炉和云南入藏的道路，川藏道、滇藏道的开辟成为清朝治理西藏及藏区战略依托和重心逐步向康区转移的标志。在开辟由打箭炉入藏道路的过程中，清朝以此为契机逐渐控制了康区，并使康区日渐成为清朝治藏的前沿与依托。雍正初年青海罗卜藏丹津之乱期间，清朝势力借此大幅挺进和直接控制康区。和硕特蒙古在康区的影响被逐步肃清，康区进入清朝全面管理和经营的时代。清朝在"卫藏战争"期间大规模设置康区北部土司，划定川、滇、藏界限，将七世达赖喇嘛移驻康区噶达惠远寺，保障入藏通道畅通，隔绝蒙藏对康区的影响。格鲁派则借助七世达赖喇嘛与康区僧俗各界人士的互动扩大在康区的宗教影响力。

第四阶段：第十二章"清代的'瞻对问题'与工布朗结在康区的崛起"考察贯穿清代始终的"瞻对问题"的出现、清代后期工布朗结在康区的崛起，指出这些改变了康区的政治权力格局和汉藏关系，促使西藏地方政府在瞻对设立新龙基巧，并不断介入康区土司间的辖地纠纷，导致西藏地方政府与清政府关系趋于复杂，引发清末的瞻对之争。这不仅改变了汉藏关系和各方对康区的管辖权，也对西藏，乃至整个中国的历史都发生了不可估量的影响。

"近代卷"共分十三章，以外国教会代表的西方势力向康区的渗透，以及清末川边新政作为康区近代历史的开端，终于20世纪50年代初民族区域自治制度在康区的建立。全卷以时间为主线，结合纵向与横向的书写方式，主体内容在某种意义上是一部系统、完整的近代康藏政治史。基本框架结构如下：

第一章"外国教会在康区的传教活动与清末教案"探讨19世纪中后期外国教会在清朝禁教形势下多次赴藏传教失利后，转而将传教重心东移至康区的过程及其影响。教会在康区的传教活动遭到西藏及当地僧俗民众的敌视和抵制，先后发生六次教案。外国教会及其裹挟的近代化力量直接冲击着当地传统社会，揭开了康区社会近代化进程的序幕。

第二章"清末川藏边务与经营川边的转折"、第三章"赵尔丰经略川边"系统梳理了清末清政府经营川边的筹边过程。为应对藏事危局，清政府迅速平息巴塘已巳事变后，对川边经营策略做出较大幅度调整，扭转和改变了清末川藏边务经营格局。赵尔丰在川边实施"经边六事"，主导川边改土归流，力图突破清政府"保川固藏"的保守设想，倡议和推动川边改流设省。清末赵尔丰经略川边伴随着一系列新政举措的推行：改流设官破除传统政治制度，开启近代康区政治制度革新和转变的先声；倡导兴办实业，将康区纳入中国经济近代化的进程中；川边兴学在传播知识文化、开通近代康区社会风气、实现传统教育向近代新式教育转型、初步培育近代康区知识精英群体等方面无疑具有开拓性的意义。

第四章"北洋政府时期的康藏事务"、第五章"20 世纪 30 年代西藏与康、青两地的战事"、第六章"边政视野下的九世班禅返藏与康藏局势演变"是对民国初期至抗战前后康区重大事件、政治形势演变及各方政治势力交涉和博弈过程的分析。民国初期尹昌衡西征后，川省防区制和军阀之争的弊端导致北洋政府无力应对川边政局频繁更迭变动的局面。在英国势力干涉和影响下，中、英、藏两国三方代表齐集西姆拉会议，就西藏地位问题和康藏界务展开谈判和博弈。北洋政府成功地实施拖延战术，使得英国速行解决藏案的企图无法实现。川康当局随后与西藏地方政府发生三次康藏纠纷。国民政府代表唐柯三赴康区与藏军谈判破裂后，地方势力主导康藏、康青的和战状态，有效地抵制了国民政府在康藏地区的权力渗透。大金寺流亡僧众的妥善安置使康藏纠纷得到解决。国民政府期望借助班禅返藏和康藏僧俗精英力量扩大在西藏的政治影响力。班禅返藏受阻却暴露出国民政府对康藏边政的消极态度，及缺乏清晰稳定的治藏思路与措施。

第七章"土头问题与康南藏区社会治理"指出，康南藏区的历史条件、地理环境、风俗习惯、基层社会权力结构及"夹坝"活动等因素催生、强化土头势力。民国初期乡城县政的事例表明，流官政府施政不当、军政腐败及地方政教势力的掣肘进一步加剧康南藏区的社会混乱。西康建省后，曾言枢的南巡宣抚活动运用土头、寺庙等势力，基本稳定和改善了康南藏区的社会秩序、治安问题。

第八章"红军长征途经康区与博巴政府的建立"考察红军长征途中，通过与康区各界人士的密切互动与广泛宣传动员，有效实施和实践民族平等、宗教信仰自由、尊重民族风俗习惯、争取和团结上层人士等民族政策，建立各级博巴人民政府，开始民族区域自治制度的最初尝试。

第九章"西康建省与刘文辉的治康经边策略"将西康建省运动置于各种势力角逐中进行考察，揭示出康区藏族精英省治实践、刘文辉建省策略、民众省制观等的不同利益诉求与权力博弈，以及西康建省的过程和省界问题。西康省制化与省界问题是国民政府、川康青地方军阀、西藏地方政府与康区本土势力之间相互竞逐、博弈和调和的结果。

第十一章"民族区域自治制度在康区的建立"主要围绕 20 世纪 50 年代初改造康区社会的民族区域自治、民主改革两大任务的实施展开，提出西康省藏族自治区的建立终结了康区传统封建农奴的政治制度、权力体系。民主改革的实施促使康区的社会和民族关系发生结构性的转变。昌都战役结束了西藏昌都总管府在康区西部的统治。康区在解放西藏进程中起到政治联结、军事调动和后勤保障的战略后方作用。

本卷将近代康藏史置于中央政府、西藏地方政府及川、滇、青地方军阀等多重势力角逐博弈的宏观背景中进行分析和探讨，强调地方势力、康藏僧俗精英的政治作用，并与全国政局乃至国际形势紧密关联，凸显康区在近代汉藏政治关系史中的重要性和独特地位。从多元的分析视角，透过事件本身，阐释其背后的历史内涵，是本卷撰写的另一特色。

全卷内容以川边改土归流、尹昌衡西征、三次康藏纠纷、红军途经康区、西康建省、民族区域自治制度建立等重要政治事件的发展演进为主干框架，而又不单纯局限于事件。第十章"刘文辉主政西康期间的建设举措及其成效"、第十二章"康区：近代汉藏交流的纽带"、第十三章"近代康区的社会文化变迁"从横向视角，系统综合地涉及和探讨近代康区政治机构、军事制度、司法建设、农牧工矿、贸易金融、"利美"运动与苯教新发展、汉藏民间佛教交流、传统文化艺术的传承、学校教育与社会教育、康籍学生赴内地求学、康区社会日常生活，以及汉藏民间互动与文化交融等内容，为全面、准确把握近代康区复杂的社会文化面貌及特点，提供了一个基本的认知框架。本部分内容写作取向既强调传统与近代、外来与本土等的内在关系，突出鲜明的区域性差异和时代特征，又重视康区近代在内地与西藏、汉民族与藏民族之间经济、文化交流互动过程中的枢纽和中介作用。这是本成果的一个重要特点。因而本卷写作的另一目的在深刻揭示出近代康区的政教制度、社会经济和宗教文化的变迁，以及族群互动与文化交融，特别是近代汉人移民大量进入康区后引发的汉、藏民族之间大规模的交流融合，及其对康区社会和人文特点的影响。

三、成果的学术创新、应用价值以及社会影响和效益

由于整体、综合研究和编撰难度较大，目前康藏史研究相对细碎，缺乏整体视野和认识，限制了当前康藏史研究整体水平的提升。本成果的问世将为康藏研究领域提供一项重要的大型基础性成果。

首先，本成果是首部全面系统勾勒和呈现康区整体历史面貌的通史，既填补了长期缺乏"康藏史"的学术空白，也是对新近出版的大型作品《西藏通史》的重要补充。

本成果的主要贡献是最大限度地挖掘和利用了有关康区的各种汉、藏文献史料、档案，广泛吸纳前人相关研究成果，并在此基础上对康区的整体历史发展脉络进行比较全面、系统的勾勒和呈现。这在藏学领域尚属首次。故本成果的开拓性不言而喻，可以说填补了长期以来对康区历史缺乏整体书写的学术空白。2017 年藏学界出版了由中国藏学研究中心历时 14 年组织编写完成的大型多卷本《西藏通史》。该书主要以西藏历史为中心，虽对康区历史略有涉及，但着墨有限。《西藏通史》的出版是藏学界的一个标志性成果，但因以西藏为中心，对全面认识藏族历史仍有较大缺陷。而本成果作为藏区地方史，正好可作为大型多卷《西藏通史》的重要补充。

其次，通过对康藏史的梳理，深入揭示了藏族历史发展同东部周边各民族及汉、蒙、满之间的密切联系，揭示了藏地与历代中央政府的紧密互动。这对阐明藏族历史是中国历史有机组成部分、藏族与中华各民族有深厚的历史渊源，具有重要学术价值和现实意义。

康区是西藏地方与中央政府发生联系的桥梁地区，也是藏族与东部周边各民族发生密切联系的地区。因此，本成果很大一部分内容均涉及藏族的政

治、经济、文化的向东发展及其与东部各民族的密切交往与联系，同时也涉及历代中央政府治藏的措施、管理政策等。特别是明代中叶以后，中央政府治藏重心逐渐南移至康区、清前期多次派大军由打箭炉入藏以及设置"成都将军"等，都使康区成为中央政权治藏的前沿与依托。本成果对这些重大史实进行了系统、深入的梳理与研究，从康藏史研究视角丰富和拓宽了认识藏族历史的视野。特别是本成果把康藏历史置于历代中央政府、西藏地方、汉藏民族交流互动及康区、安多、卫藏的关系背景中加以全方位的探讨和分析，进一步厘清了康区与周边地区之间错综复杂的历史关系，从而比较清晰地呈现了历代中央政府在治藏过程中如何通过康区这一中介与桥梁地带，来巩固和加强对西藏及其他藏区管理、施政等重要问题。

再次，本成果是在深入、扎实的前期研究基础上编撰而成，在康藏史许多重要基础性问题上取得突破，提出不少新的学术观点。

由于康藏史存在大量拓荒性领域，且无先例可循，故课题组一开始即确定"先研究，后编纂"的原则。例如，康藏史编撰的基础首先要解决藏族三大传统人文地理区域何时形成、缘何而来的问题。为此申报人进行了长达一年的研究，发表的前期成果为康藏史编纂奠定了坚实基础，在藏学界产生了广泛影响，荣获"中国藏学研究珠峰奖"。又如康区在藏文史籍中何以被称作"人区"的问题，申报人对此进行专题研究，刊发的论文深入诠释了康区被称作"人区"的历史缘起。又如，关于康区白利土司，以往研究薄弱，资料也匮乏，申报人在深入挖掘藏文史料基础上撰文，修正过去对白利土司与格鲁派交恶原因的错误认识。此外，本成果在"瞻对事件"、康南土头等许多问题上均有所突破和开拓。总之，为编纂出高质量的康藏史，申报人就关涉康藏史的一些重要基础和关键问题先后发表30余篇专题研究论文，提出不少新的有开创性的学术观点，为康藏史的编撰打下了扎实的基础。申报人围绕康藏史相关专题做了大量前期研究，形成若干较具深度的专题性研究成果，极大提升了康藏史的编写质量。

最后，本成果对康藏史资料及前人研究做了最大限度的挖掘与吸纳，在资料完整性、丰富性上有较大突破，是一部集资料与研究成果之大成的康藏史基础性著作。

康藏史资料存在许多区域和时段上的缺环和空白，相关研究也极分散和不均衡，水平参差不齐，本成果在编纂过程中，对藏、汉文献资料、档案、碑刻、传说等进行广泛深入的搜集、整理，同时对国内外相关研究成果做了最大限度的吸纳。所以，本成果可以说是迄今为止对康区汉藏文献史料及前人相关研究成果汲取最全面、最丰富的著作，是集康藏史资料与研究成果之大成的一部全面认识康区历史的基础性著作。

中国历史

《元代地方行政运作研究》概要

杜立晖[*]

一、研究的目的、意义及方法

1. 研究目的

一方面，元代的地方行政问题，是元代国家治理的重要内容之一，也是长期以来元史学界关注的焦点问题之一。对此，学界已进行了深入探讨，并取得了丰硕研究成果，但受传世文献所限，对于元代地方行政运作的具体情况却少有涉及，对相关问题记载极为丰富的黑水城文献也鲜有利用，颇令人遗憾。

另一方面，黑水城文献作为我国近代以来继殷墟甲骨文、先秦汉晋简帛文献、敦煌文献等之后又一考古新材料的重大发现，其有多达800余件的汉文及蒙古文文书，与元代的甘肃行省及亦集乃路等相关，是记录元代地方行政实际运作过程的官方第一手资料。该批珍贵文献资料自20世纪70年代逐渐刊布以来，引起了学界的广泛关注，然而元史学界涉猎其中的却非常有限，且目前投身于此者多系一些青年学者，又因其缺乏元史及文献学、中国古文书学等的学术训练，导致相关研究不仅零散、多有可商之处，且尚有大量元代行政文书及其反映的问题未能涉及。虽然黑水城文献的发现为元代地方行政运作研究带来了难得的机遇，但时至今日，对黑水城文献所反映的元代地方行政运作情况却无一系统的讨论，不能不说是一大缺憾。

* 杜立晖，山东师范大学教授，博士生导师。

本成果即是在充分借鉴前人已有研究成果的基础上，主要以黑水城元代行政文书为中心，在对相关文书进行全面收集和规范化整理、解读的基础上，以元史为背景，开展对有关文书所见元代地方行政运作情况的深入、系统探讨，以期进一步认识元代地方行政运作的真实状态和特点，为切实推进黑水城文献研究以及元代地方行政研究，做出积极贡献。

2. 研究意义

首先，黑水城文献保留了大量不见于传世典籍的元代地方行政体制的细节材料，具有重要的补史意义。本成果将大大拓展对元代地方行政体制内涵的已有认识。如关于元代的地方行政机构问题，黑水城文献不仅载录了此前不为人所知的许多机构，且载录了传世文献所不载的丰富信息，如相关机构的建制原则、职责、人员构成，以及机构与机构之间的关系等。本成果将进一步扩展元代地方行政体制的研究范围和对象，大大丰富对元代地方行政体制及行政治理内涵的已有认识。

其次，黑水城元代行政文书真实地记录了元代地方行政运作的状况。本成果首次展示了元代地方行政体制诸多侧面的运行实态，将元代地方行政体制研究向前大为推进。行政文书是行政体制运作的重要载体和手段，无论是机构的运转、制度的落实，还是管理的实现等，都离不开各种形态不同、层次和功能各异的官文书。作为元代地方政府实际使用的官文书，黑水城元代行政文书真实地记录了元代地方行政运作的状况，如其中的元代河西陇北道肃政廉访司分司文书、钱粮考较文书、官员俸禄文书等，详细记载了肃政廉访司"录囚"、钱粮考较、俸禄放支等政务运作的程序。而黑水城文献中保留的大量在实际中所使用的行政文书的细节，又生动地展现了元代公文的使用流程，如解由文书、勘合文书等等。

再次，促进了我国珍贵文化遗产的进一步发掘和利用，拓展了黑水城文献的研究内容和空间，推进"西夏学"（或称"黑城学"）的国际性学科的建设和发展。黑水城文献是我国珍贵传统文化遗产的重要组成部分，本成果充分展现了黑水城文献的价值和魅力，将进一步促进我国其他珍贵文化遗产的发掘和利用。

最后，为当今多元民族的地方行政治理提供经验借鉴。本成果利用黑水城文献以及传世资料、其他新出文献等，对元代多民族背景下的地方行政治理提出了许多新的认识，这也必将为我国当今多元民族的地方行政治理提供新的经验和借鉴。

3. 研究方法

首先，中国古文书学的方法。对 800 余件汉文、蒙古文黑水城元代行政文书等进行全面收集，结合元代典章制度，对其进行释录、定性、定年等系统整理，对属于同件的文书进行缀合、复原，详细解读文书的文本信息，分析其结构、层次，探讨文本所蕴含的文献学、文书学信息。

其次，历史学的方法。使文书与传世文献、石刻文献、方志以及其他出土材料、多民族文献等相结合，在元代的历史背景下，对不同材料进行互证研究，以期达到解决文书所反映问题之目的。

最后，比较研究法。一方面注重对不同文书的比较，以探究相关文书在写本形态、应用范围等方面的独特性。另一方面则注意将文书所反映的行政制度等，与元代前后的各朝代进行横向、纵向比较，分析相关制度等的继承与演变关系，探寻元代地方行政体制在历史发展中的特点。

二、成果的主要内容和重要观点

本成果利用黑水城文献对元代地方行政运作首次进行了系统性研究。在对国内外学界有关成果进行系统而周密梳理的基础上，本成果对相关成果的价值、影响、突破或不足等进行中肯评价。在具体研究过程中，通过细心爬梳 800 余件汉文、蒙古文黑水城文献，检出其中大量不见于传世典籍的元代地方行政体制的细节，结合新发现的国家图书馆藏《魏书》纸背文献和传世典籍文献等，对学界鲜有涉及的元代地方行政运作机制进行了系统性探索。本成果强调古文书学和历史学方法的结合，注重比较研究法的运用，从行政机构、行政管理、行政制度及公文运作机制等多个方面，对元代地方行政运行情况进行细致的分析和探讨，还原、勾勒出元代地方行政运作的基本面貌，并首次系统展示了元代地方行政体制诸多侧面的运行实态，大大拓展了学界对元代地方行政体制内涵的已有认识。本成果的核心内容和重要观点如下：

（1）黑水城文献所见元代地方行政机构运作研究。

黑水城文献所收元代地方行政机构文书数量众多，本成果第一章至第三章，根据有关文书所涉及行政机构的性质及特点，将其划分为派出机构、路总管府等机构、地方财政机构等三种类型，得出以下重要结论。

第一，元代派出机构设置频繁，对所辖机构的监管由多重路径实现。我国自汉代以来，中央政府为加强对地方的控驭，往往建制派出机构以代行其权，元代继承前代传统，也设置了派出机构，但该类机构的设置较之前代又有很大的发展。该部分研究主要是针对黑水城文献所见的两类元代派出机构——朵思麻宣政院和河西陇北道肃政廉访司分司展开。朵思麻宣政院此前未被学界所知，此次系首次结合传世文献对其性质、设置时间、设置原因等进行了细致考索。指出该机构为元廷在吐蕃朵思麻地区所设行宣政院的别称，肩负着"往镇"吐蕃的重任。在设置时限内，因事则立，事止而撤，其设置与朵思麻地区的特殊地位有关。对于河西陇北道肃政廉访司分司的考察，以黑水城《审理罪囚文卷》为切入点，探讨了元代肃政廉访司分司设置的前后变化，以及廉访司分司录囚的具体运作流程。指出，河西陇北道肃政廉访司及其分司对于亦集乃路的监察，通过双重途径实现。这反映出廉访司及其分司与所辖路分的监管关系，较之此前认识的更为复杂。

第二，路总管府等机构的建制既有普遍性，又有特殊性，其运作机制丰富多样。有元一代，路总管府是仅次于行省的重要地方官府，前人曾据黑水城文献认为，元代亦集乃路总管府的中层行政机构中，按中央六部之制设有六房。本研究发现，似非如此，其中之一司吏房并不存在，而该路"司属"的建制，大部分合乎元代的通行建制，少部分属于根据实际情况进行的增建或减建。该路的基层组织，在城内存在与其他各地相仿的坊正，而在农村则存在渠社制与所屯制两种建制。以上体现出元代路总管府的机构建制所具有的普遍性及特殊性的特点。另外，研究发现，亦集乃路在行政机构运作过程中，至少存在总府决断、诸房组织、司属实施和总府直接处置与司属越级呈报等两种运作模式，这反映出元代路总管府运作机制具有多样性的特点。对于录事司，以黑水城文献为线索，发现了前人所未知的甘州路录事司这一机构。以此机构的设置为突破点，对元代录事司的设置原则提出了新的认识，即元代在行省驻地设置录事司具有一定的普遍性，但其设置并非前人所说的仅考虑人口因素，而其所在城市的政治因素则需重点考虑。据黑水城文献还发现，元代录事司的职权范围比此前认识的更广泛，其审理地方民事案件，具有较为特殊的运作程序等等。对于巡检司的研究，通过系统钩稽黑水城文献中的巡检司文书，不仅发现了此前未知的元代巡检司机构，了解了巡检司的设置原则，且进一步认识到该司的职能远非此前所认识的"以捕盗为务"，而是承担了更多的行政事务。另外，还发现了巡检的民族构成也并非学界所认识的仅由汉人与南人充任，而是具有多民族的属性。巡检的选任途径和方式，则随着时间的推移有不断拓宽的趋势，由此又可进一步认识到元末在社会、行政等方面所发生的诸多变化。

第三，元代地方财政机构运作程序复杂，既有机构间的联动，也有官民间的互动。该部分围绕黑水城文献涉及的两类地方财政机构——税使司和广积仓展开。税使司系元代地方政府的税收机构，据黑水城《泰定二年税使司文书》等发现，亦集乃路税使司起解课程的程序比传世典籍记载的更为复杂，所涉机构更多，如其首先需将有关课程呈解路总管府，由路总管府对有关课程钞定数额进行照验、批准。然后路总管府令该府主管钱钞机构支持库进行处理，在支持库核实、截留相关课程后，税使司才将需上缴的课程悉数呈解甘肃行省。元代路总管府往往设有府仓，广积仓即为亦集乃路总管府之府仓。此部分主要据一件黑水城 F193：W13《票据》文书展开。经研究发现，此件被前人称为"票据"的两纸文书，其中一纸实为非常罕见的"催粮由帖"原件，另一纸则为广积仓开具的纳粮证明。又结合其他黑水城文书，复原了不见于传世文献的元代路总管府府仓收纳税粮的运作流程，其包括官府下达催粮由帖、纳粮户携带催粮由帖向府仓缴纳税粮、府仓开具纳粮证明、府仓要将收纳的税粮情况及时向路总管府进行汇报等多项步骤。

（2）黑水城文献所见元代地方行政管理研究。

元代地方行政管理涉及的内容非常广泛，其中对站赤进行管理，是元地方政府行政管理的重要内容之一。本成果第四章以黑水城文献中的站赤文书为切入点，就文书反映的元后期站户签补活动的实施以及站赤马料的管理情况等进行探讨。黑水城文献显示，在元代的站赤管理中，路总管府扮演着非常重要的角色，而相关管理规定在地方的落实又具有一定的灵活性。

其一，有关元后期的站户签补管理研究。以黑水城 F116：W434《签补站户文卷》为研究重点，首先对其进行了释录和文书复原。其次，研究了元后期签补站户机构的变化及其运行情况。指出，元代站赤的中央管理机构，在通政院与兵部之间摇摆不定，至元后期站户的签补过程中，站赤又受到了兵部和通政院的双重管理，而该活动的真正落实，则需由路总管府等部门来完成。最后，研究元后期站户签补范围、户等的变化，以及替下站户及复业站户的处理与安抚情况。据此发现，在站赤管理过程中，路总管府扮演着非常重要的角色。

其二，关于站赤的马料管理研究。马料是元代维系站赤正常运转的重要物资保障，对其进行管理，亦成为元代站赤管理的重要内容。对于站赤马料的放支，元代有一定的数量规定。黑水城文献表明，在亦集乃路站赤马料的放支管理中，存在对相关规定灵活执行的情况：其主要是按每月的实际天数核算出相关数额后，再以月为时限进行发放，而向每匹站马每日发放的马料数，与元代传世典籍的规定相合；另外，该地还存在按半月为限放支马料的情形，但这一放支时限，并非主流。

（3）黑水城文献所见元代地方行政制度运作研究。

第五章以黑水城文献所见的元代地方仓库官选任、官吏俸禄、钱粮考较等制度为研究内容，通过与传世文献结合，重点考察了相关制度的变化及其实施情况。总体看来，元代地方行政制度在不断变化中前进，制度的运作步骤丰富，制度的执行既有统一要求，又有因地制宜的特性。

第一，地方仓库官选任制度。据黑水城《选有抵业无过之人充仓库官》文书发现，此件作为元代仓库官例不太完整的抄件，展现了元大德时期在仓库官选任制度上发生的一些变化：一方面，选任机构出现了从路总管府到行省的变化；另一方面，仓库官的身份性质出现了从差役化向职事化的转变。从中可以看出元代地方行政制度渐变性的一面。

第二，官吏俸禄制度。以黑水城 F79：W46《俸禄文书》为切入点，首次发现了元代路总管府放支官吏俸禄的具体流程：第一步，下属部门在月底之前向路总管府呈报该司官吏应得俸禄数额的呈文；第二步，路总管府在月底审核呈文，确定放支数额；第三步，在下月初放支上月官吏俸禄。另外，又结合其他黑水城文书及《至顺镇江志》等传世文献发现，元代俸禄制度在实际执行中，俸钱和禄米的放支，虽有统一的制度规定，但又存在因地制宜执行的现象。

第三，钱粮考较制度。以黑水城 F116：W555《至正十一年考较钱粮文卷》为中心，对元代钱粮考较的时间、内容、要求、该制度与唐代勾检制的关系等进行探讨，重点复原了元代钱粮考较的具体流程：第一步，有关人员认定需办钱粮的总数；第二步，中书省下达公文到行省、户部等机构，并提出考较要求；第三步，考较钱粮工作在行省展开。

（4）黑水城文献所见元代公文运作机制研究。

我国古代的公文制度，经秦汉至唐宋之发展，至元代已日趋丰富和完善。此部分以黑水城文献中与元代地方行政运行关系密切的"付身""札子""解由""信牌""勘合"等公文，以及公文结尾为研究对象，通过第六、七两章，对它们的性质、内容、特征、书式，及使用、管理等情况进行系统探索，着重研究元代公文的运作机制以及相关制度在历史进程中的变化等问题。黑水城文献表明，与元代地方行政体制运行息息相关的公文，较之此前的时代具有很大的创新性，它们形态各异，运作机制纷繁复杂，表现出独特的时代特色。

第一，付身文书。以黑水城付身文书为研究对象，对元代付身的性质与渊源进行了深入探讨，又结合传世文献及其他出土材料，对元代付身的发放机构与授予对象进行了重点考察。指出，元代具有付身发放之权的机构，涉及从中央到地方，从行政到军事等不同级别、不同领域的多种部门，而被授予付身的对象，往往职级低微抑或没有职级。另外，还以黑水城付身文书为中心，探讨了宋元间付身制度的承袭与变化，据之又进一步研究了宋元中央集权的某些变化，以及元代行政运作体制的独特性。

第二，札子文书。以黑水城文献中相对完整的五件元代札子文书为切入点，再结合传世典籍等材料，首先探讨了元代札子的类型，指出，元代札子有作为官府呈文的札子、用于乘驿铺马的札子、作为议案的札子等五种类型，并对它们各自的特点及应用范围进行了研究。其次，以黑水城文献为中心分析了作为官府呈文札子的书式，进一步认识了元代札子的内部结构。最后，对宋元札子制度进行了比较研究，不仅发现了二者之间存在的一定承继关系，同时还探究了元代在札子制度上的诸多创新。

第三，解由文书。首先，通过结合元代解由体式的规定，对黑水城文献中解由文书的数量构成重新进行了判定，改变了此前学界对于解由文书的模糊认识。其次，以其中"刘住哥"的解由为中心，对元代解由的运作流程进行了复原，发现元代解由文书的运作包含任官者所在部门提交申请、所在部门转交材料至路总管府、路总管府出具解由给本人、行省照验解由并提交都省、吏部查核解由对官员进行除授等多项步骤。由此进一步认识了元代解由文书的运行细节。

第四，信牌文书。以黑水城《总府发天字号信牌前去莎伯渠根勾文书》等三件文书为中心展开。首次确认了黑水城信牌文书的性质，因为难得一见的与元代信牌结合使用的信牌"粘连文字"文书原件，成功勾勒出信牌"粘连文字"的特征与书式结构。另外，还对宋、金、明、清信牌制度进行了比较研究，探寻了元代信牌制度的渊源、特点及其施行的具体时限、效果、对后世的影响等问题。

第五，勘合文书。此部分首先在驳杂的黑水城文献中，将元代勘合文书的本体正式剥离出来，准确地确定了勘合文书的具体特征，并在黑水城文献中找到了元代勘合文书本体的实物资料。在以上研究基础上，对元代勘合文书的使用流程进行了复原，指出勘合文书的使用存在制作勘合、下发"空半印勘合号簿"到勘合机构、下达勘合使用通知、填写"空半印勘合"并交付使用人、比对勘合并填写"空半印勘合号簿"、完成勘合活动等项步骤，将元代勘合文书的运作实态展现在世人面前。

第六，公文结尾。公文结尾，是公文处理的最后环节，但传世文献往往不予登载，此部分以黑水城文献为中心，对元代公文结尾的特征进行了归纳，对公文结尾所展现的文书运作流程进行了详细解读。指出，根据黑水城元代行政公文结尾中署名人的情况，可将公文结尾分为无人署名、仅有司吏署名、司吏和首领官联合署名等三种类型。以上结尾类型的公文，其发文机构不同、文体有别、行文方向有异。另外，在结合传世文献的基础上，进一步揭橥三种不同的文书运作机制，从而呈现了元代公文运行的一些实态和规律。

三、成果的学术创新、应用价值以及社会影响和效益

1. 学术创新

第一，新材料：本成果运用黑水城文献等材料以研求元代地方行政的诸问题，补前人研究之所缺，发前人研究之未发。本成果主要以考古新材料黑水城文献为研究的切入点，通过引入中国古文书学的成功整理研究经验，在对文书文本进行深入的文献学分析的基础上，开展了文书所见元代地方行政

体制多个侧面问题的历史学探讨和专题研究。与以往学界主要依据传世典籍进行元代地方行政体制研究不同，本研究所利用的黑水城文献、《魏书》纸背文献等，均是未经史官裁切、过滤的第一手官方资料，其保留的大量元代地方行政运行的珍贵信息，多为传世文献所不载，具有重要的补史价值和意义。

第二，新问题：借助新材料探究有关元代地方行政的一系列新问题，对于元代地方行政的拓展研究和系统架构具有重要推动作用，实现了元代公文制度研究的较大突破。其一，在元代地方行政机构、行政制度等的研究上，本研究不仅发现了此前不为人所知的朵思麻宣政院、甘州路录事司等机构，首次使学界认识到了上述机构的设置情况，还依据黑水城文献，进一步探讨了路总管府的内部组织架构，肃政廉访司分司、路总管府、税使司等诸多机构的行政运作机制。另外，对于元代钱粮考较制度、仓库官选任制度、官吏俸禄制度等的研究，则是结合传世文献，探讨了有关制度的特点、施行过程以及变化情况等，其中，本成果使元代钱粮考较制度等得以初次完整地展现在世人面前。上述研究的相关问题，多为学界所未涉及和未关注的内容。其二，由于原始资料的缺乏等原因，当前学界对于元代公文制度的研究还相对滞后，探讨的问题有限。本成果以黑水城元代"付身""札子""解由""信牌""勘合"文书以及公文结尾等为研究对象，不仅确认了有关文书的原件，分析其特征，还对其性质、类型、渊源、书式结构以及运行过程和相关制度的变化情况等进行了探究，大大增进了学界对于元代公文制度的认识，切实推进了元代公文制度研究向纵深发展，实现了元代公文制度研究的较大突破。

第三，新观察：通过动态与静态结合等多重视角，实现了对元代地方行政"活的制度史"的新观察。最近 20 多年来，中国古代政治制度史研究的趋势是关注动态的政治体制与政务运作，即所谓"活的制度史"的研究取径。但此前学界对于元代地方行政的研究，因受传世文献所限，动态的研究并不多见。本成果一方面顺应了当前学术发展的新趋势，着重通过动态的视角，开展对元代肃政廉访司分司录囚、税使司课程起解、广积仓纳粮、司狱司俸禄放支、钱粮考较、站户签补、路总管府政务运作等大量行政活动以及勘合等公文运行流程的动态性探索，使元代地方行政体制跃然纸上，实现了元代制度史的"复活"。另一方面，也注意静态与动态视角的结合研究。探讨元代地方行政机构的设置时间、范围、原则、人员构成、职责，以及行政公文的性质、特点、书式结构等内容，属于静态性的考索。而对元代地方行政机构的运作机制，以及行政制度、行政管理、公文制度的变化、演进与影响等的研究，则属于动态性的探讨。通过动、静结合，以动为主的研究，大大增加了相关问题的研究深度。

2. 应用价值及社会影响和效益

其一，推动元代地方行政体制研究、元代政治史研究的纵深发展。本成果通过中国古文书学与历史学等方法的结合运用，在对黑水城元代行政文书等准确、规范整理的基础上，对相关问题进行了历史学的细致考证及史料背后的史学意义阐发。展现了元代地方行政机构、行政制度、行政管理、公文运行机制等行政体制多个横断面的内容，探讨了此前学界未曾关注的诸多问题，使元代地方行政体制的内涵极大丰富，使元代地方行政体制的运行实态得以再现，切实推动了元代地方行政体制研究、元代政治史研究的深入发展。

其二，填补黑水城文献研究的大量空白，将相关研究推向新的高度。本成果的研究对象黑水城文献等，是我国传统文化遗存的重要宝藏，因此前学界对黑水城元代行政文书的利用既不全面，亦不深入，致使其巨大的文化价值和意义未得到充分的体现。本成果通过对相关文书的全面"打捞"和系统研究，充分发挥其在补史和证史方面的重要价值，使元代地方行政体制问题得到深入探讨的同时，也填补了黑水城文献研究的大量空白，将黑水城文献研究和其所反映的元代地方行政运作研究均推向了新的高度，促进了"西夏学"国际性学科的更大发展，为推动我国传统文化遗产的发掘和利用做出了积极的贡献。

其三，揭示元代地方行政运作规律，对当今多元民族的基层治理具有现实意义。本成果利用黑水城等文献揭示了元代地方行政在机构运转、管理执行、制度运作等方面的方式和规律，总结了多元民族背景下元人在地方行政治理中的有益经验和智慧，为当今基层社会的建设及政务运行提供了新的经验借鉴。

《〈卫拉特法典〉研究》概要

达力扎布*

一、研究的目的、意义及方法

卫拉特，即蒙古语"Oyirad"的译音，意为"林木中的百姓"。"Oy-irad"一词元代汉译为"斡亦剌"，明代译为"瓦剌"，清代译为"卫拉特"，清代亦称之为"厄鲁特"或"额鲁特"。中亚穆斯林称卫拉特为"卡尔梅克"，源于突厥语"留下"，意为留下的，俄国人沿用此称。

卫拉特是我国蒙古族的重要一支。卫拉特人自元代活跃于西北地区，明代脱欢、也先父子执政时期曾一度统一蒙古地区。明末土尔扈特部西迁里海以北的伏尔加河下游游牧。和硕特部顾实汗率军灭康区白利土司和后藏的藏巴汗，控制了整个青海、西藏以及甘肃和云南的藏族地区。绰罗斯部噶尔丹统一留居于原地的各部，于康熙十七年（1678）从五世达赖喇嘛获得"博硕克图汗"号，建立了准噶尔汗国。据有今新疆和中亚部分地区，其领地西至巴尔喀什湖以东、以南一带，北至额尔齐斯河上游鄂木河，东抵阿尔泰、哈密，包括天山南北地区，其游牧中心在伊犁河流域。卫拉特各部的局部统一为清朝大统一奠定了基础。卫拉特人抵御沙俄东侵，为中国西北地区版图的形成做出了贡献。

《卫拉特法典》是卫拉特部制定的多部法典的汇编。1640年，蒙古喀尔喀与卫拉特两部首领共同制定了 yeke čāji，学术界称之为《1640年蒙古—

* 达力扎布，复旦大学教授，博士生导师。

卫拉特大法典》。而现存托忒文抄本中不仅有《1640 年蒙古—卫拉特大法典》，还包括《准噶尔法典》（制定于巴图尔珲台吉时期）、《噶尔丹珲台吉敕令》（制定于 1676—1678 年间）、《敦啰布喇什法典》（制定于 1749—1758 年间），不同抄本所收篇数略有差异。其中除《1640 年蒙古—卫拉特大法典》是由喀尔喀与卫拉特两部首领共同制定外，其余均为准噶尔、土尔扈特两部制定的法典，因此，称之为《卫拉特法典》。

《卫拉特法典》继承了以成吉思汗时期制定的《大札撒》为代表的蒙古法律传统，是 17—19 世纪蒙古法律的典型代表，也是研究 17—19 世纪中期蒙古社会、政治、法律制度和宗教文化的重要资料，对于研究卫拉特蒙古史和整个蒙古历史都具有重要的学术价值。

对《卫拉特法典》的翻译和研究始于 18 世纪 20 年代，至今已近 300 年。《卫拉特法典》先后被译为俄、德、日、英、汉等文字，转写为西里尔蒙古文。

《卫拉特法典》以托忒文本流传于世，使用了 17 世纪蒙古文书面语，其中包含大量宗教和法律术语，亦有卫拉特方言词语，解读其律文需具备较高的语文学、文献学、历史学、宗教学和法学方面的知识，难度很大。俄国、德国、美国和日本学者一直处于领先地位，主导着相关领域的话语权。中国学术界自 20 世纪 70 年代和 80 年代开始奋起直追，将《卫拉特法典》的俄、日、德、英文译本转译为汉文。不过这些译本原有误解和误译之处，再经辗转翻译后又增添了讹误。新近从蒙古文汉译的译本亦存在误解和错讹之处，这些都影响了对律文的正确理解和研究的质量。本成果在吸收前人研究成果的基础上，将《卫拉特法典》直接从托忒文全部汉译，对一些疑难词语做了简要注释，是第一部较为完整可信的汉译本。同时对《卫拉特法典》各篇法规制定的历史背景、原因、内容、施行情况和作用等都做了深入研究，提出了新见解。本成果的出版将会促进卫拉特历史和法律研究的深入，有助于中国法制史的研究，增强中国学术界在该研究领域的话语权。

本成果采用传统历史学、文献学研究方法的同时，在词语解释和法律文化阐释方面吸纳了语文学、民族学和法学方面的一些研究方法。摒弃了以往对这部法规汇编做笼统评述的方式，对各篇法律分别进行研究，分析和研究了各部法规制定的历史背景、目的、内容和特点。通过纵向和横向对比的方法，揭示了卫拉特法律的发展变化及其特点。

二、成果的主要内容和重要观点

1. 主要内容

本成果由研究编和译释编两个部分组成。

研究编从历史学和文献学的角度研究了《卫拉特法典》托忒文汇抄本。经缜密研究指出，所谓《1640 年蒙古—卫拉特大法典》实为《1640 年蒙古—卫拉特大法典》和《准噶尔法典》两部法律的合抄本。并对《1640 年蒙古—卫拉特大法典》、《准噶尔法典》、《噶尔丹珲台吉敕令》（一）（二）和《敦啰布喇什法典》等五部法律制定的历史背景、时间、地点，及其主要内容、刑罚体系、特点等做了深入研究。

第一，对《1640 年蒙古—卫拉特大法典》制定原因及其作用提出了新看法。该法典是在清朝统一漠南蒙古后，与喀尔喀扎萨克图汗部发生严重冲突的情况下，由扎萨克图汗召集喀尔喀和卫拉特各部首领会盟制定的，是有关共同抵御外部入侵的军事同盟条约，共 4 条。本成果首次对法典的施行情况做了系统考察，指出喀尔喀和卫拉特两部自 1640 年制定法典至 1688 年准噶尔与喀尔喀关系破裂前都遵守了该法典，该法典在一定程度上起到了两部联合自卫的作用。揭示了清朝曾试图破坏喀尔喀与卫拉特的军事联盟，采取了拉拢卫拉特、孤立喀尔喀的策略，甚至请求卫拉特各部协助清朝攻打喀尔喀。但是卫拉特各部遵守同盟条约，没有响应清朝的请求。1688 年，喀尔喀和准噶尔之间发生内讧战争，军事同盟破裂。喀尔喀与卫拉特军事同盟的建立与破裂是当时重要的历史事件，反映出了清代统一多民族国家建立的曲折过程。

第二，深入分析《准噶尔法典》的内容，同时与喀尔喀各部法律进行比较，指出这是一部准噶尔法典，不是 1640 年喀尔喀和卫拉特共同制定的《大法典》的一部分。推测其制定时间是在巴图尔珲台吉时期，并指出该法典与成吉思汗《大札撒》、蒙古其他部落制定的法典之间没有直接承袭关系。

第三，指出《噶尔丹珲台吉敕令》是噶尔丹击败其叔父楚琥尔乌巴什台吉、其岳父和硕特部鄂齐尔图车臣汗，统一卫拉特四部之后，为恢复社会秩序而制定的法令。第一道敕令是为结束战后混乱局面，恢复社会秩序颁布的法令，其时间约在 1676 年冬打败鄂齐尔图汗之后。第二道敕令是于 1678 年为准噶尔境内回商和回人制定的法规，其中 nurɣuni zarɣu 一词应指重大诉讼案件，而不是指法庭或法官。准噶尔汗国的审判机构还没有从行政机构中独立出来，örö 指官府，汗庭的印务处，图什墨尔和扎尔扈齐在此机构办理行政事务和审理案件。

第四，指出《敦啰布喇什法典》是在土尔扈特敦啰布喇什汗时期土尔扈特上层为抵制俄国政府从政治上的控制，东正教在精神上的渗透，试图改变诺颜和官吏腐化引起人民不满的状况制定的新法典。土尔扈特统治者试图通过立法严肃宗教戒律，强迫青少年学习蒙古文，保护本民族的宗教文化；整顿吏治，抑制上层诺颜、喇嘛和官吏的骄奢腐败；强化对属民的控制，稳定与周边邻近国家或部落的关系，巩固汗国统治。该法典继承了卫拉特的法律传统，是一部独立的法典。法典中身体刑、羞辱刑增多，出现了罚款处罚，但保留着卫拉特法律传统。土尔扈特汗国的官府扎尔固及各兀鲁思和爱马克下的扎尔固机构兼理政刑，司法机构还没有从行政机构中独立出来。

译释编第一次将《卫拉特法典》从托忒文本全部直接译为汉文。译文充分吸收了国内外学者对《卫拉特法典》词语的研究成果，纠正了原汉译本的一些错误，对一些疑难词语做了简要注释。按照国际学术规范汉译和注释，后附托忒文拉丁字母转写和托忒原文影印件，以及重要词汇索引。对法典条目根据内容重新划分，拟写了条目序号和标题，以便于查核。从托忒文汉译和研究了于 1822—1827 年间在俄国政府主导下制定的《津齐林法规》，指出这是一部未颁行的法典，但是对研究俄国境内卡尔梅克人的社会政治和法律状况有一定价值。

2. 重要观点

（1）指出现存所谓《1640 年蒙古—卫拉特大法典》的抄本是《1640 年蒙古—卫拉特大法典》和《准噶尔法典》的汇抄本。通过对法典内容的分析，与喀尔喀部法律的比较，认为其前 5 条是所谓《1640 年蒙古—卫拉特大法典》，第 6 条及以后的内容属于另一部法典《准噶尔法典》。《准噶尔法典》的制定时间应在巴图尔珲台吉时期，其中包含准噶尔部布拉台什和哈喇忽喇台吉时制定的一些法规条文。此观点颠覆了传统看法，为研究《卫拉特法典》揭示了一个新视角。

（2）指出该《准噶尔法典》是继承古代蒙古法律传统，针对卫拉特部社会需求独立制定的一部法规。在法源上与成吉思汗《大札撒》及明代漠南、漠北蒙古各部制定的法典无直接承袭关系。

（3）指出《噶尔丹珲台吉敕令》（两篇）是噶尔丹珲台吉统一卫拉特四部之后，为结束战后混乱局面、恢复社会秩序分别于 1676 年、1678 年制定和颁布的。

（4）指出《敦啰布喇什法典》是由敦啰布喇什汗主持制定的新法典，意在强化对属民控制，稳定与周邻关系，达到巩固汗国统治、保护本民族宗教文化的目的。

三、成果的学术创新、应用价值以及社会影响和效益

1. 学术创新

（1）本成果通过对法典及相关史料的缜密研究，提出所谓《1640 年蒙古—卫拉特大法典》抄本实为《1640 年蒙古—卫拉特大法典》和《准噶尔法典》两部法律的汇抄本。

（2）研究了《大法典》的效力、施行情况和作用。在详细研究了卫拉特、喀尔喀两部与清朝关系后认为，自 1640 年制定法典到 1688 年喀尔喀与准噶尔关系破裂前《大法典》一直具有法律效力，双方都遵守了军事同盟条约，起到了两部联合自卫的作用。

（3）将《大法典》与成吉思汗《大札撒》和漠南、漠北各部法律进行比较后指出，该法典与《大札撒》和明代漠南、漠北蒙古各部制定的法典没有直接承袭关系，是继承古代蒙古法律传统，针对卫拉特部社会需求独立制定的法规。

（4）从法典内容的考证认为，《准噶尔法典》是在巴图尔珲台吉统治时期（1635—1653）制定的。

（5）从《敦啰布喇什法典》内容揭示了制定法典的原因之一是针对土尔扈特部诺颜和官吏腐化，通过立法整治诺颜的骄奢跋扈，官吏的渎职和腐败堕落。

（6）指出卫拉特的扎尔固是审理诉讼的司法机构，同时也是行政机构，当时司法机构还没有从行政机构中脱离出来，形成独立的机构。土尔扈特东

归后，俄国政府设立由留在俄境的卡尔梅克各部落贵族组成的扎尔固机构，作为审理卡尔梅克人的司法机构，《津齐林法规》是为审理卡尔梅克人案件而制定的法规。

（7）本成果严格按照国际学术规范第一次从托忒文将《卫拉特法典》完整地译为汉文，译文附托忒文拉丁字母转写、托忒原文影印件和重要词汇索引。在汉译中对一些疑难词语，包括佛教用语、蒙古古代法律词语、卫拉特方言词语等做了详细注释，解释其含义，释读法条，纠正了前人许多错误之处，提出了新见解。对律文进行正确的释读和表达是本成果的重要创新点之一。后附本成果译文与现有各种汉译本逐条比勘的"《卫拉特法典》汉译文比勘表"。

2. 应用价值

本成果给学术界提供了一部可信的《卫拉特法典》汉译本，将会有力推进蒙古法律制度和中国法制史研究的深入。此外，本成果对法典中各篇法规制定的历史背景和内容都做了较为深入的研究，归纳和揭示了法典反映的卫拉特政治、法律制度及宗教文化。这对于研究17—19世纪卫拉特社会政治、经济、法律制度和宗教文化，乃至研究蒙古族史和蒙古法律都有重要的价值，对于中国法制史研究亦有重要的价值。

3. 社会影响和效益

本成果作为可靠的史料将会被广泛利用和引述，从而促进蒙古族古代法律和历史研究的深入，在国内外相关领域产生影响，增强中国学术界在这一领域的话语权。《卫拉特法典》的研究和汉译对于深化中国法制史研究有重要的意义，可以丰富中华法律文化内容，有助于维护国家统一和民族团结，增强中华民族共同体意识。

《秦汉海洋文化研究》概要

王子今[*]

一、研究的目的、意义及方法

秦汉时期，大一统政体成立并得以巩固，经济生产得以进步，管理方式逐渐走向成熟，文化形态也呈示新的面貌。秦汉大一统政治格局形成之后，中央执政机构面临的行政任务包括对漫长的海岸的控制，神秘的海域亦为秦始皇、汉武帝等有作为的帝王所关注。出于不同目的的航海行为，体现了中原居民面向海洋的进取精神。在这一时期，海洋资源的开发实现了新的进展，早期海洋学也取得了新的收获。回顾中国古代海洋探索史、海洋开发史和海洋学史，有必要总结和说明秦汉时期的突出进步。

秦汉时期的文化风格，在英雄主义、进取精神、开放胸怀、科学原则等方面体现出积极的时代特色。这些特点，在海洋文化方面均有表现。

秦汉时期海洋文化的面貌，是秦汉史研究值得特别关注的重要对象。国内外涉及这一学术主题的研究成果，包括对秦始皇汉武帝出巡海滨、燕齐海上方士的活动、秦汉沿海区域行政、秦汉滨海文化、秦汉"并海"交通、秦汉海盐生产、秦汉东洋与南洋航运、秦汉海洋渔业、汉代"楼船军"作战等方面的探讨，但是对当时的海洋探索、海洋开发，对当时社会的海洋意识，对这一历史阶段的海洋文化的总体论说，尚未有学术专著问世。

此项研究的目的，是填补这一学术空白，说明秦汉时期海洋文化的风貌

---

[*] 王子今，中国人民大学教授，博士生导师。

与特色，从而深化对秦汉历史的认识，也为考察中国古代海洋开发史进程及海洋学的历史发展提供学术基础。

传世历史文献与考古文物资料相结合的二重证据法，科学考古的发掘收获，出土文字资料如简帛、封泥等，均为研究者采用。研究者亦利用海洋学理论及有关海洋生物学、海洋气候学和海洋航运业、海洋渔业等多方面的技术条件，在某些方面进行了跨学科的综合研究。

二、成果的主要内容和重要观点

海洋，在秦汉人的意识中，是财富资源、交通条件，同时也是未知空间、晦暗世界；是时常发生奇异气象的仙居，同时也往往是显现凶恶情境的险地。海，是政治权力推行其统治效能的极端边缘，也是社会生机蓬勃发育的优越场地。海上航运的发达，海外联系的拓展，海洋文化交流的繁荣，都是秦汉历史文化具有时代特色的最突出的现象。

本成果的主要内容包括：（1）秦汉海洋资源开发；（2）秦汉海洋航运；（3）秦汉沿海区域文化；（4）"海"与秦汉人的世界知识；（5）"海"与秦汉人的神秘信仰；（6）秦汉早期海洋学；（7）秦汉军事史的海上篇章；（8）秦汉社会的海洋情结。并有三篇附论。附论一：伏波将军马援的南国民间形象；附论二："海"和"海子"："北中"语言现象；附论三：中国古代文献记录的南海"泥油"发现。

本成果试图通过多视角、多方位的考察，理解秦汉社会对于海洋的认识层次、开发程度和利用方式，也期望能够就此说明中国古代海洋探索史和古代海洋学史中秦汉人的贡献。

回顾中原人对于世界的知识的积累和更新，应当注意早期"四海"观念。中原地方被看作"四海之内"或说"海内"。在上古社会意识中，中国、中土、中原被视作天下的中心，世界的中心。人们表记中原文化辐射渐弱或未及的远方的地理符号，有所谓"四海"。有关"四海"的意识，对于认识和理解古代中国人的世界观、天下观有学术基础的意义，同时也有益于推进中国古代海洋文化的研究。战国以来，"海内"和"天下"的对应已经成为政治语言的习惯定式。"海内"与"天下"地理称谓的同时通行，可以从一个侧面说明当时中原社会意识中海洋地位有所上升。秦汉时期政论家们的论著中，这一语言习惯依然有明显的表现。如《新书·时变》："威振海内，德从天下。"《淮南子·要略》："天下未定，海内未辑……"《汉书》卷五二《韩安国传》载王恢语，也说："海内为一，天下同任。"《盐铁论·轻重》可见"天下之富，海内之财"，《盐铁论·能言》也以"言满天下，德覆四海"并说。又《盐铁论·世务》写道："诚信著乎天下，醇德流乎四海。"可见当时以大一统理念为基点的政治理想的表达，已经普遍取用涉及海洋的地理概念。成果内容论述了秦汉时期"天下""海内"的对应关系，以为体现了当时社会海洋意识的觉醒。

秦汉文献使用"北边"和"西边"的地理概念。这一地区湖泊池沼称谓"北海"和"西海"的出现和使用，与中原人有关"四海"的观念存在某种内在关联。有关"北海"和"西海"的历史文化信息，可以为历史自然地理、历史人文地理和生态环境史研究提供重要的史料，也有能够说明当时社会对于更广阔世界之认知程度的重要意义。秦汉语言中习惯使用的"北海""翰海""上海"的语义及其悠远的意识渊源，本成果也有所论述。《史记》卷一一○《匈奴列传》有"迁之北海上"，张守节《史记正义》云："北海即上海也。""上海"称谓与以"北"为"上"的方位意识的关系，也是有意义的学术话题。

考察秦汉社会的世界观、天下观以及有关"四海"的知识，自然会涉及"海西"这一空间概念。所谓"海西"应是"西海"之"西"。《史记》卷一二三《大宛列传》："条枝在安息西数千里，临西海。"张守节《史记正义》："《魏略》云大秦在安息、条支西大海之西，故俗谓之海西。""海西"专指"大秦"，见于《后汉书》卷八六《西南夷传》。据《后汉书》卷八八《西域传》，对所谓"乘船直载海西""南乘海，乃通大秦"等知识的关心，以及"班超遣甘英使大秦，抵条支"，且"临大海欲度"的计划，都反映了以海上航行方式联络"海西"远国的意向。"而安息西界船人谓英曰：'海水广大，往来者逢善风三月乃得度，若遇迟风，亦有二岁者。故入海，人皆赍三岁粮。海中善使人思土恋慕，数有死亡者。'"于是，"（甘）英闻之乃止"。对于遥远的"海西"的观察和向往，以及"欲度""乃止"的航海史的永久遗憾，也是丝绸之路史的重要片段。

本成果关于秦始皇"梦与海神战"及汉武帝"会大海气"的解说，结合多种历史迹象，指出在秦汉社会上层对于海洋的重视闪耀着千古光辉。秦始皇陵"水银为海"及"以人鱼膏为烛"，汉景帝阳陵外藏坑出土"海相的螺和蛤"等食品遗存，汉武帝持续的求仙狂热等现象的意义，也因此得到合理说明。本成果亦肯定燕齐海上方士其知识人生的一面包括对海洋学进步的贡献，这一认识也是史学新见。有关"食蛤蜊"与"求神仙"的讨论，不仅涉及海产史、饮食史，也涉及观念史、信仰史。

就"横海""楼船""伏波"的功业，本成果也进行了秦汉海洋军事史的分析。"楼船将军""横海将军""伏波将军"等名号，标志着汉代海上武装列入正规军事序列，并且有重要的表现。其军事行为曾经影响战争形势，甚至主导战事走向。海洋成为进军的交通条件，也成为直接的战场，可以看作军事史与战争史进程中醒目的时代标志。这一历史现象，是以航运能力为基本条件的。

关于《艺文志》"天文"题下的"海中星占"书主题与内容的研究，本成果结合《淮南子》所谓"乘舟而惑者""见斗极则寤"，澄清了关于书题所冠"汉"与"海中"意义的理解，否定了顾炎武"'海中'者，中国也"之说。这样的判断，深化了对于早期海洋学的认识。

史学的海洋视角，以《史记》《汉书》为文献标本，为本成果所重视。本成果利用了文学与史学交叉的研究路径，对班固、徐幹等人汉赋作品中有关"海"的知识进行关注，也获得了新的学术发现。

这一成果对于汉武帝诗歌、东方朔讽喻、《史记》《汉书》历史纪事中海洋元素的发掘和剖析，对于王充《论衡》中海潮"随月盛衰"说、磁学原始与"司南"发明记录、"鲸鱼死""天道自然，非人事也"以及"海内""海外"与"祼海""瀛海"理念的理解与说明，扩展了学术视野，对于学术分析的更新与学术内质的充实，也有积极的意义。

海洋行政史视角的海贼研究，海洋灾害史视角的"海溢"研究，海洋产业史视角的鲍鱼研究，海洋生物史视角的"出大鱼"研究等，均提出了比较新鲜的学术认识，有益于总结秦汉时期海洋意识的普遍提升。

秦汉时"海"与"晦"可以通假。秦封泥有"晦池之印"。"晦"可以读作"海"。"晦池"就是"海池"。由此可以推知，秦宫苑设置"海"的模型的说法是可靠的。从而将这一早期园林史中具有标志性意义的现象的出现年代，从汉武帝时期提前到秦始皇时期。秦仿筑六国宫殿，"每破诸侯，写放其宫室，作之咸阳北阪上"的记载得到考古资料的证实，咸阳原上燕国宫殿遗存也通过与兰池宫的空间位置成为这一认识的助证。"海"之字义，起初与"晦"有某种关联，体现了中原人对遥远的未知世界的特殊心理。《释名·释水》："海，晦也。主承秽浊，其水黑如晦也。"从文字学、音韵学基点出发，本成果对于上古社会"海""蒙蒙然也"，即汤加人类学家豪·欧法·埃皮利（Hau Ofi Efeli）《我们的岛之海》中所谓"大海，事实上是一种荒蛮的混沌和无序状态……"的感觉，进行了必要的说明。

本成果重视技术层面的历史观察。例如对秦始皇陵地宫"以水银为百川江河大海，机相灌输"的考察，联系秦宫苑中"海池"的存在进行了相关分析。也注意到陵墓地宫设计使用水银的方式，较早见于沿海国家齐国和吴国的丧葬史料。丧葬使用水银，据说有利于尸身防腐。以当时人对于水银化学特性的认识而言，不会不注意到汞中毒的现象，而利用水银的这一特性防盗，是很自然的。"水银为海"还与神仙追求有关，本成果以为更应当重视的，是在秦汉人的意识中，"海"不仅是"僊人"所居，"奇药"所在，其神秘境界也被理解为体现政治气运的符命祥瑞。综合多种现象可以推知，这一设计有以"海"的模型作为"天下"象征的出发点。

对于"泥油"的技术史讨论，指出对"海底"的早期关注可以追溯至秦汉时期。这涉及早期海洋地质学知识的发现和理解，也是学术创新。

本成果涉及海上丝绸之路史研究，对于这条海路文化交流史的认真的学术考察，有益于现今开发、维护及延伸海上丝路。可以为尽可能地增益其经济效用和文化效用，提供历史启示。

三、成果的学术创新、应用价值以及社会影响和效益

近年来，海疆问题、海权问题以及海洋资源开发问题受到学界普遍的关注。对于中国古代海洋史研究的学术进步，秦汉这一重要历史阶段的考察意义非常重要。本成果初步考察并大略总结了秦汉时期海洋探索的努力以及早期海洋学成就。所提供的研究心得，解决了若干学术问题。本成果作为第一部研究秦汉时期与海洋相关的历史文化问题的学术专著，在多方面实现了学术推进，在某种意义上具有填补学术空白的意义。

　　本成果从政治史、经济史、文化史、社会生活史等不同视角对秦汉时期与海洋相关的诸多文化现象进行了考察、分析与说明。对于秦汉史研究的学术发展，有积极的推进作用。对于中国古代海洋史研究的某些学术主题，也有初步探索与基础考察的意义。

　　本项研究的前期成果和阶段性成果包括学术专著 1 部，学术论文 48 篇。有些成果经过学界的学术检验，获得了肯定的评价。其中 1 篇为《新华文摘》转载，3 篇分别为中国人民大学复印报刊资料《经济史》《先秦、秦汉史》《宋辽金元史》转载，1 篇为《中国社会科学文摘》摘转，1 篇为《高等学校文科学术文摘》摘转，1 篇为《历史学文摘》摘转，1 篇为《历史与社会（文摘）》摘转，2 篇为《文摘报》"论点短辑"摘介。48 篇论文中 8 篇发表于以书代刊载体，知网未收录。其余 40 篇据知网统计，引用数合计 196 次，下载数合计 12 918 次。

《秦简所见地方行政制度研究》概要

沈　刚*

一、研究的目的、意义及方法

1. 研究目的

本成果利用出土秦简牍文献还原秦统治地方社会的手段，从地方行政视角观察秦统一国家的形成、运转，为认识中国传统国家与社会关系提供参考。从技术层面探讨秦代地方政权运行的机制，了解秦王朝对地方进行统治的细节。拼合出秦代历史的一个方面，利用新史料重构传世文献失载的历史图景。

2. 研究意义

本成果是第一部以新史料为主要材料来源的秦史研究著作，也是第一部秦代地方行政制度专史。秦制对此后二千年历史发展有制度奠基的意义，而以县为中心的地方行政制度更是其中的关键内容，对于理解秦制乃至古代中国两千年行政体制及政治都有极为重要的意义。具体说来表现在：（1）本成果以出土的秦法律和行政档案简牍为中心，补充了秦统一前后地方行政制度以及国家与社会关系的新知识，为全面观察、了解秦汉社会提供帮助。同时这项工作将新出史料提供的地方行政制度史内容提取出来，解读其蕴含的史学信息，并进行了系统的研究，推进了秦汉制度史研究，丰富了秦汉历史的认识。（2）为理解中国早期集权体制的特色提供帮助。本成果从具体行政技

＊　沈刚，吉林大学教授，博士生导师。

术角度，来观察中国早期帝制国家在树立中央威权，维护国家统一方面所做的努力，进而深入了解中国古代制度文明的一些特点。

3. 研究方法

本成果除了遵循史料考辨、无征不信等历史学研究的一般规则，在研究方法上还有这样两个特色：一是将简牍资料应用于历史研究，注意与传世文献互证，将论题放诸传世文献构筑的史实中，补正已有的历史知识；二是将秦简牍所反映的地方行政制度与汉代，甚至以后时代制度进行对比，从一个较长的历史时段观察这些制度的衍生与流变，以此凸显秦代地方行政制度的特点。

二、成果的主要内容和重要观点

1. 主要内容

战国以来，中国政治体制发生了根本转折，废分封而行郡县，地方行政体制呈现出不同的面貌，因而随之产生了一套相应的行政管理制度。秦之统一，既是疆域的统一，同时也是辽阔疆土上的制度统一。随着秦代简牍的公布，特别是21世纪以来秦简发现、公布数量的剧增，为专门讨论秦地方行政制度提供了可能。与地方行政制度相关的简牍有两大类：一类是以睡虎地秦简、岳麓书院藏秦简为代表的法律文书；一类是以里耶秦简为主的县级行政档案文书。前者是制度规定，后者是制度的具体应用，二者互相补充印证，可从不同角度认识秦代地方行政制度。本成果即以秦简作为主要材料来源，探讨秦代地方行政制度，特别是县一级的行政制度。根据简牍资料的特点，按照地方行政制度研究的内在理路，从职官制度、行政运作机制、行政制度的具体应用等三个方面展开讨论，其内容具体如下：

（1）职官与吏员。

官制是传统制度史研究的基础和重心，因此我们首先从出土文献所见秦代县级职官入手，着重观察这一时期职官制度所表现出的特殊性。秦县级政权长吏是令、丞、尉。令与丞共同管理县中行政与社会事务。县令是一县之主官，拥有决策权，是与县外机构交往的代表。县丞具体处理县中各种庶务。尉尚未取得与令、丞平等的地位，仅高于官啬夫。到了汉代，县尉的地位逐渐与丞平等。县尉主管着由亭长、士吏，甚至狱史、发弩等吏员组成的武职系统，上接郡尉。县尉的武职职能包括负责地方社会的治安、征发戍卒和对本地屯戍者进行管理两个方面，此外还有对部分人口的管理职能。地方设有专门的武职官吏体系是秦人重视耕战的反映。

在县级官吏中，从丞到各类啬夫，出现了频次很高的"守"吏，甚至超过了真官数量。不过，至少从秦县级机构的情况看，这些守吏和官吏铨选并无关系。他们任职没有连续性，且与对应的正式官吏并存，未表现出制度化的迁选特征。使用"守"吏临时代理真官的职责，是为了保证政府日常行政有效运转而实行的权宜之计。负责具体事务的啬夫，其守官均采用"机构＋守"的形式。汉代低级吏员之"守"多为守缺，或源于秦制。与"守"相关，在秦简中还出现了"假"，两者的区别是守为"守机构"，假为"假职官"，并且假官有变成真官的可能。汉代表示非真官的"守""假""行"等含义较之秦代发生了很大变化。

里耶秦简"迁陵吏志"的记载表明，秦代县级机构正式编制的吏员包括令史、官啬夫、校长、官佐、牢监、长吏等，界限明确而稳定。从不同出土批次的秦简看，地方官吏选拔有一以贯之的标准。进入行政系统前，首先需要在学官学习为官的基本知识素养。秦代在地方官吏选任方面有着统一的标准：一是劳绩，即任职时间；二是包括贡献与行政素养的任职履历；三是年龄因素，以保证所选之人有能力完成行政工作；四是"清洁敦悫"的个人道德素养和"心平端礼"的行政素养等几方面。选任程序是先由县令、丞等长吏保举，向郡中申请，县尉最终履行置吏权。秦代国家对保举这一环节非常重视，保举人负有连坐责任，并向官吏灌输"举吏审当"这一理念。因为受到新征服地区可控制人口数量少、各地文化差异大等客观条件限制，地方政府职位缺额严重，甚至影响到了正常行政工作。故不得不降低地方官吏选拔标准，因病免职或因谪罪废免的官员可以重新任职于新征服地区，选官规定未达到应有的效果。但这一时期选官方式也有合理性的一面，被其后汉朝继承并加以改善。比如按功劳升迁是基层吏员上升的主要通道；选任标准中不易操作的"德"不放在量化标准中，仅注重其行政能力等。

地方政府在正式职官之外，还有一些为行政运转服务的冗员，包括冗吏、吏仆与吏养。冗吏是政府编制外负责庶务的人员。有的来源于贬谪的官吏，非籍属于当地，用于充实新地。他们主要承担"史"和"佐"两种工作，是政府吏员的必要补充。这种编外冗员在汉代地方政府中大量存在着，或许是东汉以后役吏的渊源之一。吏仆与吏养分别指驾车和炊事人员，来源于徒隶，特殊情况下会偶有戍卒充任。各行政机构以长官级别为标准，配置了数额不等的吏仆与吏养。国家通过廪衣食等制度对其加以控制，具体归仓管理。他们不能为私人雇用，从事公务活动以外的劳务。在汉代，吏仆与吏养的工作被小吏或从者与私从者承担。他们为官吏和官府提供的服务也是保障行政运转不可或缺的方面。

（2）行政运作与文书制度。

秦代国家建立起一套与周制不同的统治制度，但制度建设并不能与现实社会发展完全同步，甚至滞后于社会发展。在秦统一进程加快的同时，其官僚队伍和行政体系的建设却跟不上统一步伐。行政技术手段滞后，客观上造成中央政令在地方推行出现障碍，中央的法律规定在基层社会的吏员和百姓两方面并未显示出其应有的权威。同时，在辽阔的疆土上，统治者直接面对基层社会，对其控制也显得力不从心。观念和信仰方面所具有的弹性，使中央威权面临更为棘手的挑战。因而在科层式的行政架构之外，秦中央更注意树立自己的权威，采取了一些具体的措施：一是在意识形态上建立起独尊的地位，主要通过排挤其他祭祀信仰活动、对王室祠给予特别的保护，以及要求地方官员对王室宗庙进行定期巡视维护，以突出王室祠的方式来表达中央威权。在中央权力尚未完全实现对地方社会有效控制之时，国家主导的精神信仰借助了传统祭祀外壳，使社会民众从思想上尊重中央的权威。二是从技术角度对地方行政机构和官僚进行指导，比如划定郡县边界，定期校对法律法规等，使后者在行政实践中有据可循，便于操作，因而也就提高了地方机构的行政效率。中央政权甚至还直接插手地方行政事务。在日常政治生活中，中央事务表现出优先权。三是直接塑造基层社会面貌，按照理想模式改造着人们的日常生活，国家秩序优先，使民众在日常生活中时时感受到国家的存在。

郡作为县的上级机构，它对县的管辖内容主要是汇总所辖县道的各类数据，作为上计基础；针对疑难案件做出裁决，以及对司法、监狱管理和刑徒分配等事务提供帮助。郡可以在国家法律的基础上制定出特定的地方法规，下发给属县，在具体的技术层面给县提供帮助，对属地行政业务给予指导。

郡管理县的途径主要是通过定期的期会这一惯常制度，及时、准确地掌握辖境内的物产资源数据，必要时派遣郡府属吏卒史等监督执行。县在一些方面还有自主发挥的空间：作为行政单位单独与外郡县交往的权力；部分特殊物资，县无须经过郡，直接向外转输，送到中央等。总体说来，郡对县级机构事务的管理还是侧重于利用文书、文告等文本手段。此时县是地方行政的中心，郡更多地承担起连接中央和县的中介的角色。郡县间这种关系和春秋战国以来郡县形成机制有关，县的形成比较早，并且其形成之初就是以行政职能为核心。郡最初是以军事职能为主，在转变成行政机构时，还有不完善的地方。同时也与县为地方的经济单元有一定关系。

　　乡是县级机构的延伸，直接面对民众，设置了乡啬夫、乡佐和乡史等乡吏。秦更强调对基层社会的管束而非教化，因而乡的职责主要表现在征敛赋役，对本地人口增减与逃亡人口在内的人口和民户进行管理，参与基层司法与治安活动等。县对乡实行管理，依据行政事务不同，主要通过两条途径实现：其一，常规性的日常公务，由归口的相关列曹来处理；其二，对于临时事务，则通过指令的方式要求乡执行。乡有协助都官管理离官的义务。作为直接面向地方社会的行政组织，乡在国家统治体系中的地位可以从两个方面来说明：一是通过"里"来获取基层民众的信息，并以此敛取各种社会资源，是中央向地方渗透的据点，构成秦代国家统治的基础。二是从地方行政制度来看，"乡"是联系地方统治重心"县"和基层社会"里"之间、官民之间的纽带。

　　数量庞大的刑徒和各种戍役者提供的力役是秦代国家机器运转的物质基础，口粮供给是控制这些劳动力的重要手段之一。为此秦代法律针对不同身份、性别、年龄的刑徒和戍役者的粮食供应，有一套严格的数字化规定。一般来说是按月定额配给，也有临时调拨口粮。在实践中制定了严格的流程，有固定组合的出廪与监督吏员。仓啬夫、仓佐或仓史、廪人分别负责出纳、记录、支出等工作。县廷派令史监督。一些相关机构和属乡职官亦间或出现在粮仓支出的场合。廪给对象包括官吏、需要以劳作或徭役形式来补偿政府的罚戍、居赀、冗作，以及屯戍、更卒等服役者。制定廪给制度的目的是为了保障国有粮食不致流失。更重要的是，在农业社会里，通过掌握基本生存资源来控制臣民，是保障国家机器正常运转的一种手段。

秦代地方行政机构间通过"应令""应书""谒告"等形式，保证行政信息畅达。谒告主要发生在县与县之间，是两个同级机构间的文书往来。谒令为下属机构请求上级命令某机构做某事，需要得到回复结果。应令与应书是上级机构依据律令或临时指令等要求下级必须回复的文件。这些文书的共同特点是注意文书发出后的反应和回复，是保障政令畅通的强制性要求。

地方官吏徭使出差也是其日常行政工作之一。秦律对徭使走行时间、食宿皆有明确的规定。徭使用以处理文书行政无法解决的具体问题，如校勘律令、地图，处理刑狱等。它弥补了文书行政的不足，是秦代国家行政不可或缺的环节。徭使的目的地以郡内和咸阳为主，兼顾了行政效率和展示中央威权两个方面。徭使既有日常行政运转的刚性需要，也有集权体制显示威权的意愿。

文书是秦汉时期传达信息的基本手段。为了保障准确地交流信息，秦代国家对简牍规格、样式、书写格式、封缄、传行时间做出了细致的规定，并以相应的法令做保障。政府既对日常文书书写等进行督责，也从技术角度提供切实的帮助。

文书处理周期也能反映出地方政府的行政效率。从迁陵县的例子看，以县为中心，县内机构之间文书处理速度最快，郡内次之，而与外郡县之间的文书处理周期最长。按照规定，需要向上级呈送的周期性文书通常能够得到及时处理。需要调查、相机处理的事务则具有很大的弹性，因而其文书处理周期也长短不一，通常不会实时回复。这不仅有距离远近，需要处理事务内容缓急的因素，也和文书处理者的主观心态有关。尽管在法律和制度方面做了种种努力，但在执行过程中表现出不尽如人意的一面。里耶秦简中的文书包括徒簿、收入账簿、课与计文书、户籍类文书等簿籍，也包括往来的文书存档。文书归档流程为先对处理完毕的各类公文信息进行整理、归并，以曹为单位、以类为中心、按一定时段存放到特定的筐中，归档周期没有规律，这与存储方式有关。

（3）行政与社会事务管理。

秦代国家通过行政系统实现对社会资源，主要是人力和财物的敛取。对人力资源的控制表现在两个方面：其一是控制庞杂的劳动力资源。首先建立起比较成熟的户籍制度，这是掌握人口数据的基础。在里的占录基础上，乡级政权负责户口的登记和初步分类。和后来的户籍文书相比，秦户籍统计更重视爵位、以丁中为标准书写人口，这也是时代特征的反映。秦还以国别将不同地区的人口身份区分为秦人与他邦人，后者可以向前者转化。在法律上国家对其关注程度不同。这种以故国区分身份，是秦国在施政过程中一直要强调秦本位，对他国人有防范心理这一现实的政治考量使然。春秋以来的地域观念也是值得注意的一个原因。

　　秦代的身份制度复杂，因此本成果重点探讨了两个重要群体，即刑徒和戍役者。里耶秦简中的徒簿，授予方包括负责刑徒日常管理的仓和司空。前者管理隶臣妾，后者负责隶臣妾以外的其他刑徒。接收方的徒簿有诸官和属乡。刑徒承担各种力役，有严密的日常管理程序。秦代对于刑徒的管理是，国家负责制定法律，确定一般原则；郡负责对相关问题的裁决；县则对刑徒劳作进行统计、监督；而具体执行机构主要是司空和仓，以及接收刑徒的各部门和属乡。秦的徭役体系颇为复杂，既有普遍徭役制度下的更戍，也有惩罚性徭役的谪戍、罚戍与赀戍，甚至还有赎身的冗戍。不同身份及其与国家关系的差异，导致在日常口粮廪给形式、待遇、服役期限等方面，也表现出很大的不同。惩罚性徭役自己负责口粮，服役期限也有差异，可能最多以四年为限。屯戍和刑徒由政府供给口粮，更戍较为复杂。

　　秦代地方行政制度中有一些经济收入方面的规定。县中设有金布和少内这类专门的列曹与诸官，分别负责财政考课和财物管理。少内还担负起部分组织生产的职能。此外，县令和县丞也参与其间。财政收入来源多样，包括租赋、经营、罚没收入等。县级财政是国家财政的一个环节，除留下本县行政正常运转、军功购赏、市场采购，以及临时性支出等必要用度之外，租赋、军资等都要流向中央，形成集权的经济基础。秦代国家也在法律上给予保障。县级政权对经济管理辅之以"计""课"等考核制度。"计"是对现有国家资财的静态总结与统计，其对象是国家机构；"课"则是对国有资财增减情况的动态记录和监督，其问责对象是具体的职官和实际责任人。"课"的时间、式样皆有要求。秦代"课""计"分离模式与中央和郡县关系特点密切相关。汉代则规范为两级计制，并辅之以完备的监察制度，上计内容也有简化。秦代国家要求地方以"求羽"或"捕羽"等方式贡献战略物资，它兼有军赋和贡赋两种特质，直接流向中央。此外，地方还要向中央贡献其他特产，且已呈现制度化的迹象。政府直接控制的土地称为公田或官田，地方公田是随着郡县制在全国的推行而同时设置的。权属国家的公田，政府除了直接派员管理，将其收获物用于维持各机构的运转外，有时也将这些土地转给私人耕作。县中公田设有田官，利用刑徒和戍卒等国家控制的劳动力来耕种。公田收入也是政府财政的重要来源之一。

国家在社会管理活动中也发挥着作用。秦时市场土地所有权归属国家，国家拥有出让、分配、规划的权力，并制定收受规则。政府通过市亭管理市场。商户从政府手中接受土地，拥有赠予等部分处置权。市场以市租形式为政府提供稳定的租税收入，官府还通过出售剩余物品，直接参与到商品买卖。另外，国家除了从信仰角度树立起中央威权外，也将祠祀先农等民间信仰活动纳入国家的信仰管理体系当中，使之成为整齐民间风俗的一部分。

2. 重要观点

通过以上的研究，我们形成如下的认识：

秦代已经构建起集权体制所必需的地方行政制度框架。在信息传递的技术手段方面，已经有了整齐划一、流程完备的文书制度，也有书面信息无法覆盖、需要当面交流的官吏徭使制度。这些为政令准确、高效的上传下达建立起通道。通过户籍制度完成了对人口的掌握，设计了繁复的身份与等级，不同身份和等级的人具有相应的权利和义务，形成对劳动力资源的敛取。利用"课""计"等考核统计制度以及形式不同的政务知晓方式，形成对地方政府机构的约束与监督机制。完整的征税体系以及地方诸官在农业、畜牧业、商业等领域的经营性收入，为秦代国家提供了经济来源。在地方行政、经济以及社会管理等方面，这些由国家制定的法律规定，成为集权国家运转的基础。

在传统制度史中，常秦汉并称，将秦汉制度作为一个整体来认识，这种情况直到秦简的出土才得以改观，也使得将秦地方行政制度作为一个独立研究对象成为可能。从秦简提供的信息看，当时地方行政制度有这样一些特点：一是对社会的控制更偏重技术手段。律令中虽然也有关于慈孝等道德教化的内容，但在现实行政过程中更讲求功利化的操作手段，缺少为适应社会复杂情况应该表现出来的弹性。二是制度规定与现实之间存在着差距。秦简律令和文书档案简牍比对看，日常行政实践固然要依法而行，但在具体操作过程中还未达到立法的初衷。其中有制度设计落后于客观形势变化的因素，也有集权体制初建时在统治技术上的局限。三是中央对地方行政干预较多，有时甚至直接插手地方行政中一些重要的事务。这反映出秦要实现对地方社会的彻底掌控、完成集权的急切心理。在中央和地方关系中，保持中央优先原则，树立起中央的威权。总之，秦制初行，国家对于新设计的一套制度过于理想化，形成了路径依赖，试图将复杂的地方社会纳入整齐划一的既定秩序中，因而也就显示出新制度力不从心的一面。

将秦和其后的汉制比较，可以发现两个问题：一是秦制有不同于汉制的特点。以县级职官制度为例，县中三位主官令、丞、尉地位并不平等，特别是尉低于令、丞，并具有一些特殊性，也存在如"守"吏这样与汉代官制名同而实异的官制术语。二是汉对地方统治的基本形式沿用了秦制。除了职官、机构外，在一些技术手段方面也是如此。比如在官府正式吏员外设置冗员作为补充的做法为汉代所采用，虽然其身份有了一些变化。又如在地方官吏选任方面，汉代也同样强调积功升迁、个人能力等，但是经过改进，取消了"德"这种软指标，这对于选拔地方官吏变得更易于操作。汉代地方行政制度发生的这些变化，不仅是汉代对秦代制度的调整和完善，而且与客观形势的转变有关。例如郡与县的关系方面，秦简显示的是县为地方行政重心，到了汉代转移到郡中。中央也不再绕过郡直接干预县的政务，中央、郡、县之间变成森严的层级隶属关系。这些正是所谓汉承秦制的具体表现。

三、成果的学术创新和应用价值

1. 学术创新

本成果以近年公布的里耶秦简为主的县级行政档案和岳麓书院藏秦简为主的律令文书作为研究基础，旁及其他出土资料。这些材料前所未见，以此得出的成果，一定程度上复原出秦代地方行政制度的基本面貌，这是本成果与先前秦代地方行政制度研究工作的主要区别之一。同样因为所使用史料来源的差异，本成果注重从具体行政运作细节的角度来观察秦代国家对地方社会进行统治的方法、手段，改变了以往研究中受材料限制而导致的以价值判断为主的研究取向。在史料处理方面，不同于对新史料的研究成果多偏重于具体史料考证，而是努力发掘简牍资料蕴含的历史信息，发挥了新史料的史学功用。本成果通过对秦统一前后地方行政制度构建、运作的研究，展现了中国古代帝制形成初期基层社会统治方式，提供了从分封体制向郡县体制转换时在地方行政方面表现出的新特点。

2. 应用价值

（1）本成果以出土秦简牍材料为主，兼顾传世文献作为史料基础，尽可能还原秦代地方行政制度中不被了解的一些技术细节。为观察秦代地方行政制度提供了更全面的史实基础，一定程度上复原出秦代地方行政制度的基本面貌，把秦代行政制度研究的工作向前推进了一步。为传统秦汉历史研究论题提供了新的解释可能，丰富了秦汉史，特别是秦汉制度史的研究。

（2）为理解中国早期集权体制的特点提供帮助。在宏观大势视角之外，从地方政权，特别是县级机构日常行政的角度来更具体、深刻地认识秦亡汉兴和汉承秦制的内涵。深化了秦代地方行政制度的研究，揭示了若干以往认识比较模糊之处，具有一定的学术价值，也对认识中国古代中央集权统治方式与理论问题提供了有益的参考。本成果为探讨中国古代国家集权存续时间悠久的原因，从一个角度提供了讨论的史实基础。

（3）目前还有多批次已经发现且待公布的秦汉简牍材料，本成果所取得的一些认识，能在一定程度上为今后这些简牍的整理和研究提供参考。

《中国古代乡里制度研究》概要

鲁西奇[*]

一、研究的目的、意义及方法

传统中国是一个农业大国，农业经济是主导性的经济形态，农民占据全部人口的绝大部分，而农村社会的特质与发展方向在很大程度上决定了传统中国社会的基本性质与发展方向。新中国成立以来，特别是改革开放以来，中国农村、农业与农民均发生了翻天覆地的变化，具有中国特色的社会主义新农村正在逐步形成；可是，在这一过程中，"三农"问题也日益突出。近年来，中央提出乡村振兴计划，力图加快农村建设，推进农业经济发展，提高农民生活水平。为此，必须切实了解中国农村的过去与现在。

中国农业发展史、农业经济史、乡村社会史的研究，历来受到很大关注，并已取得诸多研究成果。可是，学术界较少将中国历史上的农民、农业与农村作为一个整体予以系统考察，而往往是分门别类、分时段地加以专门研究，或因为此故，迄今未见有系统的中国乡村史著作。

中国乡村史研究，应当包括历史村落地理、乡村制度史与农民社会史三个方面。历史村落地理主要考察村落的形成、空间位置及其形态的变化，乡村住宅形式及其变化，分析乡村民众与其生存环境之间的关系。乡村制度史主要考察中国的乡里制度及其演变，以及乡村社会内在的、自生的各种社会组织及其机制、作用，分析乡里制度与乡村自治制度之间的关系。农民社会

史则主要研究各个历史时期农民的身份界定与认同、农民间的交往方式及其变化，以农民为主体形成的社会组织（类型与演变），分析农民与国家之间的关系。

本成果就是乡村制度史中的乡里制度史研究。

关于中国古代乡里制度的研究，主要有三种理路：一是立足于政治学立场，从政治控制、行政管理的角度，考察王朝国家对于乡村地区的控制手段、管理方式及其具体运行，控制与管理的效果，以及乡里制度在统治制度中的地位与作用。萧公权《中国乡村：论 19 世纪的帝国控制》与赵秀玲《中国乡里制度》是这一理路下的代表性作品。二是站在社会学或人类学的立场上，从社会组织、社会秩序、社会性质的角度出发，考察王朝国家的乡里制度在乡村地区的实行，及其与乡村社会组织、社会秩序之间的关系。日本学者关于"村落共同体"的讨论（如松本善海《中国村落制度の史的研究》、旗田巍《中国村落と共同体理論》等），近年来中外学者关于乡村"代理人"、明清里甲赋役制度与宗族建构的研究（以黄宗智、杜赞奇、科大卫、刘志伟、郑振满等为代表），均可归入此一理路之下。三是立足于历史学研究的基本路径，考察历代乡里制度的制定及其相关规定，或者就律令规章、文书档案及碑传等相关材料，考述乡里制度的具体规定、实施过程（如严耕望《中国地方行政制度史》的相关内容）；或者将制度史与社会史研究相结合，考察乡里制度在乡村地区具体实行过程及其社会史意义（以邢义田、侯旭东、包伟民等为代表）。

立足于历史学的实证研究，乃是政治学、社会学（或社会史）视野下的乡里制度研究的基础。因此，本成果首先并主要是从历史学立场出发的，也试图学习并吸纳政治学与社会学的一些研究理路，努力将乡里制度置入王朝国家的统治理念、制度体系以及区域性的政治经济与社会文化背景中加以考察。具体地说，本成果的研究理路，在传统的历史学实证研究基础之上，主要着意于以下三个方面：

第一，不同王朝、不同时段及在不同地区实行的乡里制度，是由具体的人或群体提出、设计出来的，而他们既有自身的政治理念，对于其所处的政治经济与社会文化环境又有特定的认识。因此，乡里制度乃是一种"有思想（理论）的制度"，是统治理念、现实认知以及理想预设在制度层面上的体现。本成果力图将制度史与思想史结合起来，着意于揭示乡里制度的历史文化背景或思想理论基础。

第二，在王朝国家的诸种基本统治制度中，乡里制度的地方差异性表现得最为突出。以往历史学领域的相关研究，重点放在制度规定的考订方面，并预设此种制度规定将统一地推行到全国各地。本成果，则把重点放在乡里制度的实行过程，特别是在实行过程中所表现出来的区域性差异方面。在弄清乡里制度实行的地方差异的基础上，再讨论其在全国范围内的统一性。

第三，乡里制度规范或强化乡村社会的阶层结构。本成果着意于揭示乡里制度的社会意义，试图借此考察乡村民众身份的获取、界定与认同，进而通过乡里制度，分析乡村民众与王朝国家间的关系。

二、成果的主要内容和重要观点

本成果系统考察秦汉至明清时期中国古代王朝国家控制乡村的基本制度——乡里制度，在前人研究基础上，考证历代乡里制度的相关规定、内涵及其变化（"制度"），分析不同时期乡里制度在不同地区实行的历史过程及其区域性差异（"实行过程"与"区域差异"），探究乡里制度形成、演变的经济社会、政治文化背景及思想理论基础（"根源"），及其实行给不同地区的经济社会与政治文化所带来的不同后果或影响（"意义"），进一步认识乡里制度在中国古代统治制度与社会体系中的地位与作用（"实质"）。

本成果包括六章与绪论、结语，共 71 万字。

绪论，"中国古代乡里制度及其研究理路"。首先指出田制、户籍、乡里制度，乃是构成王朝国家控制乡村的三个支柱。其中，户籍与乡里制度更为紧密地联系在一起，是王朝国家实现其乡村控制的根本性制度保障。然后，通过对乡村制度、乡村控制制度、乡里制度等概念的辨析，对乡里制度做出界定：乡里制度乃是由"乡""里""邻"构成的乡村控制制度，是王朝国家立足于统治需要建立的、县级政权以下的、直接或间接地控制乡村民户与地域以最大程度地获取人力与物力资源、建立并维护乡村社会秩序的控制制度，是王朝国家诸种统治制度的组成部分。最后，分析学术界有关中国古代乡里制度研究的主要理路与方法，明晰本成果所要研究的问题与研究理路和方法。

　　第一章，"《周礼》乡里制度的源流与实质"。核心内容是关于《周礼》乡里制和春秋战国时期齐国、楚国乡里控制制度的考索。主要认识是：（1）西周时期，闾、里、邑、族是基本的居民编组单位和控制管理单元，其中闾用以编排"国人"，里用以编排"野人"，而郊中的甸人则大抵以邑为编排单位。闾、里、邑在本质上都是居住单元：闾是较大聚落（国、都）内部有规划地分划而成的居住区，里则用以指称四周有垣墙围绕、附带有田地的聚落，邑系围垣聚落的通称。族的本义是聚合起来的人群，一族或包括若干闾、里；若干邑也可能联合起来，形成五邑、十邑之类的地域联合体。国、野二元体制与以聚落或居住区为基础编排城乡居民，乃是《周礼》乡里制的核心，也是西周时期乡里控制制度的根本；而以聚落或居住区分划为基础的里、邑、闾，以及包括若干聚落的地域性联合，乃是西周时期社会控制的真实形态。中国古代早期社会组织的基本形态，是以聚落或居住单位为基础的。地缘关系乃是古代早期中国社会组织与国家控制的基础，而血缘关系则更主要地表现为一种政治原则和文化表达。（2）西周时期，齐国遵循周制，以国、野二元体制作为基本统治制度，"参其国而伍其鄙"，即将"国人"区分为三部，而将其所统治的土著人群按地域划分为五个区。齐桓、管仲改革，重整国、鄙二元体制：在国中实行兵农合一制；在鄙中实行军、民分治之制。无论国、鄙，其乡里控制体系，皆由伍或轨（五家）、里或邑（三十家、五十家或百家）、乡（二百五十家或五百家）三级组成。金文所见春秋晚期齐国的乡里控制制度，当是邑（乡）—里二级制。陶文所见战国时期齐国的城乡控制体系，在临淄城中实行闾—里制，在乡村地区则实行卒—乡—里制，其控制结构与春秋时期大致相同，只是在乡（邑）之上增加了卒（又分置左右敔）。委派立事分治临淄城内外各区（闾），以及在乡之上设立卒，说明齐君强化了对城乡社会的直接控制，而贵族在城乡社会中的控制力与影响力则受到削弱。（3）春秋中期，楚国根据周制的基本原则，建立楚地的乡里控制体系，在封君、县或其他同级行政单位之下，直接统辖里、邑、州等基层单位。其中里、邑皆当以自然聚落为基础编排，户口规模应当在二三十家至五十家上下；州则是从事矿冶、手工业生产以及从事特殊行业的户口的编组单位。里、州（以及市）、邑乃是管理不同户口的基层管理单位。里、州一般直属于封君或县，而邑之上则或有域、敔，属于国家控制的地域性治安司法机构。

　　第二章，"秦汉乡里制度及其实行"。在前人研究基础上，细致分析新出材料，对已有成说做出仔细辨析，形成一些新的认识：（1）秦国时的亭乃是市政管理机构，一个都邑置一个亭；秦始皇时代，亭渐增置，一城或有数亭，乡廷所在地及交通路线所经的重要地点亦置有亭。秦国早期的乡是比都、邑规模小的聚落，后以此种聚落为中心，形成乡村地域行政管理单元；乡廷有固定治所，掌管本乡户口赋役籍帐，审理一般性诉讼案件。秦国早期的里是指较小的聚落或都邑内分划的居住区，后演化为基层行政管理单位；秦里以三十户为规制，各置有典、老。伍是户籍编制的基本单位，秦国当推行严格的什伍互保连坐之法。（2）乡里制度以及与之相配合的户籍制度，乃是秦帝国控制其统治区域的基本制度。秦于公元前 278 年占领故楚国鄢郢腹心地区之后，全力推行秦式乡里制度，使故楚腹心地带的楚人"秦人化"，将之改造为"新秦民"。秦灭楚据有楚"东国"故地之后，也全力推行秦式的乡里制度，却因此而遽然打乱各地原有的乡里组织与秩序，又兼以大规模地移民，使天下骚然，黔首不安，引发楚人的全面反抗，故秦人在楚东国故地实并未建立起秦式乡里制度体系。（3）汉代乡廷有固定治所，乡啬夫或有秩常驻于乡廷治事。乡司得审理普通民事诉讼案件。游徼当按部（分地域）设置，并非按乡设置，亦非乡啬夫或有秩之佐贰。里父老是役职，定制每里当有十名父老，轮流执役，与里正一起征发赋役，共同维护里中治安。里正治事与里父老议事之所，称为"里治中"。乡、里属于籍帐赋役系统，亭、丘属于治安系统，二者之间并没有统属关系。（4）汉代乡里制实行的区域差异，主要表现在里的形态方面：汉代关中地区（秦国故地）及西北垦区，当实行比较严格的里制，即四周围以土垣的聚落，民众大抵亦多集中居住；里的编排，亦大抵较为严格地遵守百家为里的规定。大部分南方地区的里均包括若干相邻的自然聚落，即一里由若干自然聚落组成，形成一个基层行政区域，而不是一个行政管理的村落。在初郡初县，汉武帝时大抵只置长吏，多"以其故俗治，无赋税"，亦未编排乡里，真正控制其地方民众的，仍然是当地的渠帅。西汉后期以迄东汉时代，地方官府逐渐在这些地区实行乡里制度，编排户口，建立乡里控制体系。

　　第三章，"魏晋南北朝时期乡里控制制度的变化"。分南方地区、汉水流域（北方南方过渡地带）、北方地区三条线索，考察魏晋南北朝时期不同地区乡里制度的不同演变方向与变化轨迹，核心认识是：（1）东晋南朝的乡里控制体系，乃杂用汉晋制度而又有所变化：乡里区划格局基本沿用汉制，而乡吏之设则用晋制，以乡史（治书史）在县衙中负责各乡籍帐的登记、造册，乡实际上只是籍帐编排单位，里吏（里正）则仍在发挥作用。东晋南朝的侨郡县，在设置之初，多由流民帅控制；即便在土断之后，因为著籍户口较为寡少，也多以县为单位管理，一般未再重新编排乡里。南朝宋齐所置蛮獠左郡县，并无乡里编排与户口籍帐，左县大抵相当于领有数百户的蛮獠部落，左郡则以数个蛮獠部落组成的联合体为基础，蛮民的基本社会组织是村落。蛮獠左郡、县与村落构成了蛮獠控制的基本格局。（2）汉末张鲁控制汉中，以米道之宗教组织取代旧有的乡里组织，按地方分设各治，治下复分设不同层级的祭酒。蜀汉统治汉中时，主要采用军事化或半军事化的管理方式，并未恢复汉代的乡里制度。蒯祺、孟达、申氏兄弟据有东三郡，亦无复汉时之乡里组织。太康初年，汉中、新城等四郡皆按晋制规定，重新分划乡里。成汉据有汉中，主要通过流民帅与宗豪向其部众征发赋调。晋宋时期，汉水中游的侨郡县多按侨流民户之来源地划分，统之以流民帅；土断之后，侨郡县虽据有实土，然仍多以县直接统领民户，流民中的宗帅豪长，仍得实际控制流民社会。（3）十六国北朝时期北方地区的社会控制，主要有三种方式：一是汉人宗主豪强通过建立坞堡，团聚、控制民众；二是匈奴、鲜卑、氐、羌等，通过部大、酋大、酋帅、领民酋长等部落首领控制部民；三是重建汉晋以来的乡里控制系统，编排户口，建立籍帐，以保证赋役发。三种方式并存，实际上贯穿于十六国北朝时期，只是在不同阶段、不同地区，三种方式的实行各有差异。十六国时期的政权大多采取"差序格局"的统治方式，即以建立政权的族（"国族"）为核心，构建本政权的核心集团；其次是其他的部族，基本上可以看作建立政权之族（"国族"）的同盟者（"杂胡"）；然后是被征服的汉人。对于三种不同的人群，采用不同的控制制度与方法，即所谓"以胡制待'国人'，以汉制治汉户，立'护军'统'杂户'以治'杂胡'"。总的说来，十六国北朝时期，北方地区各政权对于不同人群的控制，均普遍存在方式各异、程度不同的军事化进程。社会控制的军事化，乃是十六国北朝时期的普遍现象。

　　第四章，"隋唐乡里制度及其实行、演变与区域差异"。分隋、唐前中期、唐后期三个阶段，考察隋唐时期乡里制度的变化与实行及其区域差异。核心认识主要有：（1）隋开皇三年（583）春所颁新令规定的三长制，主要是针对山东齐国故地制定的，基本沿用北齐河清三年（564）令而略有调整。开皇三年苏威奏置主理民间词讼的乡正之后，属于司法系统的乡正与属于民政系统的三长（或二长）并存。开皇九年（589）制书规定的乡里制度，是针对陈国故地颁行的，基本沿用东晋南朝以来南方地区一直沿月的以汉代制度为基础的乡里控制体系。大业三年（607）官制改革后，以乡正、里长为核心的乡里制遂成为隋王朝控制乡村的基本制度。乡里制度在设计与制定过程中，必须考虑其实行地域的固有制度背景与可行性，故本身即具有非一致性或地方差异性；而在实行过程中则会逐步趋同，从而在实行层面逐步达致制度的统一性。（2）唐令规定以百家为一里。在具体的编排过程中，或由一个较大的村落（100户上下）编为一里（亦可称为"村"），或由几个较小的村落合编为一个里，亦或由一个大型聚落（包括村落和城邑）编排为两个或以上的里（或坊）。唐初沿用隋制，曾设乡长（乡正），得兼理民间词讼，复增设乡佐。贞观十五年（641）废乡长之后，乡级行政管理遂由乡所属的各里里正共管。在县衙中轮值的当乡里正称为乡头或乡板头、团头。唐代的乡、里虽按户口原则编排，而在实行过程中，必然要落实到具体的地域、村落中，故唐代的乡、里不仅仅是户籍与赋役管辖单元，同时也都有特定的地域范围。唐代并不存在以户口编排的里制与按居地、村落编排的村坊制并存的"二重构造"，所以也无所谓自汉末以来，存在着一个以里为主、逐步向以村为主演变的历史过程。唐中叶以后，北方地区的村方逐步取代里，成为乡村社会控制的基本单元。（3）根据唐代乡里制度在不同地区的实行状况，可以将唐代对其疆域与民众的社会控制区分为四个圈层：第一圈层是以汉户为主的正州县，较严格地实行乡里制；第二圈层是以蕃胡夷蛮为主体的正州县，努力实行统一的乡里制度，但其乡里编排或未能全面遵守相关规定，且不稳定；第三圈层是有版籍羁縻州县，其首领多以其固有的社会组织管理其部众，并向唐王朝申报所领民户，但也有部分有版籍羁縻州县编排了乡里；第四圈层是无版籍羁縻府州，仍然实行其固有的社会控制制度，且不向唐朝上报户口版籍。唐代对于不同地区的社会控制，本质上乃是因地制宜，即根据不同地区的政治、经济、社会状况与历史文化背景，而采取不同的社会控制方式。（4）中唐以后，由神策军统领其驻在州县之行政发端，部分边地军、镇逐渐侵夺所在州县的地方行政事务，进而直接控制乡里民户，从而逐渐成为军政合一的地方行政机构。与此同时，随着官府强化对矿产资源开采的控制，部分从事矿产开采的民户遂被纳入诸冶监系统，而冶监遂得领有民户、乡里，成为相对独立的行政管理区域；部分本来负责分区收纳赋税的输场，也开始领有明确的乡里编户，置有场官，"刻木为印，征其租税"，所辖地域已基本具备行政管理区域的性质。军镇、冶场、输场、征科院等机构逐步发展为地方行政管理机构，领有乡里民户，是中晚唐、五代乡里控制体系的重要变化之一。

第五章，"宋辽金元时期乡里制度的演变"。分北宋辽、南宋金与元代三个时期，以及北方与南方地区，又特别以蕲州为个案，讨论此一时期北方、南方地区乡里制度的演变。主要认识包括：（1）宋初沿唐五代制，以里正主催当乡赋税，以乡书手掌各乡户口赋役籍帐；又沿用后周制度，逐村设立耆长。开宝七年（974），于各乡分置管，以户长主催征赋税，遂形成乡书手与里正在县衙当值，户长、耆长在乡村分掌赋役征科与乡村治安的双重控制体系。至和二年（1055）罢衙前里正，遂演变为管（户长）—耆（耆长）二级制。熙宁、元丰年间推行保甲法，大保多以村落为基础编排，都保则一般包括若干村落，从北宋后期至于南宋，都逐步成为基本的催税单位，而大保则成为具体催税的执行单位。至经界法实行，都、图（保）遂最终演变为地域管理单元。宋代乡里制度的基本结构，是一种双重体制，即作为户口赋役籍帐编制单元的乡—里和实际负责赋役征科与治安事务的管—耆、都—保并存的体制；其演变的总体趋势，乃是在唐代以户口为原则编排乡里的基础上，逐步向以地域为原则编排乡里的体系发展，并最终形成了以都—图（保）二级制为核心的地域控制体系。（2）辽代燕云汉地的村、里是基本的乡村社会组织单位，却未见置有正、长；乡正与帖乡演变为县衙职役，主要负责户丁籍帐的登记与造册；真正负责征发赋役的，可能是寨使、寨官。辽前期，寨（三百户）是编排、管理各种俘户的基本单位；至辽中期，在中京、上京地区，有规划地编排、分划乡（五百户）、里，亦仍有州县以寨作为户丁编排与管理单位。金代猛安谋克部的基层管理单位是寨（五十户），其据有华北

汉地之初，亦曾在部分州县推行寨制。金代的乡里制度乃是乡里正—村社主
首制度，乡里正继承了辽代的乡正与北宋前期乡里正，村社则源自女真寨
制。（3）元代北方地区的乡里制度，主要沿用金代的乡里正—村社主首制，
并在村社层面增设社长，从而形成乡里正—村社主首、社长制。当这一制度
被推行到南方地区时，为适应南宋固有的乡村控制体系，在都的范围内设里
正、主首，在村、保层面上设立社长，从而形成了都里正—都分主首—社长
的控制体系，其基本格局则沿用南宋的乡里控制格局。元代乡里制度的基本
结构，乃是乡（都）里正—村社主首、社长制：乡或都的里正是赋役征科的
责任者，村社或都分主首实际负责催征赋税，社长主管督劝农桑。

　　第六章，"明清时期乡里制度及其实行的区域考察"。主要以江汉平原为
案例，考察明清时期乡里制度及其实行与演变在特定区域的具体历程与表
现。本章分为三节。第一节考察明代里甲制的形成及其在北方、南方地区的
实行过程，试图对前人研究所未及者略做补充，认为：洪武初年在南方部分
地区实行的小黄册之法，乃沿用宋元以来南方地区"以田亩定差"的原则，
是以田亩地域控制为基础的。洪武十四年（1381）颁行的黄册里甲制，主要
沿用元代在北方地区实行的户丁制，而辅之以田亩控制为原则的鱼鳞图法，
故以户丁控制为核心，试图将户丁固定在田亩上。洪武十四年全面实行黄册
里甲制，南方地区各州县多在南宋以来都—图（保）体系基础上，编排里
甲，在很大程度上保留了原有的乡、都格局，按户口原则编排的里也主要表
现为地域单元；北方地区各州县则多在金元以来村社制的基础上，以社编排
旧民，以屯编排迁民，从而形成"社领旧民，屯统迁民"的二元格局，而里
与屯主要是户口编排单位，未必表现为地域单元。

　　第二、三节是江汉平原的个案研究，为本成果较早写作的部分。主要论
点是：（1）明初江汉平原诸州县推行里甲制，主要集中在已经开发的平原边
缘低岗丘陵和腹地地势较高的围垸地区，并未将低洼湖区散布的众多渔户编
入黄册里甲。江汉平原垸田开发的两大主力军——移民与渔户，大部分均未
被纳入版籍，其所垦垸田也多未征科。明中后期，地方官府不断通过清田、
新编附籍里甲等手段，努力控制新垦垸田；在这一过程中，有部分新垦垸田
起科纳赋，也有少数垸民入籍。清前中期，江汉平原诸州县渐次推行按田粮
编排里甲的做法，按田归垸、按垸归乡，里甲制遂得以落实到具有明确地域

范围的围垸上，变质为以田粮为基础、以垸为具体地域范围的赋役征科单元。（2）潜江市档案馆所藏两卷《太和乡实征底册》，就是由册书之类职役掌握甚至得世传的"乡团之册"。两卷实征底册是按垸编制的，反映了清代江汉平原州县"按田归垸、按垸归乡"的田赋征科办法。实征底册所记的户名只是赋税征收单位，是赋税户；新立户名与无产户名之剔除，主要具有赋税征收的意义，并不能反映出农户家庭实际占有的田地及其所负担的赋税情况。

结语，"中国古代乡里制度的基本结构、演变轨迹、区域差异及其实质"。在各章研究的基础上，对古代乡里制度的基本结构与演变轨迹进行总结概括，进一步分析乡里制度实行过程中的差异性与统一性，并围绕所谓"皇权不下县"的著名论断展开进一步讨论。核心性的认识包括：（1）中国古代乡里制度的基本结构由乡、里、邻等县级政权以下、不同层级的地域性管理单元组成。其中，乡包括若干村落，是县以下、里以上的地域性行政管理单元，或户口赋役籍帐汇总的单元，或人文地理单位；里以村落和居住地域为基础，是基本的基层行政管理和赋役征发单元；邻以五家互保连坐为原则，是最基层的治安监控单元。（2）乡里制度的基本原则由户口原则向村落、田亩原则的演变，乃是古代乡里制度演变的根本性特征。根据这种变化线索，可将古代乡里制度及其演变，大致分为秦汉魏晋南北朝、隋唐宋元、明清三个时期。在每一个时期里，王朝国家的乡里制度均首先建基于户口原则之上，然后渐次变化为村落或田亩原则；至下一个时期，又重新确立户口原则，复渐次过渡到村落或田亩原则。（3）乡里制度的地方差异性主要表现在制度设计过程中基于现实考虑而预留的地方差异性、在实行过程中因地制宜而产生的制度性变异，以及在变化过程中不同地区的不同走向与不同变化轨迹；乡里制度的统一性则主要表现为制度设计的基本理念、制度性结构及其在实行过程中所展现或形成的制度化结构等方面是一致的。（4）乡里制度既是王朝国家实现其社会控制的主要制度性安排，也是王朝国家政治控制权力在县级政权以下的延伸。汉唐时期的乡官与宋元明清时期的职役，都是王朝国家权力体系的组成部分。中国古代的乡里制度及其实行与运作，就是王朝国家权力（"皇权"）向县级政权之下的乡村社会的延伸，是"下县的皇权"。

三、学术创新、应用价值以及社会影响和效益

从 2003 年使用买地券资料写作宋代蕲州乡里区划一文开始，本项研究断续进行了十六七年，其间发表相关论文 21 篇。每篇论文皆大抵能在前人所未及处有所发现，或在前人解释未恰处提出新解。在修改论文、编著本成果时，更得系统思考，凡是前人已有所论而作者未有新见者，均弃而不书。此种态度与原则，或得保证本成果之新意。

本成果致力于尽可能通贯地认识中国古代乡里制度及其变化，故在一定程度上，得跨越断代研究所带来的局限，而能通贯地使用不同时代的相关记载，相互比照，以窥知其变化之本源与踪迹。虽仍或存在若干缺失，作者在研究过程中更颇感力不从心，然本项研究实践说明，通贯地考察中国古代某一专门领域或某一事项，并非不可能之事。

本项研究部分成果提出后，得到经济学、社会学、政治学领域从事农业经济、农村问题研究的学者的关注，作者曾应邀在中国社会科学院农村发展研究所、浙江大学中国农村发展研究院等非历史专业研究机构进行交流，说明专业的历史研究成果，亦可能为从事现实问题研究的学者所关注并使用。

《秦汉土地制度研究》概要

晋　文[*]

本成果将战国秦汉简牍与传世文献相结合，在前人研究的基础上，对战国秦汉特别是秦与西汉的土地制度做了更为全面、深入和细致的论述。

一、研究的目的、意义及方法

本成果的研究目的是努力探寻真相，总结战国秦汉土地制度的发生、发展和嬗变的历史规律。研究意义在于，不仅可以更为细致地研究战国秦汉的土地制度，进一步拓展历史研究的深度和广度，而且可以发现历史规律，努力揭示土地制度与中国古代社会的内在联系，并总结历史经验和教训，为当今的土地流转提供有益的参考。

在研究方法上，本成果坚持以马克思主义唯物史观为指导，在充分占有史料的基础上，运用二重证据法，借鉴经济学、法学、社会学、数学等相关理论和方法，从宏观、中观和微观三个方面，对战国秦汉土地制度的相关问题进行全方位的论述。

二、成果的主要内容和重要观点

本成果除前言、余论（代结语）、附录和参考文献外，共分为八章，约35 万字。主要内容和重要观点如下：

（1）睡虎地秦简与授田制研究。睡虎地秦简及相关秦简无可争辩地证

---

* 晋文，原名张进，南京师范大学教授，博士生导师。

明，授田制是战国、秦代的一种基本土地制度。它的原则和若干细节也已经被清晰展现，主要有以下六点：一是按户授田，为此建立了严密的户籍和田籍制度，包括各类户口和垦田的登记、改籍、注销与田租等。大体来说，在强制分户的情况下，秦的小农多为一对夫妻和未成年子女组成的核心家庭，也有不少和一个成年儿女生活的直系家庭。二是每户通常授田百亩，但超过百亩者也不乏其例。由于养老和人口较多，每户直系家庭均可以一名"余夫"的形式增加一些授田。这意味着《田律》"顷入刍三石、稾二石"的规定的确是刍稾税征收的一个测算标准，而并非每户都必须交刍三石、稾二石。三是秦的田租有禾稼、刍稾和经济作物三种形态。秦及汉初的田租征收实际有两种同时参照的租（税）率：一种是税田占舆田的比例，即税田的亩数租率，这个租率是固定不变的，如十二税一、十一之税；另一种是按农作物不同产量征收的级差租率，即产量租率，这个租率是变化的，如三步一斗、八步一斗、廿步一斗等。四是"自爱其处"，农民在自家的授田里轮流休耕。这表明农民的实际耕种面积要远远低于百亩，也说明每户的耕种面积不同。所以基层官吏每年都必须"程田"和"程禾"，即通过核查实际耕种面积、庄稼长势和最终收成来确定亩数租率和产量租率，许多犯罪现象也由此而产生。五是土地买卖和兼并还相当少见，特别是在地多人少的宽乡。"盗徙封，侵食冢庙"，就算是一个比较突出的事例了。主要原因则是地广人稀，农业生产力较低，农民的授田数量足以保证休耕，没有必要去占有更多土地。而"盗徙封"或"虚租希（稀）程""匿租""匿田"等等现象的产生，则表明"禾稼"等农产品已成为财产的重要组成部分和犯罪人的侵占对象，也间接证明了存在着变相土地买卖。六是授田为终身占有，并允许部分继承，在家庭内部也可以部分流转。除了《识劫婉案》，最重要的证据，就是"余夫"授田的存在。以往对"入顷刍稾""盗徙封，赎耐""部佐匿诸民田""封守""百姓不当老，至老时不用请"等律文的解释，也大多存在误读。"盗徙封"的犯罪人主要是军功地主，他们的犯罪行为实际是偷税漏税即经济犯罪问题。"顷畔"应是每年核定其实有垦种面积后树立的临时界标，而并非每顷土地之间的田界。"部佐匿诸民田"的行为，也是"盗徙封"的一种表现。这种"匿田"或者是部佐单独作案，或者是与民户相互勾结，目的都是要贪污或逃避一部分税收。而"百姓不当老，至老时不用请"，则是一种互为关联的团伙犯罪，也就是集体作弊，伪造年龄。"封守"没有查封土地，是因为没有必要，"唯独没有土地一项"也并非事实。这些律文中的犯罪行为基本上都与土地所有权无关。越来越多的研究已趋向于质疑或修正土地国有制论。本章最重要的创新和发现，是复原了秦及汉初的田租征收方式。

（2）新出秦简中的授田与赐田。就授田制而言，新出秦简揭示了更多授田制的未知细节。从申报来看，吾武和寡妇憨的"谒垦"便记录了迁陵县的授田程序。主要有自报、审定和复查三个环节，其重要发现是：在迁陵乃至洞庭和更多地区授田是按小块土地分批授予的，并允许跨乡授田和耕种；秦代小农的耕种亩数不多，一对夫妇每年仅耕种舆田35亩左右，管理授田的机构按乡设有"左田"或"右田"等分部。在耕作方式上，迁陵地区的垦田均大量休耕，被人们称为槎田或篝田。它的特点并不在于造田的方式，而在于"岁更"的耕作方式。由此可以推算，迁陵民田每户平均当有耕地70亩左右。至于田租，新出秦简则完全证实刍稾是按授田数征收的，并间接证实了土地兼并的存在。在赐田制方面，新出秦简证实了赐田为土地私有。在睡虎地秦简公布后，学界对赐田的性质问题曾产生一些争议。根据《法律答问》等三条律文，其中《军爵律》："从军当以劳论及赐，未拜而死，有罪法耐辠（迁）其后；及法耐辠（迁）者，皆不得受其爵及赐。"《秦律杂抄》："战死事不出，论其后。有（又）后察不死，夺后爵，除伍人。"《法律答问》："可（何）谓'后子'？官其男为爵后，及臣邦君长所置为后大（太）子，皆为'后子'。"人们大多不赞成赐田为土地国有的看法，而主张赐田为土地私有。随着更多秦简的发现和公布，赐田的私有性质被完全证实。就赐田能否继承来说，从睡虎地秦简到里耶秦简等来看，从"后子"到"小爵"和"爵寡"，从男性继承人到女性继承人，已构成了一条严密完整的证据链。爵位的降等继承也并不等于赐田要降等继承。而岳麓秦简则直接提供了赐田的主人有权任意分割赐田的案例，并间接提供了赐田可以继承和转让的证据。从这个方面来说，无论是对韩非所谓"身死田夺"，还是对董仲舒所谓"民得卖买"，我们都需要重新认识。岳麓秦简《尉卒律》也证明，到秦始皇统一全国前后，秦的赐爵及赐田制度已经严重蜕变。随着秦的赐爵越来越多，许多人没有军功也可以通过继承、转让和国家在某些地区的政策性普遍赐爵来获得。这不仅导致赐爵制度部分失却了初衷，更使赐田制与授田制逐渐趋同。众多秦简的发现和公布，也带来了一些研究的新问题，如槎田究竟休耕几年，一些外乡人为何要跨乡受田，小爵继承的赐田是否被部分收回，怎样看待赐田的流转、作用和意义，户赋的征收究竟应如何计户，对五大夫以下的赐田是否减免田税，一些有爵者为何舍弃赐田而甘愿逃亡等。其中有的问题还无法做出判断，而有待于新材料的发现。本章的主要创新是，迁陵乃至洞庭等地区的授田是按小块土地分批授予的，跨乡受田人应是兼并土地的地主或富农，赐田均为土地私有，爵位的降等继承也并非等同田宅的降等继承。

（3）秦简中的公田制研究。对龙岗秦简中的"吏行田"记录，以往多认为行田就是授田。但从禁苑的限定条件来看，行田还并非授田，而应与简中多次出现的假田相关。假田是一种把禁苑的土地短期租给民户耕种、不改变所有权的租赁行为。它的性质属于国有的公田或官田，是一种特殊的国有土地。假田的承租人皆为自由民，他们有权决定假田的耕作方式。西汉董仲舒云："或耕豪民之田，见税什五。"（《汉书·食货志上》）以往皆据此认为，在战国中期便已出现对半分成的民间租佃关系。但随着睡虎地秦简的发现，在授田制被视为基本土地制度的情况下，学界又大多认为董仲舒是以汉况秦。而龙岗秦简的大量假田记录，以及岳麓秦简的假田算题，则证明中国最早的租佃制度确实在商鞅变法后出现。民间的租佃关系亦当如此。假田的田租既不是定额租制，也不是分成租制，而应是一年一定的约定租制。假田的田租率较高，结合新出秦简，并参证居延汉简，推算假田的真实租率当在20%～30%之间，这为禁苑官吏的寻租提供了机会。他们通过转租假田，非法占有一部分田租，亦即"分田劫假"。在"程田"的两个主要环节上，假田的租赁还出现了众多盗田与匿田的犯罪行为。盗田是假田的实际耕种面积多于租赁文书的约定，却故意按原先约定的面积申报；而匿田则是在约定的面积内少报实际耕种的面积，并故意降低其产量租率。无论是盗田，还是匿田，除了少数假田的承租人外，实际上都是要"分田劫假"，以获取一部分田租差额。这些内容都拓展了秦与战国时期的土地制度研究。里耶秦简有"左公田"和"田官"的记录。从种种迹象来看，田官并不属于都官系统，田官和公田实际都属于管理公田的县级官署。自战国至于秦代，"公"的含义逐渐由公家变为官府。秦始皇"书同文字"后，县官取代公室成为官府的代称，田官取代公田成为县级公田的管理机构，县级公田很可能改称官田。田官作徒由司空刑徒、仓隶臣妾和戍卒组成。根据已刊布的里耶秦简，田官考课的内容包括垦田、徒隶的日常管理、取薪等项目。本章的主要创新是，提出龙岗简的行田并非授田，而应与短期租赁的假田相关。

（4）张家山汉简中的田制等问题。其一，根据律令分析和文献记载，并参证《算数书》的成书年代，可推断《二年律令》的最早颁行时间应在刘邦汉王二年（前205）。其二，秦汉亩制有两种计算方式。一种是毛算即粗略计算的亩制，主要计算不可垦田和可垦不垦田的面积；另一种则是实际核算亩制，主要计算耕地和垦田（舆田）的面积。其三，名田宅制或授田制是汉初大力推行的土地制度，并不能说成具文或一简空文。汉初的土地资源非常丰富，根本不存在人地矛盾问题。之所以认为名田宅制没有实施的基础，是因为论者混淆了土地的毛算亩数和实际耕地与种植亩数。宅基地属于"群不可垦田"，不算草田和耕地，但对于无爵者的授田户来说，却有着男耕女织、弥补粮食生产不足的作用。宅基地的授予主要是指建造房屋的土地，而并不是一座或一大片建有不同套型房屋的住宅。这意味着大多数房屋都应当由人们自费建造。汉初名田的面积固然很大，但多数属于可垦不垦田的范畴，在名田或授田前都不能算作耕地；在名田或授田后，也必须按实际开垦和耕种的面积来计算耕地或垦田。名田宅的爵位降等继承不等于田宅降等继承，名田宅的面积更不等于耕地和实有房屋的面积。汉初所规定的名田数量，实际是一种能占有多少国家土地资源的配额，亦即按身份等级所享受的不同待遇，而不是土地限额。无论是有爵者，还是无爵者，究竟能占有多少耕地，要取决于多种因素。秦汉大多数小农每年都需要休耕，一对夫妇只能耕种垦田35亩左右，最新公布的《堂邑元寿二年要具簿》亦证明了这一点。几乎所有的田宅继承、买卖和赠送，都与现有的耕地和房屋有关。之所以能够继承和买卖，这既有许多耕地和房屋原为私有财产的缘故，又有鼓励更多人垦荒，把名田配额更多地变成耕地，让他们都拥有耕地所有权的考虑，还有经济凋敝和当时战争形势的压力。其四，汉初的土地制度实际是一种虚实结合的土地制度。它把赐田和授田合为一体，在整合原有耕地的基础上鼓励社会各界垦荒，制定了从彻侯到平民阶层所占有国家土地资源的配额，并承认和保护其开垦草田所得到耕地的所有权，允许继承、转让、买卖和赠送。汉初的土地制度应是土地私有，而不是土地国有。本章最重要的结论，是名田宅的爵位降等继承不等于实有田宅的降等继承，汉初民田是土地私有制。

（5）走马楼汉简中的田制等问题。本章主要讨论走马楼汉简《都乡七年垦田租簿》的年代问题及其所反映的田制问题、"田不出租"问题。关于《都乡七年垦田租簿》的年代，根据其他走马楼汉简纪年关系，一般认为这个"七年"就是长沙王刘庸七年，亦即武帝元狩元年（前122）。但无论是从所记录的平均产量，还是从历朔推算，抑或简牍的相互叠压看，此简年代都不像是西汉中期，而可能是西汉前期的文帝元年（前179）。从簿中记录可以看出，当时的田制还是名田或授田制，但也处于逐渐瓦解或终结时期。而原因则在于，惠帝、吕后时土地兼并发展，文帝又废止了商贾不得名田的规定，并完全允许田宅买卖。与秦代授田相比，简文的主要变化是舆田和税田的消失，在征收田租时仅记录垦田。秦及汉初的授田有草田、垦田、舆田和税田之分。草田是未开垦的荒田，即可垦不垦田。草田在开垦后即被称为垦田，在垦田里确定实际耕种并缴纳田租的垦田即称为舆田，在舆田里最终按比例和税率测算的纳税舆田则称为税田。舆田和税田的消失，即意味着舆田和垦田已合而为一，并透露出授田制已逐渐瓦解的信息。簿中对"提封"的记载——"提封四万一千九百七十六顷〔十〕亩百七十二步"，也为厘清"提封"的概念及其内容提供了弥足珍贵的史料。结合最新公布的《堂邑元寿二年要具簿》，可以完全确定："提封"的语义就是"通共""合计"或"总数"，"提封田"的面积也的确是"群不可垦田""可垦不垦田"和"垦田"的面积总和。簿中还有对临湘"蛮夷归义民"和"乐人婴"免征田租的规定——"出田十三顷四十五亩半，租百八十四石七斗，临湘蛮夷归义民田不出租。""出田二顷六十一亩半，租卅三石八斗六升，乐人婴给事柱下以命令田不出租。"前者凸显了秦汉王朝的汉化政策，后者更可谓秦汉以后职田的滥觞。本章的主要创新是，提出《都乡七年垦田租簿》的年代为文帝元年，以及对名田或授田制瓦解原因的分析。

（6）凤凰山汉墓简牍中的田制等问题。本章对凤凰山汉墓简牍《郑里廪簿》中的耕地数量等问题，《算簿》中的杂税与口钱、算赋等问题以及田租、刍稾的征收与垦田数量问题进行深入探讨。《郑里廪簿》反映文景时期的家庭结构有些已开始变化。汉初核心家庭居多的现象逐渐被直系家庭和联合家庭所取代，说明汉初仍然实行的分异令事实上已被废除。同时，在所有 25 户家庭中，男性劳动力的作用都显得更为重要。这充分说明，在工具基本相同的古代社会里，男性农业劳动力的效率要远远高于女性农业劳动力。之所以男耕女织、男主外女主内，原因正在于此。郑里新垦的耕地数量不多，仅有区区 617 亩，是因为这些耕地均为新开垦的土地，并没有包括其原有耕地。《算簿》展现了汉代基层政府对各种费用的征收方式。文景时期对各种费用的征收是先按纳税人的总数定出算数，再按相关费用的总数确定每算收钱多少，然后向纳税人收钱。有的是一次性征收，如市阳和郑里二月算收的口钱；有的是分批征收，如市阳三月、四月和五月连续四次算收的九钱。而纳税人则根据规定的具体算数交钱，大多数人都是一算，有的则可能是二算或三算、四算、五算，还有人无算。这充分说明，汉代各种费用的征收都是因人定算，而不是因事定算。《算簿》中的算钱也包含了口钱和算赋。在凤凰山简牍中便有着口钱实乃口赋的证据，这个证据就是《郑里廪簿》对郑里二月口赋征收人数的验证。据此可知，郑里二月 36 人缴纳的口钱，市阳里二月 56 人缴纳的口钱，都是史书记载的口赋。同时也证实了口赋源自汉初，是从满三岁而不是满七岁起征。口钱不是杂税，而是口赋，这意味着市阳里每算累积 227 钱的通常算法是错误的。汉代算赋和口赋的"算"有两种含义：一种是国家制度的定算含义。无论口赋，还是算赋，所谓"一算"都有着固定数额，前者为 20 钱（武帝时期增为 23 钱），后者为 120 钱。另一种是基层政府如何收取算赋和口赋的定算含义。所谓"一算"，往往是把国家制度的一算拆分后的一算。这种做法是为了方便全里统一征税和管理，更是考虑到民户一次能够缴纳的承受能力。一次收赋不得超过 40 钱，应是文帝"民赋四十"的另一种含义。《算簿》中的算钱当然包括算赋。这更加表明市阳里每算累积 227 钱的算法是错误的，并意味着因事定算之说被完全颠覆。《算簿》所记录的口钱、算赋数额实际是囊括全年的，也并非仅仅征收了半年。至于田租、刍藁的征收记录，则更加体现了文景时期的轻徭薄赋。本章最重要的结论是，《算簿》中含有口钱和算赋，以及地方基层政府有虚实两个账本。

（7）从户籍制度看秦汉土地制度。里耶秦简有一些迁陵县的积户、见户记录，学界已讨论较多，但看法却并不完全一致。关键是算法的不同。积户数就是户数和日数的积数，用日数或户数作为除数是不可能出现余数的。积户实际是县、乡对全年户籍核查和登记的累积户次。从积户与实际户数的关系推算，秦始皇三十五年（前 212）迁陵县的户籍在 2 000 户左右，人口估计有 10 000 人以上。根据"启陵廿七户已有一典"，并参证岳麓秦简《尉卒律》，亦可推算秦始皇三十二年迁陵县启陵乡的户数在 300～400 户之间。见户是每年经过"核验、钩校"后新增交纳租赋的民户，主要和垦田（即舆田）有关。截止到秦始皇三十五年，迁陵县共有 356 户交纳租赋，总计舆田12 337 亩、田租 1 587 石、蚕茧 133.5 斤、户刍钱 5 696 钱、田刍和田稾折合在 14 952 钱左右。根据最新公布的《里耶秦简［贰］》，也无可争辩地证明：顷刍稾是按"谒垦"的草田亩数征收的，"顷入刍三石、稾二石"也的确是一个征收刍稾的测算标准，而不是每户都要按百亩征收。无论是积户的核查和登记，还是见户的审定和统计，抑或其他方面，秦代基层官吏的量化考核都始终在管理过程中起着保障、推进和奖惩的杠杆作用。张家山汉简《二年律令》有种种立户分户的规定，其中《田命籍》《田租籍》和"诸不为户，有田宅附令人名"的内涵问题，在学界有很大或较大争议。根据《都乡七年垦田租簿》，《户律》中的《田命籍》或许是《田命令籍》。之所以被称为《田命籍》，是因为《户律》的抄本漏抄了一个"令"字。《田命令籍》是登记对某些特殊人群豁免田租的籍簿。综合文献记载，汉初被免征田租的，有卿以上高爵、中高级官吏、"乐人"、"邮人"和优秀工匠等。它的制度设计充分体现了汉初统治集团对自身特权和经济利益的维护，也表现出对行业或专业分工的重视和保护。其中对中高级官吏和"乐人"的免租，更可谓秦汉以后职田的滥觞。《田租籍》的主要功能，是记录秦及汉初纳税民户耕种了多少舆田（垦田）和必须按舆田（垦田）缴纳多少田租，也具有分户统计耕种田亩总数和缴纳田租总数的作用。它的券书格式，就是北大秦简《算书》记载的舆田亩数、税田亩数、产量租率和应交多少田租的文书格式。之所以会出现误券和更改券书的现象，是因为算术知识的普遍缺失和县、乡有简、详两个券书版本。按制度规定，县级券书不得轻易更改，而乡级券书则易于更改。从渊源来看，《田租籍》应完全继承秦制。对《户律》"诸不为户，有田宅附令人名，及为人名田宅者，皆令以卒戍边二岁，没入田宅县官"（323—324）的规定，学界存在三种不同看法。但细读律文并综合考辨，此律却应当仅仅是规范那些"不为户"者"名田宅"的行为。所打击对象则为"不为户，有田宅附令人名"和"为人名田宅者"两类，而最终目的就是要迫使"不为户"者立户，也暗含对商贾买卖田宅的制止。同时，汉初亦沿袭了秦的分异令，分户具有强制性质。本章的主要创新是，对秦代迁陵县户口的推算、积户和见户的阐释，以及对"积"的考核方式、汉初《田命令籍》和《田租籍》的考证。

（8）从赋税制度看秦汉土地制度。本章由三个相互关联并聚讼纷纭的问题组成，亦即秦汉田租的征收方式、秦汉户赋和算赋征收的演变。从田租征收方式来看，商鞅变法后，秦对田租征收方式曾有过多次改革。根据《史记·商君列传》，可能在商鞅第二次变法后，秦国便采用了新的田租征收方式。从新出秦简来看，岳麓秦简《数》记录了秦代禾田租按税田十分之一征收，枲田租按十五税一征收，北大秦简《算书》则记录税田按十二税一征收，并得到里耶秦简的证实，这为全面认识秦的田租制度提供了极其珍贵的第一手资料。秦代田租的确定既有地区差异，如洞庭等所谓"新地"和其他地区，又有农作物区别，如禾、枲、桑等；既按土地面积征收，如十分之一、十二分之一、十五分之一，也按农作物产量和质量征收，如"三步一斗""廿步一斗"，"大枲也，五之，中枲也，六之，细枲也，七之"。根据张家山汉简《算数书》，这些材料还证明了秦及汉初的田租征收在形式上是分成租，而实质却是高低不等的定额租；在田租的征收方式上，则同时参照两种租率，一种是税田的亩数租率，一种是舆田（垦田）的产量租率。从实际租率来看，由于每户的产量不同，所征收禾田租的数量差异很大，每户的租率也高低不等。有的低于总产量的 10%，有的高于 10%，甚至高达 20%，但最高都明显低于"见税什五"，遑论"泰半之赋"了。景帝即位后，实行三十税一的田租政策，又使西汉前期的田租征收方式出现了重大变化。按照之前的征收方式，在确定舆田后还必须按面积租率计算税田的步数。但随着税田的数量越来越少，在产量基本相同的情况下，每亩的平均产量或征收多少田租，已能够大体判断出来。无论是高产，还是中产，抑或低产，实际都可以采用高、中、低的平均田租额即定额来征收。这样一来，一种新的更为简单便捷的田租征收方式——定额租便应运而生了。之所以在景帝以后，舆田和税田都完全从人们的视野中消失，原因正在于此。以往大量出现的误券、误租券销声匿迹，原因也正在于此。再就户赋而言，秦的所有赋税都可以统称为户赋，同时又可以单独称为田租、顷刍稾、户刍、户刍钱、户赋、口赋和算赋等。根据新出秦简，秦代户刍钱（户刍）、户赋钱（布帛）、口赋都可以称为户赋，算赋和田租、顷刍稾也应该被列入户赋，就是一个新的例证。从《二年律令》来看，随着减轻赋税，汉初仅就按户征收的男耕女织的税钱与秦代实行了对接，包括原本征收布帛的户赋钱和征收刍稾的户刍钱。户赋钱在文景时期可能已完全废止，而户刍钱则可能延续到武帝时期，后来又与田刍合并为一个税目。秦代算赋原本属于军赋，仅向妇女征收。汉初减轻赋税，实行新的算赋、口钱制度，算赋成为 15 岁以上成年人的人口税，而口钱则成为满三岁以上未成年人的人口税。这标志着中国古代人口税的完全形成。以后虽有所变化，但直到东汉末年，算赋、口钱的基本制度都始终未变。关键在于，对凤凰山《算簿》和纪庄《算簿》应正确解读。最新公布的《堂邑元寿二年要具簿》也完全证实，汉代"事"的广义均包括算赋、口钱和徭役。而走马楼吴简中的结计简或尾简，则"口"当指全户人口，前一个"事"指赋税徭役（按该户承担口数总计），"算"指算赋（按该户缴纳口数分计），后一个"事"乃单指徭役（按该户服役口数分计）。本章的主要创新是，秦的所有赋税都可以统称为户赋，秦代确有仅向妇女征收的算赋，两汉时期也是按其制度征收算赋和口钱的。

　　总的来说，战国晚期的民田占有制度已由土地国有逐渐向土地私有转化，至秦及汉初时期土地私有即形成燎原之势，并继续发展，成为此后两汉民田占有制度的主流。秦汉土地私有制的发展极大地调动了地主和农民的积极性，但也是最终导致其土地制度被完全破坏的主因。

三、成果的学术创新、应用价值以及社会影响和效益

　　作为近 30 年来唯一全面研究秦汉土地制度的专著，本成果的学术创新是：在系统总结和梳理 70 余年来研究成果的基础上，综合简牍与传世文献等，运用二重证据法和其他学科方法，对秦汉土地制度进行深入系统的研究，解决了许多存在争议的重大问题和疑难问题。如秦汉土地制度的性质、土地制度与秦汉社会的关系，授田制、赐田制和名田制的形式、内容与特

点，秦汉公田的类型，战国后期租佃关系的形成，秦汉小农的休耕与实际垦田数量，秦汉田租的种类与征收方式，秦汉户籍与人口税的征收，秦汉赋税徭役的因人定算，秦汉基层政府的真假账本等。其中最重要的创新和发现，是基本确定秦汉的民田占有制度为土地私有，秦汉大多数小农都必须休耕，一对夫妇只能耕种垦田 35 亩左右，并复原了秦及汉初的田租率和田租征收方式。

　　本成果的应用价值、社会影响和效益较大，有十多篇阶段性成果被《历史研究》《中国经济史研究》《文史》《简帛研究》《简帛》《中国农史》《山东师范大学学报》《中国史研究动态》《人民论坛》等权威和专业期刊发表，并被《中国社会科学文摘》转摘 2 篇，《历史教学》和《中国国家历史》各转摘 1 篇，日本《东洋史苑》（龙谷大学）全文转译 1 篇，中国人民大学复印报刊资料《先秦、秦汉史》和《经济史》各全文转载 1 篇，还被《历史研究》《社会科学》《社会科学战线》《中国农史》《农业考古》《中国社会经济史研究》《中国史研究动态》和台湾《“中央”研究院历史语言研究所集刊》等期刊发表的论著引用或评介，引起了国内外学界的注意。本成果的诸多发现将在一定程度上改写战国秦汉史的内容。

《天山廊道军镇遗存与唐代西域边防》概要

张安福[*]

一、研究的目的、意义及方法

1. 研究目的

天山廊道是唐代治理西域的主轴和中心线，本成果从对唐代天山廊道的军镇遗址调查出发，在系统整理唐代军镇、烽燧、屯田遗存资料的基础上，分析唐代以军镇布局为中心的西域边防体系，讨论其构建过程和在西域治理中的历史作用。该地区的唐代军镇遗址，尤其是与之相配套的烽燧、驿站和交通体系，是唐代治理西域的具体实物资料。本成果将这些军镇的数量、类型、形制、分布地域、保存现状等进行调查整理，并与传世文献、考古资料相结合进行研究，探讨这些遗存的建筑地域和分布特色，分析唐代在西域的边防布局、社会治理功效和屯戍价值。

2. 研究意义

天山廊道是唐代治理西域的重心，天山廊道军镇是西域稳定和安全的重要保障。

第一，学术价值。调查整理天山廊道军镇遗存和分布，可以客观分析军镇布局和屯戍分布在唐代西域治理措施中的具体作用，及天山廊道军镇在保障西北安全中的价值，尤其是对于丝绸之路东西畅通乃至对外交往的保护作用。

---

* 张安福，上海大学教授，博士生导师。

第二，资料价值。唐代西域资料相对较少，本研究系统调查和整理天山廊道的军镇遗址，以及与之相配套的屯田遗址、烽燧遗址、交通驿站遗址，整理出唐代天山廊道的军镇和交通路网的遗存状况，尤其是围绕天山南北的安西都护府和北庭都护府的军镇遗存保存情况。在此基础上，借助现代科学技术，采集数据影像、建立缩微模型、完善电子档案，使天山廊道的军镇遗址以信息技术的形式保存下来，形成研究西域的资料汇集与信息数据库，为国内外研究提供便利的资源。

3. 研究方法

第一，田野调查法。在目前考古研究成果的基础上，调查整理分布于天山廊道的军镇遗存。这些遗存包括伊州、西州和庭州的军镇分布，北庭都护府设置后的路网延伸情况，塔里木盆地安西四镇的军镇分布及烽燧、驿站等拱卫安西都护府的相关设施，跨越南天山的山口、军镇及到七河流域沿途的烽燧，碎叶和楚河流域的唐代军镇分布等。分析其布局态势和相关配套军事设施，厘定遗址地理位置、规模形制、历史年代，录制影像资料，在调查的基础上，形成相对完整的唐代天山廊道军镇遗存数据库。

第二，历史学研究法。通过对历史文献和出土文献的梳理，分析唐代军镇布局的历史存在状况，研究唐代依托军镇进行社会治理、保卫边防、开发建设的历史进程，尤其是在天山廊道设置安西都护府和北庭都护府，及其包括碎叶在内的安西四镇的价值和意义，进而探讨唐代天山廊道的丝绸之路交通的保障体系和相关设施，分析唐代西域经略的政治格局及其与吐蕃、突厥等势力的博弈情况，探讨天山南北屯戍的经济意义。

第三，多学科联合研究。本成果涉及考古学、历史学、历史地理学、政治学、军事学、社会学、民族学等多个学科，需要多学科联合攻关。在目前已有的考古研究成果下，进一步调查整理，并以历史文献为基础，以军事学、社会学理论为指导，分析唐代军镇布局和西域治理的关系。

二、成果的主要内容和重要观点

1. 主要内容

本成果立足于唐代在天山廊道布防的历史遗存，在多年调查整理的基础上，利用文献资料探讨唐代西域治理的军镇布局和具体战略目标，尤其是天山南北战略定位中安西都护府、北庭都护府所隶属的军镇差异，及其在建制过程中的目标差异，依次展开探讨。

第一部分是成果的总述，分析了唐代天山的自然和人文地理，天山在西域中的地理地位。第二章至第七章是成果的主要内容，以唐朝进入天山南北时间和地域的不同阶段，以及各军镇侧重的防御对象为线索分别论述。对东天山、中天山、西天山的以伊州、西州、庭州、焉耆、龟兹、疏勒、碎叶等为代表的军镇进行了典型讨论和资料收集，分别论述了其在天山廊道的不同地位和作用，并以目前的遗存为基础进行了分析探讨。

本成果认为，东西向横亘的天山廊道，在历史上一度成为游牧与农耕两大文明军事交锋的前沿地带。天山廊道通往亚洲的所有地方，古代亚洲具有代表性的势力，全都与天山路相联系，并以此十字为中轴进行活动。纵观历史长河，能够与天山廊道在时空格局上形成完整呼应的时代，唐朝较为典型。在西域经略史中，有许多关键性的战略步骤皆是凭借天山廊道的地理优势实现的。具体而言，唐朝经略西域的历史时间次序，与天山廊道的地理空间各段形成了较为明显的交汇与呼应。唐朝涉足西域的肇始地位于东天山南麓，经略西域的发轫期在中天山，而其在西天山的活动则主要发生在西域经略的巅峰时期。

唐朝西域经略的肇始与保障——东天山。随着人们活动地域范围的扩展与西域交通线路的不断开辟，以及区域生态环境的演变，原本两汉时期出玉门关西、经敦煌至楼兰的交通至隋末基本被阻绝。李渊建唐前后，玉门关东移至瓜州，沙州与瓜州遂成为唐朝的西北边陲。此时连接瓜州、沙州与西域东陲门户伊吾的稍竿道与第五道代替了两汉魏晋时期的大碛道，成为由中原进入西域的主要交通路线。而此时，伊吾正被东突厥控制，也是东突厥南下凉州威胁关中的军事据点。东天山对于唐西北安全的战略地位自此得以体现。解除威胁，即意味着唐势必要采取占据东天山的军事行动。贞观四年（630），东突厥内政纷乱，又遭雪灾，唐廷趁机灭其国，一举攻占东天山北麓伊吾之地，并于贞观八年（634）在此置伊州，下辖伊吾、柔远和纳职三县，伊吾成为唐赖以推进西域战略的桥头堡。若立足整体战略层面即可发现，唐廷除需要打击东突厥之外，占据伊吾乃是西域战略推进背景下的必然。结合伊吾所处的时空形势分析可知，唐廷攻灭东突厥后，伊吾成为权力真空带，而且刚从东突厥统辖下解脱的伊吾诸城，绝非西突厥的军事对手，一旦被西突厥抢先占领，东天山将重新恢复先前的形势。而且，伊吾地处东天山东南一端，其与天山北麓的交通并不便捷，其西邻为高昌，且此时唐廷与高昌关系尚好。因而，唐廷果断占据伊吾，遂置伊州，抢先占据了东天山南麓的关键据点。

唐廷占据伊吾引起了西突厥的警惕。西突厥唆使高昌背弃唐廷，阻塞西域中道交通。交通的阻断给唐廷在西北边陲的经营带来了较大影响：一是高昌的反目，使得唐廷失去了洞察西域政局变化的前沿；二是直接导致了东西贸易的受阻，在一定程度上挫伤了唐王朝欲塑造四夷臣服的天下秩序的信念与雄心；三是偏居东天山一隅的伊吾，南有天山作天险，而其西则向距离不远的高昌完全敞开，加之伊吾与凉州之间又隔有宽广的莫贺延碛，因而伊吾时刻面临失陷的危险。

在此背景下，唐廷不得不实施占领高昌的举措。正如季羡林所言："（唐）最初只不过是保持边疆的稳定，后来又有了扩大版图的企图。"贞观十四年（640），唐廷占据高昌，遂于此置西州、于东天山北麓可汗浮图城置庭州。占据高昌，在唐廷致力经营西域的历史进程中虽未有东征高丽规模之大，亦未如长寿元年（692）王孝杰收复四镇之壮举，但成为唐廷全面开展西域防御部署的开端。这除与唐廷自身国力的增强有关外，东天山地理所形成的战略优势亦在其中发挥诸多功用。

唐廷击破高昌后，力排群臣谏议，实行与中原同轨的郡县制，于此新设西州。究其原因，一方面，高昌故地自秦汉以降即是中原民众向北迁徙的重要地带，中原儒家传统文化亦随之传播至此，成为郡县制得以实施的社会思想基础；另一方面，西州与伊州同处吐哈盆地之中，与周缘地域的交通路径多通过天山垭口或谷道实现，在唐廷控制高昌后，即可利用西州、伊州的天然地形对外进行统筹防御。具体而言，唐廷在占据西、伊两州后，只需扼守诸条对外交通路线，即可抵御外敌对西、伊两州的侵扰。自咸亨元年（670）吐蕃攻陷四镇，唐廷撤回四镇防人之后，安西都护府治所在龟兹与西州之间的数度迁移，即可直观地凸显出东天山南麓"进可攻，退可守"的重要战略地位。

唐朝经营西域军政重心——中天山。在唐廷完全控制东天山南麓之后，中、西天山成为唐与西突厥等游牧势力对抗的前沿。按照唐廷在此空间的战略进程大致可将双方的对抗划分为三个历史阶段：自贞观十四年占据高昌至咸亨元年四镇被吐蕃攻陷为第一阶段，此阶段唐廷为统一塔里木而于天山南麓进行了初步尝试；自咸亨元年四镇陷没至开元七年（719）唐弃置碎叶镇守军为第二阶段，此阶段唐廷在天山南麓的攻略受挫后，立足时局，将经略西域的重心转移至天山北麓，以期强化对西突厥的监督和控制，阻断其与吐蕃的联盟；自开元七年至北庭陷没为第三阶段，此阶段唐廷对天山北麓的游牧势力不断进行统辖策略的调整、强化控制，但因安史之乱起，主力军队撤防中原而渐趋衰弱。中天山一度是唐廷与西突厥进行地缘政治博弈的主要场域。唐对东天山南麓的直接管控，打破了原有针对东西突厥所行之"远交近攻"策略背景下的政治关系模式，唐廷与西突厥由之前的"跨区域远交"转变为"邻界直接对抗"。综而观之，大致在贞观十六年（642）至贞观二十三年（649）之间，中天山北麓的主要游牧政权自东而西大致分为左厢的五咄陆诸部，右厢的五弩失毕诸部，以及东天山北麓的阿史那贺鲁部，其中占据左厢的五咄陆诸部地处中天山北麓东段，其凭借中天山南北向垭口或河谷的地理交通优势，对中天山南麓的龟兹、焉耆、疏勒等绿洲实现了政治与经济的掌控。唐廷在东天山的军政布局显然是对西突厥固有势力的宣战，由此西突厥遂于贞观十六年发动了旨在攻略西州的军事行动，客观地促进了唐对西域军防策略的再度深化。结合史实不难发现，唐廷为解除西北边患，正是依赖天山进行军事布防的。只是这一防线东段的长城被以军城、烽燧等点状军事工事所取代。而对于这一时期的唐廷而言，控制塔里木成为完善这一军事整体布局的关键。为此，唐廷采取直接路线，于贞观二十一年（647）至二十二年（648）持续对中天山南麓的焉耆、龟兹等绿洲诸国进行军事打击，同时将盘踞于中天山北麓的五咄陆诸部逐往碎叶川以西，中天山南麓诸国名义上始统归唐廷管辖。而对于五咄陆诸部西迁之后留下的中天山北麓权力真空带，唐廷则选择亲附势力阿史那贺鲁进行管辖。自此，中天山南北与东天山北麓皆为阿史那贺鲁控制。阿史那贺鲁的反叛称霸，迫使唐廷重新审视天山廊道对其西域战略进程的重要影响。要实现在塔里木置四镇的军事防御布局，就必须先控制中天山北麓的游牧诸部。而控制游牧诸部的症结并非是单纯地扶植某一势力，进而凭借其对所辖地域予以羁縻。换而言之，控制中天山北麓游牧力量的关键在于保持势力的均衡。就此实质，一是不让中天山所具备的自然禀赋资源为某一游牧势力所垄断，二是保持中天山南麓绿洲诸国不再成为某一游牧势力的经济附庸。如此，唐廷即可适时实行"远交近攻""军事打击"等策略，有效制衡天山南北游牧与农耕势力间的博弈，继而成为天山廊道资源禀赋配给规则的制定者与监督者。显庆三年（658），唐廷平贺鲁叛乱，于其地分置濛池与昆陵二都护府，同时将安西都护府迁至龟兹，并设四镇。这即是唐廷对天山廊道资源禀赋再行配置的结果。

唐朝西域的信息前沿——西天山。西天山深入到楚河流域和七河西区，在此设置的军镇成为唐朝制约突厥十姓可汗和黠戛斯等势力的前沿。同时，通过丝绸之路粟特人、波斯人很快就将西部地方的信息传到西域。唐朝中期，大食兴起，这一地区又成为大食和唐朝争夺中亚的前沿。无论是高仙芝还是封常清，这些西域战将对西天山的经营都是不遗余力的。尤其是怛逻斯之战，也可以视之为唐朝对大食兴起的一个具体反应。唐高宗在位前期，唐依托天山廊道资源禀赋配给策略使其在西域的实际统辖范围得以迅猛延展至葱岭山麓，羁縻统辖地域也覆盖至葱岭以远的河中地区。但由于其未足够重视天山南麓龟兹、焉耆、疏勒等绿洲的基地建设，加之吐蕃在雪域高原的逐渐崛起及北向对塔里木的军事渗透，致使唐廷在西域初始兴盛之基业犹如昙花一现。咸亨元年，吐蕃经由于阗北上攻陷四镇十八州，天山南麓绿洲几乎尽被占据，唐廷由此不得不将战略重心又迁回东天山西、伊二州。唐廷为阻断西突厥与吐蕃的联盟，进而通过重建其对天山北麓的管辖秩序而逐渐恢复对四镇的统辖，其于调露元年（679）将西域经营的重心暂时调整至天山北麓，置金山都护府［垂拱二年（686）罢］统辖碎叶至东天山一带，任命杜怀宝为金山都护，于西天山碎叶置碎叶镇守军，并迁安西都护府于此，任命王方翼为都护。唐廷改变了以往对天山北麓游牧势力的羁縻控制，转而为直接的军事管辖。其实质是唐廷力图通过对天山北麓资源禀赋的直接掌控和调配，阻断西突厥与吐蕃的联盟。史实证明，这一举措为唐廷收复四镇创造了契机，也为之后抵御黑衣大食的东侵积累了战略资本。首先，唐廷对天山北麓游牧势力的直接控制，在一定程度上遏制或减少了其与吐蕃的直接军事勾结，为长寿元年王孝杰收复四镇减缓了天山北麓受敌威胁的压力。唐廷在这一时期对天山北麓，尤其是中段和西段的直接控制一度持续至开元初年，亦为四镇收复后社会秩序的稳定与防御体系的完善确保了时间优势。其次，唐廷对天山北麓的统辖在此时期得以强化，庭州至碎叶段的军防体系基本得以构建，唐廷于长安二年（702）在庭州置北庭都护府，就是唐廷强化对天山北麓统辖的显著标志。之后，面临黑衣大食逐渐东扩的威胁，唐廷以放弃碎叶镇守军为代价，达成与突骑施共同抗击大食的盟约。而此盟约的达成即是以转让对西天山北麓战略资源禀赋的控制和调配权来实现的。所以，西天山在唐代西域治理中，更多承担了安全防卫、信息传播、情报搜集等作用。目前所存的军镇，更多是唐朝繁盛时期西进之路的体现。

2. 重要观点

唐朝是历史上开放包容的时期，通过丝绸之路的西向开放是唐朝对外交往的重要路径，因此以天山为中心的西域成为唐朝治理边疆、保障丝绸之路畅通的重要地区。

首先，唐朝在天山廊道的军镇布局较为完善合理。天山廊道贯穿东西南北，是稳定西域的重要地区。对唐代天山廊道的军镇遗址调查显示，唐朝有着在东部稳定后方的伊州、西州、庭州的军镇布局，天山以北成为唐朝防御北方敌对势力的前沿；塔里木盆地的安西四镇是唐朝治理西域的军政中心，这里屯戍遗址众多，将中天山和塔里木盆地紧密结合起来；南天山和西天山军镇是唐朝西向发展的保障，中亚费尔干纳盆地成为唐朝重要的屯戍之地。

其次，合理的军镇布局保障了丝绸之路的畅通，使其成为唐代对外开放、交往的重要路径。"无数铃声遥过碛，应驮白练到安西"的丝绸之路，其畅通是建立在"古镇城门白碛开，胡兵往往傍沙堆"的基础之上的。唐代天山廊道的军镇遗址体现了当时有效保障丝绸之路北道、中道、南道畅通的特色，体现了唐朝全方位的交通保障格局。

最后，唐朝天山廊道的军镇布局，是中原和西域民众共同戍守西域、屯垦戍边的重要体现。遗存的大量军镇屯戍遗址及出土的文献是当时各民族戍守西域、民族团结融合的重要物质载体，也是稳定西域社会、发展天山南北经济的重要体现。

三、成果的学术创新、应用价值以及社会影响和效益

1. 学术创新

（1）研究方法上的创新。以田野调查为基础，从东天山廊道、中天山廊

道、西天山廊道调查整理唐代天山的军镇布局及其在西域的延伸，并结合传世文献和出土文献，分析唐代在天山廊道的军镇建设，研究其边防体系、西北战略和西域社会治理的措施。

（2）研究资料的创新。本成果不仅利用传世文献和考古出土文献，而且更多使用了田野调查资料。在研究过程中，对天山廊道的哈密绿洲、吐鲁番盆地、塔里木盆地、准噶尔盆地、七河流域等天山南北的广大地区的唐代军镇遗址进行田野调查，与考古资料进行比对核查，取得了大量一手资料。从而使研究内容具备了传世文献、考古发现和田野调查的丰富内容，更有可读性和说服力。

（3）研究观点的创新。本成果认为军镇不仅是唐代西域的军防中心，而且是族群、文化、贸易的集散地，是西域社会稳定和经济发展的中心。唐朝依托安西四镇和安西都护府、北庭都护府以及西天山的羁縻都督府等军镇设施，建立了相对完善的交通路网，为沿途的商贸、文化交流和族群迁徙提供了保障，促进了边防守卫、社会治理、贸易发展及族群流动和融合。

2. 应用价值以及社会影响和效益

第一，探讨天山廊道的军镇布局，为今天新疆城镇化建设提供历史借鉴。天山是新疆的中部山脉，天山南北是新疆农业现代化、新型工业化和城镇化的关键区域。天山以南地区的城镇化，更是新疆经济社会发展的方向。唐代在安西都护府治理下的安西四镇，就位于今天的塔里木盆地周缘，是治理南疆的重要军镇。在今天南疆城镇化的过程中，有必要借鉴历史上的成功经验，探讨分析城镇化的合理布局，为新疆的经济社会发展服务。

第二，天山廊道军镇布局，促进了东西方贸易的发展和民族融合，对今天新疆民族团结、社会稳定有着重要历史借鉴意义。丝绸之路是唐代对外开放的重要通道，"胡姬东来""汉僧西去""粟特胡商"等是丝绸之路活跃的人群，加之屯垦戍边的军民，天山廊道的军镇成为这些迁徙群体的重要聚集地和文化融合区。因此，研究天山廊道的布局和群体活动，对于今天的新疆社会稳定、民族团结和经济社会发展有着重要的现实意义。

在国家推进"一带一路"倡议的背景下，天山廊道成为"一带一路"经行的重要地区。调查整理唐代该地区以安西都护府、北庭都护府、安西四镇及沿天山南北麓的军镇布局，探讨军镇建设和区域治理的关系，尤其是军镇在西域社会稳定、民族团结融合发展的历史中的作用与价值，可以为新疆的城镇化，尤其是新疆生产建设兵团在南疆的城镇合理化布局提供历史借鉴。

《新发现古籍纸背明代黄册文献复原与研究》概要

孙继民*

一、研究的目的、意义及方法

本成果为 2015 年度国家社科基金重大招标项目"上海图书馆藏明代古籍公文纸背文献整理与研究"结项成果之一（该项目结项成果含整理成果和研究成果两大部分，其整理成果已获 2019 年度国家出版基金资助，正在出版过程之中），主要选取新发现公文纸本古籍纸背明代黄册文献为研究对象，对其展开了细致深入的复原与研究工作。

本成果所言"黄册文献"主要包括小黄册和赋役黄册两大类。黄册是明代人口管理和赋税征收的基本册籍，明代最先曾于洪武三年（1370）在部分地区试行小黄册制度，之后于洪武十四年（1381）正式在全国施行赋役黄册制度。黄册的攒造基本贯穿于整个明王朝始终，就目前所知，有明一代总计攒造小黄册 1 次、大造赋役黄册 27 次。据学者统计，至明末后湖库所贮赋役黄册总数应在 200 万本以上。然因战乱、朝代更迭等一系列历史因素，如此巨量的黄册遗存下来的数量却极少。之前学界已知传世明代赋役黄册文献仅 12 种。笔者在对公文纸本古籍纸背文献整理过程中，新发现了明洪武三年处州府 1 府 4 个以上县 15 个左右都的小黄册及不同时期、不同地域的赋役黄册 37 种，无疑是对已知明代黄册文献数量和种类的极大补充，具有极

* 孙继民，河北省社会科学院研究员，博士生导师。

高的学术价值。

本成果的研究意义主要有二：

其一，本成果关于新发现明洪武三年小黄册的复原与研究，为解决学界长期争端提供了重要契机。明王朝于洪武十四年在全国正式推行赋役黄册制度之前，曾于洪武三年在部分地区实行了小黄册之法。但传世史籍中关于小黄册的资料仅见于《永乐大典》残本中的一条记载，且非小黄册原件，还存在前后抵牾之处，以致诸多学者横生分歧。本成果在古籍纸背新发现了 634 叶小黄册原件文献，可称是完整意义上的史料新发现。这属于明史研究领域极度稀缺的新史料，对于明代赋役黄册制度研究有着极高的史料价值，无疑可提供解决学界争论的重要契机。

其二，本成果关于新发现古籍纸背明代后湖黄册库藏黄册进呈本的复原与研究，证实了后湖黄册库藏黄册正本的存世。之前学界已知的 12 种明代黄册文献大都属于抄底、供单，属于黄册原本的仅 4 种，而这 4 种黄册也均非县、府、省（布政司）和户部四级官衙收贮的黄册正本。日本学者岩井茂树先生曾感叹称：后湖黄册正本"今天我们已不能找出一册一叶"。而本成果仅在上海图书馆藏公文纸本古籍纸背即新发现了 30 种可确定为后湖黄册库藏黄册进呈本的正本文献，实现了存世后湖黄册正本从无到有的转变。既为现存黄册文献增添了新的资源，也为以后进一步识别、认定户部黄册正本提供了实物依据和标准样本，其文物价值和学术意义的重要性不言而喻。

本成果在缀合复原上，主要借鉴敦煌吐鲁番文书成功的整理经验和方法，通过对照文献图版的墨色、笔迹、行距、纸张、内容等，对黄册残叶进行了一定程度的复原，力争最大限度地展现黄册原貌，为学者利用提供便利。在研究方法上，则主要运用二重证据法，既注重传世典籍材料的搜集和整理，也注重新发现档案资料价值的分析和研究。在传世典籍材料与新发现档案资料的结合上努力进行挖掘，在新发现档案资料与朝代典章制度的关联上努力进行结合。

二、成果的主要内容和重要观点

本成果除前言和附录外，主体部分共分四章，每章又各含专题研究论文多篇。

前言旨在介绍本成果的来龙去脉，要旨在凸显上海图书馆藏古籍纸背明代黄册文献的核心史料价值和主要学术意义。

第一章"公文纸本古籍纸背文献综论"为全书的背景性论述。因本成果主要复原与研究的对象为新发现于古籍纸背的明代黄册，而古籍纸背文献又属于一个比较新的概念，故本成果首先对公文纸本古籍纸背文献相关概念、存世数量、概念内涵与外延及其价值意义等问题进行了论述，以便于学者了解该批新发现明代黄册文献的相关背景。全章含5篇论文：

（1）"公文纸本：传世文献最后一座富矿"指出，在目前已出考古新文献基本整理完毕（仍有一批正在进行中），各地古代公私档案（包括民间散存的各种文献）正陆续进入相关地区、部门研究者视野或已着手整理，普遍认为除了将来考古新发现之外已无大宗新材料、新文献发现空间的情况下，我们还有一笔非常丰厚却基本不为人所知而处于待开发状态的文化遗产和文献资源，这就是蕴藏于我国传世典籍文献中的公文纸本文献。

（2）"现存古籍公文纸本古籍数量概说"通过细致梳理和统计，指明目前已知的传世公文纸本古籍当在138种以上，但大部分深藏各大图书馆，不为学者所见。

（3）"近代以来公文纸本古籍的流传和存佚"主要对近代以来公文纸本古籍流传和存佚状况进行了详细梳理，指出明清时期着录的公文纸本古籍截至目前大约已有1/3不见踪影，这既是近代以来公文纸本古籍流传的一个基本状况，也是我们必须面对的一个严峻现实，因而急需对现存公文纸本古籍纸背文献进行整理公布，以能够长期保存这批珍贵文献。同时，还对公文纸本正面文献与背面文献的关系进行了详细论述，指出纸背文献是一次利用文献，正面文献是二次利用文献；纸背文献是原始文献，正面文献是次生文献。二者价值顺序和价值关系应是一次文献早于二次文献，原始文献优于次生文献，孤本文献珍于重本文献，写本文献高于印本文献。

（4）"封皮裱纸文书：古籍公文纸背文献的特殊形态"和"古籍公文纸背文献学的内涵与外延"主要对公文纸本古籍的内涵和外延做了界定，即所谓古籍公文纸背文献是指位于册子类古籍书叶背面、以写本为主要构成的各类公私文档、账册、簿籍等文献形式，此即目前我们对古籍公文纸背文献内涵和性质的最新认识；根据原始文献所处位置的不同，公文纸本古籍纸背文献又可分为内文纸背型文献、封皮裱纸型文献、拓本裱纸型文献和内文衬纸型文献，后三者即为古籍纸背文献的外延。

第二章"公文纸本古籍纸背所见明代黄册文献概述"主要是对目前新发现的古籍纸背明代黄册文献进行了详细梳理和概述，包含 4 篇论文：

（1）"公文纸本古籍纸背所见洪武三年（1370）处州府小黄册"对之前竺沙雅章先生文中提及的日本静嘉堂文库藏《汉书》纸背小黄册进行了简要介绍，并重点对新发现的上海图书馆藏《后汉书》《魏书》及四川图书馆藏《魏书》纸背洪武三年处州府小黄册进行了详细梳理。通过梳理指出，《后汉书》365 叶纸背小黄册中，共包含 3 个以上县，10 余个都，24 个里，511 户人户的人丁、田产信息，一里之中，保存人户最多者为 93 户；《魏书》纸背小黄册含 2 个以上县，5 都 9 里，398 户人户人丁、田产信息，一里之中，保存人户最多者为 75 户。同时，还对小黄册所见里甲正户、带管外役户、编排不尽人户、寄庄户的各自登载特点进行了说明。

（2）"上海图书馆藏公文纸本《乐府诗集》纸背赋役黄册"主要对上海图书馆藏《乐府诗集》纸背明代黄册进行了详细考证。上海图书馆藏《乐府诗集》为明末毛氏汲古阁刻公文纸印本，共 1 318 叶，包含多种明代黄册。因印刷古籍的需要，原始黄册文献被裁切，纸张顺序也被打乱，造成同种黄册位于不同册、不同卷；或同一卷中包含多种不同黄册。该文通过细致考证，指出该书纸背共有 19 种明代赋役黄册，均为后湖黄册库藏黄册进呈本正本，并对每种黄册所包含的具体页码进行了说明，并指明了各种黄册所具备的独有特点。文中还对因残缺造成攒造时间、地域不明的黄册进行了分析，尽量考证出了其时间和地域，以便为下一步的研究和学者使用提供方便。因《乐府诗集》纸背黄册种类多、数量大，故将其作为单独一文。

（3）"上海图书馆藏其他公文纸本古籍纸背赋役黄册"主要对上海图书馆藏除《乐府诗集》之外的《梁昭明太子集》《赵元哲诗集》《崔豹古今注》《徐仆射集》《增修复古编》《张司业诗集》等书纸背的明代黄册进行了分析和介绍。此六书纸背共有明代黄册 15 种，其中 11 种可确定为后湖黄册库藏进呈本黄册原件。

（4）"其他图书馆藏公文纸本古籍纸背明代赋役黄册"主要对中国科学院国家科学图书馆藏《沈侍中集》、北大图书馆藏《桯史》、哈佛燕京图书馆藏《重刊并音连声韵学集成》《直音篇》及嘉德拍卖会上曾出现的《汉隶字源》等书纸背的明代赋役黄册进行了概述和介绍，并对各黄册攒造时间及所属地区进行了详细考证。

第三章"新发现公文纸本古籍纸背洪武三年处州府小黄册复原与研究"主要是对新发现的上海图书馆藏《后汉书》和《魏书》纸背小黄册的复原与研究，共包含 6 篇论文：

（1）"古籍纸背洪武三年小黄册归属地考释"主要对新发现小黄册所属县进行了详细考证。因洪武三年小黄册登载人户籍贯信息较为简略，大都仅载"系本都人户"，具体所属县籍不明，故该文通过其中出现的铺司、寺观等名称，对其所属县进行了详细分析，考证出该批洪武三年小黄册至少包含处州府青田县、遂昌县、龙泉县、丽水县等四县都里，另有疑似缙云县一县。

（2）"古籍纸背洪武三年处州府某县某都第四里小黄册缀合复原"主要对上海图书馆藏《后汉书》纸背保存的人户较多的一里小黄册进行了缀合复原，复原出了基本完整的一个里黄册，可说是目前学界公布的最为完整的一个黄册，为相关研究的开展奠定了坚实基础。同时，该文还对该里人户的土地占有情况进行了统计分析。

（3）"古籍纸背洪武三年处州府小黄册书式复原及相关问题探析"对小黄册的书写文式进行了复原，并对小黄册所见明代赋役黄册登载形式起源和里甲轮役方式进行了探讨。该文指出洪武十四年开始推行的赋役黄册制度，其基本攒造原则是继承了小黄册的编订方式，具体民户登载形式则是融合了户帖和小黄册二者而来。至于明初里甲轮役方式，学界长期存在较大争论，而通过对小黄册的分析可见，明初黄册攒造存在"顺甲法"和"穿甲法"两种里甲编排方式，将其结合"里长甲首轮流图"，可见"顺甲法"下是按"甲"轮役，十年一周；而"穿甲法"则是每年由"里长甲"中一户出任"里长"，九个"甲首甲"中各出一户出任"甲首"应役。这两种里甲轮役方式，从洪武三年始一直延续至嘉靖时期。嘉靖十一年（1532）始，因"穿甲法"检索不便，下令黄册只能按"顺甲法"攒造，由此里甲轮役方式只剩"按甲轮差"。由于明后期赋役黄册的里甲攒造仅剩"顺甲法"，而清修《明史》所载却是明后期已消失的"穿甲法"轮役，两者之间的矛盾，造成了学界长期争论。

（4）"古籍纸背洪武三年小黄册所见明初里甲编排原则考略"主要对《后汉书》纸背小黄册所见明初的里内里长、甲首的轮役次序编排原则进行了详细考释。该文指出：明初里甲编排中，"顺甲法"轮役方式下，是依"里长甲首轮流"纵向按列排序，甲首户之间依据各自田产多寡依次递减佥充，各甲之间同样如此；"穿甲法"下的人户里甲应役次序，是依"里长甲首轮流图"横向按行排序，据各自田产多寡依次佥充，且呈递减之势，纵向各列里长—甲首的编排同样如此。

（5）"古籍纸背洪武三年小黄册所见带管户和畸零户探析"和"古籍纸背洪武三年小黄册所见寄庄户浅析"主要对古籍纸背小黄册所存"外役户""畸零户"和"寄庄户"等特殊人户进行了分析探讨。两文指出：明初"弓兵""铺兵"等外役人户，均不承担里甲正役，由邻近里长带管；"畸零户"为10～40户整数户数时，编排排年甲首，由邻近里长带管，达到50户时就需要另立里长一名，排年甲首；"寄庄户"则是只登载田土、赋税信息，不载人丁信息，其在寄庄地，也需承担里甲正役或"弓兵""铺兵"等杂役。

第四章"新发现上海图书馆藏古籍纸背明代赋役黄册复原与研究"主要是对新发现的上海图书馆藏古籍纸背明代后湖黄册库藏黄册进呈本文献的复原与研究，共包含8篇论文。

（1）"《乐府诗集》纸背明代扬州府泰州宁海乡赋役黄册户头散叶缀合复原"主要是对新发现的正德七年（1512）直隶扬州府泰州宁海乡二十五都第一里赋役黄册中，8叶带户头的黄册残叶进行了缀合复原。复原出了4件相对完整的黄册散叶，提供了一个缀合复原示例，为下一步复原研究的深入开展奠定了基础。

（2）"《乐府诗集》纸背明代福建莆田县赋役黄册简释"主要对新发现古籍纸背莆田县赋役黄册进行了基本介绍、时代判定和价值分析。基本介绍，主要对该批黄册的特点、总数等进行了概述；时代判定，主要是根据明弘治三年（1490）关于黄册人户籍贯登载要求的变化，推断出本批莆田县黄册应是明孝宗弘治五年（1492）及以后攒造；价值分析，则主要是指出了该批黄册中的"里"应该是来源于唐宋的乡里制，是专指某一特定区划的地理名称，而非明代都图里甲制度中的"里"，深化了我们对明代"里""图"关系的再认识。

（3）"《乐府诗集》纸背明代福建永定县赋役黄册考释"主要是对新发现明代福建永定县赋役黄册的攒造主体归属、攒造时间等进行了考证分析，并对其特点进行了介绍。通过考证可见，该批黄册应为"汀州府永定县溪南里第五图"赋役黄册，攒造时间应为正德七年。其具有两个突出特点：一是现存 25 叶黄册残叶中，带有户头内容者计 10 叶，有户头的纸叶占总纸叶的比重达 40% 之多；二是其保存的 5 叶该图黄册的总计内容，是目前发现最多的一图黄册总计内容。

（4）"上图藏古籍纸背明代山西汾、应二州赋役黄册考释"主要对上海图书馆藏《乐府诗集》纸背"嘉靖四十一年（1562）山西汾州南郭西厢关厢第十一图赋役黄册"和《梁昭明太子集》纸背"嘉靖年间山西大同府应州泰定坊赋役黄册"这两种新发现山西黄册进行了特点介绍和价值分析。此两种黄册最大的特点和价值主要有二：一是体现出了明代赋役黄册登载格式的地域差异。通过将其与已知南方徽州、浙江黄册对比可见，南方黄册更为细致，尤其是对田土的推收过割的登载尤为详细，甚至对土地的四至都进行了登载，山西黄册则无南方黄册中更为细致的土名以及四至登载，但在事产项上的登载较南方更为丰富，不仅有土地、房屋和头匹，且有"营生"项登载。二是山西黄册中保存着较为稀见的"绝户"黄册，可使我们对明代的"绝户"管理有更深入的了解和认知。

（5）"《乐府诗集》纸背明赋役黄册残叶所见墨戳文字内涵浅析"主要对《乐府诗集》卷十八第 9 叶纸背"正德七年直隶扬州府泰州宁海乡二十五都第一里赋役黄册"中出现的残墨戳字迹进行了细致考证，指出该叶现存残墨戳字迹应为"驳"字。该墨戳的确认，为明弘治十二年（1499）云南道监察御史史载德建议、弘治皇帝批准的"驳查补造"登载形式由"改造新本"到"眉批原本"的改革，在正德七年大造黄册的驳查过程中得到了实施，提供了文献和实物的双重证据。

（6）"《乐府诗集》纸背明代扬州府泰州宁海乡赋役黄册所见军户登载格式问题探析"主要对明扬州府泰州宁海乡赋役黄册中的军籍人户登载方式的演变及其价值进行了探讨。据史籍记载，弘治三年前，黄册中的军籍人户登载格式与普通民户并无不同，弘治三年司礼太监何穆提请在军籍人户黄册中户主项下开列该户祖上充军缘由及补役情况，但该请求遭户部驳回，故弘治五年黄册中军户登载格式未发生变化。弘治十三年（1500），明廷却又下令在军籍人户黄册中，户主项下详细开列祖上充军缘由及补役情况，正德七年大造黄册得到贯彻执行。古籍纸背的军户黄册为这一登载形式的变化提供了实物证据。另外，该文还发现古籍纸背黄册中"朱瑛"与《中国明朝档案总汇·武职选簿》所载"朱瑛"为同一人，为明代不同册籍之间的相互关联提供了例证。

（7）"《赵元哲诗集》纸背明代兖州府东阿县赋役黄册所见军户垛集及徭役问题探析"主要对明代兖州府东阿县赋役黄册中军户资料所见明代垛集充军中"三贴户"问题及州县军户应役及徭役征收相关问题进行了分析。该文认为明代的垛集制度实质反映了民户转化为军户两个方面的动态变化过程：一是从民籍转化为军籍的过程，二是民差转化为军役的过程。而垛集过程中的"三贴户"在明朱元璋时期，仅为正户应役，贴户帮贴，至永乐后，则改为正户与贴户轮流服役，轮番更替。同时，通过对黄册所载征收税额的分析可见，明朝对于州县军户的赋役征派优免政策在部分地区并未得到贯彻执行，导致州县军户缺乏动力帮贴正户。这使得原有军户体系下的卫所军户和州县军户之间出现危机，关系日益疏远。

（8）"《乐府诗集》纸背明代赋役黄册所见田土买卖探析"主要对《乐府诗集》纸背带有田土买卖信息的黄册进行了详细梳理及考证。通过梳理可见，明代黄册中登载的田土买卖大体可分为买、卖、兑和分并四种不同类型，根据各自田土买卖书写方式的不同及是否"过割"等因素，又可将每大类细分为19种不同的小类，展现出了田土买卖中丰富多样的书写登记形式，充分体现了黄册登记的准确性和灵活性，及对田土买卖中"过割"原则的贯彻执行。

本成果附录，主要包括三部分内容：

（1）"洪武三年处州府小黄册缀合复原"。本成果在研究过程中，已经完成了对新发现上海图书馆及四川图书馆藏古籍纸背所包含的处州府4个以上县、15个以上都、32里、873户人丁、田产信息的小黄册全部缀合复原工作。鉴于小黄册的稀缺程度及重要学术、史料价值，本拟多公布一些资料，但限于篇幅，最后仅选取了3个里的复原小黄册收入：一种是收于本成果第三章的"某县某都第肆里"小黄册复原，另外两种即收入附录的"青田县四都某里"和"龙泉县二都某里"小黄册复原。其他复原小黄册，待有机会，将尽快公布。

（2）"新发现古籍纸背明代赋役黄册示例"主要选录了"永乐二十年（1422）浙江金华府永康县义丰乡一都六里赋役黄册""成化八年（1472）山东东昌府茌平县三乡第一图赋役黄册""弘治五年（1492）浙江台州府临海县二十九都二图赋役黄册""正德七年（1512）直隶苏州府昆山县全吴乡第六保第十图赋役黄册""嘉靖四十一年（1562）山西汾州南郭西厢关厢第十一图赋役黄册""万历十年（1582）山东兖州府东平州东阿县赋役黄册（草册）""某年湖广衡州府衡阳县赋役黄册"等 7 种新发现的不同时期、不同地域的赋役黄册部分内容和图版。这些新发现黄册均位于古籍纸背，而古籍本身又大都属于善本书籍，借阅查看颇为不便，故而本成果附录部分内容可提供给学界使用。但同样因限于篇幅，每种仅能选取内容相对完整的几叶散叶进行示例。

（3）"哈佛藏《韵学集成》《直音篇》纸背明代赋役黄册缀合与研究"主要对哈佛燕京图书馆藏《重刊并音连声韵学集成》《直音篇》两书纸背明代扬州府赋役黄册进行了简要介绍，并复原出了 15 件相对完整的黄册散叶。因其不属于本成果复原研究的主体——上海图书馆藏古籍纸背文献，但同属新发现古籍纸背明代黄册文献，为保证体例的统一和内容的完整，将其放入附录部分，一并公布。

三、成果的学术创新、应用价值以及社会影响和效益

本成果的学术创新主要有二：

一是本成果公布了一大批之前不为学界所知的古籍纸背明代黄册文献，为研究明代黄册的发展演变及相关问题提供了一批珍贵新资料。之前学界已知黄册以攒造时间而言包括永乐至宣德、成化、嘉靖、万历、天启、崇祯等几个时期。就地域而言则有徽州府祁门县、歙县、休宁县及嘉兴府嘉兴县，严州府遂安县等地。而本成果公布了新发现的 38 种古籍纸背明代黄册文献。新发现文献就时间而言有洪武三年、永乐二十年、天顺六年（1462）、成化八年、弘治五年、正德七年、嘉靖三十一年（1552）、嘉靖四十一年、隆庆

六年（1572）、万历十年等，正可与已知黄册构成一个完整的时间链条；就地域而言则包含有浙江、江苏、湖南、福建、山东、山西的 29 个州县，且另有多种黄册因残损，目前还未能确定准确地区。这无疑极大丰富了已知明代黄册的所属地区，尤其是其中山东、山西、福建、湖广等地的黄册，均为首次发现公布，其宝贵史料价值不言而喻。

二是本成果通过对新发现的古籍纸背明代黄册文献展开分析讨论，在诸多问题上取得了一系列新认识，推动了明史研究的进一步深入和发展。例如，关于明初小黄册问题，传世史籍中仅见一段关于小黄册的记载，还属于相关史料，不属于黄册原件文献。黄册原件文献不见于任何史籍记载，因其材料稀缺、语焉不详，造成了学界争论的出现。本成果缀合复原了处州府某县某都第四里、青田县四都某里、龙泉县二都某里等 3 个里的小黄册原件文献，并利用其对明初小黄册人户登载方式、里甲编排及轮役原则、赋役黄册对小黄册的继承发展、明初"外役户""畸零户""寄庄户"等特殊人户的相关问题等进行了详细分析探讨，取得了一系列新的认识。又如，本成果关于墨戳黄册和户主籍贯登载方式、军籍人户登载方式演变的相关研究，进一步完善了学界关于明代黄册登载格式演变及"驳查补造"流程的认识，并为弘治三年始黄册登载格式和"驳查补造"方式的转换，提供了切实的文献实物证据。

总之，本成果对新发现古籍纸背明代黄册文献的公布和研究，必将扩大公文纸本古籍纸背文献在学界的影响，推动公文纸背文献学和明史相关研究领域的进一步发展。

《战争、税收与财政国家建构：近代中国所得税研究》概要

魏文享*

一、研究的目的、意义及方法

本成果系统梳理近代中国所得税的引介、立法、制度及征收进程，探讨本土所得税制度的实践路径，分析所得税征收之中政府与纳税商民之间的权利义务之争，归纳所得税及直接税改革对于近代国家财政能力及国家治理的重要影响。在研究之中，注意将战争、财政、社会等宏观要素与所得税结合起来，从而也对近代中国财政国家建构问题展开讨论。

从学术史角度言，所得税是现代税收体系的重要税种，在西方自19世纪初即开始推行，在19世纪末成为主要税目。中国自晚清时期引入西方所得税学说及制度，后经过立法，直到抗战时期全面实施。所得税的推行，包含着近代中国财政、税收及国家职能演化的重要逻辑。学界对于制度、政策的讨论相对丰富，但对于税收与财政、社会之关系关注不足。在近代由间接税向直接税、由农业税向工商税转型的过程之中，所得税居于重要地位。所得税既涉个人薪资，也涉企业收益，一般职业者与工商业者都与之利益攸关。近代税收的合理化、现代化变革，在所得税、直接税方面有着重要体系。此外，近代的战争财政体系之中，所得税的地位极为显要。所得税的研究，不仅具有财政意义，而且是观察近代国家与社会、政府与纳税人关系的

---

* 魏文享，华中师范大学教授，博士生导师。

重要尺度。本成果试图深入具体立法及征收进程之中，关注征税者与纳税者之复杂互动关系，探析这一西式税制在中国落地生根的内在机理。所得税是当代中国最为主要的税种，是国家财政的支柱来源之一。所得税的改革，是关系国家财政及社会民生的重大问题。目前所得税制虽已较为成熟，但仍有很大的优化空间。近代所得税之得失成败，亦可资治于当世。

在方法方面，首先，本成果坚持税收社会史的视角，重视所得税的制度变迁与纳税商民、公共舆论的相互关系。所得税的制度建设及征收过程，需要考虑到纳税人的税收心理，也要重视公共舆论的导向。晚清民初所得税之所以征收失败，主要在于商民抵制。抗战前期的成功，则在于民族主义推动下的财政合理化趋势。其次，本成果重视从财政与社会、国家与民间、征纳关系的多维角度展开分析。

二、成果的主要内容和重要观点

本成果在导论部分，分三个部分讨论西方所得税的兴起及其制度特征，所得税的研究状况及本成果的问题与方法。在导论之外，共分十二章展开，所论问题相互关联，以下分主题进行介绍。

（1）近代所得税制从西方引进到本土立法实践的进程。这一主题主要是第一章至第三章。第一章主要是讨论晚清西方所得税的引进及本土试行。所得税经由外人著述译介，租界、官绅及外交人员的观察等渠道引入，从学说渐上升到政策层面，政府重视所得税的目的，是以此解决晚清时期的财政危机，寻找新的增量税源。晚清时期，所得税在报纸上有较多讨论，在立法方面则参考各国成例，尤其是日本法规形成草案。第二章讨论所得税在北洋政府时期的试行。政府在 1914 年及 1920 年两次尝试推行所得税，制定法规及建立机构，但遭到以商会为主的纳税商民的激烈抗议。商民抗议所得税为非法，要求废督裁兵，维护民生。本成果将商民反对行动定义为"反对所得税运动"。第三章讨论南京国民政府时期的所得税立法问题。此时推动立法，主要是为了筹备抗战财政。在官方和公共舆论、学界意见上，基本形成共识，由以所得税为主的直接税来调整间接税体系。在此过程之中，商会、职业团体与政府展开频繁交涉，表达意见，主张权利。政府虽予回应，但最终成功开征。所得税开征，显示出近代税收的政治生态及商民心理已经发生变化，所得税上的权利与义务关系更为明显。本成果除从学说、事件及立法层面上进行解读，也会分析所得税与这一时期的捐输及清末民初国民捐的关系。

（2）近代所得税的法律制度及税务人员考训问题。第四章、第五章讨论这一问题。近代所得税以分类所得税为基础，到后期逐步扩展分类范围。到抗战时期，则将非常时期过分利得纳入。到内战时期，又加上了综合制。因此，所得税兼具有收益税和综合所得税的特点，由对物逐步转向对人征收。在征收制度上，以申报制为主。所得税的核算是最为困难之事，因商业账簿及查账制度并不完善，影响征收的公平和效率。政府不断强化举报、查征方式，以为补充。所得税征收中，税务人员的作为直接影响税风。为了改变税风税政，国民政府财政部在征收所得税时，就开始了直接税人员考训，招收大学生进入税务人员队伍。这对推动近代税收队伍的职业化和专业化，有着正面作用。在制度实行中，也存在不少制度裂缝，导致所得税逃税问题、税务人员贪污谋私问题难以根本解决。

（3）近代所得税、直接税改革中的派系政治。第六章讨论此问题，主要以国民政府财政部直接税署署长高秉坊（所得税创办人）被控案为例展开讨论。在过往研究中，较少关注到税收改革之中的派系政治问题。所得税是直接税的主干，抗战时期国民政府的直接税改革，是由所得税发起并以此为基础扩展的。在改革之中，孔祥熙及高秉坊一系在推动直接税立法、人员训练等方面有实际功绩，但孔系却受到 CC 系、黄埔系的排斥。因此，有不少因人废事之举。高秉坊被控，即为此时的重大事件。高秉坊之被控，与其在直接税人员训练及安排之中排除其他派系人员有关，而所得税保证金等问题，也予反对派以口实。这也说明，所得税的征收之中，国民政府为提高效率，采取了许多法外之法。

（4）近代所得税征稽及商民反应问题。本议题在第七章、第八章展开。过往税收史研究，主要关注的是征收方的政策及行动，对于纳税人的权利与利益问题关注不足。在所得税问题上，商会、同业公会扮演着纳税人团体的角色，不仅参与税政立法，而且在征收之中也具有重要作用。本成果以天津、广东为例，讨论所得税的征收实践问题。在天津，商人团体发挥着协征、代征的作用。特别是在全面内战时期，政府为提高效率，征税近于摊征，商人团体在征收营利事业所得税方面有着重要的制度优势。在广东的案例中，商会同样发挥协征作用，但在个人所得方面，则是采取单位代缴代扣的方式较为普遍。此类办法在税法之中并未明确规定，是政府在战争财政压力之下为提高征收效率的变通之举。此举虽有合理性，但严格来说是破坏税收法定程序及税收公平的。

（5）近代所得税征收中的华洋同税与税权自主问题。第九章讨论此议题。在近代税收的研究中，外国在华商人及企业逃税是一重要问题，但长期以来学界研究极为不足。外人逃税问题，对近代所得税制的推行及征收绩效方面均有重要影响。华洋之间不同税，即在华外人逃税问题，制度上的根源是不平等条约体系及租界的存在。政府宣称要中外一体同税，但税收管理权无法深入租界之中。在北洋时期，这一问题就存在，主要体现在印花税、卷烟税问题上。到南京国民政府时期，营业税、所得税在华外人逃税问题更为严重。在所得税开征后，国民政府再次与西方各国展开全面交涉，要求各国同意纳税。在外交谈判中，各国各持标准，拒绝或拖延纳税。在商民看来，税权不平等，不仅涉及税收公平，更与税收主权直接相关。直到抗战后期，西方各国取消在华治外法权，外人纳税的制度障碍方才消除。

（6）近代所得税逃税问题。本议题在第九章中讨论。任何税收，逃税都是至关重要的问题。逃税有征纳双方原因，有制度原因，也有社会原因。所得税新税开征，商民认识不足。政府甫始推行，税务行政能力有限。所得税在各地设立征收机构，培养税务人员，但限于财产、所得及营利统计制度不全，商家账簿并不规范，核算查征，都难以达到准确地步。在税务机构及财经学者方面，对此展开激烈讨论，对逃税的方法、原因及查征的方法、路径，都有提及。如结合所得税制度来看，所得税修改的重要方向之一，就是防堵逃税。

（7）近代所得税的征收绩效及其财政、社会效应问题。本议题在第十章、第十一章展开。近代所得税征收历程艰难，屡经尝试，在抗战时期成功开征。就其绝对数额来看，从无到有，是重要成绩。更为重要的是，经由所得税的开征，推动了政府的税收结构从间接税向直接税转型，从权贵免税向重征富人转型，是税收合理化的重大成就。通过所得税的征收，政府得以建立起相对完善的直接税体系。在抗战时期，包括所得税、遗产税在内的直接税成为关税、盐税、货物税之后的第四大税类。所得税的征收，增强了政府的财政能力及财政信用。在社会效应方面，所得税在制度上为良税，受公共舆论所重，在纳税商民方面，却一直不堪其苦，认为税负太重。所得税之中，以薪酬所得和营利所得为主，实际征收成绩，是营利事业所得为大宗。这说明，所得税的实际负担，是由商人及企业承担。到抗战之后，税收层层加重，加之经济环境恶劣，官民的税收关系恶化，所得税也难离其外。商民对于税收负担的判断，并非依单一税类而论，而是从整体税负及财政支出的感知而定。所得税虽为良税，但政府重在其财政工具作用，忽视民生效应，导致民众对所得税的抗拒。民众基于税收权利及税收契约，对政府治理亦提出要求。

（8）战争、所得税与财政国家的建构问题。本议题主要是在第十二章及结语部分展开。在对所得税的学说、制度及实践的脉络进行考察之后，有必要将所得税置于近代财政的宏观变迁的背景下进行分析。自晚清以来，传统节余型财政被战争和军事支出打破，赤字型成为常态。政府一方面推动税收结构由传统农业税向工商税体系转型，另一方面也引入公债制度，实施货币改革。从政府收支结构来说，具有鲜明的军事型借贷财政的特性。政府的借贷能力、信用来自税收。晚清直至国民政府时期，关税、盐税及统税长期为主干税种，其中有一重大弊端即是全部为间接税。间接税易于通过价格转嫁，国家难以实现向富有者和有产者征税的目的。所得税的引入和推行，其与间接税相比最大的不同在于，实现向有产者、富有者、高薪者征税。因此，在英、法、美等国，无不是在战争时期依赖所得税来提升税收额度，提供税收信用，维持政府借贷。晚清及北洋政府未能成功，遭到商民激烈抵制。到抗战时期，在日本入侵的威胁之下，抗战财政得到公共舆论的理解，最终实现所得税的全面开征。结语中还与英国、美国进行比较，英、美在二战时期的军事开支同样巨大，占比极高，政府也大借公债，但并未陷入严重通胀，其中的密码正在于所得税。通常所谓财政国家，包含有公共财政及借贷流动两个层面的含义。结合所得税的研究，也可以对此问题予以回应。

本成果的重要观点包括：

（1）近代所得税的学说及制度虽由西方引进，但其立法开征却受本土财政需求及政治、经济环境的制约。政府推进所得税不断宣扬其优良制度，以其推进税收合理化进程，回应社会的减税及公平要求。但从时机上看，却是在战争财政驱动之下由政府强力推进。所得税制度上的良税特性及在西方普遍实施的现实，有利于增强其合法性。在民间方面，纳税人认为其增加了税负，在未裁减苛杂的情况下，仍对之予以抵制。商会和同业公会代表纳税人进行税权表达和集体行动。在北洋时期，商会的反对导致所得税征收搁浅。到抗战时期，商会要求缓征，但迫于民族抗战需要，在态度上仍予以支持。财政官员及财经学者大多支持以所得税来改善间接税为主的税收结构，推动税收合理化。

（2）在立法及征收进程中，纳税人表现出强烈的税权意识与参与意识。在晚清民初，商人在商会的整合之下展开集体行动，强烈抵制所得税开征，最终使政府企图落空。商民所提要求，涉及税收法定、税收监督、裁减军费、国家治理等层面。在国民政府时期，商人和自由职业者也在立法进程之中表达意见，政府亦有所回应。但因纳税人并无制度化的参与途径，单纯通过公共舆论施压的方式失败。在战时财政民族主义的压力之下，政府成功开征所得税。在所得税的立法及开征过程中，纳税人的权利与契约意识得到明显体现。到全面内战时期，政府通过商会摊征协征，但纳税人的抗议增强，通过逃税予以抵制。

（3）所得税的人事制度及征收体制受到国民党及政府政治生态的制约。政府为改善税收结构，推动直接税改革，这是符合近代税制演进方向的，有利于调整税负，促进社会公平。孔祥熙、高秉坊致力于推动直接税改革，以所得税作为着力点，进行征收制度、人事制度、公库制度的变革，促进了财政和税收的科学化管理。但在此过程中，亦受到国民党内派系斗争的影响，官员的贪污腐化行为也影响到直接税税风。国民党党政体制的运行对财政的监督、税收的变革也有直接作用。

（4）所得税虽为良税，但因政府只重征收，不重民生支出，大量税款最后用于军政开支，使纳税商民失去对政府的信任。政府承诺减轻苛捐杂税，但并不彻底，企业、自由职业者在所得税之外，还有沉重的税负及摊派。政府与纳税商民间基于税收的契约关系受到严重破坏，最终传导到政治之上，成为国民党政权陷入崩溃的重要原因之一。

（5）所得税是理解近代中国财政国家问题的重要视点。近代政府希望透过所得税等新税的实行，来解决财政危机，建立财政国家，维持政府借贷能力。但过度军事化的财政支出使财政的建设性大幅降低，且影响到税源的持续增长。所得税的征收远未达到英、美各国的比例，相应使政府的借贷能力受到制约，不得不转向通胀依赖。到全面内战时期，国民党政府的财政收入结构中，非税收入远超过税收收入，政府完全依赖通货膨胀来维持财政体系的运行。

（6）所得税与战时财政的借贷能力。本成果在分析及结语中，对近代中国所得税征收情况与英、美进行对比，近代中国税收结构最不合理之处，是以间接税为主而直接税比例过低。在战争状况下，政府难以实现向富有者、有产者、高薪者征税的目标，也难以将债券市场化以维持借贷能力。反观英国和美国，在二战时期，两国最大的税收增量来自所得税及相同性质的利得税，由此维持税收在国家财政中的较高比例。政府以税收为担保，发行公债，债务信用良好，在债券市场得到支持。债券保持流动，给政府提供了强大的财源。与之相比，国民政府所得税改革虽有成效，但推行力度仍有不足，还不足以给政府提供充足的信用支持。政府的借贷政策难以维系，不得不由借贷财政转向通胀财政。过度的物价上涨，又严重削弱了税收、公债的财政价值，破坏了市场的正常定价及交易机制。

（7）所得税反映的国家、民间的政治、经济及社会关系。国家是征税者，也是支出者，现代国家承担着维持秩序、促进发展、社会保障等方面的职责。民间包括纳税人、公众两个层面，是国家共同体的税源基础。在熊彼特的税收国家观点中，国家是由政治系统、经济系统和社会系统等不同子系统共同构成的，而财政、税收则是连接各子系统的重要纽带。在近代中国，所得税是不同于传统土地税及商税的新税类，税负能力与税收负担对应。在政治层面，纳税人在所得税上的权利意识更为强烈，对于财政监督、国家治理都提出了新的要求，而国家也以国民责任来规范纳税行为。政府与商民间的征税与减税的交涉一直持续。在经济方面，近代所得税主要是由商人和自由职业者承担，尤其是公司、商号承担了营利事业所得税。近代企业的税负较为沉重，在所得税之外，还有营业税、货物税及各类苛杂、摊派。在社会方面，政府与纳税商民的税收信任度差，商民的抗税、减税要求不断，"民国万税"，主动纳税意愿较差。纳税人认为财政支出中对民生关注不够，主要用于战争。

三、成果的学术创新和应用价值

本成果的学术创新及应用价值主要体现在以下方面：

其一，全面厘清了近代中国所得税从西方引入到本土推行的进程，对所得税的学说、观念、制度、税政、绩效及其相互关系进行了系统分析。所得税虽为效法西方而设，但在本土是为强化中央财政能力、促进税收结构由间接税向直接税转化。在社会动因上，民生主义及税收合理化的诉求，使所得税获得公众舆论支持。但所得税最终能够成功开征，还要归因于抗战时期财政民族主义的压力。

其二，以所得税为对象，讨论了近代中国官民之间的征纳关系。所得税的权利和义务关系更为直接，政府在重视财政增收效应之时，需关注到税收的政治、经济及社会效应。政府与商会之间在不同时期的交涉，反映出近代商民的税收权利意识已有长足进步。而政府以商会作为协征工具，又反映出在战争境况中，财政需求压倒民生诉求的现实。

其三，在战争、税收和财政国家的框架之内，揭示出所得税在现代财政国家建构及战争财政之中的重要地位。欧美及日本诸国的所得税创设有先有后，但在资本主义经济快速发展的过程之中，所得税的税收占比迅速增长。且在战争之中，显示出巨大的税收弹性和增收效应。近代中国效法欧美及日本诸国征收所得税，但在北洋时期为内战时局所阻，在抗战时期成功开征，但是过度的军事支出又严重阻碍了经济的发展，使政府财政的借贷信用及可持续增长能力遭到致命破坏。

其四，在比较视野之中，可以发现所得税的战争财政作用虽然明显，但并不可滥用。税收需要考虑到民众的税负能力和经济的持续发展。国民政府的长期巨额军事支出及由此采取的通货膨胀政策，不仅完全消解了所得税的增收效应，而且破坏了社会经济的持续增长，导致所得税体系虽得以建立，政府却仍难以从严重的财政失衡和通胀陷阱之中解脱出来。

《街区里的商人社会：上海马路商界联合会（1919—1929）》概要

彭南生*

一、研究的目的、意义及方法

本成果将 1919—1929 年间的上海马路商界联合会（以下简称"马路商联会"）置于近代上海城市史、近代商人团体史演进的大背景下加以考察，主要运用历史学的实证研究方法，借鉴社会学、政治学、经济学等相关学科的理论方法，对上海马路商联会进行深入系统的研究。通过研究，本成果全面探讨了民国时期上海马路商联会产生、发展及衰落的全过程，上海马路商联会的重大历史活动、性质及其影响，更加丰富了近代商人团体史、民国上海史的研究内容，对推动商会史研究的深入发展具有重要学术价值。

二、成果的主要内容和重要观点

对上海马路商联会进行全面、整体的研究，是本成果的旨趣所在。除绪论与结语外，本成果共分十章。

第一章考察了上海马路商联会产生的大背景，即商联会形成的经济社会因素、文化思想因素和直接诱致性因素。马路商联会是一个包括商总联会和各路商联会在内的系统组织，发端于五四运动中，但不限于"五四"时期。各路商联会的成立时间有先后，几乎延续整个 20 世纪 20 年代。马路商联会

＊ 彭南生，华中师范大学教授，博士生导师。

肇端于五四运动后的上海，有其深厚的地方历史土壤。鸦片战争后，上海开埠通商，西方列强纷纷在这里辟租界、开洋行、设工厂、盖楼房，中外杂处，民族工商业快速发展，人口迅速集聚。作为一个移民城市，近代上海思想活跃，文化多元。不仅如此，近代上海人的自我认可度高，在国家政治、经济、文化生活中的担当意识强。这些都为上海马路商联会的产生奠定了政治、经济与社会基础。上海地方史不仅是近代中国史的重要内容，而且常常超出上海，影响全国。从某种意义上讲，上海地方史的展开就是一部浓缩的近代中国史。

当然，马路商联会产生、形成并主要活动于20世纪20年代的上海，有其直接诱因。五四运动发生的当年，在上海兴起了30多个以马路命名的商联会组织，它们的集中出现是中小商人在五四运动中迸发出来的政治激情延伸的结果。以"外争国权"为理念的"五四"爱国精神成为中小商人集体记忆并以此自勉的工具理性，以商人联合所展现的力量为核心的"五四"情结成为维系马路商联会的纽带。他们从五四运动的胜利中受到鼓舞，"佳电"风波及上海总商会在罢市斗争中所展现出来的负面形象，严重损坏了总商会在一般中小商人中的权威性，直接催生了马路商联会的兴起。

五四运动后，商人国民意识的发展成为马路商联会兴起的思想基础。五四运动中，上海商人积极参加罢市斗争，努力维护社会秩序，成功地履行了商人的国家责任与社会责任，商人的国民身份认同感进一步增强了，从而为以中小商人为主体的马路商联会的兴起准备了思想条件。五四运动后，马路商联会通过各种方式强化了商人的国民角色，开展国民责任自省，增强了商联会的凝聚力。这成为动员中下层商人参与国民大会策进会、发起民治运动、组织储金赎路运动等一系列政治行动的工具理性，节省了马路商联会的组织成本，提高了商联会的行动力。这是20世纪20年代的政治运动中以中下层商人为主体的马路商联会较之上海总商会更为活跃的一个重要因素。

第二章与第三章讨论了上海各马路商联会的成立与发展。为了叙述的便利，笔者将上海马路商联会分为公共租界、法租界和华界三大板块，基本上按时间顺序描述各重要的马路商联会的酝酿、筹备及成立。从时间上看，五四运动后与五卅运动时期是上海马路商联会成立较为集中的时段，这在一定程度上能够说明上海马路商联会与近代反帝爱国运动的密切联系。从其会务状况看，各路商联会之间既有共性，也存在差异性。有些政治色彩较浓；有些则"在商言商"，不问政治。有些按章程规范运行，组织严密，董事会、评议会等机构健全，会议机制完善，年度换届选举有序进行；有些则较为随意，既无章程约束，亦无相应机构机制，会长多年沿袭任职，职员会、评议会形同虚设。这些都体现了上海马路商联会的多样化建构特点。公共租界、法租界和华界各自成立了独立的商总联会，但就其地位与影响言，公共租界商总联会无疑扮演了近代上海商总联会的角色，发挥着领袖作用。各路商联会在对外抗争上多能体现一致性，但在对内问题上则常存分歧，甚至曾一度形成两大对立的阵营。商总联会的分立，很大程度上是各路商联会政治歧见、地域派系争斗的产物。

第四章对商总联会的形成、分立与重组进行了详细剖析。五四运动后，在各马路商联会基础上形成的商总联会，以日益高涨的民族意识作为动员和集结中下层商人的工具理性，以"不出代议士不纳租税"为手段，在抵制公共租界的增捐斗争和争取市民权运动中，集中展现了租界内中下层华商的整体力量。但是，在变幻莫测的国内政局中，中小商人政治上的幼稚性、复杂的政治派系与地域性商帮的争夺，导致组织分裂。1921年上海商界总联合会分裂为以陈则民为代表的旧总会和以赵南公为中心的新总会，始则肇端于国民大会问题上的争执，继则加深于江苏省议会选举上的舞弊。政见的分歧是双方对立的基本原因，权力争夺是彼此角力的关键因素，商界内部的派系矛盾则是新、旧两总会摊牌的重要推手。在政争、权争与派系之争的背后，既掺杂着宁波帮与非宁波帮之间复杂的地缘因素，也存在着内部制度设计不合理、商联会成员社会成分复杂等组织缺陷。新、旧两总会的分立，造成华商整体力量的分散与弱化，各路商联会要求商总联会远离政治，回归"在商言商"的本位。经过三轮自下而上的努力，分裂两年之久的商总联会再次走向统一。上海商总联会的形成与分合，反映了中下层商人政治上的激进性与不成熟性。尽管如此，商总联会在维护市场秩序、反对工部局增捐和北京政府开征印花税的斗争中，仍然发挥了积极作用，维护了商人的整体利益，是一个政治色彩浓厚的非法人中下层商人团体。

第五章探讨了上海马路商联会的组织形态。组织形态是一个团体内部与外部关系的总和，既包括领袖与成员之间、成员与成员之间的各种关系，也涵盖该团体与其他社会团体、权力机构的关系。规范这种关系有赖于各种制度的构建与运行，任何团体都是依靠制度运行的，团体本身也可视为一种制度。从这个意义上说，组织形态其实也是一种有关组织的制度框架，包括制度的设计、实施，以及制度设计与实施之间的吻合度。20 世纪 20 年代的上海马路商联会是一个以商业街区内的中下层商人为基本会员的街邻性商人团体。在团体内部关系上，体现了会员入会的自愿性、权力的平等性，最大限度地动员了商人参与团体活动的热情。在生存形态上体现出集不同行业、不同籍贯的商人于一体的块状性，同一马路、街道构成一个相对独立的组织，与中华文化中以邻为伴、与邻相恤的传统一脉相承。在外部关系上，与业缘性的同业公会、乡缘性的同乡会等形成"合纵连横"的互补关系，增强了商人的整体力量。因此，在 20 世纪 20 年代的上海历史舞台上，马路商联会能够成为与上海总商会相比肩的商人团体。商联会与总商会之间既有合作，也有分歧与对立，总体上表现为若即若离的关系。一年一度的换届选举是商联会的一项重要组织活动，反映了 20 世纪 20 年代上海商业街区的基层选举面貌。它所设计的一整套制度规范，基本上体现了选举的公开性、社会合法性与其成员间的平等性。商联会设计的多样化投票方式，便利了组织成员的参与，有利于唤起商人对街区公共事务的关注，对陶冶中小商人的民主素养也产生了积极作用，加强了中小商人对城市基层社区的认同。虽然在选举活动中还或多或少地存在着一些瑕疵，但从总体上看，商联会的选举机制彰显了其较强的自组织力，保障了它的生存与发展。马路商联会的会员主要来自商业社会底层，体现了朴素的民主色彩和组织的自发性与自愿性，是一个草根性的社团。

第六章研究了马路商联会与租界当局之间的斗争。从马路商联会产生的那一天起，商联会与租界当局之间的斗争就未停止过，其实，商联会就是租界华商在向租界当局争取市民权的运动中产生的。商联会产生后，又进一步推动了市民权运动的深入发展，其结果便是工部局华顾问及华人董事的产生。在市民权运动中，商联会充分发挥了组织与动员作用。本章还撷取了两个具体个案，进一步分析商联会在维护华人权利的斗争中是如何同其他商人团体协力抗争的。1921 年 6 月初，上海公共租界的四川路上发生了一起因买卖纠纷而枪击毙命的案件，称为"乔杨案"。该案发生后，坊间迅速流传开来，在马路商联会、同乡会等商界团体的组织下，华商进行了理性抗争，对租界当局形成了强大的压力，使凶犯受到了应有的法律制裁。在这场理性抗争中，街缘、乡缘与民族意识集结在一起，构成了抗争中的多重驱动力量。参与抗争的范围逐步扩大，参加抗争的人数逐渐增多，基于街缘性的马路商联会与基于乡缘性的同乡会在抗争中构建起了相互协调、一致行动的新型互动关系，同街、同乡等地域意识也成功地转化为民族意识。1926年8月，上海小商贩陈阿堂被发现死于日轮"万里丸"上，史称"陈阿堂案"。日方依仗强权与特权，对案犯极力开脱与庇护，中国朝野政治力量及社会各界掀起了大规模的抗争活动。商联会联合其他商人团体或基于同乡之谊，或基于同胞之情，采取了符合自身性格的声讨与声援行动，为复原陈案真相、谋求法律惩凶做出了努力。工界站在抗争行动的前列，毅然发起了同盟罢工，将自身利益诉求与为同胞申雪、取消日本治外法权结合起来，演出了一曲反抗日本压迫的生动活剧。处于北伐前夕的中国国民党在抗争中积极联合并引导工界和学界，在相当程度上代表了当时进步的政治力量，其不同于北京政府的"废约"要求，不仅将自身与军阀势力鲜明地区别开来，而且树立了以推翻军阀统治为目标的国民革命的正当性，展现了国民党积极争取国际平等的政治诉求。

第七章讨论了商联会在应对铜元危机、拒贴印花税、反对电话加价、声援房客运动中所担当的角色。维护商人经济利益也是商联会的重要职能，从抗税抗捐至反对电话加价，从调解会员商务纠纷到声援房客运动，商联会可谓不遗余力。20世纪20年代的上海笼罩在铜元危机的阴影中，工商业者，尤其是中小商人深受影响，为此商联会从危机发生的那一刻开始，便关注它的走向，企图化解危机给商人带来的风险，维护正常的市场秩序。他们积极呼吁政府禁止进口、禁用轻质铜元，并采取自救行动，拒用轻质铜元。但是，化解铜元危机的努力显然超出了一个民间团体自身的能力范围。在铜元危机中，政府虽应商界之请，屡次下令禁铸、禁运，但随着北京政府权威下降，各地阳奉阴违，视禁令如具文，铸者自铸，运者自运，铸运背后浸透着各地方集团的巨大利益。因此，虽然铜元危机间歇性地持续到1925年，但作为中小商人利益代言人的商联会在1922年之后，多半采取听之任之的态度，既对请求政府施救缺乏信心，也对商界自救缺乏激情。即使如此，透过铜元危机初期商联会的自救行动，我们依然看到了基层商人团体在如何扮演着一个勉为其难的市场维护者角色。

北京政府为实现租界内华人贴用印花税，与西方列强进行了长时间的交涉，有抗争，亦有妥协，最终于 1919 年底达成了《租界内华人实行贴用印花办法》，并拟于 1920 年 1 月 1 日起施行。但是，有令难行，北京政府拟于租界华商中开征印花税之举遭到了强烈抵制，租界华商在上海总商会和马路商联会的组织下，以负担过重、"华洋不能一律"为理据，拒贴印花税，并借助工部局的力量，达到了抵制印花税的目的。在北京政府、西方列强与租界华商的三方博弈中，西方列强是真正的赢家，北京政府和租界华商都是弱者，只有借助西方列强的力量才有可能开征印花税或拒绝印花税。最后，租界华商取得了阶段性的胜利，北京政府没有实现开征印花税的目的，其权威再次受到挑战，工部局则成功地维护了租界管治权。

反对电话加价、声援房客运动是商联会维护中小商人利益的又一体现。电话在旅馆、菜馆、茶馆、酒店等行业中使用普遍，是招揽顾客的重要手段，但这些行业的商人大多资本少、规模小，承担不了高额的费用。然而，1924 年华洋德律风公司决定大幅提高电话价格，引起了上述行业商人的强烈抗议。各路商联会及商总联会代表电话用户，积极与租界当局和德律风公司交涉，最后迫使德律风公司在原有基础上让步，降低了收费标准。房客运动的实质是反对房东加价。上海的中小商人大多靠赁房经营或租屋居住，因此，房租的贵贱决定经营成本的高低。为了维护自身的利益，20 世纪 20 年代上海兴起了众多房客联合会，开展以反对加租、要求减租为目的的房客运动。房客联合会是单一目标指向的利益联合体，其会员与各路商联会具有交叉性，相比之下，马路商联会的目标指向多元，因此房客联合会会员的利益诉求也正是商联会维护中小商人利益的体现。在房客运动中，商联会站在房客立场上直接与房东交涉，减缓了利益冲突，有些还直接组织房客大会，或参与发起房客联合会，或派人担任房客联合会要职，发挥了重要作用。

作为一个具有浓厚政治色彩的民间商人团体，上海马路商联会几乎参与了 20 世纪 20 年代所有重大政治事件，并展现了积极的姿态，第八章对此进行了深入探讨。华盛顿会议召开前，以马路商联会为代表的上海中下层商人充满了期盼与希望，力主中国与会，乘势一举实现收复国权、废除二十一条的目的。会议期间以函电、游行等方式对中国代表进行有力声援，会后协力开展筹款赎路与抵货运动，表达了中下层商人以和平示威为手段、以经济绝交为策略维护国权的理性诉求。但中小商人的力量有限，国民外交终究难以解决国家外交层面上所应解决的问题。曹锟贿选是武人政治与金钱政治结合的产物，招致全国各界的普遍反对。以上海马路商联会为中心的上海商界掀起了声势浩大的反贿选运动，他们纷纷集会、通电，否认北京政府，主张国民自治，呼吁罢税惩凶，并推动上海总商会出面组织民治委员会。上海总商会将民治委员会严格控制在大商人层面上，导致了"民治"即"商治"的狭隘性，增加了上海商界内部大商人与中下层商人之间的分歧，严重削弱了反贿选运动的力量。反贿选运动是五四运动以来上海商人国民责任意识的一次实践和寻求国民自治的一次尝试，表明了上海商界与北京政府的进一步疏离，也为早期中国共产党人理解商人阶级提供了一个实例。

上海各马路商联会组织和动员广大中下层商人以同盟罢市、函电抗争、捐助款项等多种方式参与了五卅运动，表达了对学生爱国行动的一种有力声援，造成了一种有利于对外交涉的舆论环境，在一定程度上解除了工人、学生的后顾之忧，使得斗争能在相当长的一个时期内坚持下来，也使其自身成为上海各商人组织中政治性格最为鲜明的街区性团体。我们认为，五卅运动中的罢市是一种斗争手段，开市是一种策略选择，罢市与开市之争，不应作为资产阶级上层和中下层的分际线，更不能作为资产阶级反抗帝国主义斗争坚定与否的标志。1924 年江浙战争爆发，造成了上海社会秩序的严重失序和商业上的巨大损失。战前，以马路商联会为代表的上海中下层商人通过函电、集会等方式反对战争，力图避免战争爆发；战争期间，商联会采取武装自卫、救济难民、调节民食等多种手段，努力维护战争背景下的城市秩序；战后，商联会积极从事善后救济，并介入各方势力之间，扮演重要的交涉调解角色，以防战事再起。商联会在战争前后的言行，充分反映了商人团体的社会责任意识、慈善公益理念与合作精神。商联会在维护城市社会秩序中所扮演的重要角色，不仅有力地提升了它作为民间组织的社会合法性与权威性，也在一定程度上诠释了商联会何以成为 20 世纪 20 年代上海政治舞台上非常活跃的商人组织。

在南北对峙的复杂政局下，商联会的政治姿态不仅决定于商联会自身的性质与职责，也取决于南北两个政权的性质。作为一个体制外的、非法人中小商人团体，商联会以外争国权、内争商权为己任，理念与情感上均亲近南方革命政权。因此，商联会的政治天平明显偏向广州政府，对北京政府表现出了强烈的疏离倾向，采取声讨、抵制、抗税等多种形式，反对北京政府，有时态度十分激烈，甚至以不承认北京政府相抗衡。与此同时，国民党政治势力也开始了向商联会的渗透，进一步增强了商联会的政治色彩。

第九章探讨了马路商联会的社会公益行为。上海马路商联会在政治诉求之外，十分重视社会公共事业的发展，尤其是所在商业社区内的慈善公益事业，通过办学、防疫施诊、防盗，为商铺学徒提供补习教育，弥补公共服务之不足，构建公共安全体系，成为城市社会管理的一个有机部分。不仅如此，商联会还关注街区外的慈善救济事业，积极参与国内灾后救济、劫后声援及国际人道主义救助等。不过，在商联会的公益行为中，随着"邻"的范围不断放大，从邻街到邻省再到邻国，商联会投入的热情与力度明显递减。商联会的"行小善"与商会、同业公会、同乡会等商人团体的慈善公益行动一道构成一个较为完整的商人救助网络，形成社会协同效应，缓解了社会冲突，改善了经营环境，增强了商人对所在街区的认同，提高了商户的组织化程度，为城市地方自治奠定了基础。

第十章探讨了商联会的历史结局。曾经叱咤风云、显赫一时的上海马路商联会，随着南京国民政府的成立，走上了一条被整理、被解散以至集体"消失"的曲折之路，未能跨越时代而继续发展。商联会的历史命运与国民党的角色转换密切相关。在国民革命运动中，国民党加强了对商人团体的渗透，商联会被当作国民党在上海发起商民运动的有效团体之一，商联会中的国民党商人逐渐控制了商总联会领导层。国民革命军占领上海后，政治色彩浓厚的商联会纷纷改组成立商民协会，但商联会并未消失。1929 年 10 月，在国民党上海市党部的主导下，马路商联会被改组为市民会，11 月，马路商联会突然从公众视线中集体失踪了。但是，曲终人未散，部分商联会很快又恢复了活动，因此，商联会的被解散只是一种没有消失的结束。

三、成果的学术创新、应用价值以及社会影响和效益

本成果将学术界关于商人团体史的研究进一步推向深入。上海马路商联

会是一个主要活跃于 20 世纪 20 年代的、以维护中小商人经济利益为诉求的、政治色彩浓厚的草根性社团。本成果以近代报刊史料、地方文献、口述史料为主要资料来源，以历史学实证研究方法为主，借鉴社会学、政治学等相关学科的理论方法，首次对该团体的兴起，形成和建构，运行过程，组织形态及其衍变，在 20 世纪政治、经济、外交、社会、慈善等领域的主要活动进行了深入系统的研究，力图突破单纯的社团史研究范式，尝试将社团融入到近代上海城市史的大背景下加以叙述，形成了若干新认识。本成果认为，作为一个政治色彩浓厚的中小商人团体，上海马路商联会体现了一定的地域性、时代性与民族性，在 20 世纪 20 年代的上海历史舞台乃至近代中国的历史舞台上，扮演着一个特殊的历史角色。它的表现，充分表达了中国商人的国民责任意识，进一步削弱了北京政府存在的合法性，动摇了其存在的社会根基。它的出现，完善了上海商人团体的结构，织密了商人组织网络。上海这个近代中国最大的工商业城市造就了马路商联会这个特殊的商人组织群体，商联会则以自己的实践与逻辑书写了 20 世纪 20 年代的上海史。

《白银与战争：晚清战时财政运筹研究》概要

刘增合 *

一、研究的目的、意义及方法

本成果是一项关于晚清财政史和军事史交叉性问题的研究。晚清咸丰、同治、光绪、宣统四朝战时财政协济运作行动，历时较久，范围较大，无疑是一个事涉多学科的重大问题。本项研究意在调整研究视野，反思既往研究中存在的问题：既往财政史研究较为突出的问题是脱离此起彼伏的中外战争来讨论国家财政收支，忽视影响财政运作的非财政因素而铺叙财政演变脉络，更明显的是避开战时财政及其复杂影响而讨论晚清财政转轨。

连绵战争导致的财政窘困是道光之后清廷长期面对的难题，它曾经不同程度地牵制着军制变革、军事集团关系、洋务新政、国省关系、应对西方侵略能力以及清廷政治生态的变化。因而，这一交叉地带——晚清战时财政运筹问题就值得研究，而军费协济行动和拨解协济制度运作则是战时财政问题的主干和骨骼，此躯干骨架如何生长和嬗变，直接决定着整个财政制度的走势，决定着其血肉成色和组织来源，因而更值得做发覆性研究，争取达到"绀囊出文章，发覆见宝璧"。无论历史真相挖掘，还是民族智慧启牖，深究这段历史岁月的步履如何蹒跚前行，尤见重要。这就是本项研究的主要学术目的。

从学术价值和意义上看，本项研究的突出价值和重要意义毋庸置疑。

* 刘增合，暨南大学教授，博士生导师。

（1）咸丰、同治、光绪、宣统四朝是近代制度大规模变动的开端时期，选取战时财政运筹这一窗口，可以具体而微地窥见晚清战时财政运作的机制，借此发现传统财政制度在战时状态下的"变异"。

（2）细密揭示战时军费协济的曲折过程，统兵将帅派系、督抚交谊、越省跨境作战引发的军费协济矛盾、户部调控权限式微等诸多问题，足可弥补既往财政史、军事史研究的不足，冀能拓展晚清史研究的空间。

（3）战时财政运筹研究，可以窥测督抚、部臣、商界等为协济军费而聚散离合的历史真相，且能从惊心动魄的个案中领略晚清政治生态之原味，不失为另一类型的政治史研究，必能丰富近代政治史的内涵。

在研究方法上，本项研究力避浅层描述性研究的局限，注重深挖关键环节的理念，在几个方面有较大的突破。

（1）秉持整体史观，避免分科治史的局限，贯通晚清战时财政协济行动与非财政问题研究的有机结合。本成果不仅仅涉及财政一端，研究方法也不限于单纯的财政制度描述，而是突破学科藩篱，从事件本身、相关人事以及政局内外诱因等各方面寻找机制运行的蛛丝马迹，将规章条文与具体实情进行比勘，尽量避免浅表性研究。

（2）力求各类文献彼此参证，强调回归历史田野。回归历史现场，不以今人熟悉的观念妄加悬揣，而是依据公私文献，对当日各方的立场和诉求进行客观呈现，明了私下隐情与公开说辞之间不一致产生的缘由。首先是需要扩大既往财政史研究论著中的文献覆盖面，改进提取文献信息的方式；其次是对材料适当借鉴"话语分析"工具，审慎阅读，汲取文献特定信息、返回历史田野中比勘文献信息，并加以"即时性"解释等，拓展旧有文献解释的空间；再次是在晚清相关人物的函札、日记、年谱等私密文献与奏疏、政书、实录、会典、事例等公开文献的比勘辨析方面，寻求新的解释空间，反思不同历史文献所呈现的多重"史实"，在发现历史真相的路途上走出新的一步。

（3）重视制度中人的能动性因素。牵制新旧制度转换样态和走势的各类人士较为复杂，既有帝王、部臣，又有统兵将帅和督抚司道，也不乏处于社会中层的中外人士。既往财政制度史的研究，总体上看缺少了对各类历史主体在畛域利益、言行主张、彼此交锋层面的深入讨论，其如何影响制度变动更是一个模糊的问题。制度和机制的运作均离不开人的能动性表现，维系或突破旧制的核心在于人，本研究以人为中心，将个案研究与理论阐释结合起来。

（4）致力于史学研究的长时段、中时段和瞬间事件的连缀贯通，并强化针对性阐释。战时财政协济制度运作的关键事件，无一不需要连缀观察，纵向贯通，对瞬间事件的深究独解与系列事件的纵深观察可谓同样重要。抱具如此史识，那么，战时财政协济制度嬗递的精彩瞬间，与中时段协济制度演进的理论脉络，跌宕起伏，俱粲然可观，长时段历史时期之下的王朝战争财政的运脉走势，乃至整个财政制度的代际更迭，亦大致可以轮廓再现。

二、成果的主要内容和重要观点

本成果围绕晚清咸丰、同治、光绪、宣统时期战时财政运筹这个大主题，选取十个方面的关键点作为研究重心，分别进行较为精深的研究。整个研究侧重从晚清军费协济的协饷旧制向咨商拨解、就地筹饷等新的方向转型方面展开讨论，根据时段变化、战争环境转移、供饷地域变迁等重大因素，来探究战时财政运筹的实际样态，提出了一系列关于战时财政制度运作的重要创见。各部分问题的主要内容和重要观点简介如下。

（1）济急与应变：咸丰初年清廷的军费筹济。咸同以降，中国迈入一个制度巨变时代，厥为一个不争的事实，唯旧制如何转轨，新制怎样孕生，各家所见不一。详究近代制度嬗递发端与原委，合理选取觇测窗口非常关键。咸丰朝初年清廷对战区军费的筹济和拨解，恰好反映了清廷高层应急决策的能力，隐含着王朝财政酌拨制度转轨的"密码"，更清晰地折射出清代中央集权向外省扩权的初始形态。太平天国运动爆发后，至咸丰三年（1853）定都南京，清廷对前线作战的供饷不遗余力，但户部所掌控的财源逐步陷入枯竭。"龙困浅滩"是清朝政府在咸丰朝遭遇困厄的真实景象，清廷上层借着高层会议推出的应急举措或不具成效，或致乱纷扰，仅有少量举措较有实效。困顿之下，寻求变制，以急调龙躯，脱离险滩为筹谋之至计。本部分所述四个层面的通权变制，自清廷中央一侧而言，实有不得已之苦衷。咸丰帝此一时期基本倚重户部作为，少有独创新见；军机大臣、王公要角、六部九卿，限于见识，并未对运掉龙躯、应急绸缪起到关键作用；掌管中央大一统财政之户部中枢，因应对急务缺少方略，不得不逐渐卸责，但仍固守着审核奏销、严控军需用款的底线。自外省一侧而言，今人视清廷中央放权为便宜之事，而当日督抚，特别是统兵将帅，则频现困顿，将兵者毫无"统辖地方"之责，受司道州县牵制尤深，自我筹饷的变制之举，适导致其依赖朝廷的缺失，而折冲于外省督抚藩臬之间，其交谊深浅境况、唇齿相关程度，均不可预知，所造成的连连困厄，非今人所可悬揣。不过，自咸丰、同治、光绪三朝长时段合观，起源于咸丰初年的四项改制，却对此后数十年间的战局演进、国省关系、军制形态、督抚朝臣之权限消长，甚至省内行政架构、财源结构等，产生了巨大的影响。十八行省自我营构了一个迥异于此前的权力形态、财政结构和军事新制，清廷倚重外省督抚的新格局亦成于此时。

（2）窘困下的同盟：咸丰朝中后期联省合筹军饷。咸丰时期联省合筹军饷是在清廷谕令各省彼此咨商筹解军费之后，在省级层面出现的一种自我解决军费不足问题的努力。这种大营军饷协济同盟机制与户部主导下的酌拨旧制混合并存，显示出制度变革过程中"双轨制"形态。不过，这类军饷协济同盟命运多舛，后期甚至仅限于筹议层面，透示出相关督抚基于本省安全、财政利益、人脉交谊方面的诸种考虑。联省合筹阶段虽历时未久，但作为军饷安排新制的特殊形式，仍对国省关系在战时的变化产生影响。"以内制外，内外相维"是清廷设官分职隐含的重要原则，六部理政秉承皇命，督抚治外承旨而行，道光之前内官外臣无敢违异。进入咸丰朝后，战乱频仍，太平天国和捻军对清廷统治威胁极大，军政制度被迫调整。国家酌拨旧规做大幅度更新之后，军饷依赖外省就地筹饷，彼此协商拨解，由统兵将帅提议的联省供饷的方案迭见奏上，咸丰帝亦不能强令相关督抚无条件执行，户部对外省藩道运库的款项虚实难以掌控，更不可能再三再四地虚悬指拨。最可能出现的情形只有督抚依据本省安全利益和彼此交谊，在财力许可的情况下，选择允否，酌度缓急，权衡多寡而已。这种局面形成之后，枢府依赖外省，外省轻视、敷衍部臣的趋势逐步明显，这是咸丰朝中后期中央与外省关系变化的一个显著的关节点。

（3）粮台纷争与咸同战时财政。有一种太平天国时期的战争镜像并未被学人充分关注，那就是清军阵营内部的争斗。江南大营粮台与江北大营粮台因供饷对象、筹饷地域、放饷多寡等差异而引起冲突，大营内部统兵大臣粗暴干预粮台经办大臣的放饷计划，其争执对立甚至达到剑拔弩张的程度，演成了另一种极不寻常的战争镜像。这是一个特殊的战争史问题，特殊性在于它既是来自战场之外的对立，又是属于同一阵营内部隐蔽而又激烈的纷争。本部分讨论的江南、江北粮台，很多时候担任督办大臣的并不是藩司，仅仅是道员级别的人物，其权威和权限严重不足，制约着粮台银两筹放的成效，恰好反映出清政府当时粮台官制体系对筹饷、供饷能力的负面牵制。各战区粮台设立杂乱，职责与章程概未统一。当各战区军饷筹济处于自我筹饷为主的时代，清廷未能及时主动地应对其面临的难局，提升粮台经办大臣的权限和品衔，而是单纯看重经办大臣的能力、德行方面，或予权，或黜职，未能针对战时官制做适应环境的变革，显然并不恰当。这种"另类战争镜像"除了折射出清军内部的纠葛纷乱之外，却也十足反映出清廷制度应变的软肋所在。

（4）行走在制度内外：曾国藩东征军费的筹策。曾氏统率之东征湘军，既非经制之军，统率者在开端时期又无权无势，更重要的是远离故土越省跨境作战，其军饷拨济远非清代旧有制度框架可以容纳，只能小心翼翼地行走在制度内外，方可由小到大，建立卓勋。这一过程，不仅考验清廷上层的涵容程度和应变能力，更是验证曾氏及其僚属兼容旧制与创建新规的意识和智慧。问题是由小到大、由地方偏师到国家支柱的过程中，他们如何在旧制环境中做大的突破，曾氏东征军费之筹策活动实可观测这一过程的实际样态。曾国藩统率的东征湘军是清代咸同时期国家经制八旗、绿营之外最为重要的武装力量，在平定太平天国起义的过程中，地位和影响大大超越经制之军，厥功至伟。唯该武装力量的军费供应与咸同时期清廷的供饷制度凿枘不入，无论是建立在酌拨旧制基础上的协饷制度，还是经清廷变革之后的咨商拨解新制，均难以满足东征湘军的军费需求。因而，东征湘军的军费筹策颇费周折。咸丰四年（1854）春天东征开始，迄于咸丰十年（1860）春天，曾国藩统率湘军转战于江西等省。曾国藩本人因不领外省治权，饷项来源一切听命于他省督抚。赣省历任巡抚在供饷心态上，积极与消极兼具，恒无常态，曾氏受尽磋磨；大部分负责供饷的外省，出于安全唇齿关系的考虑，基于人脉亲疏，表现差异极大。鄂抚胡林翼、晋抚王庆云积极筹解，不遗余力，而其余大部分省份督抚亦有筹解，但并未按额依时协济，湘军饷源一直处于竭蹶状态。曾氏试图邀权，胡林翼以及曾氏僚友亦在不同层面助其筹权，当东南战局发生大变后，其始得两江总督大任。在清廷的支持下，曾氏运筹在赣省、湘省、粤省等，推行"隔省筹饷"之策，历尽曲折，引发的纠葛、对抗不在少数。隔省扩饷之举，实际上是对既有协饷制度、咨商拨解制度的超越，在做法上史无前例，难度之大前所未有。因战略需要，清廷、部臣在曾氏隔省扩饷过程中，既有牵制、防范，更多时候则是支持配合，体现出曾氏突破旧制筹饷过程中，事件当事人与清廷上层"共谋"的特征。这一咸同战时的生动案例，蕴于多侧面揭示近代制度之变过程中，展现了人、制度、环境、需求多种因素彼此牵制、互有影响的历史实态。

（5）私情与公意：咸同军费协济运作的实态。清代协饷制度在咸同时期的运作主要表现为军费协济和筹措，它遵循协饷制度的基本规程——直省与户部奉旨行事，在户部指拨之下，以有余补不足，酌盈济虚，内臣与疆吏互相配合，各司其职，户部成为军费协济的主导因素和统兵督抚的救赎者。这是今人对清代军费协济运作和协饷制度的基本认知和印象。这一认知和印象，与清代会典和户部则例对相关制度的描述也基本一致。然而，撰诸镇压太平天国清军主要统帅的私人函札可知，上述认知却是一种假象，大清会典和户部则例这类制度条文基本上遮蔽了鲜活生动的内情。咸同时期，曾国藩、胡林翼、左宗棠、李鸿章等私人函札在相当程度上反映出战时军费协济另外一种真相，折射出督抚之间基于军费协济，在"公意"与"私情"之间平衡取舍的复杂情态。户部不仅不属于主导因素，反而成为督抚大员刻意提防的异己力量。咸同战时岁月，军饷协济在实际运作中，大清会典和户部则例所规定的协饷规制若隐若现，常见的情形却是将帅督抚私下协商，彼此交谊程度与利益关涉均极重要，将过去通行的以朝廷为中心的指拨、协济做法挤到了边缘。尤为不可思议的是，疆臣私下筹济饷源和安排饷项，罕见户部介入和干预，一任战区省份自我营构。可见，战时财政运作，对原有制度和做法是一种整体性冲击，人在制度之下，基于生存发展的动机，只能谋求突破制度藩篱，寻求适者生存之道。"公意"与"私情"如何平衡取舍，考验着咸同时期的当事人，更给今人在晚清行政、军政、财政制度变动方面提供了一种深刻的认识空间。

（6）咸同战时皇室财政的逾规管控。家国关系是多学科关注的命题。清代内务府与户部各自掌管的财政界限是否得到遵守是觇测该命题的重要历史窗口。咸丰初期为镇压太平天国运动，咸丰帝尽倾宫内所藏黄金白银拨济战区前线，户部应急放饷也屡屡得到宫内解囊，宫内储银由此逐渐陷入空虚状态。咸同两朝遍地烽烟，负责解济内务府银款的两淮、长芦、山东等地自顾不暇，财源多半应付辖地军需；粤海关"公用"例款的筹解为咸丰帝和内务府殷殷眷盼，然而粤省受困于连年战火，多次截留粤海关税款拨支省内急需，应付邻省索款，导致解济宫廷实银的业绩一落千丈。在清廷严厉惩处粤省解款违纪官员政策的压力下，粤省屡请枢廷更改解款制度，却难以得到帝王和廷臣支持。此后内府仰仗帝王支持，开始频频借拨部库实银，两衙门矛盾开始上升。同治中叶以降，内府仰承太后意旨，大肆营造修缮工程，巨额部款被挪借至宫内，同治帝大婚筹备和亲政之后，内务府更不节制，频频逾规拨借部款，极大牵制着户部对西北战区酌济应急的筹备，最终导致部府交讧。光绪一朝部府矛盾虽有缓和，但间或存有不谐。光宣之交，因应立宪改革，皇室财政须与军国财政分离切割，独立管控，然而皇室经费的清查和预算却遭到太后、内府大臣的敷衍阻挠。皇室经费预算数字空前膨胀，显示出帝王私家与国家关系的扭曲。皇室财政逾界管控的跌宕波折，凸显了晚清财政制度运作中的特殊面相。在各方博弈过程中，理、势、情三者关系如何权衡，柄国理政怎样顺应时势变革旧制，确为考验国家高层人士治乱处常能力的关键。

（7）左宗棠西征筹饷与同光清廷战时财政调控的限度。与太平天国初期清廷传统酌拨制度和曾国藩湘军东征时期"就地筹饷"制度相比，左氏西征筹饷过程中，户部酌拨地位明显上升，疆吏之间绕开户部直接咨商拨解又夹杂其间，总理衙门与户部共同监控左氏对华洋款项的筹借活动，并费心调处海防与塞防争款引发的纠葛，显示出晚清战时财政供饷模式已经移形换位，发展到一个新的阶段。其间，塞防海防争款与大规模举借外款两种局面并存，对清廷财政调控能力是一个新的考验。这种财政调控既包括清廷容纳内款和外款混合供饷的心态调适，也包括均衡处理海防、江防与塞防争款格局，更包括协调湘、淮两个派系军费分割矛盾等诸多层面。在"兵为将有"的格局下，楚军与淮军在军饷分肥上渐行渐远，由于利益攸关，畛域分明，政见因而歧异，决策和言论也就彼此抵牾。国家在战略上的投资方向、举借外债上的取舍决策、举债活动的实际运筹等方面，均受到东西防务和战事双方的牵制，枢廷内部为调控其分饷矛盾，费尽心机，也难免捉襟见肘，满足一方则得罪另外一方，取舍裁酌全赖枢府和两宫权衡决断。此外，内地行省的督抚司道面对海防与塞防的现实矛盾，在解饷力度和时机上，不得不费心拿捏"理"和"势"两个端点，或作豪举，或仅敷衍，全看清廷驾驭外省的方式是否妥当。看来，清廷理想的"以内治外"与"内外相维"统治格局能否实现，旧有的协饷规制能否有效运作，清廷针对咸同时代已经孕生的地方财政形态和督抚治权空间的有效调处，将是考验国家政治智慧的关键。

（8）"舆论干政"：《申报》与同光之际的征疆举债。光绪初年左宗棠统军西征大业，初创时期的《申报》对此空前予以重视，刊报了数量较多的新闻报道和时政评论；左氏筹谋举借外款以支持西征战事，该报配发系列战事报道，更费心研撰一系列负面时政评论，冀能影响清廷决策。学界此前研究该问题时，"文人论政""士人论政""敢于直言""不党不私""有闻必录"之类的定位和判断表面上似可成立；唯相关研究，忽略英国对新疆的觊觎和舆论安排，舍弃英国驻华公使威妥玛因滇案而蛮横拒借英款，更撇开楚淮分野、军饷对立的格局，单纯瞩目于"秀才论政"一途，尚不可能完整揭出士人论政曲径通幽的底蕴。左氏愤激之下，批评该报"张西讪中""把持国政"，倒是切合时政要害。在左宗棠西征新疆举债问题上，东部各路诸侯的财政利益和《申报》论政现象值得再三琢磨。淮系势力渗入东部省份，其军饷供给、在地利益更不可忽视，而《申报》文人视野和报道理念既受限于租界西人的价值取向，又囿于地域观念，其挟洋阔论，虽自嘲系"齐东之语""越俎代谋"，但却恰好给淮系督抚大员提供了暗中抵御左宗棠西征的思想资源，沈葆桢、丁日昌等东部封疆大吏俯拾其"牙慧"，冀以影响清廷枢臣决断。两者客观上的不期而遇，形成一种牵制清廷决断西征取舍的"论政同盟"，如果再加上光绪初年牵制西征借款的"家鬼"与"家神"彼此结缘，互为支援，同光之际的时政机缘更为复杂。今人如不内窥其中的纠葛牵连，单向度依赖媒体自我剖白，或许会堕入史学研究中的罗生门陷阱。

（9）光绪朝财政纾困与保疆经略。光绪中叶，国家四面遭患，朝臣疆吏对经略边疆的轻重取舍认识不一，清廷排除歧见，确定了四面固疆施治大计。伊犁回收交涉引发沙俄对西北和东北边疆侵略压力，促使清廷对东三省调兵增防，设立东北边防经费，从财政上增加对东北固疆行动的支持；西北则创设新疆行省，枢廷依靠阎敬铭等重臣，出色地筹划了国库纾困与支持新疆双重行动。与此同时，法国侵台促成清廷新设台湾省，创省初期台澎防务需款至多，闽省强力维系闽台一体，财政上雪中送炭，户部虽酌拨困难，但依然成为东南海疆固防的财政后盾。靖边陲与纾国困成为检验清廷治国靖边能力的试验平台，所得所失，值得今人体悟。

（10）辛亥革命时期清廷的战时财政运筹。战时财政是一种非常态财政，辛亥鼎革期间，为配合战争机器运转，清廷被迫放弃预算财政轨道，转入停办其他新政，筹措所有潜在财源，力顾国防的战时财政状态。在部库与省库均近乎告罄的情况下，部省极力筹划举借外债，但先后受阻于列强的中立政策，不具成效；统兵将帅与北省督抚极力献策发掘内款，却依然难遂人愿。因部库窘困，清廷针对战时请款不得不流于敷衍，空言指拨，而无实际，战时财政运筹由此陷入绝境。它折射出财政改制面临巨大变故后，国省财政应对乏术，清朝内外疏离趋于显性的极端态势。

三、成果的学术创新以及社会影响和效益

本成果的学术创新有：

（1）合理选择研究视窗，以战时财政运筹的实态作为主要的研究对象，而战争背景下的军费协济机制实为测度该问题的上佳窗口。研究结论发现军费协济机制存在旧制与新规交织和各时段并不一致的复杂情态，这是对中国近代制度史研究领域的较大拓展。

（2）研究方法突破就财政论财政、就军费论军费、就战争论战争的专史倾向，注重战时诸类因素的交互影响，政治、财政、军事和人脉关系均须兼顾。

（3）本项研究依据的文献大大突破了既有论著的资料范围，充分利用尚未公开的私人文献，结合新近出版的各类档案和著述。在文献收集上不但力求全面，而且在解读方法上力争精当。

本成果的社会影响和效益包括：

本项研究的阶段性成果发表后，引起学术界关注，部分成果屡屡被转载引用，体现出本成果的社会影响和效益。

（1）本成果依托的国家社科基金项目结项时获得优秀等级，此前笔者承担的与此问题有直接关系的国家社科基金项目在结项时也获得优秀等级。

（2）阶段性成果绝大部分在《中国社会科学》《历史研究》《近代史研究》《"中央"研究院历史语言研究所集刊》《"中央"研究院近代史研究所集刊》《新闻与传播研究》《中国经济史研究》等知名学术期刊发表。

（3）阶段性成果有7篇论文分别被中国人民大学复印报刊资料《中国近代史》专题、《新华文摘》全文转载；部分论文作为在复旦大学、武汉大学、山东大学等高校论坛和国际国内学术研讨会上的专题报告，均获得了较高的评价，学术影响方面比较理想，效益明显。

（4）阶段性成果获得广东省哲学社会科学优秀成果奖一等奖、二等奖各2次，获得中国近现代史料学学会优秀成果奖一等奖1次。

（5）阶段性成果被《广东省哲学社会科学年鉴》收录；由于本成果的阶段性论文多次被相关二次文献全文转载，笔者已于2019年被中国人民大学人文社会科学学术成果评价中心和中国人民大学书报资料中心评定为"复印报刊资料重要转载来源作者"。

《明清华北的商业城镇与市场层级》概要

许　檀[*]

一、研究的目的、意义及方法

　　明清时期是中国传统城市发展的重大转变时期，大量商业城镇的涌现是其中最重要的特点。明清时期商业城镇的发展并非一个孤立的经济现象，它既是区域经济发展和大规模的商品流通的产物，也是全国性市场网络体系的形成过程和重要组成部分。事实上，鸦片战争后帝国主义者选择的通商口岸几乎全部都是明清时期，特别是清代前期发展起来的商业城镇。不过，明清商业城镇的研究尚未引起足够的关注，其研究主要集中于江南地区；华北的研究较为薄弱，除少量个案之外尚未见有专著面世；已有的分省研究也多以行政中心城市为主，对商业城镇的考察多属举例性质。本研究选择明清时期华北商业城镇进行系统考察，希望能够弥补区域城市研究的薄弱点。此外，美国学者施坚雅（G. W. Skinner）《中华帝国晚期的城市》一书所列清代中叶（1843）中国八大区域"城市中心地的等级—规模分布"中的"华北"部分包含有较多的理论推衍，与中国的历史实际相差较大，有必要提供一个符合中国历史实际的模本。

　　本研究以历史学、地理学、经济学理论相结合，以实证研究和比较研究为基础，除考察明清时期华北商业城镇在数量、规模上的发展之外，还特别注重其内部结构、外部联系以及空间分布的变化。针对以往华北研究的薄弱

　　* 许檀，兰州大学教授。

点，本成果首先对冀、鲁、豫三省全部府级以上的行政中心进行系统的考察梳理，然后选取 30 多个不同等级、不同类型的商业城、镇进行个案分析，对其发展脉络、商业规模、流通范围等进行重点考察；对行政中心和商业中心（包括从行政中心转化而来的）两类城市的内部空间结构、人口结构、经济结构以及外部联系、腹地范围等进行比较，特别是借助税收数据和商人会馆集资的"抽厘率"对各城镇的经营规模进行估算，并据以对华北商业城镇的市场层级进行定位；在实证基础上，对施坚雅所列华北的"城市中心地的等级—规模分布"进行修正。

经济功能的增长是明清时期中国城市发展的主要特点和变化，然而以往传统城市研究中的主要指标——行政等级、城墙周长（或占地面积）以及人口规模等，都不足以反映这一时期城市发展中的变化和特点。本研究尝试以商税额（包括关税和地方商税）、商铺数量、经营规模、腹地范围等能够反映城市经济功能的指标进行考察分析，以展现商业城市与行政中心城市的差异，以及明清时期城市发展的重要特点与变化。

二、成果的主要内容和重要观点

本成果是笔者在 20 多年实地调查和个案研究基础上，对明清时期华北城市与市场进行的综合性研究。因研究主旨在于考察开埠之前中国传统城市的发展脉络及其所达到的水平，故本成果的"明清时期"以道光末年为界，个别内陆城镇视资料情况或延至同光之际。所谓"华北"指位于华北平原的冀、鲁、豫三省，就区域而言，这一界定并不完整。之所以未将山西包括在内，一方面因时间所限；另一方面，施坚雅的"华北"区域也未将山西包括在内，做这样的界定便于与施坚雅的"华北"进行比较。

本成果除前言之外，分为三编，共八章。

前言部分，首先对前人相关研究成果进行了认真梳理，指出以往研究的薄弱点；然后对本研究涉及的相关理论概念、资料特点、总体思路和章节框架做一简要介绍。

第一编"明清时期华北的行政中心城市"，主要考察明清两代冀、鲁、豫三省府级以上的行政中心城市，包括国都北京，保定、济南、开封三个省城以及 26 个府城。考察内容主要包括：（1）城墙修建、明代诸王就藩、清代八旗驻防等王朝制度对城市空间结构、人口结构、经济结构的影响；（2）各城市的商业街市及其空间分布、商业结构、商业规模、商税额和腹地范围，以确定其经济辐射能力是否达到或超出辖区范围。

本编分为三章。第一章"明清两代的国都及其商业发展"，考察明清两代京城的人口增长、空间分布与外城的修建；考察清政府的"满汉分治"政策对城市人口、商业空间的影响；对以往研究中较少关注的崇文门、左翼、右翼三个税关的税收数量，以及商品来源进行较详细的考察分析；对京城的人口结构导致的消费结构与特点也进行了专门考察。考察显示，即便在国都北京，前三门（正阳门、崇文门、宣武门）之外的商业区的形成也是一个自发过程，商业区的形成在先，政府修筑外城在后。清初"满汉分治"政策的实施中，政府以强制手段将汉族商民全部逐出内城，内城禁止开店；然而没过多久，内城便开始出现违禁开设的商铺、客店，到乾隆年间东四附近已有酒店、客店等 130 余家，政府不得不予以承认；咸丰元年（1851）内城商铺已达 15 300 余家了。可见，商业发展过程，即便在京城这样最高等级的行政中心也不是按照政府规划发展的，更不是政治权力能够完全左右的，它最终还是冲破政府禁令发展起来了。

第二章"省会城市及其商业"，分别考察开封、济南、保定三个省会城市的商业结构及其特点，以及明代的诸王就藩、清代的八旗驻防对城市空间结构、人口结构、商业结构的影响。河南省会开封，在明代曾是京城之外华北最繁华的商业城市，周王府等众多王公贵族的聚集使该城的消费档次较高，奢侈品、特殊商品贸易占比较大；而大批商人商货的云集，也使该城成为华北地区重要的商品集散市场。清代，随着上述高消费群体的丧失，开封居民的消费档次明显下降；开封商业主要是为本城居民服务，以零售为主，其商品多来自城南的朱仙镇，集散功能十分有限。明代济南商业的繁荣程度虽比不上开封，但也是个"大都会"，"罗绮履舄"等高档消费品多由客商贩运而来，并建有江西会馆，清代山陕、浙绍、江南、湖广等商人会馆陆续增建。据山陕会馆的捐款统计，其经营行业中首饰业和药业占比较高，特别是 21 家药业字号中竟有 19 家主营人参，充分显示出省城商业中奢侈性消费占比较大的特点。明代保定还只是一个府级城市，其商贸活动主要集中在城中心的大慈阁和鼓楼附近，与大多数府城一样以集市贸易为主。清代成为省会之后，诸多高官驻节带动了保定消费档次的升级，奢侈性消费明显增长。专业街市取代明代的集市贸易成为城市商业的主体，官署林立的西大街以及相邻的城隍庙街逐渐成为城内最主要的商业区，而农副产品贸易大多迁至城关之外。

第三章"府级行政中心及其商业概况"，对冀、鲁、豫三省其他 26 个府级行政中心的城墙修筑、城市空间结构、商业街市、商业税收等进行较系统的考察梳理，并对宣化、登州、南阳等三个军事色彩较强的府城进行了个案考察。府级行政中心的商业空间分布以往很少被关注，故笔者予以专门考察，但因文献记载较少，目前还只能勾勒出一个概貌。大体而言，明代冀、鲁、豫三省的府城商业多以集市贸易为主，开市日期在城内主要街区轮转；从明代后期到清代中叶，集市贸易，特别是农副产品贸易陆续迁至城门之外，分布于关厢地区，而较高端的商品留在城内，形成固定的商业街。到清代中叶，大部分府城内已经形成两三条或者三四条主要商业街。这些商业街大多邻近府衙、县衙，从城市中心向某个方向（或者两个方向）的城门延续，并扩展到城关之外。不过，这里的府城是指尚未转化为商业城市的府城，其商业职能以满足本城居民的消费为主。

第二编"明清时期华北商业城镇的发展"是本研究的重点，选取了 30 多个不同等级、不同类型的商业城、镇，对其发展脉络、商业结构、商业规模、流通范围等进行详细的个案考察，并尽可能地进行了量化分析。

本编也分为三章。第四章、第五章考察由行政中心城市转化而来的商业城市，并将其区分为"设有税关"的和"未设税关"的两大类。第四章"设有税关的城市"考察了临清、通州、天津、山海关（临榆县城）、张家口、多伦诺尔等 6 个设有税关的城市，对其关税数量、税收来源以及商品流通的基本状况进行个案分析。第五章"未设税关的城市"分别考察了运河沿线的济宁、聊城、德州，山东沿海的胶州、莱阳、黄县，以及地处内陆的洛阳、泰安、益都（青州府城）、潍县、博山（颜神镇）等 11 个城市。此外，该章还专门设有一节，对以药材贸易为主的鄚州和祁州、怀庆府城河内、洪山庙和禹州等 5 个"药都"城镇的兴衰嬗递过程进行了考察。通过这两章的考察比较可以看到，设有税关的城市其商铺数量、贸易规模等远高于未设税关的城市。如天津设关始于康熙元年（1662），其实征关税雍正时为 7 万～8 万两，嘉道年间增至 12 万～15 万两，是华北最大的海港城市。天津从江浙闽广输入大量糖、茶、纸张、磁器、杂货，从东北输入粮食；这些商品除供本地消费外大部转运北京，也有一部分销往直隶、山东各地。道光二十六年（1846）天津在册人口 32 700 余户，将近 20 万口；其中商业户 17 700 余户，占总户数的 54%；铺商数量达 11 600 余户，占商户总数的 65%。张家口是塞北地区最重要的商业城市，也是汉蒙贸易、中俄贸易的转运枢纽。嘉道年间张家口实征税额为 6 万余两。在该城从事贸易者以晋商为多，输出以茶叶、烟草、杂货为主，输入则以俄国所产毛皮为主，嘉庆四年（1799）张家口晋商在恰克图的贸易额至少为 25 万～30 万两。临清位于山东西北部运河沿线，是山东唯一的税关城市。该城兴起较早，明代隆万年间曾为华北最大的商业城市和纺织品贸易中心，清代则为冀、鲁、豫三省的粮食贸易中心，粮食的年交易量在五六百万至千万石。万历年间临清关征收关税 83 000 两，曾为全国八大钞关之首；清代该城地位有所下降，但仍是山东规模最大的商城，嘉道年间所征关税大体保持在 5 万～6 万两。未设税关的城市，如东昌府治聊城是鲁西北地区的商业中心，由于离临清较近，清代前期才逐渐发展，并分割了临清的一部分中转批发功能。嘉道年间，该城仅山陕商号就有三四百家，其中年经营额超过万两的大商号有四五十家。据山陕会馆的抽厘金额折算，道光年间该城的商业规模至少可达二百数十万两。经由该城转运的商品以绸缎布匹、皮毛、烟草、杂货、茶叶等为大宗，其腹地范围大体可覆盖鲁北、冀南和豫东的八九个府。河南府城洛阳，乾隆至道光年间汇聚行商坐贾千余家。该城不仅是河南一府的商业中心，也是陕甘地区与中原及南方各省商品流通的重要通道。洛阳输入商品以绸缎、布匹及南方杂货为大宗，其中相当一部分转销西北；洛阳本地向西北输出的商品以棉花为大宗，向南方输出的商品主要是陕甘地区所产皮毛、药材、水烟等。依据潞泽和山陕两个会馆的集资金额估算，清代中叶洛阳的商业规模也达 200 余万两。此外，济宁、胶州、祁州等城的商业规模与聊城、洛阳大体一致，而青州、德州、黄县、莱阳、潍县、博山等城的商业规模则要小得多。

第六章“新兴商业城镇的崛起”，考察的是行政建制为“镇”的商城，包括河南的朱仙镇、周口、赊旗、北舞渡、荆紫关、清化镇，直隶的张家湾、河西务，山东的张秋、周村、烟台等。其中，朱仙镇位于开封城南 40 里，是清代前期河南东部最重要的商城，与汉口、佛山、景德镇并称为清代四大镇。乾隆年间该镇商号数量已超过千家，绸缎、布匹、杂货来自江浙、安徽，烟草、铁器来自山西；这些商品除相当部分供应省城开封外，转运范围至少包括开封府属各州县，以及河南东北部的卫辉、彰德等府。周口位于淮河上游，是河南东南部的商业中心。清代中叶，山陕、安徽、江西、湖广、福建等地商人都在周口建有会馆。道光年间汇聚该镇的行商、坐贾约计1 500～2 000家，以山陕会馆坐贾的捐款额折算，周口全镇的经营规模约为300万两。赊旗所在的南阳盆地属汉江水系，是河南西部与湖广地区商品流通的重要通道。该镇的兴起约在康熙初年，清代中叶达到鼎盛，同光年间再度辉煌。同光年间汇聚该镇的行商、坐贾有千余家，仅以坐贾抽厘金额估算，赊旗山陕商人的年经营额已达340万两。周村是山东中部的商业中心，有"旱码头"之称。清代中叶汇聚周村的客商分别来自山西、直隶、河南、福建、江西、奉天，周村从南方输入的商品以绸缎、杂货为大宗，在本地集散的商品主要是棉布、生丝、丝绸、茧绸等，其销售范围除山东中部各府外，还远及山西、河南、京师以及东北。位于山东半岛北岸的烟台则是随着北洋贸易发展和东北的开发在乾隆以降迅速崛起的海港城镇，至道光末年已有商号千余家，并取代胶州成为山东沿海最重要的港口。在咸丰九年（1859）郭嵩焘为筹办山东厘局所汇总的山东沿海14州县所征海税中，烟台所在的福山县为12 123两，占海税总额的28％，为胶州的两倍。这些商镇的行政建制虽然是"镇"，而其贸易规模和辐射范围已远超过一般的府级行政中心，朱仙镇和周村甚至曾超过省城。

第三编"商业城镇的空间分布与市场层级"，在以上各章个案考察的基础上进行综合分析，以展现明清时期华北商业城镇的发展脉络、发展特点及其空间分布的变化；对清代中叶华北商业城镇的规模进行估算，并对其市场层级进行定位。

本编分为两章。第七章"商业城镇的功能与特点"，首先考察商业发展对城市空间的影响；然后从人口职业构成、商业布局和商业结构等方面对行政中心城市和商业城市进行比较，以凸显商业城镇的功能与特点；对临清和兖州府城滋阳两个样本城市的人口职业结构进行比较，归纳出商业城镇居民职业构成中，从事中转批发、金融、运输、旅店、餐饮，以及中介贸易等业者占比较高的特点。

　　第八章"商业城镇的空间分布与市场层级"，首先对明清两代冀、鲁、豫三省商业城镇的发展脉络与空间分布变化进行归纳；然后利用商人会馆捐款的地域分布对地区性商业中心的腹地范围进行考察，借助商人会馆集资的抽厘率对各商业城镇的经营规模进行折算，并据此对清代中叶华北商业城镇的市场层级进行定位；在实证的基础上，对施坚雅1843年各区域"城市中心地的等级—规模分布"中的"华北"部分进行修正；最后，进一步探讨明清时期商业城镇发展的历史意义。笔者指出：商业城镇的发展是明清时期中国城市发展的重要特点和变化，也是全国城乡市场网络体系的重要组成部分。王朝制度（如诸王就藩、八旗驻防等）的影响更多地体现在较高等级的行政中心，而对于大量行政级别较低的州县城和非行政中心的"镇城"影响极为有限。大量行政级别较低的商业城镇的崛起，反映的正是明清时期发展中的市场体系对原有的以行政等级为中心的城市体系的突破。这一突破，既是明清时期中国城市发展的重要变化，也是中国近代化、市场化进程的重要内容和组成部分。

　　数据资料的缺乏是影响明清时期市场层级划分相关研究的主要瓶颈。施坚雅用以建构中心地层级的主要指标——近代邮政体系，在清代中叶尚未出现。目前所见能够对明清时期的市场实态提供一些数据信息的主要有两类资料：其一，税收资料，特别是关税（常关）资料。明清两代政府在全国主要流通干线设立税关，对大宗商品征收流通税（即过税）。一般来说，中央一级的税关（直接隶属户部或者工部的税关）大多设在税源最丰的地方，故税关所在多为流通枢纽城市。这些税关保留有大量档案资料和税收数据，从中可以较为具体地了解各关所征关税数额、商品来源、去向及其在不同时期的变化。其二，商人会馆碑刻资料。明清两代各地商帮大多会在经商地建立会馆，会馆的创建、重修都是由商人集资而成，并多刻碑保存，从而为我们留下了一批珍贵的商业资料。其中的商人捐款信息是任何其他文献资料无法替代的，特别是会馆集资的抽厘率是目前所见可据以对商人经营规模进行折算的可信度最高的资料。笔者从20世纪90年代开始对商人会馆遗存进行调查，20多年来收集了大批商人会馆碑刻资料。本成果除传统的文献资料之外，较多地使用以上两类资料，对各商业城镇的商业规模、腹地范围等进行尽可能细致的量化考察，以确定其在市场等级中的位置。

本成果附有 180 多个图表，对各城镇的人口及其职业构成、商铺数量及其空间分布、关税和地方商税、贸易商品的品种数量、商人会馆的捐款金额及其地域分布、行业结构等分别进行统计，并利用商人会馆集资的抽厘率对其商业规模进行折算，使研究建立在扎实可靠的量化分析基础之上。

本成果的重要观点为：

商业城镇的发展，既是明清时期中国城市发展的重要特点与变化，也是全国性市场网络体系形成过程的重要组成部分。本成果对明清时期冀、鲁、豫三省 50 多个较重要的城镇进行了系统考察梳理，在城市覆盖面上远远超过以往华北研究中的举例性考察；特别是对其中 30 多个不同等级、不同规模的商业城镇的重点考察，更弥补了以往研究中最薄弱的部分。通过对行政中心和商业中心两类城市的商业布局、商业结构和人口职业结构的比较分析，充分展现出商业城镇与行政中心城市在经济功能上的差异。本研究的考察显示，明清时期王朝制度的影响更多地体现在较高等级的行政中心，以往学者们关注的"城墙视角"和"规划"因素，以及诸王就藩和八旗驻防等政治因素，对于大量行政级别较低的州县城和非行政中心的"镇城"影响极为有限。另外，明清时期特别是清代前期随着经济发展的需要，华北的商业城镇从数量到规模都有大幅度的增长，其中一部分是原来的各级行政中心向商业城市转化；同时，也有一批原本并非行政中心的"镇城"迅速崛起，其经济功能远超过大多数府城，成为地区性的商业中心。在本成果考察的 30 个府级以上的行政中心中，只有 6 个城市可以认定已转化为商业城市，而州县一级的行政中心则有 10 多个实现了转化；此外，至少有 6 个"镇城"的商业规模已超过一般的府城，成为地区性商业中心。在研究确认的 18 个较高级别的商业中心中，府级以上的行政中心只有 5 个，占 28%；属于州县一级的治所城市有 8 个，占 44%；还有 5 个属于"镇城"，也占 28%——与施坚雅的"华北"模式有很大差异。本成果认为，大量行政级别较低的商业城镇的崛起，反映的正是明清时期发展中的市场体系对原有的以行政等级为中心的城市体系的突破；这一突破，既是明清时期中国城市发展的重要变化，也是中国近代化、市场化进程的重要内容和组成部分。

三、成果的学术创新、应用价值以及社会影响和效益

本成果在资料拓展及其分析方法、量化分析、指标体系，以及华北市场

体系的层级建构等方面都有较大创新。

（1）资料方面，本成果大量使用了以往明清城市研究中较少被利用的税关（常关）档案和通过实地调查收集的商人会馆碑刻资料。利用税收数据考察税关城市的商业发展脉络及其商品来源、去向；通过对商人会馆碑刻中大量商人商号捐款的统计分析，展现出该商镇的发展脉络、商业结构、商业规模以及腹地范围等，这是本成果的重要特色。

（2）以往对传统城市的研究缺乏量化分析，故而对各城镇的实际发展水平和市场等级很难定位。本成果利用商人会馆捐款的地域分布对各商镇的腹地范围进行界定，利用商人会馆集资的抽厘率对其经营规模进行折算。这一方法在资料来源及其使用方法建构两方面均属首创，从而将商业城镇的量化分析大大推进了一步。

（3）新的指标体系的设置也是本成果的贡献之一。经济功能的增长是明清时期中国城市发展的主要特点和变化，以往传统城市研究中的主要指标——行政等级、城墙周长（或占地面积）以及人口规模等，都不足以反映这一时期城市发展中的变化和特点。本成果尝试以商税额（包括关税和地方商税）、商铺数量、经营规模、腹地范围等能够反映城市经济功能的指标进行考察分析，以展现商业城市与行政中心城市的差异，以及明清时期城市发展的主要特点和变化。

（4）本成果通过大量具体翔实的个案分析，在实证的基础上展现出清代中叶华北商业城镇的空间分布和层级体系，并构建了一个可以进行量化分析的模式：从资料到方法。这一模式比施坚雅依据理论推衍得出的"城市中心地的等级—规模分布"模式更符合中国的历史实际，可供其他省区研究者参考和借鉴。

本成果在明清城市史、商业史以及区域经济发展史领域均有较高的学术价值。其开创的以商人会馆集资的抽厘率折算经营规模，利用商人捐款的地域分布考察商镇腹地范围的方法，以及清代中叶华北商业城镇的空间分布与市场层级模式的建构，有助于推进传统商业城镇研究的量化和深入，对于其他区域的研究也具有一定示范作用，可供相关研究者参考。

《清前期重大自然灾害与救灾机制研究》概要

周　琼[*]

一、研究的目的、意义及方法

由于史料记载增多及灾荒频次的增加，清代灾荒展现出广泛性、多样性及复杂性等特点，救灾制度及措施也在救灾实践中不断完善。虽然清代灾荒研究成果众多，但多为灾荒与救灾制度分开探讨的成果，缺乏系统、综合的研究成果。清前期是清代荒政建立及完善的重要阶段。荒政制度的建立及完善，来源于各地一次次灾荒赈济的实践，要透彻了解清代荒政制度，离不开对灾荒情况的系统、全局性把握。梳理清前期不同类型灾荒史料的记载，对自然灾害的类型及等级进行划分，展现清前期百废待兴的背景下，不同类型自然灾害的状况及其后果、社会影响，揭示清前期急切建立灾赈机制的深刻社会动因，凸显清初统治者在短期内采取边统一全国边赈济灾民的举措，在相对短的时间内迅速稳定政局，从史实中分析清代荒政建立及完善的大背景，是清代荒政研究必须完成的学术任务。

在整理、分析零散、繁杂的荒政资料，厘清清前期灾赈机制建立、完善的过程及主要内容、措施和影响的基础上，再现一个受到抵制及反抗的入主中原的异族统治政权，如何通过灾赈机制的推行顺利获取民心，逐步得到底层民众（尤其是灾民）认可，一步步稳定统治，使其政权的合法性获取历程大大缩短，从而探究清王朝统治合法性建立的深层原因，是清代荒政制度研

---

　* 周琼，云南大学教授，博士生导师。

究的重要目的。

本成果的研究具有重要的学术价值及现实意义。从学术价值上看，首次对清前期灾赈机制进行系统研究，全面呈现清前期重大自然灾害发生的原因、过程、结果以及灾赈机制建立、发展、完善的过程及主要内容、社会影响，推进清代荒政史、中国灾赈史的研究进程，深化灾赈制度史的研究。

从现实意义来看，从史实研究出发，分析清前期赈济机制的弊端及其影响，总结古代盛世时期灾赈机制的经验及教训，可以更好地发挥历史研究的现实资鉴作用，为当下防灾减灾体系的建设提供历史支撑；发掘清前期官赈、民赈的法制内涵，为当前社会救济的立法及推行提供资鉴。同时，对现当代防灾减灾、抗灾救灾等法规、政策、措施的制定，对灾害突然降临时的应急反应，尤其是资金调配、人员调派、对灾民的救济及安抚等，具有重要的借鉴意义；对中国当代防灾减灾体系的建设，对"一带一路"建设中跨区域灾害防御及救济体系的建立及推广，可提供资鉴。

本成果属中国历史基础研究的范畴，主要采用历史学、文献学的传统研究方法，并借鉴相关学科的理论方法，呈现清前期重大自然灾害与救灾机制建立完善的内在逻辑。

二、成果的主要内容和重要观点

1. 主要内容

清代有关灾害的文献记录了清前期不同类型及等级的自然灾害。第一、二章以再现清前期灾害情况及影响、灾赈机制建立的背景为目的，梳理了巨灾、重灾、大灾等重大自然灾害，重现清前期重大自然灾害的具体情况、自然灾害频发的区域及时段，揭示自然灾害发生的原因、后果及社会影响。清前期频繁的自然灾害造成了严重的社会影响，灾民的生命财产蒙受了巨大损失，农业生产受到严重影响，粮食歉收或绝收，粮价飞涨，无数灾民死亡流移，人相食的人间惨剧常常在巨灾地区发生，加重了社会危机，威胁着地方统治秩序，冲击着传统的伦理道德，对社会心理造成极大影响，还对生态环境造成了极大破坏，凸显清前期灾赈机制建立的背景及紧迫性。

第三章展现清前期灾赈机制建立及完善历程。在明代灾赈制度的基础上，清前期的灾赈机制经历了顺康时期的初建、雍正朝的修正补充、乾隆朝的完善与定型，达到了历史以来最完备的高度，把报灾、勘灾、禳灾、筹赈、蠲缓、发帑、截漕、捐输、捐纳、赈济、以工代赈、养恤、治蝗、除疫等赈济措施及制度的优势发展到极致。制定了"夏灾不逾六月，秋灾不逾九月"的报灾期限，调整勘灾期限，确定报灾后 40 日完成勘灾任务，逾限严惩；勘灾人员须确定灾情分数，统计受灾人口，查实灾民的极贫次贫等级，给灾民填发赈票，向朝廷填报审户图册等。确定对五分以上、勘实成灾的地区，据灾情分数及大小口数、极贫次贫情况进行相应的钱粮赈济，对"勘不成灾"的灾害按具体情况进行赈济。上述举措使清代灾赈机制成为中国古代灾赈史上的典范。

第四章展现了清前期的赈济进行机制（赈中机制），将赈济类型分为正赈、展赈、抽赈、补赈、散赈等五个赈济程序及阶段。正赈包括摘赈、普赈（急赈、先赈）、续赈、加赈、大赈等五类；在饥荒中还煮粥赈济饥民，形成了完备的煮赈制度；招募年轻力壮的灾民，采取修筑水利工程、修缮城墙、修建水陆交通要道及修筑衙署、监狱、仓库、庙宇、学堂等措施，实施"以工代赈"。

第五章是赈后机制的建设，体现在钱粮赈济结束后，对青黄不接的灾民进行口粮及籽种、牛具的借贷，以尽快恢复灾区的农业生产及社会生活；蠲免及缓征灾区的赋税钱粮，形成了蠲免与缓征相辅相成的官赈格局；对"勘不成灾"的地区也据灾情状况，给予相应的钱粮赈济或适当的蠲免、缓征。栖流所等专门针对流民进行赈济的制度，获得了底层民众的认可，在一定程度上达到了"天下同治"的目的。

第六章探究了官方灾赈物资的来源、筹集及发放情况：面对灾荒的袭击，官府及民间建立了相对完善的应对机制，形成了以官赈为主、民间赈济为辅的灾赈格局。官赈物资主要来源于库帑、仓粮、截漕、邻省协济，以及捐纳、捐输、捐监等。灾赈物资的筹集、调运、及时发放，显示了集权体制及其资源统筹能力的优势在灾荒赈济中的社会效应。

第七章展现了作为官赈重要补充的清前期民赈机制建立的背景及主要内容，系统探讨了清前期民间救灾活动、救灾制度建立及其演进，是学界第一次系统的清代民赈研究的成果。民间赈济是清前期重要的官赈辅助机制，形式灵活，官员、士绅、富户及民间团体是民间赈济的主要组成人员，募集、捐赠、捐纳、借贷、施衣施棺、建家建宅建田及借屋租地、修筑堤坝桥梁等是民间赈济的主要形式。民间赈济者的灾赈行为，既是他们主动积极参与到地方事务及地方管理中的行动，也是地方精英通过灾赈控制基层社会、发挥其社会责任感及主导性作用的行为结果，是赈济者具备传统道德及慈善本心的实践。民赈也有避免灾民暴动或抢劫、屠杀等自保的动因，既能使灾赈者全家周全又能使其获取美名。民赈能迅速、及时、机动地对急需赈济的灾民实施救助，使基层社会顺利渡过灾荒危机，缓解了官方赈济不能遍及给地方统治带来的压力，弥补了官赈机制的不足。地方精英阶层（主要是士绅、富户）因此赢得了行善乡里、拯救灾黎的美名，获得了乡民的敬重和爱戴，塑造了自己在基层社会的领袖地位，掌握了基层社会话语权，逐渐确立了在地方或家族事务处理中的权威。这也加大了地方精英阶层在地方决策中的能动性作用，在中国传统道德文化的塑造及基层控制中发挥了积极的作用。民间赈济的实践及其良好的社会效应，顺利实现了官府、士绅富户和村民在灾荒中救灾图存、稳定社会秩序的三位一体的目标，成为清代中后期义赈普遍兴起并得到认同的社会及民众基础。

第八章分析了灾赈的效果，认为清前期良好的灾赈机制稳定了灾区的统治秩序，笼络了民心，树立了官府的威信，促进了灾区社会经济的恢复及发展，丰富了中华民族思想文化的宝库。但因集权体制的弊端，尤其是吏治的腐败和赈济监督机制的不完善，灾赈工作弊端重重，最终导致了清王朝官赈制度的衰落及民赈（义赈）的兴起。

2. 重要观点

（1）清前期的灾赈机制具有承前启后的特点，将中国灾赈机制推向了最完善的阶段。但因传统社会缺乏化解、分担、防范社会成员生活风险的系统保障制度，不能消除各阶层的生存及发展危机，灾赈贪腐不可避免。制度的这种繁盛也使一切美好的或丑陋的东西和品质都一并得到了"繁荣"和肆意的绽放，酝酿了制度登峰造极后的衰败，也暴露了专制王朝体制的弊端，更隐示了王朝的统治基础在日益走向腐败的吏治中逐渐被侵蚀。在当代各类灾害频发、各地重视防灾减灾能力建设的背景下，重新审视中国封建帝制顶峰阶段号称灾赈制度史上最完善的制度，以历史经验为基础，建立专门的灾赈机构及系统完整的保障系统，才能使灾赈制度及措施具有可持续性。

粥赈制度是清前期灾赈机制这一特点的典型表现。粥赈又称煮粥、赈粥、煮赈，主要是官府富户在固定区域设厂煮粥赈济灾民或贫乏饥民，粥赈所在地称粥厂、赈厂、饭厂。粥赈因具有简单易行及见效快的特点备受统治者青睐，是中国重要的灾荒赈济措施，也是传统荒政制度的重要组成部分，在赈灾及济贫缓饥中产生了积极效果。清代粥赈作为粮食赈济的重要方式，是灾赈与贫赈的辅助措施，经历朝实践及改良，明代完成了粥赈制度化、规范化的建设。清承明制，经顺康雍时期的建设及发展、乾隆朝的改良与完善，中国粥赈制度达到顶峰，在灾荒及贫民赈济中发挥了积极作用。但也因吏治腐败、制度刻板及管理缺陷引发了诸多弊端：粥厂京畿多、地方少，城镇多、农村少的区域分布不均格局，使粥赈出现失位现象；饥民依赖官方及民间无偿施粥的思维方式，对中国传统社会中底层民众依赖好皇帝、"青天"官员来拯救的社会心理塑造，是一个不可忽视的消极要素，反映了完善制度客观上存在的缺陷。

"以工代赈"是另一个典型案例。这是中国传统灾赈制度中最为重要的辅助性救灾举措，简称"工赈"，历史上又称"寓工于赈""寓赈于工"。指在灾荒时或灾后重建中，为达到既赈济灾民又让灾民自救，同时完成社会公共工程建设的目的，根据各灾区的具体情况，或由官府出面，举办诸如修建城池衙署、庙宇学堂，或是疏浚河渠、修筑堤坝等工程，或由私人富户举办地方公共建设或私人性质的土木工程建设，使"年力少壮者佣趁度日"，灾民从中获得钱粮等物资，达到间接救灾即"兴工作以助赈"之目的。中国"以工代赈"制度产生于先秦时期，发展于宋元时期，成熟于明清时期。清代系统总结了中国传统社会"以工代赈"制度并加以完善，始于康熙时期，发展于雍正时期，繁荣及完善于乾隆时期。清代是中国工赈制度的集大成时期，中央王朝设置府州县治所的地方，几乎都在灾后举行过工赈。工赈工程的种类繁多，既有自然毁坏的工程，也有因灾害毁坏的工程；既有水利工程，也有城墙、交通要道，还有衙署、监狱、仓库、庙宇、学堂及军事设施等。清王朝"以工代赈"制度发展的巅峰时期主要在乾隆朝，制度的完善又推动了实践的不断深入及发展，产生了良好的社会效果。如乾隆朝工赈制度规定，官府承担修筑民堤民埝费的一半，提高了工赈人员的佣金。工赈工程须有一定的规格、范围及规模，主要为兴修及疏浚水利工程、修筑城墙及水陆通道、衙署、监狱、仓库、庙宇、学堂及军事工程等。清代的工赈制度在发展及实践中积累了众多对后代极富启迪意义的经验，也因失误留下了众多的教训。工赈的实施增强了灾民自力更生的能力及自救意识，发挥了救灾及增强社会基础设施建设的双重功效，减少了社会动荡的因素。但制度与措施不一定是吻合的，再完善的制度也不可能面面俱到，更不可能涵盖一切。清帝国幅员辽阔，各地具体情况不尽相同，乾隆朝工赈制度虽是传统社会中最完善的，但也存在一些明显的漏洞和弊端，如一些过于笼统或死板的制度，不利于清代刻板官僚体制下行事缺乏灵活性的官员的具体实践及操作，从而延误赈济，加重了灾害的后果及影响。

（2）清前期致力于灾赈机制的建设，是清统治者获取统治合法性的政治智慧的体现。清前期的灾赈机制及其实践，是入主中原的清统治者迅速获取民心、稳定统治的最佳捷径。清统治者通过不同的钱粮赈济措施，使饥寒交迫的饥民渡过危机，获得了民众尤其被救济灾民的认可。这是清统治者吸取传统汉文化精髓，统治方式迅速汉化并获得统治合法性的统治智慧的体现。统治者很快凝聚民心、稳定了社会秩序，最终促成了康乾盛世。

栖流所制度就体现了这一点。栖流所是清代官方举办、安抚流民的救济机构，属非主流及辅助性的官赈措施，是一项较成功地管理及控制流民并稳定社会的措施，在清帝国统一控制的疆域内广泛存在。包括"僻处天末"边疆民族地区的云南也建立了栖流所并实施了官方的系列制度，真正实现了历代统治者"天下同治"的理想。这表明清统治者入主中原后快速领会并运用了中国传统文化"惠民爱民方得民心"的统治内涵，不仅避免了历代王朝因流民起义而灭亡的宿命，也因为在短期内得到了底层民众的认可及接纳，迅速获取了统治的合法性。底层民众的支持接纳对王朝及其统治命运的转向起到了不可忽视的积极作用，从另一个层面上诠释了中国传统荒政的精髓——"得天下者得其民也，得其民者得其心也"，即底层民众对最高统治者的集体认可与接纳，成为决定其统治合法性的关键因素。

清前期灾赈机制既有刻板的一面又具有一定的灵活性。制度因其细致、完备，在实施中往往是僵化及刻板产生的温床，但官员在具体实践中又能够最大限度地保持灵活性，从而达到了拯救灾黎的效果，如将部分"勘不成灾"的灾荒纳入赈济范围，是清代乃至中国古代荒政制度中最富人性化的内容。

（3）清前期灾赈机制在很多侧面凸显出了既细致又具稳定性的特点。清前期灾赈机制对每个细节都做出了完备的规定，使实践有法可依。尽管制度因其细致、完备，导致机动性在更大程度上丧失，不一定能全部完成制度范畴内的目标并取得最好的效果，但持续稳定的灾赈制度最终达到了稳定社会秩序的目的。从报灾勘灾、借贷制度的建设可见一斑。

报灾是清王朝最早恢复和建立最快的荒政制度，启动了救灾应急机制的闸门，对官民拉响了灾情警报，是灾赈制度帷幕的开启。该制度始建于顺治朝，发展于康雍朝，完善于乾隆朝。其最突出的贡献，是完成了报灾期限、违限处罚及冒灾匿灾等制度的建设及调整，具体规定了报灾违限及冒灾、瞒灾及告灾不实的处罚，专门建立起了卫所、粮庄报灾的制度。其在具体实践过程中确立起来的原则，一直沿用到了清末。该制度确立的灾赈预警及灾情信息上报通道，明显地提高了灾害防治能力，是清代报灾制度垂鉴后代最典型、最值得借鉴的经验。

勘灾是督抚接到报灾信息后委派官吏亲临灾区，协同基层吏役勘查核实灾情，勘定灾区位置及田地成灾分数、受灾人口数、禽畜财产受损状况，以确定赈济数额、蠲免分数及赈济期限，是灾赈措施推行的前提和依据。顺治朝于灾荒频仍中开始恢复、建设传统勘灾制度，经康雍两朝灾赈实践的校验、调整、修改及发展，勘灾任务、人员、期限等规定逐渐确立。乾隆朝顺承其精要，充分吸收臣僚的修正奏议予以改良、补充和修正后，制度与灾赈的实际更加贴合，更有利于实施。如规定了勘灾期限，建立了卫所、粮庄勘灾及边勘边赈制度，明确了督抚勘灾职责，专门拨付勘灾费用，制定了完整的勘灾程序。勘灾制度的成功执行，验证了帝制顶峰阶段灾赈制度的完善高效，使康乾盛世时的勘灾制度成为清代君臣共建灾赈制度的典范，体现了独裁帝制下的集权式民主及"嘉惠黎元、体恤灾民之致意"的统治目的的达成，成为专制体制下国家行政效能外显的标志。

清代灾荒借贷分官方及民间两类，起源于康熙朝，经雍正初建，乾隆朝完善并确立。由官方给灾民借贷钱粮、籽种、耕牛、农具等农本，规定仓谷借贷据灾情决定是否收息或免息，确立了"春借秋还、秋借春归"借贷期限，即官府在春耕夏种、青黄不接即民间"乏食""缺种"之际，向饥民借贷籽种钱粮、耕牛农具等恢复农耕所需的基本物资；重灾时灾民全部或半数免还借贷籽种；兵丁从司库内借支的饷银两年内扣饷还款；向灾民借贷耕牛及草料，禁卖禁宰耕牛，严惩偷盗耕牛者，惩处执行禁令不当的官员及借贷失信者。灾荒借贷有力地保障了灾民的再生产能力，是灾后农业生产及社会经济秩序迅速恢复并获得持续发展的基本保障，成效良好，不仅加强了民众对清统治者的认可，稳定了地方统治，也塑造了民众的诚信行为，对清代基层社会结构的稳定起到了积极作用。有借有还的借贷实践，还塑造了民众灾害自救、自助及诚信的文化心态；对借贷中的官员问责制，既使官员受到监督，也约束了借贷灾民，官民间相互监督，促进了借贷制度的管理机制建设，在客观上推动官民诚信行为的养成。

（4）制度不是万能的，但没有制度是万万不行的。制度是措施和实践的基础，中国历代赈济制度是救灾措施得以实施的重要依据。清前期百废待兴、灾害频仍，没有灾赈制度的制约，灾赈无从进行，便会哀鸿遍野。清统治者深切体会到了制度是灾赈措施实施的基础，证明制度的保障在任何时候、任何社会的灾赈中都是必不可少的，如"勘不成灾"制度的建设，就是如此。

"勘不成灾"是指经官府勘察后达不到赈济标准及等级的灾荒，清以前历代王朝均不予救济。此类灾害对灾区的社会经济、灾民生活造成极大冲击及影响，虽然影响程度、范围存在差别，但一些接近灾赈等级而不能享受赈济的灾区，灾民赋税负担依旧，再生产能力遭到削弱，加重、扩大了灾荒的消极影响，是传统社会"天灾人祸"的典型代表，彰显出中国传统灾赈制度的刻板及固有缺陷。清代"勘不成灾"制度经历了从忽视到重视并逐步建设的过程，在总结历代灾赈制度的基础上，开始关注"勘不成灾"并对接近灾赈等级及标准的灾荒进行赈济，对灾赈制度进行了改良及完善，即灾赈范围向制度外转化，扩大了覆盖面、降低了灾赈等级（六分降到五分），据具体情况对"勘不成灾"进行赈济并将其制度化。雍正朝开始对"勘不成灾"进行制度建设，乾隆朝予以完善，促成了清代赈灾制度的外化并使其发挥了较好的社会效用。如缓征、分年带征、折征及就地抚恤、酌量赈给银米、蠲免积欠钱粮、借贷、以工代赈等赈济措施，对原本不能享受赈济的灾区的经济恢复发挥了促进作用，成为促使清代灾赈制度走向中国传统灾赈制度巅峰的重要因素，最终完成了传统灾赈制度的外化转型。本成果首次提出制度外化的概念，论证了清代灾赈制度的外化使接近赈济等级的灾区重建及经济恢复能迅速完成，检验和校正了灾赈制度的成效，成为促使并体现清代灾赈制度走向传统灾赈制度巅峰的代表，也是中国灾赈制度外化最典型的案例。

三、成果的学术创新、应用价值以及社会影响和效益

1. 学术创新

（1）首次系统梳理并判定清前期自然灾害的类型及等级，从零散的资料中厘清清代灾赈的主要程序及其制度建设、完善及社会效应，论证了清代荒政在中国荒政史上的重要地位。系统梳理清前期自然灾害的脉络，展现了清前期重大自然灾害的状况及影响，厘清了清代灾赈的主要程序及其制度建设的内容，认为清前期的自然灾害，无论是类型还是影响，在中国灾害史上都具有普遍性及代表性。其制度内涵及官方、民间的灾赈理想，在中国灾赈史上具有承前启后的价值。提出清前期灾赈机制在中国灾赈史上具有承前启后的特点并凸显其完备性及刻板性、人性化特点。

（2）首次将清前期灾赈制度分为赈前、赈济（中）、赈后三类。赈前制度主要是报灾、勘灾及"勘不成灾"制度，赈济制度主要是钱粮赈济或赋税等的蠲免、缓征，赈后制度主要是恢复生产过程中籽种、耕牛、农具及钱粮等的借贷。本成果还对诸如粥赈、"以工代赈"、审户、农贷、栖流所等具体制度进行了系统深入研究，首次厘定清前期灾赈制度建立及发展的历程。根据赈济时间及赈济数量不同，从繁杂的史料中梳理、辨析了容易被研究者及初学者混淆的清前期名目繁杂的赈济类型及措施，对赈济的正赈、展赈、抽赈、补赈、散赈及旗地官庄赈济等类型进行划分，提出正赈包括展赈前的普赈、续赈、加赈、大赈等赈济方式。在报灾、勘灾、粥赈、"勘不成灾"、"以工代赈"、栖流所、借贷等制度研究中提出了创新性理论观点。

（3）灾赈是中国帝制内在自我修复能力的外在表现，这是传统中国虽然存在诸多弊端但却长期存在的原因之一。首次对清前期灾赈机制的社会效果给予深入客观的评价，揭示清前期入主中原的清统治者通过不同类型的赈灾实践，逐步稳定社会秩序、获取民心，最终获取统治合法性的历程。清前期统治者的灾荒赈济实践，满足了底层民众对统治者拯救苦难的政治期待。中

下层官员及胥吏在灾荒赈济推行的每一道程序中兢兢业业、认真地履行报灾、勘灾、审户以确定灾等、发放救灾物资、蠲免赋役等救灾职责及其所取得的社会成效，既展现了集权统治在基层巩固集权的同时用强权推行其荒政制度，逐步恢复了被灾荒摧毁的社会秩序，也再现了中国传统专制王朝政权所具有的较大自我修复及更新能力。

（4）清前期官赈制度在实践中发挥着灾赈之外的积极功效。清前期的灾赈机制及其实践，是清统治者通过钱粮赈济措施，使饥寒交迫的饥民渡过危机，保存了再生产的能力，给灾后重建储备了人力资源及经济基础，使社会保存了持续发展的资源及动力，快速积累了经济基础。清代灾赈机制及其实践，在统治者获得政治合法性、稳定基层社会中发挥了巨大作用。此外，清代灾赈机制还有如下积极功效：借贷制度塑造了官民的诚信行为及传统文化；栖流所是天下同治及底层认可的制度基础；"以工代赈"是积极、主动的救灾措施，是恢复及推动灾区经济发展、促进社会进步的有效行为，既融洽了官民关系，又增强了灾民独立自救的意识。

（5）系统探讨了以往研究极为薄弱的清前期官方借贷活动，更全面地揭示清代救灾机制的总体面貌。中国传统荒赈制度都能对农耕社会的复兴与发展发挥积极作用，不同层面及内容的制度，社会效用往往不同。在传统农业社会中，既能使农业复苏，又能塑造民众诚信品行的灾赈制度，首推借贷制度。学界对清代民间借贷进行了不同视角的研究，但官方的借贷及其制度建设与实践，迄今尚无系统研究的成果。清代的官方借贷是针对农耕进行的。农耕借贷是中国灾区传统农业社会恢复及重建过程中成效最好的官赈制度，尤其借贷利息的减免或蠲免制度，进一步减轻了灾民的负担，援助了缺乏农业恢复条件的灾民，迅速重建灾区正常的经济秩序。借贷免息及蠲免制度，凸显了专制统治的温情面纱，有利于统治者获取民心。

（6）在灾赈制度研究中首次明确提出"制度不是万能的，但制度保障是必需的"等富有启迪及警示意义的观点。清代的灾赈制度号称中国历史上最完善者，但依然存在无法避免及克服的局限性与漏洞，往往会使部分管理者利用其漏洞贪腐，一些贪腐案例达到极致，部分灾赈存在制度不能给予保障之处。正是这些缺憾，给民赈及清代后期的义赈以产生、存在及发展的空间与机会，给中国传统专制社会的自我更新及修复提供了契机。清前期灾赈机制的社会效应有好有坏，发展到顶峰后迅速衰落，留下了许多值得反思及借鉴的教训，对中国历史的发展方向产生较大影响。

2. 应用价值

（1）学术应用价值：在灾赈制度的研究中做出了超越前人的贡献，有助于进一步深化对清代救荒史的研究。如在荒政研究中首次提出制度外化的概念，制度外化专指制度在建设与发展过程中，其原则及规范的使用范围或制度的核心内涵向外转化、适用范围随之扩大的现象，即将制度的模式及措施扩展应用到原本不属于制度范围的事物中，将非制度的政策措施转化为制度范型甚至将其变为制度。自古及今，制度的内化及外化现象时常发生，制度内化受到了学界重视，外化却鲜有关注。这反映了学界对制度外化及其社会作用的忽视，使制度外化及其成效、经验未得到发掘及研究。本成果对此问题的思考，能够推进学界对传统政治制度外化的系统、深入研究。本成果认为，清前期灾赈机制确实达到了中国历史上的巅峰阶段，但其社会效应应客观、科学地看待，因其既有积极、成功的一面，也有空前腐败及消极的一面。

（2）现实应用价值：历史上的灾荒应对措施及其经验将在现实生活及政策导向中发挥重要的资鉴作用，对当代中国防灾减灾能力建设也具有重要的借鉴意义，尤其对现行防灾、抗灾、救灾等制度建设及政策制定具有很大指导价值。如"以工代赈"制度的思考就对现实有资鉴价值：随着当代生态环境的恶化及环境危机的凸显，各种自然灾害、环境灾害频繁暴发，虽然因发达的通信、交通、科技等因素而使当代的救灾措施及救灾方式呈现出了多样化的特点，救灾物资也较为充裕，救灾人员的专业化特点也日益凸显，在救灾中发挥了积极的作用，产生了较好的社会影响，但在汶川地震、玉树地震、舟曲泥石流、姚安地震及其灾后采取的很多工赈措施中，如能资鉴历史经验，则会取得更好的社会效果。很多在灾害发生过程中或是灾后未举办工赈的灾区，未注意到工赈工程在防灾、抗灾、救灾中的重要性，还在采取中国传统的无偿给予钱粮的赈济措施。虽然钱粮赈济在重灾区，尤其是在灾民已经丧失了生活基础及能力的情况下是必需的，但在这种赈济方式生效、灾民的救灾能力得到一定恢复后，很多地区依然没有充分发挥和调动灾民抗灾救灾的自觉能力，这无形中助长了国民固有的依赖习性，使其丧失了自主救灾的积极性和能动性，在一定程度上既浪费了救灾物资，也使救灾的实际效果在客观上打了折扣。

3. 社会影响和效益

（1）本成果能应用于清史、灾荒史、制度史、社会保障史等专业研究领域。7 篇研究成果在核心期刊发表，均被中国人民大学复印报刊资料全文转载。1 篇论文（《乾隆朝的粥赈制度》）被《清史参考》2016 年第 15 期摘录。

（2）本成果在实际中可运用于现当代的民政部门、党政决策咨询部门、水利水电应急部门、气象灾害防治部门，民间救灾群体、组织及相关救灾制度、政策的制定部门，为这些部门的工作人员免去搜集、整理史料及提炼总结的工作，可直接运用研究结论及理论为现实服务。

（3）为初学者、普通历史爱好者及专业人员提供正确理解清代自然灾害状况及灾赈制度建立和实施的专业引导，理论及观点得到学界认可及高度好评，1 篇中期研究论文（《乾隆朝"以工代赈"制度研究》，《清华大学学报》（哲社版）2011 年第 4 期）获得云南省社科成果奖一等奖，从一个侧面证明了本成果的学术及应用价值。

《清史稿儒林传校读记》概要

陈祖武*

一

《清史稿·儒林传》凡四卷，卷一至卷三，大致以学术宗尚区分类聚，略以年辈先后为序，著录一代儒林中人近三百家生平学行。卷一专记理学诸儒，二、三两卷分记经学、小学、史学及诸子学中人。所录各家，人自为传，上起清初孙奇逢、黄宗羲，下迄晚清王先谦、孙诒让，或独领一篇，或诸家共席，首尾一贯，自成体系。凭以知人论世，可得一代学术演进之大要。卷四系沿《明史》旧规，专记入清以后，历世衍圣公之承袭，唯无以附丽，乃置诸《儒林传》末。由于《清史稿·儒林传》前三卷所具学术价值，因之自 1928 年刊行，一直以治清代学术史之基本史籍，而为学人所重视。

然而清史馆开，正值民国肇建，军阀纷争，社会动荡，并非史家潜心修史之时。故而蹒跚十四载所成之《清史稿》，错讹甚夥，争议不绝。诚如 20 世纪中点校《清史稿》诸位专家所言："《清史稿》成于众手，编写时很少照应，完稿以后，又未经复核改定，匆忙刊行，校对也很不认真。因此体例不一，繁简失当，往往发生年月、事实、人名、地名的差误，遗漏颠倒，以及文理不通的现象。此外，还有史事论断的错误。"已故著名史家柴德赓先生早年讲授《清史稿》，于该书有一些经典之基本评价，多历年所，允称不刊。先生认为，《清史稿》是学清史的人的基本参考书，所据的史料是极丰富的，

---

* 陈祖武，中国社会科学院研究员，博士生导师。

但缺点很多，诸如复辟思想浓厚、不奉民国正朔、夸美清朝统治、重复舛漏、差谬时见等等，简直不胜枚举。先生据以得出结论："以其内容论，志、表尚属有用，本纪简略，列传最下。"柴先生何以要用"最下"二字来批评《清史稿》的列传一类？除历史观及治史态度之外，先生一语破的，乃在于《清史稿》之列传部分"是转手多次以后的资料"。

同《清史稿》全书相比，《儒林传》本来基础很好，既有晚清国史馆留下的《清国史》旧文可据，又有昔日亲与其事的史馆耆硕缪荃孙先生提供之初稿，理当脱颖而出，独步全书。缪先生过世，在其后的八九年间，如果后继者能够勤于比勘，精心校核，则不难订讹正误，去非存是，编就上乘信史。恰恰相反，由于史馆管理无章，统稿乏人，加之后期急于成书，斧钺随意，以致酿成《儒林传》的过多失误。

《清史稿》成书之后，迄今曾经有过两次较大规模的集中整理。第一次是新中国成立初期，自 20 世纪 50 年代末起，国家集合四方专家，对《二十四史》及《清史稿》的系统点校。第二次则是七八十年代，我国台湾地区众多清史专家合作完成的《清史稿校注》。《清史稿》的两次整理，于《儒林传》用力重点各异，前者系具有开拓意义的创举，做了可贵的传文分段，并施加新式标点。后者乃采"以稿校稿，以卷校卷"原则，利用当年存档史稿及相关纂修资料，进行技术性的全面校勘，出有校记 476 条。之后，以传主著述、碑传、年谱及实录、会典、起居注等众多官私史籍为据，从历史学与文献学相结合的角度，进一步逐传精心校读，订讹正误，留存信史，遂成前辈师长交给后起学人的为学功课。

二

1978 年 10 月，笔者有幸负笈京城，考入中国社会科学院历史研究所，追随先师杨向奎先生问清儒学术，是年三十有五。从此，恭置《清史稿·儒林传》于案头，作为入门史籍而随时检读。光阴荏苒，转瞬 40 多年过去，当初所购之《清史稿》48 册，尤其是《儒林》《文苑》二册，而今书脊多已破损，然从中所获教益，则受用终身。犹记拜读之初，每有疑问，往往录之专用卡片，依次置诸纸质硬盒。久而久之，苦于卡片盒无处堆放，便改录于小练习本，甚至径记于各传之天头、地脚，密如蝇头，散见字里行间。岁月流逝，字迹漫漶，早年之所记竟有难以辨识者。因之晚近以来，遂生将历年所记整理成帙之想。2016 年 4 月，《清代学者象传校补》定稿，未作停歇，旋即开始本成果之整理和誊正工作。历时两年，粗见眉目，所成校记已逾千条。抚卷冥思，百感交集。

清代乾嘉史家钱大昕先生有云："史非一家之书，实千载之书，祛其疑乃能坚其信，指其瑕益以见其美。拾遗规过，匪为龃龉前人，实以开导后学。"恪守"实事求是，护惜古人"宗旨，先生一生究心历代史籍，撰成不朽名著《廿二史考异》《十驾斋养新录》。笔者之从事《清史稿·儒林传》校读，实乃遵循竹汀先生之遗教，沿着前辈史家之艰苦跋涉而学步向前。古往今来，关于数千年中华学术之世代传承，前哲屡有教言："先创者难为功，绍述之易为力。"本成果之幸成完帙，皆仰赖二百余年来，先辈史家一代接一代的辛勤耕耘。其间，既有嘉庆中叶以降，清代国史馆《儒林传》之创编及迄于清亡的数度重修，亦有民国初年，《清史稿·儒林传》之据以成书，还有 20 世纪中，前辈史家的两次大规模系统整理，以及晚近数十年，众多专家的勠力精进。饮水思源，不忘根本，唯有无尽的缅怀和感恩。只是笔者学殖寡浅，识见孤陋，复以桑榆景迫，病痛缠身，凡所校读，多有错讹，敬祈方家大雅不吝赐教。

三

本成果秉持乾嘉史家钱竹汀先生倡导之"实事求是，护惜古人"宗旨，以中华书局 1977 年 12 月版《清史稿》点校本为依据，对该书《儒林传》著录之近三百家传记进行整理。逐家比勘传主著述、碑状、年谱及实录、会典、起居注等官私史籍，从历史学与文献学相结合的角度，精心校读，订讹正误，以期得一可据可依之读本。

订正范围，包括人名、地名、时间、史事、职官、制度、著述及学术主张等。凡有订正，一般不改动原文，概见之于各传篇末之校记。唯避讳改字一类，则径予改回，并酌出校读记。

《清史稿·儒林传》著录之诸家传记，原文过录，依通行规范，施加新式标点。原点校本偶见之疏忽，则随文酌改，并出校记说明。

中华书局 1993 年 6 月影印之复旦大学图书馆所藏刘氏嘉业堂抄本《清

国史》，源自晚清官设国史馆旧档，乃本成果梳理《清史稿·儒林传》史源
之主要依据。该部《清国史》之《儒林传》，凡存三编：一为吴格教授所称
之《儒林前传》八卷本；二为作上下区分之七十三卷本；三为不分卷之《儒
林传后编》。

本成果逐传附录中华书局 1987 年 11 月版《清史列传》之相关传记。一
则可存《清史稿·儒林传》之史源，且见清史馆当年删削《清国史》旧文之
痕迹。再则凭以补《清史稿》儒林各传所记传主籍贯不录行省名之重大缺
失。三则意欲竭尽绵薄，为已故王锺翰先生早年之辛勤劳作，做些许文字句
读的校对工作。既以报先生的知遇之恩，亦以备他日先生后学修订《清史列
传》点校本之参考。

《清史稿·儒林传四》，专记有清一代衍圣公之承袭，不涉二百数十年间
之学术递嬗，故校读从略。

四

笔者一生读史，学步史林。本成果乃近四十年通读《清史稿》，尤其是
精读该书《儒林传》之心得积累，一点一滴，聚之非易。以下，谨依传文编
排次第，掇举数例，借以略呈笔者尊重历史、实事求是、寓创新于传承之中
的为学追求。

1. 黄宗羲是否著有《明史案》

《清史稿》之《黄宗羲传》，著录于《儒林传》卷一，该传源自《清国
史》宗羲本传，合全祖望《梨洲先生神道碑文》而成。关于宗羲一生著述，
传主过世，其子百家撰《梨洲府君行略》有云："《明儒学案》六十二卷，此
有明一代学术所关也。《明文案》二百一十七卷，《明文海》四百八十二卷，
此有明一代之文章也。"百家历数之其父著述，其中并无《明史案》一书。
数十年之后，全祖望补撰《梨洲先生神道碑文》，擅改百家旧文，臆增《明
史案》，遂成"辑《明史案》二百四十四卷"之说，而《明文案》之卷数则
悄然抹去。嘉庆中叶以后，江藩、徐鼒纳全说入所著《汉学师承记》《小腆
纪传》，《明文案》踪影全无，而黄宗羲著有《明史案》，则众口一词，俨若
定论。《清国史》及《清史稿》沿讹袭误，更以《明史案》取代《明文案》，
乃成谬种流传。

2.《李颙传》因欲求简而致漏

《清史稿》之《李颙传》，载《儒林传》卷一，系据光绪间清国史馆所增辑之《国史儒林传》敷衍而成。原稿虽出近代著名学者缪荃孙先生之手，但未待《清史稿》完书，筱珊先生已然作古。后遗稿辗转他人，于《清史稿》付梓之前，又经随意删削。以致不唯旧传失实处未能加以是正，且因一意求简，略其所不当略，结果乖违体例，对传主学术渊源及为学宗旨的介绍竟付阙如。

李颙为清初关学大儒。《清史稿》本传既云："是时，容城孙奇逢之学盛于北，余姚黄宗羲之学盛于南，与颙鼎足称三大儒。"那么理所当然，对于传主的学术渊源、基本主张和为学所得等，皆宜做些必要交待。唯有如此，也才符合《清史稿》之《儒林传序》所说的"今为《儒林传》，未敢区分门径，唯期记述学术"这一撰述宗旨。可是，李颙本传则未将此一宗旨贯彻始终。《清国史》之颙本传，明确记有："颙学亦出姚江"，"其学以尊德性为本体，以道问学为工夫，以悔过自新为始基，以静坐观心为入手。关学自冯从吾渐替，颙日与其徒讲论不辍"。这就是说，李颙之学既源出王阳明心学，又以之为根基，走上了合会朱陆学术的道路，并试图以之去重振业已衰微的关学。所以《清国史》旧传又特别引述传主的如下学术主张："学者当先观陆九渊、杨简、王守仁、陈献章之书，阐明心性，然后取二程、朱子以及吴与弼、薛瑄、吕柟、罗钦顺之书，以尽践履之功。"这些记载，提纲挈领，堪称允当。然而《清史稿》则一概删削，以致使李颙与孙奇逢、黄宗羲"鼎足称三大儒"云云，失去了基本的历史依据。

3.《陆世仪传》"少从刘宗周讲学"之说不确

陆世仪为清初江南理学大儒，《清史稿》依《清国史》旧规，编入《儒林传》卷一，甚是妥当。然《清史稿》之世仪本传，开篇云"少从刘宗周讲学"，则别择失当，与历史实际相去甚远。传主所著《论学酬答》载，早年《与张受先论学书》中，于浙东名儒刘宗周确乎满怀景仰，该书称刘念台先生为"今海内之可仰以为宗师者"。之后，崇祯十五年（1642）壬午冬，友人张采乃与传主相约，同往浙东拜谒，结果因故而未能成行。所以，世仪遗著《思辨录辑要后集》卷九《诸儒》一类才会明言："壬午冬，吾娄张受先先生相约通往，不果行。"正是以传主自述为依据，雍乾间史家全祖望撰

《陆桴亭先生传》，于世仪此段经历记云："张受先谓之曰：'讲学诸公寥寥矣，蕺山其今日之硕果乎？盍与我往叩之。'先生担簦从之，受先不果而止，终身以为恨。"也正是由此出发，《清国史·儒林传上卷》卷三之《陆世仪传》，采之入史，记为："尝欲从刘宗周问学，不果。"

4.《顾栋高传》编次释误

《清史稿·儒林传》卷一之《顾栋高传》，源出《清国史》，一载《儒林前传》卷八，一载《儒林传下卷》卷七。所见二稿，文字大体相同，唯记传主著述，前稿以《大儒粹语》为先，后稿则先记《春秋大事表》。据考，《大儒粹语》二十八卷，并非顾栋高著，乃出江苏吴江顾栋南手。乾隆间修《四库全书》，以顾栋高名重一时，又经清高宗点名褒扬，馆臣竟将作者名之"南"字改作"高"，录入所撰《总目》，从此遂以讹传讹。《清史稿》不察，既不读顾栋高著述，又不核《大儒粹语》，仅据《总目》语而妄论传主为学，失之毫厘，谬以千里。其实栋高及附见之陈祖范、吴鼎、梁锡玙，皆为乾隆十四至十六年间（1749—1751）经学特科所拔擢，四人同以经学名家，并非理学中人。《清史稿》不尊重传主为学实际，仅据误植栋高名下的《大儒粹语》而移花接木，强四家入理学诸儒之列，紊乱编次，不伦不类。

5.《戴震传》记传主学行似是而非

戴震为乾隆间大儒，名著朝野，影响一时学风甚巨。在《清史稿·儒林传》中，戴氏本传举足轻重，不可轻率下笔。然而见于卷二的《戴震传》则疏于考核，所记传主重要学行似是而非。传称"年二十八补诸生"，不确。据段玉裁《戴东原先生年谱》、洪榜《戴先生行状》、王昶《戴东原先生墓志铭》，均作乾隆十六年（1751）补诸生，时年二十有九。此其一。其二，传称"与吴县惠栋、吴江沈彤为忘年友"，亦不确。据考，惠栋、戴震相识于乾隆二十二年（1757），震少栋27岁，确可称忘年之交。而沈彤已于乾隆十七年（1752）故世，终身未曾与戴震谋面，"忘年交"云云，无从谈起。疑系《清史稿》张冠李戴，将沈大成误作沈彤。其三，紧接"忘年友"后，传文记云"以避仇入都"。倘若依此行文顺序，则先有与惠、沈订交，随后传主才避仇北上。其实大谬不然。戴震避仇入都，事在乾隆十九年（1754），三年后南旋，始在扬州结识惠栋、沈大成。于此，戴震事后所撰《题惠定宇先生授经图》《沈学子文集序》，说得非常清楚。《清史稿》若能采辑最可信据的原始史料，自然就可避免类似疏失。

6.《丁晏传》误读文献致张冠李戴

《清史稿·儒林传》卷三之《丁晏传》有云："晏以顾炎武云，梅赜《伪古文》雅密，非赜所能为。愚考之《家语后序》及《释文》、《正义》，而断为王肃伪作。"粗读一过，文从字顺，似无不妥。殊不知校以传主原著，则实系《清史稿》混阎若璩与顾炎武为一人，大谬不然。据晏撰《尚书余论·自叙》称："乡先生阎潜丘征君著《尚书古文疏证》，抑黜《伪书》，灼然如晦之见明。……顾征君每云，梅赜作《伪古文》雅密，非梅氏所能为也。愚考之《家语后序》及《释文》、《正义》诸书，而断其为王肃伪作。"文中之"顾征君"，本与顾炎武不相干，"征君"乃专指《尚书余论·自叙》首传主乡先辈阎若璩。而《尚书余论·自叙》中之"顾"字，在此处不可作为姓氏读，系句首发语词，当训作"惟"，亦可训作"但"。

7.《黄式三传》"有清讲学之风倡自顾亭林"说不能成立

《清史稿·儒林传》卷三之《黄式三传》，并所附传主子以周、从子以恭二传，皆源出《清国史》，载《儒林传下卷》卷四十。《黄以周传》有云："有清讲学之风，倡自顾亭林。"此语不见《清国史》，乃《清史稿》撰文者之一家言，出之无本，似是而非。据考，顾炎武一生，于晚明讲学之风最是痛恨，始终以"能文不为文人，能讲不为讲师"自誓，至年七十辞世，从未登坛讲学。《清史稿》当年若将"讲"字改作"经"，抑或能得要领。

8.《孙诒让传》擅改传主原文最不可取

孙诒让乃晚清大儒，朴学殿军，望重学林。所著《周礼正义》《墨子间诂》诸书，学养精湛，冠绝一代，章太炎先生因之赞为"三百年绝等双"。《清史稿·儒林传》卷三之《孙诒让传》，有引述传主关于《周礼正义》的大段文字，语出诒让书卷首《自叙》。文中，谈及与贾公彦旧疏的比较，传主用的是"为略详矣"四字，《清史稿》则擅改作"实乃淹贯"。文末，诒让谦称："或以不佞此书为之拥篲先导，则私心所企望而且莫遇之者与。"《清史稿》复改为："无论新旧学均可折中于是书。"传主原文，足见诒让为人为学之谦逊自律、严谨笃实。而《清史稿》之所改，不尊重传主原著，已乖违中华数千年良史笔法，与孙诒让之为人为学，相去实在太远。

五

笔者虽然生在旧社会，却是在新中国五星红旗下成长起来的一代学人。感谢党和人民的培养、信任，当笔者步入人生中年门槛的时候，有幸得以侧身国家历史学科事业的最高殿堂——中国社会科学院历史研究所。四十余年来，在史学界众多前辈师长和同行专家的教诲、指导和帮助之下，脚踏实地，学步向前。2010年，全国哲学社会科学规划办公室开始设立《国家哲学社会科学成果文库》，转瞬整整十年过去。由于得到国家和诸位史学界专家的信任，十年间笔者习作业已三度忝列《文库》。这是党和人民给笔者极大的鼓励、鞭策和荣誉。恩重如山，难报万一。同之前的《清代学术源流》《清代学者象传校补》相比，此次本成果竟获得八位匿名评审专家的一致认可。谨掇举三家赐教，以见对拙稿的大致反映。

其中一位专家赐教称："《清史稿·儒林传》是研究清代学术史的基本资料，收入近三百名家，然成书仓促，错误甚多。作者以近四十年的功夫，积累资料，对该书中的地名、人名、时间、史实、制度、著述、学术主张等诸多方面的讹误，逐一进行订正，形成校记千余条。这些订正需多方发掘史料，实属不易，有些讹误影响学界甚久，作者做了令人信服的考辨，纠正了成说。这一校读，造福学界后人，具有重要的学术价值。"

又一位专家赐教道："作为清史研究基本资料的《清史稿》，存在很多缺陷和错误，在其《儒林传》中，也错讹甚多，事实、人名、地名、时间多有遗漏颠倒、混淆不实之处，以致影响学术研究的进一步发展。《〈清史稿·儒林传〉校读记》书稿，积作者近四十年探研之功，将平时研究积累整理成稿，并详加订考，与各种文献、文本内容校勘比对，尤其是与近三百家传记进行互勘辨证，订讹正误，于实事求是中得其真确。书稿之学术价值、文化传承意义重大。"这位专家最后还鼓励道："此书稿的出版，料将对于清史研究、清代文化史和学术史研究，有重要影响；也是新时代中国史学学科建设中一项重要成果。"

还有一位专家在充分肯定拙稿价值之后，又赐教如下三点："（1）该书稿以中华书局1977年出版的《清史稿》校点本为校读底本，而不以台湾商务印书馆1999年出版的《清史稿校注》为底本，以及台湾本的状况、本书对台湾本有无借鉴，最好在前言中有所说明。（2）以《清国史》为主要史源的理由，似亦应有所交待。（3）不少校记中带有评论性语言，是否必要。"

　　八位专家的评审意见，详见全国哲学社会科学工作办公室 2020 年 10 月 15 日颁发的《关于入选 2019 年度〈国家哲学社会科学成果文库〉的通知》附件。

考古学

《汉代墓外设施研究：以王侯墓葬与中小型墓葬为参考》概要

刘尊志*

本成果在广泛收集考古资料的基础上，运用考古学的理论和方法，对汉代王侯墓葬及中小型墓葬等的墓外设施进行了全面、细致、深入的研究和论述，分析了汉代墓外设施的内容、类型、功能、作用及其发展演变等诸多内容。以此为参考，探讨了现实世界、墓外设施、封土下墓穴所展现的两重空间和三维世界，阐述了汉代墓葬所体现的丧、葬、祭的有机结合与综合发展，体现出汉代王侯与中小型墓葬的外部设施在汉代墓葬乃至整个古代墓葬发展史上的地位和作用。

一、研究的目的、意义及方法

1. 研究目的和意义

作为墓葬研究的一部分，开展墓葬外部设施考古学研究的目的和意义与一般的墓葬研究有相通之处，但也存在与研究对象相对应且具有针对性的研究内容，而其最突出的研究意义就是为墓葬研究，尤其是汉代墓葬研究提供相应的补充和参考。

本成果是针对汉代墓外设施进行的综合性考古学研究，在广泛收集、整理与汉代墓外设施有关考古与文献资料等的基础上，运用考古学的理论与方法，结合其他相关方法和手段，对汉代墓外设施进行全面性、综合性系统研

---

* 刘尊志，南开大学教授，博士生导师。

究。本成果对汉代墓葬的外部设施进行归纳分类，论述其功能和作用，探讨其等级特征、时代特点和地域间的差异与共性，分析其发展、演变及其逐渐被确认、推广和普遍应用的进程，阐述与墓外设施有关的丧葬制度和礼俗及其内容和内涵，研究与其相关的丧葬需求和目的及其反映的墓地规划与设施设置等。同时还将墓外设施与墓葬中的内容相结合，综合探析汉代墓葬的丧葬内容及其丧葬思想、丧葬文化，探究汉代墓葬的整体发展及其影响和历史地位。

目前，关于汉代墓葬外部设施的考古资料已日渐丰富，但整体上较为散乱。本成果对相关考古资料进行广泛收集、细致梳理并合理分类，进而对汉代墓外设施有了较为全面、清晰的认识。墓外设施作为墓葬的组成内容，其全面发展和普遍应用对于研究汉代墓葬的整体发展可提供必要的参考和补充。

墓葬研究的目的之一是阐述古代丧葬制度与习俗，分析丧葬思想和文化，探究丧葬目的和需求。墓葬形制、陪葬品及墓主尸身等基本属于封土内空间的内容，对于"研究种族的体质特征，了解古代埋葬的风俗，了解古代的工艺制作及社会经济生活的情形"[①] 等有重要作用，也是研究丧葬制度、习俗、思想、文化及其目的、需求等的重要参考，这也是墓葬研究的重点，而目前所知较多与墓葬有关的研究成果均是围绕墓葬形制、陪葬品及墓主尸身等展开的。墓外设施是指封土外有关设施及叠压或打破封土的相关设施，是不同于墓葬内或封土下的另一空间内容，并与墓葬内部有着密切关系，二者相辅相成，共同组成墓葬的整体内容。就汉代墓葬而言，墓外设施已成为墓葬不可分割的组成部分。墓外设施内容丰富，很多设施从多个方面、不同角度体现着与墓葬相关的丧葬制度、习俗、思想、文化及其目的、需求等。可以说，墓外设施是研究汉代墓葬及其丧葬制度、习俗、思想、文化及其目的、需求等的必不可少的参考，其作用和价值不容忽视。

从大的方面讲，汉代墓葬的墓外设施主要包括体现墓主身份等级的设施、墓葬与墓地保护设施、墓祭设施与辅助设施等几大类。这些设施相互搭配组合，综合体现出汉代墓外设施的多样性及内容、内涵等。考察汉墓封土

---

① 王仲殊：《墓葬略说》，《考古通讯》1955 年第 1 期。

内的内容，墓葬形制、陪葬品等均是服务于死者，尤其是发展过程中形制的宅第化、陪葬品的生活化，更加体现出服务于死者、为死者所用的特征，反映的正是"事死如事生"的丧葬思想。墓外设施总体而言仍是服务于死者，但较多为生者所用或死者埋葬后由生者所为，这在墓葬守护及墓祭设施等方面表现得尤为明显，体现出生者对死者的态度，即生者仍将死者当作在世一样对待，并通过墓外设施达到相应目的。墓内、墓外的内容全面体现出"事死如事生、事亡如事存"的丧葬思想，而这又是"敬其所尊，爱其所亲""孝之至也"的集中体现。本成果的研究目的之一就是试图阐释汉代墓葬体系中墓内和墓外内容各自的功用及二者之间的关系。

汉代墓葬的墓外设施内容多样，除辅助设施之外，其余三类均是其重要内容。西汉时期，体现墓主身份等级的设施、保护墓葬与墓地设施、墓祭设施均在墓外设施中占有一定比例。但从西汉晚期（最迟至东汉早期）开始，墓祭设施在墓葬中的地位渐显，很多设施与之组合形成以墓祭为主体的设施群，这在较多东汉中晚期的墓地中表现得十分突出。墓外设施组合以墓祭为主体，同时又能充分体现墓主身份等级，达到墓葬与墓地保护相统一的目的。本成果通过相关研究，分析和论述汉代墓葬外部设施的发展和完善，进而探讨了以墓祭为核心或主体的墓外设施体系的形成。

2. 研究方法

（1）将考古类型学的理论与方法充分运用到资料收集及其具体研究之中，考虑到墓外设施与其他遗存之间较多存在叠压或打破的关系，地层学的理论与方法在本研究中也是必不可少的。

（2）关于汉代墓葬的外部设施，文献中有相应记载，二重证据法可为本研究提供重要的参考和必要的借鉴。

（3）合理运用和吸收已有研究成果的结论，进行必要的实地考察，使得研究更具科学性。

（4）注重墓外设施与墓葬内的内容充分结合，避免得出片面、武断的结论。

（5）墓外设施涉及内容较多，如防排水、手工业作坊等，需要与其他学科知识相结合。

二、成果的主要内容和重要观点

本成果对两汉诸侯王墓、列侯墓葬及中小型墓葬外部设施的考古资料进行了认真、细致的梳理和整合，并将其融入每一章的内容之中。本成果除绪论外共分六章：第一章为西汉诸侯王墓地外部设施，第二章为东汉诸侯王墓地外部设施，第三章为汉代列侯墓地外部设施，第四章为汉代列侯及中小型墓葬的墓地祭祀设施，第五章为汉代中小型墓葬外部设施，第六章为汉代墓外设施系统的形成与确立，最后为结语和参考文献。本成果针对不同等级、不同类型墓葬的外部设施进行了分章节研究和论述，同时对列侯及中小型墓葬的墓地祭祀设施等进行了专门研究。在以上研究的基础上，全面探讨了汉代墓外设施系统的形成与确立，提出并总结出两重世界和三维空间的观点和结论。

1. 主要内容

汉代是古代墓葬发展的重要时期，与墓葬有关的很多内容获得了较大发展，如墓葬形制与结构、陪葬与殓葬物品、葬具与配套设施等等。除这些内容外，能够体现这一时期墓葬发展的还有一项十分重要的内容——墓葬的外部设施。

本成果最直接的研究对象是汉代墓葬的外部设施。其中，两汉帝陵的墓外设施众多，体现出汉代陵寝制度的发展和逐步完善，反映出相应的丧葬及社会文化的内容与内涵，可视为两汉政治、精神、文化的象征物和载体之一，相关学者对与之相关的内容已进行了较多的研究。关于两汉帝陵的外部设施，还有许多考古工作需做更深入的开展，故本成果对两汉帝陵的外部设施基本不做专门研究，但在相关论述中会有所涉及。主要就汉代王侯墓葬及中小型墓葬的墓外设施进行分析和论述，并与帝陵的墓外设施相对应，全面、多视角地探讨汉代墓葬外部设施的发展及其内容、内涵等。汉代的王侯墓葬及中小型墓葬主要包括汉代诸侯王与王后墓葬及其相关墓葬、汉代列侯及其夫人等的墓葬、各类中型墓葬和小型墓葬。本成果主要是针对汉代王侯墓葬及中小型墓葬封土之外的设施及封土堆筑后，打破或叠压封土而形成的相关设施开展研究。汉代王侯墓葬与中小型墓葬数量多，分布地区广，其墓外设施在继承前代的基础上，经改进、完善、创新、摒弃等，有了较大的发展，内容和种类不断丰富，功能和作用不断加强，成为墓葬的重要组成部分，并形成和确立了以墓地祭祀设施为核心的墓外设施系统。这与两汉帝陵外部设施尤其是陵寝的发展完善相对应，共同体现出汉代墓葬及其外部设施的全面发展。

两汉皆实行过分封制度，四百余年里有着众多诸侯国和诸侯王，已发现、发掘的汉代诸侯王墓葬多有墓外设施。西汉诸侯王墓有园邑、园寺吏舍、陵园及其他守护墓地和墓葬的设施，而陵园多有园墙、阙、门等，并在制度上实行"两重陵园"的制度。祭祀设施为庙寝共用：庙为祠庙，多见于墓上或所在山头的顶部；寝有寝殿，经发展完善，还有便殿及其他配套设施，寝园也在西汉早期即已形成。保护墓葬的设施还有墓园、围墙、围沟及其他设施，陪葬设施有陪葬墓和陪葬坑等，多数有异穴合葬的王后墓，还有一些为"一王二后"的墓葬分布形式。祔葬墓较为普遍，另有道路、防排水设施、作坊、墓树等等。东汉诸侯王墓的外部设施与西汉诸侯王墓有相似之处，但也有较多不同之处。园邑与祠庙、陪葬坑已被弃用；有些陵园可能不再砌建垣墙；祭祀设施以寝殿为主，另有配套设施，不再是庙寝共用；神道特征明显，配套设施增多；合葬墓、陪葬墓、祔葬墓数量减少，家族葬的特征较为突出。一些特殊的东汉诸侯王墓有与之对应的内容，如祭祀坑、祭祀礼仪的临时设施等，但总体上又与其他东汉诸侯王墓是一致的。

列侯也是两汉分封制度的产物，但其等级、地位和权力等低于诸侯王。两汉列侯墓葬有一定数量，墓外设施的内容亦较丰富。墓园普遍使用，类型和形状多样，并有墙、门、阙、罘罳及相关建筑等，大多实行"两重墓园"制度。多有祭祀设施，以祠堂最为常见，有些还有寝及其他设施。列侯与夫人异穴合葬在西汉时期多见，东汉时期更多的则是列侯与夫人同穴合葬，而两个时期的列侯墓葬皆有一定数量的祔葬墓与陪葬墓。西汉列侯墓葬多有陪葬坑，但数量不多；京畿附近或陪葬帝陵的列侯墓葬的陪葬坑数量和种类明显多于其他地区，且延续时间较长；东汉列侯墓葬则基本不见陪葬坑。两汉列侯墓地还有守冢设施、道路（含神道）、排水设施、水井、墓垣等，个别在墓前或墓上立石，与以上诸多设施一起体现出多种功能和作用。

中小型墓葬是汉代墓葬的大宗，墓外设施体现出较强的多样性和复杂性，但也有一定的不均衡性、时代性、地域性和等级差别，如有些墓葬仅有一类设施且较简单，有些墓葬则有多类设施，并形成相应的组合。大致看来，汉代中小型墓葬的墓外设施主要包括人为砌建或开挖而成的塘、池、沟、壕、坑，沟又有围沟、隍壕、排水沟之分，坑也有陪葬坑、祭祀坑和取土坑的不同；环绕墓葬或墓地有墙、垣，墙为围墙，垣为墓垣；一些围墙和围沟、隍壕等又会形成相应的墓园，墓园之内有墓葬及神道、墓树、祠堂与相关设施、守墓建筑和碑、阙、石兽与石人及相关石刻等；一些具有相应等级或经济实力的墓主的墓葬还有祔葬墓和陪葬墓，数量不等，其陪葬墓等级普遍较低；有些墓地有陶窑和石灰窑等，产品主要用于墓葬的修建，部分陶窑还与陪葬品的制作有关；另外还有买地刻石、临时房舍、采石场地等。可以说，汉代中小型墓葬的墓外设施内容较为丰富，而其功能和作用也较为复杂多样，综合反映出墓外设施的普及和推广，体现出相应的丧葬内容、丧葬礼俗及其丧葬需求。

墓地祭祀设施是汉代墓外设施的重要内容。诸侯王墓的墓地祭祀设施有其特殊性和等级性，并体现出从庙寝共用向以寝为主的发展。列侯墓葬与中小型墓葬的墓地祭祀设施以祠堂为主，另有一些其他内容，如寝、祭祀坑等，但相对较少。墓前或墓上的祭台或供台则可能是受到墓地祠堂的影响，开始出现于等级稍低的墓葬外并逐渐普及，在功能和作用上与祠堂有相似之处，但较简略。汉代列侯墓葬与中小型墓葬的墓地祠堂主要包括砖（石、土）墙瓦顶祠堂和石砌祠堂两种，每种又有不同类型，反映出汉代祠堂的总体发展及不同祠堂自身的内容与特点。墓地祠堂的朝向与位置较为多样，空间大小不一，显示出祠堂的作用与重要性，体现出与墓葬等内容发展相对一致的特征，也反映出对应的祭祀方式和内容，如祭品摆放、器具使用等。墓地祠堂的配套设施较为多样，并与祠堂形成不同的组合，或配合祭祀，或保护祠堂等，反映出相应的丧葬需求。与墓地祠堂相关的内容还有修建形式与方法、施工人员、开支与用时、临时房舍等，反映出对祠堂修建的重视程度及相应的社会内容，也对相关丧葬需求等有所体现。

综合考察汉代王侯墓葬与中小型墓葬的墓外设施内容和功用，主要有墓位的安排与墓区的规划布局、墓区的管理与服务、墓葬与墓区的保护、墓地与墓葬祭祀、合葬与祔葬及陪葬、反映墓主的身份地位与等级、体现相关丧葬需求与思想、服务于墓葬修建及其他相关内容等。另有一些具有配套或辅助功能的设施，这些设施有的为单一功能，有的具有多种功能，还有的在具有主体功能的基础上又兼具其他功用。众多的设施在发展完善的过程中组成了相对完备的墓外设施系统，在服务于墓葬或墓地的同时，也与现实世界及生者存在较多的联系。

统观汉代墓葬外部设施的发展可以看出，墓外设施在汉代墓葬的发展过程中是逐渐趋于完善的。在经历西汉一代的发展、两汉之际社会的变化及墓葬自身的转变（尤其是竖穴椁墓向横穴室墓的转变）之后，墓外设施系统在东汉时期基本确立并不断完善，墓葬内外的两重空间和墓内、墓外、现实世界的三维世界也得以形成和确立。同时，墓外设施也是现实世界和生人与地下墓穴和逝者产生联系的媒介和纽带，这使得相关内涵得以延伸，既有对逝者的服务，也反映出生者的诸多需求，亦与社会发展及其内容紧密联系。上述内容一方面对促进墓葬的发展有着重要作用，另一方面又充分发挥出墓外设施系统的社会功能，使得现实世界与墓葬的联系更为紧密，这也正是古代墓葬发展的一个重要因素。汉代墓葬的外部设施在发展过程中还体现出相应的时代性、地域性、等级性等较多内容，反映出统一中的多样性，一体中的多元性；随着以墓地祭祀设施为核心的墓外设施系统的确立，汉代墓葬的统一性得到加强，但上述特征在发展完善中仍然存在，充分反映出多元一体的特点，这与汉代墓葬及汉文化的特征具有较强的一致性。

可以说，汉代墓葬的外部设施内容和类型较为多样，功能和作用涉及多个方面，充分体现出其在古代墓葬发展进程中的地位和价值。外部设施的空间与核心明确，现实世界及现实世界的人、墓外设施、封土下的墓穴和逝者三个方面能够有机结合，达到丧葬目的的同时也满足了相应的社会需求，如对于孝道的追求和展现等。随着墓外设施的发展与完善，汉代墓外设施得到越来越多的重视和使用，墓地祭祀设施作为墓外设施系统的核心，功能和作用日益突出，墓祭行为已较为普遍。这充分说明，墓外设施已成为汉代墓葬的重要组成部分，标志着古代墓葬的墓外系统基本形成，使得古代墓葬的发展呈现出新的方向和态势。汉代墓葬的外部设施及其相关内容还从多个方面体现了丧、葬、祭的结合与发展，不仅在汉代墓葬发展中发挥着应有的作用，也对后世诸代的墓葬有着较多的影响，可以说其对古代丧葬及其墓地、墓葬的发展起着极重要的推动作用，在汉代墓葬及整个古代墓葬发展史上均有其历史地位。

2. 重要观点

（1）汉代墓葬的外部设施丰富多样，较多与墓葬外部活动如祭祀、守护等有关，一些则与墓内有关，如墓地陶窑可烧造建墓用砖及陪葬品等。墓外设施与所属墓地、墓葬封土及墓室、葬具和墓主尸身等均有较密切的关系，综合体现出汉代墓葬的全面发展和完善。

（2）汉代墓葬的外部设施存在着统一性和相似性，设施的种类、功能和作用等方面均有体现，如祭祀设施的普遍使用等，但具体而言，又存在时代差别、地域差异和等级间的不同等。

（3）墓外设施体现的内容较为丰富，整体上反映出统一中的多样性，一体中的多元性，进而说明在其发展过程中，特别是随着墓外设施系统的确立，多元一体的特征渐趋明显。这与汉代墓葬文化，甚至是汉文化的表现特征是一致的。

（4）就墓外设施与墓葬的关系来讲，墓外设施的核心是服务于逝者与其灵魂，尤其是作为灵魂载体的尸身。以核心目的为出发点，有对墓穴的修建、保护，有合葬、祔葬及不同形式的陪葬，有墓地或墓区的规划与布局，有祭祀逝者的设施等。墓内墓外紧密联系，进而形成了墓葬内外的两重空间。

（5）作为墓葬组成部分的墓外设施，较多内容成为现实世界及生者、封土下空间及逝者之间联系的纽带和媒介，这在墓主下葬后尤为突出。三维世界因此形成，而墓外设施的作用和地位也由此得到提升。其中墓祭行为的推广和普及、设施内容的多样性及使用等皆在一定程度上说明，墓祭的普遍化和常态化也是汉代墓葬的特征之一，并体现出相应的形式化特点。

（6）研究中的一些具体观点包括：1）汉代诸侯王墓地实行"双重陵园"制度，列侯墓地为"双重墓园"制度，二者具有共性，同时也反映出对帝陵"三重陵园"制度的借鉴及与墓主身份地位相符合的特征。2）汉代王侯墓葬对墓外设施的使用，有"制同中央"的内容，还有很多与墓主身份等级及所在地域相对应的特征，诸侯王墓外的园邑、祠庙及列侯墓葬外的祠堂、陪葬坑等皆可体现。3）汉代列侯墓葬与中小型墓葬的墓地祠堂数量大、种类多、时代跨度长、分布地域较广，对应的墓主身份也较多样，体现出祠堂的发展变化及时代、地域、不同人员之间的共同点和差异性，反映出以墓祭设施为代表、祠堂为核心的墓外或地面丧葬内容得到不断加强，且在较多地区已相对成熟和全面。4）汉代中小型墓葬的墓外设施种类丰富，涉及面较广，既有继承和延续，也有较多的创新和发展，如墓外对石碑、石阙、石人、石兽等石刻的使用等。可以说汉代中小型墓葬外部设施的功能和作用较为复杂多样，不仅体现出相应的丧葬内容、丧葬礼俗、丧葬需求等，也反映出汉代中小型墓葬的全面性和综合性发展。

三、成果的学术创新、应用价值以及社会影响和效益

1. 学术创新

（1）本成果的研究结论可使读者对汉代墓葬的外部设施有较为全面和清晰的认识，同时也能够为汉代墓葬及丧葬制度、习俗、思想、文化等的研究提供相应的参考和补充。

（2）本成果是第一次针对汉代墓葬外部设施，尤其是汉代王侯墓葬与中小型墓葬外部设施开展的全面、综合性研究。具体研究中，有些内容是首次解读，有些是首次进行归纳和分析。

（3）对汉代墓葬的外部设施，既有分类研究，也有综合论述。

（4）在研究的基础上，提出在汉代墓葬中墓葬内外的两重空间和墓内、墓外、现实世界的三维世界已逐渐形成和确立，同时在发展中逐渐形成并确立了以墓地祭祀设施为核心的墓外设施系统。

2. 应用价值以及社会影响和效益

汉代墓葬的外部设施，时代跨度长，分布地域广，涉及社会多个阶层的墓葬，也反映出诸多与社会有关的内容，因此开展汉代墓葬的外部设施研究有着十分重要的价值和意义。由于暴露在墓外，且距今时间久长，加之汉代之后不同时期、不同原因的损毁和破坏，这些墓外设施或不存或保存较差，有的已掩埋于地下。而墓葬原多有封土，很多墓葬的墓坑开挖在高亢之处，虽然有很多墓葬遭受盗掘和破坏，但墓坑多数存留，有的还有一定数量的陪葬品。以往关于汉代王侯墓葬与中小型墓葬的发掘，尤其是中小型墓葬的发掘，多数针对墓穴，而在墓葬之外的周边或附近所做发掘工作较少，这可能是较多已公布或未公布的汉墓资料中未见墓外设施资料的原因之一，而近年

来随着考古工作的不断深入和细致开展，一些墓葬的外部设施被揭露出来，为开展相关研究提供了必需的资料。通过本成果可知，汉代墓葬中，帝陵及王侯墓葬多有墓外设施，而中小型墓葬中相当部分也应有墓外设施，本成果或许会为今后汉代墓葬的考古发掘提供一点参考，以便对于墓外设施有更多、更全面的揭露，这或可视为本成果对于当今的一点贡献。另外，墓外设施作为墓葬的重要组成部分，对于研究古代墓葬及其丧葬内容有重要作用，合理保护与适当开发，在允许的条件下展示于世人，不仅可开展历史教育，给人们提供学习历史、认识历史的物质条件，还可在某种程度上提高公众对历史文化遗产等的保护意识，从而产生相应的社会效益与经济效益。

3. 成果特点

（1）本成果是首个关于墓葬外部设施考古学研究的综合性成果，解决了以往研究中没有注意到或极少关注的一些学术问题，弥补了相关研究的不足或薄弱环节，具有学术创新性和较高的学术价值。

（2）本成果对考古资料收集广泛，涵盖面广，并进行了认真梳理与合理运用，在研究论证的过程中，对文献资料也进行了大量整合与合理分析，同时还借助其他学科知识，经过充分讨论，论证合理，结论具有说服力。

（3）与以往汉代墓葬的研究视域不同，本成果从一个新的角度对汉代墓葬尤其是汉代王侯墓葬与中小型墓葬的墓外设施进行了综合性研究，从墓外设施这一墓葬内容来探索汉代墓葬及其丧葬内容的发展，为墓葬研究提供了新视角和新认识。

（4）本成果将汉代墓葬外部设施的论述和分析纳入汉代丧葬的大框架之中，从墓外设施入手，从考古学的角度探讨了汉代墓外设施的发展、演变及墓外设施系统的形成，进而对墓祭及其相关丧葬内容进行了论述和诠释。

中国文学

《艺术视野下的文字与图像关系研究》概要

赵炎秋 *

本成果是国家社科基金一般课题"艺术视野下的文字与图像关系研究"（13BZW011）的最终成果，共 28 万字。该课题 2013 年立项，2019 年结项，结项等级为优秀。

一、研究的目的、意义及方法

本研究的目的，是从艺术的角度，对文字与图像、文字艺术与图像艺术以及它们之间的关系进行深入、全面、系统的研究，探讨其特点及其内在机制的形成与发展，得出系统、创新的结论。本研究力争通过客观、深入的研究，建构比较完整的、有中国特色、体现出中国学者立场与思考的有关文字与图像关系的理论体系，弥补国内学界在这一领域研究的不足。

本研究的意义在于通过建构有中国特色的文字与图像关系理论，进一步推动国内文字与图像关系理论的发展，促进文字与图像的相关实践，提高中国文字与图像理论在国际学界的影响力与话语权，增强文化自信。

研究方法上，本研究以马克思主义为指导思想，采用比较研究的方法，吸收 20 世纪文字和图像方面的相关研究成果，结合具体的文学和艺术现象，运用归纳、推理，注意宏观与微观的结合。方法上的创新主要表现在跟踪西方和国内学界在图像、图像与文字关系方面的相关前沿理论并加以运用，重视中国立场与中国元素，重视理论与实践的结合。在研究中，既注意到了国

* 赵炎秋，湖南师范大学教授，博士生导师。

内外相关的理论资源、理论的思考与推衍，又注意到了具体的文字与图像作品，注意到了具体的文艺经验，二者达到了较好的结合。

二、成果的主要内容和重要观点

本成果从艺术的角度研究文字与图像关系。通过对文字与图像，文字（语言）艺术作品的语言、形象、意义，图像艺术作品的建构材料、表象和思想的研究，本成果对文字与图像、文字艺术与图像艺术各自的特点、内部机制、运作规律和相互关系进行了广泛深入的探讨，得出了自己的结论，形成了理论体系。本成果包括绪论、正文、附录和参考文献四个部分。

绪论主要评述国内外相关研究的现状，本成果的研究过程、主要内容、影响与意义。

正文分为六章。

第一章讨论文字与图像本身的问题。先对艺术视野，文字和图像的定义、范围等进行了界定。然后对诗画关系进行了探讨。关于诗画关系，18世纪之前主流的观点一直是诗画同一说。18世纪后半叶，诗画差异论逐渐走向前台，占据主导地位。两种观点都有自己的理由，但也都有自己的局限。在世界已经进入信息、电子、图像时代的今天，诗画之间的界限主要表现在两个方面：其一，画或者说视觉艺术（图像）使用的媒介具有自然性，诗或者说文字艺术所使用的媒介是人为的。其二，画或者说视觉艺术用能指表现与建构世界，诗或者说文字艺术用所指表现与建构世界。在此基础上，本章进一步从表象与思想的角度对视觉文化和语言文化的类型进行了探讨。表象与思想是视觉文化与语言文化的两大要素，根据二者在视觉文化和语言文化中的比率与地位，可以将两种文化分为不同的类型。从形式的角度也即根据语言与图像在同一作品中的比率，可以将两种文化分为纯图像的视觉文化作品、以图像为主文字为辅的视觉文化作品，以文字为主图像为辅的语言文化作品、纯文字的语言文化作品。根据思想与表象在语言文化作品中的比率与地位，可以将语言文化作品分为思想主导型、表象配合思想型、思想配合表象型和表象主导型等四种类型。根据思想与表象在视觉文化作品中的比率与地位，可以将视觉文化作品分为表象主导型、表象显示思想型、思想溢出表象型、思想主导型等四种。

　　第二章讨论文字与图像的相互关系。指出文字与图像是人类认识与表达世界的两种主要手段，文字与图像看似对立，其实是既异质又互渗的。文字与图像的异质性主要表现在三个方面：图像反映世界的方式是直接、直观的，文字反映世界的方式是间接、抽象的；就图像而言，人们用感官把握到的形式与其最终在脑海中形成的形式是一致的，就文字而言，人们用感官把握到的形式与其最终在脑海中形成的形式是不一致的；图像与思想的关系是间接的、分离的，文字与思想的关系是直接的、同一的。文字与图像的互渗性表现在二者的相互支撑性、相互渗透性和相互转化性三个方面。从艺术史的角度看，文字与图像的地位是此消彼长的。这种此消彼长的内因是文字与图像各自的长处与不足，外因则是人类的艺术生产与消费方式，以及与这种方式相联系的科技发展水平。接着，本章讨论了文字与图像的实指与虚指问题。文字的能指是有规则的线条，所指是表征客观事物的概念，而概念是思想的基础，从思想表达的角度看，文字是实指的。图像的能指是人们能够用感官把握的线条、色彩、体积、光线、人体等所构成的具象，所指是这些具象所表征的意义。图像通过它的能指表征客观事物的表象。从表征客观事物表象的角度看，图像是实指的。因此，文字与图像的实指与虚指只是一个或然的问题，它一方面取决于我们是以思想作为判断的依据还是以表象作为判断的依据；另一方面取决于图文自身的要素及其运作方向，以及其外部条件。而在图文共同体中，谁居主导地位更纯粹是一个角度的问题，而不是一个优劣的问题。在此基础上，本章进一步从 20 世纪中叶西方兴起的可能世界理论的角度，研究了文字艺术创造的虚构世界和图像艺术创造的虚构世界，认为西方现代可能世界理论为我们研究文字与图像艺术的虚构世界提供了一个新的维度。可能世界可以分为具实存性可能世界、非实存性可能世界两类。非实存性可能世界又可分为基于现实的可能世界和基于逻辑的可能世界两种。三种可能世界与现实世界的关系是不同的。而文字与图像艺术的虚构世界是一种特殊的可能世界，其特殊性就在于它的纯精神性和纯想象性。这导致它与现实的关系和一般可能世界不同。它是永远无法成为现实的可能世界。虽然没有成为现实的可能，从与现实的关系的角度进行考察，虚构世界仍然存在对现实世界的反映是否真实与准确的问题。虚构世界的真实性既应根据可能世界的本体性，在可能世界的范围内判定，也应根据它与现实世界的关系判定。文字艺术虚构世界与图像艺术虚构世界有共同的一面，也有差异的一面。差异主要表现在三个方面：其一，文字艺术虚构世界与图像艺术虚构世界对物质条件的要求不同，其所能表现的范围也有区别；其二，判断二者真实性的标准不同；其三，二者塑造的虚构世界的形态与类型不同。

第三章讨论文学语言与文学形象。首先讨论语言与文字是属于同一个系统，还是属于两个不同的系统的问题。索绪尔认为，文字的作用是记录语音，属于语言之外的另一个系统。国内不少学者也持这一观点。本章不同意这种语音中心主义的观点。本章认为，语音有物质与心理两个层面，语音的心理层面也就是索绪尔所说的"音响形象"。但在语音的两个层面中，物质层面是主要的，心理层面是从属的，是物质层面在人的心理中的反映。在这个意义上，语音才能与语言符号的能指画等号。索绪尔将文字看作是外在于语言系统的另一符号系统的主要理由有三个：其一，文字只是表现语言的手段，是依附语言而存在的；其二，语言不需要文字也能存在；其三，从历时的角度看，语音先于文字而产生。但这三个理由并不充分，无法论证文字是另一符号系统。因为首先，文字与语言（更准确地说，是语音）的关系决不是简单的表现与被表现的关系，文字至少参与了语言的差异系统，使语言系统的差异更加精细。这样，将文字排除在语言的系统之外，就缺乏说服力。其次，语言不需要文字固然也能存在、流传甚至发展，但没有文字的语言很难发展成为成熟、复杂、精细的语言。只有高度成熟的语言，才能适应文明发展的需要。再次，从历时的角度看，在语言发展的过程中，先有语音，再创造一个书面符号，或将一个已有的书面符号与之相配，或者先有书面符号，再赋予它一个声音，这两种情况都是可能存在的，语音不一定必然产生在文字之前。语音与文字之间的关系是任意的，在共时的层面它们是一个有机的统一体，其所表征的意义或者说所指是完全一致的。因此，文字是语言的一个有机组成部分，是语言符号能指的两种表征方式之一，研究语言和文学可以通过文字进行。在此基础上，本章进一步讨论了语言（文字）构建形象的问题。语言是一种人为的符号，一般认为它是普遍一般、线性排列、透明的。而形象则是具体特殊、空间延展、不透明的。语言构建形象，必须解决这些矛盾。本章认为，解决语言的普遍一般与形象的具体特殊之间的矛盾，其奥秘就在语言既有普遍一般的一面，又有具体特殊的一面；但在语言中，这具体特殊的一面是次要、模糊、潜在的，文学语言通过语词的序列将这次要的一面放大、突出出来，使其变得清晰、具体和明确。语言的线性排列和形象的空间延展之间的矛盾的解决则是通过人这一中介。文学家将整体的事物分解为不同的层次与部分，逐一进行描写，从而将事物在空间的平列变成时间的序列，再通过人的记忆力与想象力将这些文字整合成具体的形象。透明的语言与不透明的形象之间的矛盾则是通过两次转换解决的。先是语言符号转化为形象的外在的感性层次，然后这感性层次与它内涵的意义一起构成新的有机体也即形象。解答了语言如何构成形象之后，本章进一步探讨了语言为什么能够构成形象。语言是生活的凝集与反映，人在生活中学习、运用语言，因此人能够用语言表现生活。而形象是用语言对生活进行形式化的结果。这生活可以是真实的也可以是想象的。人能够用语言表现生活，当然也能够用语言建构形象。语言建构形象，形象通过语言表现出来，在共时的关系上，二者是同一的。因此，对形象的分析可以通过对语言的分析来进行，对形象的修改可以通过对文字的修改来进行。

第四章讨论在文字（语言）艺术内部，文字与文学中的具象、思想之间的相互关系。从符号的角度看，具象是形象的能指，思想是其所指。文字也有能指和所指。文字主要依靠所指塑造具象，然后再形成形象。但文字的能指，包括语音和字形在具象的构建中也能起到一定的辅助作用。在构建形象的过程中，文字的能指与所指必须一起转化为具象。从形象的角度看，文字也必须建构起具象，才算完成了自己的任务。但是这种转化存在不完全性。这种不完全性主要表现在两个方面：其一，构建形象的文字在向具象转化的同时，文字的独立性并未完全消失，其本身的意义仍或隐或显地存在；其二，构建形象的文字在向具象（形象能指）转化的同时，也或多或少直接或间接地参与了形象思想（形象所指）的构建。之所以存在这种不完全性，原因是多方面的。从文字的角度看，一是文字是一个独立运作的有意义的符号系统，承载着一个民族的历史与文化，不可能像色彩、线条、光线、体积等图像构建材料那样容易在表象中消除自身的独立性。二是文字与思想有天然联系。在文学作品中，文字通过其所表达的思想（文字的词义或者说所指）构建具象，具象与其所意指的思想共同构成形象。但具象所意指的思想与文字所表达的思想（所指）有时会出现重合或者近似的现象。这个时候，文字就直接或间接地参与了形象思想的构建，从而出现转化的不完全性。三是形象中存在一定的提示、交待性的文字，指示或暗示着形象的内涵与思想。从形象的角度看，则与具象本身的形成方式有关。文字在构建具象的过程中，先要突出其本身潜在的具体特殊的一面，形成语象，再在语象的基础上，组成具象。而在形成语象的过程中，构成语象的文字仍在发生作用，只要读者注意的侧重点偏向文字，文字本身的意义也就突显出来了。此外，转化的不完全性与读者也有一定的关系。在形象中，形象要表达一定的思想，而构成形象的文字也有自己的意义。文字的词义与形象的思想之间的关系比较复杂。在视觉性形象中，文字转化为具象比较完全，一般不参与思想的建构。在非视觉性形象中，则存在三种情况：文字直接进入思想的构建；文字参与思想的构建；文字不参与思想的构建。

第五章讨论图像中的表象与思想之间的关系。图像以能指表征世界，因此图像只能是事物表象的直接现实，而无法如语言一样成为思想的直接现实。但是图像也需要表达一定的思想。这样，图像中的表象与思想就必然要产生种种关系。图像的表象可以分为常态与异态两种。表象形成之后，总要意指与意味着某些东西，这就是思想也即图像的所指。这些思想隐含在图像的画面之下，需要观众去把握、发掘。自然，这并不意味着在思想产生的过程中，图像完全是被动、消极的。图像本身的规定性是其思想产生的基础。观众不管如何阐释，其阐释总是在图像的基础上进行的，要受到图像规定性的制约。在图像的象意关系中，象终始是居于主导地位的，意需要通过象才能得到。图像思想的来源与基础是图像所表现的生活的意蕴和艺术家的思想感情。生活的意蕴是自然地进入图像之中的，而艺术家思想感情的渗入图像，则有待艺术家的努力。从艺术家主体的角度考察，艺术家可以通过一些相应的手段，来突出图像中的某些思想，如突出图像所表现事物的文化内涵、适当地类型化、突出特定的语境等。文字是思想的直接现实，文字能够直接地表达思想，图像表达思想则只能是间接的。就图像艺术与文字（语言）艺术而言，虽然两者都要表达思想，但所表达的思想是不同的。这可以从两个方面探讨：其一，图像的能指所表现的，一般是视觉可以把握的客观事物的外在表现形态；而文学形象的能指所表现的，除了视觉可以把握的客观事物的外在表现形态之外，还有视觉无法把握的人的内在心理、思想与情感，和客观事物内在的隐密的无法用感官把握的思想性内涵。其二，图像的构建材料如色彩、线条、光线、体积、人体等是从自然事物中抽取出来的物质性的东西，本身没有意义。因此图像无法通过构建材料表达出某种思想。而文学则不同，文学形象的构建材料是文字（语言），文字是一种人为的符号，本身是一个意义系统。文字在构建形象的同时，本身的意义并没有消失，仍然或隐或显地在形象后面发生着作用，暗示甚至引导着读者对形象意义的解读。不过，也正是因为图像的思想隐含在画面之下，而文字的意思则是由文字直接表达出来，因此图像表达的思想虽然比较模糊，但却更加丰富。而文字表达的思想虽然更为清晰，但丰富性却受到一定的限制。

第六章讨论文字与图像作品中的言、象、意关系。对于言、象、意之间的关系，中国古人有十分深入系统的论述。其代表人物是魏人王弼。王弼强调"得意忘象，得象忘言"。"意"成了目的，"象"只是通往"意"的途径与手段。言、象运作的最终目的只是表意。这一观点在我国文艺批评中产生了重要影响，但并不具有普遍适用性。王弼的言象意观是在阐释《周易》时提出的，而从"象"的角度看，《周易》与文学艺术有着质的不同。将用来解读《周易》的言象意观不加限制地用来解读、批评文字与图像的艺术作品，明显是有局限的。从象与意的角度出发，文字作品可以分为文字—意义、文字—形象两类表征系统；图像作品也可分为材料—表象、材料—表象—意义两类表征系统。在这四类表征系统中，适合从言象意的角度研究的，主要是文字—形象表征系统中以表意为主的作品，以及图像中的材料—表象—意义型作品。无限制地扩大它的运用范围，显然是不妥的。另外，如果以象为对象，以象、意之间的关系为标准，则可以将象分为审美之象和表意之象两种。在审美之象中，象始终是作品的主体与核心，离了象，意也就没有了意义。表意之象虽然以表意为主要目的，但象也并非不重要。因为其一，在表意之象中，意是在象的基础上形成的，是象的合理归纳与引申；或者，象是意的出发点或论述的凭借。其二，象的表达力与感染力往往决定着意的感染力与吸引力。审美之象与表意之象之间一方面有着明显区别，另一方面又是相辅相成的。区别主要表现在：其一，就其本身的内在结构形式看，表意之象的象缺乏审美之象的象的那种内在自足性和体系完满性。其二，审美之象不刻意突出其内涵的意义，而表意之象则往往采取各种办法，突出象所表达的意。其三，从语境的角度看，审美之象的上下文也是审美之象，不同的审美之象共同构成一个象的体系，象的世界。表意之象的象往往不是与上下文构成象的体系，而是镶嵌在与意有关的上下文中，成为与表意相关的上下文的一个组成部分，为表意服务。相辅相成则主要指审美之象与表意之象之间的区分不是绝对的、固定的、永恒的，其相互之间的界限有一定的过渡性与模糊性，而且不管是审美之象，还是表意之象，都不可能是纯审美或纯表意的。

附录包括一、二两个部分。

附录一包括三节。三节围绕文字与图像，对二者的关系从不同的角度进行了探讨，目的是能更多侧面地介绍文字与图像的关系。

第一节从符号的角度分析戏剧，认为戏剧符号有自己独特的品格与特点。这可以从四个方面探讨。其一，是戏剧能指的一次性，使戏剧能指的每一种因素都处于不断的变化之中，戏剧的每一场演出，都有自己的独一无二性。其二，是戏剧符号的多中介性，对于中介的不同侧重，使戏剧符号能指的构建有所不同。其三，是戏剧符号与戏剧观众的关系。从符指过程看，戏剧离不开观众，这使戏剧成为与现实联系最紧、对现实反映最敏锐的艺术种类之一。从戏剧能指的形成过程看，戏剧观众对戏剧的能指会产生多方面的影响。其四，是剧本能指与舞台能指的关系。戏剧从本质上说是舞台演出，剧本是为舞台演出服务的，舞台演出的特点决定了剧本的视觉性和简约性等特点。

第二节讨论与文字和图像密切相关的传媒问题。认为传媒包括传播媒介和传播机构两重含义。作为传播媒介，传媒对于文学起着重要作用，但与文学的另一媒介——语言对文学的作用相比，这种作用还是次要的。作为传播机构，传媒对于文学的影响具有强烈的主体性，但是这种主体性常常以媒介的客观性的形式出现。应将传播媒介与作为传播机构的媒体区别开来。

第三节以 2016 年美国民谣歌手鲍勃·迪伦获得诺贝尔文学奖这一事件为研究对象，探讨诺贝尔文学奖评奖委员会的文学观以及文学奖和文学观的边界问题。认为在诺贝尔文学奖评奖历史上，鲍勃·迪伦事件取得了两大突破：一是打破了精英文化与大众文化的界限；二是打破了文学与非文学的界限。鲍勃·迪伦以歌谣创作见长。歌谣虽然被划入艺术，但它并不属于图像也即视觉艺术的范围，它实际上是语言艺术与声音艺术的结合。歌谣诉诸的也是人的心灵，也是用所指来表征世界。从这个角度看，它和文字、文学更加接近。因此，诺贝尔文学奖评奖委员会将奖项授予鲍勃·迪伦，一方面的确是惊世之举，另一方面也并不违背诺贝尔本人对文学奖的基本界定。但我们不能以此为突破口，将视觉艺术也纳入到诺贝尔文学奖的评奖范围。因为它必然改变文学奖的性质，混淆图像与文字的区别，最终造成二者的扭曲与损害。

附录二列出了与本成果相关的论文。

参考文献收录了本成果注释所涉及的文献，和笔者在本成果的写作过程中曾参阅过的文献。本参考文献的目的不是为了完整地提供进入这一领域所需掌握的知识清单，而是说明笔者在写作本成果时受了哪些人的启发与恩惠。牛顿承认，他之所以取得举世公认的成就，是因为他站在巨人的肩膀之上。克里斯蒂娃认为，任何文本都具有互文性，套用她的表述方式，可以说，任何思想也是互文性的。没有哪个人能够凭空发展出一个思想体系，必然要借助前人与同时代人的思想。在参考文献中将对自己有过帮助的文献列出来，也是对于这些文献的作者表达敬意的一种方式。因此，本成果的参考文献虽然不够完整，但笔者还是将它附在了后面。

三、成果的学术创新、应用价值以及社会影响和效益

本成果的学术创新主要表现在如下几个方面：

（1）本成果对文字与图像、文字艺术与图像艺术的相互关系，二者各自的特点、异同、内部机制、运作规律进行了深入的探讨，提出了自己的观点和认识，形成了富于原创性的理论体系。

（2）本成果对文字与图像、文字艺术与图像艺术中的言、象、意关系进行了深入系统的思考，对言、象、意的内部机制、运作规律和相互关系做了深入的阐发，阶段性地解决了这一学术研究中的重点与难点问题。

（3）本成果从中国学者的角度，研究文字与图像关系，在研究中重视中国文化和中国文学艺术典籍，强调中国文化传统和中国的文字与图像实践，突出中国因素、中国视角、中国学者的思考与判断。本成果的研究有助于形成中国自己的文字与图像关系理论，增强文化自信，增进这一领域的中国学

者在国际学术界的话语权。

（4）本成果形成了自己的系统的理论与观点，丰富与发展了国内学术界在文字与图像关系方面的研究。

（5）在研究方法上，本成果实现了三个结合：其一，是西方图像理论、图像与文字关系理论和国内相关研究的结合；其二，是理论的思考与推衍，和具体的文字与图像作品、具体的文艺经验的结合；其三，是马克思主义文艺思想与20世纪以来语言与图像前沿理论的结合。

本成果的应用价值以及社会影响和效益表现在：其一，本成果的研究有利于我们更好地理解文字与图像各自的特点、差异，以及相互之间错综复杂的关系，理解文字与图像、文字艺术与图像艺术言、象、意之间的关系，它们各自的特点与异同，从而使我们能够更好地发挥文字和图像各自的长处，避免各自的不足，推进我国文字（语言）艺术与图像艺术的发展与繁荣；其二，本成果的研究有利于推进中国特色文字与图像关系理论的建构，建立中国特色文字与图像关系的话语体系，繁荣中国的文艺理论，增强中国文字与图像关系理论在国际文艺理论界的话语权；其三，本成果的研究有利于构建中国特色图像理论的分支文字与图像关系理论，推进中文专业的学科建设，增进相关专业的学生对文字与图像关系的了解，增进其对图像理论及文艺理论的了解；其四，本成果出版后，可以为国内高校相关专业提供文字与图像关系理论方面的高质量教材。

《魏晋南北朝歌诗研究》概要

刘怀荣*

一、研究的目的、意义及方法

歌诗是不同于诗歌的一个概念，是典型的综合表演艺术，既与朝廷礼制及民间娱乐文化密切相关，又兼跨文学、音乐、舞蹈等多个领域，其复杂性远远超过相对单纯的诗歌。作为文体概念的歌诗，最早见于班固《汉书·艺文志·诗赋略》。至齐梁时期，"歌与诗别"，乐府成为诗体名称，诗歌、歌诗与乐府三者并行。具体来说，乐府包括经乐府机构配乐及文人依乐府古题拟作或自作新题而并未配乐的诗歌。歌诗除与配乐的乐府重合的部分外，还包括乐府古题和新题之外未配乐但可歌的诗歌，如早期歌谣、历代民间小调或文士即兴歌唱的歌辞。魏晋南北朝时期乐府与歌诗多是重合的，这时期的乐府歌诗为综合艺术，其概念既包含二者重合的部分，也包含不重合的部分。直到唐代，歌诗作为文体概念，使用频率还比较高，如李贺诗集就称为《李长吉歌诗》。

魏晋南北朝时期是歌诗发展的繁荣期，但 20 世纪以来很长的历史时期里，由于种种原因，学术界对歌诗这一独特的门类有所忽视，对于历史上曾是歌诗的作品，除了任半塘、王运熙等少数学者外，多数学者往往把它们作为一般诗歌对待，对其综合艺术特点重视不够，歌诗作为表演艺术的特点日渐被忽略。自觉地把这类作品作为表演艺术进行研究，对之全面加以关注，

* 刘怀荣，中国海洋大学教授，博士生导师。

开始于 20 世纪 90 年代末，以赵敏俐、吴相洲等为代表的一批学者，明确把乐府歌诗作为表演性综合艺术，开展了一系列的专题研究。经过学者们多年的努力，取得了可观的成绩。迄今为止，歌诗研究已形成当代学术研究的热点之一。在魏晋南北朝歌诗很多具体问题的研究方面，学者们也做了大量工作，但可讨论的问题还有不少。本成果即在此基础上做进一步深入的探究。就 20 世纪初以来的研究成果看，使用"乐府""乐府诗""乐府文学"或"歌诗""乐府歌诗（辞）"等名称者皆有不少。本成果沿用班固《汉书·艺文志·诗赋略》的旧称，综合各家说法使用"歌诗"这一概念。

20 世纪初叶以来，中国文学研究较多地受到西方纯文学观念的影响，而后者与中国文学实际之间有诸多龃龉之处。这种情况在歌诗研究方面也有明显的表现，或者说，歌诗作为综合艺术的若干特点被忽略，也与此不无关系。因此，立足中国本土，对歌诗重新进行思考，从学术发展的角度，也是非常必要的。

本成果研究的目的，即是想弥补上述不足，对歌诗作为表演艺术长期被忽略的某些重要特征进行重新探讨。重点研究魏晋南北朝歌诗表演和消费的实际情形和特点；研究魏晋南北朝歌诗的音乐性、表演性、消费性特征，及其与歌诗、歌诗艺术美之间的深层联系，揭示其中具有普遍性的发展规律；研究歌诗表演方式和特点对歌诗文学特征及对后代说唱文学的影响；研究歌诗表演在文人生活中的地位与对文人审美观的影响等。同时，也立足于更广阔的文学发展历史，挖掘魏晋南北朝歌诗与后代各种说唱文学之间的关系。

长期以来学界对歌诗研究缺乏应有的重视，对这一课题给予较多的关注，是近 20 年来才出现的。有关魏晋南北朝歌诗系统的研究成果，迄今为止还不多见。本成果的研究在前人研究基础上有所深化和推进，有一定的学术意义：一是对以往被忽略的相关问题提出了一家之言，具有一定开创性，对于魏晋南北朝时期歌诗研究、汉唐歌诗研究及后代说唱文学的研究，具有一定的学术参考价值；二是揭示出仅重文本的研究所难以反映的一些重要问题，从而弥补了以往研究的不足，因而对魏晋南北朝文学的发展提出了一些新观点；三是对具有民族化特点的中国诗歌理论的建构，及对 20 世纪以来从西方舶来的文学观念的重新思考，具有一定的借鉴意义。因为像歌诗这样与音乐、表演、消费密切相关的文学样式，仅仅从纯文学的角度是难以准确地揭示其发展规律的。

本成果的研究方法，一是自觉改变以往混同歌诗与诗歌的做法，紧紧抓住歌诗艺术表演、娱乐、消费等特点，以考论结合的方式，探究歌诗与音乐、说唱文学等多种艺术形态之间的深层联系和相互影响；二是打破以往只重视文本内容和作者意图的单一的研究模式，把这一时期的歌诗、诗歌、音乐、舞蹈以及其他与歌诗表演艺术有关的内容，置于立体相关的背景之下，对歌诗进行初步探讨，力求使研究成果更接近实际；三是在对诗歌史、音乐史、表演艺术史及制度史进行综合考察的前提下，对魏晋南北朝歌诗表演性特点，及其对歌诗的语言、形式、审美特征，以及其他艺术门类的影响，做出系统的梳理和探讨。

二、成果的主要内容和重要观点

本成果立足于歌诗艺术的音乐性、表演性和消费性特征，在全面考察正史、笔记、文学总集和别集等各种典籍中所记载的有关魏晋南北朝歌诗及其表演、消费情况的基础上，主要探讨如下一些重要问题：一是对魏晋南北朝部分表演特点可考的歌诗进行重点研究，探讨其创作、表演方式及其对歌诗语言艺术所产生的影响等问题；二是探讨文人、艺人及女性与歌诗艺术创作和表演的关系；三是从琴、筝等乐器入手，讨论乐器与歌诗的关系；四是对梁三朝乐"俳伎"等历来学者关注不够的歌诗之性质与表演特点进行细致深入的探考；五是探讨魏晋南北朝歌诗不同于一般诗歌的创作动力、娱乐本质与文体特征。其重要观点可概述为如下几个方面：

其一，以往只重视文本和内容的研究，有意无意地忽视了对歌诗的配乐演唱情况以及歌诗表演方式对歌诗结构、语言、美学特质所产生的影响等问题的研究。本成果把这些问题作为歌诗的重要特质，对魏晋南北朝时期表演特点尚可大致考知的部分歌诗进行重点研究，改变了以往的研究思路，在一些具体问题上有新的发现。

曹魏时期相和歌曲目和调类逐步定型，丝竹相和的程式也逐渐标准化，并对歌诗慷慨悲凉风格的形成产生了直接的影响；西晋以歌诗演述故事的表演风尚和方式，造成了故事体歌诗的兴盛，并对后世说唱文学和戏剧产生了重要的影响；与礼乐建设的实际需求相关，西晋前期歌诗曾有过短暂的繁荣，适应朝廷祭祀仪式和娱乐的实际需求，雅舞、杂舞都获得了较为充分的发展，而郊庙、燕射与舞曲歌辞也均兴盛一时。

从《相逢行》到《三妇艳》的系列乐府歌诗在汉代到南朝的发展，为我们考察歌诗创作提供了一条很好的线索。从现存的一些有关这一系列歌诗演唱的史料可知，至迟从刘宋时期刘铄创作《三妇艳》开始，配合《相逢行》古辞末六句的乐曲，就已被独立出来，纳入到平调曲中演奏。《三妇艳》应当是依曲填词，且均可以入乐演唱。从后人的大量拟作可知，《三妇艳》在当时很受欢迎，这与其曲调之美显然是分不开的。这一系列歌诗的发展演变，还体现了东晋南朝文人歌诗创作向音乐性、表演性靠拢的特点，从另一侧面反映出音乐和表演对歌诗创作的制约。

东晋南朝，白纻舞吸取前代表演的精粹，并融合当时的时代特色，发展成为融歌、乐、舞、诗为一体的大型宫廷乐舞，受到社会各阶层的喜爱。从相关文献的记载来看，白纻舞以群体表演为主，有时也作为《巾舞》正式开始之前的送曲，其服饰、舞者表情、舞蹈动作及整体艺术效果，在文人歌诗和其他史料中均有一定的体现。梁代白纻舞的舞蹈人数已经大大减少，但其表演仍然令观者产生"梁尘俱动"的艺术震撼。正因为白纻舞广受欢迎，《白纻歌》歌辞也成为文人创作的热点，其始终以七言为主，语言上节奏多变，韵律舒缓与繁促相间等特点，也需要从表演的角度去理解。

《采莲曲》《采菱曲》原本都是民间歌诗，后来被上层文人改造为宫廷歌诗，其表演方式虽难以详述，但至少在齐梁时代，文人所作的《采莲曲》与《采菱曲》多是配乐演唱的。如齐代王融应制而作的《采菱曲》，属于《齐明王歌辞》七曲中的第四曲（参《乐府诗集》卷五十六解题），共三解，是较为典型的舞曲歌辞，肯定是可以演唱的。后来梁武帝改制西曲，《采菱曲》《采莲曲》成为《江南弄》七曲中的两曲。现存梁武帝、梁简文帝、沈约等人的《江南弄》14首，均为"七七、三三三三"句式，明显是采取"依调填词"的方式创作而成，其受乐曲影响的特点更为明显。

受音乐制约和表演特点的影响，东晋南朝歌诗体式多为短小的五言四句，而组诗形式的出现、谐音双关及送声等歌诗技巧的运用，既是这一时期乐府歌诗的显著特点，也都与歌诗表演有着密切的关系。而歌舞伎乐的表演者多为女性的特点，则对观众与创作者的审美趣味产生了极为重要的作用，使爱情和艳情成为东晋南朝歌诗最重要的主题。

北朝横吹曲有不少乐歌可能是同源乐歌，如《折杨柳歌辞》与《折杨柳枝辞》、《陇头歌辞》与《陇头流水歌》、《高阳乐人歌》与《白鼻騧》等。它们是依据同一乐曲创作的不同歌辞。同源乐歌的存在，既反映出汉魏旧曲在北朝的影响力，也显示出这类歌诗在当时普遍传唱、深受欢迎的状况，这是其一再配辞、形成新歌的重要前提。

由于统治者对异域曲调的偏爱，北朝包括郊庙歌辞和燕射歌辞在内的朝廷乐歌中，融入了诸多的高昌乐、龟兹乐、西凉乐等胡乐元素，因而受到了"郊庙之乐，徒有其名"（郭茂倩语）的批评。但正是这些异域曲调的融入，为枯燥的宫廷乐歌注入了新鲜的血液，也有力地推动了歌诗的发展和进步。

挽歌在北朝皇室、贵族的葬礼上是必不可少的，在社会生活中具有重要的地位和作用。朝廷文士奉旨创作或主动敬献挽歌的现象，在当时非常普遍。文献所保留下来的那些挽歌，不过是九牛一毛而已。挽歌由朝廷的专业人员——挽郎来表演，他们从公卿以下子弟中挑选出来，是同龄人中的精英，德才兼备，通晓音乐是能够入选的必备条件。挽郎的演唱极大地提升了挽歌表演的整体水准，对歌诗的发展起到了积极的作用。

杂曲歌辞中收录的北朝故事体歌诗《杨白花》，除继承西晋故事体歌诗情节曲折、敷衍史实等特点之外，在表演上也具有自己的独特风味。《咸阳王歌》不仅在北朝入乐演唱，也曾在江南广为流传。另有《敦煌乐》等杂曲歌辞，直接将歌舞的场景写入歌诗，更具现场表演性。

其二，歌诗与诗歌不同，不仅需要文人具备一定的音乐素养，还离不开艺人的参与。魏晋南北朝时期最为流行的清商曲、西曲多由女性艺人来演唱。因此，在这一时期，女性在歌诗发展中具有不可忽视的作用。本成果对这几类人与歌诗的关系做了初步的研究，从新的视角对歌诗研究进行了拓展。

魏晋南北朝时期，有一大批精通音乐的文人，以消费者和创作者的双重身份，为乐府歌诗的创作和繁荣提供了特殊的支持。在创作新曲，尤其是按曲作辞方面，他们所发挥的独特作用，是那些仅能享受声色之美而缺乏创造能力的其他消费者所无法比拟的。这是乐府歌诗超越纯文学框架的一个重要方面。

艺人虽地位低下，但他们或为乐府歌诗的配乐者，或以其动人的歌唱与迷人的舞姿成为歌诗艺术表演中的重要角色。其中有些艺人还是乐府歌诗的创作者，并有作品流传。可以说，所有的乐府歌诗艺术活动，如果没有他们的参与，肯定不完整，也无法进行。所以我们今天的文学史研究对于艺人在乐府歌诗发展史上的意义和价值，无论如何都是不能忽视的。

清商乐的表演者多为女性，她们对乐府歌诗的表演和传播起到了不可替代的作用，有些女艺人不仅参与了歌辞配乐工作，还创作乐府歌诗作品。这一时期乐府歌诗的繁荣，女性发挥了重要的作用。了解这一点，对于准确把握乐府歌诗的创作和发展，是非常必要的。

其三，以往的学者们更多的是从音乐自身的特点或乐调出发，探讨音乐对歌诗的影响。本成果认为，音乐对歌诗的影响，在很大程度上是通过乐器来实现的。不同乐器所演奏的音乐是有差别的，对歌诗的要求也不一样，因此乐器对歌诗的影响更为直接，比音乐对歌诗的影响更为具体。要使某些问题的研究获得深入，必须进而探讨乐器与歌诗的关系。本成果这方面的研究有较明显的创新性。

魏晋南北朝是我国乐器大发展的时期，来自不同地域、不同民族的各种乐器，在相互交流中得到了改进和发展。不仅促进了音乐的繁荣，也使工诗文、晓音律、能演奏一种甚至几种乐器的士人数量大增，丰富了士人生活和歌诗创作。大量乐器赋、咏乐器诗的出现，从一个侧面显示了乐器对歌诗创作的影响。乐器独奏或不同乐器合奏的音乐特质，对歌诗创作产生了不同的影响。

古琴形制特质在很大程度上影响着歌诗的内容，琴曲歌辞或抒写个人的心灵体验，或歌颂琴德与君子，或表现隐逸生活，多具有高雅的情趣。这不仅使琴乐从艺人琴向士人琴发展，也促进了歌诗的进一步雅化。而琴乐艺术"以韵补声"的特点，使歌诗创作的叙事性、功利性渐弱，抒情性和娱乐审美色彩逐渐加强。这是魏晋南北朝时期歌诗艺术与琴乐艺术发展相结合的结果。

魏晋时期筝的弦数已经由汉代的五弦达到十二弦，筝身长六尺且中空，这使得它形成了一个比其他乐器要大得多的共鸣箱，因此，和琴、瑟、琵琶等其他乐器相比，筝更容易发出慷慨激昂的声音。而上声促柱和转调等演奏技法的使用，更进一步强化了筝乐悲凉激越的效果，使筝成为清商乐最主要的伴奏乐器，"秦筝何慷慨"往往成为清商乐慷慨悲凉之美的象征。筝的这些特点又与东汉以来士人"以悲为美"的审美风尚有着深层的一致性。因此，筝在魏晋南北朝时期是最流行的乐器之一，社会各阶层都对筝情有独钟。筝不仅是士人审美理想的寄托，也是他们日常娱乐生活中必不可少的道具。筝乐与建安士人"雅好慷慨"的审美情趣，共同决定了清商三调歌诗慷慨悲凉的美学特征。

其四，对著录于萧子显《南齐书·乐志》和郭茂倩《乐府诗集·舞曲歌辞》的《俳歌辞》，冯沅君、任半塘、傅起凤等前辈学者大都是一带而过，语焉不详。本成果在反复研读相关文献的基础上，首次对《俳歌辞》的内容、性质、特点均做了深入的思考，思路独特，观点较新。

见于《南齐书·乐志》和《乐府诗集·舞曲歌辞》的《俳歌辞》，由可能起于汉代的《俳歌辞》古辞简化、改编而来。它是与齐代俳伎及梁三朝乐第十六项之"设俳伎"（即俳伎表演）相配合的一首歌诗。郭茂倩《俳歌辞》"一曰《侏儒导》"的说法应是对《俳歌辞》的一种误解。俳伎在齐梁间仍是重要的表演节目，它与汉代列入乐府的《巴渝舞》之《弩俞》密切相关，其表演者有侏儒和舞儿两类，表演形式已比较复杂，应属于杂有幻术的滑稽歌舞戏。从中既可看到侏儒在歌舞表演中的活跃程度，也可以窥见当时歌诗表演的一些特点。在梳理《巴渝舞》发展源流的前提下，探究其文本内涵与表演特点，对于更好地认识齐梁时期歌舞滑稽戏与歌诗融合的艺术形态，具有重要的学术意义。而有关《俳歌辞》在文学史上的价值，也有重新认识的必要。

其五，歌诗是创作者和表演者为满足特定社会需求而进行的娱神、娱人的综合艺术，本成果立足于这一特点，认为不仅应正视帝王、贵族和朝廷礼乐需求推动歌诗发展的历史事实，对于歌诗与一般诗歌明显有别的娱乐本质与文体特征也有必要进行重新思考。

歌诗作为一种精神消费产品，其发展在很大程度上受到社会需求的左右。作为政治和经济权力的双重垄断者，帝王和贵族在歌诗消费中起着决定性的作用。朝廷礼乐是在国家意志支配下进行的政治—艺术活动，对歌诗的发展具有举足轻重的作用。因此，文人、艺人虽然是直接的创作和表演者，但在歌诗活动中却处于从属地位。他们在创作和表演中可以有个人的发挥和创新，但却主要是在符合帝王、贵族、朝廷礼乐需求的前提下进行的。也就是说，在歌诗艺术的创作和表演中，作者和表演者的主导作用是有限的，这与纯文本的文学创作有本质的不同。

与诗歌"言志""缘情"，并以"诗教"作为创作、阅读和批评的重要标准不同，歌诗本就是社会娱乐活动的产物，它源于娱乐的实际需求、用于娱乐场合，最后在反复表演的娱乐节目中定型并不断传承。因此，歌诗的本质特征首先是娱乐。大分裂的魏晋南北朝成为歌诗发展的一个全盛期，没有社会各阶层普遍的娱乐需求，是根本不可能的。

魏晋南北朝时期，歌诗蕴含说唱文学、百戏、歌舞戏等多种文体之胚胎于一身的特征，既不同于先秦两汉，也迥异于唐代以后。因此，从文体学的角度来看，魏晋南北朝时期的歌诗处于一个比较特殊的阶段，其文体的复合性特点较为明显。我们在重视歌诗的音乐性、表演性和娱乐性的同时，还需要关注不同文体或不同艺术门类之间的相互影响、相互渗透，乃至破体拓展。

三、成果的学术创新、应用价值以及社会影响和效益

本成果在萧涤非《汉魏六朝乐府文学史》、王运熙《乐府诗述论》及近年来魏晋南北朝歌诗研究的基础上，从表演、消费及其与歌诗艺术的关系入手，对魏晋南北朝歌诗进行了系列个案研究。或在前人研究基础上有所推进；或对以往被忽略的相关问题提出了一家之言，具有一定的独创性；或结合个案研究，对中国文学史观做出了自己的思考；对于魏晋南北朝歌诗及中国古代歌诗与诗歌研究，具有一定的学术参考价值；对于具有民族化特点的中国诗歌理论的重建，以及不同文体间相互影响等理论问题的探讨，具有一定的借鉴意义。

本成果在国家社会科学基金成果结项评审中被评为优秀，其相关的前期成果和阶段性成果，有著作2部，论文21篇。其中，著作《中国古代歌诗研究——从〈诗经〉到元曲的艺术生产史》（北京大学出版社2005年版），获2006年北京市社会科学优秀成果奖一等奖（排名第三）、2009年教育部高等学校科学研究优秀成果奖三等奖（第三），《魏晋南北朝乐府制度与歌诗

研究》（商务印书馆 2010 年版），曾获 2011 年山东省高校优秀成果一等奖、2012 年社会科学优秀成果奖一等奖等奖励；21 篇论文发表于《文学遗产》《文艺研究》《文史哲》《社会科学战线》《黄钟》《华中师范大学学报》等刊物。其中，有 9 篇被《新华文摘》、《中国社会科学文摘》、中国人民大学复印报刊资料《中国古代、近代文学研究》、《高等学校文科学术文摘》、《文艺报》、中国文学网、中国社会科学网、大众网等文摘刊物和网站全文或摘要转载 16 次。《论邺下后期宴集活动对建安诗歌的影响》一文，发表于《文学遗产》2005 年第 2 期，获山东省 2007 年社会科学优秀成果奖二等奖。

《〈史记〉文学经典的建构之路》概要

张新科*

一、研究的目的、意义及方法

1. 研究的目的和意义

本研究第一次尝试全面系统地总结《史记》文学经典化的历程和途径，展现不同时代的不同接受特征。

（1）历时性上，本研究试图在全面梳理《史记》文学资料和研究历史的基础上，以历史为线索，按照汉魏六朝、唐、宋、元、明、清、近现代、当代、海外进行研究，从而系统勾勒出《史记》的文学经典化历程。

（2）共时性上，本研究试图全方位、多领域地关注每一历史时段中《史记》文学传播、阐释与接受的背景。不仅从政治、经济、文化等各个方面探讨每一时代制约《史记》文学经典化的种种因素，而且在具体展开中，把握作家（创作主体）、作品（语言文字载体）、读者（接受主体）三个环节，并关注其中的互动。每一时代的接受，不只是单纯的接受，还在于进行新的发展、创造。古代文人利用史书、诗歌、散文、话本、戏曲、小说等文体既接受了《史记》的传统，又进行新的创造，从而多维度地建构起《史记》的文学经典地位。

（3）在实践上，本研究旨在系统搜集古今中外《史记》研究成果，并勾连起前后发展线索。对各时代《史记》文学研究的典籍进行较为系统的介

* 张新科，陕西师范大学教授，博士生导师。

绍，重点把握每个时代《史记》文学研究所取得的突出成果以及《史记》传播上的新变，并通过历时的视角对其进行历史定位与价值评判。

（4）在理论上，本研究的目的在于从多维度解决《史记》为什么能"越界"成为文学经典的问题，并尝试以读者为主体，反观《史记》成为文学经典的内在魅力。通过考察《史记》在不同时期的接受状态，揭示每一时期公共期待视域的方向与性质，通过同一时期人们的不同理解以及不同人的共同理解，区分不同读者群的期待视域，由此进一步探讨了我们民族的审美经验与审美理想。

2. 研究方法

（1）以接受史为经，以作品为纬，总结每一时代的接受特点，展现《史记》文学接受史以及经典化全貌。

（2）采用比较分析法，对不同时代的政治文化背景、接受类型、接受主体、接受方式等进行比较研究。

（3）宏观把握与微观分析相结合，既有史的发展脉络，又有具体问题的细致考察，不空发议论。

（4）适当运用量化分析方法，将有关数据列表展示，使论证建立在可靠的论据之上。

（5）注重发掘与文学相关的资料，吸收历史学、传播学等多方面知识，用多种方法、开阔的眼光考察《史记》文学经典化过程，做到实事求是，客观分析。

二、成果的主要内容和重要观点

本成果在全面梳理《史记》文学资料和研究历史的基础上，以《史记》为什么能"越界"成为文学经典为问题，系统勾勒《史记》文学经典化历程，展现从汉代至当代不同时期、不同读者对《史记》文学的阐释和接受情况，并且探讨经典化背后的政治、文化等原因。本成果除引言、余论和三个附录外，共分十章，主要内容和观点如下：

第一章为"《史记》对前代文学经典的接受"。司马迁多方面接受前代文化经典，对《史记》成为不朽经典具有重要意义，其中最重要的是六经、诸子百家以及《楚辞》等。《史记》的穷变思想、发愤抒情精神、美刺传统、现实主义精神和民间精神等方面都深受六经影响，其中《春秋》的影响最为突出。《史记》的大一统思想、体例设计、写作笔法等深受《春秋》的影响。司马迁对诸子百家思想既有继承又有发展，在综合各家思想的基础上形成自己独特的一家之言。司马迁的思想，并非纯粹的单一体，它融合、摄取了各家思想的长处，形成一种组合式的思想体系，这种思想体系的骨架是儒家思想。对于楚文化，司马迁有深刻的体悟和认识，并有一定的接受。在《史记》中表现为发愤抒情、对屈原高尚品格的接受和"爱奇"的审美观三个方面。

《史记》在继承、接受前代文化经典的基础上又有新的发展。它集先秦文化之大成，又是汉代文化的代表，从而表现出鲜明的文学特质，对后代文化产生重要影响，因此，成为中国文化史上一座巍峨的丰碑，也成为不朽的经典。

第二章为"汉魏六朝：《史记》文学经典化的起步"。东汉中期以后，《史记》在社会上得到比较广泛的流传。魏晋以后文史分家以及文史各自地位的提高，对于《史记》的传播及其史学和文学地位的提升产生一定的影响。本时期研究和注释《史记》的工作也有一定起色，这对于扩大《史记》的影响具有积极意义，其中最有代表性的是裴骃的《史记集解》。

这一时期评论家对《史记》叙事、人物选择、语言等都有了初步认识，在一定程度上揭示了《史记》的某些文学特质。本时期文学的发展使《史记》的文学价值得以初步展现，各类文学体裁都开始注意到了《史记》。史传和各种形式的杂传以及小说大都学习接受《史记》的写人方法。此期咏《史记》诗的出现，对以后的咏史诗有较大的影响。司马迁提出的"发愤著书"理论也在文学理论方面得到新的发展和提升。

汉魏六朝时期的文学以各自不同的力量把《史记》往文学的道路上牵引。当然，这只是起步阶段，力量还较弱小。汉魏六朝时期对《史记》文学经典的建构刚刚起步，初步显示出对《史记》一定程度上的文学认可。

第三章为"唐代：《史记》文学经典地位的奠定"。《史记》在唐代已得到广泛的流传，并且产生了多方面的影响，其文学经典的地位得以正式奠定。统治者对修史的重视，史学地位的提高，使《史记》备受尊崇。《史记》史学地位的提高，带动了它文学地位的提高。

　　唐代注释《史记》是其文学经典化的重要因素，本时期注释成就最大的是司马贞的《史记索隐》与张守节的《史记正义》。这两部书和南朝刘宋年间裴骃所作的《史记集解》，被后人合称为《史记》"三家注"，"三家注"的形成是《史记》研究史上第一座里程碑。

　　韩愈、柳宗元掀起的古文运动，在理论上和实践上学习《史记》，确立了司马迁古文宗师的地位，使《史记》所蕴藏的丰富的文学宝藏得到空前未有的认识和开发，这是《史记》文学经典建构的重要因素。唐代不只是在散文领域将《史记》作为文学经典，在诗歌、传奇、类书、变文等方面也对《史记》有着广泛的传播和接受。

　　第四章为"宋代：《史记》文学经典地位的确立"。宋代的《史记》文学经典化，一方面继承和发展前代的传统，另一方面又有很大的创新。由于印刷术的发展，《史记》传播由抄本时代走向印刷时代，这对于《史记》的广泛传播具有重要意义。广泛的传播带来广泛的《史记》阐释与接受。

　　宋代始开评论《史记》之风气，在文学评点上涉及司马迁写人叙事的"互见法"，《史记》多样化风格、语言、章法结构、文章的韵味等多方面。这些见解新颖、影响深远的评论，在一定程度上促进了《史记》文学的经典化历程。

　　在文学实践方面，宋代的诗词、说唱文学等都有对《史记》的学习和借鉴，其中最重要的是散文。欧阳修、苏洵、苏轼、苏辙、曾巩、王安石等都受到《史记》散文的影响。由于词、说唱等新的文学样式的出现，《史记》的传播和应用范围不断扩大。《史记》在文学家的创作中得到更广的继承和发展，形成古文的典范。

　　从研究方法来看，宋代在前人基础上有所发展。既有宏观的文学评论，也有微观的字句分析。尤其是《班马异同》著作的出现，把对比研究的方法提高到一个新阶段。

　　第五章为"元代：《史记》文学经典的新变"。元代文化有其独特性。元代的文学创作对于《史记》的传播和文学经典化具有重要意义。元代出现了新的《史记》刊刻本，这些刻本的流传扩大了《史记》流传的范围和影响。尤其是其中的彭寅翁本是300多年间刊行的唯一的《史记》三家注刻本，在《史记》版本史上具有重要意义。

元代的《史记》文学研究整体处于低谷时期，但戴表元、王恽、刘因等学者文人对《史记》的评述也多有新见和突破。作为中国戏曲的黄金时期，元代用戏曲的形式大量扮演《史记》中的人物故事，开创了用戏曲形式宣传《史记》的新途径，大大地促进了《史记》故事在民间的广泛流传。元代"《史记》诗"作者众多，作品丰富，所表现的思想情感大都和司马迁相一致。"《史记》诗"是元代人对《史记》特殊的接受和阐释方式。此外，元词与元代话本也多引用《史记》进行再创作。

第六章为"明代：《史记》文学经典地位的进一步巩固"。宋代开启的文本细读、评点风气，到明代达到兴盛阶段，这是明代《史记》文学经典化的重要途径。评点著作在明代多达30余种，其中最有代表性的是茅坤的《史记钞》和归有光的《归震川评点史记》。随着各种评点的出现，辑评工作应运而生，代表性的是凌稚隆的《史记评林》。明代《史记》评点在评人物、评事实之外，更多的是评叙事特点、人物刻画、章法结构、文章风格、语言艺术等诸多方面。通过对《史记》文学意义的仔细阐释，《史记》的文学价值得到挖掘、认可、传播，对《史记》文本的文学经典化具有重要的推动作用。

在《史记》文学经典化过程中，明代的文学创作也起到了极大的推动作用。前后七子与唐宋派文人以《史记》为楷模，继承司马迁以文笔干预社会的现实主义精神，对《史记》叙事、记人、谋篇布局等方面进行了深入的认识与学习。小说、戏曲等不同的领域都体现了对《史记》文学的认可和接受。

第七章为"清代：《史记》文学经典化的高峰期"。清代是《史记》研究的高峰期。清代研究《史记》并有文章著作的学者达300多人。考证是清代《史记》研究的一大成就，考证《史记》历史事实、人名、地名、典章制度等等。评论是另一大成就，评论形式多种多样，或评点，或论文，或札记，或序跋，或书信，等等。大量的《史记》选本和古文选本选取《史记》作品进行评论学习。小说、戏剧评点时往往也与《史记》比较。在清人的《史记》评论中，文学评论是其中特别重要的一部分，对于巩固《史记》的文学经典地位起了重要作用。金圣叹对《史记》的文学评点以及对《史记》与小说关系的认识，有较大的创新性。

　　另外，清代的文学创作，也对《史记》有一定的接受。散文、传记方面，以桐城派为代表，在理论和实践方面推崇、学习司马迁的叙事写人艺术。

　　第八章为"近现代：《史记》文学经典地位的加强"。在近现代一百年里，《史记》研究呈现出由旧到新的过渡特征。

　　在出版读物方面，出版界翻印古书形成风气，《史记》备受重视，经过前人整理的各种本子不断涌现，《史记》得到了更为广泛的普及，这为《史记》文学经典化奠定了较好的阅读基础。

　　理论研究与阐释是文学作品经典化的重要途径。近现代《史记》研究学者不断涌现，研究论著丰富，研究内容涉及面广，系统化理论研究局面已经形成。在《史记》体例、叙事、文章方法、人物传记、艺术美学、散文艺术、"爱奇"倾向等方面的研究，基本建构了《史记》文学性研究的理论框架，为《史记》文学经典化建构提供了有力的理论支撑。

　　此期文学史著作和教材都不同程度地对《史记》文学成就进行论述。把《史记》列入中国文学史，这是《史记》文学经典建构的重要途径。通过不同形式、不同时期、不同作者的文学史论述，《史记》名正言顺地进入中国文学史的经典之列。

　　第九章为"当代：《史记》文学经典化的新时代"。当代，随着社会的变化、学术的繁荣和理论的发展，人们的认识更加系统化，大量的著作、论文对《史记》文学成就进行阐释，使《史记》的文学经典地位更加巩固。

　　20世纪50年代到60年代前期，《史记》文学研究表现出新的思想、新文本、新理论、新高度的特点，这是新中国成立后《史记》文学研究、文学阐释的第一个高潮时期，也是经典化的新起步。60年代后期至70年代前半期，学术研究被政治斗争风暴吞没，《史记》及其文学阐释处于停顿沉寂状态。1977年新时期以来，广大文史工作者解放思想，重新研究《史记》，出现了一个新的高潮。就《史记》文学研究而言，这40多年也是有史以来成就最辉煌的时期，在普及化、系统化、多样化、深入化、研究方法改进等方面收获丰硕，《史记》文学的经典地位不断巩固和加强。

　　第十章为"海外《史记》文学研究对经典建构的作用"。《史记》传播空间的不断扩展，对于经典著作生命力的延伸具有重要作用。《史记》以其独特的魅力，在海外引起广泛传播，进一步扩大了它的影响力。

《史记》流传到国外以后，引起了国际汉学家的广泛兴趣，研究者日益增多，还出现了一批《史记》研究的专家。像日本、朝鲜、法国、德国、美国等国家的《史记》研究，都取得了一定成就，其中尤以日本为最，传播广泛，研究深入，成果丰硕，有些方面还超过了我们国内的研究。

海外学者对《史记》文学特征、文学价值的认识、阐释是逐渐发展的，由于文化背景以及语言的差异，对《史记》文学的研究有地区差异。但是，一部中国的文史名著，随着中外文化交流的发展，已经被认可和接受，这也扩大了《史记》的世界影响力，促进了《史记》的文学经典化，也进一步显示出《史记》的魅力和生命力。

余论为"《史记》文学经典的建构具有重要的意义"。其意义首先在于扩大了《史记》的文化价值。随着《史记》文学经典的建构，不仅雅文化、主流文化学习它，而且俗文化也从中吸收许多有用的东西。史学著作被纳入文学领域，更显示了《史记》多方面的价值。《史记》文学经典建构的意义还在于促进了中国文学的发展。中国文学中的传记、散文、小说、戏曲乃至于诗歌等文体，都受《史记》的影响，有些甚至直接取材于《史记》。《史记》文学经典建构的意义还在于使有价值的历史人物走向永恒的时间和无穷的空间。

另外，书稿的三个附录，分别对清代汤谐《史记半解》、王又朴《史记七篇读法》以及当代学者聂石樵先生《司马迁论稿》进行分析评论，可以说是对第七章、第九章内容的有机补充。

三、成果的学术创新、应用价值以及社会影响和效益

1. 学术创新

（1）角度新：以《史记》为核心，从读者接受的角度进行文学经典化的研究。《史记》作为读者（主体）欣赏的对象（客体），显然对读者具有特殊的价值和意义，这种价值是一种特殊的艺术价值。这种艺术价值存在于整个文学活动的大周期中。《史记》文学的经典建构过程，在这个大周期中并没有停止在原点，而是在历时与共时的存在范畴里，不断实现着自我的保值与增值的过程。应该说，读者的消费与接受，使《史记》的文学价值得以实

现，也是《史记》不断增值的重要渠道。这种增值与保值，说到底，就是《史记》不断被经典化的过程。对于读者来说，《史记》作为文学经典，带来的既有历史的教益，又有文学的享受，同时从《史记》人物身上反观自己，以便加强修养，完善人格，甚至从《史记》优秀人物身上引发自己的行为反应。

（2）内容新：借鉴接受美学的理论，结合《史记》文学阐释史、审美效果史、经典影响史的实际情况，既注意历时性的垂直接受，又注意共时性的水平接受，由此进一步挖掘《史记》的文学价值。此外，还注意到国外对《史记》文学的阐释与接受，给人以耳目一新之感。

（3）方法新：本成果以经典阐释史为经，以作品为纬，采用比较分析法，宏观把握与微观分析相结合，注重发掘与文学相关的资料，吸收历史学、传播学等多方面知识，用多种方法、开阔的眼光考察《史记》文学经典化过程。

2. 应用价值

（1）通过对两千多年来中外《史记》文学阐释史、审美效果史、经典影响史的综合研究，进一步认识了《史记》的文学特征及其在中国文化史上的不朽地位，深化了《史记》及汉代文学研究。

（2）揭示了《史记》文学经典形成的内在和外在因素，深究了文学与史学的内在联系。

（3）通过对《史记》文学传播以及读者接受的探讨，挖掘了我们民族的审美心理、审美观念。

（4）通过对《史记》文学经典化过程和途径的探讨，为今天的文学创作和史书编纂提供借鉴，进而启发当代作家创作出被读者接受的具有生命力的传记作品，因而具有重要的理论意义和现实意义。

3. 社会影响和效益

（1）本成果取得了重要的阶段性成果，多篇论文发表在《文学遗产》《文史哲》《文艺理论研究》《南京大学学报》《中国社会科学报》等报刊上。

（2）阶段性成果多次获得省级优秀成果奖，其中：《〈史记〉文学经典的建构过程及其意义》发表于《文学遗产》2012年第5期，获陕西高校人文社科研究优秀成果奖一等奖（2013年5月）；《元代科举对汉赋经典化的影响》发表于《南京大学学报》2015年第1期，获陕西高校人文社科研究优秀成果奖一等奖（2017年8月）、陕西第十三届哲学社会科学优秀成果奖三等奖（2018年5月）。

（3）阶段性成果被《高等学校文科学术文摘》和中国人民大学复印报刊资料多次转载：《元代科举对汉赋经典化的影响》先后被《高等学校文科学术文摘》2015年第2期转载、中国人民大学复印报刊资料《中国古代、近代文学研究》2015年第5期全文转载；《论清代的〈史记〉文学评论》发表于《陕西师范大学学报》2016年第1期，被中国人民大学复印报刊资料《中国古代、近代文学研究》2016年第7期全文转载；《汉魏六朝：〈史记〉文学经典化的起步》发表于《甘肃社会科学》2016年第6期，被中国人民大学复印报刊资料《中国古代、近代文学研究》2017年第3期全文转载。

（4）阶段性成果文章、观点被广泛引用，其中：《〈史记〉文学经典的建构过程及其意义》发表于《文学遗产》2012年第5期，被引用26次；《〈史记〉文学经典化的重要途径——以明代评点为例》发表于《文史哲》2014年第3期，被引用22次；《论清代的〈史记〉文学评论》发表于《陕西师范大学学报》2016年第1期，被引用8次；《论金圣叹在〈史记〉文学经典化中的贡献》发表于《西安交通大学学报（社科版）》2016年第4期，被引用3次。

（5）除了传统刊物以外，本成果阶段性成果全文或观点被中国社会科学网、道客巴巴、百度文库、豆丁网等网络媒体多次转载，获得广泛社会效益。

《元代文人群体的地理分布与文学格局》概要

邱江宁*

一、研究的目的、意义及方法

本成果以文献为基础，综合文史立场，力图从多民族、多地域、多文明的视角来观照元代文人群体的流动性及整体创作面貌与格局。笔触所及，包括蒙古前四汗及整个元代几乎所有空间、时间所发生的文人迁徙流动及文学格局的形成与变化，以期展现出在该领域全景式、大纵深、多学科、动态研究的探索模式。相对于过去较多注重历史沿革的研究而言，本成果从文人群体地理分布的视角看待元代文学的整体面貌，注重地理分布。从时间与空间相结合的角度，以文人群体的地理分布进行勾连，将过去对一个个作家的研究，一个个地域文学群体的研究集中起来，涉及的内容不仅有正统的诗文，同时也兼及戏剧、散曲等，力求对元代文学进行全方位的观照，以便人们对有元一代文学获得更为全面的认识。

二、成果的主要内容和重要观点

从文人群体的地理分布情形来动态、整体地考量文学格局的变化，在元代文学研究领域，依旧是一个富有新意的话题。一般而言，地理观念既有别于民族观念，也不同于南北方这样的区域概念，地理观念中应该包含明显的独特的文化内涵。这一独特的文化内涵对文人的活动和创作产生影响，进而

＊ 邱江宁，浙江师范大学教授，博士生导师。

形成独特的文学风貌。这种认知的形成主要源于定居文明，即文人的原生地理环境与他们创作的独特风貌之间有着必然的关系。本成果认为，蒙古人建立一统南北的元王朝这一背景深刻地影响和改变了中国的历史进程，对这个时期的社会生活面貌、作家群体的流动、作家创作内容以及文学格局都有着不可磨灭的印记。在传统的元代文学研究中，人们习惯于以中原王朝的特点和汉族中心立场来表述和评价这个时代的创作面貌，紧扣元王朝的时代特征，从元代文人群体地理分布的动态变化来整体观照元代文学格局的变化以及具体创作面貌，这可能是元代文学研究急需填补的方向性空白。

　　本成果由绪言和正文三个部分组成，每部分各四章，共十二章。

　　绪言部分认为，从文人群体的地理分布与文学格局的建构角度来观照元代文学，最早可以追溯到王国维的《宋元戏曲考》（1912）。该著关于元朝杂剧作家的地域分布、南北流动及其对文学格局的影响等论述，往往被学者引为不刊之论。陈垣的《元西域人华化考》（1923）在资料丰富、考证精详的基础上，考察 13 世纪东迁中原的西域人的华化情形，认为西域作家取得了不小的成绩，一定程度上揭示出西域作家群体对元代文学格局不同寻常的意义。王国维、陈垣二人的研究可谓沾溉后人，厥功至伟，在研究领域、研究方向以及文献搜索等方面都给予后来者极大的启发。二人之后，就地域文人群体与文学格局关系的探究而言，相关研究略有滞后，直到 20 世纪 90 年代末，情形颇有变化。对于有元一代文人群体的地理分布以及他们对于元代文学格局的构建意义，我们的探讨始终都不能脱离元朝独特的社会背景而进行。《元史》云："若元，则起朔漠，并西域，平西夏，灭女真，臣高丽，定南诏，遂下江南，而天下为一，故其地北逾阴山，西极流沙，东尽辽左，南越海表"，反映了蒙古人近百年的世界征略和大一统王朝建构的进程。站在全局的立场，从元朝社会一统格局的形成以及元代文学格局自身独特性角度出发，观照文人群体流动的背景、流向区域以及可能造成的创作影响，这不仅可以使元代文学研究的系统性与整体性得到加强，而且可以在时空背景清晰的情况下，厘清元代文学发展的总体脉络，将许多看似个体的文学现象进行较准确的逻辑归位。应该说，元代崛起于西北，疆域辽阔，最典型的特征是蒙古人统治下，多民族、多文明并存，就其政治格局、行政区划以及用人态度而言，总体上表现为以北制南、重北轻南的特点。元代文坛与元朝形势始终相副，也体现出崛起于西北，终迄于东南，元中晚期之前的文人群体分布和文坛格局体现出较明显的大一统、多民族、多文明碰撞交流的特征，末期则体现出裂变、东南地域性增强的倾向。

正文第一部分探究文人群体与文学格局之间的关系，发现最重要的环节是文人群体的流向问题。蒙古亡金后，其时文人群体的流向又可以划归为宗教团体和世俗权力下辖机构两大流向。值得指出的是，元朝作为蒙古人统治的一统王朝，在蒙古人征服西域之前，他们对于文字文明极其陌生，但对宗教所具有的社会统摄力量却非常重视。从成吉思汗最初接触的汉地宗教领袖——全真教领袖丘处机这个角度而言，讨论蒙古时期的文人群体可从当时极有社会影响力的宗教团体全真教开始。另外，金朝灭亡之后，蒙古人尚无意中原，北方地区的统治主要由汉人世侯掌控，其时势力较大的世侯有东平严氏、真定史氏以及保定张氏等。大量金源文人或往来、或效力于这些世侯，活跃于河北、山东、山西等区域，形成了其时较有区域标识的文人群如东平文人群、真定文人群、保定文人群、卫辉·苏门山文人群、河汾文人群等。在以元好问为领袖的精英文人的引领和教诲之下，一方面大批金源文人秉持"国亡史存，己所当为"的理念，对金源文献竭尽所能地加以保存与整理；另一方面，金源文人以孤臣孽子的心态面对现实，反映现实，金源文化精神反在金亡后迸发异样的光彩，文学创作取得了不容忽略的成就和令人瞩目的成绩。也正是在金源文人孤臣孽子的心态作用下，无论在大蒙古国治下时期还是在一统后的元朝，金源文人积极作为的态度使他们对于元代政坛、文坛所产生的影响都不容小觑。而诸如真定、东平、保定以及平阳等地域由于辖区统治者的经营，成为金源文人主要流动的区域，进而为当地成为文化中心和创作中心奠定了坚实基础。

第一部分共四章。第一章，全真教之于元代文学及创作格局的影响。需要着重指出的是，全真教大量吸纳儒者入道，领袖丘处机、尹志平、李志常等都颇擅长诗文创作，借助蒙古政权的支持，全真教主动吸纳文人，文人也选择趋向全真教，这种双向驱动致使全真教对于这个时期的文学格局产生深远影响。在这一章中，从全真教的创作群体、创作成绩以及他们与当时文坛作家交游情形可看出，丘处机、李志常等全真教徒因为特殊的机缘成为最早接触蒙古人的汉人群体，他们与其时同样"幸运"的耶律楚材父子一道以诗文形式表现和叙录了那些极具蒙古特质以及元朝文化色彩的内容。就这一视角而言，他们堪称开启元代文学的创作群体。不仅如此，全真教对于蒙古时期的北方乃至元代文学创作格局的影响，还体现于全真教对元曲在主题选择、内容表达以及曲词风格上都有较为明显的影响。

第二章至第四章，主要探讨真定文人群、东平文人群、保定文人群、卫州文人群、平阳文人群等北方汉人世侯区的文人群体分布情形以及他们对元初文学格局的影响。第二章讨论的是真定文人群。金朝为蒙古破灭之后，真定是少数没有受到战争很大影响的地区之一，大量汴梁、郑州的百姓被蒙古人北迁至此。真定作为南北襟喉之地，交通便利，商贾四集，再加上真定统治者史天泽家族对戏曲的爱好，遂使真定成为元初戏剧繁荣的主要区域。不仅如此，真定在史天泽家族的苦心经营下，也成为金源文人群归附的重要区域。以 1249 年为界，真定在元好问、张德辉、李冶等人的影响之下，渐成金源文人群聚集之地，以及河朔一带文化、教育和诗文创作的中心。第三章讨论东平文人群。东平在严实父子长达 50 余年的统治中，在军事储备、政治秩序、经济建设和社会文化发展诸多方面都颇有建树。从蒙古时期的社会文化发展与元初文学格局角度而言，东平所聚集的金源精英文人"视他镇为多"。在严实父子与金源精英文人的经营下，构建了以传承和保存金源遗风为核心精神的东平文化圈。它以东平府学为基地，形成东平学派。不仅对保存儒家礼乐文化贡献甚大，而且为元初馆阁培养和输送了一大批优秀文人，对元初的文学创作风气和文学格局影响深远。第四章讨论了保定、卫州以及平阳等区域的文人群体。由于保定世侯张柔重视收纳贤俊、保存金源图籍文献，故而保定成为真定、东平之外，吸引金源文人投靠的另一重要地域，元初以王鹗、郝经等为代表的文史大家皆出自保定。卫州属于真定世侯史天泽的辖境，由于管理者王昌龄的重教尊师，卫州成为一个颇有活力的文人聚集地。尤其值得一提的是，由于卫州的太平，其境南面的苏门山成为元初程朱理学探研的基地，而苏门山文人群体中姚枢、许衡、窦默等代表人物携其政坛影响，对程朱理学的推广以及元代经学体系的建构产生了非凡的影响。平阳地域在总管李守贤父子的经营下，救衰起弊，逐渐恢复一些当日北方文化中心的样貌，是当时重要的杂剧创作中心。

第二部分，主要从南北多民族融合，各文人群体力量渐趋平衡的现实背景出发讨论元代文学格局的形成过程。所讨论内容从金莲川幕府到大都、杭州等主要区域，依旧立足于文人群体的流动，从文人群体的流动来看元代文坛创作主体与文坛格局的变化。元朝的一统文学格局开启于金莲川潜邸时期，以忽必烈于蒙哥汗元年（1251）受命总理漠南事务，驻跸金莲川时期，一直到至正八年（1348）方国珍据浙江黄岩而开始东南割据的时期为止，大约 100 年时间，这是元代文学形成一统格局的时期。我们所讨论的元代文学格局，就其核心宗旨而言，总体上与元王朝命名之本意"大哉乾元"即大一统格局相呼应。就文人群体的地理分布与文学格局形成情形而言，正统诗文领域的格局形成经过了由金莲川潜邸时期的文人群体到元初馆阁文人群体的基本构成，再经过南人北人融合、科举考试等环节，形成元代中期以馆阁文人群体为代表的创作极盛局面。而通俗文学以元曲为主，在元初形成了以大都为中心的杂剧创作圈，元统一南宋之后，由于北人南下，形成以杭州为中心的散曲创作群。

　　第二部分共四章。第一章，元初馆阁文人群体的构成与创作影响。随着蒙古人对中原的统治意识加强，元朝大一统政权的建立，汉地世侯的特权被逐渐收回，这就意味着世侯地域文人群时代的结束，大一统王朝以馆阁文人群体为中心的南北多地域文人群体聚集中央时代的开启。第二章，南北多民族融合背景与江西文人的崛起及影响。在元代南北融合的进程中，江西文人群体的卓著表现最引人注目。江西作为蒙古与南宋战争过程中受影响相对较小的区域，在宋元之际成为南宋诸多地域人群流动的主要区域，这为江西文人群体在大一统王朝的南北融合进程中发挥重要作用奠定了基础。而江西文人群体中对元代文学格局的南北融合具有重要意义的三位代表人物是程钜夫、吴澄、虞集。本章的内容也主要是围绕这三位大家展开。第三章，南北多民族文人群体的融合与馆阁文人的影响。大一统王朝格局完全形成之后，元代文坛多民族多地域文人群体的平衡与融合成为主要问题。这一章认为，迟至延祐二年（1315）才开始的科举考试不仅对于一统的元朝南北多民族文人群体的平衡与融合影响深远，而且对元代馆阁文人群体的形成以及中晚期文坛格局、元代正统文坛创作风气具有非同寻常的意义。第四章，多民族文人群体的南北平衡与元曲的繁荣。元曲自被王国维誉为有元一代之文学后，研究者趋之若鹜，但鲜少立足于多民族文人群体南北融合的社会大背景中来观照它的发展繁荣。事实上南北一统后，北人南下风潮使得元曲的创作中心也由北向南迁转，从元杂剧的创作高潮走向了元散曲的兴盛。

第三部分的立足点在于讨论元代文学格局的"变"与"衰"。就"变"的一面而言，元朝最独特的地方在于它是由北方游牧民族一统的王朝。这一王朝独特性使得元代文坛在一定程度越出了传统中原王朝的内中国或者说小中国特质，而具有外中国或大中国的表现特征。"开放"一词放在本部分的题目中，须分两块论，特指与元王朝政权伴生的两大块内容：其一是，与元政权共同进退的元代西域作家群对于元代文坛格局的影响；其二是，借由蒙古人拓通的海、陆丝绸之路而带来的元代纪行创作的巨大繁荣以及中国形象的世界性影响。此二者与元朝在中原的建立以及退出关系极为密切，所以就元代文坛格局开放性的一面而言，它的时间应该以蒙古人崛起到 1347 年左右欧洲黑死病爆发、元朝海陆丝绸之路中断为止，时间断限大约为 1200—1350 年。就"衰"的一面而言，元代晚期的文人群体分布情形与元代中期颇为不同的是，馆阁文人的影响与聚合力相对减弱，而东南地域文人群体的影响则颇为强劲。分开而言，晚期馆阁文人的作为主要在"至正更化"时期，大约在 1340—1352 年间。尽管这场来自蒙古最高统治者的政治改革以失败告终，但对于元末文学格局却有些中兴的意义。元晚期主要的创作队伍在东南。从至正八年（1348）方国珍窜乱海上到至正二十八年（1368）朱元璋建立明朝，元朝最后 20 年的文学，东南地域为胜。不仅出现了以杨维桢为领袖的"铁雅诗派"，而且东南地域文人群体的聚合主要以雅集吟咏的形式体现，出现了顾瑛组织的草堂雅集为代表的大小文人群体聚会，诗文创作颇为繁盛。另外，追随朱元璋的浙东文人群，在明初文坛颇有作为，他们基本沿袭元代中期馆阁文人秉持的雅正气习，对明代文坛的影响一直持续到土木堡之变发生之前。

第三部分共四章，前面两章着力于元代文学格局中的开放与外来因素。第一章讨论西域作家群体对于元代文学格局的构建意义。13—14 世纪，随着蒙古人的三次西征，西域人口入华的频繁程度和规模超过了以往任何时代。西域人一方面是蒙古人最信任的腹心，是蒙古人在中原统治意志的延伸，另一方面西域人之于中原文化包括元代文学格局的影响始终都与蒙古人在中原统治力量的强弱密切相关。元代西域作家群体由萌发到走向高潮，再最终循入退潮，其实也可谓 13—14 世纪东迁西域人在中原影响力的一个缩影。本章共六节，从西域人东迁高潮的背景，西域作家创作基本面貌，西域作家群体形成的萌发阶段、高潮阶段和退潮阶段等方面进行讨论，力图呈现西域作家群体形成以及他们融入中土作家群之中、对元代文学格局发生影响的完整过程。

第二章讨论海陆丝绸之路畅通之后元代文学格局的开放特征。经过将近百年的三次西征及南征之后，蒙古人打通了整个东、西方的通道，亚、欧大陆首次被联结为一个整体。这个时期，以海、陆丝绸之路为纽带，以中国为中心的东、西方经贸与文化交流臻于鼎盛。对于文学创作以及元代文坛的格局而言，一方面出现外邦文人进入中国并以中国为表述对象的作品，另一方面产生中土之人出入异域并将异邦风物纳入亲见亲闻之叙录。元代文学格局在海陆丝路拓通的背景中，表现出创作人群参与的世界性特征、对异域风物的多向度包容性以及创作特性上的一些变化，非常值得注意。

第三、四章的着眼点在于讨论元代文学走向末世衰变情形以及它与下一个朝代的关系。第三章主要讨论元末文坛的衰变情形，讨论了元末文坛因"至正更化"而出现的北方馆阁文人群体短暂的中兴局面，但主要立意点在于东南地域文人群体的兴起及其创作面貌在相当程度上对元代文坛多元浑融的一统色彩有较大的离异和裂变影响。这表现为，一方面，在至正前期，以京师为核心的北方文坛，受"至正更化"政治改革的影响，南北多民族精英文人在散文、诗歌、戏曲等方面都表现出较为强烈的批判革新意识，创作成绩并不像人们一般以为的那般衰落，反而在时人眼中有"中兴"之感。另一方面，杨维桢与铁崖派在东南地域的兴起，就其本质而言，应该是对元代一直以馆阁文人为主体的南北多民族文人所致力的一统文坛的裂变。另外，在至正后半叶一直到至正二十七年（1367）张士诚割据势力被朱元璋攻破这段时间里，以东南之地财货的丰裕以及张士诚兄弟对斯文"闻下风而望余光，亦知有所兴起"的尊敬之意，东南地域成为文人流寓的中心，在官宦与士绅的积极主持和召集下，东南地域文人雅集非常频繁，对文学创作的繁荣颇有推动作用。

第四章讨论元代文坛与后世的关系，主要以浙东文人群体为讨论核心。元末明初文坛格局，浙东文人群体的影响与政治态势有较为明显的关联。这种关联以朱元璋的"元正统论"为背景，意义扩延出浙东文人群体，并将影响一直推至明代中叶土木堡之变之后。而由黄溍等而起的元代馆阁作文风气，借由宋濂等浙东文人，影响弥及明初至明代土木堡之变之前的正统文坛。本章认为，浙东文人群体在创作上不仅蔚为大观，而且与元代馆阁作文风气内在关联紧密，这种背景借由宋濂等浙东文人在明初朝廷的影响，对明前期正统文坛产生了深远影响。

附录"1200—1368 年大事系年"编撰的目的在于为本成果提供具有补充和辅助意义的背景依据，由时间、条目与按语内容组成，从国家大事、重要人物活动事件、重大出版事件、重要人物去世四个方面进行编辑。尤其注重文集的完成与出版，重视按语内容的原典性，以序言、传记等原始文献内容作为按语内容的主要部分。

总体而言，本课题立足元王朝的社会文化特征，从多民族、多地域、多文明的视角来观照其时文人群体的流动性及整体创作面貌与格局，在研究理念上有较大突破。虽然以地理分布为主要着眼点，但是所考察范围和论析问题，大大地超出了文人地理分布这一视域，而是对元代文学的格局做出了全面的梳理和阐发。尤其值得肯定的是书中对于具体的文人群体、文人家族及当时多边、多向度的文学、文化交流互渗的考辨，资料翔实，具体、细致、深入，可以弥补以往研究中的诸多不足。

三、成果的学术创新、应用价值以及社会影响和效益

本成果以综合式的探究思路，从元代文人群体迁变兴替的进程呈现元代文人群体多元融合、次第繁荣的局面，更立体地看到文人群体的流动对于元代剧、曲、诗、文的创作风貌和元代文学整体格局形成的深远影响。通过元代文人群体的多向流动与南北融合情形的考察，成果在全面细致地考察元代文学格局的同时，也力图重新衡定元代文学的文学史价值，具有强烈的创新意识，同时也很有创新意义。具体而言，本成果的学术突破和建树主要体现在：

第一，强调研究对象的时代独特性，在立足时代背景的基础上发现和擦亮文献的意义，从而获得对问题研究的突破性进展。与之前的其他中原王朝相比，元朝是中国传统时代由北方游牧民族建立的统一王朝。元王朝这一背

景深刻地影响和改变了中国的历史进程，对这个时期的社会生活面貌、作家群体、创作内容以及文学格局都有着不可磨灭的印记。不过，元王朝的独特时代特征在以往的文学通史写作和元代文学专题研究中没有得到充分的重视与关注，人们习惯于以中原王朝的特点和汉族中心立场来表述和评价这个时代的创作面貌。这样做的结果虽然也能基本勾勒元代作家、作品以及创作成绩的面貌，却容易遮蔽和简化许多元代文学的独特性。

第二，强调文人群体流动的时间节点与空间区位，在丰富的文献资料基础上，通过对历史背景的梳理来实现研究视角的拓展。本成果以时间为序，以文人群体的流向为主要考察立场来观照与呈现元代文学格局的立体发展面貌。本成果分三个部分：第一部分主要探讨蒙古时期文人群体的流向与分布。第二部分主要探讨南北一统前后，元代一统文学格局的形成过程。第三部分，主要讨论元代文坛格局中的"变"与"衰"的情形，关注了元代文学格局中的开放与外来因素，也着力讨论了元代文学格局走向裂变以及它与下一个朝代的关系。

以核心部分——第二部分而论，它以元代社会南北融合问题为核心来切入元朝一统之后不同阶段的文学发展格局。元代一统文坛格局的发展经历了四轮南北大融合：第一轮大约肇兴于忽必烈获得大汗位的中统初年，即1260年前后。这轮南北融合是西域文人群体在元代文坛崛起的重要基础。第二轮南北大融合发生于南宋平定之后，这轮南北大融合中包含了北人南下和南人北上两个过程。北人南下风潮在至元十三年（1276）到至元十五年（1278）左右，不仅推动了元曲南移的进程，而且对南方散曲创作群体的形成也颇具意义。南人北上风潮在至元二十三年（1286）以后，以程钜夫江南访贤为节点。元代中叶正统文坛的南北融合与南人北进风潮关系尤为密切。第三轮南北大融合以延祐首科（1315）为标志。延祐科考之后，元代中晚期的文坛逐渐形成以大都为中心、馆阁文人为主导，天下文人辐辏拱合的特色。第四轮南北大融合的时间点在元末"至正更化"前后，即1340年到1352年左右。"至正更化"期间，恢复科考、开修《辽》《金》《宋》三史、重开经筵、开辟宣文阁等文化举措给予了人们极大的中兴信心。北方馆阁文坛得以继续维持其影响。整个课题在文献确凿的前提下，借助准确的时间断限来观照文人群体流动的背景、流向区域以及可能造成的创作影响。这不仅使元代文学研究的系统性与整体性得到加强，而且在时空背景清晰的情况下，厘清了元代文学发展的总体脉络，许多看似个体的文学现象也得到了较好的逻辑归位。

第三，强调元代文学格局的外来成分，努力将元代文学格局的变化发展与13—14世纪的世界背景衔接起来，以展示这个时代文学创作面貌的独特性。由于蒙古人的崛起与征略行动，13—14世纪，包括中国在内的世界格局发生巨大变化。传统以汉族为中心的中原王朝转变成为一个包含蒙古、西域、契丹、女真、吐蕃、西南、汉族等多民族的、疆域辽阔的大一统王朝。本成果在第三部分中，特别关注蒙古人征略世界背景下，西域人的东迁高潮以及海陆丝绸之路的畅通两个因素，应该说这两者都使得元代文人群体的地理分布与文学格局问题的探讨越出了传统的格局，具有一定的世界性。西域人大举东迁给元代文坛带来了独有的西域作家群体，而元代西域作家群体的存在及其影响典型而显明地昭示，中华文明包括其文学特征的形成，其实是多族文人借由多元文明交流融汇形成的成果。海陆丝绸之路的畅通推动了中国与外邦的广泛交流，东、西方世界的密切往来。这个时期的中国文学并不能拘囿于中国范畴，它具有世界性特点，需要用"13—14世纪时期的文学"才能指称清晰；这种世界性特质是围绕丝绸之路而展现的，它在创作上表现为纪行创作的巨大繁荣；它的创作群体包括走出中国腹地的中土作者和进入中国领域的外邦人士；这些创作所带来的影响也具有相当程度的世界性。这是元代文学研究需要关注，但在以往的传统研究中有所忽略的。

第四，强调元代文学在文学史上的独特意义。在现有的文学通史与元代文学专题研究中，虽然对元代文学的重视程度已大有提高，但许多工作的努力还在于补缺，对于元代文学呈现给整个中国文学史的独特意义，揭示得并不够。元朝作为游牧民族统治的疆域辽阔、多元文化共存的王朝，整个社会跨地域、跨文化、跨宗教交流的情形非常普遍，这种社会文化背景在多大程度影响到了元代文学创作生态和格局的形成，又在多大程度影响到了元代文学创作的独特面貌，这在现有的元代文学研究中还揭示得不够。本成果在努力呈现文人群体的流动、融合及其文学格局的形成过程中，力图始终都能抓住这个时代里挺然秀出，在文坛格局中具有不凡影响的文人群体或个体，分析他们是如何抓住时代的脉搏，恰切地反映时代的独特情绪，进而对元代文学创作面貌与格局产生特别影响的。

　　本成果对元代文人群体流寓迁徙和地理分布进行通盘考察，对元代文学宏观研究很有启发意义，它的文学地域论、群体论、格局论、融合论等论述对人们研究古代文学、当代文学也都有参考价值。文学地理学是最近几年新兴的研究方法，还有不少人对其研究理论进行了较为充分的论述，但真正用此种理论解决实际学术问题的尚不多见，本成果是在这方面所进行的一次尝试。元代是一个多民族并存而又地域广阔的时代，其不仅显示了文化的多元，而且存在南北的差异，因此以地理分布的方式论述元代文学的格局是非常合适的一个角度。本成果的好处还在于能够在地理分布的理论平台上，结合民族流动、文学流派以及世界背景进行论述路径的设置，从而组织起合理的框架与严谨的逻辑结构，将元代文学的研究开辟出一个新的格局。总体而言，本成果努力做到既有文献厚度，又有理论高度，分析深入且精细，视野开阔，学识扎实，逻辑严谨，有说服力，文笔成熟流畅，可读性强。本成果以专著形式出版后可作为高校教师或研究机构研究人员以及博士、硕士的研究参考著作。

《况周颐与晚清民国词学》概要

彭玉平*

一、研究的目的、意义及方法

本成果旨在以况周颐为核心对晚清民国词学进行重新考量。

况周颐并非学术史上的冷门人物，晚清民国词学研究近年也不断升温，相关成果丰硕可观，要在况周颐的词学本体与晚清民国词学之间进行深度而有关联性的研究并非易事。一个学术人物或学术领域渐成热门，固然可以借此推进相关学术史的进程，但也往往在看似繁盛的学术史中夹杂着认知上的群体性甚至是主体性的偏颇。故学术除了需要大力精进，亦需要时时回顾与反思，只有经过冷静与理性的学术沉淀与过滤，才能发现以往研究中的主要问题和偏差，进而调整方向，走出误区，开拓出真正契合实际、深具内涵和张力的研究领域。笔者关注况周颐与晚清民国词学有年，细读相关文本亦有年，再检读诸种学术史论著，发现相关问题还是比较突出，兼之读书亦时有悟得，所以发愿写一本褪去"繁华"、直接经典的著作。故本成果或志在开辟新域，耕耘其中；或颠覆旧说，别张新论；或以新材料推进学术史，或以新视野重审旧材料。要以创新发明为务，力避敷衍陈说之文。此种种愿想，虽未必能皆至，但心实向往之。

词盛于宋，而词学盛于清。清代词学又可大致分为清代前中期与晚清民国两个时期。清代前中期词学大体借助于地域性流派与选本的更替而呈现出

---

* 彭玉平，中山大学教授，博士生导师。

词学思想的种种分野，可视为传统词学之高峰；晚清民国词学则以合流为趋势，同时呈现出新词学的若干因素。这种分期当然只是大概而言的。词学虽然有着新旧之变，但其中蕴含着的一个显著变化就是逐渐形成以"范畴"为中心的词学理论体系。举其荦荦大端，如陈廷焯之"沉郁顿挫"说、王国维之"境界"说以及况周颐之"重拙大"说等，或覆盖全部批评，如《白雨斋词话》《人间词话》，或曾为一书之标帜，如《蕙风词话》。这既是旧词学闪亮的煞尾，也是新词学响亮的先声。

因为与旧词学有着千丝万缕的联系，所以晚清民国词学如静水深流，底蕴丰厚而耐人寻味；又因为启蒙着新词学的产生，格局初张，如曦光穿林而令人动容。曾经作为"以资闲谈"的词话借着时代的契机而转开理论新境，不再是散漫的本事罗列、零碎的批评汇合和简单的感悟集成，而是大致以一种新范畴来统辖批评，即便是旧范畴，也能在激活新内涵的基础上笼罩群言。这完全是新的气象新的格局。但从新词学的开端来说，也存在着范畴解释的不清晰甚至矛盾之处，以及有的理论范畴无法笼罩全体的情形，而在这方面，况周颐词学要表现得更为明显。

长期以来，言况周颐词学者必曰《蕙风词话》，但实际上近年影印出版的《历代词人考略》更见其词学宗旨。即便就《蕙风词话》而言，学术史过半的精力在解析其"重拙大"之说，连带而及其词心词境说等。实际上不用说《历代词人考略》中包含着极为丰富新颖的词学思想，即便在《蕙风词话》中，也有着不少与"重拙大"显然隔膜之论的存在。对"重拙大"的解说为何历来歧义纷出？此实值得深思。进而言之，"重拙大"说果然能覆盖整部或主体《蕙风词话》吗？如果不能，那况周颐词学的主流和根底究竟何在？等等。正是这些问题诱使笔者不断去读书去思考去探索，并不断形诸文字，积年所得，居然已超过40万字，因稍加条贯，并加统系，厘定成书。

二、成果的主要内容和重要观点

本成果凡十五章，前八章为对况周颐或与之直接相关理论范畴的重新审视。其中论"诗馀""哀感顽艳""潜气内转"三章，乃综析范畴缘起及演变，实涉及整部词学史及诸多人物，未可以况周颐一人之论限之。但况周颐或启笔者研究之思，或在相关范畴源流中有特别之论，实振起此一范畴之功臣，故并入此书，以见况氏学术卓荦之姿。约而言之，第一章的宗旨是揭示"重拙大"说与况周颐整个词学的疏离状态，并非其持以裁断词史的主要依据。第二章拈出"松秀"二字，此虽为其词学暗流，却悄然接续着词体的本色观念。第三章从"词学批评学"的理论建构角度彰显况周颐兼具总结与新变的特殊意义。第四章在梳理"诗馀"说内涵与层次的基础上，彰显况周颐词为诗之"赢馀"说对此的特殊发明。第五章从词的情感内质对"哀感顽艳"说追源溯流，揭示况周颐值得关注的理论贡献，况周颐将传统"哀感顽艳"之说与"重拙大"说绾合而论，确实别开新境。第六章由况周颐提出词与骈文相通一说引发，在追踪源流的基础上，全面考量词体与"潜气内转"之关系。第七章分析况周颐关于词体与其他文体之间的离合关系之论，重点在以元曲排演词事以及"小说可通于词"说的理论分析，尤其关于词体与小说关系之论，可见晚清民国之时中西文体交融之端倪。第八章将学术史上素以为对立两家之王国维与况周颐，拂去其因时因人而起之理论表象，揭示他们在"清疏沉著"这一关于词之基本特性上的合流迹象，而论说况周颐词学之基是他代刘承干撰的《历代词人考略》一书。此八章，可视为况周颐词学之理论本体，笔者在对晚清民国词学整体观照的基础上，细致审绎材料，或辨明旧说，或另创新说，努力贡献自己的新看法。

第九、第十两章是关于况周颐之修择理论与实践。"修择"这一话题素受冷落，但其实修择实践伴随着词史始终，词学史也屡有论及，晚清民国则更为普遍。因为有况周颐批点陈蒙庵填词月课的存在，遂启迪笔者梳理词之修择观之形成轨迹，并以此对照况周颐的批点情况，由此对晚清民国私相传授填词之风以及由此形成的"学词"内涵有了更切实的了解。

第十一章以况周颐的听歌之词为研究对象，以见况周颐填词业绩及时代思潮之一斑，并可与其词学理论形成直接的对应。况周颐一生作词甚多，而其听歌之词则脱去依傍，纯由性灵流出，故值得特别关注。

第十二、十三两章是对况周颐的两种新文献的新考订。特别是关于《历代词人考略》一书，一直以来关于作者、修订者、续撰者、撰写及流传过程，存在许多模糊与错误的说法，此前所见诸文，多与事实有间。笔者亲赴上海图书馆、浙江图书馆等查阅第一手材料，以充足的文献还原其基本过程，本章所展现的事实应该是确凿无疑的了。而刊于《联益之友》的《词话》虽也曾被人发现，但其实一直未能进入研究视野。实际上，作为况周颐生前最后一种著述，其中透露了许多应予注意的理论信息。

夏承焘的《天风阁学词日记》类乎一部 20 世纪词学生态史，其中关于《历代词人考略》一书的相关记载是非常重要的"现场"资料，此外对况周颐为人狷介的故事转述也颇可见出况周颐之个性与才性。此为第十四章。

第十五章以《初日楼稿》为中心，揭示罗庄背后沪上词人群体对其的集体认同。况周颐初读《初日楼稿》即甚为欣赏，并主动要求纳罗庄为弟子。这份事实上的师生之谊虽因客观原因终究未成"名分"，而在况周颐身后，罗庄为况周颐删订《历代词人考略》一书，也多少延续了曾经的这一段情分。这是考察况周颐词学影响的一个重要窗口，也可视为况周颐词学的后续因缘之一。

以上十五章，关乎况周颐之词学本体理论、修择观及批点实践、创作业绩、文献考量、生态考察及其影响之下的词学因缘，构成笔者对况周颐与晚清民国词学的体系性认知。在这一体系之中，况周颐不仅独特而卓荦，也深刻关合并影响着晚清民国词学发展始终和基本格局。

以下分述各章成因及要旨。

晚清民国词学每多新范畴之提出，"重拙大"即为其著者。"重拙大"说酝酿于周济等人，端木埰初显成说端倪，王鹏运集为一说，而况周颐始畅其旨。况周颐从接闻"重拙大"说到确立其形式上在自身词学中的核心地位，经历了 30 余年曲折的过程，可见其郑重之意。重、拙、大三者虽各有侧重各具内涵，但彼此渗透互有关联，形成独特的结构谱系，以厚穆为之本，追求"万不得已"之词心及"烟水迷离"之词境，其与"南渡诸贤"的关系实在离合之间。况周颐天赋清才，其心志更契合五代北宋，故由其词学批评实践可见其强调"重拙大"与南宋词人关系时的矛盾心态。况周颐更主张兼师众长，平衡两宋，而自立眼界。晚清与宋末相似的"末世"情怀与审美特点是"重拙大"说提出的现实背景，故"重拙大"说以梦窗词为切入点，乃遥接周济由梦窗而臻清真浑化之论，而近契晚清风行南北的梦窗词风，但况周颐的词学谱系实又与此时有背离。梳理"重拙大"词说的发展流变，也可因此彰显出晚清民国词学的一条重要源流和主流谱系，其意义值得充分估量。

以新范畴为中心评骘高下、裁断词史，是晚清民国时期出现的一种突出现象。然主说之下，亦多副说，虽或因无关风会而隐而不彰，而实多触及本原之论。"松秀"词说即为其中之一。"松秀"以自然为底蕴，侧重笔法张弛有度，强调传达清劲之气，主要体现在字面音节和结构脉络中。"松秀"说承以"宽"论词而来，同时关合着风度说，赵尊岳在这一维度下对其做了重要推进。况周颐博学多艺，他的词学与印学、书学、画学都有着异事同揆的关系，但况周颐善继善述，将从他艺中移植过来的"松秀"说，赋予了新的词学内涵。况周颐在大力彰显"重拙大"说之余，不废"松秀"之说，亦缘"松秀"乃涉词体本色之论。从况周颐的"松秀"说，可见古代范畴生成变化轨迹之一斑。此是笔者反复研读况氏著作而偶然悟得者，相信也是触及其词学根本的一种悟得。

所谓"词学批评学"是指在词学学科之中以现代著述方式，并以自创理论对词史发生发展进行历史性的源流梳理，总结词史发展的规律之学。词学批评学的核心就是努力建构一种词学观念与词史发展的融通之学。在现代形态的词史著述如刘毓盘、吴梅、胡云翼等所著之前，词学批评学经历了沈雄、张宗橚、冯金伯、江顺诒等的萌芽期，其荟萃诸说以成自家体系的做法，昭示了其建构词学体系意识的萌生，但因为尚缺乏明晰的批评观念，故其词史勾勒也相当混沌。而陈廷焯、王国维、况周颐则堪称词学批评学发生期的代表，他们所持的理论形态不同，对词史发展的看法也有异，但以自己的独特理论来评骘词史并勾勒词史发展的基本脉络，则是他们共同的学术路径。这也是词学批评学最有光彩的时期。而稍后随着科学形态的词史著述纷纷问世，词学家的理论锋芒和批评个性反而受到了一定程度的削弱，这也许是词学史研究中值得深刻反思的重要问题。

以"诗馀"别称词体，盖始于南宋庆元年间，此后代有沿用者，理解亦纷出，而尊诗卑词殆为主流。况周颐以填词、论词为毕生之要务，尊词观念尤为特出。1924 年，况周颐整合此前诸种词话而成的《蕙风词话》，带有词学集成性质，而开篇第一则便将崇尚词体而反对传统解说"诗馀"之意抛出，可见一部词话立论之基。况周颐将词人定位为"智者"，将词体定位为"自有元音"，将词体之地位定位为"独造之诣"，并非依靠其他文体来增色，因此而否定了传统的"诗馀"之说。况周颐不接受前人对"诗馀"的种种界定，却并不否定作为词体概念的"诗馀"二字，而是通过另做解释，擢拔

"诗馀"说的丰富内涵。况周颐从情、文、节奏三个方面来言说"诗馀"之特质，也有与词体本色契若针芥之感，因感词人之心果然有不同凡俗之处，显然有力拓展了传统"诗馀"说的理论内涵。因此之感，遂发愿梳理"诗馀"说形成之背景及发展之轨迹，彰显况周颐说在"诗馀"说中的特殊地位。

《蕙风词话》曾有一则专论"哀感顽艳"之义，这一则文字直接促成本书第四章之完成。况周颐虽有新解，但其内涵实亦渊源有自。三国繁钦在《与魏文帝笺》中提出了"哀感顽艳"的概念，用以形容悲音的深透及其巨大的艺术感染力。魏晋文学偏尚哀艳之风与其时音乐上的这一特点彼此呼应。中晚唐时期的哀怨而幽约的诗风也同样催生了词体的最终形成，并使悲音悲情成为词体的基本情感内质。清代词学中的"哀感顽艳"之说至况周颐而集其大成，况周颐将其与"重拙大"说紧密结合，将悲情往深广博大方向发展，并以此作为词体的基本体性。就艺术表现而言，无论是音乐上的悲音，还是词体上的悲情，都需要借助潜气内转的方法。作为音乐文学的词体，其情感内质与表现技艺都体现出与音乐的沟通。一种理论，即便其流传过程非常漫长，也需要偶得大力者为之特别点出，方能隆重出场，光耀四方。"哀感顽艳"之说，正可为此语下一注脚。

况周颐《蕙风词话》极具理论机锋，有时不经意中点明一二，实是一篇上佳之话题。如他曾说"作词须知'暗'字诀"，本成果第五章最初之一念即起于此节文字。再读况周颐释"重拙大"之"重"，感觉就是具体阐释什么叫"大气真力，斡运其间"。况周颐认为"重"可以梦窗词为典范，不在字句表面，而在整体之气格。所谓"气格"其实就是以"气"成"格"，所以看况周颐形容吴梦窗词是如何完成从"气"到"格"再到"气格"的形成过程，这一过程简言之就是"潜气内转"四字。况周颐所谓与骈文相通之"暗转法"，其实等乎"潜气内转"之法。两者关系，况周颐在《蕙风词话》中已然有完整表述。"潜气内转"这一概念始于三国繁钦《与魏文帝笺》，原是形容声乐的运气技巧，唐宋词及明清戏曲演唱中的啭喉与此密切相关。清代学者开始将这一概念用于评论书法、诗歌等，而在光绪年间，不少学者以"潜气内转"为基本方法和特征沟通骈文与词两种文体，其中在词学批评中的影响为最大，并一直持续到民国年间。"潜气内转"主要体现在长调中，讲究笔法内转深潜，并在结构上体现出浑化的特征。"潜气内转"的结构段落与静字有关，勾勒技法起了重要作用。"潜气内转"往往潜伏在丽密字面与四言句式之下，其宗旨在于通过内转形成力量，表达厚重的情感，部分地承传了六朝骈文的若干审美特点。晚清梦窗、清真词风盛行，"潜气内转"为晚清词风的发展提供了重要的理论支持，并为词体特性及词史发展的价值重估奠定了基石。

"尊体"与"破体"不仅是词史上的两种基本现象，也是词学史上备受关注的话题。词体形成于唐代，最初受到诗歌的影响，在发展过程中又借鉴了骈散文、文言小说等影响，并影响到此后散曲、杂剧等新文体的产生，客观上形成了词体与古文、诗赋、小说等错综复杂的文体关系。况周颐在评骘词史、建构词学时，十分注重比较评析词体与其他文体之关系。从词具理脉的角度，提出"词亦文之一体"之说；对词曲异同以及金元剧曲排演词事做了细致的勾勒分析；从词的叙事特性，揭示了因本事而成新词、用词体演绎小说的基本事实，更以《天方夜谭》中《龙穴合窆记》一篇为例，通过对异邦文体其深于情及言情方式的分析，来勘察词体与小说两种文体的关系，提出了"小说可通于词"的重要论断。作为晚清民国最为致力于词学的词学家，况周颐对词体、词史、词学做了相当全面的分析论述，而其中关于词体与其他文体关系的分析，尤见精彩。特别在词体与骈文、填词与杂剧、词体与小说等方面多有新论，体现了民国词学的若干新变特征。况周颐的敏锐常见于这些似乎不经意的地方。

况周颐与王国维两人词学的分歧被学界长期关注甚至津津乐道。但遑论各自词学观念会有发展变化，其中更有现象与本质之论的区别在。王国维词学无所依傍，直接本原，若刊落境界诸新范畴，则以其清疏爽俊、生动直观而自如回归传统诗学语境之中。况周颐因其源流独具，故其《蕙风词话》以"重拙大"弘扬师说，但实有违其天赋本心。在其代刘承干所撰的《历代词人考略》一书中，则完全摈弃"重拙大"说，而另立"清疏沉著"之说，从师法南宋转为兼推北宋风格，从而与王国维之说自然合流。王、况二人沪上相识后，王国维对况周颐其人其词颇为赏识，况周颐对王国维之词学也有积极回应。他们的词学相通在以"清疏"为核心的北宋风格，其实是重新回到词体的本原。晚清民国的词学虽然因为时代原因而外象纷扰，但词体本色在有力者正本清源之时自然会活泼而强力地呈现出来。1916 年之后的王国维与况周颐，已从曾经的词学陌路而变为理论上的惺惺相惜，他们在沪上不仅有着同事之谊，抑且多有闲坐烹茶的怡然时光。时光不仅会消耗激情与率性，也同样会耗去蒙昧与尘埃，并沉淀为智者的清澈与纯净。这样的时光，无论怎么说，都是美得让人不忍离去的。

关于词的创作，况周颐基本上持两种观念：一种是天纵词才，忽然而成，瞬间便成经典。如此词作即如书家"无垂不缩，无往不收"，想来是一笔而成，不可移易了。但其实在《蕙风词话》中，况周颐还是谈了不少改词的观念和方法，这显然不属于上述创作情形了。而且从创作的一般情形来看，改词应该是更为常态的一种创作方法。检诸词史，词之修择实践几乎与词史发展同步。修择是为了减少初稿存在的问题，提升词作的质量。宋人即多以律改词、以意改词之例，形式上也有自改与他改之别。宋末张炎从理论上强调了修择在填词创作中的重要作用。清末改词几成风尚，况周颐等人则在修择观念和方法上丰富和完善了词之修择观，在正律、改字、改句、改句段的基础上，进一步就换意和提升词境、格调等问题做了颇为全面的阐述。作为词体创作论之一部分，词之修择观与文学经典的形成息息相关，兼具理论和实践价值。况周颐在这一理论源流中当然不会缺席，而且几成修择理论之结穴。

与其他理论和观念不同，关于改词的理论叙说再完整，也不如直接的批点来得更容易让人受益。这是况周颐批点陈蒙庵填词月课具有不可替代的价值的原因所在。学词是词学要义之一，修订与批点因此成为学词中非常重要的一环，作者自修自订与师友彼此研讨则是两种主要的方式。清末民初，年轻人私淑名家习词成为一种风尚，这也因此催生了改词实践和改词理论的成熟，况周颐堪称其中的代表。即便名声在况周颐之上的朱祖谋，也常请况周颐为其词进行修订。而今存朱祖谋致况周颐信，也同样可以印证陈蒙庵的说法。"公真善于改者也"，看来况周颐改词的能力是确实让朱祖谋佩服的，当然他们之间还会就具体的字词继续商榷其间，请改、合改、自改构成了彼时填词界的一种基本现象。而朱祖谋的一册词，除了要况周颐代为甄选，也同样提出了"改削"的要求，即便不直接改动，也希望况周颐能将修改意见批点在词集上，以便自己参考修订。一代词宗谦抑如此，也足令人感动。

如果说这些书信或追忆只是大体言说一种改词现象的话，今存况周颐批点陈蒙庵癸亥、甲子年填词月课，就是一种改词实践的系统展示，且因为这类文献相当稀见，其珍贵自是不言而喻。这批月课批点颇为详尽，也相当充分地贯穿了其改词理论和方法。况周颐不仅具体纠正韵律、字句的不足之处，而且有时另作一词以为模范。况周颐并在修择之余以批点、命题等方式引导陈蒙庵词学思想的发展。在新文化运动风起云涌的 20 世纪 20 年代，况周颐对陈蒙庵填词月课的批点不仅是以个人方式努力延续旧文体的生命，也是当时旧文化阵营共同心愿的反映。况周颐也因此可以被视为词学上的文化托命之人。

作为"晚清四大家"之一，况周颐不仅在词学理论上建树甚丰，其作为一个词人的形象其实更为伟岸。今存况周颐词集多种，研究的空间因此而巨大。其中尤其值得注意的是民国初年后，梅兰芳从京城数度莅沪演出，引起轰动，沪上艺文名流多与之结交，且频频雅聚，文采风流，一时称盛。况周颐乃是其中最活跃、作词最多的一位。况周颐早年寓居京城，与梅兰芳父亲过往甚密，1913 年后，梅兰芳数度来沪演出，尤其是 1920 年，以梅兰芳为中心的香南雅集，不仅绘图以记其事，各路名家也纷纷题诗题词。况周颐从 1916 年开始作听歌之词，后合并此后数年之作而成《秀道人修梅清课》，其中《戚氏》《满路花》之外，以《清平乐》《西江月》《浣溪沙》三组组词最具规模。况周颐的听歌之作不仅写梅兰芳的音容之美、演艺之高，也从中寄寓自己深隐的遗民情怀。以况周颐听歌之作为考察对象，不仅可以勘察其后期词在题材风格上面的新变，也可从一个侧面勘察民国沪上词人的艺文风雅及其遗老群体的共同心志。是则小词不小矣。

况周颐的词学素以《蕙风词话》最具影响，朱彊村曾高度评价《蕙风词话》"自有词话以来，无此有功词学之作"。但此或为私见，甚至可能有抬"况（周颐）"压"王（国维）"之嫌。实际上，况周颐因师事王鹏运等这一客观经历，也一直经受着信奉师说与坚守本心的矛盾。所以一部《蕙风词话》，不仅理论本身充满着矛盾，甚至理论与批评之间也呈现出相当隔膜的状态。当他可以托名的身份一任本心表述词学主张的时候，所呈现出来的词学就是另外一副面目了。这就是《历代词人考略》更能代表况周颐词学思想的原因所在。况周颐稿本撰写于 1917 年 8 月至 1926 年 8 月间，1930 年至

1932 年间刘承干委托罗庄删订校勘，而罗振常则为制条例并校补。1933 年至 1937 年间，则由黄公渚在上海、青岛两地续纂明清部分。浙江图书馆藏《宋人词话》乃从《历代词人考略》原稿选抄而成，并为周庆云编纂《历代两浙词人小传》奠定文献基础。由《历代两浙词人小传》及《宋人词话》可见罗氏父女删订稿特别是"小传"与"按语"部分与况周颐原稿的差异。罗振常词学取法五代北宋，与王国维汇合成流，而与况周颐形成比较突出的矛盾，故今本《历代词人考略》乃带有民国词学融合的趋势。《历代词人考略》梳理的词人源流、生平小传、词风评价，实际上构成了现代词史和词学史的雏形。

　　关于况周颐词学的绝笔之作，此前多认为是刊于《词学季刊》创刊号的《词学讲义》。但这应是经过况周颐之子或龙榆生删订后的部分内容。在《词学季刊》刊出前数年，其内容即曾以《词话》为名分三期先刊于《联益之友》杂志。联益本前二期与季刊本大体重合，仅有少量文字、个别条目及正附则关系稍有出入，而联益本第三期的内容则为季刊本整体所缺。《联益之友》广征名稿的策略应是催生况周颐撰述《词学讲义》的主要原因。又因该刊在上海开办，主编与苏州因缘甚深，故联益本第三期以苏州地域词学源流为主，此当是况周颐从其他著述中择录与吴门词学相关者补缀而成。况周颐虽然没有在联益本《词话》中对其词学进行全新的学术建构，但在对《蕙风词话》进行修订简编的基础上，对词源、词体、词史、词艺以及词之寄托和音乐本体等问题，做了不少新的诠释和体系化的考量，整体上是对其此前词学的重要提升，代表了在"况周颐"名义之下词学的终极意义。勘察况周颐词学的明流，此本最为典型。

　　夏承焘对词学久蓄凌云之志，曾有非常博大的著述计划，其与当时词坛名流的交游也十分广泛而密切。夏承焘的《天风阁学词日记》不仅忠实记录了其一生读词、治词的过程，而且因其交游广泛，也生动记录了 20 世纪丰富生动的词学生态。其中多则日记与况周颐相关，虽所记或他人转述或对谈或信函，但仍可看出关于况周颐的相对完整的信息链。而吴梅对其所抄泛滥的批评，与况周颐去世后刘承干又请罗振常、罗庄父女"删去其半"的删订之事也可对应起来。龙榆生不仅在《唐宋名家词选》中引录了 17 则《历代词人考略》之语并抄写了七八册，而且其所引所抄乃出自况周颐原稿。由日记可知，刘承干后来将况周颐原稿售予开明书店，但自此而莫知影踪矣。日记所记他人对况周颐"狷狭"脾性的评价以及张尔田书信中对况周颐的不满，都可以见出当时况周颐在上海颇为紧张的人际关系，从中也可见况周颐别具一格的个性与才华。

况周颐自己曾说："并世操觚之士，辄询余以倚声初步何者当学，此余无词以对者也。"可见作为词人的况周颐在当时的声望之大。相比较一般操觚之士向况周颐请教之殷，罗庄是以一卷《初日楼稿》直接吸引了况周颐的注意。况周颐深感其词才不凡，故居然放低身段，主动要收罗庄为词弟子，此在他人或梦寐思服之事，而终究因为罗庄尊人罗振常对况周颐的偏见，硬是阻止了这场可能的词坛雅事。当然况周颐对罗庄的别具青眼，也与罗庄背后非常高端的词人群体有关，这是需要特别赘述一笔的。女词人罗庄曾以一编《初日楼稿》驰誉民国词坛。她的诗词着重表达遗民情怀和秋士之感，不仅记录了民国年间的时代变迁，也细致描写了委婉曲折的心路历程。在艺术上，罗庄讲究表达的力度和气魄，注重对静细之境和景象光影的描写，往往合数调以叙写一事之首尾。因其清诗妙句而绘成之《簟纹帘影图》，先后得章炳麟等人题词而蔚成一时之风雅。罗庄追慕南唐北宋词风，提倡自然流美、绵密坚凝、和雅语工的词学观念，其所作亦神韵得似。罗庄的词与词学深受其父罗振常的影响。罗庄诗词在当时得到王国维、况周颐、朱祖谋等人的交口赞誉。由罗庄之诗词个案，不仅可见传统闺秀诗词之新变，也可略窥民国词坛生态之一斑。

作为一个天才的词人，况周颐灵心善感，词心独具，故其笔下生动展现出清末民初词坛的一抹辉煌的亮色，加上身经这一时期种种政治风云，他的词因此而忠实地记录下时代沧桑和内心变化，堪称一部词史。作为一个与晚清词学名家端木埰、王鹏运、朱祖谋等有着种种思想渊源的词学家，况周颐师出多门，其词学思想也因此呈现出丰富而复杂的面貌。在忠于师说与内心呼唤的矛盾中，其词学也表现出现象与内质不相统一的问题。但如果我们撇开个人之词学体系与内在逻辑的考量，从况周颐词学的这种纷歧，正可见晚清民国词学之明流与暗流的错杂局面。明暗之间未必有价值的高低，但确实昭示了时代风向和个人选择之不同。当词学史发展到这一时期，新旧词学的"异质同构"催生着词学发展的方向，而况周颐则是其中的关键人物。以况周颐为核心考察晚清民国词学，固然不能将这一时期的词学网罗无遗，甚至会缺失其中的若干重要层面，但基本格局与大端在焉，这是完全可以确定的事实。

中国词学经历了古典与现代两种形态，况周颐的位置在哪里呢？况周颐是带着对词体的尊崇展开他的论述的。这对后来的龙榆生和詹安泰等是否有直接影响，彼此之间是否形成一定的源流关系，当然可以进一步探讨。

再看况周颐的词学著作的撰述与发表历程。

1904 年，况周颐的第一部词话《香海棠馆词话》在《大陆报》第六、七、八、九号连载，只有寥寥 36 则。

1908 年，况周颐将《香海棠馆词话》增补一则"学填词，先学读词"，并易名《玉梅词话》刊发《国粹学报》。

1920 年，况周颐的《餐樱庑词话》在《小说月报》分期连载。《餐樱庑词话》本质上是一部以评述词人词史为核心的词话，兼及填词创作的素养、技巧、鉴赏等。

1924 年况周颐整合排比诸种词话（含若干新写条目）、笔记而成的《蕙风词话》，乃是融合调整了《香海棠馆词话》《餐樱庑词话》等不同时期著述而成，带有组合"杂纂"的性质，其中《餐樱庑词话》是主要蓝本。

1918—1926 年，况周颐代刘承干撰《历代词人考略》。此书在况周颐生前未及完成，况周颐去世后，复经人补撰、删订，修订本（部分）今藏南京图书馆，现已被影印行世。

1927 年，《联益之友》曾分三期（35、37、38）刊出题署"况蕙风遗作"的《词话》一种。后此《词话》稍作删订，六年后以《词学讲义》为名（题署"临桂况周颐蕙风遗著"）在《词学季刊》创刊号（1933 年）再度刊出。此为况周颐绝笔之作，初次发表时，距况周颐去世已经近半年了。

上述况周颐撰述发表的词学书单，除了《历代词人考略》是托名之作，其余皆是况周颐实名发表的著作。现在暂将《历代词人考略》搁置一边，如果要从整体上看况周颐实名撰写的五部词学著作，确实可以看到况周颐从来没有遗漏过"重拙大"说。这是一层意思。另外一层意思是：况周颐从听闻王鹏运教诲到接受其观念，经过了至少五年的迟疑、徘徊时间。当然，结果还是接受了王鹏运指引的方向，此后这种接受又得到朱祖谋的鼓励与支持。

这是我们在况周颐实名的词学著作中都能毫无例外看到他言说"重拙大"及相关理论的原因所在。

所以，从这一意义上来说，况周颐的词学并非其纯粹的一己之学，而是承载了晚清民国诸多词学家的共同看法，尤其"重拙大"说绵延一线，几乎贯穿了晚清民国的全过程，并且因为得到这一时期主流词人的支持，而蔚成词学之主流与明流。况周颐也因为比较集中地在词话中言说"重拙大"说，而成为这一理论的最终完成者。

但这只是显的现象，潜在的问题其实无处不在。况周颐散漫地表述"重拙大"说及相关理论，也持此理论评述部分词史，但在很多时候，况周颐的批评标准是逸出在"重拙大"说及其相关理论之外的，而且这种逸出之批评所流露出来的理论底蕴与"重拙大"说还会呈现出不一致甚至对立的地方。如"松秀"说、"清疏"说等，便在审美方向上与"重拙大"说有明显不同。如此而言，"重拙大"说在况周颐词学中实际的主体地位就令人怀疑了。

笔者认为，是忠于师说与守护内心之间的矛盾导致了况周颐词学稍显凌乱的理论格局的产生。因为要忠于师说，所以在实名著作中，"重拙大"的旗帜必须高举；又因为不能放弃内心，所以在实名著作中，只能将本真观念夹杂其中，形成其词学的暗流。而在托名的《历代词人考略》一书中，况周颐就不再处于忠于师说与守护本心的矛盾之中，所以内心深处对词学的认知就不加遮掩地表达出来了，而"重拙大"说也因此基本遁于无形了。所以笔者认为，从研究况周颐词学的源流及其表现过程而言，况周颐的实名词话尤其是《蕙风词话》具有不可替代的地位；而从展现况周颐最本真的词学而言，《历代词人考略》才是最值得注意的一部著作。

况周颐词学的明流是承传着晚清民国词学发展的主流的，这使得他的"当代"形象伟岸而光辉；而其词学的暗流也是汹涌奔腾着的，这使得他后来的形象更为真实而丰满。

以上是况周颐词学稍显复杂、错综的理论格局。笔者无意为况周颐这种矛盾的词学面貌曲为维护，强求其合理意义。笔者想做的便是厘清其词学的种种形态，并努力解释其背后其来有端或其来无端的种种原因。不圆满自足的词学看上去是一种遗憾，但在新旧词学交替之际，也是一种应有的常态。过于成熟、周密、圆足的理论体系，在那样一个时代反而是令人惊讶的。

现在我们可以把况周颐的词学理论稍加总结了：况周颐以别解"诗馀"为词学的尊体基础，建构了以"哀感顽艳"为情感底蕴，以"潜气内转"为重要作法，以"松秀""清疏"为词体本色，以"重拙大"为门面高悬之帜这样一种理论格局。如此丰盈的理论格局虽然不免繁杂，甚至令初读者有眢识东西、不知所从之感，但况周颐立足时代发展与体制差异而自出手眼，分别立说，其实包蕴着极强的学理性和针对性。与此相对勘，笔者反而觉得如陈廷焯、王国维等大体只持一说以为基准裁断一切，未免刀锋太利，其中枉褒谬奖、误"伤"错"杀"之例，料亦难免。

词史是词学的主要内涵之一。况周颐对词史的关注不仅涵盖广泛，而且发隐掘微，发现了众多被冷落甚至被尘封已久的词人。1924 年，《蕙风词话》经况周颐整合后印行问世，除了第一卷以及第五卷最后十则是阐释理论，从第二卷开始，便是大体以时代为序评说词人词作。第二卷主要评说唐宋词，第三卷评说金元词，第四卷评说宋金词，第五卷评说明清及域外词。这一历史顺序及庞大篇幅，正可见况周颐对词史的高度重视。此外，况周颐《玉栖述雅》等对女性词也曾有集中评说。贯穿于词史评说中的观念也一直是因时代、体制和性别等而变化着的。

况周颐晚年因经济窘迫而有偿代刘承干撰述之《历代词人考略》一书，则放开笔墨，铺张扬厉，凡眼中所见，腹笥所有，稍加择录与排比，倾泻而出。不仅引述文献众多，而且下语一任本心，不再受师门、友人观点之限制，故其词学观念和词史意识得以活泼泼地呈现出来。《历代词人考略》一书原分小传、词话、词评、附考、按语五例，以时代为序，各系于人，其所论及的词人大大超出此前各种词话所涉及的范围。今存删订本 37 卷本以及20 卷存目，粗检其数，两者合计涉及词人超过一千人。其中小传简说生平仕履、词学渊源、词集情况，偶及词人轶事，按语乃况周颐对其词的总体风貌及经典作品之品评。两者相合，虽尚乏现代学科形态，但已堪称一部散点排列、源流并具之词史雏形。

在古典的词学中，况周颐是最为辉煌的结穴；在现代的词学中，况周颐是最为铿锵的先声。

三、成果的学术创新、应用价值以及社会影响

本研究持续时间较长，集中研究的时间也接近 10 年。其创新之处、阶

段性成果、对学界的影响大致如下：

创新之处：（1）以况周颐为核心，梳理了晚清民国词学的发展脉络，是以一人绾合一个时代。（2）厘清晚清民国词学的明流与暗流，这种明暗之分，实际上在当时具有主次之分。（3）将理论与创作相结合，比较全面地展现了晚清民国的词学生态。（4）整体上推动了况周颐与晚清民国词学研究的学术史。

阶段性成果：本成果的所有章节都曾经在学术期刊发表过，其中多篇在《文学评论》《文艺研究》《文学遗产》等重要刊物发表，受到学术界的高度关注。

对学界的影响：阶段性成果形成的论文中有近 10 篇被二次转载，产生了二次学术影响；有 5 章曾以论文的方式在国际学术会议作为主题报告；晚清民国词学是现代文学学科形态的前奏，本成果的完成对于梳理 20 世纪学科史也有重要意义。

《报刊史料与 20 世纪中国文学史》概要

关爱和*

本成果为关爱和教授主持的国家社科基金基础类重大项目"期刊史料与20世纪中国文学史"（批准号：11&ZD110）最终成果。子课题负责人：武新军、孟庆澍、胡全章。本成果以 20 世纪中国报刊的兴起、发展为切入点，描述在西学东渐、政权更迭等复杂政治与文化背景下，中国文学创作、文学传播和大众传媒、文学编辑、市场及读者之间的联袂互动，并由此重新论述中国新文化与新文学的建构过程。本成果共 130 余万字，分近代、现代、当代三编，旨在从史的角度对 20 世纪报刊发展史与中国文学史的关系展开整体、客观、深入的描述。

一、研究的目的、意义及方法

20 世纪 80 年代中后期重写文学史以来，虽然研究者建构新文学史的标准逐渐多样化，然而，在纷繁多元的叙述话语中随意建构文学史秩序的主观化倾向，却因偏离文学史得以生成的基本鲜活史料，成为制约学科发展与突破的阶段性瓶颈。本成果立足原始报刊史料并进行系统的重新研读，研究目的主要有三：其一，通过拓宽 20 世纪文学史的研究视野，复活大量被遮蔽的文学史记忆，丰富学界对 20 世纪中国文学史的认知，为文学史研究开辟新的学术空间；其二，矫正当前研究中普遍存在的某些偏激、片面论断，为解决文学史研究中的重要分歧提供新的思路和方法；其三，推动文学史研究

───────────

* 关爱和，河南大学教授，博士生导师。

的历史化与客观化进程，把文学史研究中存在的浅表性、模式化的学术论争真正引向深入。

近年来，报刊史料问题已引起了近现代文学研究界的广泛重视，在文学期刊史料研究方面，已经积累了大量的研究成果。但这些研究成果，尚未被有效地利用、添加到 20 世纪文学史的重构中去。报刊史料的发掘整理，有没有带来文学史研究的创新与变革？有没有形成文学史再审视与现当代文学研究的重新发动？这些仍然是更值得关注而尚未解决好的主要问题。本成果通过原始报刊史料透视复杂多变的社会语境对 20 世纪中国文学的影响，捕捉文学史发展演变的内外动因，进而发掘梳理出现代化进程中原生态的中国本土经验，在整合不同立场的学术资源的基础上，形成一种更具有包容性的文学史叙述。这不仅对编写文学史有启发，而且对 20 世纪文学研究具有方法论意义，还可纠正长期以来"西方中心论"的学术走向。

本成果的研究对象是文化与文学的结合物，入手于报刊，立足于文学，描述报刊媒介与中国近代、现代、当代文学生态之间的共生关系，全方位呈现 20 世纪中国以报刊为中心的文学时代的多元文学景观及其发展态势。本成果基于原始报刊文献史料，空前扩大了文学史书写的考察范围，还原了文学生态的历史原貌，展现了文学报刊与文学发展的互动联系，对 20 世纪中国报刊发展史与文学史的关系进行立体、系统、深入的描述，具有"史"的品格。

二、成果的主要内容和重要观点

1. 主要内容

近代卷以清末民初报刊文学史料为中心，分报章之兴与散文新变、晚清报刊诗歌与诗界革命运动、晚清小说期刊与小说界革命、民初小说期刊与文学嬗变、近代报刊与戏剧变革、近代报刊与翻译文学、晚清革命报刊与革命诗潮、晚清白话报刊与白话文运动等章节，从报刊视野描述 20 世纪初年中国文学观念、思潮、流派、语体、文体、传播、接受等方面发生的时代新变与演进态势，重理中国语言文学近代化脉络与主线。导言以政论报刊、学术报刊和文学报刊为中心，以政治变革、思想革命和文学革命为背景，得出晚清已然是一个以报刊为中心的文学时代，"五四"时期报刊依然是文学革命与新文学的摇篮的结论。第一章梳理从"时务文体""新民体"到"甲寅文体"的报章文体演进线索，以《万国公报》为中心考察域外游记的兴起与传播。第二章基于报刊史料，探寻中国诗歌近代新变的征兆与先声，揭示新派诗运动多声复义的驳杂形态及其在诗体语体方面的多元探索，重绘了诗界革命运动的地理历史版图。第三章勾勒报刊勃兴、小说界革命与晚清小说繁荣三位一体的文学奇观及其流变轨迹。第四章从民初小说期刊刊载白话小说、白话诗的比重逐渐增大的文学现象中，得出民初小说期刊自觉不自觉地参与了新文学的建构的结论。第五章论述报刊在近代戏剧生态建构与转型过程中发挥的重要作用，透视读者与戏剧报刊的互动现象。第六章探讨晚清报刊翻译小说与小说界革命、报刊译诗与诗界革命之密切关联，勾勒了文学翻译从"豪杰译"到"直译"的演进过程，描述了翻译语体从言文并用到言文合一的历史趋向。第七章从东京留学生革命报刊诗歌、上海租界革命报刊诗歌和《南社丛刻》与革命诗潮等方面，勾勒出晚清革命诗潮的历史面貌，改变了此前学界对这一研究领域源流不清、脉络不明、见木不见林以及见作品不见报刊阵地不见读者接受与传播影响过程的现状。第八章梳理出现代散文文体已在晚清报刊白话文写作实践中孕育、萌芽、生长的线索，描述了晚清报章白话的文言化与近代化趋向，论证以"新文体"为代表的白话化的报章文体和文言化的报刊白话文形成的历史合力共同促成了文学语言的近代转型。

现代卷以新文学运动至新中国成立时期的丰富报刊资料为依托，以文学史研究为基础，借鉴跨学科研究方法，结合现代出版、传播、媒介等相关社会科学理论，在充分吸收学界丰硕前期成果的基础上，试图通过对主流报刊与文学思潮的关系、文学社团与文学运动的互动、报刊影响下文学嬗变的重要节点、经典作家与报刊的复杂关系、报章文学对现代文类和文体的影响等重要命题进行历史重勘与重写，进而揭示出报刊史料与现代文学发展的内在联系。本编分为八章。第一章论述"五四"时期新思想家、新思想报刊与新文学"三位一体"共同崛起的过程。第二章通过考察文化保守派和新月派文学的主要刊物，揭示了这两个派别对现代中国文化文学制衡与补充的历史作用。第三章论述大量报刊在左翼文学生产过程中的枢纽性地位，揭示报刊运作如何确立左翼文学的本质及其在 20 世纪 30 年代作为主潮的文学史地位。第四章重点研究思想立场上持守自由主义、民主主义或政治中立立场的刊物，深入剖析文学报刊与论语派、京派、现代诗派和新感觉派的关系，揭示出不同类型的刊物之间复杂的对话关系。第五章从整体上复现了 20 世纪 30 年代报刊与文学互动的关系，通过辨析文学期刊、大报副刊与小报的活动，揭示新文学和通俗文学激烈争夺的历史图景。第六章紧扣政治环境、经济环境、文化环境，呈现"孤岛"文学期刊的文化引导功能及其独具特色的文学风格。第七章通过发掘延安、华北、东北、山东解放区报刊与创作之间的互动关系，从传播学角度呈现出延安文艺运动生成、发展与拓展的历史过程，以及文学与革命逐渐融合的历史过程。第八章阐释现代报刊对中国现代文学语言的深远影响，揭示现代汉语作为书面语言如何借助报刊得以酝酿、发展并逐渐走向成熟的复杂过程。本编依据研读报刊挖掘的第一手文献，更为关注新文学起源、新诗理论的建构、左翼文学发生、"两个口号"论争、"京派""海派"之争、现代主义和浪漫主义等文学思潮的涌动和对话、报刊影响下的散文文体、传媒影响下的现代文学语言等现代文学史研究中的难题，并提出了自己的解释。不仅如此，本编还通过翔实的文献，利用报刊揭示了大量鲜为人知的文学史实，建立了报刊与文学关系研究的文学社会学和语言修辞学两个维度，从而更新、充实了报刊与现代文学关系研究的方法论。

当代卷分"1950—1960 年代""1980 年代""1990—2005 年"三个时段展开论述。每个时段均设文学报刊出版格局及其演变、文学编辑与文学报刊、文学报刊与作者队伍、文学报刊与文学批评、读者与文学报刊、文学报刊与各文学文体（小说、诗歌、散文）等章节，分别从文学期刊格局的演变，编辑、作家、批评家队伍与读者群体的代际传承，各文学文体的变革等角度，对三个时期文学期刊格局与文学史的关系进行整体分析和论证，首次成功地梳理出当代文学期刊发展史的线索，并在意识形态与文学传媒结构变革，编辑、作家、批评家、读者代际传承，各文学文体变革的相互关系的分析中，真正实现在史的格局中对当代文学期刊史与当代文学史的关系的整体描述，从而成为一本富有历史感和阐释深度的学术专著。在系统研究大量文学报刊的基础上，本成果紧扣"六个基本矛盾"展开分析：1）政治、经济、文化环境与文学期刊之间的关系与矛盾；2）文艺传媒结构的变革与文学期刊之间的关系和矛盾；3）不同类别的文学报刊之间的相互关系和矛盾；4）文艺管理者、文学期刊主编与编辑、作家、批评家、读者群体等传播因素之间的关系和矛盾；5）文学期刊的新闻属性与文学属性之间的矛盾；6）文学刊物内部各文体之间的关系和矛盾。通过对以上主要矛盾的综合分析，真正找到了当代文学期刊史与文学史之间深层次的关联，找到了文学期刊发展的动力和方向，揭示出当代文学报刊和当代文学在上述主要矛盾所形成的"合力"中向前发展的过程。本成果高度关注文学报刊与文学文体变革的关系，成功地沟通了社会学、传媒学和文体学研究，揭示出不同时期文学报刊上各文学文体的功能、形式和情感基调，不同历史时期的时代精神如何通过文艺管理者、编辑、作家、读者的互动而渗透到文本内部。

2. 重要观点

（1）晚清已然形成一个以报刊为中心的文学时代，以政论报刊、学术报刊和文学报刊为中心的晚清报刊是 20 世纪中国文学走向现代的最初的摇篮。清末民初报章之兴促进了散文文体新变，报章新文体在语言文体革新方面做出了多样化的试验与探索，成为"五四"时期文体改革的先导，构成了中国散文古今演变史上的极为重要的环节。晚清时期发生了颇具声势的白话报潮流和白话文运动，现代散文文体已在晚清报刊白话文写作实践中孕育、萌芽、生长。以"新文体"为代表的白话化的报章新文体和文言化的报刊白话文形成的历史合力，共同促成了中国书面语言的近现代转型。

（2）19 世纪后期中文报刊诗歌显示了古典诗歌近代新变的征兆与先声；19 世纪末孕育、20 世纪初兴起的诗界革命运动，以几十种国内外综合性报刊、文艺报刊、白话报刊、妇女报刊、革命报刊的诗歌诗话专栏为主阵地，展现了新派诗多声复义的驳杂形态与诗体语体方面的多元探索。1903 年前后，以革命报刊为主阵地的新诗坛崛起了一批革命诗人，创作了大量以民族精神、民主意识和反清革命思想为主旋律的革命诗篇，形成了一股颇具声势的革命诗歌创作潮流。晚清革命报刊鼓荡起的革命诗潮，在舆论界汇入了反清革命运动的时代洪流，在文学界延续了诗界革命运动的革新方向，以黄钟大吕般的声调吹奏出时代的强音，体现了求新求变的时代精神，成为近代中国诗歌主潮之一。

（3）晚清时期，报刊勃兴、小说界革命与小说繁荣"三位一体"，小说界革命的倡导、调整与落潮，报刊传播与读者接受的转变，共同促进了新小说的繁荣与蜕变。民初小说期刊在改良传统文学、建构新型小说、呼应白话文运动等方面有着重要的贡献，刊载白话小说、白话诗的比重逐渐增大，自觉不自觉地参与了新文学的建构。清末民初，报刊传媒的革新和兴盛，极大改变了传统戏剧原有的发展节奏和进程；报刊成为近代戏剧的重要载体，不仅引起了戏剧传播方式、传播渠道划时代的变化，也促进了戏剧创作的繁荣、演艺主体的职业化、接受群体的平民化，并在艺术形式诸方面呈现出诸多新的特征。

（4）20世纪以降，中国翻译家以近代中文报刊传播媒介为中心的域外文学翻译活动，对推动中国文学观念变革和中国语言文学的现代化，发挥了至关重要的作用。晚清报刊翻译小说与小说界革命、报刊译诗与诗界革命之间有着密切关联，构成了中国文学的有机组成部分。从晚清时期文学翻译界言文并用的改良文言文体和改良白话文体，到"五四"之后言文一致的白话文体成为文学翻译界的正宗文体，两代知识先驱的文学翻译活动，构成了中国文学和书面语现代化演进过程中先河后海的自洽性链接。

（5）近代报刊以及它所代表的社会舆论，在很大程度上改变了近代知识分子的存在方式和价值，甚至连他们根本的生活方式也被波及。正是通过"舆论"这样一种复杂的社会意识形态的聚合产物，知识者才能够组织在一起，并迅速而有效地传布知识，以一种现代的方式实现自己的历史使命。舆论参与使新知识分子从辅佐型的"帝王师"到独立的、公共性的"社会人"，从而为新文化运动做好了知识和智力准备。

（6）以《新青年》《新潮》《学衡》《甲寅周刊》为代表的"五四"时期报刊，围绕思想文化命题展开的激烈论争，不仅使新文化运动具备更为丰富、多元、辩证的现代内涵，而且使现代中国文学和文化在求新求变的同时，具有了自我制衡与修正的历史特性，并深刻地影响了20世纪二三十年代的诗歌与文论。接受了古典主义影响的新文学，从新月派到京派，就能够处于趋新求变的文学语境而不弃旧制，显示了新文学在自我调适中探索前行的轨迹。

（7）报刊在左翼文学生产过程中具有枢纽性地位。新兴左翼报刊是左翼文学活动得以展开的新公共空间和社会有机体。报刊令无产阶级、革命斗争、反抗压迫等政治理念变得可见可感，令革命文艺有了具体可靠的传播手段。通过报刊运作，左翼文学构建了强健的文学阵线和半政治化的文艺组织，推出大批的文学新人，全面激活了左翼文学活动，并确立了左翼文学的本质特征和在 20 世纪 30 年代作为主潮的文学史地位。在解放区时期，报刊继续扮演关键角色，深刻推动了马克思主义文艺理论中国化的历史进程，推动了延安、华北、东北、山东等解放区的文学运动和创作，促进了革命理论在大众阶层的广泛传播，从而主导了文学与革命逐渐融合的媒介过程。

（8）现代文学运动与报刊之间存在着密切的共生关系，报刊不仅给现代文学提供了生存空间与物质基础，而且深刻地影响着现代文学的文类形成和文体嬗变。报刊通过随感录、连载小说、电影小说、通信等引导和改变着现代白话文体，与作家和社团一起成为"文学史构建主体"。在语言层面，近代以降以言文一致为旨归的现代语言变革，正是借助报刊的力量得以酝酿、发展，并日渐形成一种波澜壮阔的语言现代化运动。随着报刊的扶持、普及和传播，现代汉语作为书面语言逐渐成熟起来。

（9）计划经济体制时期文学期刊作为国家事业单位，确实存在着政治主导文学、人浮于事、编辑与作家主体性不足的缺陷，但却有效避免了资本、市场、利润等因素对文学造成的伤害，在社会主义文化、美学建设，在凝聚民心民力、组织和动员社会力量、改善民族生存状况、提升民族精神等方面，也都发挥了重要的作用。

（10）20 世纪 80 年代的文学报刊是在"守成"与"革新"、"民族化"与"西方化"、"地方化"与"全国化"、"严肃文学"与"通俗化"等诸多矛盾中向前发展的，只有抓住主要矛盾，才能准确理解这个时期文学期刊与文学的关系。

（11）20 世纪 90 年代以来的文学期刊是在国家意志、知识分子理想、市场需求等多元力量的相互制衡中向前发展的；既要看到市场对文学期刊的负面影响，也要看到市场在配置文学资源方面的积极作用；既要看到影视等强势传媒对文学期刊的负面影响，也要看到它在拓展文学期刊的受众等方面的积极作用。

三、成果的学术创新、应用价值以及社会影响和效益

1. 学术创新

（1）摆脱了对文学期刊进行个案研究的局限，从文学史的角度对文学期

刊史料进行整体性、系统性的研究，真正具有史的品格，有效避免了个案研究的支离破碎，避免把整体研究变成个案研究的简单拼凑，避免把文学期刊史的研究变成期刊史话，避免了从各种观念出发进行文学史研究的随意性和主观性，激活了大量尚未进入研究者视野的综合性刊物、报纸文艺副刊、地方文学刊物中所沉睡的文学史的记忆，并在此基础上探索重建文学史叙述的新的可能性，从而在文学史的研究中取得某些整体性的突破。

（2）坚持历史唯物主义的研究方法。经过长期的研讨与磨合，找到了从整体上解释文学期刊发展的历史的框架和研究方法。在广泛研读原始文学报刊的基础上，高度重视发掘社会政治经济文化环境、文学报刊、文学文体三者之间的联系，在 20 世纪中国社会历史变革的大背景中，考察文学期刊发展演变的历史，并把重点集中于文学报刊与文学思潮特别是文学文体的关系上。把以前研究者尚未充分关注的大量地方文学期刊和报纸文艺副刊纳入考察范围，由于拓宽了史料采集与研读的范围，在历史化方面向前迈出了坚实的一步。

（3）积极吸收前人的研究成果，同时将大量边缘报刊纳入研究视野，挖掘第一手资料，并以现代文学重构意识统领课题撰写，抓住文学嬗变的重要节点进行历史重勘与重述，复活历史场景，再现历史进程，在同类研究中实现资料搜集与问题意识的双突破，提出并解决了一系列重要的文学史问题，成为具有自身鲜明学术特色的文学史著作。

（4）注重结合现代出版、传播、媒介及文化研究等相关社会科学理论，通过报刊将文学的外部研究与内部研究接榫，再现了报刊与文学关系研究的文学社会学和语言修辞学两个维度，丰富了报刊与近现代文学、当代文学关系研究的方法论，最终实现以报刊为支点，深刻揭示出中国近现代文学、当代文学区别于古典文学的内在生产机制。

（5）首次成功地梳理出当代文学期刊发展史的线索，并在意识形态与文学传媒结构变革，编辑、作家、批评家、读者代际传承，各文学文体变革的相互关系的分析中，真正实现在史的格局中对当代文学期刊史与当代文学史的关系的整体描述，从而成为富有历史感和阐释深度的学术成果。

（6）本成果当代卷在研究方法上具有创新性：在系统研读大量文学报刊的基础上，紧扣六个基本矛盾展开分析，从文艺传播各环节的相互关系出发，对文学报刊与当代文学史的关系进行整体性、系统性研究。

2. 应用价值以及社会影响和效益

（1）部分研究成果形成高质量的学术论文 40 余篇，在权威期刊和 CSS-CI 期刊发表。这些文章在学术界产生良好的反响。本成果的出版，将有助于学界深化对于 20 世纪中国文学发展史的理解，成为中国近代、现代、当代文学研究者重要的参考书。

（2）把报刊史料研究集中导向文学史重构的方向，为 20 世纪中国文学史研究和中国近现代文学、当代文学学科的未来走向，探索出一些新的路径，提供一些新的经验。本成果具有鲜明的问题意识，集中关注报刊史料研究的薄弱环节与文学史研究中的重大分歧，高度重视被遮蔽的文学史记忆，关注文学报刊对文学乃至公众生活的影响。本成果具有严格的历史意识，在重大文学现象、文学事件、作家作品的文学史定位问题上，不仅关注其文学价值，更关注其文学史的价值。不是把它们从其产生的历史语境中剥离出来，而是重建它们与历史语境的联系，把它们放到当时的历史语境（当时的文学传播、接受方式，以及精神结构和审美观念等）中去考量，具有明显的客观化和历史化的特色，预期会产生良好的学术影响。

《民国城市的文学想象与民族国家观念》概要

李永东*

一、研究的目的、意义及方法

本成果以民国城市的文学想象为研究对象，探讨城市想象与民族国家观念建构的内在关系。涉及的主要城市类型为国都与租界城市，包括北京、南京、重庆、天津、上海等。

本成果的研究意义是：拓展思路，从民族国家观念角度研究文学中的民国城市，尤其是国都与租界城市；弥补不足，在比较、互观视野中考察民国城市的文学想象，透视民族国家观念的常与变；为提升现实中国的国家认同感、民族凝聚力，以及明确城市形象定位，提供有益的参考。

研究方法：一是调查法。考察相关城市，踏访城市的历史景观，体验城市文化。二是比较研究。城市形象演变的纵向比较与不同城市的横向比较。三是文献分析与文本细读。把档案、史料的分析与文本细读相结合，对代表性作品进行阐释。四是理论资源。综合运用城市研究、文化研究、空间分析、民族主义、殖民主义等理论资源。

二、成果的主要内容和重要观点

斯宾格勒在《西方的没落》一书中断言："世界的历史即是城市的历史"，"所有伟大的文化都是城镇文化。……民族、国家、政治、宗教，所有

---

* 李永东，西南大学教授，博士生导师。

的艺术以及所有的科学，全都有赖于一种原初的人类现象，那就是城镇"。斯宾格勒的看法尽管有些绝对，不过，在近世文明的进程中，城市确实扮演着至关重要的角色。我们谈论现代观念、现代人、现代文艺、现代国家，几乎都不能脱离城市这一特定的场域。城市，生产并传播着一切现代观念和现代之物。

关于城市的言说，不仅指向城市自身，更重要的，城市构成了一个松散的问题场域。作为问题场域的城市，向各个领域和各种意愿敞开。任何关于城市的表述，都被拖入现实问题之中，映现了城市人的当下体验或未来愿景。需要指出的是，实际上存在两个城市，一个是看得见的城市，一个是看不见的城市。看得见的城市是物质的、实体的，看不见的城市是心理的、精神的。

有别于乡村心灵的城市心灵，近代以降才在中国系统出现。在这之前，由乡土文明主导的传统中国，城市与乡村共享一套价值观念和生活方式，城里的地主与乡下的地主并无本质不同，在城里做官与解职返乡的士绅在精神生活上也无二致。即便北京这样的大城，在林语堂的记忆中，它的魅力仍在于"同时含蓄着城市生活及乡村生活的协调"，师陀对北京的深情，也源于它是一个"半农村性质，令人难忘的老城"。不过，西风东渐后，城乡的协调性已在许多城市被逐渐打破。西洋的现代器物、街道建筑、消费娱乐、价值观念甚至城市制度不断扩散到中国的城市，上海、天津、汉口、广州等城市的发展，很大程度上是以背叛乡土文明作为代价的。城市的心灵，是近代中国在半殖民语境下追求现代化的产物。城市出现了新的机构和职业（学校与教师、报刊与编辑、现代工厂与资本家、银行与银行家、教堂与传教士，以及自由作家、医生、律师等）、新的城市空间（公园、电影院、咖啡馆、跳舞场、运动场、博物馆、百货公司、摩天大楼等），管控城市的权力机构除了中国地方政府，还有领事馆、工部局等外国机构。在上海、天津、汉口、广州等城市，都存在多元权力格局，华洋杂居，多个权力主体控制着城市不同的区域。城市的空间、人群、物质、生活、权力结构等方面的变化，使得城市心灵在现代与殖民之间挣扎，民族国家观念参与并影响了关于城市的表述，治外法权、炮舰外交、种族歧视、文化身份、劳资矛盾、经济竞争、崇洋媚外、国家主权、反帝反资、提倡国货、民族本位文化等现实和观念进入到城市想象中。城市心灵的出现，使得城市既有看得见的一面，又有看不见的一面。

看不见的城市对现代社会和现代人的形塑作用，并不亚于实在体的城市。谁更有能力呈现城市的内外两面，抵达城市的精神深处？显然不是建筑学、社会学、经济学、政治学甚至历史学的相关言说，这些领域的学者不大关心城市的气氛和灵魂。唯有作家和艺术家才会一边穿越城市的空间，一边捕捉城市的气息，思绪翻飞，为城市描形绘神。迈克·克朗认为："文学作品不能简单地视为是对某些地区和地点的描述，许多时候是文学作品帮助创造了这些地方。"文学创造城市的方式就是城市想象。在某种程度上，我们印象中的民国时期的北京、南京、重庆等城市，就是历史书写与文学想象的产物。想象城市的过程，也就是为城市编码赋义的过程，混合着体验、感觉与虚构，并常常带有民族国家隐喻的特征。

城市往往被看作是"现代"的代名词。以"现代性"的标准考察民国城市，既揭开了城市的神秘面纱，把城市与乡村区别开来，同时也模糊了各个城市之间的差异。只有充分考虑到城市的身份（如国都、租界、大后方城市），进入具体的城市布局、权力结构、阶层关系、社会心理、个体记忆，把人与城的对话语境落到实处，并以"他城"作为参照，才能避免"现代性"的阐释陷阱，揭示每个城市文学想象的特定风貌和精神追求。

每个城市的形象，自有其标示性的特征，这些标示性的特征使得它的面孔具有辨识度。正因为此，无论作为实体性的城市还是想象性的城市，文学中的上海、北京、南京、重庆、天津形象，在言说中都不会被混淆。不过，这多少属于本质主义的城市观和写实主义的文学观，这种观点认为存在一个个固定的、特殊的城市形象，有待作家摹写和表现，也有待评论家解读和提炼。确实，从人文传统、地方性格、自然环境和区域格局等因素构成的文化视野来考察各个城市的文学想象，比较容易达成共识——城市文化视角是一种求同的视角，它确证而不是偏离多数人关于某个城市的经验和印象。因此，文化视角应当作为城市想象研究的重要视角，但也应警惕以"整体"的城市文化眼光来裁定风貌各异的城市书写。

实际上，在文学想象中，城市形象的整体一致性并不是作家追求的目标。韩邦庆《海上花列传》、郁达夫《春风沉醉的晚上》、穆时英《上海的狐步舞》、夏衍《上海屋檐下》、茅盾《子夜》都触摸到了上海的城市面影，但又如此不同。以"整体"的城市文化眼光来打量所有创作，显然缩减了城市形象的丰富性。而且，民族国家事件会不断重塑城市文化。中外条约、革命、战争、迁都等民族国家事件会修改城市风貌，给城市文化添加新的内涵。在文本内外，首都的兴废，战略中心的转移，城市设立外国租界，或划入租借地，或割让为殖民地，或成为大后方重镇，会迅速改变城市的文化性质和空间面貌。例如，首都北京和废都北平，租界城市与其他城市，在文化精神上就有较大的区别。在通俗小说《人间地狱》中，妇人管上海公共租界叫"大英地界"，就连郭沫若初到上海，也感觉像"初到了外国的一样"，外侨走进租界，反而感觉像走进"自己的城镇"。这是租界、殖民地城市才会造成的民族国家归属的错觉和主权意识的僭越。同为租界或租借地区域，也因租占国不同带来城市文化的差异，号称"九国租界"的天津，其城市文化就夹杂着英、法、日、德、俄、意等国的异国情调。因此，从城市文化视角研究城市想象，需要理清城市的民族国家占位所带来的文化差异。

每个城市都造就了自己的文化。从城市文化的角度解读城市想象，能够把握到城市相对固定的印象，但是在把握各个作家与城市对话的特殊方式上，却有点力不从心。如果仅仅把城市想象看作是为了印证"公众印象"，显然低估了文学创造城市的效用。固然，每个城市皆有其特殊的形象，但不能因此就认为文学城市的面孔是固定不变的。城市形象既由历史定格，又一直处于动态建构之中。城市形象的流动除了受实体性城市现实变迁的影响，亦是时代风云、书写立场、文化趣味和观察角度等差异性因素交相作用的结果。不同主体与城市对话所生发的民族国家观念，也处于变动之中，北京、南京、重庆等城市的想象莫不如此。在不同言说中摆荡，不断对城市形象进行定位，体现了城市想象的多义性和城市形象的流动性。

城市想象的魅力，恰恰在于它具有解释甚至创造一个城市的话语力量。城市形象与时代语境、作家旨趣之间有着相互发现的关系。作为时代之子的作家与城市的相互发现，是一种动态关系。无论上海、天津，还是南京、重庆，其文学形象皆处于因时而变的状态，时代心理、文化变迁和政治动向的巨手操纵着作家想象城市的方式。在袁昌英先后写下的《游新都后的感想》和《再游新都的感想》中，首都南京呈现出从"新都"到"迷城"的形象蜕变。"魔都"上海更像一位百变女郎，从包天笑《上海春秋》、茅盾《子夜》、刘呐鸥《都市风景线》、张爱玲《金锁记》等作品中，我们看到了民国上海的多副面孔。与其说城市有多副面孔，不如说作家想象城市有多副眼光。作家与城市关系的远近和情感的深浅，也会影响作家所"看见"的城市样态："在路过而不进城的人眼里，城市是一种模样；在困守于城里而不出来的人眼里，她又是另一种模样；人们初次抵达的时候，城市是一种模样，而永远离别的时候，她又是另一种模样。"人与城的关系，包含了对国家现实政治状况的态度。茅盾《腐蚀》与老舍《陪都赞》所构设的战时国都形象如此不同，以致我们会怀疑：两位作家书写的是同一座城市吗？显然，城市想象很多时候为作家立场与特定修辞所操纵。从未到过重庆的当代中国人，对抗战时期重庆的认知，大概摆脱不了由"白公馆""渣滓洞"所编织的一套政治话语，而"战时国都"的形象则在语言、图像和概念的流动中大幅度折损。说到底，城市是一个问题场域，城市想象汇聚、释放了各种心理、观念和趣味。而民族国家观念更是经常渗透到城市想象之中。

民国城市的文学构形与民族国家观念的生成，都是国家和城市被"打开"的结果。鸦片战争之后，随着国门被打开，城市亦被打开。传统中国城市有城墙和护城河，空间封闭，北京、上海、天津、重庆、广州等中国城市都曾如此。现代城市是敞开、流动的。拆除城墙，敞开城市，是民族国家在世界文明竞争的格局中所采取的城市空间调整策略，由此，城市成了中外交流、较量的场所和民族国家观念表达的空间。城市的新变教给了城市人"对于外族而知有国家"和"对于世界而知有国家"的观念。

"民族国家观念"是指对自我民族和国家的情感、立场和认识，并涉及对其他民族或国家的情感态度和价值判断。民族国家观念既可理解为关于民族和国家的观念，也可理解为关于"民族的国家"的观念。两种观念在近代中国缠绕在一起。由于"中国"作为一个政治共同体，其绵延五千年的历史主要依靠文明认同来维持，而这种文明又带有鲜明的民族特色，因此"中华民族""华夏"与"中国"很大程度上具有复指的意味。许多情形下，国家观念正是借用了民族的生物隐喻和文化认同机制，其观念动员才因切身之感而广泛有效。与城市类似，国家既是实体性的，也是观念性的。尽管统治集团希望各类文本强化国家观念的凝聚力与控制力，但"国家即一个争议的场所"。对于文学创作与城市想象的研究而言，恰恰需要在观念的差异和冲突中寻找背后的意图，以捕捉文学的动向和社会的思想结构。

城市是全国或区域的政治、经济、文化中心，也是中外势力对抗、中西文明碰撞、新旧文化交锋、劳资矛盾冲突的前沿和中心地带。对于民国时期聚集于城市的知识分子来说，他们的文化追求、城市体验和文学想象，不可避免地为民族国家观念所裹挟，因为外国势力的干预和民国政权的性质，一定程度上决定了诸多城市的崛起缘由与所处境况。首先，帝国主义势力主要盘踞于条约口岸城市；其次，民国政府是一个依托于城市而存在的政权，城市也因此成了建构民族国家形象、铭刻国家象征符号的重要空间，以及引发阶级矛盾和民族冲突的中心场域；最后，城市比乡村更适合成为民族国家观念的建构空间，体验、看待、想象城市的方式也常常带有民族国家隐喻的性质。在反殖民、无产阶级革命、种族主义、世界主义、中华复兴、全面抗战等观念的裹挟之下，作家关于民族国家的思考生发出繁复的观念形态，这些观念形态与城市想象之间构成了相互促进、相互质询的关系。

鉴于城市想象研究的现状，以及城市想象与民族国家观念的共生互动关系，有必要从民族国家的观念视野对天津、重庆、北京、南京、上海、成都等城市的文学想象进行探究，以呈现每个城市与民族国家进行对话的独特方式，在比较中探究民族国家观念的常与变，发掘出城市想象与民族国家观念相互照亮所带来的深意。在研究中，城市想象与民族国家观念能够相互照亮：民族国家观念为城市想象研究提供了特别的视角；城市的文学想象则为探究民族国家观念提供了有效的路径。

在民族国家观念的表达上，并不是所有的城市文本都具有同样的优势，实际上，民族国家观念的表达对城市有着自己的偏好和选择。那些处于内忧外患中心地带的城市，那些被域外文明强势嵌入的城市，或被寄予民族国家崛起厚望的城市，是民族国家话语的聚集地与争讼场，比其他城市更加受到民族国家观念表达的青睐。中心城市是民族国家的缩影，从城市景观到精神追求皆具有代表民族国家的资格。在全国或区域的中心城市中，国都、租界城市的文学想象最易引发丰富的民族国家观念思绪。

因时代语境、国都历史、创作者身份等因素的影响，不同时期的国都想象所承载的民族国家观念有所不同。南京想象既表现了对国家独立、复兴的渴望，又流露出对以秦淮河为代表的古典诗意传统的衰颓的叹惋；北京想象一直在追求国家现代化和保留民族传统之间徘徊犹疑；关于战时国都重庆的文学想象，抗战建国是主调，共赴国难的心愿激发了对社会平等的公开诉求，对投机商人、腐败官僚的批判在战时国家的名义下显得义正词严，个人、家庭与国家的关系以有别于"五四"的方式加以处理，家国同构的观念得以重申。北京、南京、重庆的文学构形，体现了国都想象与民族国家观念相互映射的动态关系。

根据中外条约而开辟、建造的租界城市或租借地城市，是典型的被迫现代化的产物。其发展不是在封闭的中华文化圈中展开，而是由帝国主义势力和异域文明观念所主导，并在城市景观与制度上模仿西方现代城市，上海、天津、汉口等设有外国租界的城市皆如此。"城市是无根的"，它的文明形式"可以四处为家"，巴黎、伦敦、莫斯科等大都市的空间形式和文化观念，可以在上海、天津、汉口、哈尔滨等遥远的东方城市进行复制，制造出东西混杂的城市景观。"东方巴黎"（上海）、"东方莫斯科"（哈尔滨）、"东方芝加哥"（汉口）、"东方瑞士"（青岛）等称号，就是大都市"四处为家"的结果。被称为"小上海"或"像上海"的诸多中国城市，同样是向大都市致敬的结果。域外的城市文明在中国的外国租界、通商口岸"四处为家"，或借"魔都"上海的影响力二度传播，进而带来了新旧文化的角逐和中西文明的冲突问题，民族国家的建构也因此进入现代与殖民、西化与民族化相纠缠的复杂境地。而且，各个租界和租借地的发展历史、权力格局以及与邻近中国城市的关系存在差异，想象这些城市的方式与民族国家观念的生成机制也有所不同，有待仔细辨析。

把握各个城市文学想象的风貌，需要抓住两个身份，即城市的身份和作者的身份。这两个身份造就了城市想象丰富而歧异的情形，也一定程度上决定了城市隐喻民族国家的路径和方向。国都、租界是城市的身份，作者的身份则由国籍、地域、民族、阶级等因素所决定。城市、民族国家参与了个人文化身份的生成，反过来，个人文化身份的混杂或修改也会造成其民族国家意识的迁移和重建。郭沫若想象上海、重庆等城市时，人与城的关系中隐含着留日经历带来的文化身份、民族认同的犹疑和焦虑。老舍的小说和话剧所构设的北京、重庆、济南的城市面影，对新潮洋派的景观、物品和人物多有嘲讽，对老派市民的文化性格多持体谅的态度，对内战、政党斗争风潮则感到不安和忌惮。对于在租界城市度过童年生活的外侨，或寓居海外的华裔作家而言，他们对中国城市与民族国家的书写，则提供了边缘的、跨界的观念视野，以及由于主体含混而带来的民族国家观念表达的进退失据。有过天津租界生活经历的两位外侨分别在《租界生活：一个英国人在天津的童年》《小洋鬼子：一个英国家族在华生活史》中对天津与母国的书写就触及了这种情形。

城市、民族国家作为相互关联的问题场域，容含了不同国度的作家借中国城市书写所展开的种族观念和国家意识的较量，因此，关于城市想象与民族国家观念表达的问题，可以置于跨国、跨文化的视野中来打量。中外作家关于南京大屠杀的文学书写，即需要引入这样的研究视野。通过"谁的城市"这个视角，可以发现南京、重庆、北京、天津等城市想象与民族国家建构的差异情形。例如，同样是对丑恶南京的书写，王平陵、袁昌英、张恨水等党国文人和自由作家的南京想象，饱含了民族危亡时刻催生的强烈忧患意识，以及民主政治的希望落空而产生的愤懑，而艾芜、聂绀弩等左翼作家的南京想象则体现出鲜明的阶级意识，通过城市的文学构形来动摇甚至颠覆南京政权的合法性。

抓住城市的身份和作者的身份来讨论城市想象，也意味着引入城市互观的研究思路。无论就城市想象还是民族国家观念的探究而言，同时考察多个城市，一定程度上提供了比较的视野与统观的格局。这种互观的城市考察视角，能够彰显城市想象的独特风貌，有助于历史地、结构性地把握城市想象与民族国家的关系。就创作来说，城市想象本来就具有互文性的特征——作家总是企图把"这一个"城市的表述与其他城市区别开来，其他城市的形象总是作为显性或隐性的存在进入作家关于"这一个"城市的想象之中。而且，在城市之间迁徙，是现代作家、文艺机构、文学报刊存在的常态，想象城市与民族国家观念表达也因此成了一项联络各个城市的系统工程。要理解抗战时期茅盾的延安想象，就应当考虑到他离开上海后在香港、迪化（今乌鲁木齐）、重庆、桂林等地的城市体验和差异性书写。他的《如是我见我闻》系列散文对大后方多座城市的书写，在政治地理的比较视野下，建构了以延安为中心的战时中国形象。要理解老舍在《谁先到了重庆》等作品中的重庆想象，需要同时关注他对北平、上海、武汉、成都等城市的态度，以及战时国家观念对他的城市趣味的修改。城市之间的形象互观和观念互动，通过单个城市形象的观察难以全面洞悉，多个城市的研究则可以在城市的互观互动中发现民族国家观念的变迁与分野。

城市想象与民族国家观念的关联强度，往往取决于城市是否被卷入国家命运与政治风云的中心，是否在其中扮演着重要的角色。国家命运与政治风云所凭借的具体城市随国内外形势而更替，各个城市的文学想象所投射的民族国家观念的强弱也在不断变化。十年南京（1927—1937）、战时国都重庆（1937—1946）、民国北京（1912—1949）、清末民初的天津、20世纪30年代的上海、大后方的延安与成都，这些城市的文学想象，都是在特定的年代被民族国家观念集中照亮，尤其值得我们给予特别的关注。另外，同时代与异时代的城市想象，其观念的参差与对照也值得探究。正如艾略特所强调，"不但要理解过去的过去性，而且还要理解过去的现存性"。新时期文学对民国城市的想象，就是城市历史形象的现存性的表现。民国城市的记忆作为一笔遗产如何参与并显明于当代观念的建构，历史与此刻在对民国城市的想象中如何辉映出特殊的观念形态，是一个具有现实意义的话题。由此，关于民国城市文学想象的思考，就由历史延伸到了当下。

三、成果的学术创新、应用价值以及社会影响和效益

1. 学术创新和应用价值

本成果为李永东教授主持的国家社科基金项目的结项成果，结项等级为"优秀"。专家在结项鉴定意见中写道：结项成果"是一部创新性强、有重要理论价值的成果"，"在研究材料的搜集方面有新发现，在理论上有新突破，对拓展这一论题的研究，有重要贡献"。本成果对城市想象与民族国家观念的阐发，在前人的基础上有所推进，产生了良好的社会影响。

（1）视角较新颖，观点有新意，拓展了城市想象研究的路向。城市想象研究是近十多年的一个热点话题，涌现了诸多重要的成果，但这些成果也留下了可供继续拓展的空间。首先，相关成果大多以"现代性"作为评析的尺度，简化了对城市的理解。其次，绝大部分成果未能形成统观的视野与格局，往往针对单个城市、流派、作家，只有少数采取京海并举、沪港合论、

江南综观的方式。再次，除了《文学中的上海想象》等个别专著和论文，少有成果论及城市想象与民族国家观念之间的关系。鉴于此，本成果从民族国家观念视野对南京、重庆、北京、天津、上海、成都等民国城市的文学想象进行了探究，呈现了每个城市与民族国家进行对话的独特方式，重视城市想象的系统性与整体性，在比较中探究民族国家观念的常与变，发掘出城市想象与民族国家观念相互照亮所带来的深意。关于战时重庆、旧天津、南京大屠杀的文学想象的研究，具有开拓和深耕的学术价值。

（2）从城市身份和作家身份的角度考察民国国都、租界城市的文学想象，发掘城市想象与民族国家观念相互建构的独特关系。民族国家观念的表达对城市有着自己的偏好和选择，国都、租界城市的文学想象最易引发民族国家的观念思绪。因此，本成果以这两类城市作为重点研究对象。城市的身份和作者的身份造就了城市想象的丰富样态，也决定了城市与民族国家隐喻关系的建构方向。本成果关于北京、天津、南京的研究，都重视辨析不同的作家身份如何影响了城市想象与民族国家观念表达。

（3）运用城市互观的研究方法，考察重庆、天津、南京、北京等城市的文学想象，对城市想象与民族国家观念的研究有所推进。本成果重在阐释作为观念构设物的城市和民族国家，考察了实在体与观念体的城市、民族国家在文学中融合与背离的情形；把城市与国家看作是问题场域，由此生发出对传统、现代、阶级、民族、家国、怀旧等文化观念的呈现与角逐形态；透过城市文明"四处为家"的播撒方式，辨析殖民与现代观念如何参与城市的想象，民族国家意识如何朝着多个维度生发。无论就城市想象还是民族国家观念的探究而言，同时考察多个城市，一定程度上提供了比较的视野与统观的格局，这种互观的城市考察视角，能彰显每个城市文学想象的独特风貌，有助于历史地、结构性地把握城市想象与民族国家的关系。

2. 社会影响和效益

（1）论文发表、转载情况：本成果的部分章节曾在《中国社会科学》、《文学评论》（2篇）、《中国现代文学研究丛刊》、《中国文学研究》（2篇）、《天津社会科学》（2篇）、《中山大学学报》（2篇）、《社会科学》、《中南大学学报》、《西南大学学报》、《现代中国文化与文学》等期刊发表。被《新华文摘》、《高等学校文科学术文摘》、中国人民大学复印报刊资料《中国现代、当代文学研究》《文化研究》，以及《中国社会科学》（英文版）、《中国社会科学报》转载 7 篇次。多个重要刊物的"编后记"充分肯定了这些论文的价值。多篇论文在中国现代文学研究会年会等会议上宣读，多篇论文被"文学评论"等学术公众号推送，受到学界同行的认可。

（2）本成果章节（发表的论文）的获奖情况：中国小说论坛优秀论文一等奖（2019）；第七届重庆市艺术奖（2017）；重庆市现当代文学研究会学术评奖一等奖（2016）；重庆市社科界第四届学术活动年优秀论文二等奖（2016）；西南大学首届重要学术成果（2017）。

（3）本成果第三章"小说中的南京大屠杀与民族国家观念表达"的社会影响：专家认为该文"选题颇具重要性，符合国家文化战略层面的重大需求"，"立论起点很高"，"很有见地"，"是一篇颇有价值的论文"。该文在中国知网被下载 2 800 余次，被引用 33 次。"2015 年度中国人文学术十大热点"重点提及。中央党史和文献研究院官网的重大专题文献收入该文。Web of Science，Taylor & Francis Online，ResearchGate 等国外重要学术网站收录了该文的英文版。侵华日军南京大屠杀史研究会会长张生教授认为，该文"启示了新的研究方向"。多个公众号在纪念南京大屠杀的文章中，引用了该文的主要观点。

《中国现代文学史料批判的理论与方法》概要

金宏宇[*]

一、研究的目的、意义及方法

1. 研究的目的和意义

本项研究既为呼应当下中国现当代文学界所谓"史料学转向"或"史学化研究"的学术诉求，更为克服以往现代文学史料学研究的思维僵化、观念陈旧、方法单一等倾向，试图从史料批判的角度重建现代文学史料学。以往的几种现代文学史料学著作，从具体内容、范畴、方法到结构框架等往往参照、仿效历史史料学或中国古典文学史料学。而本成果通过对"史料批判"概念的重新界定，以增加现代文学史料学研究的内容层次和思想深度，使得对文学史料的审视更为严谨、科学、理性和辩证。这种新的现代文学史料学建构，既注重对古典文献学传统的继承，又强调对西方和现代史料学经验的借鉴，更强调文学史料学自身的特性，以期在史料学的现代化和本学科（现代文学）化方面有所建树。

2. 研究方法

在研究方法的理念上，本项研究既强调旧法新用，又注重吸收新的方法；既注重介绍可以言明的技艺，又提倡"默会知识"的支援。在具体方法使用上，现代文学的史料批判当以文献学方法为核心方法，同时辅以科学研究的一般方法，借鉴历史学的特殊方法，使用文艺学的本位方法，最终形成"科际整

---
* 金宏宇，武汉大学教授，博士生导师。

合"之法。这是现代文学史料批判的应有方法，也是本成果的研究中使用的方法。其中，文献学方法又包括版本学、目录学、校勘学、辑佚学、辨伪学、注释学等使用的方法。科学研究的一般方法包括归纳法、比较法、综合法、分析法。历史学方法包括计量史学、观念史学、后现代史学等使用的方法。文艺学的本位方法包括文本发生学、传记批评、版本批评、副文本理论等使用的方法。

二、成果的主要内容和重要观点

本成果包括正文十章和附录一章。

第一章"史料批判"认为，史料是历史资料或历史材料的简称，即研究和编撰历史所需要的各种资料或材料。史料批判正是对这种广义的史料或史料源的批判。"批判"一词在古今中西都经历了一番演化，直到 20 世纪 80 年代以后，不仅通过哲学、美学使用的康德的"三大批判"，也通过文化、文学领域使用的大众文化批判，以及史学领域使用的史料批判，还通过思维学、逻辑学中使用的批判性思维等概念和理论，才完成对"批判"一词的政治性的过滤，使其向纯粹的学术性、学理性意涵返转和回归。只要贯穿的是一种学理分析，它既可以是正面的评鉴，也可以是负面的挑剔，更可以是质疑、反思、否定等。史料批判则是一个纯学术性的概念，这个概念译自德文 Quellenkritik 或英文 source-criticism。这个概念也可以说是"史料"与"批判"两个概念的组合。其意也就是用学术性的批判态度去处理史料问题。在中文文献中，最早把"史料"与"批判"联系在一起的应该是梁启超。史学家朱本源在八九十年代写成的《历史学理论与方法》一书才明确地、反复地提及"史料批判"或"史料学批判"的概念及其历史、方法等。西方的史料批判（学）大体上就是中国的考据（学）或考证（学）。进入 21 世纪以后，中日史学界提出了一种新的史料批判，一种比传统的史料批判更深入且带有后现代史学色彩的史料批判。现代文学的史料批判是以现代文学的史料尤其是文献类史料作为批判的主要对象的学术活动，对史料不仅强调有同情的了解，更强调有批判的了解。在整个批判活动和批判过程中，需要葆有的也应是一种实事求是、多闻阙疑甚至不疑处疑的理念和态度。

史料批判的核心方法是史料学和文献学积累、发展出来的学科基本方法，也即朴学方法，包括辑佚、目录、版本、校勘、辨伪、考证等方法。它还需要或融合科学研究、史学研究的一些一般方法，如归纳法、比较法、综合法、分析法等，也应吸收特殊的史学方法，尤其是一些现代史学方法，如计量史学、观念史研究、心理史学、后现代史学等的研究方法。既然是现代文学的史料批判，自然也少不了文学的方法，如文本发生学、传记批评、阐释学等使用的方法。从理论上说，史料批判方法应该是跨学科的"科际整合"之法，在应用中，则可以根据研究对象的特点有选择性地进行组合。

我们把完整的史料批判分为基础批判、深透批判、形上批判等三个层级。所谓基础层级的批判，是指对史料的基本质素的考究。史料批判必须面对的史料基本难题或史料原有的"基因"是史料的残缺、作伪、讹误、错乱、异同等。因此，史料的基础批判就是运用史料批判方法对这些基本难题进行处理。史料批判的最基本的任务就是成全补缺、辨伪正误、求同存异，从而使史料最终趋近相对意义上的真确性和完整性。这可以说就是通过史料批判来优化史料的质素。第二层级的史料批判可称之为深透层级的批判，主要是指从发生论、形构论层面批判史料。相比于基础层级的史料批判，它显然是一种更高层级的批判。传统的史料批判基本停留于基础层级，即主要关心史料的整与残、真与伪、对与错、同与异等质素问题，而深透层级的史料批判更关心史料的一些根源性、背景性、深潜性的问题，即史料的生成、形构、呈现等问题。基础层级的批判以对史料的搜集、整理、鉴别、考证为主，深透层级的批判则在此基础上对史料进行检讨、反思甚至否定和解构。第三层级或最高层级的史料批判是所有人文学科包括现代文学史史料批判面临的共性问题，是关于史料的形上层级的批判，上升到对史料的本质属性和史料观等的批判和追问。这是更抽象层面的或曰哲学层面的批判。站在第三层级史料批判的高度，我们首先应该辩证地看到现代文学史料的多种二重性。史料的基本属性正是这多种二重性的矛盾统一，如，史料的基本属性是客观性和主观性的统一、材料性和话语性的矛盾统一、历史文本性与文学文本性的矛盾统一。形上层级的史料批判还应批判两种史料观：一是史料虚无主义，一是史料至上主义。最后，形上层级的史料批判还需要超越所有层级的史料批判，对史料批判这种学术实践和学术行为本身进行反观和反思。

第二章"史料分类批判"认为，史料类属的划分，从本质上说也是一种知识控制，是对史料的分类控制。其控制是否得当、合理、完满，当然值得深入批判。史料分类其实首先取决于我们对"史料"的定义，应认同一种广义的史料概念，即史料是遗留的和后生的各种可用于历史研究的材料。这就可以最大限度地扩展史料的外延，又将其内涵限定于可作历史研究之用。历史学界对史料有各种不同的分类，中国现当代文学研究界对史料的划分也一直处于摸索之中。如果考虑到现代文学的史料主要形式载体是文本，同时又要涵盖其他史料载体类型，我们可以以"文本"为中心进行史料类属划分，可以用正概念"文本"与其负概念"非文本"的二分法去涵纳所有的现代文学史料类属。这样，现代文学史料谱系即如图1所示。

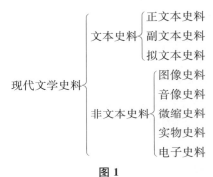

图1

当我们以文学为中心谈论史料类属划分时，可以以文字或文献史料为主要对象，现代文学的史料分类又可如图2所示。

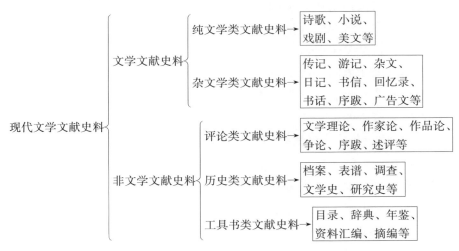

图2

　　而以价值标准来划分史料类属，实际上是更概括、更抽象意义上的划分方法，这就涉及了史料的价值类属划分问题。我们可以批判地借鉴傅斯年的划分法，并挪用于现代文学史料类属的划分：其一，直接史料对间接史料；其二，经意（有意）史料对不经意（无意）史料；其三，官方史料对民间史料。还有其他几类对举史料，一是"本国的记载对外国的记载"，二是"近人的记载对远人的记载"，三是"口说的史料对著文的史料"。我们还可以从梁启超的论著中概括出两对对举的史料类属：一是"积极史料与消极史料"，二是"意义重要的史料对意义屑小的史料"等。这样，在史料类属划分上，既突出了一种价值上的辨识度，又强调这种价值的相对性。以上我们分别从史料的承载或表现形式、体裁特性、价值类属三个层面完成了史料分类问题的讨论。把这三个层面统合在一起，就基本建构了一个现代文学史料分类的较完整体系。

　　第三章"辑佚批判"认为，辑佚是中国古代文化传承中的一种悠久的学术传统。辑佚作为一种重要的史料批判方法，在古今之间有异有同。古典文献往往存在原书已经亡佚但其内容又残存于其他书籍的情形，辑佚就是辑录出这些散佚的文字以便恢复原书或部分地恢复原书。现代文学文献的辑佚往往指的是对"集外"文的辑录。古典文献的辑佚主要源于书籍，是所谓"书海寻书"；现代文学文献的辑佚主要搜寻于报刊，是所谓"刊海寻书"。辑佚其实就是对所佚文献的重新发现，要想发现就得借助一些特殊技艺：第一可以通过对报刊和文章性质的判断来预测佚文的来源；第二可以通过对文献或口述线索的追踪而获取佚文；第三可以经由笔名去发掘作者佚文；第四就是通过作品的广告或广告文去发现佚文。有关辑佚的更深入的批判应该包括两个问题：一是关于辑佚的学术规范问题；二是关于辑佚的价值问题。所谓学术规范的批判是指对辑佚中出现的漏、滥、误、陋等不规范现象的批判，进而建构辑佚所应遵循的基本规范。要避免"漏"，辑佚当求全、求备。要避免"滥"，辑佚当求准、求正，即要准确和正规。要避免辑佚之"误"，就要本着求真的精神。要避免"陋"，当在辑佚中求原、求源、求流。现代文学文献的辑佚当然也需要进行价值批判，这首先要辨伪。对辑佚的价值批判还应有其他一些角度。从文学经典化的角度看，辑佚一方面有助于现代文学的经典化，因为辑录出好的作品或文献有可能改变文学经典秩序，但总的来说，辑佚又是一种反经典化的学术行为。佚文的价值需要在更深入的阐发中才能充分地凸显出来，重要的方法可能有两种：一是通过比较来彰显佚文的价值；二是通过具体定位揭示佚作的价值。现代文学文献的辑佚实践可转化为不同的辑佚成果形态：一是佚文单集，即把作家的集外佚作单独编为一集，有的直接叫"集外集"；二是拼合型佚文集，即把佚文与非佚文拼合，通常是集外文与成集文拼合在一起；三是佚文考释，主要是指对佚文的考证与论析，可以是论文或论文结集的著作，通常会附录佚文或将佚文嵌入论文之中。

第四章"辨伪批判"认为，辨伪在中国源于一种疑古惑经的传统，是古典学术研究中搜集史料、鉴别史料的一种重要的学术方法，也是我们所谓史料批判中的一种技艺。辨伪其实要涉及伪书、伪文、伪本、伪事、伪史、伪说等具体内容，为论述方便，前三项可概称伪书，后三项可概称伪事，因为伪史可归入伪事，伪说主要指对伪史、伪事的叙述和解说。所以，"伪书"和"伪事"二词可涵盖辨伪的所有内容。中国现代文学研究也需要辨伪这种学术方法，因为现代文学的文献史料中存在大量因盗印、剽窃、翻译、归属、虚构等造成的伪书和伪事。《新青年》的"双簧信"事件是现代文学造伪和辨伪的一个典型案例和象征。近百年的现代文学辨伪大致可分成论争型、政治型、学术型等三种类型。最先出现的是论争型辨伪。这是指一些文学论争中含有辨伪的成分，或一些大的文学论争中所含的小论争其实就是辨伪。现代文学辨伪中还存在一种政治型辨伪，或某些学术型辨伪中包含着政治问题。学术型辨伪是一种注重学术规范、追寻学术价值、遵循辨伪律、采用辨伪法的辨伪类型。前两类辨伪都是未完成态，终将走向学术型辨伪。而真正的学术型辨伪必须遵循适用于现代文学的辨伪律和辨伪法，辨伪律使我们辨伪时不致迷失，辨伪法则能提供效用上的帮助。"辨伪律"这个概念是现代辨伪学家张心澂提出的，他较全面地总结出六条辨伪律，它们也基本都适用于中国现代文学文献的辨伪。我们也应该有一些切合于现代文学文献的辨伪法：利用作家手稿辨伪，借助作家的自述文字辨伪，在文本互见中辨伪，等等。辨伪本身就是一种对史料真伪的批判。史料还应被置于学术价值、思想价值、社会价值等不同层面的批判之中，因此更需要取一种超越的姿态。

第五章"版本研究批判"认为，版本是书、刊的表现形态，对版本的研究则是一种史料批判实践，这种实践形成的学问就是版本学。中国现代文学版本研究最基本的知识学工作是考识版本本性，包括版本的物质形态表征和版本内容构成特性。在此基础上，版本研究的新路径是必须从版本视域进入文本视域，了解作品正文本与副文本在文本建构和阐释中的功能和作用。当我们把"版本构成"置换为"文本构成"时，正文自然就是正文本，其他的版本构成因素则都成了副文本。这时，最重要、最微妙的变化是正文中的标题、副标题、笔名、题辞、注释等都可以纳入副文本中。版本研究还必须进入变本视域，厘清原文本与各种变本之间的变异关系，包括作品的传播载体发生改变时形成的变本，审查制度造成的删节本、伪装本等变本，书商盗印产生的变本即盗印本，迎合性修改导致的变本。于是，现代文学版本研究就主要集中于三个关键词：版本、文本、变本。与版本相关联的是版本学、目录学和校勘学等的研究；与文本相关联的是文本发生学、阐释学等的研究；与变本相关联的是创作学、语言学、修辞学、观念史学等的研究。因此，版本研究最终必然体现为一种科际整合研究。现代文学版本研究的著述形态既可以与传统的版本研究成果形态类似，更可以有新的著述形态。如，可以落实为校读记、书话等不同的著作形态，而终将走向更具学术价值的版本批评。版本批评超越了传统的图书版本研究，为单纯的版本考辨研究注入了更多的问题意识，是一种关注文学特性且具有史料批判意识的版本研究方式。

第六章"校勘批判"认为，校勘是古典文献整理中的一种技艺和方法，也可以说是根据古典文献的不同版本及相关资料，比较它们的文字（含字词、语句乃至篇章）的异同，审定其中的正误真伪这样一种史料批判活动。中国现代文学文献存在与古典文献一样的误字、脱文、衍文、倒文等错误和异文，更存在其特有的阙文、斧削文、修改文等异文类型，需要全面、系统地校勘。古典文献从校勘实践中总结出来的校勘方法，如对校法、本校法、他校法、理校法也适用于现代文学的校勘。中国现代文学文献的校勘与古典文献校勘有同也有异，它可分成两种类型：一种是复原性校勘，一种是汇异性校勘。复原性校勘以求真复原为目标，原则上是校异同而定是非，尤其是遇到明显的错误时可以用活校法。汇异性校勘则以求真存异为目标，其特点是只校异同却不定是非，一般采用死校法和对校法。它针对的是作家自己的修改造成的变本及其异文。这两类校勘都必须解决一些核心问题，这些问题涉及校勘学的理论问题，也是这种史料批判方法的实际操作问题。首先是底本及校本的选择问题，其次是非实质性异文的校勘问题，再次是作者意图问题，然后是作者权威问题，最后是校勘中的真善美问题。现代文学文献的校勘不必拘泥于"校勘记"一类概念，而可以称之为成果类型。这些成果类型主要可以呈现为以下形式：一是借身于一种版本。这是一种依附于原书并使原书发展成一种新的版本的校勘成果，如校正本、精校本、汇校本等。二是校勘专述。指不录原书全文，只记录校勘所得，单独成书、成文的成果类型，也可称为单行式校勘记。三是复合型校读记。它不是纯粹的校勘论著，而是以校勘为根基，既与原书、原文复合，也与其他一些史料批判方法复合，甚至与文本学、阐释学等文学研究方法复合。四是校勘成果的序跋和凡例等。已有的某些校勘成果由于知识学的缺席，尚有学术质量提升的空间。

第七章"目录实践批判"认为，目录可以说是一种著述形态，而编撰目录则是一种史料批判实践，对这种实践的理论和方法的总结即为目录学。目录是目与录的合称。目前出现了重目轻录或有书名、篇目而无叙录的现象，于是目录蜕变成书目，目录学也只剩下书目学。这已偏离了中国传统目录的学术宗旨。中国传统的目录从形态上重视叙录（即题解）一类的叙述、说明文字，从功能上偏于考见学术源流。中国现代文学文献的编录（目）实践从新文学诞生不久即已开始，近百年来出现了四次目录实践高潮。现代文学目录的功用可概括为四大方面：首先是广告、传播功用；其次是整序（控制）—检索功用；再次是辅助、导读功用；最后是学术研究功用。现代文学文献目录编撰最主要的缺失应该在专题目录。专题目录是最能体现问题意识的目录，它直接对应于某一学术主题和问题，是更见学术功力和学术价值的目录。现代文学文献目录也应该被视为一种特殊的现代文学史和学术史。目录更应该是现代文学研究中的一种重要著述类型。由于目录有目无录的趋势，由于图书馆目录的重目轻录倾向，也因为传统学术方面的知识学缺失，现代文学研究界在观念上对目录的价值、功用缺乏正确的认知，在实践上也不重视这种著述类型。

第八章"考证方法批判"认为，考证又称考据、考核等，是古典学术研究中鉴别史料、解决具体学术问题的一种方法和学问。作为方法的现代文学考证学承续的是中国古典文史研究的考据传统。传统考据学在经历了其鼎盛和衰落之后，在20世纪二三十年代又走向兴盛，转型为现代考证学，复在受挫中有所发展。现代文学研究的考证工作早有人尝试且在20世纪80年代小有成绩，但直至进入21世纪才真正得到重视和践行。现代文学考证学为寻求合适的证据，通常需要进行证据二分以大致评判其性质和价值；而如何去"证明"则涉及方法问题，一般有逻辑思维法、调查观察法及其他辅助考证法等。现代文学考证学是广涉之术，涵盖文献史料的外部考证和内部考证；文献史料学的各学科分支都需要运用考证术；同时还要有地理、政治、法学等不同学科的知识"支援"。现代文学考证学是较高级的史料批判方法，但我们仍应给予它一种恰当的价值批判，即它应该定位于"述学"，有别于索隐法，不等于烦琐考证，不提倡默证和"过限"考证。只有更多运用辩证法，它才能真正成为科学的考证术。

第九章"注释批判"认为，注释在中国是一种源于注经而普及于注子、史、集部的悠久学术传统，注释也可视为现代文学文献史料整理中的一种史料批判方法。注释有旧注、新注与今注之别。"注"，从其本义说，就是"灌注"，文献的注释也就是对文献文本的文字"灌注"和意义"灌注"。注释最主要的特点是全面的细部"灌注"，即扩散到文献的语言文字细部，同时全面覆盖文献的诸多内容。对现代文学文献的注释也基本上具有这样的特点，只是范围略有伸缩。如，关于作品结构、技巧、章法等的评点已经交给文学批评，不必进入注释范围。现代文学文献在其初刊、初版时多是白文本状态，随着时间的推移和文献的重印，作者开始在文献上添加自注，更多的情况则是他人（编辑、作者亲属、研究者等）叠加新的他注。于是，多数文献渐失其白文本面目而被改造成了注释本，导致了其文本的再建构和篇幅上的扩容。但注释所要实现的基本目标其实是使文献所含有的信息、知识、内涵、背景等得以"著明"。注释作为一种史料批判方法，其价值体现在能为文献史料的解读提供真确的知识，但一经注释也可能出现失注、偏注、错注、误注、臆注、妄注、伪注、讳注等现象，由此就产生了注释之蔽。注释之蔽，缘于注释的文本简短、注释者的学养不足、意识形态的干预等原因。

第十章"汇编批判"认为，汇编是一种文献知识控制，指用具体形式（体）对文献史料的秩序化、专题化或完备化的辑录、集合或重组活动，是史料批判的最基始的工序。关于文献史料，如果从其内容的来源或内容性的体裁角度说，大约可划分为三种——著作、编述和汇编，相当于古代的"作""述""论"。汇编是对所有著作和编述成果及汇编成果的再处理。中国现代文学文献史料的汇编形式包括刊汇（期刊、副刊）、集汇（别集、总集、丛书、类书、选本）、库汇（电子数据库）等，它们有各自的内容、形式、特点和方法。文献汇编对古今文献的生产、传播、控制、研究等都具有极为重要的功用和价值。文献汇编自身的分类、排序等方法固然重要，但更离不开其他的史料批判技艺。要使汇编对文献建设的负面影响降到最低，也需要运用众多的史料批判技艺。汇编可定性为一种不同于"作""述"的纯文献学的学术行为和学术成果。如果对其众多形式（体）的"编"再做性质上的区别，则可分为原编与再编，选编与全编，它们体现为不同的史料价值。

附录一章"史料派——中国现代文学研究的重要一脉"认为，中国现代文学研究存在一个绵延已久的史料派。它主要是一个学域性学派，但也包含有某种师承的性质。它的生成有一个较长的历程，百年来至少有四次较大规模的现代文学史料研究浪潮在为其推波助澜。史料派其实又可分为四种不同的派别：一谓史料考证派，也是史料研究的主流派；二谓史料散文派，主要是指现代书话派；三谓史料阐释派；四谓史料学建构派。史料派具备称派的一些外在表征和条件，如时长、刊物、核心成员等。史料派还具有特定的学术范域、共同的学术关切和层叠性的研究方法。史料派还延续了中国传统汉学研究，尤其是乾嘉学派的朴学风格。只有史料派的存在，才能保障现代文学研究具有更好的学术生态。史料派既是根基派，又是史料批判派和限制阐释派，最后，史料派还是学术推助派。

三、成果的学术创新、应用价值以及社会影响和效益

1. 学术创新

本成果是中国现代文学研究界第一部从史料批判角度研究现代文学史料的论著，是运用批判性思维对现代文学史料批判的内容、规范、方法、价值等的一次较完整的总结和反思。它在现代文学史料学知识的系统化、史料方法的整合性、史料批判理论的层级建构等方面都有一定的创新性。

2. 应用价值

首先，本成果避免了教科书式的简单的知识性介绍和偏狭的写法，显示了一种系统性、逻辑性、理论性，有助于中国现代文学史料学的建设。其次，本成果有助于纠中国现代文学研究的泛理论、轻史料之偏，也为拓展和生发中国现代文学研究的学术维度和研究空间提供新的可能性。最后，在更实际的层面或文学研究教学的层面，本成果有助于当前现代文学研究界的学术规范和优良学风的建设，对一般研究者和学生来说，在史料研究方法论的指导上，也应有所裨益。

3. 社会影响和效益

已发表的相关前期成果中有 2 篇刊于《中国社会科学》，1 篇刊于《文艺研究》，2 篇被《新华文摘》《中国社会科学文摘》全文转载，其他 4 篇也被转载或转摘。多篇论文被多次引用，有的论文被引达 75 次。专家对本成果做出好评，如有专家认为笔者的现代文学考证学研究论文是 21 世纪以来史料学研究"超越了经验论阶段而进入理论性阶段"的代表作，"既显示了现代文学史料学在理论思维上所达到的时代高度，所具备的时代特点，同时也显示出了现代文学史料学理论在发展进程中所面临的问题和解决的可能路径"。有专家认为该文"会对青年学者进入中国现代文学研究提供很多有益的帮助"。相信本成果完整本的出版会产生较好的学术反响。

《清代少数民族文学家族研究》概要

多洛肯*

一、研究的目的、意义及方法

1. 研究的目的和意义

通过了解一个富有代表性的文学家族之诞生和发展，足以窥探出一个地区的人文、社会、政治状况和发展背景。家族是折射社会状况的一面镜子，通过一个家族的兴衰起伏亦能读懂一个朝代的安稳动荡。清代少数民族文学家族通过文学建立起了人际交往的网络结构，通过文人所进行的文化活动，寻根探源，亦能发现时代的潮流和大风向。家国情怀，由家入国，后人的家国观念都是从家族认同深化为国家归属，清代少数民族文学家族成员正是在颂祖德、述家功的真挚文笔之中，将历代宗功之追思转化为国家豪情，形成独特的慷慨豪迈的风格。无论从文学自身的传承状况，还是从地域文学的流变来说，研究少数民族文学家族文化都是解读地域文化的恰切途径。

文化的发展，是经世累年不断积蓄、进步的过程，文人们都是在对先贤的记忆中成长的。清代少数民族文学家族是在民汉文化交融的文化背景下形成壮大的。汉文化尤其儒家文化在我国少数民族中传播范围广泛、影响历史久远。少数民族文化对儒家文化的价值认同以及多民族文化的互摄交融，促进了我国多民族文化的发展格局。汉文化尤其是儒家文化的传播，特别是学

* 多洛肯，西北民族大学教授，博士生导师。

校教育的推广对清代少数民族地区儒家文化传播所起的关键作用,可以从官学、书院、义学、社学、私塾等方面进行细致梳理与考察。清代是中国历史上第二个由少数民族建立的全国政权,清朝对八旗、各地的回族、南方地区的少数民族,采取了不少促进其社会经济发展的措施,为民族地区儒学的传播打下了一定基础。

清代少数民族文学家族的研究,意在深度挖掘清代少数民族文学家族文学创作文本和创作环境的阐释意义,以及清代少数民族文学家族存在方式的背后价值。清代少数民族文学家族以其巨大的文学创造力和传承力,用文字记录行知,以文学方式展现历史和社会风貌,其影响激荡边疆、声闻中华。清代少数民族文学家族充分展现独特的地域文化色彩,将其民族特色凸显出来,在著述中书写国泰民安之愿。同时,这种研究也因为具有民族文化交流的意涵而体现出更高的学术价值。有清一代 270 余年,是中国古代民族迁化衍生、分布情势的定型期,是各民族文化在广域间深度交流互动的新的高峰期。清代少数民族诗文创作蓬勃兴起,超越前代,其文学创作对清代文学的繁荣起到了重要作用。清代少数民族作家的文学创作既是本民族的,又是汉语文文学的光辉篇章。各少数民族文士的汉语写作,曾经发挥着极为重要的导引、推动作用,为少数民族文学书写新篇章的同时,也为汉语文文学的发展壮大做出了贡献,达到了古代少数民族文学史上的最高水平,应该予以特别的关注和系统、深入的研究。

2. 研究方法

本成果从参阅大量文献入手,运用文献法、质化研究、阐释学、媒介生态学以及比较研究的方法等,对清代文学家族进行个体与整体间的比较研究。以文献学为基础,充分搜集相关材料,以诗文集为中心,尽力搜集府志、碑刻等史料展开研究。对一个家族及其文学的研究,不仅需要熟悉家族家谱、年谱等家族基本资料以把握家族整体状况,还需要对家族成员的诗文集进行细致分析,掌握家族成员文学创作成就和特点以及家族文学整体风貌,同时,也应该尽量利用方志、碑刻等资料再现家族历史原貌。本成果在尽力收集整合各种资料的基础上,对家族及其文学进行深入探讨。运用文史结合之法,借鉴社会学、文化学的研究方法,将家族成员的文学研究置于同时代文学语境中考量并评价其意义。本成果始终将各少数民族文学家族置于清代文学和学术的流变中考察，力图清晰地展示各少数民族文学家族及其文学发展历程。如周锦国先生所写的论文《清代白族诗人师道南及其名作〈鼠死行〉评析、考订》，有力地反驳了付友丰所作《师道南和他的绝唱诗〈鼠死行〉》中师道南创作《鼠死行》的时间谬误，这就是文献法的创造性运用。

媒介生态学，又称传播生态学、传媒生态学。媒介生态学的研究涉及媒体环境，并强调其在社会、文化和心理上的影响。媒介生态学研究对个人和社会产生影响的媒体形式，包括政治、经济和社会组织方面。清代的传播途径虽然受到经济、政治、交通等各种条件的限制，但是赵氏师氏文学家族成员通过诗集的印刷、文人间的交往唱和、组团结社等形式传播了文学，甚至形成了西南地区名动一时的文化圈。清代白族赵州师氏文学家族也凭借文学的传播，造就了一种地方上的文化现象，这种文学世家在地方上产生的影响要远远大于成就突出的个人。

最后通过比较研究的方法，在对各种资料广泛占有的前提下，将各少数民族文学家族成员的诗歌创作内容、形式以及风格特色进行归纳总结，再做比较分析，探讨其整个文学家族诗歌创作上的共同特征，求同存异，以求客观、具体、翔实地展现一个文学家族对地方文学所做出的贡献。

二、成果的主要内容和重要观点

1. 主要内容

文学家族的出现是从魏晋时期一直延续到近代中国的一种特殊的、极具研究意义的文学现象。这是在师友、流派之外的另一种文学创作共同体力量。这已成为文学界和史学界共同关注的热点，成果蔚为大观。纵观近百年来，清代家族文化研究仍主要集中于江南地区与中原腹地的汉族高门大姓。就目前资料来看，对于少数民族文学的研究则主要集中于成就突出的个人，但是，少数民族文学家族作为文学和文化领域中一种独特的共同体力量，开始进入研究者的考察视野，成为近年来古代文学研究领域新的学术增长点，并有所建树。这也是对少数民族文学发展的极大鼓励与支持。论及清代少数民族文学家族的论文有十来篇，陈友康《古代少数民族的家族文学现象》论及赵氏（白族）、桑氏（纳西族）两个文学家族。李小凤《回族文学家族述略》粗略梳理了明清时期的回族文学家族，并浅析了回族文学家族产生的原因。王德明《清代壮族文人文学家族的特点及其意义》《论上林张氏家族的文学创作》两文对清代壮族文学家族进行了一定的梳理与论析。多洛肯、安海燕《清代壮族文学家族及其诗文创作》对清代壮族文学家族中的作家、诗文作品进行全面考察，指出壮族家族文学在地域上分布不平衡，并将其与同时代的满族家族文学、蒙古八旗家族文学、云贵少数民族家族文学（主要是白族、彝族、纳西族）进行比较研究。米彦青《清代边疆重臣和瑛家族的唐诗接受》与《清代中期蒙古族家族文学与文学家族》两篇论文，对清代蒙古族文学家族尤其是和瑛家族进行了较为系统的考察和探析。全面考察八旗蒙古文学家族文学活动的论文有多洛肯《清代八旗蒙古文学家族汉语文诗文创作述论》和《清代后期蒙古文学家族汉文诗文创作述论》。涉及满族家族文学的仅有多洛肯、吴伟《清后期满族文学家族及其诗文创作初探》和《清代满族文学家族文学创作叙略》。二文立足文献，对清代后期 45 家和整个清代出现的 80 家文学家族进行了全面考察与评述。这些研究成果仍需不断充实与深化。

我们要深入地考察梳理清代少数民族文学家族文学创作的基本情况，需摸清现存诗文别集的存佚情况、流布现况。清代少数民族文学家族的文学创作繁盛突出的表征是一门风雅。一门风雅反映出清代少数民族文学家族内部文人化的聚合状态。清人诗文集浩如烟海，少数民族文学家族成员创作作品分散庋藏各地，有不少还是未经刊印的稿本、钞本，有些刻本仅存孤本。为防文献散佚，必须对这笔文化遗产进行调查、摸底，将之进一步整理、辑录。这些文学作品蕴含着丰富的历史文化信息，是我国古代文学重要组成部分。据对现有相关文献资料的调研摸底，清代满族文学世家有 95 家，家族诗文家 270 人，别集总数 360 部，散佚 115 部，存诗人数 238 人；回族文学世家 14 家，家族诗文家 53 人，别集总数 91 部，散佚 25 部，存诗人数 34人；蒙古族文学世家 16 家，家族诗文家 31 人，别集总数 44 部，散佚 5 部，存诗人数 10 人；壮族文学世家 11 家，家族诗文家 33 人，别集总数 28 部，散佚 18 部，存诗人数 16 人；白族 8 家，家族诗文家 18 人，别集总数 26 部，散佚 15 部，存诗人数 18 人；彝族 6 家，家族诗文家 14 人，别集总数 9 部，散佚 3 部，存诗人数 11 人；纳西族 6 家，家族诗文家 11 人，别集总数 13

部，散佚 3 部，存诗人数 11 人；土家族 9 家，家族诗文家 53 人，别集总数 31 部，散佚 25 部，存诗人数 45 人；布依族 1 家，家族诗文家 3 人，别集总数 6 部，未散佚，存诗人数 3 人。摸清家底，为深入考察清代少数民族文学家族文学创作情况奠定了坚实的文献基础。编纂一部清代少数民族文学家族诗文总集，并做相应学术研究，是一项重大的基础工程。这项文献整理大工程应该尽早提到学界的研究日程上来。

本成果主要分上下二编。上编为清代少数民族文学家族整体性研究，包括绪论及第一章至第六章。绪论部分主要对本课题的国内外研究现状、研究的目的和意义做全面的梳理与归纳，对课题所采取的研究思路与方法进行简明扼要的说明，并指出本研究项目的学术价值与社会意义。第一章为清代满族文学家族综述，第二章为清代回族文学家族综述，第三章为清代白族文学家族综述，第四章为清代纳西族文学家族综述，第五章为清代彝族文学家族综述，第六章为清代蒙古族文学家族综述。一个家族是社会的一个单元，作为社会结构中的一部分，必然与特定时代的文化背景构成一种社会互动关系，成为整体的社会文化结构中一个有机的组成部分。而且，在数百年的历史演进过程中，一个家族的历史变迁本身就蕴含着深刻的文化意义，因此，对家族文学的研究必须用社会学、文化学的眼光来审视。本成果各章都尽可能地贯穿这种眼光，力图在有清一代历史变迁的文化语境中，深入地考察家族文学的具体状貌及其文化内涵。另外，汉族文士与少数民族文士在交往过程中留下的大量诗文唱和的作品和文学批评文献，也因为学科视野的局限而经常缺席于对古代少数民族文学和文论的整理和讨论。但是，正如王佑夫先生所说："在我国少数民族文学理论批评发展历程中，汉族学人做出了积极而不可或缺的贡献，他们的著述应被视为少数民族文学理论批评的组成部分，纳入研究范围之内。"（《拓展民族文论研究》，《西北民族研究》2013 年第 4 期）实际上，有关汉族对少数民族文学批评的研究，不仅不会妨碍到少数民族文学学科的"纯洁性"，反而可以极大地充实少数民族文论的武库，拓展少数民族文学研究的范围和视野，使得相关的研究在深度和广度上都得到提升。同时，这种研究也因为具有民族文化交流的意涵从而体现出更高的学术价值。

下编为清代少数民族文学家族个案研究，由清代大理白族师氏家族文学创作研究、清代纳西族桑氏家族文学创作研究、清代回族福州萨氏家族文学创作研究、清代彝族姚安高氏家族文学创作研究、清代满族汉军蒋氏家族文学创作研究、清代布依族莫氏家族文学创作研究六章组成。本课题选取的文学家族时间限定在清代，少数民族文学家族成员所遗留的作品即是我们所需要的文献资料。因此，笔者曾数十次到全国各个图书馆以及民族地方文献馆搜集、整理清代少数民族家族的文学作品。而文献法的历史特性还是一种相对性，这种相对性体现在文献资料的搜集上就是先于研究者的研究成果都可以作为研究的一部分，这为后来的研究者的学术研究提供了便利条件。文献法的灵活性主要表现在其操作上，文献法无须受到时空等条件的限制，自由灵活，这让研究者可以在假期等闲暇时间前往目的地搜集第一手文献资料。文献法的运用本身就是继承与批判的过程，其根本目的在于比较和借鉴，对原有文献进行新的组装、升华，从中发现新观点。古代少数民族文学家族研究，无法绕开作家和批评家的身份问题，但是也因此让人产生了两点疑问：一是作家是否具有身份意识，作品是否有民族特征；二是汉族文士对少数民族作家的批评是否应纳入研究范畴。相比于当代作家，古代的少数民族文士，尤其是南方的少数民族文士并非一定有明确的身份意识，即对自己少数民族身份的自觉体认，因此也就不会在作品中刻意表现"民族特征"和"民族风情"。相反，对中国传统诗文主流美学风格的追求却成为这些文士的首要目标，如少数民族诗人对唐、宋诗风的刻意模仿。史实如此，研究者大可不必苛求，也就不用因为"民族特征"这个标准的存在，而在少数民族文士的诗文作品中去刻意搜寻、强为之说。相反，恰恰应该重视少数民族文士非"民族化"特征作品的意义，即少数民族文士能够纯熟运用汉文创作富有主流美学风格的诗文，以及这种创作实践的产生、发展过程，从一个侧面证明了中华民族多元一体格局的形成自古已始、源远流长。

2. 重要观点

在中华多民族文学史上，清代少数民族文学家族诗文创作具有重要的地位，以往的研究过于分散单一，偏重于单个作家的研究，缺乏整体性的观照。从各民族文学交融的角度研究中国古代文学当是重要而有科学依据的，并且唯其如此才能真正反映祖国各民族所共同创造的中华民族文学的丰富性与多样性。同时，亦可对加强民族团结，树立民族自信心，科学认识中华民族共同体意识提供有说服力的实证材料。

清代少数民族文学家族诗文创作文献，是我国优秀的传统文化和中华文脉的重要组成部分，系统地整理好、运用好这批文献，可以反映中华民族历史上"你中有我，我中有你"的融合过程，生动地见证中华民族多元一体的形成，可以为创造新时代各民族共有精神家园提供有益的学术借鉴和丰富的思想资源。中华文化的多元性源于中华民族多元一体的核心特征，存在于中华大地上的 56 个民族，在分布上交错散居，文化上兼收并蓄，经济上相互依存，情感上相互亲近，形成了你中有我、我中有你、谁也离不开谁的多元一体格局。我国幅员辽阔、民族众多，不同的自然和社会环境，创造出各具特色的民族文化。作为民族的灵魂，优秀民族文化凝聚着民族共同思想，规范着民族生存行为。在我国，各民族都对中华文化的形成和发展做出了贡献。因此本成果的研究具有重要的现实意义和深远的社会意义，也符合国家战略需要。

我们在当下的学术发展、知识更新和范式转型中，需要重新梳理、塑造、弘扬中华文化的丰厚遗产。中华民族的文化历来有着多元一体、和而不同的传统。丰富多彩的中华文化是各民族共同生活的结晶，也是铸牢中华民族共同体意识的源泉。我国各民族在文化上一直处于相互影响、相互吸收、相互借鉴的互动交融状态，它们共同构筑了中华文化的历史基石。丰富多彩、各具特色的民族文化交相辉映，共同形成了中华文化精彩纷呈的多样性和蓬勃绵延的生命力，使得中华文化呈现出博大精深、源远流长的特征。研究文化认同问题，一定要认识到最终形成的中华文化绝不是所谓既不属于汉族又不属于少数民族的第三种形态的文化，而仍然是以儒家思想为核心的中华文化，是不同民族文化相互碰撞、相互影响，最终形成的以儒家文化为核心的全新的中华文化。这为日后的中华文化繁荣发展奠定了基础，也是铸牢中华民族共同体意识的价值基石。

在中华多民族文学史观的指导下，对有清一代少数民族文学家族诗文创作进行全面整理和深入研究，可以清晰地再现少数民族文化与中原汉文化碰撞、交流、借鉴、融合的历史轨迹和整体面貌，揭示民汉文化相互影响的复杂关系。通过对回族、白族、纳西族、彝族、蒙古族、土家族、壮族文学家族诗文别集的考察与分析，可以清晰呈现出，清代少数民族文人的诗学观念、诗作技巧、思维方式早已与儒家诗学立场融合，大多数少数民族文人服膺儒家诗教，提倡温柔敦厚的诗学理念，重视文学的教化功能。这有助于拓展中国古代文学研究领域和重新审视现有文学史编写的狭隘范畴。

三、成果的学术创新、应用价值以及社会影响和效益

1. 学术创新

清代少数民族文学家族诗文创作方面的研究是极为冷落的，尤其体现在对少数民族文学家族的研究，这种研究现状不足以体现清代少数民族文学家族诗文创作的繁荣和特质。对个别作家及其作品的研究尚不充分，遑论系统全面的整体性观照。对清代少数民族诗文的研究多沿袭传统视角，需要不断更新研究方法，要有不同研究角度的介入，综合使用传播学、接受美学、民族文化心理学、民族学、语言学等诸多学科的理论和方法，全方位探讨清代少数民族诗文与汉文学交融的互动关系，总结其内在规律与外部原因。诚如论者所达成的共识，作为中华文化重要组成部分的中华文学，从来都是中华各民族交流融合而成的共有的文化血脉，但就研究而言，鲜有涉足清代少数民族与汉族之间文化与文学交汇、交流、交融的形态研究，缺乏对清代各民族之间文化与文学多元一体的综合性研究。本成果在这方面的研究是一个有益的尝试。

清代少数民族文学家族诗文创作文献整理与研究有待进一步完善和提升，需要站在中华文学史的全局视野下对其进行集大成式的文献整理和研究工作，以再现清代少数民族文学家族诗文创作的历史轨迹和真实面相，填补相关研究的空白。已有的整理和研究，与清代少数民族诗文文献之浩瀚反差太大，难以完整展示清代少数民族文学家族诗文创作与不同话语间碰撞、交融的历史叙述过程。为了更系统地再现清代少数民族文学家族诗文创作生态与民汉文学交融的全貌，对民汉文学交融过程中清代少数民族作家作品进行全面系统的深度整理，进一步深化与拓展清代民汉文学交融的研究非常必要。本成果的创新之一就在于对清代少数民族文学家的诗文创作文献进行了大量的搜集、整理和深入的研究。

2. 应用价值以及社会影响和效益

本成果的应用价值及社会影响主要体现在以下几个方面：

清代少数民族文学家族诗文创作内容庞大，牵涉极广。本成果首次在整体意义上对清代少数民族文学家族诗文创作文献进行大规模深入细致的整理，形成一个庞大的系统文献整理工程。它注重文献的集成性，需从正史、杂史、传状、碑志、年谱、序跋、诗话笔记、诗文集等诸多文献中搜集反映中国古代民汉文化交流的诗作及其他资料，包括唱酬、题咏、事迹、诗人评价、诗集情况及有关清代少数民族与汉族诗歌交流的文化制度背景材料等。所以，对清代少数民族文学家族诗文创作文献进行全面的整理和深入研究，有利于挖掘、抢救和传承珍稀文献资料，促进史料的传播利用，推动相关文化科研活动的发展；可拓展清代文学研究的新领域、新视野；可以挖掘民汉文学交融的历史过程，揭示民汉文学交融在中国文学精神和中华文化传统生成中的重要作用，阐明中华文学和中华文化的形成、发展和演变绝非汉民族一个民族所能承担与完成，而是由众多民族共同参与和共同促成的。

因此，应该在时间与空间多维视角的坐标上锁定清代少数民族文学家族诗文创作中的作家和作品，也就是把人、事、作品放到清代特定的时间与文化空间去考察，在更广的历史背景上迫近真实，在更高的审美境界上发掘价值，如此才能体现出它的意义和价值，显现古代中国学术多元繁复的话语谱系，从不同角度折射出学术文化色彩缤纷的风貌。另外也要将清代少数民族文学家族诗文创作与当时的诗文理论批评的演进紧密结合，进而在多层次的开拓中把握清代少数民族文学家族诗文创作与诗文理论交叉演进的规律。若忽视历史的真实与逻辑发展的规律，则难以得出科学的结论。

应该促进文献学与文学研究的真正融通，把资料的全面搜集整理与文学研究非常紧密地结合起来，也就是说我们强调文献资料在文学研究工作中的重要地位，把材料的考辨与意义的探究紧密结合起来。在中华文学史的长河中，有清一代的670多位少数民族文学家族成员的诗文创作是引人注目的。需要全面搜集整理清代少数民族诗文文献，将分存各地、星散八方的清代少数民族诗文文献搜罗殆尽，无论祖国各地甚至海外，都力争进行系统、科学、规范的整理，最后汇编成一部高水平的传世典藏，从而科学有效地保护传承清代少数民族诗文文献。在对有清一代少数民族诗文文献进行科学整理编纂的基础上，对清代民汉文学交融展开文学研究，再现清代多民族文学交融的历史过程，有助于加深对多民族文化交融的理解。

此外，本成果还具有特殊的后续学术人才培养的价值。在当今中国古代文学研究体系中，以汉族为主体的文学研究相对兴盛，人才培养亦成绩显著；古代少数民族汉语诗文文献研究则相对落后，人才培养堪忧。本成果对于中国古代少数民族汉语诗文文献研究后继人才的培养、学术梯队乃至相关学科的建设，带动整个西部人文社会科学的发展繁荣均有不可估量的重要价值。

外国文学

《俄罗斯民族文化语境下的巴赫金对话理论》概要

王志耕 *

一、研究的目的、意义及方法

研究目的：发掘俄罗斯民族文化中的历史对话文本，厘清巴赫金对话理论与俄罗斯民族文化历史对话文本之间的结构性关系，将被西方学界定位为后现代思想构架内的巴赫金对话理论还原为"俄罗斯"的理论。

研究意义：通过语境还原，重新阐释巴赫金的对话理论，将巴赫金理论与俄罗斯本土资源之间建立起结构性关联，发掘出其被西方理论所遮蔽的"俄罗斯性"；进而发现其理论中的人类文化建设性意义，使这一理论的文学价值含义获得新的提升。

研究方法：该研究涉及历史、文化、神学、宗教学、哲学、诗学及文学等多个学科，因而运用历史考据与文化诗学的综合研究方法，以揭示民族文化结构与相关文本现象之间的制约与影响机制，从而为相关领域的研究提供综合性跨学科研究的范例。

二、成果的主要内容和重要观点

国际上的巴赫金研究称为"巴赫金学"，相关研究可称汗牛充栋。但巴赫金之所以自 20 世纪 60—70 年代被介绍进西方即引发巨大的研究热情，原

＊ 王志耕，南开大学教授，博士生导师。

因是西方人发现，他们的后现代理论居然在半个世纪前巴赫金的论著中早已形成体系，于是，大量的研究都是在把巴赫金向西方的解构主义理论框架内"套"。而在俄国本土，巴赫金被"发现"时正是西方理论大量涌入的时期，他们在巴赫金身上发现的超前于西方人的思维特性，给了他们极大的自尊心满足，这些都使他们热衷于借着西方人的惊叹，而专注于巴赫金契合于西方思想的一面。正是在这样的背景下，人们忽略了一个十分重要的问题，即，巴赫金毕竟是一个俄国人，虽然他对西方文化史、思想史十分熟悉，但他首先是一个百科全书式的俄国思想家。那么，他作为一个创造了伟大的对话理论的思想家，其"俄罗斯性"是什么？我们必须对此做出回答。

就此，本成果将这一问题置于最基本的起点上，从俄罗斯本土的民族文化资源中寻找与这一理论的发生相关的主要内容，加以原始性审辨。具体的工作有如下两个部分：

（1）对巴赫金与欧洲思想的关系做出基本定位，从而引入俄罗斯的文化资源。

巴赫金的思想受到了自希腊以来的欧洲思想的深刻影响，从这个意义上说，把他定位于欧洲思想链条上的一环是没有问题的。但关键的问题是，需要看到巴赫金的独特性在哪里。比如，巴赫金对话哲学的基础是他的"行为哲学"，实际上属于道德哲学范畴，他自己承认这些思想受到了康德及新康德学派的影响，但我们应当看到巴赫金与这些思想资源之间的差异是什么。因此，本成果具体考察了康德、柯亨与巴赫金道德哲学的关系。尽管柯亨生活的时代离巴赫金并不遥远，但是总体上，他的哲学仍存在于康德哲学的框架内，就道德主体而言，无论是理性主体还是意志主体，都是二元论哲学的模式，即"主—客"模式。而巴赫金的道德哲学的内核是"行为"（поступок）和"事件"（событие），即消解了主体的优势地位，让它下降到与其他主体的平等交互关系之中，或曰具体"事件"之中。由此，它们彼此之间存在的不是互相承认对方为"目的"的关系，而是相互之间的"回应"关系，即"ответственность"。成果反复强调这个概念不能译为"责任"的原因，因为责任是主体对客体的关系，而"回应"是一种存在的本质关系，严格说来，任何一个对话者的发声都不是一个起始点，而是回应过程中的一个"行为"。此外，这个词也不能译为"应答"，因为"行为"不是一个主体发起的行动，而是一个"行为"整体中的一个环节。由此，巴赫金的道德哲学模式便形成了有别于康德学派的新的模式，即"主—主"的模式。成果接下来要解决的一个问题是，巴赫金的这种模式是从哪里来的。这便涉及了东正教及俄罗斯正教文化的某些结构性内容。

"道成肉身"（Воплощение）是基督教的基础教义，但它在东方教父的思想中占据了极为重要的地位，因而对这一教义的强调也成为东正教的明显倾向。有大量的巴赫金研究著述涉及这一教义对巴赫金的影响的研究。但这些研究中存在的一个关键问题是，把"道成肉身"观念视为巴赫金的人学思想的来源，而不是从这一概念本身所具有的叙事范式来切入与巴赫金的比照研究。也就是说，从这个东正教教义入手，这些研究者得出的结论是，巴赫金通过基督的"虚己"而认识到每一个对话者的"唯一性"，从而消解了独白话语中的绝对权威。这实际上是一种简单化的解读模式，这也是大家都在谈它的原因，因为不需要去考证"道成肉身"的教义形成机制，不需要去考察这些概念及相关思想的来龙去脉，而只是先验地把它认定为某种价值观，然后套到巴赫金头上就可以了。实际上，这一概念涉及复杂的教义内容，如人的原罪的发生、人的自由的获取、人的选择问题、人的神性的评定，以及有关这些问题的历史论争。完成这一系列事实和含义的考察，最后需要进入方法论的层面上来解决这一问题，即离开人学范畴，进入巴赫金所说的"行为哲学"的层面上来看待这一问题。即基督的肉身化，本质上不是提高了人的品性，而是恢复了人的本性，即由上帝所分有的属性。这也是巴赫金总是强调"应分"（долженствование）的原因，因为这个概念既强调了人的本性的唯一性，也强调了行为的"回应性"。

此外，既然行为具有唯一性，为什么进入"行为"或"事件"的个体还有一种"唯一的不可不为性"（единственная нудительность）呢？这就涉及俄罗斯正教的"聚合性"概念。尽管霍米亚科夫对这一概念做了解说，但像"道成肉身"的概念一样，同样容易把人们引入一个简单化的解读模式，即"多样性中的统一体"（единство во множестве）。这个模式可以简单地套在许多复调式的小说形态上，即个体的自由显现在平等对话的过程中，而对话的价值却指向作家的隐含的意图。而实际上，巴赫金一直用涵义整体（смысловое целое）或空间整体（пространственное целое）来表示话语的空间形式。那么，这个涵义整体或者空间整体指的是什么呢？当然不是作者的意图。解释这一问题，同样应当从"聚合性"概念的叙事范式说起。这个聚合性空间之所以是一个统一体，原因是存在一个超验的上帝，这个超验的上帝不是别的，是从人类的交往本能中抽绎出来的人类共性，而从叙事范式上来说，这就是对话的前提。简单地说，如果不承认这个涵义整体，任何个性的唯一性不但不能显现，而且其存在也变得没有意义，因为没有涵义整体的"事件"是不存在的。

从上述意义上说，如果说巴赫金的对话理论是一种道德哲学，它却不是在道德的层面上与东正教理念发生联系的，而是在叙事范式的层面上发生联系。也正因为如此，巴赫金创造了在本质上不同于康德道德哲学的"行为哲学"。

（2）将巴赫金对话理论置于俄罗斯民族文化语境中进行结构阐释。

我们对巴赫金对话理论的探源，受到了巴赫金所提出的"大时间"（большое время）观念的影响。尽管巴赫金理解的大时间，是把整个人类的存在史放在一个大的空间整体中来看待，但我们还是认为，不能让这个所谓空间整体漫无边际。因为在这个空间整体中，相对的差异性才是它存在的根本理由。这种差异性与其整体性同样重要，都是行为发生或者事件存在的前提。这也是我们强调要把巴赫金置于俄罗斯民族文化语境下来阐释的原因。

我们把整个俄罗斯文化或俄罗斯历史视为一个大型对话文本，从人类文化的整体发展来看，俄罗斯就是发生在时间"门坎"上的一个事件。它的历史形态既不像西方，也不像东方，因此，无法将其纳入一个我们熟悉的认知逻辑，坦率地说，它的历史就像是一个新历史主义的注脚，其中充满了偶然性、碎片和杂语。它从来不是按照理性主义的可理解的进程发展的，在这个大型对话文本中，到处都是小型的对话。也正是在这种整体上成为一个"多声部"文本的语境中，才会产生巴赫金这样的对话理论。当然，这个大的历史对话文本是通过各种形态的小型对话文本与巴赫金发生"大时间"之内的结构性关系的。

在这些作为巴赫金对话理论原型的小型历史对话文本中，本成果选择了世俗性对话文本、东正教对话文本以及民间文化文本三个主要方面，从中探寻巴赫金对话理论形态与这些文本之间的遥远的对话。我们采用的主要研究方法是把历史考据与文化诗学的结构关联方法结合起来，大致上分为三个步骤：第一，发掘历史文本；第二，对历史文本进行模式考辨与归纳；第三，论证这种模式与巴赫金对话理论的相应模式之间的结构性对应。

首先是进行历史考据。这是迄今为止谈论巴赫金与其民族文化内容关联的研究中最为欠缺的一个方面。这些研究者想当然地把这些历史文本视为一个无须论证的前提，而直接进入对巴赫金模式的描述。有相当多的对巴赫金理论的诠释性著述都属于此种类型，这在某种意义上说不是研究，而是"复述"。尽管把巴赫金复杂的理论以更简明的方式重新讲述出来也是一个重要的工作，但这不是本成果的任务。本成果的任务是必须要对巴赫金理论在俄罗斯民族文化结构中的历史关系进行有具体文本针对性的考察。比如，本成果在世俗对话文本中选择了伊凡四世与库尔勃斯基的通信，之所以选择它，是因为有大量的学者在论及俄罗斯的历史对话时都提到这个问题，但还没有对这个通信的原始文本进行考辨的研究，大多都是片断性考察，或者借助于历史教材中的描述来进行概括式推论。这样的做法显然无法完成巴赫金对话形态与原型文本关系的研究。因此，本成果把这个对话的原始文本呈现出来，让读者看到这个文本的整体性内容，并进一步做出推导性论述。除此之外，本成果还发掘了大量古代文化基础性文本，如尼尔·索尔斯基的修道院规章、伪经、对话体文献等，按本成果设定的模式对这些文本进行结构还原，以发现巴赫金对话思想的原始基因。而在民间文化文本方面，发掘文本的工作相对简单，因为这方面的研究整理工作在俄国都做得很充分。但也需要对其加以选择，比如在俄罗斯存在大量的民间节庆活动，哪些活动具有巴赫金意义上的狂欢品格，就需要根据这些节庆活动的具体内容来进行甄别。在考辨民间故事文本的过程中也存在同样的情形，比如巴赫金在他的著述中反复提及"傻瓜""疯癫"的概念，但是几乎没有涉及俄罗斯本土的具体现象，他所使用的理论依据要么是西欧历史上的，要么是西欧文学中的艺术描写，这也是造成有些学者质疑其理论的这种推导方式的可信性的原因。正因为如此，我们要做的工作便是在历史的具体文本的基础上来为巴赫金的理论史实依据提供可靠的文本原型。这也算是我们对巴赫金"大时间"观的一个遥远的致敬吧。

第二个方面的工作是对这些原始文本进行模式考辨与归纳。发掘历史对话文本原型并不是目的，尽管这个工作在此前研究有所缺失的状况之下显得尤为重要。也许最重要的环节是确定这些历史文本的对话模型到底如何。巴赫金研究专家柯日诺夫曾指出尼尔·索尔斯基"交谈"文本与巴赫金对话理论的关系，但又称它具有"另外的性质和另外的意义"，因为这些文本均属于教会文献，在柯日诺夫看来，它不可能形成一种非独白式的话语狂欢。巴赫金在谈到圣徒传类文本时也说："圣徒言行是直接在教会世界中完成的。所记录的每一言行都应对这一教会世界具有意义；圣徒的一生是皈依上帝的一生。皈依上帝的生活，应该纳入到传统的形式里，作者的虔敬态度不允许个人的首创精神，不允许个人选择表现方法；因为这里的作者要摆脱自己、摆脱自己由个人承担责任的积极性；形式因此也就成为传统性的和假定性的东西（这里得到肯定的假定形式，从原则上就与对象不相符合，而且意识到了这一点却又不求符合。不过，事先就不求符合还远远不是迷狂的表现，因为迷狂是个性的行为，它内含一种愤世嫉俗的因素。圣徒传形式传统上就是假定性的，为无可争议的权威所肯定，乐于接受现成的表现方法，哪怕它并不贴切，因而也乐于接受现在的感知者）。于是，圣徒外位因素的统一性，不是积极利用自己外位性的作者所具有的个人统一性；圣徒的外位性是放弃首创精神的驯顺的外位性（因为并不存在本质上外在的因素以便完成人物），屈从的外在性是求助于传统上推崇形式的外位性。"或者说，在这种情况下，巴赫金等于拒绝承认他的对话理论与教会文献之间的关系，甚至在他所不能否认的陀思妥耶夫斯基与这类文本之间的关系时，他也只是认为后者仅在塑造带有正面色彩的人物时才显露出与圣徒传的叙事手段类似的表达形式。如巴赫金在说了上面一段话后在括弧中标注："陀思妥耶夫斯基的圣容理念（идея благообразия）。"然而，我们必须重申我们的研究原则，巴赫金也好，陀思妥耶夫斯基也好，他们在建构其理论体系或艺术表达体系的时候，就这些古代的教会文本而言，他们接受的不是其中由教会独白观念决定的独白性，而是这些教会文本阐述这种独白性形成的过程中呈现的对话形态。如美国学者鲍里斯·格罗伊斯所说的："注重实际、反对神秘主义的巴赫金，曾被所能触摸和看到的事物所吸引，他并不要求改变世界，他只需要一种体裁的转变，即，从哲学的独白散文转向小说。"换句话说，巴赫金接受的不是世界观，而是体裁，或曰叙事结构的启示。就此而言，无论是圣经文本中的

《约伯记》还是尼尔·索尔斯基的修道规章，其中如果从作者与主人公之间的外位性关系来理解，那么，它显然不符合巴赫金的外位性理念。但是如果我们忽略掉《约伯记》的最终皈依，而只是看它的对话过程，就可以发现，即使把它称为"复调"也未尝不可。而在尼尔·索尔斯基的"交谈"文本中，尽管它的所有交谈都指向终极的上帝，但是在他主张的"默祷"过程中，却存在着一系列充满矛盾的暗辩；在这个暗辩的过程中，上帝实际上已经由独白话语的发出者隐退为这个对话话语的涵义整体因素，即成为对话发生的语境化因素。这种情形和伊凡四世与库尔勃斯基的对话具有同样的结构，对话中双方都在强调他们是站在基督的立场上来与对方质对，这实际上就是承认他们有一个共同的"涵义"前提。而在巴赫金看来，不存在没有这种涵义前提的对话，因为，没有涵义整体这个前提条件，就无法真正形成对话双方的回应性关系。

　　本成果研究的第三个方面，就是在上述对原型文本的考察与归纳的基础上，重新建立其与巴赫金理论的内在联系，或者说重新认识巴赫金的对话理论的基本形态。当然，这个工作前人已有大量的成果，几乎每一个问题都曾被反复地描述与阐释，因此，我们不会用更多的篇幅来做这方面的工作。但是，我们必须要做的是，当我们把巴赫金置于俄罗斯民族文化语境中进行考察之后，必须强调他的"俄罗斯性"，而不是他的西方性。或者说，我们必须要明确，在巴赫金的理论范畴中，哪些是只有在俄罗斯的语境中才会产生的特质。严格说来，由于巴赫金对于"复调"和狂欢化的解说更易为大众所接受，并且更易被作为一种批评方法应用于具体的批评实践，而这些内容恰恰是与西方的解构主义思潮相适应的内容，因此大家往往忽略了他在建构"行为哲学"体系的过程中所提出的涵义整体说。而这个问题在我们看来，是巴赫金对话思想中的"俄罗斯性"的关键。

　　那么，什么是涵义整体呢？他在论述人的审美活动时说："艺术观照世界的建构，不仅要安排空时因素，而且要安排纯粹的涵义因素。形式不仅有空间和时间的形式，而且还有涵义的形式。迄今我们研究了人及其生活的空间和时间之所以获得审美意义的条件。不过，能获得审美意义的，还有主人公在存在中的涵义立场，他在统一而唯一的存在事件中所占据的内在位置，他在事件中的价值立场。这一价值立场是从事件中孤立出来并在艺术上给以完成的；在事件中选择哪些特定的涵义因素，决定着选择哪些与之相应的外在的完成因素，这些就都表现为主人公涵义整体所采用的不同形式。""涵义"在巴赫金这里成为"行为"发生的条件、前提，也就是说，首先个体需要承认一种先于他的涵义存在，他才能获得证明自我存在的相应的他者因素；然而这并不是说"涵义"是孤立的"自在涵义"，可以不依赖于个体而自我存在，并能够决定个体的存在，而是，所有涵义因素，即巴赫金理解的价值因素（对话实际上就是价值之争），如真、善、美等，都是作为一种潜在的可能性先于个体的参与而存在，它们只有在个体发生参与行为的情形下才能获得实现。所以巴赫金说："回应性之所以可能，不是因为自在涵义（смысл в себе），而是因为对这个自在涵义的唯一的确认—否认。要知道，既可以绕开涵义，也可以不予回应地绕开存在而引出涵义。"前面我们谈到，巴赫金称，"在这个发生了基督生灭事件的世界"，才有了"事实和它的涵义"。显然，巴赫金在这里移用了东正教的"虚己"（кенозис）论理念，这个逻辑模式是：首先是因为有了基督才有了世界的涵义，但这不意味着它是超于人的存在，因为它实现的前提是人的参与。所以巴赫金说，不能用理论的范畴来理解这个问题，因为那就把这个涵义抽象化了，而它不是抽象的，是当人出现的时候它才实现了涵义的"自在性"；同样也不能用历史认识的范畴，因为这就抽掉了涵义的价值属性，只剩下了孤立的事实，而这种没有发生"回应性"的事实对于人而言是没有意义的；总之，"世界进程的全部，即唯一性的事实、进程、涵义、意义与我们的参与性的统一和相互渗透"，在任何情况下都是不可能被把握的。也就是说，任何把握只是在行为的进行中实现，包括作为"涵义"的基督和参与拯救进程的个人。这就是所谓的涵义整体。

巴赫金本人实际上是借助于俄罗斯的宗教理念来譬喻他的行为哲学，并在此基础上建构了他的涵义理论；甚至他所使用的概念也来自神学。如他谈到叙事伦理的时候这样说："我们在本章中将就'内在之人'（внутренний человек）、主人公心灵的内在整体（внутреннее целое души）（作为审美现象），做出同样的论证。心灵（душа）也是一样，作为给定的现实，作为从艺术上体验的主人公内心生活的整体，外位于主人公的人生价值取向，外位于他的自我意识。我们将会看到，心灵作为在时间中成长的内在整体，作为给定的实有的整体，是通过审美的范畴构建起来的。这就是从外部在他人身上呈现出来的精神（дух）。"中文译本在这段话后加了一个注释："'心灵'，原文为 душа 一词，作者用来表示呈现在他人眼中的'内在之人'，'精神'原文为 дух，作者用来指自己眼中的'内在之人'"。但实际上，这两个概念来自神学术语。"дух"是上帝的属性，后来成为圣灵的同一概念；"душа"是人的属性，在东正教思想中它是上帝属性的"分有"。考辨出这两个概念的原始差异，我们就可以理解，为什么巴赫金会说心灵是在时间中成长的，而另外还有一个心灵成长的"内在整体"。当然，巴赫金还强调了"内在之人"的概念，而这个思想是从东方教父的人学思想中来的，但巴赫金对其做了叙事伦理上的改动，即将其从"造物"（тварь）的位置上解放出来，使它具有了"内在性"，但是，这个内在性如果不与整体性构成一种外位关系，同样也是无法实现的。由此，我们可以看清巴赫金的对话话语的结构模式了，简单地说就是：一个话语事件就是一个涵义整体中的诸"我"的对话。

以赛亚·伯林在论及俄国精神遗产时这样认为："不止一位 19 世纪俄国批评家说过：在自然科学和其他专门学科之外，每一种对俄国思想有点儿影响的观念——每一种较普遍的观念——都来自国外，没有哪怕是一种有生命力的哲学、历史、社会或艺术的学说或观点是俄国土生土长。这种说法我认为大略不谬，但在我看来更有趣的是所有那些思想观念，不管源自何方，进入俄国后都落到了一片极其热情、极其肥沃的精神泥土中，并且很快就在上面长得枝繁叶茂、蔚为大观，在这个过程中它们得到了改造。"我们说，这段话如果用在巴赫金身上也许只对了一半。巴赫金的对话理论作为一种俄罗斯思想，不能用"来自国外"这样的字眼加以限定；而说这种理论受到了西欧思想的影响是没有问题的，当然，还要加上伯林的后半句话，这种思想在巴赫金这里变得"枝繁叶茂、蔚为大观"。

三、成果的学术创新和应用价值

本成果的价值除了体现在几个方面的"发现"的学术创新外，还具有方法论意义上的应用价值。

（1）本成果可以说有三个"发现"：一是对俄罗斯民族文化中的历史对话文本的发现，在俄罗斯古代的教会文献、宗教文化及民间文化文本中找到了巴赫金对话模式的原始形态，弥补了巴赫金自己在阐述其理论渊源时只用西欧文本为例的缺陷；其次是发现了巴赫金与俄罗斯民族文化文本之间的影响关系不是存在于价值观层面，而是存在于方法论层面，即巴赫金接受的不是信仰理念，而是叙事范式；再次是在此基础上揭示了巴赫金的"俄罗斯性"的理论奥秘，对以往研究中对其对话理论的粗暴性解读进行了重新考释，从而发现其复杂的涵义理论乃是他超越西方哲学的俄罗斯基石。这些发现必将大大推动巴赫金学的整体研究。

（2）本成果的上述发现有赖于把历史考据的研究方法引入文学理论的研究，这对于将来的相关研究提供了一个有价值的范例。此前的研究缺少历史文本的发掘与考辨，只重阐释，不重考证。这种阐释性研究固然可以把理论更好地运用于文本解读，但是在面对将一种宏大的理论重新加以民族性定位的时候，这种仅凭阐释的做法就显得过于苍白无力。而一旦成功运用该方法，则可以使理论的研究建立在坚实的历史文本的基石之上。

（3）针对本研究的多学科性，采用了历史考据与文化诗学相结合的研究方法。有赖于这种方法，解决了巴赫金的对话思想与东正教信仰独白之间的悖谬性问题。文化诗学方法的关键不在于把文学文本与历史、文化等因素相关联，而在于如何在文化的原型文本与文学的具象文本之间寻找到结构性对应关系。以往这一领域的研究之所以缺少进展，就在于无法解释东正教理念与巴赫金的社会价值观层面上的关联。而文化诗学的方法启发我们在叙事结构上去寻找神学文本与巴赫金理论文本之间的对应关系，从而突破性地解决了这一难题。这种研究方法也将对相关文学研究领域具有重要的示范性价值。

《俄罗斯符号学研究范式的百年流变》概要

赵爱国*

一、研究的目的、意义及方法

符号学作为认识世界和解释世界的一种方法论，其在哲学和人文社会科学乃至自然科学研究中的地位和作用日益凸显。尽管俄罗斯在符号学领域所取得的学术成就举世公认，并被誉为与法国、美国并列的"三巨头"之一，但学界关于俄罗斯符号学研究的现有成果的局限性和缺陷也显而易见：不仅研究视域大多集中在传统的文艺学领域，忽视了最具符号学价值的语言符号学的研究，且多数成果的论题较为零碎，批判性也不够，难以勾勒出俄罗斯百年符号学发展历程的全貌，更不足以完整展现其应有的学术魅力和思想价值。鉴于此，对百年来俄罗斯符号学在各个领域（语言学、文艺学、历史学、宗教学、文化学等）所取得的学术成就尤其是思想成就进行系统梳理、提炼和批判，就成为本成果所要达成的主要目的。

在俄罗斯，具有独立学科性质的符号学研究发轫于 20 世纪初的莫斯科语言学小组和彼得堡诗歌语言研究学会的学术活动，迄今已经走过了百年发展历程。这与世界主要国家（如法国、美国）的符号学研究起始时间大致相当。百年来，尽管其社会制度和意识形态发生了两次根本性变化（苏联的建立和解体），但哲学、人文社会科学领域却始终不乏世界级水平的理论成果，符号学研究就是令世界瞩目的领域之一。鉴于目前国内外尚无一部全面论述

---

* 赵爱国，苏州大学教授，博士生导师。

俄罗斯符号学百年学术史、思想史的著作，我们力求打破学科界限，立足符号学的跨学科属性，重新审视和界说俄罗斯符号学的学科内涵和科学边界，并在此基础上对百年来俄罗斯在语言学、文艺学、文化学、历史学、交际学、心理学、认知学等领域具有符号学价值或意义的全部成果进行多层面、全方位的审视和批判，以从中发掘出有价值的理论学说和有借鉴意义的思想养料，这就是本成果的研究意义所在。

本成果从科学范式视角来审视俄罗斯符号学的百年发展历程。该视角客观上规定着两种研究维度：（1）分层考察，即从科学范式所蕴含的方法论、方法、研究方法三个不同层面，来分别考察其在意识形态或思想层面的学术思潮、知识层面的理论建构，以及运作层面的学理特征；（2）意义聚焦，将百年来俄罗斯符号学全部理论学说中所承载的历史意义即学术思想作为主攻方向。以上两种研究维度，决定了本成果的研究方法与以往的方法有所不同：与传统符号学研究方法不同，更多地采用语言符号学的方法；与一般史学研究所采取的历时演进方法不同，主要紧扣科学范式这一主线展开，即用科学范式来整合或统领俄罗斯符号学研究所涉及的主要活动领域和理论学说。具体说就是：宏观上采用共时—历时方法，以范式更替为主线，将不同时期但属于同一范式的理论学说置于共时层面进行审视，但在梳理、发掘和批判某范式及其相关理论学说时，又在历时层面进行思想溯源。微观上采用资料考证、学理考证、理论阐释、学术批评等具体方法。

二、成果的主要内容和重要观点

本成果辟为四大部分（四篇）展开，全部内容由十五章组成，约 100 万字。

（1）第一篇"研究范式及学理探源"，包括三章内容，主要对俄罗斯符号学科学范式的百年流变情况即发展阶段做出系统性梳理和概括性总结，并对俄罗斯文化和思想传统以及语言学传统中的相关符号学元素进行探根溯源，以在学理上发掘和考证现当代俄罗斯符号学的文脉根系。

关于俄罗斯符号学研究范式的发展阶段问题，学界存在不同的认识。国外学者所做的不同分期有一定的缺陷或片面性：或时间涵盖不全，或带有意识形态痕迹，或条块划分，或概念重合和错位等。本成果是按照下列参数来确定其发展阶段的：研究范式是否嬗变，研究内容是否更新，研究范围是否扩大，研究方法是否转换等。据此，本成果将俄罗斯符号学百年发展进程划分为三个阶段——创建期（10—30 年代）、转换期（40—50 年代）和成熟期（60 年代至今），它们分别以形式主义范式、系统—结构—功能主义范式以及文化认知主义范式（文化符号学）为形成标志。此外，基于研究主旨，我们在传统文艺符号学、文化符号学的基础上，将具有符号学性质的俄罗斯理论语言学的相关学说一并归入审视范围，并结合俄罗斯符号学的三个发展阶段，提出了百年俄罗斯符号学大致经历了 12 种基本范式的论断，并对范式之间的交替规律、特点及其意义等做了具体的分析和阐释。

　　本成果将视域置于从古罗斯至 19 世纪末千余年的历史长河中，试图从多神教和东正教文化中，以及中世纪宗教哲学、正教复兴哲学的相关学说中探寻出俄罗斯符号学的文化印记和思想源头，并对 18 世纪的欧洲主义和 19 世纪的斯拉夫主义学说进行了符号学审视。

　　对俄罗斯语言学传统中的符号学思想探源，是本成果第一篇的重点内容。在该篇中，我们系统梳理和审视了俄罗斯语言学自 18 世纪中叶至 20 世纪初期 150 余年的发展演变情况，内容主要包括罗蒙诺索夫的唯理主义语言观，拉季谢夫的语言哲学思想，里日斯基的人的话语思想，格列奇的语言研究双面观，别列夫列斯基的逻辑语义方法，布斯拉耶夫的逻辑语法观，博杜恩·德·库尔德内的历时—共时方法，克鲁舍夫斯基的符号系统观，福尔图纳托夫的形式主义学说，波捷布尼亚的符号功能思想等。上述作为"史前阶段"的俄罗斯语言符号学思想，在哲学上体现为辩证唯物主义的对立统一，学理上展现为欧洲主义与斯拉夫主义的综合体。它们为作为独立学科的符号学创建活动奠定了厚实的方法论基础。

　　（2）第二篇"'创建期'的俄罗斯符号学"，由四章组成，主要对 20 世纪 10—30 年代生成的四种研究范式——形式主义范式、结构—系统主义范式、结构—功能主义范式和文化—历史主义范式等的相关理论学说进行分析和批判。

　　形式主义范式不仅是俄罗斯符号学同样也是世界符号学发端的最初范式之一。这一时期的形式主义范式包括以下若干流派：1）形式主义文艺学流派。该流派的组成人员大多为彼得堡诗歌语言研究学会和莫斯科语言学小组

的成员，其研究主要集中在形式主义文论和散文、戏剧研究两大领域。前者
的代表人物有什克罗夫斯基、特尼亚诺夫、艾亨鲍姆、托马舍夫斯基、布里
克、古米廖夫、艾恩格尔卡尔德、什米特等，后者的主要学者有扎米亚金、
梅耶尔霍尔德、库格利、林茨巴赫、叶夫列伊诺夫、阿萨菲耶夫等。其中影
响较广的有陌生化学说、形式主义方法论、整体诗学理论、视觉符号思想、
音乐形式思想等。2）形式主义语言学流派。其代表人物的研究领域可分为
诗歌语言研究、修辞研究等若干方向。前者的代表人物是雅各布森、维诺库
尔、日尔蒙斯基，他们提出的诗歌语言结构、科学诗学、抒情诗结构等思想
具有符号学意义；修辞研究首推维诺格拉多夫的文体修辞思想和爱森斯坦的
视觉修辞思想。3）形式—功能主义流派。该流派的学者有沃利肯斯坦和普
罗普，他们提出的结构艺术思想和童话形态学学说都是形式—功能主义视角
的，因此对俄罗斯符号学的学科创建活动具有特殊的思想价值。

结构—系统主义范式在俄罗斯有着较为悠久的传统，它采用结构与系统
合二为一的整合性方法，不仅从语言结构的角度（内部语言学），且从语言
系统的角度（系统语言学）来描写语言，从而构建起颇具俄罗斯特色的符号
学研究范式。许多学者的理论学说对该范式的建立做出了贡献，如沙赫马托
夫的综合性方法和心理交际说、彼什科夫斯基的系统句法学理论、杜尔诺夫
的语言系统说、奥勃诺尔斯基的共时—历时说、博戈罗季茨基的言语感知和
词形结构变化理论、谢尔巴的语言现象三层面说等。这些理论和学说对 50
年代后的俄罗斯符号学发展都有不同程度的影响。

结构—功能主义范式主要集中在音位学研究领域，其研究成果从 19 世
纪末起就走在世界的前列，在 20 世纪初生成了具有世界影响的列宁格勒音
位学派和莫斯科音位学派。其中，谢尔巴的音位辨别功能说、伯恩斯坦的音
位学概念、阿瓦涅索夫的强弱音位说、库兹涅佐夫的音位区别特征说、列福
尔马茨基的特征和随位理论、西多罗夫的音位变体说，以及雅各布森的音位
特征说、特鲁别茨科依的音位对立论等，将音位研究与索绪尔的语言与言语
学说结合起来，在世界符号学史上留下了浓墨重彩的一笔。

文化—历史主义范式虽非创建期的主流范式，但它对尔后阶段的俄罗斯
符号学发展有重大影响。该范式可分为四大流派：1）历史主义流派，代表
人物是以研究中世纪史见长的史学家比齐里，以及研究古希腊宗教神话的象

征主义诗人伊万诺夫。前者注重从结构逻辑和形式象征角度来审视中世纪史，后者对古希腊宗教神话中的酒神狄奥尼索斯进行了象征主义的描写和分析。2）心理学流派，代表人物是俄罗斯心理学奠基人维果茨基。他提出的文化—历史心理学理论，不仅成为俄罗斯当代心理语言学和塔尔图—莫斯科学派艺术文本分析的理论基础，同时也是当代认知主义研究中重要的思想源泉。3）阐释学流派，代表人物为哲学家什佩特。他采用阐释学的方法来审视历史和交际，提出的阐释学方法论以及词的内部形式学说都极具符号学意义。4）宗教学哲学流派，主要是从传统文化视角来审视宗教符号现象，代表人物有弗洛连斯基、特鲁别茨科依、洛谢夫等。他们提出的象征符号、词语符号、时空符号、圣象符号等思想，被后来的文化认知主义范式所借鉴。

总体看，在创建期的研究范式中，占主导地位的是形式主义和结构主义：前者为俄罗斯独创，在世界符号学界曾一度独领风骚；后者总体上与世界保持着同步发展的态势，但其中又不乏俄罗斯元素。它是建立在系统性和功能性基础上的结构主义，学理上是俄罗斯经验主义和西方理性主义相结合的产物。

（3）第三篇"'过渡期'的俄罗斯符号学"分为两章，着重对 20 世纪 40—50 年代的两种范式——系统—结构—功能主义范式和后结构主义范式的基本思想和学理特点进行分析和批判。

系统—结构—功能主义范式呈现出符号学本身所特有的综合性、多语性等属性。它以结构主义为主线，但又超越结构主义而带有系统主义和功能主义的若干特点。该范式的代表性理论学说有雅各布森的符号类型说和符号功能说、维诺格拉多夫的语言系统论和词的学说等。前者开创了俄罗斯符号学历史上纯符号学研究之先河，后者不仅是对创建期结构—系统主义和结构—功能主义两大范式的整合和发展，且对整个 20 世纪后半叶的俄罗斯语言符号学研究产生了积极影响。

后结构主义范式跳出语言符号本身范围，关注鲜活的言语和语言外的现实。体现在文艺学领域，它聚焦于艺术文本接受的多义性，强调所接受代码的多样性。代表性学说是任金的言语机制说和巴赫金的符号学理论思想。前者既是对维果茨基的活动论学说的继承和发展，又成为尔后兴起的俄罗斯心理语言学最初样式言语活动论的重要思想基础之一。后者提出的对话主义、超语言学、言语体裁等一系列新学说和新思想，用社会学方法对文艺学中的形式主义以及洪堡特的个人主义的主观主义、索绪尔的抽象客观主义等进行了批判，并将研究视域转向语篇符号学，从而开创了第二代符号学的新时代。

总之，该时期的俄罗斯符号学研究，在内容和方法上都起到了承上启下的作用。多位学术大家的"在场"，不仅开启了具有整合性意义的系统—结构—功能主义，也在世界符号学研究中最先走向了后结构主义，体现出用借鉴与求新来推动其符号学发展的新思路。

（4）第四篇"'成熟期'的俄罗斯符号学"篇幅最大，共由六章组成，集中对20世纪60年代以来的当代俄罗斯符号学的六种研究范式做出系统解析和批判。

功能主义范式以语言的社会属性为学理基础，主张通过语言功能来对语言形式做出解释。该范式主要由三大语法理论呈现——邦达尔科的功能语法理论、佐洛托娃的交际语法理论、弗谢沃洛多娃的功能交际语法理论。从学理看，俄罗斯功能主义与西方的系统功能语言学有较大不同。在研究目标上，前者强调语言的整体性以及描写方法和手段的整合性，而后者强调的主要是语言的系统性、社会性以及篇章的连贯性；在方法上，前者侧重由里及表和由表及里方法的整合，而后者主要采用由里及表的方法。该范式注重对语言系统内部底层关系的描写，以及对作为交际工具和实现各种不同功能的语言系统的解释。因此，俄罗斯功能主义范式又被称为说话人语法或积极语法。

交际主义范式以言语交际尤其是跨文化交际为目标取向，以建构言语交际的语用学模式为目标。具体可分为三大方向：1）交际与符号学研究，巴鲁林的交际符号说和普里瓦洛娃的跨文化与言语符号说可以归入此列；2）交际与语用学研究，主要有福尔玛诺夫斯卡娅的语用交际说、阿鲁玖诺娃的言语行动说等；3）交际与心理语言学研究，有影响的是索罗金的空缺论、德里泽的符号社会心理交际说等。与西方交际主义理论生成域有所不同的是，俄罗斯交际主义范式主要是在语用学和心理语言学研究范围内形成的，其研究对象紧紧围绕说话的人或交际的人这一内核展开。

语义中心主义范式是符号学研究中将符号意义作为研究对象而形成的方

法论。由于俄罗斯以擅长语言符号的意义研究而著称，因此该范式的学术成果显得较为厚重，具体有三大方向：1）以阿普连相、梅里丘克为代表所提出的意思⇔文本理论；2）词汇语义研究，较有特色的是卡茨涅利松的词义和配价类型思想、乌菲姆采娃的词汇语义系统学说、帕杜切娃的词汇语义动态模式学说等；3）普通语义学性质的符号意义研究，主要有阿鲁玖诺娃的句子意思说、扎利兹尼亚克的语言多义性说、斯捷潘诺夫的符号学语法说等。应该说，该范式所涵盖的学术成果不仅丰富多样，且颇具俄罗斯特色，可为世界其他国家的符号学研究提供有益借鉴。

心理认知主义范式主要由俄罗斯心理语言学的众多理论学说构成，其研究视域之独特、研究成果之丰富，受到世界学界的高度评价。该范式可分为三大方向：1）言语活动研究，最为著名的学说有列昂季耶夫言语活动论、阿胡金娜和齐姆尼亚娅的言语生成模式等；2）语言个性和语篇心理结构研究，主要学者是卡拉乌洛夫和萨哈尔内依；3）语言意识研究，可归入此列的有克拉斯内赫的框架结构论、扎列夫斯卡娅的心智语汇说、乌费姆采娃的语言意识核说以及塔拉索夫的新本体论等。此外，近 20 年来学界普遍关注的定性理论和先例理论，也都属于该范式的学术成果。该范式的研究对象主要是语言在人的心理的表征形式或手段，其在学理上继承并发展了谢尔巴、维果茨基、任金的相关学术思想，因此，所展现的符号学价值也别具一格。

文化认知主义范式由塔尔图—莫斯科学派创立，被学界称为文化符号学，是最具世界影响力的研究范式之一。该范式生成了一批有影响的学说，如洛特曼的文本符号、历史符号、交际符号、符号域等学说，乌斯宾斯基的反行为、文化二元和艺术文本结构学说，托波罗夫的文本空间、神话诗歌世界模式和城市符号学思想，伊万诺夫的信息符号学思想等。该范式将文化（尤其是历史文化）、艺术文本、交际以及现实存在等都视作符号，因此在学理上集俄罗斯思想传统和语言学传统之大成，是对创建期的形式主义范式、文化—历史主义范式以及转换期的后结构主义范式的继承和发展，从而有力提升了俄罗斯符号学在国际上的影响力。

观念认知主义范式主要是由认知语义学和语言文化学相关理论建构起来的，学者众多，成果丰硕。其中公认的主要学说有：库布里亚科娃的认知语义学说、布雷金娜的世界的语言观念化学说、阿鲁玖诺娃的隐喻学说等。此外，当代俄罗斯语言学研究领域中最为热门、最具学术张力的语言世界图景理论、语言逻辑分析理论和观念理论等也都属于该范式。它的形成，标志着自洪堡特以来的第二次人文化热潮的到来。

以上六种范式不仅研究规模宏大，为我们勾画出该领域气势恢宏的学术图景，且在学理内涵上凸显出"人类中心论"取向，标志着关注人说的语言和语言中的人已成为当代俄罗斯符号学研究范式所特有的认识论和方法论。

本成果对百年来俄罗斯符号学研究范式所做的系统梳理、分析和批判，使我们对其学科特点和思想特质有了更为全面和深入的认识，归纳起来主要有：

第一，学科门类上的完整性。百年来的俄罗斯符号学所经历的 12 种范式，在方法论层面构成了符号学属下的 12 个"二级学科"。再从科学范式的方法和研究法两个层面看，上述 12 个"二级学科"又都可以做进一步的细分，生成数量可观的"三级学科"和"四级学科"，总数可超过 40 个之多。由此可见其门类齐全和体系完整，几乎囊括了现当代符号学研究的全部领域。

第二，文脉传承上的厚重性。俄罗斯符号学之所以能够成为世界"三巨头"之一，主要得益于对本国深厚学术底蕴的传承。该学术底蕴主要源自两个方面：一是源自悠久的传统文化和思想遗产；二是源自厚重的语言学传统。得益于双重源头的合流，俄罗斯符号学在世界符号学理论体系中自成一脉。从这个意义上讲，俄罗斯百年符号学史就是一部传承与求新的历史。

第三，哲学维度上的东西并举。俄罗斯符号学研究范式除有深厚的文化、思想底蕴和语言学传统外，欧洲理性主义思想对其的影响和催化作用也不容小觑。研究表明，在现有的 12 种研究范式中，学理上属于斯拉夫主义和欧洲主义的约各占一半，可谓东西并举。从这个意义上讲，俄罗斯百年符号学史也是一部借鉴与创新的历史。

第四，符号观上的对立统一。从方法论看，由于俄罗斯在相当长的一段时期内（苏联时期）遵循的是辩证唯物主义和历史唯物主义意识形态，因而其符号观被贴上了"马克思主义符号学"的标签。该符号观善于用对立统一的方法论来审视语言与符号、文学与符号、历史与符号、文化与符号等的相互关系和相互作用，更加注重语言符号的社会功能和文化价值，更加强调语言符号与思维、意识的内在同一性，更加重视对各种符号进行系统性描写和阐释等。

第五，学理上的人文性倚重。纵观俄罗斯符号学 12 种研究范式的基本学理，不难发现贯穿其中一半以上范式的一条红线是对人文性的倚重：无论是有俄罗斯符号学代名词之称的文化认知主义，还是文化—历史主义、后结构主义、功能主义、认知心理主义、观念认知主义范式等，其聚焦的并非是作为符号的文化、历史、语篇本身，而是符号主体——说话的人或交际的人。

第六，研究视域上的规律性演进。百年来的俄罗斯符号学，其在研究视域上呈现出下列基本特征：研究对象的语言符号→逻辑符号→文化符号→思维符号的演进，完成了符号形式（结构）→形义结合→语义→文化语义→认知语义的完整过程；符号性质实现了表音符号→表义符号→交际符号→语篇符号→历史符号→符号信息域→观念域等的演进，形成了音位→词语→语句→文本→文化代码→文本间性→文化间性等由微观到宏观的转进，从而实现了对符号形态的全域覆盖。

三、成果的学术创新、应用价值以及社会影响和效益

本成果的学术创新主要有以下几点：

（1）语言学视域的整合性。该视域不仅是对传统符号学研究对象和方法的矫正，也是现当代符号学研究的回归。前者指俄罗斯符号学的研究传统以及我国学界对俄罗斯符号学的认知传统，比较严格地限定在文学和艺术学视域，因此，符号学的研究对象主要限定于文学文本或文学形式或艺术结构方面，由此形成的符号学方法侧重于文本的解读、形式的解构、结构的解析等。而本成果将那些具有符号学性质或意义但并未冠以符号学名称的理论语言学的相关学说一并归入符号学（确切地说是"语言符号学"）范围内加以审视，不仅有效拓宽了传统符号学的研究视域，还将研究重心由符号形式转向符号意义。后者是指自索绪尔创立现代符号学方法以来，所谓符号学主要指语言符号学，即对作为符号的语言及其系统进行分析、描写。因此，语言学视域就是回归符号学研究的主战场，以展现符号学方法应有的学术张力。

（2）科学范式的统领性。语言学视域整合性的实现，需要有具体的方法

论或机制予以保障，这就是本成果所秉承的以科学范式为统领的方法论。传统的史学研究注重的是历史事实，而学术史研究则应侧重于历史意义。本成果在系统审视俄罗斯百年符号学发展、演变文脉及其学术成就的过程中，力求在方法论上有所突破，即将历史事实和历史意义有机结合起来。此外，在该方法论的下位，还可在方法层面上将共时（历史意义）与历时（历史事实）融合在一起，生成适合学术史研究的独特方法——共时—历时方法。应该说，这样用科学范式方法论以及共时—历时方法来系统审视符号学理论思想的发展和演变情况，在国内外学界尚不多见。

（3）百年学术史书写的完整性。迄今为止，无论是俄罗斯学界还是国内学界，尚未见到有对俄罗斯符号学百年学术史进行系统梳理和研究的，本成果是首次尝试，其研究视域的宽广度、书写内容的完整性、范式类型的多维性等，在一定程度上刷新或修正了学界对俄罗斯符号学的既定认知。如本成果所涉及的 12 种基本范式中，就有 9 种范式是俄罗斯符号学研究传统或从未涉及或未曾系统涉及过的，它们分别是结构—系统主义范式、结构—功能主义范式、文化—历史主义范式、系统—结构—功能主义范式、功能主义范式、交际主义范式、语义中心主义范式、心理认知主义范式、观念认知主义范式等。

本成果的学术价值主要体现在下列几点：

（1）理论学说评价的批判性取向。本成果属于符号学学术史或思想史研究，这是由科学范式的方法论所决定的。而学术史研究的真正价值并不是对某理论学说或思想的重复，而在于对这些理论学说或思想做出学术上的批评或批判，以在理论上重构其价值体系。为此，本成果对 10 余个流（学）派以及 120 余位代表性学者的相关学术思想的学术价值做了系统评述，其中不乏批评性甚至批判性意见。如，对具有世界性影响的博杜恩·德·库尔德内、巴赫金、雅各布森等著名学者的学术思想评述，就比较尖锐地指出了其局限性、片面性甚至谬误；对著名符号学家波切普佐夫、斯捷潘诺夫提出的相关论断做了批判性审视；对众多学者理论学说的学术价值做了比较客观的评价等。

（2）求证并修正了若干已有的定论。基于对俄罗斯符号学理论学说的批判性取向，本成果依据第一手的翔实资料，从实证和理性思维出发，对俄罗斯和国内学界业已形成的一些定论或共识进行了重新审视，取得了些许新发现。1）从以标志性成果作为评判参数的角度，重新论证了俄罗斯符号学的研究分期，重新确定了俄罗斯形式主义的学理基础、起始标志和消亡年代，重新考证了俄罗斯心理语言学的形成标志及年代等；2）从科学范式视角，提出了俄罗斯百年符号学经历了 12 种基本范式以及 40 余种分支学科的论断，也是对学界已有定论的修正。

（3）提出一些新的观点和结论。提出的新观点如：1）俄罗斯符号学在研究视域上呈现为规律性演进；2）形式主义范式的构成不仅限于文艺学流派，还包括形式主义语言学和形式—功能主义流派；3）文化—历史主义范式由历史主义流派、心理学流派、阐释学流派、宗教哲学流派等四大流派构成；4）观念认知主义范式可分为语言认知和文化认知两大哲学取向等。提出的新结论有：1）俄罗斯符号学所遵循的以对立统一思想为核心的方法论并不能够完全解答符号学的全部问题；2）俄罗斯符号学在各学（流）派及各学科之间少有相互交叉和相互佐证，而更多地热衷于在本学（流）派或本学科内部做相关分析；3）俄罗斯符号学研究范式具有学科门类的完整性、学术传承的厚重性、东西合并哲学观、对立统一符号观以及学理上人文性倚重、研究视域上规律性转进等一些特质。

本成果可为文学批评、艺术审美、文本解构、文化解读以及语言符号学研究、语言文化教学等提供一定的方法论指导和实践借鉴。

社会影响方面，主要由作为阶段性成果而发表的 17 篇学术论文来体现。此外，相关成果曾在国内外召开的近 20 次学术研讨会上做过广泛交流，也曾在多所高校做过学术讲座，受到普遍好评。

《T. S. 艾略特文学思想研究》概要

蒋洪新[*]

一、研究的目的、意义及方法

T. S. 艾略特（T. S. Eliot，1888—1965）是 20 世纪世界文坛最负盛名的诗人、剧作家和文学批评家，1948 年获诺贝尔文学奖。作为英美现代派的开创者，艾略特的影响横贯东西，超越时空，其诗歌篇章和文学思想以独特的价值开启文坛新风，并引领了整个现代文学的走向和发展，为后人留下了丰富、宝贵的文学遗产。因此，对艾略特的文学思想开展专题性的研究至少具有以下几个方面的重大意义：（1）填补该领域国内外研究的空白。艾略特是西方新旧文化转型时期最具影响力的知识分子之一，国内外学术界对他的研究已经不少，但没有对他的文学思想进行整体研究。艾略特文学思想内涵丰富，引领着时代的发展，且与英美文学及世界文学思潮的流变息息相关，具有重大的研究价值。因此这是一个极具价值、极具潜力的研究领域，将很好地丰富和推进国内外相关研究。（2）有利于促进中国国际学术话语权的建构。在艾略特的相关研究上，相比西方学界，中国学界的高质量成果并不多，更缺乏从中西比较文学的角度进行对读与阐释，因此，从比较研究的角度对艾略特这一经典文学家进行创新性的研究，对我国学者在国际舞台投射思想、发出声音、开展学术争鸣具有强大的推动作用。（3）在文学研究范式上产生示范性影响。本成果以"文学思想"的广阔视野整合与吸纳了传统

---

　　* 蒋洪新，湖南师范大学教授，博士生导师。

的文学创作、文学理论与文学批评研究，涵盖了文学活动的特点、风格、类型和理念诸方面，不仅深入到文学创作主体和作品本体，而且从美学、哲学、政治、文化、宗教和道德层面来充分揭示艾略特的文学思想体系的博大内涵，形成了个体研究与综合研究并举、文学本体研究与多领域研究并举的研究范式，将对国内外的相关研究产生很好的引领作用。

本成果主要采用了文献调查法、比较研究法、文本细读法等多种研究方法。在运用以上研究方法时，做到了"四个坚持"。（1）坚持整体把握和细节考据相结合。一方面以马克思主义文艺观为指导从社会语境的宏观角度来考察艾略特文学思想的动态流变；另一方面又将其文学思想细分成数个维度，多路进发，细微考辨，从而全方位地透析其文学思想的深度和广度。（2）坚持纵向研究与横向研究相结合。本成果将艾略特文学思想放在整个西方文学思潮互动和中西文学互动的宏阔框架中，既上溯其思想之源流，又下探其思想之流光，形成了一个纵向的研究脉络。同时，又以个体比较、中西对话的方式，构成横向并置的研究空间，从而形成更为立体的视角。（3）坚持理论研究和文本阐释相结合。艾略特本人是理论家与诗人完美结合的文学家，他的批评理论是他创作实践的结晶与思想探索的升华，而他的诗作又是他理论运用的实践，二者相得益彰。通过对艾略特诗歌作品具体特征和美学价值的阐发，明晰其文学思想与诗学实践互为支撑、相互观照的关系，以促进文学理论与具体文本的充分互释，挖掘出其文学思想的深刻内涵和革新意义。（4）坚持价值建构和辩证审视相结合。任何思想体系绝非完美。本成果在通读原著和数百部西方研究艾略特著作的基础上，并不盲从已有的学术观点和艾略特本人的思想，而是从马克思主义的辩证唯物主义出发，从中西文学思想发展的宏阔背景下，对艾略特文学思想进行分析和比较，肯定其对现代主义诗歌的开创贡献，也对其中的一些缺陷如泛宗教化倾向、晦涩难懂的掉书袋行为、精英意识进行了分析和批判。

二、成果的主要内容和重要观点

本成果为国内外首次对 20 世纪现代派旗帜性诗人、批评家艾略特的文学思想进行全方位阐释和研究，由绪论、十章以及结语三个部分构成。

绪论部分开宗明义，从中西共通的角度并结合文献考察对文学思想这一概念的内涵、源流发展、内在意义进行厘定和阐发。本部分指出，文学思想是文学批评比较集中的体现，研究文学思想有利于防止文学批评疏离文学，丢弃对文学原创性的价值评判，更好地弘扬文学的纯粹性和思想性，促进对文学作品及其思想的关注。本部分以文学思想这一概念为基点，进而由广入微简要概述了艾略特文学思想及其作品在文学发展史上的独特地位和显著价值。本部分为整个成果的立意部分，交代了研究背景、研究缘起和研究的必要性。

第一章以亦叙亦评的方式从历时性的角度全面重铸了艾略特思想的动态演变过程。本章坚持孟子所言的"诵其诗、知其人、论其世"的原则，沿着艾略特的生活轨迹穷源溯流，深入探究了家庭、教育、婚姻、社会等不同语境因素对艾略特文学思想的影响，结合文献、作品重点阐述了艾略特家人、欧文·白璧德、亨利·伯格森、伯特兰·罗素、埃兹拉·庞德等人在不同阶段对艾略特的影响，分析了艾略特传统观、哲学观、宗教观、现代主义文学观等形成的条件，从历史唯物主义以及动态的角度考察了其文学思想之肇始和发展动因，并概述了文学思潮各维度的基本特征和内涵，以达到"辨章学术、考镜源流"的效果。本章的重要观点为：个人思想是社会与时代作用的产物，个体这一微观单元和社会这一宏观场域之间存在互动共振的关系。艾略特的文学思想是宗教、哲学、文学等多股力量综合影响的结果，并且涵括了当时欧美社会思潮和文学思潮的基本状况。与此同时，艾略特自身所持有的怀疑主义和平衡主义促使他在成长的过程中不断地扬弃、修正和融通各种思想，进而形成了自己独特的体系，并在递嬗演变的过程中展现出了不同的面貌。在关于艾略特是"美国诗人"还是"英国诗人"的争论上，应当摒弃单一的划分和定位，一方面要考虑不同时期艾略特对这两种身份的矛盾态度，另一方面也要综合考虑两种身份和经历对艾略特创作的影响。

第二章对艾略特文学思想中的核心观点"传统观"进行了阐释和评述。本章首先从东西方的视角对传统的内涵和特征进行了界定。文学传统并非个体思想和观念的呈现，而是一种文化场域中长久存在的集体文学气象，这种气象随着时代的发展呈现出阶段性的特征。艾略特是一位具有强烈历史意识的诗人，他的传统观体现了对现代社会的精神关怀，反映了他致力于解决现代危机所带来的混乱感、破碎感和焦虑感上的努力。艾略特对传统的理解并非孤立和割裂的，而是站在一种整体的和全局的高度，其诗学作品中充分吸收了但丁、多恩等古典和传统文学家的观点和技法，并与现代实验理念相互融合，很好地实现了一种现代和传统的平衡。与此同时，本章还指出了艾略特的传统观在社会转型时期的现实价值以及对整体精神动荡的观照意义。本章的重要观点为：艾略特虽然是具有突出创新精神的现代诗人，但其诗学理念中却内置了传统文学的架构。他没有将传统与现代视为一组二元对立，而是以辩证发展的眼光来处理传统与现代的关系，认为两者是创新性继承和转换的关系。正是艾略特对传统和经典的合理化用和融通，反而进一步增强了其现代诗学的美学价值。同时，艾略特的传统观带有一种功能性指向，及如何通过传统与古典来促进秩序在文学领域乃至社会领域的回归。

　　第三章聚焦于艾略特标志性的批评概念——非个性化理论。艾略特提出的非个性化理论与当时浪漫主义所引发的情感泛滥趋向密切相关，也在一定程度上继承了法国象征主义诗歌的部分元素。从文学意义角度来看，艾略特旨在借助这一理论以及配套的"客观对应物"来匡正浪漫主义的流弊，开创诗歌在现代社会中新的道路。在文学本体层面，非个性化理论通过最大程度减少诗人情感的干预，从而更好地展现了诗歌内各意象的意义，有力地释放了诗歌自身的冲击力。本章还通过文本对照、意义解析的方式，分析了"客观对应物"这一手段的源流、内涵和功能等，比较了"客观对应物"与象征主义、意象派以及中国诗学传统中的"克己"和"物化"之间的近似与区别。同时，本章还揭示了艾略特对这一概念的态度变化过程。本章的重要观点为：艾略特的非个性化理论具有明显的时代特征。该理论的核心并非去消解诗人，而是要最大程度地降低诗人的存在度，实现诗人的遁隐，这是对艺术自足性和审美自律的一种凸显。非个性化理论虽然在批评史上产生了重大影响，但仍然在逻辑自洽上具有一定的缺陷和局限性。艾略特关于这个概念的修正行为并非自我的完全否定，而是提倡世人在审视一种观点时要有历时性的眼光，避免造成时代语境的错位。

　　第四章围绕艾略特的诗歌语言观和诗学实践展开剖析。艾略特的诗学创作受到了多种因素的影响。在神秘主义的影响下，艾略特的诗歌尤其是后期诗歌中引用了大量来自东西方宗教教义和神话的文本，展现了实在经验与形而上想象共存的格局，其诗歌意义也得到了进一步延伸。同时，艾略特在诗歌创作中借鉴了多种语体和文体的表现手法，使作品更加适应现代的生活节奏和现代人的精神特点，并敦促大家的视觉焦点从诗歌的形式向语言和意义层面转移。他十分看重日常生活语言对诗歌创作的作用，打破了常规和传统的韵律规则。艾略特也借用了音乐的表达形式，在一些诗歌情感的布局上，通过类似强弱的变化来塑造诗歌的张力。此外，艾略特还采用了散文式的叙事和对话文体，赋予了诗行显著的节奏感，加强了社会话语和文学话语之间的联系。从创作视野看，艾略特突破了民族主义思维和文化霸权思维的藩篱，其作品中不仅汲取了西方古典文学的菁华，还兼收了印度、中国等东方文化体系中的元素。这种异域成分的进入直接丰富了艾略特作品的意象系统，使其诗歌呈现出了意义开放多元、境界多重的特点。本章的重要观点为：艾略特的作品是自由体框架下的严谨诗学。虽然他摒弃了传统的诗学形式和格律，但其作品的内在却具有很强的自我约束性和音乐特质，在某种程度上，其《四个四重奏》更是贝多芬第十五弦乐四重奏的诗学呈现。艾略特对非文学性语言的运用反而使其作品产生了一种独特的文学性。此外，艾略特在创作上有一种全球性的眼光，这也是其作品意象多元、意义多元的原因所在。

第五章集中梳理和探赜了艾略特的文学批评功用观。本章围绕文学批评与诗歌实践之间的关系、批评实践主体的要求、批评的道德功效、批评的文学目的以及文学批评的社会作用、批评与其他学科和领域的关系等多个方面对艾略特的文学批评体系予以廓清，以镜彻其文学批评的丰富内容和层次。艾略特将自己定位为诗人批评家，暗指了文学实践和文学批评的紧密关系。他认为文学批评对批评实践主体的内在素质有着最基本的要求，批评家不仅需具备一定的鉴赏力，还要有整体的、历史的批评视野。艾略特强调文学批评的一项重要作用就是以公正的态度去挖掘出更多的经典作品，并体现出现实指向。他主张通过在批评实践中结合宗教、道德的教化功能，来抵御世俗主义对文学作品的破坏，提升大众的文学鉴赏水平。本章的重要观点为：艾略特的文学批评和诗学实践是互为成就的关系，其文学批评对其诗歌具有重要的支撑作用。艾略特的文学批评观涵盖了知识和情感体验两个层面，是主观倾向和客观认知的双重结合。艾略特没有像新批评派那样将批评打造成一个自给自足的闭环系统，将批评的对象仅仅锁定在文学本体层面，而是对文学批评持有开放的态度，在其批评体系成型的过程中不断地进行修正，并融入了跨学科和跨领域的思想。同时，他的批评具有很鲜明的道德和宗教色彩，这也是其与众多批评家之间的区别所在。

第六章探讨了艾略特与马修·阿诺德和欧文·白璧德在文学思想上的异同。艾略特对两位人文主义代表人物——阿诺德和白璧德持有肯定与批判相结合的态度。从时代背景上看，这三位知识分子都面临着时代的精神危机，致力于寻找合适的手段来实现救赎，体现出了知识分子的社会责任意识，这是三者的共性。从比较的维度来看，艾略特虽然赞扬了阿诺德在批评上的成就，肯定了阿诺德的文学道德观，但也对其诸多理念提出了质疑和批判，如阿诺德对诗人情感的强调及文化至上的主张等。艾略特与白璧德一样敌视浪漫主义，并认同了白璧德道德和古典主义立场，但艾略特对待人类不同文明间交流的态度却比白璧德更为开放和客观。本章还集中论述了艾略特对阿诺德、白璧德关于"宗教可替代"这一论断的激烈批判。艾略特对白璧德的人文主义与阿诺德的"文化"持有一种警觉的态度，他认为两者都在酝酿着同样的阴谋，即意图取代或颠覆宗教在现代社会中的至高地位。宗教问题也成为艾略特与阿诺德、白璧德之间一个核心交锋点和立场上的根本分殊。本章的重要观点为：艾略特与阿诺德和白璧德的文学思想都是基于类似的现实起点，都体现了转型时期知识分子的焦虑和责任心，表达了他们对社会集体精神状况的不满。尽管艾略特对阿诺德、白璧德表现出了敬意，且他们在文学道德等方面的观点类似，但三人针对文学困境和社会弊病所提出的解决路径却是完全不同的。艾略特对白璧德和阿诺德的批判在很大程度上反映了宗教文学者和人文主义者长期以来的对峙和交战。

第七章研究了艾略特文学思想中的宗教色彩。本章从文学本体层面出发，并结合心理学、社会学、历史学等观点对艾略特宗教转向的内在因素和外部因素进行了深入的探究。本章在史料考证和文本分析的基础上，剖析了社会信仰危机、个人生活遭遇以及东方文化等多股力量对艾略特宗教皈依的综合影响，并通过几首代表性诗作的文学解读透析了作品中浓郁的宗教性，展现了艾略特诗风由注重文学实验向注重宗教转变的趋势，侧面反映了艾略特在宗教态度上由怀疑、矛盾到接受再到笃信的渐进过程。同时，本章还对艾略特宗教观所存在的缺陷进行了批判，指出他为宗教站台所表现出的一种极端倾向，也在一定程度上违背了他对文学的定义。本章的重要观点为：艾略特的宗教转向反映了个人在现代精神危机面前的无力和失措，也反映了西方宗教对个体的统摄性作用。从某种意义上看，《荒原》《灰星期三》《四个四重奏》这三首不同阶段的代表性诗作也是艾略特宗教态度变化的诗学呈现。艾略特对宗教的偏重一方面在一定程度上增加了文学作品的意义内涵和神秘感，另一方面又导致了文学本体色彩的淡化。他对文学、文化和宗教关系的看法仍然存在很大的缺陷，且存在一种"宗教万能"的极端倾向，他为宗教的持续发声和站台更是体现了其"宗教诗人"的本质。

第八章研辨了艾略特与埃兹拉·庞德在文学思想上的关联和异同。本章开篇探讨庞德与艾略特这两位英美现代派开创者之间的交往过程以及庞德对艾略特早期诗歌创作的介入和影响，这为观察和理解艾略特文学思想的形塑和演进过程提供了一个新的窗口。庞德与艾略特的友谊和旅居生活在某种程度上不仅反映了当时美国知识分子与欧洲文化（尤其是英国文化）的微妙关系，也成为20世纪现代主义洪流喷薄而发的主要动因之一。本章通过并置研究的方式从诗学合作、创作方式、传统观、东方文化观、宗教理念、自我与文本的关系等方面辨析和解读了艾略特和庞德之间的区别和联系。尽管艾略特和庞德在诗学理念、诗歌实验方式上存在差异，但是他们所表现出来的现代主义者的精神却是共通的。他们对诗歌可能性的探索和追求、对经典和传统定义的重塑以及在诗歌创作上所体现出来的前卫意识，都为20世纪文学宏大图景的绘制和诞生做出了重要贡献。本章的重要观点为：艾略特与庞德是英美现代诗学转向的奠基性人物，两者所表现出来的现代精神对后世产生了深远的影响。与此同时，艾略特虽然受到同属现代主义流派的庞德的强势影响，但艾略特的诗学理念具有强烈的自我特征，他在历史审视的方式、对欧洲文化的心理偏向、诗歌语言的运用以及意象的处理方式上都与庞德存在明显的区别，其诗学宗教观更是与庞德的文化观相对立。

第九章明晰了艾略特与新批评派在文学理念上的异同。本章追溯了以约翰·克劳·兰色姆、克林思·布鲁克斯等为主将的新批评派与T.S.艾略特的诗学渊源，分析了艾略特的文学整体论、关于文学作品自足性的观点、非个性化理论以及批评风格对新批评派的本体论和文本细读所产生的直接影响。在这一点上，艾略特对新批评的影响主要是单向的。本章还研析了新批评派代表人物对艾略特的不同评价、新批评派内部理念的差异以及艾略特与新批评派之间的诗学分歧。同时，本章指出，艾略特后期的批评重点逐渐转向社会文化批评，文学本体批评更为淡化，与新批评派趋向形式主义的文学批评有着实质性的不同。本章的重要观点为：虽然新批评派在诗学批评上与艾略特在一定程度上具有一脉相承的关系，但由于艾略特的批评视角更为宽阔、批评方法更为多样、批评层次更加丰富，因此，并不能将其简单地打上新批评派的标签。事实上，艾略特的批评体系是自成一派的，其诗学批评是开放的、融通的，糅合了历史观、宗教观、道德观等多个维度，并且在不同阶段呈现出不同的特点和指向，这与新批评派所倡导的带有自闭性质的本体论观点存在根本的不同。

第十章从跨文化视角构建了艾略特的文学思想与中国文论之间的对话关系。本章以跨文化研究为遵循，在史料陈述的基础上追溯了艾略特与叶公超、赵萝蕤、吴宓等中国诗人、翻译家之间的交流，揭示了艾略特诗学理念和作品在中国语境中的流播历史以及对中国现代诗派的重要影响。本章结合文本分析和理论阐释的手法，从中西互参的角度着重对比了中国古典文论与艾略特文学思想的意合与分殊，如传统革新与中国"通变"的哲学概念、经典的阐释与刘勰的"经也者，恒久之至道"等定义、非个性化理论与虚静说、客观对应物与象外之境等。本章的重要观点为：尽管与庞德相比，艾略特与中国文化的互动并不明显，中国元素在其诗歌中的存在度也不如庞德的诗歌高，但艾略特仍然对中国现代诗歌的发展产生了特殊的影响。艾略特兼收东西的宏大批评体系中也昭示了一种跨文化的适用特征，其各个层面都与中国文论形成了一种不约而同的类似，展现了在不同社会和时代语境下的文化共鸣现象，进一步呼应了钱锺书先生所说的"东海西海，心理攸同"的观点。

结语部分则将分析语境延伸至后现代主义诗学，凸显了艾略特文学思想和诗学作品的广泛而又深远的影响力。同时，本部分认为，虽然艾略特对英美现代诗学的发展做出了巨大贡献，但其在诗坛长达几十年的统制也阻遏了诗歌新风的产生。以威廉·卡洛斯·威廉斯、肯尼斯·雷克斯罗斯、查尔斯·奥尔森等为代表的美国诗人对艾略特诗学思想的偏离和抵制反映了美国文学知识分子本土意识的崛起。他们极力避免美国诗歌处于欧洲文化尤其是英国文化的阴影之下，开始走上了一条建构具有美国特色的本土文学的道路，从而催生了英美诗歌的又一亮丽景观。

三、成果的学术创新、应用价值以及社会影响和效益

本成果是国家社科基金重大项目的阶段性成果之一。主要创新有：一是原发性学术创新。成果构建了完整的艾略特文学思想体系，创新性地开辟了文学研究的新路径。当前，国内外经典作家研究普遍存在一种碎片化、重复化、单一化的现象。本成果以艾略特的文学思想为聚焦点展开了立体化、全方位的深入研究，这在国内外尚属首次。这种新的研究路径将有力拓展国内外文学研究的新视角和新领域，对相关领域的研究具有积极的启发和借鉴意义。二是修正性和阐释性学术创新。成果形成了自身鲜明的学术主张，丰富了具有中国特色的艾略特研究及文学体系。如在艾略特的传统观上，作者认为该理念具有一种助力回归秩序的功能性指向；在艾略特对白璧德和阿诺德的批判上，作者认为这反映了宗教文学者和人文主义者的对立；在宗教文学观上，作者认为艾略特有一种"宗教万能"的极端倾向，这导致了其后期作品在不同程度上与文学本体意义产生了脱节；作者还首次对艾略特文学思想与中国文论共鸣现象进行了探讨。三是发掘性学术创新。作者曾亲自对艾略特生活、学习的地方进行实地探访，并在史料考据的基础上对艾略特的文学思想的发展形成了诸多新的观点。同时，本成果还从国内外图书馆收集了大量的资料，其中有不少国外文献是国内学者尚未涉及的。

应用价值：一是本成果可很好地对接新时代我国外国文学研究的新需求，为如何开启外国文学思想研究的系统工程提供新思路和新途径，从而助推我国外国文学研究事业的进步。二是本成果可运用于国内外语教学的改革过程之中，以推动人文教育和专业教学之间的深度融合，促进国内外语教学的创新和发展，提升人才的培养质量。三是本成果也可为我国的文艺工作者如何建构本土文学思想和文学话语权、繁荣文学创作提供有益的借鉴，从而助推中国学术话语体系在全球范围内的崛起和传播。四是本成果还可为国别、历史研究者如何从跨学科的角度来深化英美国家国情、社会等综合研究提供新颖的视角和重要的启发。

　　社会影响和效益：本研究的阶段性成果以论文形式发表在《外国文学研究》《外国文学》等核心刊物上，引用次数较多，多篇还被中国人民大学复印报刊资料全文转载，产生了较大的学术影响。同时据此获批了国家社科基金重大项目、湖南省社科基金项目等各个层次的项目。

《双重叙事进程研究》概要

申　丹[*]

一、研究的目的、意义及方法

本成果是世界上首部对由隐性进程与情节发展所构成的双重叙事进程进行系统理论探讨和实际分析的专著。隐性进程和双重叙事进程（也称双重叙事运动、双重叙事动力）是笔者在国际和国内首创的理论概念和研究模式。改革开放以来，我国的外国文学研究倾向于采用西方学者提出的理论和方法，本成果则打破了这一惯例，采用笔者本人原创的概念和方法，并从七个角度对双重叙事进程进行了开创性的系统理论建构。据中国期刊网的篇名和主题检索，多种学术期刊（包括《外国文学评论》《外国文学研究》《国外文学》《当代外国文学》）已经登载了30余篇其他研究者采用本项目前期和中期成果提出的隐性进程、双重叙事运动、双重叙事动力等理论概念和批评模式来分析中外文学作品（包括短、长篇小说和戏剧）的论文（本成果在研究过程中发表的论文里，有11篇被期刊论文他引共97次）。这从一个侧面标志着我国的外国文学研究开始采用中国学者首创的理论和方法，迈入了一个新阶段。

从古希腊亚里士多德开始，直至今日，批评界仅仅关注情节发展这一种叙事运动；20世纪80年代以来中外学界对叙事进程的探讨也始终未超出情节发展的范畴。正如本成果所揭示的，如果情节发展背后存在隐性进程，而

* 申丹，北京大学教授，博士生导师。

我们囿于前者而忽略了后者和两者之间的交互作用，就会片面理解甚至严重误解作者的修辞目的、作品的主题意义、人物形象和审美价值。此外，从古到今，无论是考察故事结构还是表达技巧，无论是聚焦于文本本身还是读者认知，也无论是一种语言中的文本研究还是跨语言的翻译研究，以往的理论概念和批评模式都仅仅建立在情节发展之上，无法用于阐释隐性进程和情节发展之间的互动关系。也就是说，"双重叙事进程"对以往的各种理论模式和研究方法都构成重大挑战。如果作品中存在双重叙事进程，我们不仅需要打破长期批评传统的束缚，将目光拓展到情节背后，探索另一种与之并行的叙事动力，考察这两种叙事动力之间的交互作用，也需要开拓新的理论范畴，提出新的概念、新的模式、新的框架。本成果在这方面率先迈出了坚实的第一步。

笔者首创的挖掘情节发展背后隐性进程的研究模式不仅在国内得到高度评价，被越来越多的学者运用于作品分析，在国际学界也引起了强烈反响。西方学者纷纷公开发表评论，盛赞这一新的理论：文论界权威希利斯·米勒认为是"重大突破"，乔纳森·卡勒称其是对"叙事诗学的重要贡献"；叙事学界权威詹姆斯·费伦称赞它"有说服力地拓展了修辞性叙事理论的研究范围"；米里亚姆·沃尔夫认为"这一新的理论带来启迪"，可用于"揭示作品中隐藏的伦理和审美层面"；肯·爱尔兰也认为其"可对作品进行更加深入和更加全面的阐释"；欧洲叙事学协会（ENN）前任主席约翰·皮尔强调它"超越了亚里士多德诗学开创的研究传统"，"是对以往研究重要的和开创性的增补"；《剑桥叙事指南》的作者波特·阿博特指出其具有"最为出色的挑战性，给叙事理论带来了活力"。

本成果在全国哲学社会科学工作办公室组织的匿名鉴定中被鉴定为优秀。鉴定专家较为全面地简要总结了本成果的内容、意义和方法：

匿名专家鉴定意见之一："本项目的确是'世界上首部'论述小说叙事中隐性进程与情节显性发展构成的双重叙事进程的著作，不但构筑了系统的双重叙事进程的理论体系（上篇），而且以大量的分析例证例示了这种叙事进程分析的具体操作方法（下篇，8部名著的分析），对于中外半个世纪以来流行的西方叙事学理论乃至传统的文学批评和文学理论均是重大突破。其理论和方法是名副其实的中国学者首创，不但在国内文学批评和叙事学研究领域深受赞誉，而且强烈震撼了西方该领域内的知名学者，如希利斯·米勒、乔纳森·卡勒、詹姆斯·费伦等。他们均称此成果之部分已发表的内容为叙事诗学之重大突破和拓展性研究，甚至超越了古希腊亚里士多德开创的诗学传统，是对亚里士多德之后 2 000 多年来的诗学传统的重大增补，因此也是中国文学理论尤其是叙事诗学立足于世界、超越西方学者的一大明证。该项目共分两部分：上篇对双重叙事进程展开系统的理论探讨，并构建了相关理论模式，设计了合理的问题并给予了合理的回答。前后 7 章层层叠进，逻辑紧扣，论证有力，以理服人，具有压倒群舌之势。下篇 8 章依据上篇建构之理论模式，对近百年来人皆熟悉但又缺少深度挖掘的文学名著、经典名篇进行了另辟蹊径的分析。其文类多样，涉及家庭问题小说、战争小说、哥特小说、心理小说等；其涉及的文学思潮和流派庞多，包括浪漫主义、现实主义、现代主义等，足见研究难度之大、涉及范围之广、主题思想之深；而其分析方法之新，则前人所未用，所读出之意义则前人所未曾经验，而其审美价值则更是前人所未曾领悟者。不消说，该成果对前此各种叙事学、诗学、文学批评和文学理论均构成了重大挑战，并为相关学科的跨越性研究提供了新路径。确为一部优秀的叙事诗学著作。"

匿名专家鉴定意见之二："总体而言，送审成果理论站位高远，显示出研究者对所研究的问题尤其是对叙事中隐性进程的挖掘非常深入，具有独到的见解，非常具有学术价值和应用推广价值。同时实践篇中作者也能结合具体的短篇小说作品进行具体而微的解读，不乏精彩之处，显示出研究者非凡的学术功底和从事研究的能力。结论：送审成果颇有创新之处，凸显了其理论和应用价值，研究成果特色鲜明，达到了很高的水准，故评为优秀，很有出版的价值。"

匿名专家鉴定意见之三："《短篇小说双重叙事进程》在吸收西方叙事理论的基础上，明确提出了情节的隐性进程概念，并提出了情节发展和隐性进程之间相互作用的理论。这一研究具有开拓性，对于中国叙事理论建设、对于国际叙事学研究都具有重要的理论价值和推动作用。该成果的突出贡献是从情节的角度对叙事学做了系统的理论建构，提出了关于情节发展和隐性进程之间的多种关系的新的阐释框架。这一理论建构对叙事学的理论建构具有重要意义，同时对于更好地理解叙事作品具有指导意义。该成果的另一贡献是论者运用这一新的阐释框架，通过自己的实践演示了这种方法的运用，对经典作品做了细致的文本分析，揭示其情节内在的双重进程体现的矛盾性以及情节和意义的关系，具有很好的示范作用。成果作者对西方当代前沿叙事理论十分熟悉，在对话的基础上提出了自己的见解，并从文体和翻译的角度对提出的观点做了进一步说明和补充。该成果产生了很好的国际影响，在我国独树一帜……总的来说，该成果观点鲜明，结构清晰，颇有新见，分析细腻，是一部优秀的叙事学研究著作。"

匿名专家鉴定意见之四："隐性进程是当代西方叙事学理论界非常关注的一个理论问题。该项研究针对理论界提出的核心观点进行了详细阐述，并提出了原创理论思想。研究成果中的核心论点已经在国际学术期刊上发表，受到广泛关注。该项研究成果不涉及政治问题，没有违背马克思主义基本原则，没有违背中央现行方针政策。成果质量优秀，值得出版。"

二、成果的主要内容和重要观点

本成果分为上下两篇。上篇对包括隐性进程和情节发展的双重叙事进程展开了全面、系统的理论探讨和模式建构。

作为铺垫，第一章阐明了隐性进程与批评界所关注的各种深层意义（包括第二故事、隐性情节、隐匿情节、隐匿叙事、潜结构、潜叙事和深层意义等）之间的差别，并辨析了双重进程如何不同于双重话语、文本的模棱两可、双重意义和双重阅读，指出隐性进程是与情节发展并列前行、长期以来一直被批评界所忽略的另一条表意轨道。本章还说明了隐性进程的反讽如何不同于批评界所关注的各种类型的反讽：前者是贯穿文本始终的一股反讽性暗流，局部文字往往不带反讽意味，只有在与隐性进程其他部分的文字相关联时，才会产生反讽含义。当情节发展本身带有反讽性时，隐性进程的反讽构成更深层次的反讽；而当情节发展不具反讽性时，隐性进程的反讽则会与之形成一种张力。

第二章主要回答了以下问题：情节发展与隐性进程之间存在哪些不同种类的互动关系？两者在并列前行的过程中，如何以各种方式互为对照，互为排斥，互为补充，在矛盾张力中表达出经典作品丰富深刻的主题意义，塑造出复杂多面的人物形象，生产出新颖卓越的艺术价值？此外，两者会以哪些不同方式影响读者阐释，改变作者、叙述者、人物和读者之间的互动关系？

第三章全面系统地分析长期以来究竟有哪些原因造成经典作品的双重叙事进程被中外批评界所忽略，并指出如何才能有效挖掘情节背后的隐性进程，看到这股叙事暗流与情节发展的互动。

第四章聚焦于文字在并列前行的不同叙事进程中所具有的不同意义。因为隐性进程和情节发展构成不同的表意轨道，因此文字在其中常常同时表达出不同的字面、隐含和象征意义。本章指出，这种意义应称为"叙事进程中的意义"，以区别于通常理解的上下文中的意义。同样文字所具有的不同叙事进程中的意义相互冲突、相互制衡又相互补充，由此产生文学作品特有的矛盾张力和语义密度，表达出丰富复杂的主题内涵。现有的文体学模式都是建立在单一表意轨道之上的，只能说明文字在情节发展中产生的一种主题意义，无法涵盖文字在并列运行的双重甚或三重叙事进程中同时产生的不同意义，需要加以拓展和重构。

第五章探讨双重叙事进程对叙事学的各种模式构成的挑战，阐明了叙事学为应对这种挑战所需拓展和重构的相关理论概念和研究模式。本章开创性地提出了双重故事结构模式、双重人物形象模式、双重不可靠叙述模式、双重叙事距离模式、双重叙述视角模式、双重叙述技巧模式、双重故事与话语关系模式和双重读者认知模式等。

第六章对修辞性叙事理论进行拓展性探讨，不但揭示出美国当代修辞叙事理论在历史化潜能方面对其前身——芝加哥学派第一代所创建的文本诗学理论——的超越，也指出，当代修辞叙事理论即便发挥其潜能，也只能用于阐释情节发展，若要解释双重叙事进程，就必须对其加以拓展和重构。修辞性叙事理论有两个核心概念——隐含作者和作者的读者，这两个概念被叙事研究者广泛采用，而双重叙事进程则要求将其拓展为双重隐含作者和双重作者的读者。此外，本章指出，美国当代修辞性叙事理论对文体分析的排斥失之偏颇，结构分析需要与文体分析相结合，才能对作品的形式层面进行较为全面的分析，对于双重叙事进程的解读尤其如此。

上篇最后一章聚焦于双重进程与翻译的关系。对隐性进程至关重要的文字，对于情节发展往往无关紧要，甚或显得离题，由此常常被仅关注情节发展的译者省略，或是有意无意地加以改动。从情节发展来看相当到位的翻译，从隐性进程来观察，则可能存在较大问题。局部翻译处理得不妥，会影响译文中整个隐性进程的连贯性，甚至令其不复存在。本章通过实例，阐明了双重叙事进程对文学翻译提出的全新挑战，并从译者、翻译研究以及翻译教学等方面就如何应对这一挑战提出建议。

本成果下篇就所选经典作品中的双重或三重叙事进程展开具体分析。需要说明的是，从宏观角度考察，我们总是看到处于明处的情节发展和处于暗处的隐性进程这"一明一暗"的双重叙事进程。然而，在有的作品中，情节发展或者隐性进程本身就有两个分支，每一个分支都自成一体，沿着自身的主题轨道前行，都可以被视为一种独立运行的叙事进程，这样就形成了"两明一暗"或者"两暗一明"的三重叙事进程。

下篇中的八章可分为两个部分，前四章（第八章至第十一章）构成第一部分，探讨捷克和美国作家的作品。前两个作品都仅含有双重叙事进程，其情节发展均涉及父子关系，或是父亲逼迫儿子自杀，或是儿子被迫杀死父亲。后两个作品中则都出现了三重叙事进程，但走向相异：三个叙事进程或朝着不同方向、或朝着一个（大）方向运行。

第八章探讨弗兰兹·卡夫卡的《判决》。这一世界名篇是最令人困惑难解的作品之一，一个世纪以来吸引了大量注意力，引发了激烈的批评争议。受长期批评传统的影响，中外学界仅仅关注了《判决》的情节冲突。倘若我们打破传统的束缚，把视野拓展到情节背后的隐性进程，就可看到情节冲突（父子冲突）背后隐藏的另一种性质不同的冲突（个人与社会的冲突）。作品的意义在于这两种冲突的相互矛盾、相互制约和相互补充。如果能看到这一点，就能更好地理解《判决》在卡夫卡创作中的重要突破，更好地把握为何《判决》是理解西方现代派文学的一把关键钥匙。

第九章考察安布罗斯·比尔斯的《空中骑士》，揭示出其走向相异的两种叙事进程：情节发展围绕战争的残酷无情、儿子被迫弑父的悲剧展开，而隐性进程则围绕履行职责的重要性展开。我们若从头到尾追踪这并列前行的双重叙事运动，借助文字同时产生的两种主题意义，看到两种叙事动力既互相冲突又互为补充的复杂关系，就能看到作者意在塑造同一人物的两种不同形象，并邀请读者同时做出互为对照的情感反应。这样可以更为准确地把握作品的修辞目的，更加全面地理解作品的内涵。本章将这一作品与比尔斯笔下的另外两篇作品加以比较，以此突显双重表意轨道和单一表意轨道的对照，阐明比尔斯在其不同作品中对军人履职这一主题表现出的大相径庭的立场。

第十章分析凯特·肖邦的《一双丝袜》，揭示出文中朝着不同主题方向并列前行的三种叙事进程，其中两种沿着女性主义和消费主义的轨道迈进，联手构成情节发展，但在其背后还存在以自然主义为主导的隐性进程。本章说明这股一直被忽略的叙事暗流如何与以女性主义和消费主义为主导的情节发展交互作用，在冲突制约、矛盾张力中塑造复杂多维的人物形象，表达出作品丰富多层的主题意义。

第十一章探讨埃德加·爱伦·坡的名篇《泄密的心》，指出尽管这一作品也包含三重叙事进程，然而，与《一双丝袜》的叙事走向不同，此作品的三种叙事进程都朝着一个大的主题方向迈进。其中一种是情节发展，以往批评家已经从各种角度对其进行了阐释。另外两种都是叙事暗流，构成并列前行的"隐性进程之一"和"隐性进程之二"。这两股暗流各以其特定方式独立运行；其一在文本内部通过前后文字的交互作用产生贯穿全文的戏剧性反讽，另一股暗流虽然也产生贯穿全文的戏剧性反讽，却有赖于文本与历史语境的交互作用。笔者曾在《叙事、文体与潜文本》一书中分析过这一作品，但研究目的和研究角度都有所不同。笔者当时对隐性进程还缺乏认识，旨在挖掘情节发展的深层意义，因此把情节发展和"隐性进程之一"糅为了一体，留下遗憾。本成果对之加以弥补，尤为关注同样的文字如何在不同叙事进程中分别发挥不同的作用。

第十二章至第十五章构成下篇第二部分，聚焦于凯瑟琳·曼斯菲尔德的四篇作品。这位出生于新西兰的英国女作家在国内外都得到广泛关注。作为世界公认的短篇小说大师，她近年来在西方还引起了"曼斯菲尔德研究爆炸"，这与她对叙事结构的精妙构思和对文体手法的独特善用不无关联。批评家们一直赞赏她观察的敏锐、描写的细致、文体的精美和技巧的现代化。但迄今为止，学界仅仅关注其作品中的情节发展，而笔者发现，在曼斯菲尔德的不少作品中存在双重叙事进程。如果我们能发掘出情节发展背后的隐性进程，就会看到曼斯菲尔德建构的另一个意义世界，就能从新的角度观察其作品的修辞目的、主题意义、人物形象和审美价值，对作品形成更加全面和更加准确的把握。不少当代批评家致力于进一步确立曼斯菲尔德在现代主义经典作家中的地位，而倘若能挖掘出其作品中存在的双重叙事进程，就能更好地看到曼斯菲尔德现代主义的创作手法。

　　与上篇第一部分探讨四位不同作家的作品相对照，下篇第二部分聚焦于一位作家笔下的四篇作品，目的在于揭示同一位作家如何以不同方法、从不同角度建构双重叙事进程。在这四则短篇中，前两篇的情节发展均聚焦于一对恋人，后两篇则分别聚焦于一位男主人公和一位女主人公。不仅这两组作品在双重叙事进程的构建方法上大相径庭，而且每组的两篇作品之间也相去甚远。出自同一作者笔下的四则短篇，构建隐性进程的手法都十分微妙，但却迥然不同，各有各的精彩，展现了双重叙事进程建构方法的丰富性和复杂性。

　　第十二章剖析曼斯菲尔德的《心理》。批评界对这一作品的看法相当一致，认为男女主人公相互激情暗恋却竭力保持柏拉图式的纯洁友谊，视角在两人之间来回变换。这确实是情节发展的走向，然而在情节背后，实际上存在一个隐性进程，暗暗描绘出截然不同的情形：女主人公单相思，把自己的激情暗恋投射到并未动情的男主人公身上，这一叙事暗流持续采用了女主人公的视角。隐性进程从情节发展里得到多层次的反衬，在对照中微妙而戏剧性地揭示出女主人公复杂的心理活动，并不断为其在作品结尾处的转变做出铺垫。隐性进程与情节发展构成一实一虚、一真一假、暗明相映的双重叙事运动。两者相互补充又相互颠覆，塑造出双重人物形象，表达出丰富的主题意义，生产出卓越的艺术价值。

　　第十三章探讨曼斯菲尔德的《莳萝泡菜》。此作品描述了一对恋人分手多年之后的意外重逢，中外学界都看到了作品的反讽意味，认为其反讽矛头对准的是自我中心、自私自利的男主人公，并从女性主义立场出发，对受到男主人公话语压制的女主人公给予同情。本章揭示出，在这一情节发展背后，同样存在并列前行的隐性进程，通过女主人公的视角，暗暗展现出她本身自我中心、自私自利的性格缺陷，男主人公的某些话语对其起到反衬作用。作品借此由单轨反讽变成双轨反讽。看到这明暗相映的双重叙事进程之后，人物形象会由扁平变得圆形多面，作品会由简单明了变得富有张力；反讽对象也会从一个人物的弱点拓展到男女主人公共有的弱点，乃至全社会的人性弱点。

第十四章考察曼斯菲尔德的《苍蝇》。其情节发展富含象征意义，围绕战争、死亡、悲伤、施害/受害、无助等主题展开；在情节发展背后，实际上还存在围绕对男主人公虚荣自傲的反讽所展开的隐性进程。随着隐性进程的发展，男主人公的老朋友、办公室、妇女、随从、儿子和苍蝇都成了映衬其虚荣自傲的手段，构成一股贯穿全文的反讽性暗流。这两种叙事进程在作品中明暗相映，联手表达出丰富的主题意义，塑造出复杂多面的人物形象。长期以来，批评家倾向于把文本成分往情节发展这一条轨道上硬拉，造成各种阐释偏误，也形成了十分激烈的批评争论。本章通过挖掘隐性进程，不仅得以纠正相关误解，也能较好地揭示以往学术争议的根源所在。在其他存在学术争议的章节中也是如此。

最后一章转向我国读者更为熟悉的《巴克妈妈的一生》。其情节发展塑造了一个历经苦难煎熬、催人泪下的女佣大妈形象。在学界关注的这一情节发展背后，还存在一个隐性进程，将女佣大妈和文人先生的社会性别暗暗加以转换，集中刻画了女主人公令人钦佩的"男性化"的形象。这两种表意轨道的共存，不仅增加了人物塑造的维度，产生矛盾张力，表达出更加深刻的主题内涵，邀请读者做出更为复杂的反应，而且也使这一作品在很大程度上有别于契诃夫的名篇《苦恼》——若能看到双重叙事进程，就能看到曼斯菲尔德和契诃夫在性别立场上的本质差异，就能更好地把握作品与性别政治的关联。

这八篇名家名作分别属于家庭问题小说、战争小说、哥特小说、心理小说等不同类型，涉及浪漫主义、现实主义、现代主义等不同流派。这些经典作品的出版历史至少都有近百年，其间批评界对其进行了各种阐释，但均聚焦于情节发展，忽略了情节背后的隐性进程，更未关注这两种叙事动力之间的交互作用，由此造成对作品的片面理解，甚或严重误解。借助笔者首创的隐性进程和双重叙事进程的理论框架和研究方法，下篇各章从不同角度揭示出作品未被中外批评界发现的矛盾张力，使作品展现出更为丰富复杂的主题意义、更加丰满多面的人物形象，以及令人耳目一新的美学价值。

三、成果的学术创新、应用价值以及社会影响和效益

如前所述，本成果是世界上首部对由隐性进程与情节发展所构成的双重

叙事进程进行系统理论探讨和实际分析的专著。隐性进程和双重叙事进程等均为笔者在西方和国内首创的理论概念和研究模式，得到中外学界的极高评价。正如鉴定本社科基金成果的匿名评审专家所言，本书稿"理论站位高远"，"是名副其实的中国学者首创"，"对于中外半个世纪以来流行的西方叙事学理论乃至传统的文学批评和文学理论均是重大突破"，"是中国文学理论尤其是叙事诗学立足于世界、超越西方学者的一大明证"。分析部分"对于更好地理解叙事作品具有指导意义"和"很好的示范作用"。

　　具体而言，从双重叙事进程这一全新角度解读叙事作品，具有以下几种重要作用：

　　（1）从对情节发展的探讨拓展到对情节发展和隐性进程交互作用的探讨，可以沿着两条并列前行的表意轨道，挖掘出多维复杂的人物形象，更好地揭示作品主题意义的丰富性和深刻性。

　　（2）可以看清不少文本成分的主题相关性。对于隐性进程至关重要的文本成分，从情节发展的角度观察往往无足轻重，而当我们逐渐发现隐性进程时，就会越来越清楚地看到这些文本成分对表达主题意义和塑造人物形象所起的不可或缺的关键作用。

　　（3）可以更好地说明文学作品的审美价值。作者往往通过十分微妙的文体、叙事与修辞技巧来建构情节背后的隐性进程。当隐性进程以及它与情节发展的互动逐步显现时，我们就会从一个全新的角度领略作者独特微妙的艺术手法。

　　（4）可以更好地说明读者阐释的多面性和复杂性。当读者逐渐观察到情节背后的隐性进程时，就会逐步看到另一种主题意义、不同的人物形象和相异的审美效果，以及两种甚或三种叙事进程之间的交互作用，从而不断调整和修正自己对作品的反应。这是以往的读者阐释/认知研究未能关注的一个重要范畴。

　　（5）可以看到以往聚焦于情节发展的各种相关理论的局限性，并对其加以修正、拓展和重构。

　　（6）隐性进程在情节背后的存在对翻译提出了新的挑战，也给翻译理论、翻译批评和翻译教学增加了一个新的维度。

　　本成果提出的全新理论框架受到国际学术界的重视。研究过程中，有8

篇论文在英美一流学术刊物发表（另有 2 篇接受待发表），其中有 2 篇论文被美国的文体研究顶级期刊 *Style*、1 篇被英美 Routledge 出版社推出的重要文集置于首篇位置发表（其他作者均为西方学者），笔者也数次应邀在国际学术会议上就隐性进程和双重叙事进程做大会主旨报告，得到国际学术界的高度评价，产生了广泛的国际影响。隐性进程已被法国学者收入叙事学常用术语网站，有的西方学者采用这一新理论的论文已经被美国一流期刊接受待发表——西方学者采用中国学者提出的理论进行西方文学研究。

本成果研究过程中也有 14 篇论文在《外国文学评论》（3 篇）、《外语教学与研究》（1 篇）、《外国文学》（2 篇）、《外国文学研究》（3 篇）、《北京大学学报（哲学社会科学版)》（2 篇）、《英美文学研究论丛》（1 篇）、《外语研究》（1 篇）、《外国语文》（1 篇）上发表。据中国知网的检索（截至 2019 年 9 月 26 日），其中有 11 篇被期刊论文他引共 97 次。有 3 篇（共 5 万字）被中国人民大学复印报刊资料《外国文学研究》全文转载；有 2 篇被《中国社会科学文摘》摘录；有 2 篇被《高等学校文科学术文摘》摘录。

长期以来，批评传统的束缚影响了我们对不少作品的主题和审美层面之丰富性、复杂性和深刻性的认识，视野的局限也造成了一些不必要的批评争议。如果能把观察视野拓展到情节发展背后的隐性进程，关注两者之间的互动关系，就能开辟新的批评空间，对不少作品做进一步阐释，看到其更加复杂深刻和更为广阔的意义世界。相信越来越多的研究外国文学和中国文学的学者会关注不少作品中存在的双重甚或三重叙事进程，从而对相关作品的主题意义、人物形象和审美价值达到更加全面和更为深刻的理解，并更好地把握作者、叙述者和读者之间的交流互动。此外，以往的文学理论往往需要借助其他领域（如哲学、语言学、社会文化理论、认知科学等）的新思潮和新方法来加以创新。倘若能打破文学批评传统自身的束缚，把视域从情节发展扩展到双重叙事进程，我们就可在不借助外部力量的情况下，发现理论创新的机遇，就能建立新视野，开辟新范畴，提出新框架，指出新的研究方向，从而在理论和实践两方面对文学研究做出新的贡献。

《巴赫金对当代西方文学理论的影响研究》概要

曾 军[*]

一、研究的目的、意义及方法

本成果意在研究巴赫金对当代西方文学理论的影响。通过对近半个世纪西方各文论思潮流派所受巴赫金影响情况的清理和分析，探讨巴赫金思想在接受中的变形及获得新的理论生命的原因，从而为当代中国文论话语转型问题研究提供借鉴。

在文学理论思潮中，巴赫金是一座无法绕开的高峰，其理论成为 20 世纪人类最重要的思想财富之一——人们不仅惊异于其文论话语的独特、思维方式的怪异，更惊喜地发现无论是哪家哪派（形式主义、结构主义、后结构主义、解构主义、符号学、读者反应理论、新马克思主义、新历史主义、女性主义、后殖民主义……），几乎都可从他那里找到思想的共鸣点。因此，理解巴赫金，也即成为进入当代西方文学理论的思维迷宫、破解全球化格局中不同民族国家文学理论相互影响和接受、变形与新生之谜的一把钥匙。

研究巴赫金对当代西方文学理论影响问题还可以更好地反观中国学界对巴赫金理论（进而也包括所有外国文学理论）的接受与应用中存在的问题。因此，认真分析巴赫金与当代西方文学理论间复杂而微妙的关系具有很强的理论意义和现实意义。

* 曾军，上海大学教授，博士生导师。

在研究方法上，本成果没有做完全历史化和客观化的巴赫金对当代西方文学理论的影响研究，因为这种研究几乎是不可穷尽的。本成果的写作重在于时间、空间、主体以及传播渠道（如不同的译介者、不同的译本）中探索影响研究的基本规律和方法。本成果以"影响的多元网络"的方式，来重建巴赫金对当代西方文学理论的影响地图，围绕受到巴赫金思想影响的西方文学理论大师及重要的文学理论思潮流派，系统清理他们的学术成果，以接受者的学术历程为线索来清理他们接受巴赫金思想的心路历程。

二、成果的主要内容和重要观点

本成果分为导论、正文五章及余论一章，凡七章。

导论"西方文学理论中四处游荡的巴赫金幽灵"分四部分，包括本研究的问题意识、巴赫金对当代西方文学理论发生影响的接受语境、文论影响研究中的对象与方法、在时空坐标上对西方文学理论中的巴赫金形象变迁及其影响轨迹的概述。

在研究对象上，巴赫金思想的难以定位、其影响的无处不在，以及巴赫金思想为各种理论思潮流派广为征用时存在的滥用问题等构成了本研究的难点。由于西方不是铁板一块，既有欧陆理性主义传统，也有英美经验主义传统，同一传统内部也存在接受语境的明显差异，导致了巴赫金的影响在各国因时间、空间的不同而有明显的差异。这就出现了巴赫金在德国遇冷，在法国受到热烈欢迎，在英美（含澳）则同时为西方马克思主义和后现代主义所接受的现象。

第一章"克里斯蒂娃接受巴赫金思想的多元逻辑"由三部分组成。

首先，本章在对克里斯蒂娃的学术生涯及学术界对其互文性理论所形成的刻板印象的研究中发现，一方面，1966—1970 年是克里斯蒂娃向法国学界介绍巴赫金的重要时期，其互文性理论通过借鉴巴赫金复调、对话、狂欢的思想克服了结构主义对历史和主体的忽视，将结构主义成功地引向了后结构主义，并产生了深远的影响。但另一方面，克里斯蒂娃并没有将互文性理论贯彻到底，20 世纪 70 年代之后，其学术思想中的巴赫金因素似乎日渐淡化，就连"互文性""解析符号学"都逐渐成为她学术生涯中的"过去时"。克里斯蒂娃的学术兴趣越来越政治化，成为女性主义的思想斗士。进而，本章提出克里斯蒂娃对巴赫金的接受是否"仅止于互文性"的问题。

　　接着，本章对《词语、对话和小说》和《封闭的文本》进行细读，分析了 60 年代克里斯蒂娃介绍巴赫金的基本特点。经过对克里斯蒂娃的《词语、对话和小说》及其所引征的巴赫金的《陀思妥耶夫斯基诗学问题》和《拉伯雷研究》两部著作的还原，本章发现，克里斯蒂娃并没有原汁原味地介绍巴赫金，而是选择性地接受了巴赫金思想中对语言、复调、对话、狂欢等问题的观点，并按自己的逻辑重新予以了理论化的改造。在《封闭的文本》中，克里斯蒂娃吸收了巴赫金思想中的超语言学，其中还包括"巴赫金小组"时期巴赫金和梅德维杰夫的《文艺学中的形式主义方法》一书，可见克里斯蒂娃所涉猎的巴赫金思想的文献范围有所扩大，建构起了自己的将文本视为具有外向化的、歧义性的、生产性和结构化的超语言装置的文本理论。

　　最后，本章还重点分析了 20 世纪 70 年代之后克里斯蒂娃在接受巴赫金影响方面出现的各种变化。1970 年，《陀思妥耶夫斯基诗学问题》的法文版出版，克里斯蒂娃为之撰写了题为《诗学的毁灭》的序言。通过恢复苏俄20 世纪 20 年代的历史文化语境，克里斯蒂娃探讨了俄国形式主义论争中巴赫金及其巴赫金小组的独特价值。在克里斯蒂娃《诗歌语言的革命》的解析符号学那里，主体性特征发生了很大变化，即从巴赫金意义上的对话主体、思想主体发展为精神主体、过程主体；其所讨论的语言中的欲望和控制本能的符号容器问题已表明，克里斯蒂娃在解析符号学阶段已明显地拉康化了。与此同时，她对巴赫金的接受又开启了新的一扇大门，这就是以"多元逻辑"（polylogue）和"边界/门槛"（threshold）为代表的不再受限于结构主义/后结构主义的，带有鲜明的后现代主义气息的文学和文化理论。"多元逻辑"的思想基础就是多元和复调，而这正是巴赫金思想的核心；"边界/门槛"也是克里斯蒂娃从巴赫金的"时空体"理论中寻找到的理论资源，并将之引入精神分析领域。2002 年，克里斯蒂娃发表了一篇题为《"我们俩"或互文性的故事（历史）》的文章，回顾了自己的学术历程与互文性之间的复杂关系。事实上，这也成为克里斯蒂娃自己对接受巴赫金的最好总结。

　　第二章"托多洛夫接受巴赫金思想的对话原则"也由三部分组成。

　　首先，本章通过对托多洛夫和克里斯蒂娃接受巴赫金的异同比较发现，托多洛夫的结构主义之路从 20 世纪 60 年代一直持续到 80 年代初，其学术转向整整比克里斯蒂娃晚了十多年。

随后，本章对托多洛夫在结构主义诗学时期对巴赫金的接受情况进行了分析。由于其来自保加利亚，托多洛夫的学术思想中同时包含了来自俄国形式主义和法国结构主义的因素，成为两者的结合品。在法国结构主义运动中，托多洛夫将自己的研究定位为"结构主义诗学"，强调自己将结构主义的思想方法用于文学研究，探索文学作品内部构成的规律。托多洛夫的诗学观念既非亚里士多德的诗的艺术，也不同于雅各布森的诗的创造性与目的性，而是混杂了俄国形式主义、法国结构主义以及部分巴赫金思想的综合体。从 20 世纪 60 年代初到 70 年代末，托多洛夫在许多文章和著作中都引用或者讨论了巴赫金。托多洛夫更看重的是巴赫金思想中看上去更"形式主义"的一面，他还对巴赫金的复调小说理论提出了批评，由此体现出托多洛夫的结构主义诗学与巴赫金的复调小说理论之间的区别。

进入 80 年代之后，托多洛夫开始成为巴赫金研究专家，其接受更加全面、所受影响亦更加深刻。对话主义成为托多洛夫接受巴赫金思想的关键词，进而成为一种有价值的理论立场。托多洛夫有意将巴赫金的对话主义、对话原则进行理论化，使之成为人文科学研究范式的转型。如果说经过列维-斯特劳斯的努力，结构主义从语言学扩散到人类学进而成为"理论"的话，那么，托多洛夫则有着强烈的内在冲动，希望用巴赫金的对话主义替代结构主义，并将巴赫金的对话原则从文学延伸到历史学、人类学和思想史研究，使巴赫金的对话主义成为一种新的"理论"。1981 年出版的《米哈伊尔·巴赫金：对话原则》一书成为托多洛夫将巴赫金的对话主义提升为"理论"的重要著作。《批评的批评——教育小说》并非严格意义上的文论思潮史，亦非纯粹个人的思想传记，而是具有个人性的文论思想的反思性著作，它揭示了当代文论家同时受多元理论思想影响并在此间展开积极对话进而建构自己的理论主张的现实。通过重申对话主义、与巴赫金平等对话和对对话批评的倡导，托多洛夫比较充分地表达了自己对巴赫金的认识及其所受到的影响。80 年代之后，托多洛夫义无反顾地抛弃了曾经给他带来无数荣耀的结构主义诗学领域，走出了文本的牢笼，以巴赫金的对话主义作为武装自己的全新理论和方法，在更广阔的研究领域里驰骋。

第三章"当代文化批评理论中的狂欢话语"分三部分研究英美（含澳）

学界对巴赫金的接受情况。

　　伯明翰文化研究学派在学术生产上具有组织性和群体性特点，这使得他们并不特别在意 20 世纪 70 年代开始的围绕巴赫金小组的著作权之争，而是以相对宽容而灵活的方式处理这一问题。在文化研究的范式之争中，矛盾的焦点之一便是如何处理语言和言语的关系，如何处理主体和意识形态的关系，如何处理社会意识和语言符号的关系。70 年代中期，斯图尔特·霍尔组织伯明翰大学当代文化研究中心（CCCS）"语言和意识形态"小组系统清理马克思主义与语言理论的问题，并载入 1976 年伯明翰大学当代文化研究中心工作报告第 9 期。与此同时，雷蒙·威廉斯出版《马克思主义与文学》，其中亦专节介绍巴赫金和沃洛希诺夫的《马克思主义与语言哲学》，并将其理论概括为语言是活动、是实践、是一种基于社会关系的社会行为，语言"符号"的二重性和"语言就是这种能动的、变化着的经验的接合表述"等几个特点。80 年代之后，雷蒙·威廉斯仍然一直较为关注的是巴赫金小组时期巴赫金和沃洛希诺夫的《马克思主义与语言哲学》、巴赫金和梅德维杰夫的《文艺学中的形式主义方法》。在雷蒙·威廉斯那里，巴赫金小组所从事的理论创新作为"有意义的文化理论"，成为文化研究的最佳典范。

　　在《转型的隐喻》一文中，霍尔从伯明翰学派研究范式转型的高度，系统全面地总结了《马克思主义与语言哲学》的启示性意义，并认为这本书是促成伯明翰学派文化研究实现"葛兰西转向"的"主要的文本"。在霍尔看来，巴赫金"多重音性"概念在三个方面拓展了伯明翰学派在反思社会意识和语言符号关系时的理论空间：其一，语言符号不是对社会意识的简单反映，由此区别于简单的反映论；其二，同一种语言符号在不同的社会意识中会产生极大的差异，甚至"符号的阶级斗争"，因此索绪尔式的对语言体系的追求无济于事；其三，因为不同社会阶级、阶层的存在，在社会意识和语言符号间存在着复杂而微妙的权力关系。正是在第三方面，巴赫金的思想与伯明翰学派正在接受的葛兰西"霸权"（hegemony）理论一拍即合。1979年，托尼·本尼特出版《形式主义和马克思主义》一书，"巴赫金的历史诗学"被置于"形式主义之后"的章节之中，显示着巴赫金以另一副面孔出现在了伯明翰学派面前。80 年代之后，约翰·费斯克在《电视文化》《理解大众文化》以及其他多部著作中均将巴赫金的狂欢理论作为重要的理论资源。

他借用了巴赫金的诸多重要概念，如多重音、杂语、对话、狂欢、快乐、身体，这一时期成为将巴赫金的概念引入大众文化研究的重要阶段。1986 年，皮特·斯塔利布拉斯和阿伦·怀特合著的《越轨的政治学和诗学》以巴赫金的狂欢化理论为基础为文化研究确立了福柯式的"越轨"观念，实现了伯明翰学派文化研究在 80 年代的"福柯转向"。他们试图将这种极限性的"越轨"引入现代社会对大众文化和日常生活的分析之中，并在此论域中实现与巴赫金"狂欢"的理论接合。在英美新马克思主义者中，伊格尔顿对巴赫金的接受也具有示范作用。在从"苏联语文学家"到"后现代学术明星"的巴赫金形象转化的过程中，伊格尔顿经历了长达 30 年的巴赫金接受历程，其所受巴赫金思想的影响也经历了一个发展变化的过程。伊格尔顿极少单独以巴赫金为研究对象进行专章专节的讨论，更多的情况是在研究其他思想家、理论家时引入巴赫金，或为参照，或进行对比，由此形成理论互释的特点。80 年代之后，后现代主义对巴赫金的滥用引起了坚守马克思主义立场的伊格尔顿的不满，他在后期所调侃的其实不是巴赫金本人，而是那个成为后现代学术明星的巴赫金形象，是那些将巴赫金视为后现代主义理论资源的当代学人。

由此，一个重要的问题被提了出来：巴赫金的狂欢化理论同时被西方马克思主义和后现代主义进行双重征用，我们该如何正确看待这一问题？巴赫金狂欢化理论的文化背景是中世纪的民间文化，其依据的是俄罗斯民间文化观；西方学界对巴赫金的接受是从 20 世纪六七十年代开始，属于巴赫金的第二次被发现时期。这一时期，西方马克思主义正处于大众文化研究从法兰克福学派向伯明翰学派裂变的过程之中，巴赫金的狂欢化理论正是在这种变化中的文化观念中被西方学界所接受和得到重新阐释的，巴赫金狂欢化理论不可避免地被改写。其中最重要的改写就是将具有双重性的狂欢化理论改写成肯定性的大众文化理论。

第四章"女性主义文学批评中的对话、身体与狂欢"对女性主义对巴赫金思想的"群体性接受"现象进行了分析。

80 年代以来，女性主义文学批评开始对巴赫金对话主义思想和狂欢化理论产生了浓厚的兴趣，一批女性主义文学批评家有意识地将巴赫金的对话、复调、狂欢、身体、笑谑等理论引入女性主义议题。

　　尽管巴赫金思想中存在着女性缺失的现象，但这并不妨碍女性主义从巴赫金思想中汲取营养。巴赫金的话语理论在女性主义批评家看来其实质是对差异和他者的关注，这有助于女性主义打破支撑男性中心主义的逻各斯中心主义并克服此前女性主义所依赖的二元对立的思维模式。进而，女性主义批评家发现，巴赫金的复调、杂语等思想具有与福柯的话语理论的接合之处，通过引入知识和权力问题，女性主义确立了女性主义对话的问题意识、基本立场和研究方法，并继续追究自身的他者地位产生的根本性原因。巴赫金对话主义中"作为应答的回声"也成为女性主义寻求对话意识的实现方式。女性主义发现自己的发声同样容易走向一种单声部的回响，没有人应答。究其原因正是男性中心主义仍然占据着权力的中心位置。当然，巴赫金理论中的女性缺失也造成了对话主义在女性主义文学批评中的某些限度。巴赫金同样只是看到女性身体的隐秘力量，而并没有把它有力地揭示出夹。

　　狂欢化的身体或者说身体的狂欢也是女性主义接受巴赫金理论影响的另一重要方面。从埃莱娜·西苏首次提出"妇女必须通过她们的身体来进行写作"以来，身体一直是女性主义用以对抗父权、男权的有力武器，而身体的双重化隐喻又容易导致一种双重破坏：既破坏自身，又破坏了他人。如何真正地建构成一具拥有实效的批判身体，一直是女性主义批评家争论的中心话题。巴赫金狂欢化理论中的"怪诞身体"以及相关的"怪诞现实主义"的理论让女性主义批评家认识到"怪诞身体"的独特价值。在玛丽·卢索那里，女性身体的怪诞夸张正是巴赫金所论述的民间文化中对主体的贬低、脱冕与再生功能，"怀孕的丑老太婆"的形象正是这种非常典型、生动的怪诞风格。这种对女性身体的肆意侮辱，反而在女性主义批评家看来成为文化自觉的反叛高地。与历史上无数的对身体结构的贬抑相比，对狂欢化身体的赞美更多的来自对官方强制身体观念的消解与嘲讽。而伊萨克则通过艺术作品中呈现出来的颠覆性力量给女性主义现实批判提供资源，从女性笑声中发现了类似具有狂欢化精神的气质，赋予其革命性的内涵。艺术作品中的女性视角同样是打破隐藏在艺术作品中独裁式父权制话语的重要资源。丽莎·格斯芭隆通过对西苏《美杜莎的笑声》的重读，发现了一种巴赫金式的对话性话语。正是这种对话性话语，通过笑声颠覆了父权制世界。

　　女性主义文学批评在借鉴巴赫金理论的基础上，在个案研究方面也取得了令人瞩目的成绩，其中尤以吉尔伯特和古芭所开创的"阁楼上的疯女人"批评传统以及围绕这一典型形象而展开的长达 30 多年的女性主义文学批评为最。伊丽莎白·巴特勒·卡琳福德通过对叶芝笔下"疯珍妮"形象的分析发现，在叶芝关于教会的脱冕隐喻中包含着一种巴赫金式的农民（民众）的狂欢。疯女珍妮以挑战者的姿态出现，疯女言语中充满了男性作家的沉思与激情。除了分析独立自主的简·爱和那阁楼上的疯女人这些已被前辈女性主义者阐释过的形象之外，苏珊娜·罗森塔尔·沙姆韦通过巴赫金的时空体理论发现了一个精神病院时空体的存在，它既是疯女人生活居住的处所，又在日常生活的时间流动之外。

　　从某种意义上说，女性主义文学批评对巴赫金的对话、狂欢、复调、时空体等理论的使用在很大程度上并不具有理论生长性，而只是在应用层面为相关女性主义文学批评的议题提供了新的解释框架、思路及其话语。女性主义文学批评家看中了巴赫金的对话，但并没有托多洛夫力图用对话主义超越结构主义的雄心；她们也受到了巴赫金狂欢化理论的鼓舞，但仍停留在男女对抗的二元对立模式之下，将狂欢视为反抗或抵抗的武器；她们所看中的"笑"，其中也绝少诙谐、戏谑的成分，而是充满了丑陋和怪诞，可怖的崇高远大于幽默和滑稽。正因为如此，在女性主义文学批评者那里，巴赫金狂欢化理论中死亡与新生的双重性再度被简化为摧枯拉朽式的革命性。

　　第五章"当代小说叙事理论与巴赫金的同声合唱"着重关注巴赫金的小说修辞理论与当代小说叙事理论的关系，并在此基础上探讨了接受史研究中的新范式——"共鸣式接受"。

　　研究巴赫金与韦恩·布斯的小说修辞的学术关系及其共同对当代西方小说叙事理论的影响是本章的主要脉络。纵观巴赫金与韦恩·布斯的学术历程，可谓是从小说修辞出发转向了叙事伦理研究的殊途同归之路。他们基于现代与传统不同理论起点的修辞学探讨存在同中有异的特征。在巴赫金理论被西方世界重新发现之前，布斯已经通过《小说修辞学》等著作建立起自己比较完整的修辞学理论体系且在学界奠定了地位。在不同的时空下，他们同样将主体视为修辞学的核心，却存在从审美出发的"作者与主人公"和从"劝服"效果出发的"作者与读者"的不同主体关系之分；二人同样关注文本，巴赫金从"超语言学"出发建立了以言语体裁为特征的现代修辞，布斯却重视小说技巧层面的叙述修辞。80 年代是布斯逐渐从小说修辞学转向小说伦理学的关键时期，同时也是他集中讨论和受到巴赫金影响最多的时期。布斯对巴赫金的这种接受过程并不是异质性的，而是同质性的，是以同构、共鸣为特征的。首先，受巴赫金的多音齐鸣和复调理论的启示，思考"倾听"在语言的权力中的地位，并在小说文本内外和人际交流中发展倾听修辞学；其次，整合审美距离与主体的对话关系，发展了文本距离控制的理论；再次，从意识形态环境出发思考并深化小说与道德、伦理的关系；最后，从多元自我的对话引发"共导"的共享性理解，成为其小说伦理学的核心概念。

　　巴赫金在小说修辞中强调的社会对话性、复调、声音、主体多元性、意识形态、伦理哲学等关键词成为当代小说修辞和叙事理论讨论的焦点。巴赫金以及他通过布斯在叙事理论方面对华莱士·马丁、詹姆斯·费伦和亚当·纽顿的影响也呈现出同质接受的特质，只是在各自的关注焦点和接受维度及程度上存在一些差异。马丁在打破了虚构叙事和非虚构叙事的界限后发现了巴赫金叙事理论的多适应性，主体的多元论助其重构了更为复杂和完整的叙述交流图式，对话理论改变了其对理论本身的接受视角；费伦不仅接受多元主义和对话理论，更是通过对巴赫金的声音的聚焦，在聆听与距离、读者与伦理等理论维度上根据自己的研究重点有取舍地接受和利用，将巴赫金理论推向了后经典叙事的领域；纽顿在《叙事伦理》中试图在伦理哲学和文学研究之间架起桥梁，他看到巴赫金从主体间性理论下生成的他者概念成为伦理话语的一个叙述动力，同时巴赫金关于时间与价值的关系、对死亡的讨论、叙述者的双声对话等成为其从哲学出发的叙事伦理的重要理论来源。

　　布斯等对巴赫金的"共鸣式接受"揭示了巴赫金与当代小说叙事理论的关系，呈现如下特点：（1）不同接受者对同一理论有不同的接受维度和方法。（2）根据自己的问题意识对巴赫金的理论有所侧重地接受和发展。（3）间接影响和接受的同质杂糅。然而，更重要的是巴赫金对西方当代小说叙事理论的影响更多未尽的话语，是他"幽灵"般地影响了像华莱士·马丁这样诸多学者对理论的根本看法，显现出其思想的深刻性和真理性。

　　余论"审美交往理论：从马克思到巴赫金"的性质有些特殊。它不是简单描述巴赫金如何影响文论思潮的过程，而是在整个马克思主义文艺美学的发展史中，探讨巴赫金的审美交往理论如何被重新发现。

将人类包括审美在内的精神活动视为一种交往实践的产物，是马克思主义历史唯物主义的基本思路和核心观点。不过，从对交往实践的重视到审美交往的提出，在马克思主义理论发展史上经历了一个较长的发展历程，并由此衍生出不同的理论主张和研究路径。在马克思思想的不同时期，"交往"的含义有广义和狭义之别，并形成了普遍交往、现实交往、交往异化、物质交往、精神交往、世界交往等不同领域和层面的交往理论。列宁、毛泽东等人结合苏联和中国的社会主义革命与建设实际，在具体的现实交往领域中发展了马克思的交往思想。在西方马克思主义学者中，哈贝马斯通过对交往活动中的语言媒介的强调，实现了马克思主义交往理论的语言学转向，也使得马克思主义的审美交往成为更开放的、更具包容性的理论。

真正从交往的角度对审美活动进行分析的，是巴赫金。身处苏联纷繁复杂的思想文化背景，巴赫金一方面受到马克思主义思想方法的深刻影响，另一方面又积极与非马克思主义的俄国形式主义展开对话，还有意识地与流行的将马克思主义教条化的庸俗社会学保持距离。巴赫金的交往思想成为马克思交往理论当代发展中最贴近审美活动的思想，或者说，只有到了巴赫金那里，马克思的交往实践思想才真正转化为审美交往理论。巴赫金的审美交往思想一方面是对马克思主义文艺社会学的发展，另一方面则是自己早期的行为哲学思想的延续。巴赫金正是在自己独创的行为哲学的理论基础上，以审美活动为对象，引入马克思主义交往思想，从而形成了具有马克思主义思想倾向的审美交往理论的，而复调和对话也只有在审美交往的范畴内才能获得更为准确的理解。

必须指出的是，上述从交往实践到审美交往的问题史描述并非按照严格的历史顺序展开：巴赫金思考审美活动伦理学并结合文艺社会学视角探讨审美交往问题的时间在20世纪20年代，而法兰克福学派从批判理论到交往理论的发展则是二战之后的事情。之所以未按时间顺序展开，原因有两个：一是逻辑的要求。从马克思的"普遍交往"以及"精神交往"等命题的提出到后世学者广泛借鉴语言哲学、主体性哲学（包括主体间性哲学）展开审美活动的交往分析，两者具有逻辑的一致性。二是历史的事实。尽管巴赫金的审美交往理论早于法兰克福学派，但巴赫金思想存在一个首先被埋没而后又不断被发现的过程，而其被发现的时间正好处于 60 年代之后；其思想产生重要的学术影响也是在法兰克福学派之后，而这正好与对马克思主义文艺理论将交往思想引入审美领域的要求是相一致的。综合围绕马克思主义文艺思想从交往实践到审美交往问题的讨论，我们可以发现，在马克思主义视域中，存在两种彼此不同又相互关联的"审美交往"问题：一种是现实社会中的审美主体之间的关系（作家、读者与世界，以及文本与他们间的社会关系和生产关系等）；另一种是文本中的具有社会性的审美主体（作者形象与主人公、理想读者）之间的关系。现实社会中的审美交往主体是活生生的，身处特定历史、社会、文化语境中的个人（作者和读者），作家的社会身份、政治信仰、文艺活动以及社会环境、文化生产机制对其创作会产生重要的影响；同时，读者的社会身份、政治信仰、阅读方式等的差异也会对其阅读行为产生影响；不仅如此，真实的作家与读者之间的互动也对文学创作与再创作产生影响。

三、成果的学术创新、应用价值以及社会影响和效益

本成果的主要价值表现在三方面：（1）勾画出巴赫金对当代西方文学理论影响的几个重要维度，有利于我们更好地理解巴赫金理论对中国文学理论的影响。（2）研究方法上，丰富了比较诗学的研究方法，尝试用"多元网络"的方式来展开影响与接受的复杂现象。（3）对于中国学者更好地理解当代西方文学理论大师及重要文学理论思潮具有重要的参考性意义。

在本项目研究过程中，笔者先后在《文学评论》《外国文学研究》等 A&HCI、CSSCI 刊物上发表 11 篇研究论文，其中 7 篇文章先后被《新华文摘》转摘或中国人民大学复印报刊资料《文艺理论》《美学》转载，其中 2 篇文章分别被转引 6 次和 8 次。

在本项目研究过程中及项目结束后，笔者先后参加十余次学术研讨会，就相关研究主题做专题报告，与学界同行交流。并在华东师范大学俄语系做过相关主题的学术讲座，获得良好的学术反响。

本项目顺利通过国家社科基金结项，评价等级为优秀（结项证书号：20130356）。

语言学

《不平等与不对等》概要

屈文生*

考察世界各国发展史，以不平等条约断代的并不多见，但中国近代史恰是以 1840 年鸦片战争或是随后 1842 年中英订立的《南京条约》开启的。可以说一部中外不平等条约史，是一部近代中国的屈辱史，也是一部中国反抗不平等条约的奋斗史。一部晚清条约立约与修约史，还是一部翻译史，对其先展开语言转向（linguistic turn）研究有助于重审旧约章的各个方面。中外条约是天然的跨语际产物，其产生、变更及消灭都离不开两种或多种语言的交际，其间发生的折冲樽俎不止于对中外文字上通约性的追觅，更体现在背后的权力博弈、利益竞逐、观念碰撞。因此，从文本出发，聚焦于看似细枝末节的翻译问题，往往能很大程度再现历史事件的前因后果，从而补写乃至重构近代中外关系的方方面面。

一、研究的目的、意义及方法

学术界过去对百年来中英、中美条约的研究成果，主要集中在不平等条约的特权制度、废约史、不平等条约与近代中国社会的发展、不平等条约与国际法，以及不平等条约与政治运动研究等方面。概言之，学者们以往关注的，主要是不平等条约对近代中国社会的破坏作用，或不平等条约是如何使近代中国沦为半殖民地半封建社会的。关于中英、中美不平等条约的研究，

---

* 屈文生，华东政法大学教授，博士生导师。

事实上还存在过去未能得到重点关注的面向。

　　史家的工作对象往往是以文字形式出现的历史事实，这些历史事实存在于人的头脑中，并以文字表现出来。对于某一史实，如果人们对于它所传递的信息并无异议，似乎就能够形成确定的呈现和解释。① 可以说，历史事实是一种语言学存在（linguistic existence），是一种语言学实体②（linguistic entity）。除语言本身的不确定性外，两种或多种语言呈现的同一史实有着另一重不确定性，而翻译可以是进入并解开它的着手点。近年来，一些学者已从语言学和翻译史角度检视不平等条约的汉译本，并发表了一些专题论文和专著，我们可归之为中外条约的语言转向研究成果。

　　翻译不应仅被视为文本间的转换活动，其在近代中外交往中的作用，应受到更加充分的重视。不平等条约的不对等翻译问题研究，应当成为不平等条约研究课题的一个重要组成部分，因为这些研究成果对包括鸦片战争史在内的中国近代史的书写或重写，具有特别实在的意义。不平等条约的语言转向研究就是以现代逻辑为工具，从条约文本的语言出发，来研究不平等条约的各个层面。

　　本成果从中英 1842 年《南京条约》、1858 年《天津条约》、1876 年《烟台条约》、1902 年《马凯条约》，中美 1844 年《望厦条约》，1901 年《辛丑条约》（英美位列主要条约谈判国）的汉英约本出发，分析条约的产生、发展或消亡过程中事涉翻译的活动，以期重新阐述并再构建不平等条约史、中国近代史的相关叙事，并能对语言学（特别是翻译学）、史学（特别是中国近代史、对外关系史）和法学（特别是外交学、国际法和法律史）的教学与研究有所助益。

　　在此有必要交代的是聚焦上述 60 年间所立六大条约的原因。近代中国的不平等条约及制度经历了自 1842 年《南京条约》签订至 1943 年废止治外法权逾百年的进程，这一百年被美国史家费正清（John K. Fairbank，1907—1991）称作"条约世纪"（treaty century）。③ 李育民指出，《辛丑条

---

　　① 彭刚：《事实与解释：历史知识的限度》，《中国社会科学评价》2017 年第 3 期，第 47 页。

　　② ［美］海登·怀特：《答亚瑟·马维克》，彭刚编：《后现代史学理论读本》，北京大学出版社 2016 年版，第 85 页。

　　③ ［美］费正清：《费正清论中国：中国新史》，薛绚译，（台北）正中书局 1994 年版，第 222 页。

约》订立以后，不平等条约发展至高峰，主要内容和框架已基本确定。[①] 因此，"条约世纪"的基础正是 1842 年至 20 世纪初所订立的形形色色不平等条约，中华民国成立后的废约活动也无不以这些条约为对象。美国历史学家马士（Hosea Ballou Morse，1855—1934）借用法国汉学家高第（Heri Cordier，1849—1925）的说法，将中英 1842 年《南京条约》、1858 年《天津条约》、1876 年《烟台条约》视作中国对外关系史上三个阶段的节点。[②] 综合前人成果，本成果将上述六大条约确定为重点研究对象。

首先，《南京条约》是中国近代史上的第一个不平等条约。《望厦条约》是近代中美外交史上的开端，对其翻译活动的探析，有助于客观书写中美外交关系的第一页。

其次，《南京条约》确立的规范并未被清廷完全接受，条约特权的获取在英方看来也不充分。直至英法两国于 1858 年发动第二次鸦片战争并签订《天津条约》后，条约体系方基本确立。《天津条约》成为此后中英乃至中外各项条约的参照。此后数十年间的修约、废约活动几乎无不围绕着《天津条约》确定的事项展开。

再次，《烟台条约》没有获得学术界应有的重视。《烟台条约》由于英国赴云南的翻译官遇害而起，该条约完全由英方代表威妥玛（Thomas Wade，1818—1895）一手操纵，表露出对其本人参与的《天津条约》未竟之事的修正和掩饰，并体现出英国人对西藏的企图，是治外法权研究上不可或缺的一点。

又次，《辛丑条约》是不平等条约史上无法绕过的一个条约，标志着清季中国的完全沦陷，其中攸关国运的庚子赔款出现所谓"还金还银"问题。这一问题根源于第六款文义的欠明和中法约本的不对应。实际上，清廷要员是真正在据理力争，无理辩驳的是列强。

最后，《马凯条约》的交涉虽直接因《辛丑条约》之规定起，但仍旨在修正《天津条约》未能满足英国的规定，交涉过程中重演的"城口之争"更是《南京条约》签订后"广州入城之争"的延续。《马凯条约》还载有著名

---

① 1918 年瑞士与中国订立不平等条约后，不平等条约便再无新的重大变化。李育民：《中国废约史》，中华书局 2005 年版，第 31 页。

② ［美］马士：《中华帝国对外关系史》第 2 卷，张汇文等译，商务印书馆 1963 年版，第 333 页。

的废除治外法权条款，晚清政府、北洋政府、南京国民政府无不基于此条要求列强履行废除治外法权的承诺，而其改法修律活动也影响了中国近代法律制度。

综上，本成果的研究载体主要是上述六大条约，往后中英、中美之间基本再无如这六个对中国产生巨大影响的不平等条约。上述绝大多数条约以英文为作准文本，中英语对自然成为本成果的讨论核心。事实上，没有哪一语对同中英语对一样在条约中引发如此多的争议。还要说明的是，本成果主要对上述六大条约的（涉）翻译问题展开详尽研究，但这不意味着完全忽视其他条款和相关事件的探讨，这些问题或穿插或独立体现在本成果之中。

二、成果的主要内容和重要观点

本成果的主要内容在于以下几个方面：

（1）关于《南京条约》《虎门条约》的回译。1842 年《南京条约》是中外第一个不平等条约，在内容和样式上成为几乎后来所有条约的主要参考对象。鸦片战争前，英方在美洲、土耳其、印度已有丰富的殖民经验，并通过《印中搜闻》（*The Indo-Chinese Gleaner*）、《中国丛报》（*Chinese Repository*）①、《东西洋考每月统记传》（*The Eastern Western Monthly Magazine*）了解中国风土人情；中方经由林则徐等了解一些西方地理、人文、技术、语言等方面的知识。然而，在第一章可以看到，中英两方面临前所未有的中英翻译问题，以马儒翰（John Robert Morrison，1814—1843）为首的英方译员在《南京条约》的中英约文上犯下不可忽视的翻译错误。

《南京条约》与《虎门条约》的中文官本主要经英方译者马儒翰等人完成。1844—1845 年，它们的翻译问题通过"老麦"（Old Wheat）的两个回译本先后在《中国丛报》披露出来。这或成为"总以英文作为正义"一款在1858 年中英《天津条约》得以规定的直接原因。这些翻译问题可从清朝方面缺乏语言规划观念、放弃使用本国译者的权利、缺乏对国际法原理的了解等角度理解与阐释。研究中外条约史和中外关系史，应审慎考虑翻译因素在

---

① 相关研究可参见李秀清：《中法西绎：〈中国丛报〉与十九世纪西方人的中国法律观》，上海三联书店 2015 年版；李秀清：《〈印中搜闻〉与 19 世纪早期西方人的中国法律观》，《法学研究》2017 年第4 期。

其中所起的作用，从翻译史、概念史、法律史的角度论述早期中英关系构建中的语言障碍和条约翻译问题，以及条约翻译对于早期中英关系的重要性。

（2）关于程矞采版《南京条约》。除上面提到的麦都思回译本外，第五章聚焦不为人知的程矞采版《南京条约》。这一版本是在美国公使顾圣（Caleb Cushing，1800—1879）的要求下，程矞采向其致送的，但存有重大私改的情形。程矞采对《南京条约》文本的大幅改动，大概是后来顾圣在中美新订条约后将《望厦条约》从中文回译为英文、将每条条文的汉字字数记录在案并将此作为预防中国人私改条约之措施的主要原因。1858 年中美《天津条约》并未同中英津约一般添入"总以英文作为正义"一款的原因或也在于此。

顾圣使团译者对"约计三月内"一语的翻译，也给双方交涉带来了严重的后果，险致双方交涉决裂。顾圣使团借助其在同中方照会交涉中逐步占领的优势地位，最终在《望厦条约》内确立了不平等、不对等的制度——比如并非"韦伯斯特训令"内容的领事裁判权条款，就从来不是互惠的，中国人在美国并不享受相同的特权。对这一时期两国间的折冲樽俎进行这样的梳理，有助于客观书写近代中美外交关系史的第一页。

（3）关于《望厦条约》签订前的"徐亚满案"。过往的研究常以一种语言（或中文或英文）文献为主，即使有人同时参阅了中英文档案文献，也鲜有人对照档案，从翻译的视角出发，重视档案与档案间的抵牾和出入的。在有关《望厦条约》大量存世档案内，中英文档案不尽一致的地方值得研究者的特别重视。不仅如此，同一英文照会文件也常有不同的中译本——特别是当这类照会被程矞采或耆英作为附件上奏至道光皇帝时，往往会出现或大或小的改动。

"徐亚满案"的发生直接导致中美《望厦条约》的内容发生了朝着有利于美国人利益方向的重大变化。尽管英国首先在华获得领事裁判权，但美国是以条约语言的形式确立了领事裁判权。就精度及覆盖范围而言，《望厦条约》被视为是"优越的"，它被称为"一份对远东外交有独特贡献的条约"。"徐亚满案"的解决，使美国在土耳其以外的非伊斯兰国家确立了领事裁判权特权，也为其日后在日本获得这一特权提供了模板。通过本项研究发现，是美国而非英国的领事裁判权条款，成为欧洲其他国家在随后数年里与中国签订他们各自国家条约的模型，这对领事裁判权的研究具有书写意义。

（4）关于《天津条约》谈判中的"全权"和"钦差"。职衔称谓历来是国家交往的重点。1793年马戛尔尼（George Macartney，1737—1806）使团访华、1814年阿美士德（William Pitt Amherst，1773—1857）使团访华、1841—1842年间《南京条约》交涉过程中，中英双方就谈判代表的职衔均有不同程度的关注和争论，并在1858年津约交涉过程中达到顶峰。

天津谈判中，英方在关键词plenipotentiary和resident minister的翻译上，均借用清廷上下熟知的"钦差"二字，采用异化的策略将前者译为"钦差全权大臣""钦差便宜行事大臣""钦差大臣"或"钦差"，将后者常译作"钦差"等。出于对天朝体制的维护和"慎持国体"起见，清廷上下惮于接受所谓"全权"和"钦差驻京"的提法（即译法）。这种看似纯粹因翻译而起的外交问题，无不透露出中英两国自马戛尔尼使华以来观念上的碰撞。该两处不忠实的翻译貌似因英方效仿中国官制名词而生成，实则远没有这样简单。拂去历史的烟尘，我们能够看清的，是英国从均势地位追求到新不平等地位追逐的变化，以及中方从骄傲的天朝上国坠入到凡尘的鲜明对比。揭开中英双方在此过程的折冲樽俎，有助于厘清中国被动进入国际大家庭过程中的焦点问题。通过对其中翻译上不对等的发掘和梳理，有助于重新审视英方构建"自我"的方式。

（5）关于《烟台条约》中的"英国"和"会同"。从历时性维度看，《烟台条约》对二者均有确认和扩张。从内容来看，《烟台条约》既属于中英两国新订的不平等条约，也可看作是对于《天津条约》等条约部分内容的特别解释，因而又带有修约的性质。威妥玛意在通过《烟台条约》的订立重述《天津条约》文本内的某些条文。这些问题的挖掘对于不平等条约史、翻译史研究的拓深均有重要意义。

其中，对《天津条约》第十六款的"英国"二字予以新译新解甚至改写，以为在华法院等"受权机构"行使管辖权排除本不应有的文本障碍；并"一错再错"地解释"会同"二字，为英方在华洋刑事诉讼中争得观审权。此二者之误原先即由威妥玛自身造成。这一问题的发现不亚于1842年《南京条约》的"城邑""港口"之争和1860年中法《北京条约》中约本凭空创设传教士进入内地的权利等问题。威妥玛利用后订之约的翻译解释完善先立之约的做法，在中外交涉史上或不多见，这样的研究是对不平等条约史的拓深。

（6）关于庚子赔款"还金还银"问题。1901 年《辛丑条约》第六款上的翻译才是"还金还银"问题的根本所在。第六款第甲节前段的中法文本存有不一致的情形，赔款的属性由法约本清楚定义的"金债"（une dette en or）被译作"银债"（海关银）。中方根据"银债"，并结合"本息用金付给"半句与还本息表主张"还银"，外方则以"金债"和"或按应还日期之市价易金付给"半句要求清政府还金，但均不完全正确。本项研究从条约文本出发，以翻译史和教义学研究方法为工具，对《辛丑条约》第六款中外约本不一致之处做出深入分析，探明"还金还银"问题的根源。文章认为尽管赔款是为"金债"不假，但中方有理由按表还银。这桩公案的产生，应归因于外交团自身及其翻译之误，且中方在法理上完全有据可循。

（7）1902 年议定商约时的"城口"之争。这一阶段的"城口"之争是先前因 1842 年《南京条约》产生的"广州入城之争"的延续，并披露出 1858 年《天津条约》议定时中英两方的纰漏。英方代表马凯根据 1858 年中英《天津条约》英约本第十一款主张"城口"是指"城邑"和"港口"；张之洞、刘坤一两位总督在知晓中英约本不一致的情形后，极力主张"城口"应理解为"城邑之口"，以限制英国人在通商口岸的特权。是为中英双方在此问题的理解上相差最为悬殊的一次论争。

这一延宕 60 年的论争透露出中英两方最初对"五口通商"理解上的差异。所谓"五口"（five ports），虽在《南京条约》签订后已成通称，但这自始至终都是中方的提法与理解。换言之，在中方看来，"五口通商"仅是"五港（five harbors）通商"，即开放通商之处仅是城邑的港口；但英方则认为"五口通商"实为"五城（five cities and towns）通商"，即中国应开放的是该港口所在行政单位的全境。而造成这一后果的，正是最早的不对等翻译。

通过对 60 年间《南京条约》《虎门条约》《望厦条约》《天津条约》《烟台条约》《辛丑条约》《马凯条约》等晚清中英、中美不平等条约或曰旧约章的翻译史梳理，本成果主要围绕不平等条约与不对等翻译，从内容和形式方面提出以下重要观点：

　　第一，近代中西关系在很长一段时间内，表现为一个双方寻求解决外交往来中形成的内容不平等与形式不对等问题的过程。解决内容不对等问题，主要集中体现于针对若干不平等条约中有关殖民者破坏我国司法主权和经济主权，如西方攫取在华领事裁判权和协定关税特权等问题的反抗叙事之上；而解决形式不对等问题，则主要见于外交折冲樽俎的档案，其不对等问题特别可从若干中外旧约章本身和围绕旧约章谈判的照会往来文书中窥得一斑。

　　1842 年《南京条约》是中外第一个不平等条约。《南京条约》第二条中英约文内"城口"等多处翻译出现明显无法"通约"或不对等之处，但同时其第十一条关于中英官员平等往来的规定和外交文书平行往来的样式，又成为晚清中外关系的重要指引。程霭采版《南京条约》的出现，揭开了 1844 年中美围绕《望厦条约》谈判期间中美照会中围绕贸易、关税与领事裁判权等问题的多处交涉之谜。

　　第二，在百年不平等条约订约与修约时期（1842—1943），翻译过程可被理解为一种特殊形式的暴力，一种通过另类手段进行的战争。条约的不平等其实决定翻译的不对等。词语的鏖战，成为以英国为代表的西方"规训"清朝外交与贸易的重要武器。从后殖民主义视角看，翻译在不平等条约作用下具备了某种颠覆旧体制与建构新体制的功效；而翻译上的不对等又使得这一过程更显戏剧化。中外条约文本或照会交涉文本的特殊性，使得外语和汉语在语言上本身可能出现的歧指效果，彻底被放大甚至被剧烈改变。

　　《烟台条约》新译新解《天津条约》第十六款的"英国"二字，为其驻华法院等"受权机构"行使司法管辖权排除障碍；并错释"会同"二字，为英方在华洋刑事诉讼中争得观审权。1901 年《辛丑条约》第六款上的翻译，使"还金还银"后来成为问题的根本所在。尽管庚子赔款是"金债"不假，但中方有理由按表"还银"。延宕 60 年的"城口之争"透露出中英两方最初对"五口通商"理解上的差异。不对等翻译再次成为条约交涉的关切所在。

三、成果的学术创新、应用价值以及社会影响和效益

　　条约翻译史是语言学、史学和法学研究共同关注的领域之一，是一个"长期被忽略"的部分。本成果以第一次鸦片战争以来中英、中美不平等条约的历史文献与英汉语文本为基础，旨在研究条约的译者群及其翻译活动、

条约的翻译问题、不平等条约的翻译与近代中国国际法观念的形成以及不平等条约的翻译与近代中外关系的确立发展等问题。

1. 创新程度

本成果在研究内容、研究方法和研究材料方面均有创新，或可为人文社会科学的跨学科研究提供一个较为新颖的视角和路径。本成果将社会科学翻译史研究置于与传统文学翻译史研究同等重要的位置，并借鉴社会史、概念史、全球史、文化史等外部研究方法。从整体来看，本成果在一定程度上能够推动翻译学、法学、史学及语言学的纵深发展，打破现有的学科间壁垒，推动上述学科间的交互联系，有利于翻译学研究、法律翻译史研究向纵深发展。它对于翻译界、法学界和史学界均有较高的参考价值，也促使翻译史研究成为翻译学中最具跨学科迁移能力的学科分支之一。

第一，涉足不平等条约史研究的重要而冷门的面向，突破了传统不平等条约史研究的旧有范式，丰富了对外关系史、通商史、经济史的思考研究维度。中英、中美无论在语言和文化上均存有巨大差异，翻译无疑是条约的谈判、签订和执行各环节之中不可缺位的重要因素。

从翻译问题着手推敲、研究晚清前后的贸易史、外交史与法律史，可以发现一部晚清条约史就是一部近代翻译史。晚清不平等条约全部以中外双语或多语拟就，尽管多以外文本为作准文本，但中文本仍是中方乃至外方不得不援用的对象。那么，中外语本是否对等，及其不对等的原因和影响则成为双方角力的重点所在，对这一过程及其相关内容的挖掘和探讨，既是条约史研究的应有之义，也为翻译史研究提供了另一视角和进路。

第二，披露不平等条约史上中外争端的根源。以往中外学界对中英、中美交涉过程中重大争端的发生，主要集中探讨双方的体制、观念上的差异，殊不知翻译因素也可能是问题发生的根源。学界也已注意到 1842 年《南京条约》签订后，因 cities and ports 与"城邑"和"港口"不对等而发生的"城口之争"，但仍流于表面，未能在条约谈判时的语境下研究这一问题发生的原因。

翻译史在关注文本内容的同时，还关注文本产生的时代背景，及其对参与翻译活动人员的影响。以现时的视角评判旧时不平等条约翻译上的问题，是传统翻译史研究的一大局限之处。本成果坚持从档案出发，采用教义法学与文化史的研究方法，还原中英《南京条约》《天津条约》《北京条约》《烟台条约》《马凯条约》，中美《望厦条约》及《辛丑条约》签订前后双方在翻译问题上的冲突和应对，以解决困扰多时的具有历史意义的案件或问题。

第三，中外关系史与翻译史有着亲缘关系。中外关系史研究的拓深在很大程度上有赖于翻译驱动，翻译史料是事实重构和历史真相还原的重要证据样态。长期以来，翻译之于历史的意蕴总被忽视，原因或在于其翻译研究者缺乏历史的意识（historical awareness），未能对历史的构建提出洞见，但历史研究者也可能缺乏翻译的意识（translation awareness）。

2. 突出特色

第一，本成果引入了历史学的研究方法，即研究对象不单是翻译本身。不平等条约时代翻译行为的发生，大多受这一活动的时代背景所影响，译名的选用无不透露出译者及其赞助者的良苦用心。故此，本成果对于中英、中美一系列条约的交涉过程，注重将其中涉及翻译的活动融入当时的交涉背景，探讨其映射出的真正动因。这无疑有助于补写甚至重写不平等条约史、对外关系史的重要内容。例如，本成果考证了中英方译者在第一次鸦片战争背景下的翻译水平、迥异的态度、职业伦理因素等问题。

第二，本成果认为，条约的不平等其实决定了翻译的不对等。在缔结不平等条约的背景下，翻译过程可被理解为一种特殊形式的暴力，一种通过另类手段进行的战争。词语的鏖战成为以英国为代表的西方"规训"清朝外交与贸易的重要武器。译者有意或无意造成的不对等，通常会缩小或扩大外语和汉语在语言上的意义，从而将殖民者和被殖民者交流的意义固定下来。

第三，本成果点面具备，既有历时的考察，也有共时的考察；既披露微观的翻译问题，也探讨其背后的动因及反映出的问题；既聚焦当时发生的事涉翻译的活动，也关照其对现实的影响。

3. 学术价值和应用价值

中英、中美不平等条约的翻译史研究这一研究课题，过去在国内外社会科学研究中零星无几，但这一领域已引起学界极大的兴趣和关注，当获得应有的投入。本成果对于法学研究（包括外交学领域）、语言学研究（包括翻译学领域）和近代史研究均有所助益。这项研究也有望成为典型的跨学科研究。

本成果对 60 年间不平等条约的翻译加以系统分析，能为国家清理出一份真实、全面的历史遗产，成为日后考证、研究的依据。本成果也能使读者不忘国耻，奋发图强，是爱国主义教育的好材料。本成果已被中国翻译史、法学、史学研究者等所重视，并受到中学历史教学的关注。

4. 社会影响和效益

本成果涉及翻译学、法学、史学及语言学，并在上述领域内引起了广泛关注和影响，有望成为一项典型的人文社会科学的跨学科研究作品。本项目迄今共完成 10 项阶段性成果（论文和译著），其中 9 篇发表在 CSSCI 来源期刊，1 篇发表在 SSCI 来源期刊。1 部译著在商务印书馆出版。10 篇文章中，发表在中国社会科学院《历史研究》1 篇，上海市社会科学界联合会主办的《学术月刊》1 篇，中国翻译协会主办的《中国翻译》1 篇，发表在重要学术刊物《复旦学报（社会科学版）》《浙江大学学报（人文社会科学版）》《法学》《探索与争鸣》《福建师范大学学报（哲学社会科学版）》《历史教学》等刊物各 1 篇，发表在国际权威刊物 Semiotica 1 篇。在外语界、近代史学界和法学界取得了较大的学术影响和效益。

部分成果被中国人民大学复印报刊资料《中国近代史》《历史学文摘》转摘（如《早期中英条约的翻译问题》《中英议定商约中的"城口"之争及其由来》《全权、常驻公使与钦差——津约谈判前后的中英职衔对等与邦交平等翻译问题》）；或被《中国社会科学文摘》《高等学校文科学术文摘》转摘（如《笔尖上的战争：〈望厦条约〉订立前顾圣与程矞采间照会交涉研究》）；或被《比较法研究》《中国翻译》《中国外语》《上海翻译》等权威期刊引用。

《近八十年来关中方音微观演变研究》概要

邢向东*

一、研究的目的、意义及方法

关中是周秦汉唐故地，是中华历史文化的根脉所在；关中方言作为曾经的汉语共同语基础方言，对其他北方方言有过重要影响；关中作为陆上丝绸之路的重要起点，是汉族和西北、西域各少数民族接触交融的重要舞台。因此，关中方言的研究，对汉语史、汉语语音史和丝绸之路沿线语言文化的研究都有着十分重要的意义。

民国时期，白涤洲曾对关中方言做过调查，由喻世长整理成《关中方音调查报告》（以下简称《报告》）；近年来的调查提示，关中方言是官话方言中极其活跃的一支，自 1933 年白涤洲调查至今 80 年间发生了一系列变化。

新时期以来关中方言研究取得了长足进展，但在方法论上不太注意材料的同时性，把白涤洲调查以来跨度达 70 多年的语料放到同一平面来讨论问题，由此产生了两个缺陷：第一，平面描写中包含了不在同一平面的现象，因而导致结果与事实相违；第二，未将 1 000 多年来关中方言的宏观演变与近百年来的微观演变分开，从而导致有些理论考察的结论出现偏差，尤其是不能揭示当代关中方言的变化。

有鉴于此，本成果研究团队对关中方言进行了更加全面的调查，并与白涤洲《报告》进行对比，以系统考察当代关中方言的重要演变，尤其是声

---

* 邢向东，陕西师范大学教授，博士生导师。

母、韵母的互动导致的演变及其在关中方言中地理分布的变化，在此基础上解释汉语史上曾经发生的一些重要音变现象。

本成果是迄今为止关中方音最为系统的调研成果。在严谨、细致、艰苦的田野调查基础上，对照 80 年前的白涤洲《报告》，以音韵学和方言学结合的眼光，并联系关中地理，对关中方言声母、韵母、声调的主要演变及其内部差异、发展演变速度、地理分布的变化等进行了有深度的研究，揭示了关中方言的主要发展趋势，同时以观察到的现实演变印证汉语史上的重要音变现象，得出了一系列创新性的结论，多发人所未发，对我们认识汉语语音的演变规律，构建汉语史、官话史具有重要价值。本成果提供的《关中方言字音对照集》中，字音对照达 2 273 字（《报告》仅 400 多字），不但覆盖面更加广泛，而且包括文白异读，调查也更加深入全面。这样详尽的专门的方音调查在国际上也不多见。

二、成果的主要内容和重要观点

本成果共分两篇，上篇为描写论述篇，下篇为语料篇。总字数约 95 万字。下面主要介绍上篇的内容。

上篇"近八十年来关中方音微观演变研究"包括绪论、第一章至第十二章。

（1）绪论介绍本研究的缘起、宗旨以及调查点设置、调查内容。本研究的主要目的是对《关中方音调查报告》进行追踪调查，在此基础上观察近 80 年来关中方言中发生的一些重要的音变现象及其地域分布的变化，以及这些现象背后的动因和有关理论问题。因为已经有相当一些论著对关中方音进行过考察，所以本成果重点研究关中方言中声母和介音之间的互动关系及其影响。关中方音的全面介绍在第一章完成。

20 世纪 30 年代白涤洲先生调查关中方言，共设置 50 个点，覆盖 41 个县。本次调查设置 48 个点，包括白涤洲调查过的所有县份，另加 6 个点。列举如下：

西安市：西安、长安、户县、周至、蓝田、临潼、高陵；

渭南市：潼关、华县、大荔、合阳、韩城、蒲城、澄城、白水、富平渭南、华阴、富平美原；

商洛市：商州、洛南、丹凤；

延安市：富县、黄陵、宜川；

铜川市：铜川、宜君、耀县；

咸阳市：咸阳、三原、礼泉、兴平、武功、乾县、彬县、长武、旬邑、
　　　　永寿、淳化、泾阳；

宝鸡市：扶风、眉县、麟游、千阳、陇县、岐山、凤翔、宝鸡。

本研究的调查条目：语音包括单字音和连读变调。单字音 2 273 字，包括《报告》中的所有 400 多字。词汇条目 1 624 条。语法条目 70 条。

（2）第一章为关中方言概述。本章介绍陕西省、关中地区的简况，并从方言归属、内部区划以及声韵调几个方面，从整体上对关中方言进行简略描写。

陕北地区分布着晋语五台片、吕梁片、志延片方言；关中地区分布着中原官话关中片、秦陇片、汾河片方言；陕南地区分布着中原官话关中片、秦陇片，西南官话成渝片、鄂北片，江淮官话黄孝片以及赣语、客家话等方言岛。

本成果所称"关中"主要是指行政地理上的关中，同时也考虑方言区划。除了地理上属于关中的渭南、西安、铜川、咸阳、宝鸡市的方言，还包括延安、商洛境内的若干属于中原官话关中片、秦陇片、汾河片的方言。

关中历来有东府、西府之分。西府一般指宝鸡市所辖地区，就方言来看，西府话基本属于中原官话秦陇片。东府包括关中的中、东部地区，方言范围涵盖了西府话之外的关中片、汾河片方言。关中中部咸阳市范围内的方言，属于西府、东府方言的过渡地带，兼有两方面的特点。因此，关中东府、西府方言的主要差异，大致就是《中国语言地图集》中关中片与秦陇片之间的差异。

（3）第二章概述关中方言音系。对 48 个方言点的声韵调系统进行描写，包括各点的发音人、声母表、韵母表、单字调表、语音特点说明。与一般区域方言调查报告不同的是，本章对方言音系的描写十分注重音值和发音特点，注重描写音位的重要变体及出现条件，以便观察方言语音演变中的细微之处和演变过程。

（4）第三章讲述关中方言古帮组声母的唇齿化与汉语史上的重唇变轻

唇。关中方言中存在双唇音声母在 o、u 韵前唇齿化的现象，即双唇音 [p pʰ m] 在 [o u] 韵前读 [pᶠ pᶠʰ mᵛ]。根据《报告》，20 世纪 30 年代，关中方言中已经存在这一音变现象。本成果发现，近 80 年来这种音变现象从类型到地域分布都有较大扩展。《报告》中报道的方言点共 10 个，本次调查中发现的方言点共 22 个，从地理上看，唇齿化现象呈由西向东逐渐推进的态势。

从发生顺序来看，送气音声母 [pʰ] 在后半高圆唇元音 [o] 前最容易发生唇齿化，双唇鼻音声母较少发生唇齿化。导致关中方言双唇音声母唇齿化的主要因素有两个：第一是与后半高/高圆唇元音 [o] / [u] 相拼，其中半高元音更容易导致唇齿化。第二是声母发音时阻塞较紧，除阻后气流较强，尤其是送气塞音气流更强。双唇音声母的唇齿化，是该地区方言元音、辅音两方面因素共同作用的结果。音理分析与方言中双唇塞音、鼻音声母唇齿化的先后顺序，可以互相印证。

本章还联系学界关于汉语史上重唇音变轻唇音的考察成果，讨论了双唇音声母唇齿化的语音机制，并用正在进行的演变过程印证了重唇变轻唇的一些细节。

根据前人的研究以及本章的讨论，韵母中带合口成分的后元音是历史上重唇变轻唇的最主要原因。因此，从某种程度上说，关中话 [p pʰ m] 在 [o u] 前的唇齿化，确实是在重演上古汉语到中古汉语之间重唇变轻唇的音变历史，不过其涉及的韵类范围较小而已。

总之，当代关中方言帮组字声母的唇齿化，对认识汉语史上曾经发生过的重唇音变轻唇音的演变，不论分化的机制，不同声母分化的先后次序，还是分化后的具体音值，都有重要的借鉴作用。

（5）第四章为知系合口字声母在关中方言中的读音类型及其演变。本章以《报告》为出发点，观察当代关中方言中古知庄章日组合口字的读音类型及其演变。据本成果分析，《报告》时期古知系合口字在关中方言中的读音可分为四类——tʂ 类，pf 类，tɕy₁-类，tsu-类；其中类型四与精组字合流，类型三可拟为舌叶音。近 80 年来，古知系合口字与精组字的音类分合关系变化不大，但类型一、类型三的读音及其地理分布发生了较大变化。1）西府逐渐向 [tʂ tʂʰ ʂ ʐ]（韵母变为开口呼）演变，同时中部数点也出现了这一演变路向；2）中部、东部读〔pf pfʰ f v〕的没有变化；3）东部地区继续保持与精组合流的状况；4）中部以咸阳地区为主，部分方言由舌尖后音演变为舌叶音，保持独立的音韵地位，成为与〔tʂ tʂʰ ʂ z〕对立的四个声母。本成果用方言地图反映上述音类及其分布的变化，考察了关中方言古知系合口字的发音特点和微观演变。关中方言知系合口字的演变路向，可以大致分为两路，表示如下：

　　＊tʂu＊tʂʰu＊ʂu＊ʐ̩u→ʧʷ ɥi ʧʷʰ ɥi ʃʷ ɥi ʒʷ ɥi→ʧʷ ɨ ʧʷʰ ɨ ʃ ɨʒ ɨ→ʧ i ʧʰ i ʃ i ʒ i

　　→tʂɿ tʂʰɿ ʂɿ ʐ̩ɿ（岐山型）

　　→pfʷ pfʰʷ fʷ vʷ→pfʋ pfʰʋ fʋ vʋ（西安型）

　　本章还论述了下列观点：《报告》存在过度归并音位的情况；关中方言古知系合口字的出发点是〔tʂu-tʂʰu-ʂu-ʐ̩u-〕；属于类型三、类型四的方言，今读声母大多是带圆唇成分的舌叶音〔ʧ ʧʰ ʃ ʒ〕；关中方言中知系字声母发音部位靠前、阻碍偏紧、音节中处于强势地位等特点，导致其在合口音节中发生了一系列变化；合口韵母或介音是音变的起因，声母的发音特点则决定了音变的方向。

　　（6）第五章介绍关中东府方言古知庄章组合口字与精组字合流的内外因素。关中东府地区部分方言中，存在古知庄章组、精组字在今合口呼韵母前合流的现象。近80年来，这两系声母的分混关系未发生大的变化。表明这种现象至少已经存在了百年以上。

　　如何解释知精合流，关涉到这一带方言的另外两条语音演变规律：1）中古遇摄一等、通摄一等入声端系及三等知系字，今韵母元音裂化为〔＊ou〕韵，如蒲城：都ꞔtou，土ꞔtʰou，奴ꞔnou，炉ꞔlou，祖ꞔtsou，苏ꞔsou，秃ꞔtʰou，鹿ꞔlou，族ꞔtsʰou，竹ꞔtsou。而知庄章组合口字韵母元音（通三入除外）未裂化。2）山臻摄合口一等精组字的声母及介音腭化为〔tɕy-、tɕʰy-、ɕy-〕，如华阴：钻ꞔtɕyā，攒ꞔtɕʰyā，酸ꞔɕyā，尊ꞔtɕyē，村ꞔtɕʰyē，孙ꞔɕyē。这两条语音演变规律导致该地区知庄章组字和精组合口字韵母大都不同，精组字分别读成tsou、tɕyā、tɕye组音节，与知系合口字形成对立的音节只剩三对：＊tʂuo：＊tsuo｜＊tʂuei：＊tsuei｜＊tʂuŋ：＊tsuŋ，对两组字合流构成的阻力不大，这是知精合流型音变能够实现的外部因素。精组声母在今合口呼韵母前与知庄章组读音趋同，则是知精合流的内在因素。

（7）第六章为近 80 年来关中方言端精见组齐齿呼字读音及其分布的演变。近 80 年来，关中方言中古端（端透定）精（精清从心邪）见（见溪群，晓匣）组齐齿呼字的分混关系及其地理分布发生了剧烈的变化。其中最显著的是端组声母在齐齿呼韵母前变读 ȶi－ȶʰi－、tsi－tsʰi－、tɕi－tɕʰi－。在《报告》中，这三组字的分混关系可分为五类，目前已发展到六类。总的来说，端精组齐齿呼字合流以后，多数发生了腭化。至于腭化的程度和方向如何，则不同方言有所不同。可以大致分为两类：一类走端精组合流的路子，这是关中方言的创新路线，在《报告》中最占优势，反映关中方言的个性；一类走精见组合流的路子，这是大多数北方方言尖团音合流的共同路线，反映关中方言与其他北方方言的共性。这两条演变规律发生接触，则会向端精见大合流的方向演变。《报告》所处时代只有蓝田一点存在端精见组齐齿呼字的大合流，现在已发展到 10 个点。因此，端精见组齐齿呼字的大合流，是上述两条演变路线接触、碰撞的结果。在端精见组齐齿呼字合流的大趋势中，其中还有一个次级的规律：不论是端精合流还是端精见大合流，都是送气音先变，不送气音后变。

值得注意的是，陕西境外与关中方言关系密切的回民汉语与境内关中话发生了平行演变，也实现了三组字的大合流，如乌鲁木齐回民话、南疆焉耆话、中亚东干回民中的"陕西话"等。据此推测，端精见组齐齿呼字大合流可能与回民汉语关系密切。总之，端精见合流是关中话中一股巨大的演变力量，即使来自关中的回民方言已经离开母体多年，这种力量仍然在发挥作用。

（8）第七章讲述关中方言古山臻摄合口一等精组字的介音［y］化与声母腭化——兼及合口一等来母字和合口三等精组字的演变。古山臻摄精组及来母合口字的声母及介音，在关中方言中发生了两种方向相反的演变：1）古山臻摄精组合口一等字介音［y］化、声母腭化（同时来母合口一等字介音［y］化），如大荔话：钻＝捐ₑtɕyæ̃、余＝圈ₑtɕʰyæ̃、酸＝宣ₑɕyæ̃、尊＝军ₑtɕyɛ̃、存＝裙ₑtɕʰyɛ̃、孙＝熏ₑɕyɛ̃。2）山臻摄精组合口三等字介音［u］化、声母读舌尖前音不变，如岐山话：全泉ₑtsʰuæ̃、酸＝宣ₑsuæ̃、旋ₑsuæ̃、选ᵓsuæ̃、算蒜＝旋ᵓsuæ̃ᵓ、俊＝纵 tsunᵓ、逊＝送 sunŋᵓ。两种音变的发生地域呈互补分布，前者分布在东部，后者分布在中西部，来母字介音的［y］化发生在渭河以北，与两者都有交叉。

本章通过观察两种音变在关中地区的分布，并进行外部比较，发现前者是带有强烈地域特点的音变：在关中方言中，曾经大面积地发生过山臻摄合口一等字韵母介音的［y］化。这种音变首先涉及来（泥）母字，后来又影响了精组。而后者则可能是官话历史上某一时期的一种普遍现象的遗留，其地域比前者狭窄得多。

（9）第八章讨论关中方言古溪母字苦裤哭窟的白读音，涉及古溪母字苦裤哭窟白读为 fu、pʰu 的类型及其地域分布，并分析白读音的形成原因。苦裤哭窟在关中许多方言中有文白异读，文读音为 kʰu，白读音有 fu、pʰu 两种类型。读 fu 的方言很多，集中分布在关中中西部的西安、咸阳、宝鸡等市（区）县，渭南、铜川的部分区县也有少许分布。关中人还为"裤"专门造了一个俗字"袄"。读 pʰu 的只有麟游一县，但在毗邻的甘肃方言中分布较广。

根据本章考察，苦裤哭窟读唇齿音乃至双唇音的原因主要有两个方面：第一，关中方言送气塞音的强送气、强摩擦特征；第二，关中方言韵母 u 的强摩擦特征。

（10）第九章是关中方言例外上声字探究。关中方言中有不少与古今语音对应规律不符的上声字，分别来自古清平、浊平、去声、全浊上声，其中来自古去声、全浊上的字最多。这些例外字少部分与普通话相同，大多数在关中话中具有一致性，而属于秦陇片的西府话例外字超过东府话。造成例外上声字的原因是：连读变调和中和调（功能类似轻声的连调式）对单字调的影响；普通话去声调值的影响；普通话调类的影响；古代关中话的遗留；其他。

本章通过分析例外上声字形成的原因，提出了两种不同的音变途径。一种是连调固化式音变，即连读变调固化为单字调：由于连调中一些阴平、阳平、去声字总是读与上声相同的高降调，这种变调有可能固化到单字上面，从而改变原来的单字调，逐渐由语流中的优势读法取代单字调的读法，形成例外的上声字。这是共时音变向历时音变转化的一种途径。另一种是借调固化式音变：由于方言的上声调值与普通话去声相同，方言使用者将共同语去声的调值误植到方言的上声，造成例外上声字。由连调固化式音变造成的例外字，多数记录的是口语常用词（语素），而由借调固化式音变造成的例外上声字，则都是非常用词（语素）。

（11）第十章为礼泉方言音系及声调对元音开口度的影响——兼论关中及西北方言调查中的音位处理原则。礼泉方言是本项目试调查的方言点，调查中发现了以前没有注意到的诸多语音现象。本章详细描写了礼泉城关话的声母、韵母、单字调，同《报告》做了比较。较为突出的是，为礼泉话设立了［tʃ tʃʰ ʃ ʒ］一组舌叶音声母。本章还描写、讨论了礼泉话的"调值分韵"现象，即声调高低对元音开口度具有明显的影响：部分韵母在调值低、长的阴平和阳平音节中舌位较低，动程较大；在调值高、短的上声和去声音节中舌位较高，动程较小。

本章还提出了调查关中方言乃至西北方言时音位处理原则的看法。主张在关中方言及西北方言的语音调查中，对一些声母、韵母的处理不能过分拘泥于归纳音位的互补分布原则，而应采取更切合方言实际的处理办法。在语音描写中，将对探求语音演变有价值的辅音音位的变体单独记录出来。只有这样，在考察西北方言语音演变规律的时候，才能注意到声母在其中所起的显著作用，找到语音演变的真正原因。

（12）第十一章探究方言地图反映的关中方言地理。本章通过六组方言地图，反映关中方言在地理上的分布特点：v-、uV 的分混；n-、l-的分混；古全浊声母仄声字是否读送气音；蟹合三、止合三唇音字的文读韵母；"儿耳"的白读音；"大"的白读与"啥"的读法。最后讨论了关中方言在地理分布上的特点：以西安为中心的地区与周边地区往往存在差异；东、西部之间往往存在差异，尤其典型地表现为西府方言与东府方言的对立，东部沿河一带方言与其他关中方言的对立，有的还呈现出西部、中部、东部方言的三级对立。据此可将关中方言平面上展开的不同语言特点，离析为不同的方言层次。大致来说，以西安、咸阳为代表的方言是在早期比较一致的关中方言之上，覆盖了一层更权威、更新的方言特点，并以离散式音变的方式向周边扩散。这一点从其他语音特点的地理分布上也能得到印证。

（13）第十二章为关中方言地图及解释。本章共绘制了 17 幅方言地图（与前几章内容重复的除外），反映关中方言中若干重要的语音现象的分布，以及近 80 年来这些语音现象的演变情况。包括下列现象及其比较：1）"尾"

的文读音声母；2）声母是否分尖团；3）ɛ、uɛ和ei、uei的混并；4）yɛ和yo的分混；5）遇摄合口一等韵的裂化；6）果摄开口一等字与合口字的关系；7）止摄合口三等字的白读韵母（即"支微入鱼"现象的分布）；8）宕梗摄舒声韵的白读；9）"斜"的白读音（ia韵）韵母；10）"说"的读法。每一组相关地图后面，都进行了解释。

下篇为关中方言字音对照集。

本篇收入关中方言48个地点的字音材料，共2 273字，采取对照表的格式编排。一个字目代表中古韵书中的一个字。字目下面列出该字的中古音韵地位，包括摄、等、呼、声、韵、调。如果一个字中的某义项在韵书中另有音读，就另立字目。读音以调查时县城老派语音为依据，并反映文白异读、新老异读、其他异读等。《报告》的字音对照收录了400多个单字音，只有声母、韵母，没有声调，且大都是文读。本表字数是《报告》收字的5倍多，包括《报告》的全部单字音。并在相应的地方列出白涤洲先生的记音（用"｜"隔开），以资比较。

本篇的字音对照集，与论述篇对近80年来关中方言微观演变的讨论以及方言地图所描写的方言字音的分布相互照应。也可作为"关中方言地图"和其他相关研究的基础材料。

三、成果的学术创新、应用价值以及社会影响和效益

1. 学术创新和应用价值

本成果是国家社科基金重点项目"近八十年来关中方言微观演变研究"的优秀结项成果。本成果对关中方言微观演变的分析以及同汉语史上类似现象的比较，加深了学术界对汉语史上一些重要语言演变现象和规律的认识。本成果对提升西北方言研究水平、进一步加强推广普通话和方言文化保护具有重要的理论和实践价值。具体包括以下两点：

（1）语料同时性强，记音准确，描写细致。本成果在同一个时间段内，对关中48个点的方言进行系统调查，对关中方言的语音特点做了精细描写，准确反映了关中方言的语音面貌。

（2）对《报告》进行追踪调查，解释导致演变发生的语音内部规律和外部作用，观察各种规律、力量在方言演变中的互动关系。同时用关中方言的

微观演变与古代汉语的宏观演变相互印证，对认识汉语史上的一些演变现象、建构官话方言史具有重要价值。本成果将语料的分析提升到音变规律的探讨，将语音特点演变与地理分布变化相结合，具有方法论意义，对同类研究具有引领作用。

2. 社会影响和效益

本成果的学术影响较大，社会反响好。本成果部分章节曾在《中国语文》《方言》等期刊发表，引用率较高。如《陕西关中方言古帮组声母的唇齿化与汉语史上的重唇变轻唇》（《中国语文》2013 年第 2 期）荣获陕西省社会科学优秀成果奖三等奖，被中国社会科学网转载；《关中方言古知系合口字的声母类型及其演变》（《方言》2012 年第 2 期）被引用 30 次；《近八十年来关中方言端精见组齐齿呼字的分混类型及其分布的演变》（《陕西师范大学学报》2013 年第 5 期）被引用 9 次；《中古精组来母合口一等字在关中方言中的演变——附论精组合口三等字的演变》（《语文研究》2009 年第 1 期）被引用 25 次；《关中方言例外上声字探究》（《陕西师范大学学报》2011 年第 2 期）被引用 27 次；《关中礼泉方言音系及声调对元音开口度的影响——兼论关中及西北方言调查中的音位处理原则》（《语文研究》2011 年第 2 期）被引用 10 次。

《明代南京官话军屯移民语言接触演变研究》概要

曾晓渝*

一、研究的目的、意义及方法

语言接触是导致人类语言不断演变发展的重要动因。自 20 世纪中期以来语言学家们逐渐关注重视这方面的问题，以文莱奇（Weinreich）、托马森（Thomason）等为代表的西方学者对语言接触引发的语言演变类型、机制、规律等有不少理论阐释。近 20 多年来，中国学者语言接触研究成果不断涌现，不过，大多是零星、局部的描写分析，汉语史领域语言接触的系统性研究尚待探索。

明代实施的卫所军户制，形成了空前规模的军屯移民（包括军人及其家属），他们的语言留下了鲜明的历史痕迹。据《中国明朝档案总汇》《日本藏中国罕见地方志丛刊》等史料明确记载，明初天津三卫、贵州三卫、云南八卫、海南崖州守御所，其军队的来源地均与当时的南京（南直隶，包括今安徽、江苏）有关。至今，天津话、贵州屯堡话、云南官话、海南崖城军话，与它们周边方言相比都有其"另类"特征。

本成果拟突破以往限于文献资料的静态单点研究模式，将明代官话与现代官话方言连接起来进行动态、系统性比较研究。在研究方法上，着眼于明代南京官话军屯移民后裔语言，以天津话、云南官话、贵州安顺屯堡话、海

* 曾晓渝，南开大学教授，博士生导师。

南崖城军话四地方言为典型代表点，通过实地田野调查，观察发现明代南京官话军屯移民语言 600 年来在南北不同环境中的演变规律，以及官话方言之间接触变异的条件动因，探索近代官话历史、语言接触研究的创新之路。

二、成果的主要内容和重要观点

本成果以天津话、云南官话、贵州安顺屯堡话、海南崖城军话四地方言为个案代表点，着眼于它们具有明代南京官话军屯移民后裔语言的性质，将明代官话与现代官话方言连接起来进行动态、系统性比较研究，通过语音、词汇、语法特征的比较，总结发现明代南京官话军屯移民语言 600 年来在南北不同环境中流变的共性与个性差异，进而从语言接触视角对四地个性差异予以理论解释。

本成果总共六章，每一章都以几个关键问题思考作为开头，然后各章围绕这些问题展开论述寻求答案。

第一章"明代南京官话"，标题下列出关键思考问题：明代南京辖区分布哪些官话方言？《西儒耳目资》与明代南京话的关系是怎样的？明代南京官话的性质如何？传统正音观念下的通用语标准是什么？围绕这些问题展开深入探讨，得出的回答如下。

（1）通过明代官话方言韵书语音特点的考察，以及历史上安徽、江苏区域内北方官话持续不断地自北向南推进渗入的分析，发现明代南直隶辖区已经是江淮官话与中原官话并行共存。

（2）通过明代相关官话方言韵书韵图音系特点的比较，以及明代南直隶军屯移民后裔语言中历史痕迹的旁证，指出《西儒耳目资》的音系基础并非限于南京方言。

（3）针对目前学界关于明代南京官话基础方言的争论，通过七种对音材料音系特点的考察比较，论证了明代南京官话具有权威通用性，而明代"南京官话"之名并非仅有"南京方言"之实；在传统"正音"观念下，明代南京官话的基础音系具有江淮、中原、北京官话方言的综合性质，实际上是个动态弹性系统。

（4）汉语自先秦时期就存在超方言的"雅言"，历代文人的"正音"观念根深蒂固。由于古代读书音与口语音双重并行，而"正音"却所指模糊，由此导致汉语史学界"正音"标准问题一直存在争论。现代学者研究古代韵书的基础音，须明了当时读书音以及雅俗口语音的交错关系，避免以今律古，以利合理解释汉语语音的历史发展。

第二章"天津话的源流"，标题下列出关键思考问题：天津话的源头在哪里？紧邻北京的天津话为什么听起来很"另类"？天津话是否发生了从明代南京官话到现代冀鲁官话的转变？方言的源头与现代归属的关系是什么？围绕这些问题结合实地田野调查及文献考证，所得答案有以下几点。

（1）开拓天津城的明代天津三卫军官籍贯近一半是南直隶，他们之间的主流通用语应是明代南京（南直隶）官话；因此，作为天津城的开拓者、人数超过 5 万之多的这个庞大军队移民群体，他们的主流语言理应是明代南京官话，此即天津话的主要源头。

（2）作为天津话主要源头的明代南京（南直隶）官话，其特点是中原官话、江淮官话的融合体，尤其是入声字读音会因人而异，存在着中原官话母语者无入声，江淮官话母语者有入声的差异。这种弹性动态的音系，并不影响天津三卫群体内的相互交流理解。之后几百年在周边北京话、冀鲁官话的影响下，天津卫群体内部分人的入声字读音会首先被磨损掉，随着时间的推移而整体朝现代天津话逐渐演变。

（3）天津话在语音方面尚存有源头语言的底层痕迹，即：1）早期知庄章声母读音"南京型"；2）连调式"阴阴→上阴"；3）常用词清入声读阴平调属自源层次；4）核心词清入声 90% 归阴平调。

（4）天津从明朝永乐二年（1404）建城到清代雍正三年（1725）一直是天津卫军事建制，这种持续长达 320 年的军城历史，对于天津话形成"另类"个性起到了至关重要的作用。

第三章"云南官话的源流"，标题下列出关键思考问题：云南官话的形成是否与明代大量入滇卫所军户直接相关？最早进入云南的汉语是不是云南官话的源头？如何证明云南官话与明代南京官话的渊源关系？云南官话与周边西南官话有哪些异同？围绕这些问题结合实地田野调查及文献考证，所得答案有以下几点。

（1）元代之前云南的汉族移民很少，并未形成汉族特征的共同体。至明代大规模汉族军屯移民入滇，军户移民占云南总人口数的 70%，从此，汉族移民成为云南人口的主体，云南官话随之开始形成。

（2）根据《明朝档案总汇》（第58、59册）中记载明初云南8个卫所的军官名册及籍贯档案，其中来自南直隶的最多，占军官总数的42％；由于明代实行军户制，从军官籍可推测士兵籍、家属籍，因此有理由推测明代军户移民中近一半来自南直隶；再就现代云南官话语音、词汇、语法成系列的特点异于周边西南官话而与苏皖中原官话、江淮官话遥相对应重合的事实，可以得出结论：明代南直隶官话（中原官话、江淮官话的融合体）是云南官话的主要源头。

（3）明代云南官话音系及词汇语法特点，通过云南官话与周边西南官话及苏皖中原官话、江淮官话的共时比较，以及与明代反映云南官话的韵书《韵略易通》（本悟，1586）的纵向比较，再利用明清傣汉对音资料《百夷译语》探究其中注音汉字的语音特点，可大致勾勒出来。不过，云南官话内部存在差异，就像明代南直隶官话内部存在中原、江淮官话的差异一样，不同卫所的军户成员可能各自有相对集中的老乡群体。但可以肯定，当时云南的权威性通用语是南京官话，否则就不会形成如今仍带有中原、江淮官话色彩的云南官话。

（4）清代云南官话逐渐成为西南官话的成员。清代的云南官话延续明代的主要特点，随着乾嘉时期外省大量移民涌入云南的矿山和城市，云南官话受到湖广、四川话持续的影响渗透，入声韵消失，入声调归阴平，调类调值趋同于西南官话，听感上与西南官话相近，不过底层的源语言色彩难以抹去。

（5）丽江老派汉语虽然也称为云南官话，但历史层次更早，来源也不同。老派丽江话可能是唐代从四川进入云南的，是当时南诏贵族学习的目标语，受到母语负迁移影响，在十分有限的使用环境中逐渐形成并流传下来。因此，就时间层次而言，丽江、大理等少数民族聚居区零星存在着的受少数民族音系深刻影响的特殊汉语，虽然可能更古老，但并非云南官话的源头。换言之，云南官话的主体并不是在类似于老派丽江话这些零星特殊汉语基础上扩散演变而来的。

第四章"贵州安顺屯堡话的源流"，标题下列出关键思考问题：如何证实安顺屯堡话源自明代南京官话？为什么安顺屯堡话与明代中原官话相似却不同于江淮官话？从明代至今安顺屯堡话究竟保持了哪些源语言特征？又发生了哪些变化？围绕这些问题结合实地田野调查及文献考证，所得答案有以下几点。

（1）《明朝档案总汇》里记载的明代贵州都司威清、平越、安南三卫军官籍贯地其中近一半（42%）来自南直隶。虽然这三卫驻扎地并不对应于如今屯堡村寨所在地，但由此能大致反映明代贵州都司各卫所军人及家属的来源地比例，并在一定程度上可以证实屯堡人都强调的祖先来自明代南京的说法。

（2）根据统计分析，这三卫里来自南直隶的军官中，绝大部分（75.5%）的家乡是江淮官话区，只有很少部分（11%）的家乡在中原官话区。若再加上三卫中河南籍 22 位军官，也仅占总数 357 人的 6%。由此推测，明代贵州各卫军人与家属的主流通用语理应倾向于江淮官话而不是中原官话。

（3）经过细致比较分析发现，屯堡话异于周边西南官话的特点，却恰与中原官话信蚌片的固镇话高度吻合，即：1）屯堡话平舌、卷舌声母的组合规则绝大多数（超过 70%）与中原官话固镇话一致；2）在体现源语言底层特点的同声韵字音组合的细节方面，屯堡话表现出与中原官话固镇话的一致；3）清入声、次浊入声归派阴平调的规律 90% 以上与中原官话固镇话一致；4）屯堡话同固镇话，宕江两摄的入声韵与阴声韵果摄韵母合流、曾梗两摄入声韵与阴声韵蟹止两摄韵母合流，即在入声韵的主流归向上屯堡话与中原官话一致。

（4）从明代地图看，安顺屯堡村寨是当时平坝卫安营扎寨之地，今安顺屯堡人的祖先很大可能是明代初年平坝卫的军人及家属。有理由推测，平坝卫军人及家属大多来自南直隶区域中原官话的州县以及河南的一些州县，或者平坝卫从上到下的各级军官大多来自中原官话区，他们所操的中原官话乡音具权威性和影响力。由于当时在贵州少数民族地区建立的屯堡主要功能是保护屯军，各个卫所独立封闭驻扎，平坝卫的军人和家属生活于与外界隔绝的防御性很强的屯堡内，这样，群体内相互交流的通用语即以中原官话为主。否则，如今屯堡话语音特点就不会与中原官话遥相呼应高度相似。

（5）600 年岁月里，屯堡话一方面顽强地坚持着自身特点，另一方面也在周边环境的包围影响下发生变化。比如，坚持声母分平翘的同时，卷舌声母按照平舌 [ts-tsʰ-s-] → 卷舌 [tʂ-tʂʰ-ʂ-] /__ V（合口）和卷舌 [tʂ-tʂʰ-ʂ-] → 平舌 [ts-tsʰ-s-] /__ V（开口）这两条音变规则发生了演变；又比如，受周边西南官话影响，n-、l-声母相混，韵母前后鼻音-in/-iŋ、-ən/-əŋ 相混；四声调值及连读变调已经趋同于周边西南官话；词汇、语法方面也基本上与周边西南官话相同。

第五章"海南崖城军话的源流"，标题下列出关键思考问题：作为海南官话方言岛的崖城军话究竟始于何时、源自何方？崖城军话与明代南京官话是否有直接关系？崖城军话与江淮官话、中原官话的异同是什么？围绕这些问题结合实地田野调查及文献考证，所得答案有以下几点。

（1）直到明代，才有海南军卫驻守以及崖州御守所驻军的历史文献明确记载；关于海南的"军语""军话"记载最早出现于明清时期的《琼州府志》《崖州志》，因此，崖城军话始于明代，是设置于明代洪武十七年（1384）的崖州守御所（千户所）约 3 500 名军人及其家属内部使用的通用语。

（2）明代崖州守御所的军籍人员及其家属 60％来自南直隶，由此可以肯定，崖州守御所内的通用语是明代南直隶官话，即崖城军话的源头是明代南京官话；通过语言特点的纵横比较，崖城军话的源头倾向于明代南直隶区域内的江淮官话。

（3）崖城军话与明代官话代表音系《西儒耳目资》音系比较，声调格局系统对应一致，声母、韵母系统整体对应，但存在古精知庄章声母以及蟹止山遇宕江梗摄韵母对应的一些差异。

（4）600 年来崖城军话始终坚守了源头语言的基本结构系统特点，音系格局、核心词汇、语法结构变化不大；而由于语言接触引发的变化是零星的、限于表层显性的一些要素成分。这样的结果，一方面决定于崖城军话母语者的语言态度，另一方面也可能受制于语言接触演变的一些隐性规则。

第六章"津、滇、黔、琼四地军屯移民后裔语言历史流变比较"，标题下列出关键思考问题：同样源自明代南京官话的军屯移民语言在南北不同环境下 600 年来的演变有何异同？如何解释津、滇、黔、琼四地军屯移民后裔语言的共性与个性特点？能否从这四种个案语言的比较研究中发现官话内部语言接触演变的一些规律？这一章是全书的总论部分，主要观点如下。

（1）天津话、云南官话、贵州安顺屯堡话、海南崖城军话均为明代军屯移民后裔语言，它们共同的主要源头是明代南直隶辖区通行的明代南京官话口语；明代南京官话口语是江淮官话、中原官话的融合体，具有松散、动态弹性的特点，不同个体、团体会因家乡不同而各自带江淮官话或中原官话的乡音色彩。

（2）通过纵向比较，明代南京官话的 10 项代表性语音、语法特征，江淮、中原官话都分别共存在 8 项，另外入声独立体现于江淮官话，-ŋ、-n 不混体现于中原官话，这些数据证明明代南京官话具有中原、江淮官话的综合性质；而明代南京官话 10 项特征，天津话、崖城军话有 7 项，云南官话、贵州屯堡话有 6 项，这数据也证明天津话、崖城军、云南官话、贵州屯堡话与明代南京官话的渊源。

（3）通过横向比较，现代江淮官话、中原官话 9 项代表性特征（包括音系特点、核心词、疑问代词）与四地明代军屯移民后裔语言的相近程度存在差异。统计分析结果中，与中原官话特征相同数及相近度排序为：天津话＞贵州屯堡话＞云南昆明话＞崖城军话；与江淮官话特征相同数及相近度排序为：崖城军话＞云南昆明话＞贵州屯堡话＞天津话。换言之，通过四地底层语言特征痕迹与江淮官话、中原官话特征异同的统计分析可以发现，天津话、贵州屯堡话主要源自中原官话，崖城军话、云南官话主要源自江淮官话。

（4）天津话、云南官话、贵州安顺屯堡话、海南崖城军话 600 年来的共性发展主要是：1）四地与周边方言相比均有明显的"另类"特点，所以，天津话、贵州安顺屯堡话、海南崖城军话都曾被学界冠以"方言岛"，云南官话区域广大，虽不能称之为"方言岛"，但不少语音、词汇、语法特点在西南官话里独具特色；2）知庄章声母"南京型"特点在津、滇、黔、琼四个官话点里均留有痕迹；3）都或多或少浸染了周边方言的主体色彩，这是长期语言接触影响的一个共同趋向。

（5）天津话、云南官话、贵州安顺屯堡话、海南崖城军话 600 年来又有不同的个性发展，以明代南京官话最典型的四项特征（知庄章组声母读音类型，有入声调，疑问代词的核心语素"么"，"K＋VP"反复问句型）来对比：最遥远的海南崖城军话四项特征都保存；云南官话入声归阳平，调类调值趋同于主流西南官话；天津话入派四声，但调值并非趋同于紧邻的强势北京话；贵州屯堡话声调系统依然保持中原官话清入、次浊入归阴平的特点；云南官话、崖城军话保持"K＋VP"疑问句型，天津话、贵州屯堡话却不然。

（6）决定这四种同样源自南京官话的移民语言 600 年来共性、个性发展的有五项主要因素，其影响强弱排序是：1）语言特征相对隐性；2）说话者别同心态；3）与周边方言差距明显；4）地理社会环境（同语群体内部通婚，语言环境较封闭，地理上独处一隅）；5）周边/邻近方言强势。这对于天津话、云南官话、贵州安顺屯堡话、海南崖城军话明代以来演变异同可以做出理论解释。

三、成果的学术创新、应用价值以及社会影响和效益

本成果将明代官话与现代官话方言连接起来进行动态、系统性比较研究，着眼于明代南京官话军屯移民后裔语言，以天津话、云南官话、贵州安顺屯堡话、海南崖城军话为个案典型代表，结合田野调查与朙清韵书韵图、历史档案、地方志等文献考察，通过天津话、云南官话、贵州安顺屯堡话、海南崖城军话语言特征的纵横比较，总结发现明代南京官话军屯移民语言 600 年来在南北不同环境中流变的共性与个性差异并做出理论解释。

因此，在近代官话史研究领域，本成果的研究视角、材料、方法、理论观点均有创新性，并对汉语史语言接触的系统性研究有一定借鉴意义。

本成果的应用价值及社会影响和效益表现在：

（1）本成果研究过程中，在国内 CSSCI 期刊上发表论文 8 篇，其中《中国语文》2 篇，《语言科学》3 篇，《民族语文》1 篇，《语文研究》1 篇，《古汉语研究》1 篇，《南开语言学刊》1 篇；另 1 篇收入日本召开的国际会议论文集《现代汉语的历史研究》（远藤光晓、石崎博志主编，浙江大学出版社 2015 年版）。

上述论文中有 4 篇被中国人民大学复印报刊资料《语言文字学》全文转载，即：《天津话源流焦点问题再探讨》（《中国语文》2013 年第 2 期）转载于 2013 年第 8 期；《基于〈百夷译语〉的傣语汉语历史语音研究》（《民族语文》2015 年第 1 期）转载于 2015 年第 8 期；《明代南京官话移民语言的历史演变类型差异解释》（《语文研究》2015 年第 3 期）转载于 2015 年第 11 期；《云南官话的来源及历史层次》（《中国语文》2017 年第 2 期）转载于 2017 年第 8 期。

（2）本成果是国家社科基金重点项目"明代南京官话军屯移民语言在津、滇、黔、琼六百年历史演变比较研究"（批准号：11AZD072）的结项专著，成果鉴定等级为优秀（证书号：20181984）。

（3）本成果第六章总论部分的核心内容，以英文论文"A Case Study of Dialect Contact of Early Mandarin"（《近代官话方言接触演变个案研究》）的形式发表于国际语言学权威期刊 *Lingua*（Volume 208，June 2018，Pages 31‑43，网络版见 https：//doi.org/10.1016/j.*Lingua* 2018.03.004）。该文研究发现：明代南京官话最典型的四项特征，在今海南崖城军话里基本全部保存，贵州屯堡话保存两项语音特征，云南官话、天津话分别保存语音、语法各一项；而决定这些方言对于源头南京官话典型特征的沿用或弃用，与语言、心理、社会、地理环境等影响因素的不同排序直接相关。比如，津、滇、黔、琼四个官话点里，至今都留有知庄章声母"南京型"特点的痕迹，这是由其语言特征相对隐性所决定的，故此项因素排第一；由于其他因素在各点排序不同，因而形成各自的音系特点。

需要说明，该文在国际语言学权威期刊 *Lingua* 上发表，缘于 2016 年底，因近年中国学术繁荣发展，*Lingua* 主编委托著名语言学家王士元先生主持一期中国语言学研究专刊，国内外十几位中国语言学知名专家应约投稿；*Lingua* 编辑部按照程序每篇约稿论文由三位国际语言学专家审稿，最后，仅此一篇论文通过了审稿而刊载，可见该论文在语言接触理论方面的学术创新及其国际前沿水平。

这篇论文获天津市第十六届社会科学优秀成果奖一等奖（2019 年）（证书编号：TJSKJ16‑1‑8）。

《六朝石刻丛考》概要

梁春胜*

一、研究的目的、意义及方法

1. 研究目的

自宋代金石学兴起以来，六朝石刻就一直受到研究者的重视，清代乾嘉以来的学者在此方面取得的成就尤其令人瞩目。但此前的研究一直偏重于石刻文献的史料和史学研究，而对于其中蕴藏的语言文字学价值则发掘得很有限。尤其是其中的疑难字词，给研究工作造成不小的障碍，因误解字词而导致研究失误的情况并不鲜见，所以亟待加以考释。

另外，因六朝石刻是珍贵文物，所以伪造的现象层出不穷，给研究工作也造成了不少干扰。在石刻辨伪方面，前人虽然已经取得了可观的成绩，已指出的伪刻至少达到 310 余方，但仍有相当数量的伪刻和疑伪刻有待继续考辨。

本成果正希望在上述两方面做一些深入研究。通过六朝石刻文献疑难字词和用典的考释，石刻录文的校正，以及石刻文献的辨伪，为这一时期石刻文献的进一步整理与研究提供参考。

2. 研究意义

首先，语言文字研究是目前六朝石刻研究的薄弱环节，疑难字词考释又是其中的当务之急。本成果在继承前人成果的基础上，考释出一大批未释或

* 梁春胜，河北大学教授，博士生导师。

误释的字词，对于六朝石刻的深入整理和研究具有重要参考价值。

其次，石刻辨伪不仅可以剔除伪刻，为相关学科的研究工作提供参考，而且也是整个古文献辨伪的一个重要方面，所取得的经验和成果也将有助于辨伪学的发展。

3. 研究方法

在疑难俗字考释方面，主要运用俗文字学、文字构形学的知识和理论，在全面总结俗写文字演变轨迹和演变规律的基础上，将疑难俗字放到整个汉字形体源流演变的大背景下加以剖析，不仅指出其为何字，而且揭示其构形理据和演变轨迹，从而使结论不仅合乎文意，而且有文字学理论的支撑。

在疑难词语考释方面，则针对石刻文献相同或相似语境频繁重复出现的特点，以类相联，将同义或近义的词语集中到一起，同时参证以其他文献，加以总结归纳，力求所释贴切妥当。对于典故词语，则务求找出典源，揭示从典源到形成典故词语的过程中，在意义、结构等方面的联系和变化。

在石刻辨伪方面，综合运用文献学、语言学、文字学、历史学、考古学等相关知识，吸收前人辨伪的经验和教训，对这一时期的石刻做一番系统的辨伪工作。

二、成果的主要内容和重要观点

本成果主要内容包括以下七个方面：

第一是对相关研究的回顾和总结。自金石学兴起以来，六朝石刻就备受关注，相关研究取得了丰硕成果，主要体现在资料汇集、俗字考释、词语考释、石刻辨伪、历史研究、书法艺术等方面。前人的研究，既取得了显著的成绩，同时也难免存在不少失误。随着大型石刻丛书的出版和文献数字化时代的到来，今天获取研究资料已经非常便捷，所以有必要在全面掌握和吸收前人研究成果的基础上，对六朝石刻做一番系统而穷尽的整理和研究工作。

第二是探讨了六朝石刻的研究价值。结合本研究的主旨，指出六朝石刻在文字学、词汇学、文献学、辞书学、历史学等方面均具有重要的研究价值。在文字学方面，六朝石刻处于汉字由篆而隶、由隶而楷的过渡阶段，形体变迁最为频繁，俗体讹字最为纷杂，其中的异体俗字，往往代表了汉字探索和发展的方向，在揭示汉字发展演变的规律，构建汉字字形发展演变的序列，考释楷书疑难俗字等方面，都具有不可替代的重要价值。在词汇学方面，六朝石刻是研究中古词语的重要材料，对于研究六朝时期的新词新义、典故词语和体裁语言等，都具有重要的价值。文献学方面，六朝石刻有助于了解已佚的六朝诗文著述情况，对研究和校勘传世古书也具有重要价值。辞书学方面，六朝石刻可以为辞书编纂和修订提供大量新资料，有助于使辞书首引例证的时代提前，匡补辞书字词收释方面的错误和缺漏。历史学方面，六朝石刻是对传世史料的重要补充，在六朝史研究的拓展和深入方面具有无可比拟的重要价值。本成果列举 120 余条例证，对六朝石刻以上各方面的价值做了具体说明。

第三是梳理了六朝石刻整理应当具备的基本条件。整理六朝石刻需要具备多方面的知识和技能，概而言之，至少应当包括以下七个方面：（1）广泛搜集拓本和精选善拓，细心比对同一石刻的不同拓本，择善而从。（2）批判性地继承和吸收前人成果，既要充分关注和吸收前人的正确意见，同时也要精于别择，避免承袭前人的错误意见；在诸说并存时，尤其要慎于取舍。（3）熟悉石刻俗字和六朝词语，在这两方面都要下一番功夫，总结和吸收已有的研究成果，并将其应用于自己的研究之中。（4）了解石刻文献的文本特征，主要有三个方面：一是泐痕往往与笔画纠缠在一起，不易区分；二是碑石往往残损或断裂，添加缺字符号要慎重；三是石刻文字的刻写有一些比较特殊的情况，如重文符号的使用，原石缺损则避刻，在文字出现讹脱衍倒等情况时，一般并不加以纠正等。（5）把握石刻文献的文体特征，也主要有三点：一是多用典故；二是多用骈偶句式；三是铭文部分一般押韵。（6）具备一定的相关历史知识，如熟悉相关史书，了解古代职官、地理、氏族、礼俗、历法、避讳、阴阳五行等方面的知识。（7）掌握佛教语言文化的常识，主要有掌握佛教术语、了解佛教历史、通晓佛教典故、熟悉佛教思想文化等。本成果列举 250 余条例证，对以上七个方面的知识和技能在六朝石刻整理方面的重要性做了深入分析。

第四是对六朝石刻整理方面存在的问题做了总结，主要是录文、校点和注释三个方面。录文方面，主要有误录、缺录、漏录、误补、误衍、误倒等；校点方面，主要是误校、失校、误点等；注释方面，主要有误释、当释而未释、误注、当注而未注等。针对以上各方面的问题，本成果列举 260 条例证进行了说明。

第五是六朝石刻校读举正。这部分集中对六朝石刻释录方面存在的问题进行了校正。每一方石刻，选定一家释文为依据（选取的一般原则是收录资料较为全面、整理水平较高、在学界影响较大），校以石刻拓本，并以其他各家释文为参校对象。全面测查了前贤和时彦的六朝石刻释录方面的资料，以及针对六朝石刻释录方面存在的问题提出的校订意见，经过鉴别和筛选，吸收其中正确合理的部分。同时，对于前人各家释录均误的情况，也提出了自己的校订意见。这一部分共校正 2 000 余条。

第六是对六朝石刻中的疑难字词进行了考释，这部分集中反映了本成果在字词考释方面的水平。文字考释方面，包括对疑难俗字、残损字形、石刻古文、讹混俗字、通假字等的考释，达 600 余条。词语考释方面，包括对疑难词语和用典的考释，共 60 余条。

经过本成果的考释，一批未释或误释的疑难字词得到比较合理的解释。例如魏元苌温泉颂碑额"魏使持节散骑常侍都督雍州诸军事安西将军雍州刺史松滋公河南元苌振兴温泉之颂"，其中所谓的"振兴"二字，拓本作"𢼸𡘋"，是篆文字形，仔细辨认，与"振兴"二字显然有别。我们认为前字当是"於"，乃是其隶书"扵"形的篆书写法；后字当是"典"，上从"曲"（《说文》𠦃曲字作"𠚖"，隶定作"𠚕"，后通用作"曲"），下从"丌"，魏寇猛墓志"于都典内"之"典"作"𠔥"，魏寇治墓志"六典周建"作"𠔥"，即据此类字形改篆。六朝石刻篆文常见据隶楷俗书改写之例，此即其例。近年出土的魏元苌墓志称其字为"於颠"，北朝胡族之字，一般就是其本名，"於典""於颠"皆当是元苌鲜卑本名的汉译，"典""颠"音近。宋代赵明诚《金石录》此处已误释，历经元明清一千余年，学界皆将此二字认错。今得元苌墓志之助，方使此二字得到准确考释。

再如魏郭定兴墓志："巳孔怀之，情深悲结，乃为以礼送终，坟茔禭禩，葬祭之仪，不奢不俭。"（《汉魏六朝碑刻校注》5/153）"巳"拓本作"㠯"，《新出魏晋南北朝墓志疏证》等录作"已"，是也，其字通"以"。"禭"拓本作"禭"，《汉魏六朝碑刻校注》疑是"旒"字，亦是。"禩"拓本作"禩"，《汉魏六朝碑刻校注》则不识。"禩"右旁是"翌"，《新出魏晋南北朝墓志疏证》《洛阳新获墓志续编》录作"禩"，是也。其字当是"翌"的类化增旁俗字（受上"旐"作"𣱼"类化，"翣"又省作"翜"）。"旐翣"指丧葬时用的铭旌和翣柳，"孔怀"则代指兄弟。此志是郭定兴之弟郭安兴为其兄所作，这段文字写安兴对其兄逝世的悲痛，以及对葬事的安排和处理。故此处当点作："已（以）孔怀之情深悲结，乃为以礼送终坟茔。旐翣葬祭之仪，不奢不俭。"如此方文意通畅。《新出魏晋南北朝墓志疏证》《洛阳新获墓志续编》《全北魏东魏西魏文补遗》等其字皆不识，标点因而亦有误。

又如魏贾瑾墓志在讲到贾瑾去世后，继子贾晶"幼而聪令，龆年后叔，哀毁有闻。罢祖之童，古今而异"。其中"罢祖"一词不见于辞书，《汉魏南北朝墓志汇编》认为"祖"当是"社"之误，"罢社"出自《三国志·魏书·王修传》"年七岁丧母，母以社日亡。来岁邻里社，修感念母，哀甚。邻里闻之，为之罢社"。后出的《汉魏六朝碑刻校注》赞成此说。我们认为"罢祖"一词在六朝石刻中共出现6次，在唐代墓志中又出现3次，"祖"不太可能是"社"之误。实际上《王修传》此处有异文，《北堂书钞》卷一五五"岁时部"十二"祖"篇引作"其邻闻之，为罢祖燕"，六朝石刻"罢祖"一词，应当就是出于此。"祖"是古代的一种祭祀，指祭祀路神。"社"亦是一种祭祀，指祭祀土神。二者本来应该不相关，但六朝时可能开始相混。汪绍楹在《校艺文类聚序》中指出，成书于隋代的《北堂书钞》尚立有"祖"篇，到唐初的《艺文类聚》，就将本属于"祖"篇的内容归入"社"篇下，说明祖祭到唐初已不流行，可能已并入社祭。六朝石刻"罢祖"与"罢社"并存，正说明了二者的相混在六朝已经出现。因风俗之改变，导致古书文字随之亦遭窜改，这是古籍"当代化"的一个很好的例子。在唐代之后的文献中，"罢祖"很少看到，而"罢社"则很常见，所以导致今人的误解。作为典故词，"罢祖"和"罢社"义同，都是用作对他人丧亲表示哀悼之典。《大词典》收有"罢社"一词，而"罢祖"失收，当补。

又如"委水"一词，六朝石刻习见。（1）魏苟景墓志："源流浩汗，鸿波浚于委水；基构隆崇，长峰迈于积石。"施安昌《北魏苟景墓志及纹饰考》一文认为苟景是昭武九姓胡人。"委水"即"妫水"，是古代中亚阿姆河的另一译名；"积石"即陇右积石山。墓志以"积石"代昭武九姓祖居之河西故地，以"委水"代后居之河中地区。又列举两方墓志：（2）北齐封子绘墓志："高基与积石同峻，灵源共委水争长。"（3）唐史诃耽墓志："原州平高县人，史国王之苗裔也。若夫弈弈崇基，分轩丘而吐胄；悠悠远派，掩妫水而疏疆。徙层构于天街，族高河右；系芳蕤于地绪，道映中区。"认为这是一种适合于昭武九姓人的墓文套语，北魏时已使用。并推测若干氏早居河中，是粟特人，东迁代北改姓苟氏，后内迁洛阳。今按"委水""妫水""积石"还见于以下墓志：（4）魏元诱墓志："世载配天之功，家承从祠之业，洪原迈于积石，层峰峻于阆风，斯固国史之所详，于斯可得而略也。"（5）魏光禄大夫于纂墓志："轩辕降灵，寿丘祐绪，导积石以争流，混沧溟而俱浚，分系焕乎旻区，在野郁焉命氏。"（6）魏韦彧墓志："考邸荆青三州使君、霸城懿侯，讳珍，字灵智。拥旄三岳，芳誉结路，驱旌万里，童雄滄良，声溢魏齐，功书两史。固以蔚彼北林，隆兹积石矣。"（7）魏元信墓志："神踪与姬夏同初，灵源共积石争峻。"（8）魏元钦墓志："长源与积石分流，崇峰共斗极齐峻。"（9）魏李林墓志："开符乃圣，发胄惟贤。源同委水，峰峻极天。"（10）魏长孙盛墓志："鸿源与云汉分流，崇基共积石俱峻。"（11）北齐元鉴妃李季嫔墓志："委水导源，唯岳开系。资英九畹，联芳八桂。"（12）北齐张僧显铭："禀洪源于积石，承瑶波于委水。"（13）隋朱宝墓志："鸿源迈于积石，层峰峻于阆风。斯固大籍之所详载，余可得而略也。"（14）隋苏慈墓志："九曲灵长，河流出积石之下；十城侧厚，玉英产昆仑之上。"（15）隋裴逸墓志："君耸干邓林，引源积石。千寻不知其概，万顷莫测其涯。"（16）隋尉富娘墓志："洪源与积石争流，历叶与邓林俱茂。"（17）隋周法尚墓志："若夫长澜远派，潜流通积石之下；条干傍分，合拱出招摇之上。"（18）隋田德元墓志："君讳德元，字龙光，平凉百泉县人也。妫水长源，姚墟盛绪。"（19）隋宫人陈氏墓志："妫水传芳，世载琳琅。展如令淑，嗣彼前良。"例（1）苟氏本姓若干氏，出代北。例（2）封氏为汉姓，出渤海蓨县。例（4）（7）（8）元氏本姓拓跋氏，为鲜卑族。例（5）于氏本姓万忸于氏，为北魏勋臣八姓之一，属鲜卑族。例（6）韦氏出京兆杜陵，为汉姓。例（9）（11）李氏出赵郡柏仁，为汉姓。例（10）长孙氏本姓拓跋氏，为北魏宗族十姓之一，属鲜卑族。例（13）朱氏出吴郡，为汉姓。例（14）苏氏出扶风，为汉姓。例（15）裴氏出河东闻喜，为汉姓。例（16）尉氏本姓尉迟氏，为鲜卑族。例（17）周氏出汝南安城，为汉姓。例（18）田氏出平凉，为汉姓。例（19）陈氏出吴兴，为汉姓。田、陈二氏皆出妫姓，而妫之得姓，乃因虞舜居于妫汭，所谓"妫水长源""妫水传芳"说的都是这个意思。据史为乐主编《中国历史地名大辞典》，此妫水在今山西永济市蒲州镇南，非中亚之妫水。以上诸姓氏皆与昭武九姓胡无涉。所以施氏之说不可信。实际上以上诸例中的"委水""积石"皆是用典，非实指，不过是比拟的对象而已，言其世系绵长超过委水，高贵超过积石。"积石"典出《尚书·禹贡》："导河积石，至于龙门。""积石"为山名，即今阿尼玛卿山，在青海省东南部，黄河绕流其东南侧。古人认为黄河源出昆仑之虚，潜流地中，至积石出流地表。"委水"典出《礼记·学记》："三王之祭川也，皆先河而后海，或源也，或委也，此之谓务本。"郑玄注："源，泉所出也；委，流所聚也。始出一勺，卒成不测。"后遂以"委水"指大海。施氏误以用典为史实，在此基础上所做的考证当然靠不住。例（3）的史氏确为昭武九姓胡，但其中的"妫水"与"轩丘"相对，恐怕也非实指，而是用典，同样是说其宗族来源久远，出于古帝王黄帝、舜。将族源追溯至古帝王，是中古时代的惯例，即使汉化的胡族也未能免俗。六朝石刻"委水"还有以下用例：（20）魏元继墓志："王钟阴阳之美，膺命世之期，辞气光润，雅性宽善，靡竞于人，与物无际，喜怒夷而弗形，是非混而难识，湛若委水，峻如削成，未有测其高深，知其崖涘者。"（21）魏元颢墓志："万官挹之而不竭，四海注之而不盈。滔滔乎苞委水而为深，灼灼乎并丽天以俱照。"（22）魏张宁墓志："汤汤委水，峨峨削成，厥伊君子，唯哲唯英。"（23）隋元俭墓志："委水何穷，尚留扬尘之语；深谷无影，或兴为岸之说。"例（20）（21）（22）的"委水"指海水，用来称誉志主器量广大。例（23）的"委水"亦指海水，整段话是指沧海桑田之巨变。北齐程主簿妻赵乐子墓志："虑海水扬尘，劫石或尽，乃镌金勒鼎，播美不穷。"可以比参。

第七是石刻辑补和辨伪。石刻辑补方面，一通石刻文字有时刻在两块以上的石版上，或者刻在同一石版的不同侧面，据此制作的拓本就有两张以上，但整理者在收集拓本和录文时，偶或存在遗漏的现象，从而造成这一通石刻文字不完整。这就需要对其进行辑补，以成完璧。本成果对前人整理中有遗漏的 13 方石刻的文字进行了辑补。石刻辨伪方面，本成果在总结前人辨伪经验的基础上，进一步探讨了石刻辨伪的方法，提出石刻辨伪至少可以从以下一些方面来展开：（1）来历不明者，有可能是伪刻；（2）干支不合者，有可能是伪刻；（3）纪年不合者，很可能是伪刻；（4）字体不合者，很可能是伪刻；（5）字形不合者，很可能是伪刻；（6）字用不合者，很可能是伪刻；（7）格式不合者，很可能是伪刻；（8）史实抵牾者，很可能是伪刻；（9）世系不合者，很可能是伪刻；（10）地理不合者，很可能是伪刻；（11）职官不合者，很可能是伪刻；（12）抄袭他文者，很可能是伪刻；（13）用词不当者，很可能是伪刻；（14）文理不通者，很可能是伪刻；（15）违背情理者，很可能是伪刻。在具体的石刻辨伪中，以上方法常常可以综合利用，从而提高辨伪的准确性。采用这些辨伪方法，本成果对六朝石刻中的伪刻进行了辨析，共鉴别出伪刻 70 余方。在辨伪的基础上，还指出目前学界将伪志作为研究六朝历史和书法的材料来使用，得出一些似是而非的结论，是不恰当的。

例如隋杨通墓志，见于多种石刻汇编之作。本成果认为此志应当是一方伪刻，其可疑之处主要有：第一，来源不明。杨通墓志非考古发掘所得，其出土时地皆不详。第二，地名不合。志称"君讳通，字达之，青州盘阳郡人也"。盘阳，又作"般阳"（因在般水之阳，故称），西汉置县，属济南郡，治今山东淄博市西南淄川。南朝宋移治今临朐县东南，北魏因之，北齐废。隋开皇六年（586）复置，大业初省入临朐县。盘阳史上未曾设郡，此又一可疑也。第三，职官、地理不合。志称杨通"祖讳东汉，敕使、羽骑尉"。"羽骑尉"一职不见于史书。"敕使"指皇帝的使者，为普通名词，而非官职名。志称杨通"父讳镐，起镇北平府参军，汉北太守、建威将军"。此处问题有二：一是"镇北平府"可疑。北朝军镇所设军府，未见称作"镇××府"者。西魏辛虡墓志记其父胥伦职衔为"怀荒镇征虏府长史"，"怀荒镇"是军镇名，"征虏"即征虏将军，是镇将的将军号。隋薛保兴墓志载其在北齐代魏前曾任"北平骠大府长史"一职，"北平"是军镇名，"骠大"即骠骑大将军，是镇将的将军号。"军镇名＋将军号＋府"，这才应该是当时的习惯称法。北朝刺史兼理军政者，其军府称法一般是"州名＋将军号＋府"，如隋元伏和墓志："于时静皇坠策，神武专权，并降前阶，随才叙用，遂授徐州骠大府主簿。"二者正可比勘。二是汉北史上未曾设郡，故"汉北太守"一职就很可疑。志称杨通"仕卢（庐）陵太守、虎贲中郎将、威武将军，沙漠驰誉"，庐陵郡属南朝，杨通死于开皇元年（581），其时隋尚未灭陈（灭陈在开皇九年），故杨通所任职当在南朝。既在南朝任职，又怎可能"沙漠驰誉"？第四，字形可疑。志文"通"作"逼"，"达"作"達"，"随"作"隨"，"迁"作"逻"，"起"作"起"，"题"作"题"，其中"辶""走""是"旁写法不见于隋代前后其他石刻，十分可疑。"先"作"先"，此形是"老"的会意俗字，非"先"字，隋代前后其他石刻"先"一般亦不作此形。此外"秋"作"烁"，"灭"作"咸"，在当时的石刻中都很罕见。第五，铭文部分押韵不合常规。六朝墓志铭文一般都是押韵的。押韵有两种情况，一种是一韵到底，一种是中间换韵。换韵可以换一次，也可以换多次。换韵就使铭文分成两个以上的单元（部分铭文以小字"其一""其二""其三"等标示），各单元内部是严格押韵的，一般不存在失韵的情况。该志铭文云："月镜云升，汉高星朗。绵绵簪缨，叠叠勋劳。行归于隋，万民所望。赫赫新涂，继体承英。六龙登号，三虎驰名。并谷有迁，斯名以识。"此段铭文分为两个单元。前一单元韵脚字"朗""望"押韵，而"劳"失韵。后一单元韵脚字"英""名"押韵，而"识"失韵。这是违背铭文的押韵规律的。第六，志称"其先春秋时杨子简，有灭蛮之功，随锡杨氏焉"，"杨子简"其人其事于史无征，其杨氏来源的说法也不见于典籍。杨通祖讳东汉，父讳镐，一以朝代为名，一以周都为名，皆甚可疑。第七，志文多处似通而非通。如"紫恺丹车之贵，豪满五郡；行周民望之士，扬名于中华"。"豪满五郡"和"行周民望之士"皆不可解。又"开皇元年二月三日遘卒。卜开皇二年四月六日葬于淄川城东八里"。"遘卒"不辞，应作"遘疾卒"，脱一"疾"字。"卜葬"成词，却又被分隔开，以致文理不通。铭文部分"赫赫新涂，继体承英。六龙登号，三虎驰名。并谷有迁，斯名以识"。"赫赫新涂"不知所云。"并谷有迁"亦不通，"并"当作"陵"，"陵谷有迁"为墓志习语。从以上七个方面来看，杨通墓志可谓疑点众多，基本可以确定是伪刻。我们发现此志与已经断定为伪造的东魏李祈年墓志有诸多相似之处。第一，杨通祖父任职为子虚乌有的"敕使、羽骑尉"，而李祈年曾祖亦任"敕使、羽骑尉"。第二，杨通父任"镇北平府参军"，而李祈年祖父任"镇北庥参军"，前者仅多出一"平"字。第三，杨通墓志言其先祖"有灭蛮之功"，李祈年墓志则称其祖父"有败狄之勋"。第四，杨通墓志有文理不通的"遘卒"，李祈年墓志亦有"遘卒"。第五，杨通墓志有"凡厥士友，至于宾僚"，李祈年墓志亦有"凡厥士友，至于宾僚"。第六，杨通墓志有"绵绵簪缨，叠叠勋劳"，李祈年墓志则作"绵绵簪缨，累累勋劳"。第七，杨通墓志和李祈年墓志"秋"皆写作"烁"，这种字形在六朝石刻中非常罕见。《碑别字新编》载魏周哲墓志"秋"作此形，但周哲墓志早已经确定是伪刻。如此多的雷同，也可以说明杨通墓志和李祈年墓志一样，皆是出于伪造，并且很可能出自一人之手。墓志造伪的一个重要手段，就是抄袭一方或数方真刻，同时又加以篡改。幸运的是，我们找到了杨通墓志造伪的一个来源（未必是唯一来源），那就是东魏王偃墓志。将两方墓志做一比较，就可以看出如下相似之处：第一，杨通墓志"其先春秋时杨子简，有灭蛮之功，随锡杨氏焉"，王偃墓志"其先盖隆周之遐裔。当春秋时，王子城父自周适齐，有败狄之勋，遂锡王氏焉"，前者应是从后者改造而来。王偃墓志追叙先祖有案可稽，而杨通墓志加以改造后，就于史无征了。第二，杨通墓志"紫愊丹车之贵，豪满五郡；行周民望之士，扬名于中华"，王偃墓志"丹车紫盖之贵，雄侠五都；调风溧鼎之豪，声华三辅"，前者亦是从后者篡改而来。王偃墓志文意通顺，对仗工整。杨通墓志篡改后，文意似通非通，上下句亦不能相对。第三，杨通墓志"父讳镐，起镇北平府参军，汉北太守、建威将军"，王偃墓志"父五龙，起家镇北府参军，建威将军、临淮太守"，前者将后者的"镇北府参军"改为"镇北平府参军"，"临淮太守"改为"汉北太守"，改后的职官皆属子虚乌有。且按照惯例，将军号应在所任官职之前，杨通墓志颠倒二者位置，亦是造伪留下的破绽。第四，杨通墓志"凡厥士友，至于宾僚，镌石题徽，式扬景烈"，王偃墓志"凡厥士友，至于宾僚，咸以为泉门一闭，陵谷代迁，镌石题徽，式扬景烈"，前者抄袭后者，而删去"咸以为泉门一闭，陵谷代迁"一句，造成前后文意不能衔接。第五，杨通墓志铭文"月镜云升，汉高星朗。绵绵簪缨，叠叠勋劳。行归于隋，万民所望"，王偃墓志铭文"云升月镜，汉举星明。於照遐烈，弈世有声。厥祖皇考，接武维城。和光地纬，穆是天经"。前者"月镜云升，汉高星朗"，乃是篡改后者"云升月镜，汉举星明"，篡改前语义通顺，对仗工整，篡改后文意似通非通，上下句亦失对。王偃墓志铭文符合押韵规律，而改窜后的杨通墓志铭文则失韵。第六，杨通墓志铭文"赫赫新涂，继体承英。六龙登号，三虎驰名。并谷有迁，斯名以识"，王偃墓志铭文"岩岩安复，履道怀贞。赫赫新涂，继体承英。八龙登号，三虎驰名"。王偃墓志的"安复"是指其祖安复侯王芬，"新涂"是指其父新涂县开国侯王五龙。杨通墓志照抄了"赫赫新涂，继体承英"一句，但王偃之父，与杨通何干？这是造伪者张冠李戴的最好证明。造伪者又抄袭了王偃墓志的"八龙登号，三虎驰名"，只是将"八龙"改为"六龙"，以掩人耳目。杨通墓志铭文因是杂凑而成，所以亦不押韵。第七，杨通墓志与王偃墓志"五"皆作"㐅"形，"参"皆作"叅"形，"庐陵"皆作"卢陵"，皆有"虎贲中郎将"一职，这些也不可能是巧合。王偃墓志从各方面来看，都不太可能是伪刻，造伪的就只能是杨通墓志了。将李祈年墓志与王偃墓志做一比较，可以发现王偃墓志也是李祈年墓志造伪的一个来源。首先，二者职官多有雷同，如皆有"镇北府参军""建威将军"；李祈年墓志有"渤海卢陵二郡太守"，王偃墓志作"卢陵勃海二郡太守"；李祈年墓志有"光禄大夫""武卫将军"，王偃墓志作"光禄勋""右卫将军"。其次，二者文句亦有雷同，如皆有"有败狄之勋""凡厥士友，至于宾僚"等字样。因此可以说，造伪者投机取巧，利用一方真的王偃墓志，造了两方假的墓志：李祈年墓志和杨通墓志。虞晓勇《隋代书法研究》，赖非《齐鲁碑刻墓志研究》，罗新、叶炜《新出魏晋南北朝墓志疏证》，王其祎、周晓薇《隋代墓志铭汇考》等，皆将此志作为可信的材料来使用，以伪为真，在此基础上得出的结论，当然也都靠不住。

三、成果的学术创新、应用价值以及社会影响和效益

1. 学术创新

本成果创新之处主要有三个方面：

首先，在疑难字考释方面，注意将字形分析、文意疏解和文献佐证三方面结合起来考虑问题，力求考释结论准确可靠。本成果共考辨六朝石刻疑难字 700 余个，考释出一批前人不识的疑难字，纠正了一些流传已久的误释；同时对很多前人已有正确考释，而后人反而误释的字，通过举证拨乱反正，肯定了前人的正确意见。

其次，在疑难词语考释方面，重点解决典故词语的考释问题。给典故词语寻找典源，是石刻文献词语考释的难点所在。笔者一方面尽自己所能去熟悉唐代以前的文献材料，同时借助电子文献检索工具，对六朝石刻中的近百

个典故词语进行了考释，考释结论可以为大型词典的修订提供参考。

最后，在材料方面，广泛搜集石刻拓本和释录材料，注意鉴别伪刻。力求广泛搜集拓本，尽可能选择初拓和精拓本，从而为研究提供可靠的材料基础。同时，还注意尽可能全面测查前人的石刻释录材料和校订意见，吸收其中正确合理的部分，作为石刻文本整理的基础。另外，这一时期的石刻材料中还存在一些尚未为学术界所指出的伪刻，这些伪刻已经给学术研究带来了一定的负面影响。通过本成果的研究，共鉴别伪刻 70 余方。

2. 应用价值以及社会影响和效益

本成果对于石刻文献的整理与研究具有直接的参考价值，对于加强近代汉字和中古词语方面的研究具有积极的推动作用，同时对于辞书编纂、古籍整理、六朝史研究、书法艺术研究等相关方面也具有一定的参考和借鉴价值。书中总结的石刻辨伪方法和具体的辨伪工作，对于辨伪学的发展也具有积极意义。

新闻学与传播学

《网络语言与社会表达》概要

隋 岩[*]

一、研究的目的、意义及方法

本成果尝试并意在从社会表达、群体传播、符号传播、社会文化、社会情绪、价值观、政治话语等方面对网络语言与社会表达这个现实命题进行逻辑严密、有理有据的论证。

中国正在面临因互联网快速发展而带来的生存冲击和发展契机。对广大的网民而言，观念拓扑需要引入新的观念，但因当下中国社会的快速发展，来不及获得新鲜经验的主体间性，却又充满了表达这些新鲜经验的冲动，于是新鲜的，非正式的，带有私人化、个性化色彩的语言，即网络语言，由此诞生发展和快速普及。同时，我们还需要看到，在一定程度上说，网络语言的大量使用既是语言庸俗化、过度娱乐化、游戏人生和不确定性的表现，亦是价值观、精神世界虚无的体现。本成果的主要目的既在于解决由网络秽语而显现的话语权、群体认同、传播不健康的价值观世界观等问题；也立足于当下的群体传播环境，突出问题意识，结合网络语言传播和跨学科理论，紧密围绕话语表达、社会情绪、价值观等问题逐一展开讨论。

本成果的学理意义在于，厘清了网络语言与社会表达、群体传播、符号传播、社会文化、社会情绪、价值观、政治话语等的关系，丰富了网络语言及其使用问题的研究视角，夯实了引导中国网民的民族力、思想力与审美力

* 隋岩，中国传媒大学教授，博士生导师。

的学理基础。本成果的应用价值在于，探索建构中国网民积极、健康、向上的社会主义核心价值观的可操作性建议、策略和模型，为建构与时代相对应的、健康的网络生活方式发挥积极作用。

为了实现上述目的和价值，本成果综合运用了多元的研究方法，注重历史与现实的结合，学理与学用的结合，逻辑与示例的结合，专题与个案的结合，思辨与数据的结合，文献与调研的结合，内容分析与规律抽离的结合等。本成果综合运用语料搜集、问卷调查、数据统计、舆情监测等多种资源，在区域范围（地理区域与文化区域）、人口统计、社会心理等不同维度上构建网络语言之于话语权、价值观、社会情绪的引导模型。既注重深入分析当前网民在网络语言使用中的突出问题，又注重从中外相关理论中寻求来源和依据，强调实践经验与理论认知的互动与沟通，完成理论建构和对策设计。本成果努力将理论与现实问题、政府决策相结合，打通理论与实践，实现协同创新。本成果进行历史与现实的比较，既在历史梳理中确定各个研究对象的位置、价值，又在现实格局中的路径选择与价值实现中寻求解决之道，力求客观而中肯。本成果的每个专题都力争对应一些典型个案，以专题研究为经，以典型个案为纬，将专题研究和个案研究有机结合在一起，使整体研究既严谨、理性，又生动、直观、有效。本成果既普遍采用富于研究者个人特点的定性研究方法，又大量采用建立在科学调研基础上的定量研究，使本成果的人文特色与科学理性能够有机地结合在一起。

二、成果的主要内容和重要观点

1. 主要内容

本成果包括绪论和六个章次内容。绪论"作为社会表达的网络语言"从"社会表达及其主体、形态在媒介域中的流变""精练、广泛与多元：网络语言在群体传播中的表达特性""民意图腾的聚焦：作为社会表达的网络语言的使用价值""舆论暴力的指向：作为社会表达的网络语言的负面影响""社会共识的重构：作为社会表达的网络语言的共情触媒""新时代与新表达：网络语言是营造清朗网络空间的基础"等角度进行了论述。

第一章"网络语言的群体传播本质"从"网络语言的群体传播机制的复杂性"和"网络语言的群体传播本质及其互动"两个小节进行了论述。

第二章"网络语言的符号传播特性"分"群体传播中网络语言的社交属性""群体心理推动网络语言传播扩散""网络符号的认知模式和传播途径"三个节次进行阐释。

第三章"网络语言与话语权"由"网络语言与准社会交往""网络语言建构社会共同体""网络语言重构社会阶层意识""网络语言对话语权的影响"四节构成。

第四章"网络语言与社会情绪"通过"突发社会情绪的主要成因""网络语言情绪的发展演变""网络语言情绪的生产方式""网络语言情绪的社会传播"四个节次的内容进行了讨论。

第五章"网络语言与价值观"以"网络语言对网民思维方式和价值观的影响""网络语言中的价值观与主流价值观的比较"两节的内容为支撑。

第六章"网络语言与政治文化"通过"官方话语实践:网络语言的软性化表达""市场要素与网络语言的政治软性化表达""网络语言影响受众政治认知的情境模型"三节的论述进行了探析。

2. 重要观点

(1)网络语言与社会表达。

社会表达经历了三个重要时段:首先,在囿于地缘限制的社会发展早期,社会表达经历了小范围、封闭式人际表达的"前大众传播时代";进而,基于工业化的物质生产能力,社会表达进入了被称为"渠道霸权时代",由主流媒体控制表达渠道的"大众传播时代";20世纪末,信息技术的高速发展带领社会表达走进了以社交媒体为平台、以网络语言为主要表达形态的"互联网群体传播时代"。这一系列的时代迁移逐步消解了媒介的时空偏倚与主体的阶层制约,使社会表达的主体、形态与效果都在历史的研判中或改变,或创新,或凸显。

在大众传播时期,媒介组织成为社会表达的主要载体,普通受众的社会表达在大众媒体上往往无法集中实现,也很少受到鼓励。基于社交媒体而崛起的互联网群体,从数字媒介营造的这种新语境中寻找、发明、建构了精练生动、运用广泛的网络语言,以弥补该状态下的社会表达"缺场"。网络语言以其简洁明快、幽默风趣、犀利机智等特征迅速推动了社会表达的进程,充分展现了语言符号在新媒体传播渠道中的创新扩散趋势,以及语言符号背后的社会心理的复杂化。那些伴随着社会热点、娱乐事件等出现的形象化（甚至戏谑化）的网络语言反映了广大网民的态度、情绪、价值、文化和精神取向。但过当使用网络语言也会暴露其表达的罅隙和裹挟的情绪激荡，容易显现为反讽性或暴力指向，造成网络空间的话语混沌和逻辑抵牾。

纵观 10 余年的发展历程，网络语言伴随着互联网社会的进化而呈现出早期工具性、中期戏谑性、近期病毒性偏向的历时性特征。由最初"小语种式"的零星散用发展至如今成为全民共享的社会共同语，网络语言的意义在于语言本身隐喻的社会现实契合了新媒体环境下网民的生活需求和心理生态。网民对于公共安全事件的极高关注和运用网络语言的情感触媒、情绪触媒如果引导得当，社会共识将由此出现不断被正向夯实的契机，网络文明也将被真正缔造。

在这个问题上还需要特别关注青年人的网络语言及其背后的社会表达行为。80 后、90 后、00 后的泛亚文化主体是信息时代的先验者，是自主表达、个性张扬、娱乐先行的数字土著，在审美和话语取向方面也与前人大不相同。在这种社会语境下，个性化的心理诉求从一开始便印刻在他们的表达基因里：自由解构传统语言，随意拼凑极具个性色彩的符号，描绘出一幅充溢着自由、叛逆、新颖气息的网络语言画卷。

（2）网络语言与群体传播。

传受主体的多元化促进网络语言的生产和扩散趋向狂欢化，大众传播介入网言网语则形成"狂欢螺旋"。网络语言在互联网群体传播中存在着多种扩散模式，每一种模式的传播途径、重要时间节点、关键舆论领袖的数量都不尽相同。从数理构成的复杂性来看，网络语言传播依赖拓扑结构的数字网络平台，传播轨迹呈现为"流行语团"结构，传播过程存在着超经济性变异、隐喻和转喻变异等多种可能，传播渠道中噪音、把关、反馈等因子在认知、态度、行为三个层面对其传播效果的评估具有复杂性影响。

互联网进入社交媒体时代为病毒式传播带来了前所未有的发展空间，网络语言成为了病毒营销和再生产体系中一种情感涉入的、不断变动更新的商业文化符号。但病毒营销是一把双刃剑，理性之中有不可控制、不可预测的非理性因素，因此企业在运用网络语言进行病毒营销时应规避那些非理性策略，在不违背商业道德的前提下精心设计制作感染力强的内容。同时，恰当地选择传播载体，理智而巧妙地选择实施策略，从而更好地激发用户在信息传播过程中的能动性，最终为企业带来最高效的回报。

（3）网络语言的符号认知与社交属性。

网络语言符号和种类固然繁多，但就其文本语法而言，主要涵盖以下几个方面：第一，以数字、字母、缩略语、混合字词等模式呈现，突破传统语境中固定能指和所指关系的短字词，如书写电子商务模式的"O2O""B2C"，戏谑调侃的异质兼容词"深藏blue""book思议""skr而止"，"3Q"（Thank you）、"666"、"打call"等日常交流简词，"奇葩证明""C位出道""逃犯克星"等由社会热点事件提炼出的"关键词"，延拓词语或事件性质的"切糕体""甄嬛体""你好体"等类聚词汇，简洁明快、生动形象。第二，在后现代语境下渲染出的犀利机智的网络段子，如"少壮不努力、老大信锦鲤""间歇性踌躇满志、持续性混吃等死""国泰民安张学友、风调雨顺萧敬腾"等。第三，受可视化传播的启示而创造出的多模态话语表情包，汇聚了网民的精深"脑洞"和多样的文字符号、动态影像，例如源自日本并由苹果公司加以推广的emoji表情，火爆社交媒体、源于对知名人物面部抠图的人脸表情包，以及将网络段子与表情包黏合在一起的次生静、动图……多结构交互的图形语言使社会表达更加直观、感性，对我国数字媒体的视觉文化传播、话语体系的符码更新都产生着颠覆性的影响。

无论哪种类型的网络语言都是依据表达需要刻画出的，是在群体传播的时代语境下，在多元传播主体的广泛运用中脱颖而出的新兴符码，其简洁明快、幽默风趣、犀利机智的语言特点倾覆了过去严谨、单一的语言表达符号和模式，其给人的令人耳目一新、与时俱进的话语体验深得后现代传播群体的表达偏爱。网络语言符号一方面反映了现实的社会问题，另一方面又因为制造出比真实更美好、更具真实感的"超真实"，从而在文本层面填补了与现实之间的沟壑。

同时，网络语言自然地继承了语言的交际功能，但不是局限在信息传递和情感交流上，而是和群体传播紧密相连，大大地突出了其社交属性。网络语言的社交属性既包含语言的交际功能，又兼具独特的网络对话和参与功能。网络语言在交际中不断演化，形式和意义逐渐丰富，产生了无尽的效果和影响。同时，群体传播还为语言提供了更为复杂和多变的语境，放大了符号的联想功能。网络语言发展20年至今，经历了三种形态的演变，社交属性自始至终都是贯穿其中的重要功能，而这又为网络语言带来仪式感、想象的共同体、超链接和联想场等独特的群体传播特征。网络语言的快速流行和迅速消亡，都离不开社交功能这个相当根本的属性，因此只有靠强大的社交功能才能维持强符号效果。

（4）网络语言与社会阶层。

网络语言是网络准社会交往中的信息载体、群体聚合的表征符号以及偶像文本再编码的符号，其内容会影响个体对社会现实的判断，其传播过程又会对个体社会化的具体方式产生重要作用。作为根植于互联网群体传播环境的符号表意系统，网络语言既体现了个体主体性对现有意识形态的突围，又催生出新的群体区隔。随着从虚拟空间走向日常生活空间，网络语言背后所代表的规约和惯习，影响着现实层面的群体认同和阶层意识建构。网络语言的滥用极易导致阶层刻板印象的强化，从而造成社会舆论的激化和非理性情绪的蔓延。

网络语言的生产和使用具有权力特性，网络语言在冲击传统社会象征体系的同时，也反应出当前社会权力关系和结构的变动。狂欢化的网络语言在一定层面上打破了传统媒介生态中的话语垄断，但同时又在塑造着新的话语秩序，这需要我们警惕其诱发的新问题。

现代世界已经变得彼此依存，各种形象、角色、阶层的人在网络语言的勾连中被纳入一个相互依偎、紧密联动的整体中，冗余信息的膨胀使互联网群体更加依赖他人的影响，并相信自己与他们同属一个群体且命运与共，别人的遭遇也可能隐藏着自己的潜在遭遇。由此，网民对于公共安全事件的极高关注和运用网络语言的情感触媒、情绪触媒，在不断抛出社会共识建构的本质。若新规则的制定和主流媒体的引导能够满足人们的公平诉求，正向的社会共识将被不断夯实。

（5）网络语言与社会情绪。

突发社会情绪是某种长期累积的社会情绪在外力诱导下的突然爆发，具有易引爆、影响强、蔓延迅速、持续时间短、发展变化快的特点。群体传播时代中突发社会情绪的频发，一方面有赖于互联网场域中的蝴蝶效应、极化效应，另一方面也搭载了网络语言这一充满感染力的表达载体。

网络语言建立起信息内容和接受者之间的情感连接，在互联网群体网络接力赛的传递过程中，实现了个体情绪和社会情绪的连接乃至共振。使用网络语言的人越敏感地捕捉到这种内在情绪特征，就越可能把相应的语言词汇传递下去。引发人们不断转发的网络语言携带着情绪反应，在网民的接力传递过程中把这种情绪再次强化，情感因素在网络语言的传播中扮演着比信息内容本身更重要的角色。互联网传播的传播主体从媒介从业人员转向数量庞大的群体，使得情绪在互联网传播效果中所起的作用远超大众传播时代。这种前所未有的规模化聚集并没有外力约束，情感维系和情绪感染在其中扮演重要的角色。

情绪的外显是语言、生理、行为和神经机制彼此配合的一组反应，当情绪的表达无法通过面对面的形式自如运转时，其生理、行为和神经机制的能量将大规模输入语言符号中，通过以文字为主的可视化表达进行传递。这种文字传播在互联网平台主要表征为对网络语言的大规模运用。

（6）网络语言与价值观。

网络语言依托互联网进行传播并受其影响，网民的思维方式在媒介化社会出现了碎片化、情绪化、质疑化、非线性、虚拟性、开放性、动态性和主动性等新特征，并对个体、群体及社会、文化等多方面有着多元而复杂的影响，在其影响下正确引导受众的价值观具有重要意义。

网络语言的不断创新更迭，在很大程度上丰富了中国话语表达系统，对主流文化的构建也是一种有益补充。但我们必须承认的是，处于亚文化中的网络语言，只有很少的一部分能够真正被主流话语体系所接受，并没有最终建构起一个让整个民族共同信守的文化核心价值取向。从国家长远的文化发展战略考虑，我们应当避免不同的话语体系在文化核心价值观上的相互错位。网络语言的形成传播必须整合在既定的价值体系之内，而不是被置之于外。应当在不同的叙事形态中建立一种共通、共享的文化核心价值观，而网络的开发、技术的发展也不应成为不同的文化价值取向的准入证。

（7）网络语言与政治话语。

网络语言有时是一种介于主流官方文化和亚文化之间的从属文化，表达的是不同代际间的融合。公众获得一定话语权，通过网络人际、组织和群体传播，可以在更大范围形成有影响力的舆论。新闻事件衍生出的网络流行语在不同主体、环境中流动，其内涵以及反映的舆情都在发生演变，影响并推动了事件发展。

互联网技术的迅速发展带来了中国网民数量的爆炸式增长，社交媒体普及后，在线交流的需求又催生了网络语言。一些基于社会问题、社会事件产生的网络语言由于推动了事件的解决，而使人们对于社交媒体和网络语言寄予了厚望。但是由于网络语言在自身、平台和用户三个维度上都深度卷入了资本主导的市场逻辑，网络语言本身也成为非理性化的推手，难以在需要理性、客观的政治讨论中提供有效的帮助。

在十九大报告中，习近平总书记提出"加强互联网内容建设，建立网络综合治理体系，营造清朗的网络空间"，这是对互联网与国家社会治理关系的深刻理解。固然，网络是一个可以相对自由"冲浪"的虚拟空间，网络语言是一种可以相对自由组合的表达形式，但这种自由是有限的，网络空间安全不可忽视。营造清朗的网络空间需要有网络安全的保障，网络安全在很大程度上又来自网络内容安全，而网络语言恰恰是构成网络内容的基础。因此，我们需要对网络语言的研究高度重视，以保障网络语言的"趋利避害"，使网络语言既能够有效表达新时代的新风貌，又谨防意识形态斗争嵌入不良网络语言现象之中。网络语言与社会表达研究，应该成为加强互联网内容建设的重要支撑，成为建设网络综合治理体系的智力支持，并最终有效贡献于营造清朗的网络空间。

总的来说，本成果从网络语言的影响出发，对网络语言如何推动中国社会文化发展、表达社会情绪、加强群体交往、传播健康的世界观价值观等问题进行了多种视角的研究，建立起一套复合型的网络语言研究的理论模型。该模型将网络语言置于文化学、语用学、传播学、符号学、心理学、社会学、政治学、教育学等理论背景下考量，从社会表达、群体传播、符号认知、社会阶层、社会情绪、价值观、政治话语七个向度展开了细致全面的分析，为网络语言的影响研究提供新的视角和方法，为理论界进一步研究网络语言提供具有启发性的理论贡献。

三、成果的学术创新、应用价值以及社会影响和效益

本成果从文化学、语用学、传播学、符号学、心理学、社会学、政治

学、教育学等视角对网络语言进行了多学科、多理论、多视角的关照。数据采集方面，课题组通过语料搜集、用户问卷调查、数据统计与分析、网络舆情监测等方法对 1996 年以来的网络语言的生成和使用、发展和变异、历时规律和共时状态等情况进行了全面把握，为综合研究网民群体使用网络语言的动机与需求、行为与习惯、依赖度与疏离度等提供了扎实的基础。这些前期准备为综合评估网络语言在网民群体中的重要性和地位层级，发现他们使用网络语言的内在机制，进而揭示网络语言的创造性应用规律做了良好的铺垫。

本成果从网络语言使用的基本现状和基本问题出发，从社会表达、群体传播、社会交往、社会阶层、社会情绪、价值观、政治话语七个向度对其展开了多维度、多视角、细致而全面的分析。本成果破解了一直困扰广大网民身心的外在语言使用方式与内在情感方式的冲突，为广大网民建立社会主义核心价值观提供了可操作性强的模型框架。这对于消除语词污染、破解网民群体思想上的不良倾向，以及提升网络语言的应用价值、社会效益等具有积极而深远的影响。

基于此，本成果在学术创新、应用价值、社会影响和效益等方面或许有如下意义。

第一，学术创新价值。通过多维度、多视角的详细论析，通过综合运用多种资源和分析方法，从不同维度构建了网络语言之于话语权、价值观、社会情绪的引导模型，实现了理论与现实问题的有机结合。本成果既普遍采用富于研究者个人特点的定性研究方法，又大量采用建立在科学调研基础上的定量研究，达到了人文特色与科学理性的有机结合。这些为网络语言及其社会影响研究，在理论创新上提供新的视角和方法，丰富了网络语言的研究内容，为理论界进一步研究网络语言提供具有启发性的理论贡献。

第二，实践应用价值。本成果立足于网络语言的使用现状，借鉴国际上相关领域的研究经验，以前沿性、前瞻性为诉求，强调正确处理和引导网民群体由外及内的生活方式与由内及外的情感方式之间的冲突。本成果将有助于引导网民群体正确认识和使用网络语言，为其观念拓扑引入新的观念；有助于消除语词污染，破解网民群体思想上的不良倾向，能对引导广大网民建立积极、健康、向上的社会主义核心价值观起到应有的促进作用。

　　第三，社会影响和效益。本成果能够实现四个方面的社会影响和效益：为网络语言研究及其相关领域提供富有启发性的成果；为国家引导网络语言的使用提供支持；为国家引导网民群体的价值观、审美观、民族观、世界观提供咨询；为国家引导网络语言的创造和扩散提供可操作性强的建议。本成果有助于国家从战略和全局层面把握网民群体的价值观发展方向，建构与时代相对应的健康积极的生活方式，提高国民的整体人文素质。这些都将对提升网络语言的社会价值，具有积极而深远的现实意义。

《视觉修辞学》概要

刘　涛[*]

　　传统的修辞学主要关注语言文本的修辞问题与实践，视觉修辞学（visual rhetoric）则是视觉文化时代修辞学亟待拓展和延伸的一个新的学术领域。作为一个新兴的学科领域，视觉修辞学强调的是以视觉文本为修辞对象的修辞实践与方法。如果说传统修辞学的研究对象是语言文本，视觉修辞学的研究对象则延伸到视觉文本。视觉修辞学既是一种认识论，也是一种方法论；前者强调对视觉话语的意义机制及其修辞原理进行分析和理解，后者则强调视觉修辞作为一种研究方法，提供了通往视觉文本分析的研究路径和操作方法。作为一个新兴的学科领域，视觉修辞学该如何科学、系统而完整地搭建知识体系？本成果立足视觉修辞的学术史考察，沿着修辞学的学科建制思路与要求，在对视觉修辞的核心问题域进行系统梳理与论证的基础上，从修辞理论与修辞方法两个维度出发，搭建视觉修辞学的知识体系，即视觉修辞学的基本原理和方法体系。

一、研究的目的、意义及方法

1. 研究目的

　　本成果有助于我们相对系统地认识视觉修辞学这一新兴的修辞学学科领域，其理论价值主要体现在四个方面：一是促进视觉修辞学的学科领域建设；二是推动视觉修辞学的跨学科研究趋势；三是完善和拓展修辞学本身；

---

　　* 刘涛，暨南大学教授，博士生导师。

四是对传播学研究进行修辞学方法拓展。

2. 研究意义

视觉修辞学既是一个新的研究领域，也是一个亟待发展的方法论问题。如何研究图像，如何把握图像的意义生成机制，如何理解图像与图像话语的修辞实践，如何认识视觉性（visuality）在当代媒介文化中的构成方式与原理，如何通过视觉化的修辞方式与符号路径来回应当前公共场域中的社会矛盾，所有这些问题都超越了传统修辞学的研究范畴，成为视觉修辞学需要回应的理论与方法问题。因此，系统开展视觉修辞学的理论话语和方法体系研究，有助于进一步完善修辞学的学科体系、话语体系和实践体系。

3. 研究方法

本成果主要研究内容是视觉修辞文本研究、视觉修辞话语研究和视觉修辞实践研究，具体的研究方法包括：图像阐释学方法、视觉民族志方法、视觉符号学方法、视觉内容分析方法、多模态分析方法、视觉话语分析法（visual disocurse analysis）、视觉框架分析（visual framing analysis）、过程事件分析方法、视觉修辞批评方法、图像追踪法（iconographic tracking）等，代表性研究方法如下：

（1）视觉民族志方法。视觉民族志方法能够解决视觉修辞的实践问题，避免纯文本分析的缺陷。视觉修辞不仅仅是一种文本形态，也是一种实践过程，其修辞效果是在具体的修辞情境中产生的。因此，本成果采取视觉民族志的研究方法，参与到博物馆、档案馆、图像事件等特定的社会空间和情境中，全面而深入地感知、观察和访谈，以把握其中视觉修辞实践的体验结构和参与结构。

（2）视觉符号学方法。视觉符号学方法将能够解决视觉修辞的意指（signification）实践问题，从而进入视觉修辞文本的意义生产脉络中去。视觉符号学方法所强调的能指切分的问题、能指与所指的指涉系统问题、直接意指（denotation）和含蓄意指（connotation）的符号关系问题、视觉形式的表征机制与阐释体系问题，对于理解视觉修辞实践中的符号意义系统具有重要的认知意义。

（3）视觉内容分析方法。传统的内容分析法主要聚焦结构化的语言文本，而视觉内容分析方法则关注视觉文本的统计研究。视觉内容分析能够回应海量文本的内容分析与话语分析，其通过设定一定的编码体系，能够有效地统计相关视觉元素及其关系，即将那些具有关键意义的元素离析出来进行编码和统计，以此把握视觉元素之间的"语法"结构或话语关系。

（4）视觉话语分析法。传统的话语分析主要基于语言文本，而如何在修辞学意义上开展视觉话语分析，即构建视觉话语分析方法体系，这是视觉修辞方法论体系构建极具有拓展性和挑战性的研究内容。基于对学术史的梳理与分析，本成果主要采用以下三种视觉话语分析方法：一是视觉语义系统分析模型；二是视觉信息形态分析模型；三是视觉论证结构分析模型。

（5）视觉修辞批评方法。修辞批评是一种质化的研究方法，强调系统地考察象征行动和语篇文本，其目的是对修辞过程进行解释和理解。视觉修辞批评的核心功能是揭示图像话语生产的修辞原理及其深层的权力运作体系。在视觉修辞实践中，权力往往蕴含在视觉修辞的观看机制中，因而有必要从观看机制和再现机制两个维度开展视觉修辞批评研究。本成果借鉴新修辞学的诸多批评范式，如修辞认同批评、戏剧主义批评、修辞情景批评、幻想主题批评等揭示视觉修辞的话语原理。

（6）图像追踪方法。图像或者影像是如何在修辞实践中流动、转化和影响公共生活的？这就需要在经验维度上强调借助数据化的图像追踪方法，在经验意义上揭示符号的流动轨迹或者图形符号的"修辞生命历程"（rhetorical life span）。本成果采用图像追踪方法探讨图像的流动过程和转化节点，从社会整体角度探讨视觉修辞实践的社会化生成逻辑。

二、成果的主要内容和重要观点

本成果立足于视觉修辞学的认识论和方法论，致力于开展视觉修辞原理和视觉修辞方法研究。在认识论层面，主要立足三大理论面向，即视觉文本研究、视觉实践研究、视觉性研究，重点探讨视觉修辞学原理和机制；在方法论层面，主要立足三大方法论层次，即视觉语法研究方法、视觉话语分析方法、视觉实践批评方法，重点探讨视觉修辞方法与批评体系。

本成果包括绪论、上编、下编、结语四部分。绪论主要立足于学术史的考察，探讨视觉修辞学的学术起源、发展脉络、意义机制，从而回答"什么是视觉修辞学"这一基础性的学术命题。上编主要探讨视觉修辞学原理和机制，核心关注视觉修辞学的学术范式、意义原理、认知模式三大命题。下编主要探讨视觉修辞学方法与批评，核心关注视觉修辞的分析方法、批评范式、视觉实践三大命题。结语主要立足"传播的真正目的是推动人类终极意义上的交流和对话"这一根本命题，探讨人类生存的"视觉修辞何为"命题，即思考视觉文化时代人类在视觉修辞意义上的生存方式及对话体系。

1. 主要内容

（1）绪论：何为视觉修辞学？

绪论部分主要是立足于学术史的考察路径，分析视觉修辞学的学术起源、发展脉络，同时分别从符号学传统和修辞学传统出发，分别揭示视觉修辞学的意义机制，从而回答"什么是视觉修辞学"这一基础性的学术命题。

（2）上编：视觉修辞学原理与机制。

上编主要聚焦视觉修辞学的认识论体系，探讨视觉修辞学原理与机制，相关内容主要包括六章。第一，"学术范式"回应的修辞学命题是"修辞范式"，强调在厘清视觉修辞问题域的基础上，真正把握视觉修辞学范式不同于其他学术范式（如视觉符号学、视觉语用学、视觉语义学、视觉阐释学、视觉心理学、视觉形态学等）的本质属性。第二，"意义原理"回应的修辞学命题是"修辞机制"，即马塞尔·德尼西（Marcel Danesi）提出的修辞结构（rhetorical structure）。基于此，第二、三、四章分别从语图关系、释义规则、隐喻/转喻三个维度切入，旨在把握视觉修辞运作的意义机制及其深层的修辞结构。第三，"认知模式"回应的修辞学命题是"修辞认知"。第五、六章主要结合视觉心理学的相关理论，分别从视觉意象（visual image）和视觉图式（visual schema）维度出发，探讨视觉修辞学视域下图像意义的认知原理和加工机制。

具体来说，第一章主要探讨视觉研究的修辞学范式、视觉修辞的认识论和问题域，以及三种不同修辞观（劝服观、认同观、生存观）视域下的视觉议题研究理念和问题；第二章主要立足视觉修辞学的语图关系，从语图关系的哲学史出发，探讨视觉文本构成的语图结构及其互文机制；第三章主要立足视觉修辞学的释义规则，通过对文化语境、情景语境、伴随文本语境三种语境形态的考察，旨在揭示图像意义生成的底层释义系统；第四章立足隐喻和转喻两种基础性的思维方式以及图像修辞规则，分别揭示视觉隐喻的转义生成原理和视觉转喻的图像指代原理，并在此基础上探讨了多模态文本中视觉转喻和视觉隐喻之间的互动机制；第五章主要立足于视觉思维（visual thinking）命题，通过梳理中外文论中"象"的基本内涵和理论，重点分析原型意象、认知意象、符码意象三种基本的视觉意象形态及其修辞内涵，进而在文化意象基础上揭示视觉修辞的心理加工机制；第六章聚焦视觉图式命题，阐释图式何以成为修辞问题的原理和内涵，并重点从图式的结构和思维的框架两个维度切入，探讨视觉图式的认知逻辑和原理。

（3）下编：视觉修辞学方法与批评。

下编主要聚焦视觉修辞学的方法论体系，探讨视觉修辞学方法与批评，核心关注视觉修辞的分析方法、批评范式两大命题，相关内容主要包括四章。首先，"分析方法"回应的修辞学问题是"修辞方法"。作为一种图像研究方法，视觉修辞研究不能回避图像研究的分析方法，第七、八章分别聚焦视觉文本的修辞分析和视觉框架（visual frame）的修辞分析，探讨视觉修辞分析方法和视觉框架分析方法。其次，"批评范式"回应的修辞学问题是"修辞批评"。视觉修辞批评的核心功能是揭示图像话语生产的修辞原理及其深层的权力运作体系。第九章主要探讨修辞批评的代表性话语范式，而第十章重点探讨社会观念形成的图像视角与方法。

具体来说，第七章主要探讨视觉修辞的分析方法，重点聚焦三种代表性的视觉文本对象——媒介文本、空间文本、事件文本，分别探讨每一种视觉文本形态对应的视觉修辞方法。第八章主要探讨视觉修辞的框架分析方法，一方面旨在探讨话语建构与生产体系中的"框架"原理以及视觉框架的生成原理，另一方面尝试超越传统的基于语言文本的框架分析方法，探讨面向视觉文本的视觉框架分析方法。同时结合数据新闻这一典型的视觉文本形态，提供了一个视觉框架分析的修辞学操作模型。第九章主要探讨视觉修辞批评理论与范式，通过梳理代表性古典修辞学和新修辞学的代表性批评范式，重点从修辞批评的角度揭示视觉话语建构的修辞策略及其话语实践。第十章立足图像文本与社会观念之间的互动关系，重点探讨观念史研究的视觉修辞学方法和路径，同时结合晚清"西医东渐"这一具体案例，从视觉维度上解释了晚清"西医东渐"的视觉修辞原理与实践。

（4）结语：视觉修辞何为？

结语部分指出，视觉实践只有立足于社会对话这一根本性的传播初衷，恪守大数据时代视觉表征应有的修辞伦理，激活人类普遍共享的文化意象和视觉图式，才能在视觉修辞意义上打通人类社会对话的"视觉之维"。

2. 重要观点

（1）视觉修辞的学术史。

视觉修辞学是一个新兴的学术领域，起源于 20 世纪 60 年代，强调以视觉文本为修辞对象的修辞实践与方法。新修辞学、视觉传播和学会转型分别回应了视觉修辞"出场"的理论突破问题、修辞议题问题和机构实践问题。而罗兰·巴特的《图像的修辞》、鲁道夫·阿恩海姆的《视觉思维》、约翰·伯格的《观看之道》成为视觉修辞学起源的三大奠基性成果。视觉修辞的意义，对应于巴特所讲的图像符号的含蓄意指。而视觉意义生产的修辞"语言"，存在于视觉符号深层的修辞结构之中。

（2）视觉修辞学的学术范式。

视觉研究的代表性学术范式可以概括为视觉修辞学、视觉符号学、视觉语用学、视觉语义学、视觉阐释学、视觉心理学、视觉形态学、视觉风格学、视觉社会史、视觉文化研究、图像哲学。作为一个跨学科研究领域，视觉修辞学不同于其他研究范式的问题域体现在五个方面——修辞语言问题、修辞效果问题、修辞传播问题、修辞策略问题和修辞批评问题。这五大问题域构成了我们理解视觉修辞学范式的五个理论维度：在意义机制上，视觉修辞更强调修辞结构；在符号行动上，视觉修辞更关注修辞效果；在发生场域上，视觉修辞起源于传播语境；在文本实践上，视觉修辞更强调文本生产；在批评模式上，视觉修辞更强调修辞批评。

（3）视觉议题研究的修辞学方法。

作为一种分析方法，视觉修辞学强调对视觉形式的识别与分析，挖掘出潜藏于视觉文本修辞结构中的含蓄意指。视觉修辞的文本对象主要包括视觉化的媒介文本、空间文本和事件文本，相应地也就形成了三种不同的视觉修辞方法。媒介文本的视觉修辞方法主要强调在视觉形式与构成的"语法"基础上把握视觉话语的生产机制。空间文本的视觉修辞方法主要关注空间的功能、意义与价值如何在空间生产的视觉逻辑中体现和深化。事件文本的视觉修辞方法主要强调图像事件中视觉化的"凝缩符号"与"新闻聚像"的生产方式及其在传播场域中的流动结构与跨媒体叙事过程。

（4）视觉修辞的语图论。

视觉论证理论的兴起，确认了图像具有和文字同等重要的修辞功能。在语言和图像构成的图文关系中，视觉修辞分析的关键是揭示语图之间的论证结构及其修辞实践。语言和图形分别对应于不同的心理认知机制，双重编码理论（DCT）有助于我们相对清晰地把握认识过程的信息加工机制。我们可以从哲学逻辑和语图关系两个维度来把握视觉修辞的语图论。哲学逻辑上，西方哲学思潮的演变，体现为语言和图像的哲学关系思辨：从柏拉图到利奥塔，图像与感觉主义立场逐渐从语言所设定的牢笼中挣脱出来。语图关系上，语言和图像的论证结构主要体现为两种基本的互文叙事，分别是统摄叙事与对话叙事。统摄叙事指向语言主导下的释义结构，这是古典主义叙事的基本风格；对话叙事则体现为语言和图像之间的对话主义关系，其文化后果往往是现代主义的或后现代主义的。

（5）视觉修辞的语境论。

作为文本实践的发生环境与底层语言，语境确立了文本的释义规则，其功能是对释义行为的锚定。视觉修辞意义上的语境研究，旨在探讨视觉形式与文本语境之间的对应关系，即在图像形式维度揭示语境生产的形式逻辑与形式语言。互文语境、情景语境和文化语境构成了通往文本释义规则的三种基本的语境形态。互文语境依赖于图像与其伴随文本之间的视觉想象，包括构成性互文语境、联想性互文语境和隐喻性互文语境。情景语境具有明显的边界意识，而话语情景、议题情景和空间情景分别对应于不同的修辞实践和语言系统。文化语境铺设了一种规约性的意义场域，在视觉修辞实践主体上体现为对某种普遍共享的文化符码或文化意象的挪用与生产。

（6）视觉修辞的隐喻论。

隐喻发生的基本原理是转义生成。作为人类思维的两种基本形式，隐喻和转喻对应的符号结构分别是聚合关系（paradigmatic relation）和组合关系（syntagmatic relation）。电影符号学者麦茨立足于拉康的精神分析传统，认为电影语言中隐喻和转喻的无意识工作原理分别是"凝缩"和"移置"。前者为了捕捉"真理的微光"而在隐喻轴上打开了一个巨大的想象空间，后者则在转喻轴上形成了"想象的能指"（imaginary signifier）。视觉隐喻依赖于视觉元素所构成的转喻结构，而且在图像文本的聚合轴上实现了隐喻意义的生产。我们可以根据本体与喻体的在场方式差异，将视觉隐喻的工作原理概括为构成性视觉隐喻和概念性视觉隐喻。

（7）视觉修辞的转喻论。

视觉转喻的本质是图像指代，强调通过一种视觉元素来指代与之关联的另一事物。不同于视觉隐喻的跨域映射原理，视觉转喻的本质特征是同域指代。根据图像符号的两个基本指涉面向——再现与表意，视觉转喻可以分为指示转喻和概念转喻，前者表现为部分指代整体，后者表现为具象指代抽象。指示转喻强调视觉元素的再现特征，从而在现实断片中想象完整的现实图景，具体涉及空间维度的视点、视角和视域问题，以及时间维度的快照、长镜头和蒙太奇问题；概念转喻强调视觉元素的意指内涵，主要在域阵维度考察不同叙述层之间的关联结构，具体包括符号呈现维度的像似指代和规约指代，以及意义表现维度的域内暗指和多模态指代。

（8）视觉修辞的意象论。

在视觉话语表征体系中，意象生产是一种常见的视觉修辞实践。所谓意象，就是意中之"象"，强调意与象的结合。在中国古代文论传统中，象具有积极的媒介功能，其出场目的就是缓解言与意之间的尴尬和矛盾，"立象以尽意"。"意"强调象征之意，而"象"则指向一定的物象，对应的是既定的形式。意象生成具有积极的物象基础，强调视觉意义上形式与象征的结合，即"象"进入到一定的象征系统，成为一个携"意"之符。在视觉修辞实践中，视觉意象是分层次的，具体包括原型意象、概念意象、符码意象三种基本的意象形态。三种意象形态在生成原理、视觉形式、理论话语上都存在一定差异，而在具体的视觉修辞实践中又具有积极的对话基础。

（9）视觉修辞的图式论。

图式是一种通往心理表征的算法体系，一种抵达事物形式与特征的建模结构，其功能就是为认识活动提供一种加工依据，使得我们的知觉过程变得有章可循。在视觉思维体系中，建立什么样的视觉轮廓，形成什么样的视觉特征，不过是既定图式结构的意向性再现。在康德哲学那里，图式是一种被发明的中介或媒介，其功能就是使范畴应用于经验，从而在先验演绎维度上实现感性和知性的结合。视觉认知活动的图式工作，主体上是沿着形式建构与意义建构两个维度展开：前者对应的图式类型是完形图式，主要指整体论视域下视觉形式加工的组织规律；后者对应的图式类型是意象图式，强调视觉意义建构的认知模式。视觉修辞实践的两大基本修辞模式——视觉转喻和视觉隐喻，都存在一个基础性的意象图式。意象图式无疑在视觉形式维度上提供了一种抵达文化形式及其本质的认识路径。

（10）观念史研究的视觉修辞学方法。

在以往的研究中，图像往往限于辅助文字，被用作图说历史的插图。目前，图像资料被广泛地运用于思想史或观念史研究中，但依然缺少一套不同于文字文献的研究方法。实际上，图像不仅能证明过去发生了什么（社会史），还可以揭示观念的起源，以及观念的发生过程（观念史）。相应地，图像化不是对既定观念的简单临摹和视觉呈现，而是对观念的符号改写与修辞重构。因此，借助视觉修辞方法，我们可以在图像翻刻、临摹、转写的差异中发现变化或变形，以此识别、接近更大的社会观念问题，从而在视觉方法上接近观念史研究的三个核心问题，即观念的起源、观念的社会影响、观念深层的群体意识形态。

三、成果的学术创新、应用价值以及社会影响和效益

1. 学术创新

第一，如何认识视觉修辞的问题域？本成果基于学术史考察，将视觉修辞学与其他视觉研究范式（如视觉符号学、视觉心理学、视觉阐释学、视觉形态学、视觉风格学、视觉社会史、视觉文化研究等）进行比较和论证，比较科学地建立了视觉修辞学相对独特的问题域。本成果从视觉研究的意义机制、符号行为、发生场域、实践环节和批评范式五个认识维度出发，揭示了视觉修辞学范式的独特性及其对应的问题域。

第二，如何确定视觉修辞的研究对象？本成果不仅关注静态图像和动态影像两种一般意义上的视觉文本形态，还通过学术史的考察与展望，将视觉修辞的文本对象拓展到交互视像、社会空间和图像事件，从而丰富和拓展了视觉修辞对象的文本边界及其对应的理论问题和方法视野。具体来讲，静态图像文本指的是图片、绘画、标牌等；动态影像文本指的是视频、动漫、监

控、影视等；交互视像文本指的是 VR、游戏、交互可视化等；空间文本主要指广场、博物馆、纪念堂、庆祝仪式等；事件文本主要指由图像驱动的图像事件（image events）。

第三，如何把握视觉修辞的基础理论？本成果立足于理论推演和理论归纳两种理论生产路径：前者默认修辞术可以从语言迁移至图像，强调传统语言修辞理论的视觉化推演；后者默认语言和图像的修辞语言不可通约，强调视觉修辞自身实践的理论提炼。基于理论推演和理论归纳两种认识视角，本成果提出了视觉修辞学研究的语图论、语境论、意象论、转喻论、隐喻论、图式论等理论。基于以上两种理论生产路径，视觉修辞学的理论话语建构，一方面体现了修辞理论传统的传承性，另一方面也体现了视觉修辞实践本身的特殊性以及理论创新的科学性。

第四，如何建构视觉修辞的方法体系？本成果立足于媒介文本（静态图像、动态影像、交互视像）、空间文本（社会空间）、事件文本（图像事件）三种基本的视觉文本形态，分别从其对应的修辞实践结构切入，提出了每一种视觉文本形态及其修辞实践研究的视觉修辞学方法。由于视觉修辞实践具有明显的传播性质，不同的视觉文本对象在传播场域中具有不同的修辞语言及其修辞实践结构——静态图像对应于构成结构，动态影像对应于时间结构，交互视像对应于互动结构，社会空间文本对应于体验结构，图像事件文本对应于过程结构。不同的视觉文本具有不同的视觉特质、修辞语言和修辞实践结构，因此对应于不同的视觉修辞方法。

第五，如何理解视觉修辞的批评体系？本成果立足于劝服观、认同观和生存观三种基本的修辞观，将"视觉修辞何为"这一命题置于三种基本的修辞观视域下，由此确立了视觉修辞的三种基本观念体系及其对应的核心问题。劝服观的中心概念是劝服，视觉修辞的核心功能是视觉劝服，强调以图像的方式实现某种劝服性话语的生产；认同观的中心概念是同一，视觉修辞延续了公共修辞的基本使命，强调在图像维度上促进不同主体的协商与对话；生存观的中心概念是修辞性，视觉修辞的主要使命是在图像维度上探寻视觉性问题，即揭示图像是如何构成了人们的生存条件，其代表性的分析路径是探讨图像如何铺设了社会认知的元框架系统。

第六，如何认识视觉修辞的现实关怀？传播的真正目的，是推动人类终极意义上的交流和对话。由于视觉表征总是受制于霸权话语的支配，视觉领域发生了一场普遍而深刻的"再现之殇"。因此，视觉实践只有立足于社会对话这一根本性的传播初衷，才能在视觉修辞意义上打通人类社会对话的视觉之维。本成果认为，视觉修辞实践应该超越传统的视觉劝服功能与目的，积极回应新修辞学以来视觉修辞实践亟待发展和深化的公共性内涵与本质，即通过视觉修辞实践来实现公共话语的视觉建构，促进不同主体在视觉修辞意义上的对话与和解，进而推动当代文化的公共性建设。

2. 应用价值

视觉修辞学根植于广阔的社会领域，直面社会需求与社会问题，因而具有广泛而普遍的应用性和实践性。本成果聚焦视觉修辞学的基础理论和原理研究，有助于我们开展相关的视觉修辞实践，从而通过图像的方式回应当前中国面临的诸多重大问题——社会沟通体系构建的图像交往体系，国家形象传播的视觉修辞体系，社会危机应对的图像治理体系，公共舆论监测的图像预警体系，等等。在视觉文化时代，传播实践的视觉之维得到了极大的延伸和释放。当我们对世界的把握越来越多地诉诸图像化的方式时，一个不容回避的问题是：我们如何在图像的维度上促进社会对话体系的构建，即提供一套通往社会共识系统建设的图像方案。

3. 社会影响和效益

本成果是国内较早探索视觉修辞学的理论著作，一方面提出了视觉修辞学的语图论、语境论、意象论、转喻论、隐喻论、图式论等理论；另一方面聚焦视觉话语分析、视觉框架分析、视觉文化分析的修辞学方法路径，形成了一系列修辞分析或修辞批评模型。前期发表的多篇论文被中国人民大学复印报刊资料《新闻与传播》，以及《高等学校文科学术文摘》《新华文摘》等转载，产生了一定的学术影响。论文《文化意象的构造与生产：视觉修辞的心理学运作机制探析》是国内较早探讨视觉修辞的理论文章；论文《西方数据新闻中的中国：一个视觉修辞分析框架》在国内首次提出视觉框架分析的基本原理与方法，成果被引用超过 50 次，获第八届广东省哲学社会科学优秀成果奖一等奖。

管理学

《改革开放以来中国管理学的发展研究》概要

谭力文[*]

本成果是在 2010 年度国家社科基金重大项目"改革开放以来中国管理学的发展研究"（课题编号：10&ZD136）结题报告基础上经过修改完善的学术著作。

一、研究的目的、意义及方法

从中国管理学学科发展的历史看，虽然早在 19 世纪 60 年代随着洋务运动的兴起，中国就有了举办商学的学堂，但由于历史的原因，中国管理学学科的恢复、重建与快速发展是在改革开放之后，管理学也成为改革开放以后发展最为迅速的学科之一。根据教育部提供的数据，2019 年，管理学门类在校学习的本科人数达 2 972 541 人，研究生（硕士、博士）人数为 417 845 人，分别占同类数据总人数的 16.9％和 14.6％。但在管理学学科取得长足进步的同时，我们也看到学科发展过程中存在一些具有共识性的问题：在这快速的成长过程中，仅有 40 余年学科历史的中国管理学因学科历史较短缺乏积淀，尚缺少较为统一的学术标准，在快速发展过程中还没有形成公认的大师、泰斗级人物，学科发展较为凌乱。这些问题已经引起了中国管理学界的高度关注。具体来讲就是在研究、教学工作科学化的进程中出现"洋八股"的现象，忽略了对实践问题的研究，与管理学科的特性和本质有所背离；在研究与教学工作国际化的进程中放松了对中国问题的探讨，完全地模

* 谭力文，武汉大学教授。

仿、照搬西方（特别是美国）的教学与科研模式，与中国传统的历史文化、哲学思想、行为方式，特别是与现实国情和亟待解决的各类组织的管理实践问题有所脱离。因此，面对学科发展的现状，及时、全面地对学科发展进行回顾与梳理，在成绩的总结和问题的分析中探讨中国管理学今后的发展方向和路径，十分合理和极其重要。这也就是本项研究工作的意义和目的所在。

　　研究工作的方法选择必须结合研究对象的特点与问题的性质进行。本成果主要的研究方法是：（1）分析方法的选择。由于此问题的研究属于基础理论与学科发展研究的范畴，具有学科跨度大，研究时间窗口长的特点。我们根据课题具有明显时间窗口——"改革开放以来"的具体要求，选用了管理思想史学者丹尼尔·A.雷恩（Daniel A. Wren）所构建的分析管理思想演变较为成熟的文化分析框架，结合中国改革开放以来在经济、社会、政治、科技发生的重大变化，为课题的研究工作提供分析的方法。（2）文献研究法。结合管理学科存在的问题，运用文献研究法，较为全面地梳理了管理学发展的历史脉络。经典文献的重要论述，提出了需要区分传统经验管理与现代科学管理思想的观点，借鉴中国管理学界的研究成果对相关问题进行了论述，试图进一步厘清管理学理论的核心概念与主导逻辑。（3）案例研究法。参照"管理是一种实践，其本质不在于知，而在于行"的学科特点，结合管理学科发展的两翼——学术共同体与知识市场，运用案例分析法开展了研究。（4）文献计量和统计分析方法。结合时间跨度较大，需要多角度对问题的研究进行揭示，运用了社会统计的方法，结合数据和图表对相关问题进行了分析和论证。为辨识、辨析中国管理学界在研究领域与工作的特点，选用文献计量的方法对相关问题进行了探讨。

二、成果的主要内容和重要观点

1. 主要内容

　　本成果在对改革开放以来中国管理学的历史发展进程进行梳理和对其发展规律进行分析的基础上，结合管理学经典理论的回溯和对企业的实地调研，试图提炼、探求和提出建立中国特色的管理学的路径和方法。其基本的结构见图1。

　　第一编由两章构成，涉及管理学学科发展的历史回顾，结合20世纪初

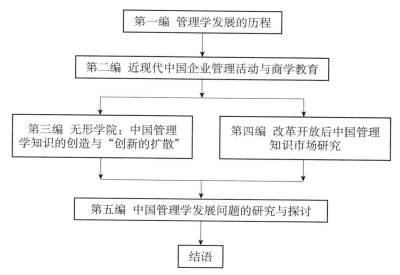

图 1　本成果研究的逻辑框架图

期管理科学思想的出现，介绍科学管理思想出现的背景，以及部分具有代表性的人物（如泰勒、法约尔、巴纳德、西蒙、德鲁克）的学术思想和理论，从这些经典著作中分析管理学走向科学化过程中的研究工作特色、理论体系特点，存在的基本概念、共同的研究主导逻辑。在介绍、梳理、分析、总结、提炼的基础上为中国管理学建设过程中问题的探索，发展的研究提供可以借鉴的理论坐标系和便于比对的发展路径。

第二编为近现代中国企业管理活动与商学教育发展的回顾与研究，由三章构成。根据我们的研究，将近现代中国企业管理活动和商学（管理学）教育活动分为 1840—1949 年、1949—1978 年和改革开放以来三个主要的时期。这一方面是注意到，科学管理思想是伴随着产业革命的出现而逐渐形成，其研究的主要对象是产业革命出现的人类新型组织——企业（工厂），由于这一阶段的历史原因，近代的中华民族逐渐远离了世界的发展，在产业革命的浪潮中落伍；另一方面我们也看到，伴随着洋务运动的兴起，与管理教育有着密切联系的商学教育也开始艰难起步。新中国成立后，在苏联的支援和帮助下，新中国初步完成了自我的工业体系建设，取得了长足的进步与发展，管理水平也有所提高，但受多种因素的影响，中国管理学的发展依然受到制约；改革开放以后，中国政治、经济、科技等发生了重大的变化，给管理学的发展带来契机，管理学不仅被人们视为兴国之道，成为发展最快的一个学科，也上升成为学科体系中的一个门类。近现代中国管理学发展历程的回顾是为课题的分析与研究提供历史的脉络、演进的历程。

第三编由两章构成，主要结合学术共同体（如无形学院）在中国管理学发展中的作用及特点，重点讨论知识科学性探索和研究工作。由于管理学在其发展过程中始终存在着"知"与"行"辩证统一的学科特点，因此在其发展过程中也始终存在知识科学性的探索、研究与引导，以及知识实践性运用、检验与反哺的并行路径。无形学院（invisible college）一直在知识的创造、更新和扩散中起到重要的作用。中国管理学研究是一个管理知识的创造与"创新的扩散"的过程，既包括管理知识的创造，又包括管理知识的社会化传播与扩散，这两个阶段互相影响、互相促进。对于中国管理知识的创造与生产，本成果基于国际化与本土化以及动态与静态的多视角，窥探国内外管理学学术共同体形成与中国管理研究无形学院的发展现状与演变规律，以期从多个层面与多个角度揭示管理学者探索（exploring）新理论与开发（exploiting）现有理论的知识生产特征与状况。而对于管理知识的社会化过程，本研究在现有理论与文献的基础上，试图构建理论模型，解释中国管理知识如何通过差异化、资源动员与合法化构建等过程实现知识的社会化运动的动态演变机制。

第四编是对管理学学科发展过程中有一定特殊性的知识传播渠道——管理知识市场的研究，由四章构成。管理实践和知识市场是管理学理论发展的沃土，也是最终检验理论价值的地方与标准。在西方，伴随着百余年的管理理论研究与发展，管理咨询业也迅速兴起。管理咨询业不仅在管理实践与管理研究之间架起了一座桥梁，而且有力地促进了管理理论发展及其与管理实践之间的良性互动。西方许多在管理思想史上具有一定地位的先驱，他们既是推动管理理论发展的著名学者，也是管理教育家、企业咨询顾问等，如科学管理之父泰勒，以及甘特、德鲁克、波特等。西方发达国家在上百年的市场经济道路上已经形成一整套较为成熟的管理理论和模式，在中国，我们在引进、学习和借鉴国外先进管理理论与方法的同时，也产生了中国管理教育、管理咨询等的繁荣，形成了庞大的管理知识市场。国外输入的各种管理方法、时尚在国内都有其市场，甚至可以说到了泛滥的地步，在一定程度上干扰了中国管理技术的良性发展和管理知识的真正增长，对中国管理理论、知识的传播，特别是对各类组织（其中又以企业为甚）的管理实践产生负面的影响。对改革开放后西方管理思想在中国的市场传播进行研究，既能丰富管理理论研究范畴，也能增强存真弃伪能力，影响和引导学界理论研究理性发展，企业对管理知识理性"消费"。管理创新研究是研究改革开放后中国管理学发展不可或缺的部分。在对管理思想传播的相关理论及管理创新理论进行回顾的基础上构建中国管理创新的机制，回顾和总结中国管理咨询业发展及其作用，探寻管理知识市场的行动逻辑与特点，通过对在中国管理理论和实践工作有过重大影响的全面质量管理的案例研究，揭示了管理思想在中国的传播过程中是如何被采纳、整合进管理实践之中，又如何在特定情境中形成自我的特色，实现管理的创新。展示了中国的文化环境对管理理论、方法引进产生的影响，及这些管理理论和方法在中国出现的变化。

第五编总结了研究过程中我们形成的一部分重要观点与探索性思考，由三章构成。重点是围绕中国管理学的发展问题，研究和探讨了中国管理学界十分关注的科学研究道路的选择问题。结合国家自然科学基金管理学部前任领导人提出的"接着讲"的思想，研究了中国特色的管理理论创新路径探析问题；结合"康庄大道"（中国管理理论）、"羊肠小道"（管理的中国理论）的划分，研究了中国管理问题科学研究的道路选择问题；并着重结合马克思主义中国化，以及中国革命时期、社会主义革命与建设时期的经验，世界上部分著名管理学家的生平、成长道路等对中国管理学本土化的问题，管理学学者教学、科研道路的正确路径进行了研究、分析、探讨，在此基础上提出了我们对建立中国特色管理学的看法、意见和基本的结论。

第六编是著作的最后一编，也是结语编，由一章构成。本编作为结语，以"中国特色管理学发展的思考与建议"为题讨论了三个问题。首先，结合第五编的基本结论，围绕中国管理学发展的路径选择问题，进一步进行了分析和探讨。认为改革开放以来中国文化环境的演变，不仅为塑造中国独特的管理思想与管理知识，同样为中国独特的管理实践提供了良好的科研环境、实践场所，也为管理教育的发展提供了机遇。因此，中国管理学界需要扎根于本土特殊的文化与环境，开展可以充分体现中国传统文化、哲学底蕴、制度特色，尊重中国管理学历史演变特征的具有科学严谨性与实践相关性的关系平衡科学研究。其次，围绕雷恩的文化分析框架，本成果试探性地提出了中国特色管理学建设与发展需要注意的影响因素和分析框架（见图2），认为：经过100多年的理论研究、实践检验，管理学的理论体系、研究对象已经基本确立，各类组织的职能管理理论和体系也基本建立，在指导各类组织建设、发展，培养组织的管理人员上发挥着巨大的作用，依然是管理学发展过程中必须参考的理论基础；中国是一个具有5 000多年文明历史的古国，延绵数千年的中华文化从未中断，文化底蕴深厚，哲学思想深邃，管理理念丰富，是管理学发展过程中必须重点关注的思想源头；中国是一个处在高度开放、高速发展中，并正在融入世界的发展中大国，在社会文化体系发展变化的过程中，必然会受到世界政治、经济、技术发展状况及发展趋势，各国文化的影响；中国是一个发展中社会主义大国，在政治、经济、法律体系、制度各方面正在寻求结合本国国情走中国特色社会主义发展道路，这应该是中国管理学在今后中长时期发展中需要思考的问题，对于相对较为年轻，缺少学术积累与传承的中国管理学术界而言更是时时需要思考的问题。中国悠久的历史文化、中国的现实国情、世界发展的格局、管理学理论及与之相互影响的其他学科理论的发展四个方面的问题，及其构成的各个要素以及它们

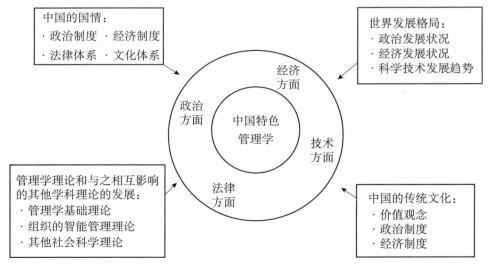

图2　中国管理学发展研究因素分析

之间的交互作用，会对中国管理学的未来发展产生持续、重要的影响。最后，围绕中国特色管理学的发展研究，本成果在管理学外部环境的营造、学科发展的定位、教学体系的完善、教师队伍的培养、学术国际化工作的推进五个方面提出了对中国管理学学科发展的思考与建议。

2. 重要观点

（1）依据马克思主义和管理经典理论的原理，以科学管理思想的出现为标志，提出了将人类组织管理思想史分为传统经验管理与现代科学管理两个阶段的看法，厘清管理学界，特别是中国管理学界认识人类在各个社会阶段的组织管理本质时易混淆的问题，进行了"断代"性的研究。可以认定，在产业革命的进程中，以机器生产为基本特点的工厂生产经营活动是产生科学管理思想的摇篮，1911 年泰勒《科学管理原理》一书的出版是科学管理思想、理论形成的标志。以此为时间点，可以将人类的管理历史分为传统经验管理与现代科学管理两个阶段。这两个阶段中组织形态、管理思想、管理方式存在着根本的差异，这一"断代"性的划分对于管理思想的深入研究，特别是对于中国管理学科未来的发展具有重要的意义。

（2）历史上中国管理学的萌芽、发展与西方国家在时间和内容上具有同步性和相似性，但中国管理学学科真正得到恢复、重建及取得重大发展是在改革开放之后。通过对中国大学和英国大学商学史料的查询，笔者进一步验证了 19 世纪 90 年代中期，武汉大学的前身——武昌自强学堂中设立的商务门是中国商学教育中最早设立的近代商学专业。并发现在中国管理学发展的前身——商学的建立过程中由于受洋务运动、创办人人生经历的影响，主持教务工作的留学生回国后相关知识的传播，大学中设置的商学教学体系基本与西方（主要是英国）相似。但受近现代中国政治动荡、列强侵入、经济衰退、经济体制不完善、对组织管理工作认识偏颇等因素的影响，中国的管理学学科发展逐渐与西方拉开了距离。中国管理学学科全面的恢复、重建与发展始于改革开放，得益于社会主义市场经济的建设，各类组织特别是企业经营管理活动的变化与发展，以及国家对管理学学科发展的重视。中国管理学界应深刻认识到，管理学学科的恢复、重建和发展与社会主义市场经济的建设、企业真正成为独立经营的法人实体有不可分割的、紧密的关系，增强具有中国特色的管理学思想、理论和方法体系的建设和完善离不开社会主义市场经济建设的主战场，离不开企业以及各类组织运行的管理实践活动的认识与意识。

（3）在对经典著作和组织特征进行分析的基础上，提出了管理职能"计划—组织—领导—控制"分析框架及相关理论体系是管理活动、思想最为基础、最具普适性的理论，也是管理学科学性的底蕴所在。经过 100 多年中外管理学界与实践者的共同努力，特别是通过各类组织运行的实践检验，以组织和组织中的人为主要研究对象的管理学理论已经形成。这就是法约尔在管理实践工作中所提炼，并经人们逐渐完善的管理职能"计划—组织—领导—控制"分析框架、理论体系。孔茨结合法约尔的理论构建所提出的管理学理论范畴（与框架）很好地描述了管理学的知识体系、系统特征，应该在管理学的研究中给予注意和重视。对这一范畴的理解，不仅可以加深对人类管理活动本质的认识和理解，加强对管理学理论基础的凝练，也有助于建立较为稳定和便于分析的管理学理论体系与知识结构。

（4）中国管理学发展过程中一直注重学习西方发达国家的教育、科研经验，但近年来逐渐出现脱离学科特性，脱离实践，脱离国情的倾向。回顾中国管理学改革开放以来 40 余年发展的历程可以发现，中国管理学的发展初期就十分注重学习和借鉴发达国家办学经验，大学管理教育体系设置主要来自美国。虽然中国管理学界老一辈学者、领导者对向西方学习的过程认识十分清醒和正确，提出了学习和发展的基本原则——以我为主，博采众长，融合提炼，自成一家，但由于管理学界积淀不深，缺乏标杆性的学术成果和带头人，加上制度的约束，"科学化"的过度推进，使中国管理学界出现了与学科特性不够一致，脱离实践，脱离国情的倾向。这些问题已经引起了中国管理学界的注意及自我反思与批评，但到目前依然改变不大。本成果对这一问题产生的过程、原因进行了深入的分析。

（5）经过研究与分析，明确提出中国管理学在今后的发展中要十分关切学科发展路径的选择。今后科学研究工作的发展要基于国情，基于学科的特点，会有多条发展路径同时存在的可能性。本成果从理论开发与理论探索两个维度构建了分类的模型，认为管理学的求真之道不是简单地在"康庄大道""羊肠小道"进行抉择，而是在学科整体上继续平衡道路选择的多元化，并保持不同理论之间以及理论与实践之间的必要张力。当前中国管理学界正确的路径应该是强调管理学教育和科学研究工作的实践性特点和本土化过程，在实现本土化的进程中实现科学化、国际化。本成果结合中国革命与建设时期马克思主义中国化的成功经验，建立了中国特色管理学发展研究因素分析的框架，提出中国特色管理学的建设过程中要在学科发展环境营造、学科发展定位、教学体系完善、教师队伍培养、学术中国化等方面实现国际化，并为此项工作提出了对策与建议。

三、成果的学术创新、应用价值以及社会影响和效益

本成果的学术创新主要体现在：运用历史唯物主义的方法，以马克思主义理论和观点为主要依据，对管理思想发展进行了时间维度的"断代"和界定，提出了传统经验管理与现代科学管理的概念；在回顾管理学发展思想和理论的基础上，多角度、多方法分析了改革开放后中国管理学的发展历程与现状，为正确、客观认识当前取得的成绩，特别是存在的问题，以及未来发展道路提供了可供参考的理论和因素分析框架；在回溯经典管理思想与理论的基础上，努力对困扰中国管理学界的有关概念、理论问题进行了梳理和解释，对今后中国管理学界理论的探讨和研究提供了可供思考的坐标系与依据；结合管理学的研究特色与知识传播特点，提出了可供参考的中国管理学研究工作的发展路径；结合中国革命与建设时期马克思主义中国化的成功经验，提出了建立具有中国特色管理学的建议，并为工作的推进提出了可供参考的因素分析和学科发展建议。

主要的应用价值是：通过传统经验管理和现代科学管理概念的构建，为中国管理学的研究与发展提供了研究的视角与思路；在系统回溯管理学经典理论与近现代中国管理学发展状况的基础上，为中国管理学的研究与发展提供了参考系和分析框架；结合中国管理学改革开放以来所取得的成绩以及存在的问题的分析，借鉴马克思主义中国化的成功经验，提出了建设具有中国特色管理学的建议，并勾画出其发展路径。这些研究工作的成果为中国管理学学科的发展提供了可以参考的意见，为中国管理学界和各类组织的管理人员提供了可循的思考路径。

主要的社会影响：加注了课题编号的阶段性成果已先后获国家部级发展优秀成果奖二等奖，省会城市第十三届社会科学优秀成果奖论文二等奖、第

十四次社会科学优秀成果奖论文一等奖，省教育厅首届高等学校人文社会科学研究优秀成果奖论文二等奖，省工业经济学会优秀科研成果奖一等奖。课题组成员已先后发表标注了课题编号的论文 30 余篇，其中由 SSCI 期刊收录的论文 4 篇，CSSCI 期刊收录的论文 20 篇，《新华文摘》（包括网络版）转载 3 篇，《中国社会科学文摘》转载 1 篇，中国人民大学复印报刊资料全文转载 16 篇。课题组成员撰写 MBA 案例库收录的案例 5 篇，被评为全国百优管理案例 2 篇；完成国家规划教材 1 本，专著 2 部；课题以免检的方式顺利结项。研究成果已获得学界的认可，如论文《中国管理学构建问题的再思考》（发表于《管理学报》2011 年第 11 期）分别在《新华文摘》、中国人民大学复印报刊资料《企业管理研究》和《管理学文摘》上转载，并在全国哲学社会科学工作办公室网站上全文发布，被发表的杂志《管理学报》评为创刊十周年的优秀论文；论文《21 世纪以来战略管理理论的前沿与演进——基于 SMJ（2001—2012）文献的科学计量分析》已被引用 283 次，下载 10 865 次；向管理学全国性学术会议提交的论文有 3 篇被评为优秀论文；等等。

《中国动物疫情公共危机：演化机理
与防控政策》概要

李燕凌*

一、研究的目的、意义及方法

1. 研究的目的和意义

健康是"民之大事""国之大计"，是构建人类命运共同体、加强全球合作治理的重要领域。党的十八届五中全会提出"推进建设健康中国"的新目标；党的十九大明确提出"实施健康中国战略"，强调"人民健康是民族昌盛和国家富强的重要标志"；党的十九届五中全会强调"全面推进健康中国建设"，"把保障人民健康放在优先发展的战略位置，坚持预防为主的方针，深入实施健康中国行动"。2020年5月，习近平在第73届世界卫生大会上呼吁"秉持人类命运共同体理念"，"构建人类卫生健康共同体"。

人畜共患病是人类健康的大敌。依据《中华人民共和国动物防疫法》，2009年农业部和卫生部联合发布最新版《人畜共患传染病名录》，将26种人畜共患病（包括人兽、人禽等）列入该名录中。我国政府定期发布《兽医公报》，向全世界通报人畜（兽禽）共患病的国内发生流行动态。

在过去的20年中，人畜共患病的暴发愈发频繁，对人类的威胁越来越大。新冠肺炎不是第一次源自动物的病毒偷袭，也不会是最后一次。根据联合国环境规划署（UNEP）和国际畜牧研究所（ILRI）联合发布的《预防下

* 李燕凌，湖南农业大学教授，博士生导师。

一场大流行：人畜共患病以及如何阻断传播链条》以及世界卫生组织（WHO）连续发布的《世界卫生统计报告》，全球每年约有 200 万人因遭到人畜共患病侵害而丧生，占全球传染病丧生人数的 70% 以上。人畜共患病导致大批牲畜生病、死亡、生产力受损，在过去的 20 年中，人畜共患病已造成超过 1 000 亿美元的经济损失；如果将新冠肺炎疫情的损失计算在内，预计相关损失在未来几年将达到 9 万亿美元。如果不能采取人类健康、动物健康和环境健康共治的"大健康"（One Health）模式，类似新冠肺炎疫情的全球大流行在未来仍会继续发生。人畜共患病的流行传播，不仅可能严重打击畜牧业发展并威胁产业安全，病死畜禽失控后流入市场导致动物源性食品卫生与食品安全问题，而且还因为人畜共患病流行对人类身体健康甚至生命安全构成威胁，引发舆情紊乱，导致社会恐慌并引致严重的公共危机。

2003 年 SRAS、2004 年高致病性禽流感暴发以来，动物疫情公共危机研究引起世界范围内的高度重视。2013 年开始在中国及东南亚国家广泛流行的 H7N9 禽流感疫情，由于人禽共患导致人感染禽流感死亡病例急骤增多，再次引起全世界对动物疫情风险的恐慌。中国在防控 H7N9 禽流感疫情方面虽然取得了显著成就，但是该疫病自 2013 年以来每年都有发生。这种持续发生的人禽共患病引致的公共危机，给动物疫病风险防控工作带来很大压力。值得高度重视的是，在《人畜共患传染病名录》26 种人畜共患病之外，非洲猪瘟疫病近年对中国动物养殖业造成巨大打击。非洲猪瘟（African swine fever，ASF）是一种急性、热性、传染性很高的滤过性病毒所引起的猪病，其特征是发病过程短，但死亡率极高。由于该疫病病毒具有强耐酸耐碱性，全世界目前尚未研制出有效的治疗药物和可供猪场使用的病毒抗体，因此，它的传染性强、传播范围广、传播速度快，对生猪养殖业具有重大毁损力。2018 年在沈阳市确诊中国第一例非洲猪瘟病例之后，不到一年时间，中国至少有 26 个省（自治区）发生了非洲猪瘟。非洲猪瘟的大面积传染及其高死亡率，导致我国猪肉供应短期严重不足，猪肉价格飙涨并引发人们对猪肉需求的消费性恐慌。目前，非洲猪瘟疫病在亚洲国家，包括一些传统的生猪出口国家，都有大面积发生与传播。大量事实说明，动物疫病不仅严重打击畜牧业发展并威胁产业安全，而且还因为它对人类身体健康甚至生命安全所构成的威胁，导致人类对动物源性食品卫生与食品安全产生社会恐慌。越来越多的案例还显示，动物福利伤害也是诱发动物疫病的重要原因。为了减少动物养殖生产过程中的疫病风险压力，一些生产者在动物源性食品及其人造肉类产品开发中的科技道德失范，使得动物食品伦理道德问题日益严重，并引发动物食品伦理危机。

基于上述背景，开展动物疫情公共危机演化机理与防控政策研究，有助于聚焦动物疫病发生、发展的自然界灾变现象，探索动物疫情公共危机演化机理、科学规律，有助于推动创新动物疫情公共危机防控"产业—卫生—动物食品伦理道德"三级安全公共政策体系，有助于推进实施健康中国战略，促进人与自然和谐共生，全面加强生态文明建设，满足人民日益增长的美好生活需要。

本研究的目的有三个层面：一是开展动物疫情公共危机演化基础性研究，系统梳理和提炼动物疫情公共危机演化与防控的基本理论、防控机制、防控方法，建构"风险认知—扩散动力—演化规律—防控能力"的全周期分析框架，为动物疫情公共危机研究提供科学系统、逻辑自洽的分析范式。二是通过动物疫情公共危机演化机理研究，系统开展危机扩散动力学分析，给出动物疫情公共危机演化过程"时间窗口"和管理关键节点的判定方法，系统总结和精确描述动物疫情公共危机演化规律，为动物疫病的风险认知、动物疫情的有效防控提供科学遵循。三是根据非常规应急管理决策理论，遵循公共治理政策建构规律，在分析县乡基层动物疫情公共危机综合防控能力水平的基础上，立足中国国情、借鉴国际经验，提出动物疫情公共危机防控政策建议，助力推进中国动物疫情公共危机治理体系和治理能力现代化。

2. 研究方法

本成果主要使用了调查研究、比较分析、定量分析、案例分析等研究方法。

一是调查研究。动物疫病传播具有显著的时间变化特殊性、空间分布多样性、演变过程周期性特征。由动物疫病引发的公共危机具有十分复杂的内在原因与外部影响。本成果坚持理论研究与实际调查相结合，研究者在长达六年多时间内，先后深入湖南、江西、湖北、贵州、广东、上海、浙江、广西、陕西、新疆、宁夏、内蒙古、山东、四川等14个省（自治区、直辖市）

展开调查研究，获取大量调查数据。在此基础上，充分利用《中国统计年鉴》、《中国农业统计年鉴》、《兽医公报》、部分省的《畜牧兽医统计资料》数据和网络调查资料，建立了丰富的数据库。

二是比较分析。本成果通过查阅大量历史资料，特别是对中华人民共和国成立 70 年来动物疫病传播、动物防疫体系、动物疫情公共危机应急管理案例等进行广泛的资料收集，对不同阶段的动物疫情公共危机管理政策与法律法规进行比较分析。研究者深入全国 14 个省（自治区、直辖市）开展调研，根据动物疫病传播的地域差异，进行了动物疫情公共危机演化进程的空间比较分析。本成果坚持包容开放、洋为中用，研究者通过开设专门网页适时发布研究成果、举办国内外学术交流会议，并到亚、欧、美、非等四洲多国参访或参加危机管理领域国际学术会议，推介中国理念，讲好中国故事，提供中国方案。在这种国际学术交流活动中，收集相关资料、调查相关案例，开展中外比较研究。

三是定量分析。本成果坚持定性与定量研究相结合的方法，在关键环节采用多种计量分析方法。例如，在动物疫情损害变化规律研究中，对危机与非危机临界点的界定，采用方差多变点技术对纯粹的贝叶斯方法进行改进，通过利用方差突变发现系统行为突变来研判疫情变化各阶段的临界点，较好地解决了求解各演化阶段"时间窗口"和管理关键节点的难题，精确描述了动物疫情公共危机演化机理，提出了动物疫情公共危机"三阶段三波伏五关键点"演化规律。例如，面对动物疫情损害对染病动物是决定直接捕杀还是病养，养殖户往往会从其自身利益出发进行成本收益决策的问题，本成果运用多元离散选择模型进行农户决策行为计算机仿真分析；在精准描述动物疫病经济损失空间分布变化差异状况时，采用了标准差椭圆（SDE）分析工具；本成果应用 DEMATEL 方法分析动物疫情公共危机防控能力的影响因素，从 7 个维度重新定义动物疫情公共危机综合防控能力体系，设计了 19 个防控能力变量；在对现行的动物疫情公共政策绩效进行评估及效率分布分析时，本成果采用 DEA-Tobit 方法进行建模，提出了公共政策绩效改进的途径。

四是案例分析。中国是世界上第一生猪生产和消费大国，是世界第三大鸡肉生产大国。生猪和鸡是中国消费者最主要的动物源性食品。生猪和鸡的疫病是中国各种动物疫病中最重要的疫病。本成果针对生猪、鸡两种主要动物疫病诱发的公共危机，采用案例调查与分析方法，深入开展了"黄浦江漂死猪"事件案例、非洲猪瘟传播典型案例、H7N9禽流感传播案例的研究。

二、成果的主要内容和重要观点

1. 主要内容

本成果按照"理论梳理—实证分析（或案例分析）—国际比较—政策建议"的逻辑思路，从中国动物疫情公共危机的演化机理和防控政策两个方面展开研究，主要内容可归纳为四个基本部分：

（1）动物疫情公共危机演化基础性研究。

本成果的第一章至第四章，梳理了研究背景、意义及相关文献，界定了基本概念和研究边界；提出"理论—机制—方法"的逻辑分析框架，阐释了"三个理论""三种机制""九种方法"；建构了"风险认知—扩散动力—演化规律—防控能力"的研究内容体系。建构了中国动物疫病传播与疫情公共危机演化时间、空间分析框架，确定了以中国五种主要动物疫病以及生猪疫病、禽流感两种基本疫病为具体研究对象的基本研究思路与框架。

（2）动物疫情公共危机演化机理研究。

本成果第五章至第七章，按照"风险认知—扩散动力—演化规律"的逻辑思路，进行中国动物疫情公共危机演化机理的规范研究、实证研究或案例分析。在这部分内容中，本成果从动物疫情公共危机内生与外生动力视角，开展动物疫情公共危机扩散动力学分析，研究了动物疫病传播过程中各种内外力量运动对疫情公共危机演化的作用，研究了动物疫情公共危机中政府、养殖户、社会群体（包括消费者、行业组织、第三组织、媒体与网民）的风险认知对危机扩散产生的影响，定量与定性地描述了动物疫情公共危机"三阶段三波伏五关键点"演化规律。

（3）动物疫情公共危机防控机制及其防控效果研究。

本成果第八章至第十一章，按照动物疫情公共危机防控"事前—事中—事后"的基本过程，展开防控机制研究。在这部分内容中，本成果从动物疫情公共危机治理的角度，对中国动物疫情公共危机防控机制进行了深入分析，并根据相关调查数据，对中国动物疫情公共危机防控中的虚假治理问责机制、避险与容灾机制、危机学习机制、关口前移与风险转移机制、动物福利与生态防控机制、防控法治与政府责任机制等主要治理措施展开了实证分析。

（4）动物疫情公共危机治理的公共政策研究与建议。

动物疫情公共危机是综合型危机，因此，动物疫情公共危机防控政策也是一种多源流的政策体系。本成果第十二章在定量分析县乡基层动物疫情公共危机综合防控能力的基础上，提出了防控能力指数算法及相关建设意见。为推进中国动物疫情公共危机治理体系与治理能力现代化，立足中国国情、借鉴国际经验，提出了具体政策改革建议或计划设想：从动物生产养殖、经营销售领域，提出推动规模化标准化安全养殖、病死动物无害化处理、全面关闭活禽活畜交易市场等政策建议；从加强舆情疏导、抑制网络谣言，提出严防动物疫情与网络舆情"交互感染"的治"灾"先疏"舆"的政策建议；在生态文明建设和可持续发展的更高目标追求中，提出推动食用动物养殖减量化计划设想。

2. 重要观点

（1）站在健康中国战略、人与自然和谐共生的高度研究动物疫情公共危机。

习近平总书记在党的十九大报告中提出实施健康中国战略，促进人与自然和谐共生。全球每年约有 200 万人因遭到人畜共患病侵害而丧生，占全球传染病丧生人数的 70% 以上。中国是全世界最大的猪肉生产国和猪肉消费国，是世界第三大鸡肉生产和消费国家，未来 10 年牛羊肉年消费量将大幅净增。高度重视中国动物疫情公共危机管理，事关畜禽产业安全、人民身体健康和社会安全稳定。

（2）牢固树立动物疫情公共危机管理三大目标新理念。

必须牢固树立动物疫情公共危机管理"产业—卫生—动物食品伦理道德"新理念，将动物疫情公共危机防控与管理目标，从传统的关注动物疫情催生畜牧产业危机和动物疫病诱发人畜共患病产生公共卫生安全危机，提升到关注动物福利伤害导致动物食品伦理道德问题并产生社会安全危机的新高度。

（3）干预措施失能失效与动物疫病自身演变冲突是导致危机的根本原因。

并非所有的突发性动物疫情都会演化为公共危机，只有那些由于动物疫病自身演变过程中，人类对动物疫情进行干预的措施失能失效后，产生严重损失、威胁或社会心理恐慌，才可定义为动物疫情公共危机。从这个意义上讲，绝大多数动物疫情公共危机都是衍生型危机。因此，加强动物疫病防控是危机治理之本，加强人类对动物生产和疫病治理行为的科学化与规范性，是动物疫情公共危机管理之基。

（4）必须加强动物疫情公共危机综合防控能力与防控体制机制建设。

动物疫情传播及其公共危机演化十分复杂，必须从预警、应急与善后全过程，从理念、措施、制度、法律法规全方位，加强动物疫情公共危机防控的避险与容灾、问责与学习、生态防控、法治建设、网情疏导、科技防控、风险教育等内涵丰富的综合防控能力与防控体制机制建设。

（5）突出当前中国动物疫情公共危机管理的政策创新。

近年来，中国动物疫情公共危机事件频繁发生，危机损害呈现扩大之势。包括"黄浦江漂死猪"事件、H7N9禽流感传播和非洲猪瘟传播等事件在内，形成了巨大的网络舆情与社会影响。因此，在加强动物疫情公共危机防控能力与防控体制机制建设的同时，应当突出治"灾"先疏"舆"、把学习与容灾能力放在防控能力建设的首位、加强病死畜禽无害化处理、全面关闭活禽活畜交易市场、支持畜禽冷链产业发展等重点领域，加强政策创新与制度建设。

（6）主要政策建议。

——改革病死畜禽无害化处理补贴政策。研究过程中，中央农村工作领导小组办公室、原农业部已经接受本课题组将病死畜禽无害化处理财政补贴"从事后补向事前补"改革的建议，本成果建议继续加强对该项改革落实情况的督查。本成果建议：要对病死畜禽地下交易采取"零容忍"政策，加强相关法制建设和非法交易打击力度。

——分期全面关闭国内活禽活畜交易市场。关闭活禽活畜交易市场是从根本上消除动物疫病治而复发、反复流行和消除人畜禽交叉感染疫病的根本性措施。与此同时，要大力发展畜禽生鲜冷链产业，从而保障畜禽产品卫生安全。本成果建议加强畜禽产品文明卫生消费宣传，三年内全面关闭活禽活畜交易市场，补贴活禽交易转业经营，大力发展畜禽生鲜冷链产业。

——治"灾"先疏"舆"。绝大多数动物疫情公共危机都是衍生型危机，不实的动物疫情信息、谣言在网络上传播，更是导致动物疫情网络舆情与社会恐慌的重要原因。本成果建议建立完备的动物疫情权威发布机制，建立最严格的动物疫情舆情管控制度与舆论疏导机制。

——加快建立动物疫情公共危机法治体系。动物疫情公共危机具有十分明显的外部损害特性，应急处置过程中的公民权利克减不可避免。我国动物防疫法律法规"碎片化"现象严重，部门协作不力，公民合理权利急需加强保护。本成果建议加快建立动物疫情公共危机法治体系，既要提供政府在应急处置中有效管控动物疫情公共危机的法律遵循，又要规范政府应急处置行为，把权力关进制度的"笼子"里；既要明确公民在动物疫情公共危机应对中的法律规范，又要有效保护畜禽生产者、消费者合法权益，推动动物疫情公共危机治理能力现代化。

——着重加强动物疫情公共危机科技防控能力建设。本成果建议加强动物疫情知识和风险教育，加强农村基层动物疫情公共危机防控能力建设。加强科技进步推动动物疫病根本防治，加强规模化和标准化养殖、安全养殖与生物防治、肉类替代科技与人造肉开发，从源头上努力防控动物疫病发生。

三、成果的学术创新、应用价值以及社会影响和效益

1. 学术创新和应用价值

本成果吸取已有研究成果深厚的学术营养，借鉴同行专家丰富的研究经验，采取学科交叉融合方法，从动物疫情损害演变与防控能力实现效果的对立统一中寻求动物疫情公共危机防控研究的突破点，在学术理论、实践应用等方面取得一些有别于前人研究的创新发现，对解决实际问题具有重要的社会影响和效益。

（1）创新性揭示了动物疫情公共危机"三阶段三波伏五关键点"演化规律。

建立危机损害灾变函数与临界防控能力函数联合控制方程，采用方差多变点技术对纯粹的贝叶斯方法进行改进，运用基于贝叶斯方法 GARCH 模型中变点识别技术，较好地发现了求解各演化阶段"时间窗口"和管理关键

节点的估计方法。针对动物疫情公共危机演化中动物生产者、消费者、媒体和政府等不同利益主体，建立动态演化博弈模型求解复杂的社会信任修复难题。最终经过归纳总结，提出动物疫情公共危机划分为事前、事中、事后三个阶段，存在危机形成波、危机放大波和危机失控波三条危机损害曲线和预警点、暴发点、灾难点、回归点、平安点五个关键"时间窗口"与管理关键节点，从而清晰地描述了动物疫情公共危机"三阶段三波伏五关键点"演化规律。

（2）发现了网络舆情与动物疫情交互影响并放大动物疫情危机的规律。

在网络舆情的环境下，动物疫情公共危机治理更加复杂化，危机信息在网络上迅速传播，加大了社会恐慌，造成了社会信任损失。本成果首先对政府、生产者、网络媒体、公众（包含消费者等在内的网民）四方博弈问题进行生产者决策行为内生化改进，再引入演化博弈模型复制动态方程，成功发现政府、网络媒体、公众三方行为决策的社会信任修复演化趋势，并以"黄浦江漂死猪"案例进行了检验。

（3）提出了动物疫情公共危机防控能力指数。

创新性地应用 DEMATEL 方法分析动物疫情公共危机防控能力的影响因素。从动物疫情公共危机预警预防、风险认知、应急反应、责任追究、危机学习、避灾容灾、灾后重建等 7 个维度，重新定义动物疫情公共危机综合防控能力体系，设计 19 个变量为防控能力因素。采用 DEMATEL 方法进行实证研究的结果表明，只有 8 个变量为原因型影响因素，其余 11 个变量为结果型影响因素。然后根据这 8 个因素构建了县乡基层政府动物疫情公共危机防控能力评价指数。研究还发现，8 个原因型影响因素大多分布在影响风险认知、危机学习和避灾容灾等三个维度。

（4）提出动物疫情公共危机"产业—卫生—动物食品伦理道德"防控新目标。

本成果将动物疫情公共危机的防控目标，从传统的关注动物疫情催生畜牧产业危机和动物疫病诱发人畜共患疾病产生公共卫生安全危机，提升到关注动物福利伤害导致动物食品伦理道德问题并产生社会安全危机的新高度，初步形成中国动物疫病公共危机应急管理"产业—卫生—伦理道德"三个层级新的目标体系。

（5）系统建构了动物疫情公共危机演化机理动力平衡分析框架。

本成果提出动物疫情公共危机演化过程中的动力扩散与平衡分析框架，从动物疫情公共危机的内动力与外动力两个方面，系统概括了动物疫情公共危机演化的八种动力，即危机引力波、危机内动力、危机外推力、危机诱发力、危机点爆力、危机助燃力、危机延续力、危机阻滞力，并从动物疫情公共危机演化内生力量、外部力量、阻力系统和力量平衡四个视角，系统开展了危机扩散动力的系统平衡分析，提出正是这些动力运动冲突造成的力量失衡，从根本上推动了动物疫情公共危机演化。

2. 社会影响和效益

本课题组撰写的调研报告和政策改革建议（见本成果第七章第三节）先后两次获得时任中央农办主任陈锡文肯定性批示，被农业部采纳并在全国221个生猪养殖大县试点，主要政策建议进入2014年"中央一号"文件。《光明日报》《中国社会科学报》报道本课题组调查研究成果被采纳情况，调研报告获得第七届高等学校科学研究优秀成果（人文社会科学）奖三等奖。本课题组相关成果著作，被时任农业部部长韩长赋调阅并给予高度评价。此外，本成果有关大数据战略的防控能力指数研究成果被中国电信某省分公司采纳，应用于"智慧某省"风险防控系统之中（见本成果第十一章第三节）；本成果有关活禽交易市场管控政策改革建议（见本成果第十二章第二节）被某省委社科规划办《成果要报》全文刊用，并被某省畜牧兽医局、工商管理局采纳。本成果还有14项相关调研报告、政策建议和咨询报告，获得省部级领导、厅局级机关采纳或部分采用。

本成果是一部聚焦动物疫情公共危机演化规律及其防控公共政策问题的多学科交叉集成性著作。本成果的研究，既是涉及国民经济和社会发展重大问题的一项具体的重大科研课题研究，取得了丰硕成果；又聚集了一批有志于人民健康事业、热心公共危机管理的中青年学者共同求索，建成了一支国内外有较大影响力、具有较高学术水平的学术队伍，推动了中国农村公共危机管理乃至中国公共危机管理学科建设和人才培养事业。本课题组主要成员所在的高校公共管理学科、动物医学学科同时获得一级学科博士点授权资格，并成为某省"国内一流培育学科"。2018年4月16日，根据《深化党和国家机构改革方案》，国务院应急管理部正式成立并挂牌。这是我国历史上首次将应急管理组织机构列入国务院政府组成部门序列，同时也预示着未来我国应急管理人才将受到社会经济发展更多青睐。本成果也为加快培养动物疫情公共危机防控人才提供了一系列重要的理论基础支撑，必将为推动农村公共危机管理人才培养发挥重要作用。

《中国食品安全监管指数研究：
理论、模型及实践》概要

王冀宁*

一、研究的目的、意义及方法

1. 研究目的

通过中国食品安全监管信息透明度指数（China Food Safety Supervision Information Transparency Index，CFSSITI）的研究，让人民群众明明白白地知晓食品安全信息状况，有利于构建较高的食品安全的社会信任度，有利于和谐社会的建设，也可以更好地促进和刺激消费，让消费者放心地买，安心地用，把中国这个世界上最大消费市场的潜力挖掘出来。通过中国食品安全监管绩效指数（China Fand Safety Supervision Performance Index，CFSS-PI）的研究，让社会各界能对食品安全监管水平和能力做出客观公正的评价，更有利于推进食品安全的社会共治和"放管服"改革，要严格落实"谁审批谁监管、谁主管谁监管"要求，"不能想管就管，不想管就不管。管好是尽责，不管是失责，管不好要追责"，最终要让食品安全监管质量的好坏得到广大人民群众的认可。

2. 研究意义

本成果是笔者及其团队完成国家社科基金重大项目等一系列重要课题的成果汇总。在历时 4 年多的时间里，团队开展了大量的理论与实践探索，成

* 王冀宁，南京工业大学教授，博士生导师。

功设计出国际首创的中国食品安全监管信息透明度指数和中国食品安全监管绩效指数，既可以弥补我国食品安全监管的理论空白，具有重要的理论创新价值，又是食品安全监管领域中迫切需要的实践利器，具有显著的应用价值。

3. 研究方法

本成果运用文献研究法，了解掌握国内外最新的前沿研究动态；运用大数据挖掘和人工智能相结合的方法，获取了基于 Python 技术的食品安全风险实时动态数据，开展了基于仿真环境的仿真模拟实验；运用网络博弈分析法，探究"食品产业链"中经济主体、多元利益主体的演化博弈行为、诉求特征及食品安全监管制度演化对我国食品安全风险的影响机制和演化规律；运用网络层次分析法与德尔菲专家调查法相结合，构建食品安全监管信息透明度指数和食品安全监管绩效指数；运用实证研究方法检验评价指标体系及评价模型的有效性和科学性。

二、成果的主要内容和重要观点

1. 主要内容

本成果分为以下七大部分：

第一，国内外食品安全监管透明指数和绩效指数历史发展回顾。

食品安全管理涉及多学科、多门类知识的融合，食品安全监管信息透明度指数以及食品安全监管绩效指数的设计更是需要管理学、社会学、法学、心理学、食品科学、经济学以及数学等相关知识的融合。为保证食品安全监管信息指数设计的科学性、合理性以及系统性，课题组通过南京工业大学图书馆、南京大学图书馆及网络数据库等途径搜集了大量的文献资料，包括 2 000 余篇国内外关于食品安全管理方面的论文和技术资料、国内外食品安全相关法律法规、食品行业标准以及食品行业发展报告等相关材料。

通过海量检索、深入研读、系统梳理国内外食品安全监管相关文献，对国内外食品安全监管路径演化、食品安全监管信息透明度指数历史发展、食品安全监管绩效指数历史发展进行回顾和分析。通过系统性的梳理和分析发现，不管是理论界还是实务界，都尚未成功构建食品安全监管信息透明度指数和食品安全监管绩效指数，直接影响了食品安全社会信任和监管效能。同时，通过文献的回顾和分析，获取对本课题研究有益的理论研究经验，为本课题科学、有序地开展提供有力借鉴。

第二，食品产业链上各利益方演化博弈及其对食品安全风险的影响机理研究。

探究了食品安全的风险形成机制及其演化路径，深入研究了食品安全风险监管演化机理，构建了政府监管部门与食品企业之间的委托代理模型，并进行了仿真检验；进行了食品安全风险扩散及其演化研究，开展食品安全风险传染的动力分析，开展了单层和多层食品供应网络构建及演化分析，建立了食品安全风险的网络扩散模型；研究了食品安全监管信息透明度下的食品安全社会风险的形成机理和食品安全恐慌行为的扩散机理；研究运用大数据挖掘和人工智能相结合的方法、网络博弈分析法，探究我国食品安全风险的影响机制和演化规律，奠定了研究的理论基础。

第三，我国食品安全监管信息透明度指数和食品安全监管绩效指数的构建及实证研究。

通过数据调查表的形式采集了包括食品安全政府监管部门（原食品药品监督管理局）、媒体以及消费者协会等在内的超过 700 家食品安全相关单位的 120 多万个样本数据。同时，还通过调查问卷的形式，对来自上海、北京、浙江、江苏、山东、安徽、四川、山西、新疆等地的 2 409 位消费者进行了调查，采集了超过 300 000 个数据。通过多样化、科学化的数据采集手段，本成果共采集了总计超过 150 万条数据，保障了食品安全监管信息指数设计的合理性和科学性。利用网络层次分析法和模糊综合评价法等手段构建了中国食品安全监管信息透明度指数和中国食品安全监管绩效指数，并对中国食品安全监管信息透明度展开了实证研究。

第四，开展了江苏省首届食品安全示范城市创建参评城市食品安全监管信息透明度评价研究。

对江苏省参评的 26 个市（县、区）的原食药监、消协和媒体展开调查研究，采集了超过 1 000 万条数据记录，分别对江苏省首届食品安全示范城市创建活动参评城市的食品安全监管信息透明度开展全面的分析和评价，保障了食品安全示范城市创建活动的有序开展以及评价工作的公平公正。

第五，开展了江苏省首届食品安全示范城市创建参评城市食品安全监管绩效评价研究。

采集了超过 1 000 万条数据记录，分别对江苏省首届食品安全示范城市创建活动参评城市的食品安全监管绩效评价进行了研究，并分析了每个城市食品安全监管绩效的总体状况以及具体方面存在的优势与不足。

第六，对江苏省 109 个市（县、区）级食品安全监管绩效开展了案例研究。

在组织监管、实施监管和评议监管三大监管绩效维度上，构建含有 32 个食品安全监管绩效三级指标的江苏省食品安全监管指标体系。采集江苏省 109 个市（县、区）的 3 706 条食品安全监管数据，借助网络层次分析和模糊综合评价模型，挖掘江苏省以及下属各市（县、区）的食品安全监管绩效管理的问题症结并提出对策措施。

第七，开展完善我国食品安全监管的行政、法律规制等方面的对策研究。

综合利用多种科学研究方法，借助大数据技术和网络爬虫技术采集了海量数据，进行了科学、系统的理论与实践研究，深入探寻了我国食品安全监管的现状及存在的问题，发现了部分行政法律规制等方面的疏漏之处，有针对性地提出了改善我国食品安全监管状况和完善我国食品安全监管方面法律法规的对策建议。

2. 重要观点

第一，我国食品安全监管信息透明度总体上合格，但原食药监、消协和媒体的食品安全监管信息透明度工作存在一定程度的缺失。

食品安全监管信息透明度的整体水平分值不高，这说明我国食品安全监管信息透明度整体基本合格，但仍存在一定程度上的缺失。

第二，地方的食品安全监管信息透明度工作存在一定程度上的缺失，其中县区级的工作缺失较为严重。

原国家级食品安全监管信息透明度水平分值高于省、地和县三级的食品安全监管信息透明度水平分值，这说明了原国家级部门的食品安全监管信息透明度工作最为规范，而地方的食品安全监管信息透明度工作存在一定程度上的缺失，其中县区级的工作缺失较为严重。

第三，经济发展水平并未直接决定食品安全监管信息透明度水平和食品安全监管绩效水平。

食品安全监管信息透明度水平和食品安全监管绩效水平与我国经济发展水平不太相符，研究显示：经济发达的省份，食品安全监管信息透明度水平和食品安全监管绩效水平并未比经济相对落后的地区高。因此，各地政府应加强对食品安全监管信息透明度工作的支持，促进食品安全监管信息透明度水平与经济发展水平同步。

第四，我国食品安全形势总体可控，但政府在食品安全风险监管、食品召回监管、事故总结监管方面存在一定程度上的缺失。

我国整体食品安全监管绩效水平合格，表明我国食品安全形势总体稳定，处于可控阶段。事前监管和事后监管环节的食品安全监管绩效水平都为合格，而事中环节稍有欠缺，表明在食品安全风险监管、食品召回监管、事故总结监管方面存在一定程度上的缺失。

第五，事中监管在整个食品安全监管环节中存在一定的缺失。

事中环节的食品安全监管绩效水平低于事前监管和事后监管环节，这种现象普遍存在于各级监管部门中，表明在食品安全监管实践中，监管部门相对更加关注事前环节食品安全相关法律法规的完善和事后的食品安全责任追究。

第六，食品安全信息平台建设急需进一步完善。

研究发现，除原国家食品药品监督管理总局以及重庆市、北京市、天津市原食品药品监督管理局以外，其他省区市的食品安全监管信息在原食药监网站上相对分散，信息更新滞后，不便于公众查询。

第七，食品安全监管信息透明度和网络食品方面的法律法规有待完善，各食品安全监管主体在执行《食品安全法》具体条款时不到位。

研究发现，我国现有的法律法规在食品安全监管信息透明度和网络食品方面规定不全面，有待进一步完善，进而达到规范食品安全监管信息公开和网络食品安全的目的。另外，原食药监部门、消协和媒体在执行《食品安全法》第四条、第九条、第十条、第二十二条、第二十八条、第三十一条、第三十六条、第四十二条、第六十三条、第八十四条、第一百○二条、第一百○三条、第一百○九条、第一百一十三条、第一百一十六条、第一百一十八条上存在一定程度上的不到位。

第八，地方消协的食品安全监管工作缺失较为严重，工作亟待完善。

研究发现，各省的地县两级消协基本难以发挥其应有的作用，重要的监管信息如消协监管制度信息、诚信企业或品牌名录信息、消协监管信息公开管理机制信息、消协监管组织结构及人员构成信息、非诚信企业或品牌名录信息、消协监管责任制信息、消协监管考核信息、消协社会监督职能信息、消协食品安全信息平台完善度及运行情况、诚信建设标准信息、消协监管信息公开年度报告等披露情况不理想。

第九，媒体对食品安全事件的持续关注度较低，往往造成公众无法获知食品安全事件持续和最终的处理结果，也使媒体的威慑性降低。

研究显示，中央及各省媒体对于食品安全事件初期的曝光与事件查处具有重要的推动作用。然而，随着热度降低，媒体针对特定食品安全事件的持续关注度降低，造成公众无法获知食品安全事件持续和最终的处理结果，也使媒体的威慑性降低。地方媒体对于食品安全法律法规、标准和知识宣传不足。

第十，基层政府食品安全监管人员配备不足、技术装备较落后。

研究发现，国家级食品安全监管绩效水平为优秀，省地市级和县级行政区的食品安全监管绩效水平逐渐递减。表明中央的食品安全监管工作最为规范，而地方尤其是县级行政区的食品安全监管缺失现象较为严重。基层食品安全监管队伍素质参差不齐，行政执法能力和观念有待提高。食品安全监测设备及监测检验设施不足，监管技术投入力度不够，造成食品安全事故应急处置、流行病学调查开展等工作成为基层政府食品安全监管的短板。

第十一，食品安全监管体制改革偏离初衷，部门之间配合有待协调统筹。

研究发现，基层地区出现原食药监局和市场监督管理局多头领导的现象。两种监管模式并行将会导致上级多头部署、下级疲于应付，存在不协调等情况，弱化了食品安全监管职能。同时，还存在监管机构名称标识不统一、执法依据不统一、执法程序不统一、法律文书不统一等问题，影响了法律实施的效果。

3. 对策建议

第一，政府监管部门应依托互联网＋大数据技术＋物联网技术，建设由中央监管部门统一领导、省级监管部门联合地、县两级监管部门积极配合、协调行动的食品安全监管信息披露平台，实现各级监管部门的系统联网、监管信息共享。

第二，政府监管部门应联合消协、食品中介组织等构建食品安全诚信体系，规范各食品厂商行为。通过构建食品厂家的食品安全诚信体系，建立食品厂家的信用档案。一旦食品厂家过去发生过食品安全问题，消费者通过查阅信用档案便可以快速获知，为自身食品选择做出判断。

第三，政府相关部门应积极协同各方力量，探寻合理的公众参与式食品安全监管的运行机理和制度保障，达成食品安全社会共治。政府可在网站开设食品安全监管透明专栏，开通投诉、举报、奖励渠道，鼓励公众参与监管。由此形成食品安全监管全社会人人参与、监管信息充分共享的食品安全社会共治局面。

第四，政府相关部门应积极推进我国食品安全监管信息透明度指数和食品安全监管绩效指数的应用工作，公示季度、年度食品安全监管透明度指数和监管绩效指数报告、群众满意度指标报告等。

第五，重点改进地级和县级的食品安全监管透明度及监管绩效工作，发挥地方和基层食药监部门的功能。基层食药监部门要创新监管和执法模式，可侧重食品安全监管网络的建设。通过网络进行食品安全监管信息的公开公示，可将街道（社区）的食品药品安全协管员、信息员、社会监督员紧密组合起来，形成食品安全监管治理"协同网"。

第六，树立事前预防、事中落实、事后追责的监管理念，实施全程监管。落实食品安全风险监测评估制度、食品召回制度以及食品安全事故行政问责制度，统一协调事前监管、事中监管以及事后监管环节的工作。

第七，完善食品安全法律法规，严格遵循法律法规，聚焦互联网＋带来的食品安全新问题。政府相关部门应尽快完善食品安全监管信息透明度和网络食品方面的法律法规，并促使各食品安全监管主体严格遵循相关法律法规。政府要聚焦互联网＋带来的食品安全新问题，通过明确监管部门的责任、规范网络食品交易第三方平台的行为、提高经营者准入门槛、采取灵活的抽检制度等提高其监管效率。

三、成果的学术创新、应用价值以及社会影响和效益

1. 学术创新

第一，本成果设计的中国食品安全监管信息透明度指数为国内首创。

课题组通过大量研读国内外文献、法律法规、食品安全案例，从中筛选出用于评价食品安全监管信息透明度的指标，并通过德尔菲专家调查法等对获取的指标进行论证，最终确定了用于评价中国食品安全监管信息透明度状况的食品安全监管信息透明度指标体系。在此基础上，利用网络层次分析和模糊综合评价法，对原国家食药监总局和原31个省及其地县的食药监、消协、媒体等展开实证研究，最终形成了中国食品安全监管信息透明度指数。在此之前，学术界对于食品安全监管信息透明度指数的研究尚未深入展开。因此，本成果设计的中国食品安全监管信息透明度指数属于国内首创。

第二，中国食品安全监管绩效指数为国内首创。

运用系统集成方法和德尔菲专家调查法，整理国内外食品安全监管绩效评价经典文献、最新颁布的法律法规，构建了用于评价中国食品安全监管绩效水平的食品安全监管绩效指标体系。在此基础上，利用网络层次分析和模糊综合评价法，对原国家食药监总局和原31个省及其地县的食药监、消协、媒体的食品安全监管情况展开实证研究，最终形成了中国食品安全监管绩效指数。在此之前，国内外学者对食品安全监管的研究主要聚焦于法律法规的实施、监管体制的完善以及监管效果的评价，鲜有采用定量与定性分析相结合的方法评价政府的食品安全监管绩效水平。所以本成果在设计食品安全监管绩效指标体系方面属于国内首创。

第三，上述2个指数研究成果首次成功应用于江苏省食品安全示范城市评选实践中，是理论成果在食品安全监管实践中的创新应用。

课题组受江苏省原食品药品监督管理局委托，作为江苏省食品安全示范城市创建评价工作（江苏省食药监电［2016］7号文）主要骨干之一，为江苏省食品安全示范城市创建撰写4个系列评价报告——《参评城市食品安全监管信息透明度评价报告》《参评城市食品安全监管绩效评价报告》《参评城市食品安全事故及事件发生情况筛查报告》《参评城市创建活动关注度情况

调查报告》，为江苏省食品安全示范城市的评价提供了重要的支撑。

2. 应用价值以及社会影响和效益

第一，研究成果首次成功应用于江苏省食品安全示范城市评选实践中，具有重要的应用价值。

第二，本成果是笔者及其团队完成国家社科基金重大项目、国家自然科学基金等一系列重要课题的成果汇总，并取得了较好的社会效益。其中，笔者主持的 2012 年国家社科基金重大项目结题报告顺利通过全国哲学社会科学规划办公室的验收。笔者主持的 2011 年国家自然科学基金面上项目和 2017 年江苏省高校哲学社会科学研究重点项目结题均获得优秀的成绩。由于前期成果的社会反响突出，笔者及团队新获批 2019 年国家自然科学基金面上项目 1 项、2019 年国家自然科学基金青年项目 2 项、2019 年教育部人文社会科学研究一般项目 1 项、2019 年教育部人文社会科学研究青年项目 1 项、2017 年江苏省高校哲学社会科学创新团队 1 项、2018 年江苏省高校哲学社会科学研究重点项目 1 项等资助。

第三，阶段性研究成果发表于江苏省科协内参《科技工作者建议》的文章《关于进一步强化国家食品安全监管的对策建议》获得江苏省副省长的亲笔批示。

第四，阶段性研究成果《中国食品安全监管信息透明度指数和食品安全监管绩效指数研究》获 2018 年江苏省高校哲学社会科学研究类成果奖一等奖。

第五，研究报告《中国食品安全监管的理论与实践——监管信息透明度指数（FSSITI）与监管绩效指数（FSSPI）的理论探索》获得江苏省第十六届哲学社会科学优秀成果奖三等奖。

第六，阶段性研究成果《江苏省食品安全监管的信息透明及绩效评价研究》获 2017 年江苏省社科应用研究精品工程一等奖。

第七，阶段性研究成果《提升中国食品安全监管信息透明度的对策建议》和《中国食品安全监管绩效的实证研究——基于全国 31 个省 690 个监管主体的采样调查研究》被上海市原食品药品监督管理局的内参《上海食品药品监管情报研究》采纳，发表于 2017 年第 1 期和第 2 期，作为原食药监系统领导决策的参考资料，向中央和全国食药监系统报送。

第八，阶段性研究成果被《江苏科技报》（总发行量逾 30 万份）以《让食品安全监管有的放矢》为题，于 2017 年 3 月 8 日刊登（第 25 期总第 5383 期）。通过这次宣传报道，让公众更为深入地了解了中国食品安全监管的研究现状，对本课题研究进一步开展起到了很好的推动效用。

第九，阶段性研究成果《利用大数据开展食品安全监管》被撰写为集体提案提交 2019 年江苏省政协会议，笔者以江苏省政协委员身份在此次会议发言，得到江苏省市场监管局领导的重视和反馈。

第十，本成果在中英文核心期刊累计发表学术论文 57 篇，这些论文在中国知网被下载累计 13 341 次、引用累计 219 次，被 SSCI/SCI 期刊发表的论文引用累计 30 多次，取得较大的社会反响和效益。

艺术学

《碎金风华：音乐文物的复制、复原研究》概要

王子初*

一、研究的目的、意义及方法

在古代中国，由于长期盛行重葬之风，地下埋藏了大量宝物留存至今。随着现代科学技术的突飞猛进及大型工程遍地开花，重大考古发现接踵而至，稀世之宝屡见不鲜；其中的音乐文物也是琳琅满目，层出不穷。作为音乐考古学研究的直接对象，它们历经岁月沧桑，锈迹斑斑；却如碎金，虽残缺而不改其珍！

无论是学术研究所及，抑或实际应用所需，出土音乐文物的复制和复原工作已是不可或缺；更及当今科学技术的急剧发展，"实验考古"方法在实践中愈为学者所重，音乐考古学研究概莫能外。

1. 音乐文物的复制和复原的目的和意义

本成果所录的主要内容，为笔者 30 余年相关研究成果之汇总。笔者复制、复原的音乐文物，达 70 余件套、460 余单件。本成果内容所及，有如曾侯乙编钟、贾湖骨笛等中华音乐考古史上的奇迹。

专家学者多年来对曾侯乙编钟本身及其铭文的研究，已取得大量科技、艺术和文化方面的重大成果。因政治因素以及当时科学技术、工艺水平的局限，出土的曾侯乙编钟在钟的编列、音律体系、冶金铸造和制作工艺等方

---

* 王子初，郑州大学教授，博士生导师。

面，均与先秦编钟设计者的原有构思存在一定距离。研制一套尽可能体现当时设计者构思的编钟，它不仅能更接近 2 400 年前曾侯乙编钟的原貌，更接近先秦社会真实的音乐生活；它也将在编钟编列、音律的精确性、工艺技术上超越出土编钟原件的局限。诚如著名音乐学家黄翔鹏所说，它将以千百倍的说服力，宣扬中国先秦时代的物理声学水平、数学计算水平、律学和乐学水平以及或多或少揭示出我国古代律、历二学相兼的传统秘密所在。这无疑将为我国古代音乐史、乐律学史、自然科学史树立一座丰碑！复原曾侯乙编钟，对于音乐考古学、音乐声学、中国乐律学的科研、教学工作都有着重要的实践意义；特别是它可以作为正在筹建的中国音乐博物馆向国内外展示的重要展品，作为弘扬中国古代灿烂的音乐文化、增强民族自信心和凝聚力的物证。曾侯乙编钟无疑是人类青铜时代的顶峰之作。复原曾侯乙编钟将是此顶峰之作在编列复原、调律精确及工艺完美等方面的超越！

河南舞阳贾湖新石器时代遗址出土的大批七音孔骨笛，是中国贡献给世界音乐文明史的又一空前考古大发现。它证明当时居住在亚洲东部淮河流域的贾湖人，在新石器时代的初期已经大量地制作并使用了开有 7 个音孔的骨笛，显示出他们可能已经向着"七声音阶观念"的诞生大步推进。随着现代科技的飞速发展，各种科技手段应运而生。贾湖骨笛研究与文物保护之间的矛盾，迎来了可以彻底解决的喜讯：利用 CT 技术对贾湖骨笛进行扫描，将所得二维图像进行三维重建，最后采用紫外激光固化快速成形的 3D 打印技术，完全可以制作出迄今为止复制精度最高的骨笛复制件。经过三维测量与测音实验，用本方法复制出的贾湖骨笛模型与出土实物在物理尺寸与音准上的误差，完全可以忽略不计！至于那些破碎的出土残件的修复，利用计算机软件加以虚拟复原，比起客观上难以实现的手工修复，更是快捷而稳当。特别是，这些手段都可以在对珍贵的出土原件完全无损的条件下实现！近 50支贾湖骨笛的深层研究，将迎来一个科学的春天！

还有大批考古发掘出土的中国历史上各个时期具有典型意义的音乐文物，如史前时期的鼍鼓、陶埙、陶铃、号角之属；殷商时期的编铙、大铙、编磬之属；两周时期的钟磬乐悬及各种琴瑟类弹弦乐器、箫笛类吹管乐器之属；汉唐时期的画像石刻、伎乐砖雕、乐舞俑人之属……不一而足。更有江苏盱眙西汉江都王刘非墓出土乐悬的复制或复原等重大实验音乐考古项目，研究成果丰硕！

出土的音乐文物，无疑是认识、研究中国古代音乐发展历史的重要资料，故一些珍贵文物常成为一个地区历史的象征、文化的骄傲而被当地各级文博机构看作不可或缺的常设展品。这些珍贵的音乐文物多为孤品，却又有着引人注目的历史、文化和艺术价值，也是国家和民族音乐历史研究的重要物证。相关专业机构及文博馆所，因教学、科研和艺术实践所及，常有复制文物的需要。如南京博物院发掘的江苏盱眙西汉江都王刘非墓中，出土了罕见的大型古玻璃制品——22 件仿玉编磬！这是音乐考古史上独一无二的发掘标本，也是中国自然科学史、玻璃科技发展史上的罕见物证！不仅是南京博物院，就是辖地的淮阴市博物馆、盱眙县及墓葬遗址博物馆，乃至中国陶瓷博物馆等更多的相关科技、专业的博物馆，都愿有收藏、展陈这一文物的机会。出土的原件仅此一套，严格、精确地复制出土原件，就成为解决难题的重要途径。

如举世闻名的曾侯乙编钟，原件已由湖北省博物馆保藏，其出土地随州无论如何也要复制一套，陈列于当地博物馆。这对于当地的历史、社会教育、经济发展以及旅游文化所产生的影响，均是显而易见的。

目前，国内越来越多的音乐艺术院校因教学、科研的需要，拟建或在建音乐博物馆、乐器陈列馆等设施。其中重要的音乐考古发现及研究成果，是其不可或缺的展示内容，如大量调集各地博物馆的藏品来展览，显然不大现实，由此而来的音乐文物的复制或复原，势在必行。毋庸置疑，这里所说的"文物复制"，与文物贩子为牟取暴利制作可以乱真的假文物的行为，有着本质的区别。

2. 音乐文物的复制和复原理念辨析

音乐文物的复制和复原，是音乐考古学研究本身及其成果在应用方面的重要领域。现实中因音乐文物复制需要的不同，存在"仿制""复制"及"复原"等不同的概念，本成果对此做了系统的阐述。

复制与仿制联系较为密切。一般认为，所谓的复制，应严格以出土文物的原件为蓝本，即复制件的形制、大小、色泽乃至材质，尽可能做到与原件保持一致，甚至做旧如旧，有残不修；与原件难以分辨，应该是复制追求的最高境界。至于仿制，要求则相对宽松一些。一般来说，只要能够体现文物原件的主要特征，让人能由之联想到文物原件者，均可以算是仿制。所以，放大缩小，改变色泽与材质的手法，在仿制中屡见不鲜。仿制也有高仿一说，仿制件与被仿原件之间的相似程度越高，仿制也就越接近于复制。复制实际上就是一种相似程度较高的仿制。故人们常将仿制、复制合称为复仿制。

在实际的研究工作中，仿制、复制及复原等概念往往交织在一起。如在西汉江都王刘非墓中出土的钟磬乐悬的模仿制作工作中，属于传统意义上的复制范畴的，主要体现在出土的青铜铸件上，如编钟的钟体、钟磬簨虡的青铜透雕架饰及兽形虡座等。这些有形有体、保存相对完整的器件，或虽已残破但可以修复完整的器件，可以采用出土原件直接翻模，利用现代发达的金属精密铸造工艺，制成可以乱真的复制件。

文物复制（包括仿制）的概念，立足于把今天所见到文物的主要特质再现出来。这种特质，侧重于其外观，不仅要"做旧如旧"，甚至还要"见残仿残"。无论仿制、复制，其模仿的是文物的现时状态，模仿的是从地下挖出来时或以后人们所能见到的状态，而不是其数千年前的原始面貌。对于经不住地下漫长岁月的侵蚀，已经残腐不堪的文物，特别是一些难以成形的竹木类文物，一般不会成为复仿制的对象。这就涉及另一个概念——复原。

复原，也是指一种对出土古代文物的模仿制作。不过复原则要求恢复出土文物在其被岁月侵蚀之前的面貌。仍以江都王刘非墓钟磬乐悬的复制工作为例。刘非墓中出土玉编磬，实为2 000余年前中国独有的高铅钡硅酸盐古玻璃。出土时，玉编磬不仅破碎不堪，并在磬体表面伴有程度较深的腐蚀风化。通过对出土原件进行的考古学研究和化学分析，制作出一套编磬，充分体现出其在2 000余年前晶莹剔透、富丽堂皇的真实面貌，并恢复其在当时的音乐音响性能，这就是音乐文物的复原。

在刘非墓钟磬乐悬的复制工作中，必然会涉及大量已经在历史长河中消失、而在复制工作中又难以割舍的内容，如腐朽殆尽的钟磬簨虡（钟架），出土时其木质横梁仅剩一些漆皮与残渣，今天复制盱眙编钟，不可能不包括钟架。但钟架的复制，却不可能去复制这些漆皮与残渣；而是要通过这些漆皮与残渣，通过墓葬土层中有关乐悬簨虡木质构件在墓坑中遗留的残迹和形状尺寸的蛛丝马迹，通过对腐木残渣的木质成分和残留木构件漆皮上能依稀分辨的彩绘图案的分析研究，重新勾勒出这些簨虡在 2 000 年前下葬时的结构图形，最终复原制作出结构完整、彩绘绚丽的乐悬来。在复原中，不可避免地运用了相应的现代材料和工艺技术。无论是玻璃编磬，还是钟磬的簨虡，这样的复原件，一般均以全新的姿态出现，体现的是当年制作完成或下葬时的全新面貌。虽然在复原制作中并不忌讳运用现代材料，也不忌讳采用现代的工艺和技术，但它在总体上较为真实地恢复了文物在当年下葬时的面貌，也较为准确地恢复了钟磬簨虡的基本功用，从而有效而直观地帮助人们一睹当年江都王宫廷中钟磬乐悬的风采。

音乐文物的复原，更是一种深入探索更为广泛的历史信息和学术内涵的实验研究方法。如盱眙仿玉玻璃编磬的复原工作，首先要关注的，是这种人工制造的编磬材质"玉"——中国古玻璃——的复原。笔者对出土原件的 3 件样品进行了化学分析，结果表明盱眙编磬材质的主要成分是 SiO_2，含量平均为 47.73%；其次是 PbO，含量平均为 34.03%；再次为 BaO，含量平均为 14.32%。这正是中国古代自成体系的高铅钡古玻璃的典型成分比例。通过与玻璃制造厂家的合作，经过上百次反复的熔铸实验，不断修改配方，获得了与出土原件十分相近的玉料（今玻璃工艺专业称谓）。

其次是制作这种玉料的工艺复原。古人是采用了怎样的工艺流程，熔炼出这种接近于青玉的玉料来的？出土文物不会说话，它只给予了这种工艺所带来的结果。这是一个不折不扣的千古之谜。今天可以通过各种科学手段及反复的实验，来获得相近的结果。如普通玻璃与玉料的主要区别，在于玉料并不是全透明的，其材质具有一定的"乳浊"效果。显微分析的研究结果表明，出土编磬的材质为含有气泡的均质玻璃体，油浸法测定折射率均为1.65。材质中含有的大量密集微气泡，因光线的折射产生了"乳浊"的效果。而对 3 个样品通过偏光显微镜观察后发现，其材质的乳浊状外观是由未熔物微粒和雪花状雏晶引起的。即说明，其与今天的玻璃工业生产玉料运用的加入乳浊剂的方法，从本质上来说是有区别的。

最后，还有制作的这种玉料的物理性能和音乐性能的复原问题。对出土编磬的考察表明，刘非墓玻璃质编磬的主要物理性质，如质地较为均匀，硬度适中，与古代大量出土的先秦编磬的石灰石质地相近。其发音清脆，音乐音响性能均好。复原实验制出的样品，其材质的质地、硬度与出土原件十分接近。笔者的进一步测试表明，实验所得新材料的音乐音响性能非常好，恢复，甚至超过了已经残腐的出土原件。

总之，文物的复原概念是钩沉，把在岁月中失去了的东西找回来。"复"的是出土文物在当年制作、使用或下葬时之"原"，寻求的是古代的、原始的历史信息。音乐文物的复原，不仅是古代文物模仿制作的工程或一种应用性的工艺流程，也是音乐考古学学术研究的组成部分，是音乐考古学在某些专业和工艺领域的微观研究、实验研究。本成果强调，文物的复原工作免不了需要一些推测、想象甚至创意，但必须坚持这样的原则：复原工作中一切推测、想象甚至创意，都必须要有所依据，不能超越当时历史条件的局限。音乐文物的复原工作，应充分发掘、寻找、保存和保护一切与复原文物相关的考古遗存、遗迹，充分利用一切有用的文献及相关资料，以确保复原出来的历史文物可以给研究者、观赏者、学习者提供正确、合理的历史认知。

二、成果的主要内容和重要观点

本成果为笔者多年复制、复原中国考古发现的重要音乐文物的经验点结及相关的研究和成果。根据历史时代的顺序，分为："中华奇迹篇（上）：曾侯乙编钟的复原研究""中华奇迹篇（下）：贾湖骨笛的深层研究及其复原""远古乐舞篇：传自远古的号角""殷商乐器篇：铿锵的青铜音乐""西周礼乐篇：西周乐悬的滥觞""东周列国篇：青铜时代的辉煌""汉魏清商篇（上）：西汉江都王墓玉编磬的复原工程""汉魏清商篇（中）：西汉江都王墓编钟的复制研究""汉魏清商篇（下）：汉画像与汉乐俑览胜""唐宋伎乐篇：红毯笙歌的回响"等10个篇章，构建起一个相对完整的学术主题：中国实验音乐考古学研究专题系列。这是首部呈现当下中国音乐考古重要发现的基本面貌、体现学科研究主要成果的学术专著；并在此基础上建立了"中国音乐考古陈列馆"。这也是迄今本学科在这一主题的首创。它成为郑州大学音乐学院中国音乐史教学的重要基地和研究中心。在已有的中国古代音乐史著的映衬之下，这些可视可触的中国历史上遗留下来的实物史料，已然构建起有关中国古代音乐史的全新认识，为音乐考古学研究者及莘莘学子提供了一场"实验音乐考古学"成果的视觉盛宴。

本成果所述音乐文物的复制和复原的方法及流程，更多的是涉及中国音乐史领域的实验考古学研究。下面仍以江都王墓仿玉玻璃编磬的实验音乐考古研究工作为例加以说明。

　　笔者应南京博物院考古研究所之邀，主持了长达5年的江都王墓仿玉玻璃编磬的实验音乐考古的研究工作。不仅成功地复制、复原了全部出土礼仪乐器，更完成了一部50余万字的研究报告，取得了重要的研究成果。面对这套历史上规模空前的古代玻璃制品、精美绝伦的乐器玉编磬，如下问题产生了：这究竟是仅用于给江都王刘非殉葬的明器，还是当时一种可以实际演奏音乐的乐器？这样的古玻璃制成的乐器，其音乐音响性能究竟如何？它能否推陈出新，应用于如今绚丽纷繁的音乐场合或人们日常的音乐生活？

　　要得到这些问题的答案，指望出土的那一堆残破不堪的原件来提供其音乐音响性能的历史信息，自然是不可能了。笔者用了数年时间，来设计并实施了对这套出土编磬的实验考古学研究，取得了较好的成效。具体的步骤简述如下：

　　第一步，由笔者主持，对碎裂成数百块的出土编磬进行了人工修复，使其一一恢复为大致完整的磬块个体；通过相应的音乐考古学研究，确定此编磬为西汉20件套的一般制度。第二步，将修复后的磬块利用立体相机做三维扫描；利用所得到的形制数据，应用相关软件进行电脑建模。第三步，借用现代3D打印技术制成磬模（阳模），再由磬模翻制耐高温石膏阴模。与此同时，通过仪器分析出土编磬的化学成分，根据其化学成分，经过108次的实验烧制，初步找到了编磬材质的配方，并根据配方研制出这种古代中国特有的高铅钡玻璃。新材料在很大程度上再现了刘非墓出土的仿玉玻璃编磬的特性，包括色泽、质地、化学成分及音乐音响性能等。第四步，将试制成功的新材料放在耐高温石膏阴模中，全面烧制（复原）全套编磬。最后一步，再测定复制成的每一件磬块的音高，分析各磬之间的音程，由此推测出土编磬原件的基本音列关系，确定全套编磬的音域范围及其音乐音响性能。这是目前认识这种2 000多年前的"玉编磬"的真实面貌、解答以上问题唯一可行的方法。笔者与上海某水晶制品公司合作，成功复制（复原）了与江都王刘非墓出土编磬性能相近的高铅玻璃编磬多达5套，并全面测得了这些复原仿玉玻璃编磬的音高数据。

　　这一实验音乐考古研究方法的应用实例，有其现实的方法和方法论意义，让人们获得如下认识。

通过完成的 5 套复原编磬的测音数据，可以清晰地看到，以相近的材料、基本一致的造型制成的磬块，其发音的高低也是基本相近的。其中个别的磬块误差可能大一些，涉及的原因较为复杂，推测主要与磬块玻璃材料内部熔化的结构与均匀度关系较大，但相近还是主要的特性。就是说，用实验考古方法制成的复原编磬的音高具有一定的参考意义，尤其整套编磬各磬块之间的相对音高关系的参考，是有较大价值的。同时，实验中采用 5 套编磬的相同实验，可以看作同一实验做了 5 遍，其结果应该具有较高的可信度。

从这些测音数据看，全套 20 件编磬的音域大致是从 C5（F2 - 21）到 $^{\#}$C8（F4 - 02），跨度达 3 个八度有余。这证明，刘非墓全套 20 件编磬的音列关系，并非按音阶的关系编列。这与山东洛庄汉墓出土的 6 套编磬的音阶结构均不相符，也与至今所见大量先秦出土编磬标本皆不相符。从技术上进一步分析，20 件套编磬，若按古今常见乐器所用的音阶编排，音域仅为 2 个八度有余即可。由此基本可以推测，盱眙江都王刘非墓出土的仿玉玻璃编磬为非音阶排列的音列结构，不适用于音乐的演奏。

一个值得注意的重要旁证是，出土编磬原件中的一些磬块，造型过于厚实，其与相邻磬块在形制比例上过于悬殊，也难以构成音高上的序列关系。这一点，在后来其中两套"调音磬"的实际调音过程中，也得到了充分的证实。可见，在出土的仿玉编磬中，至少这一部分的磬块可以肯定是不符合常规音阶的。那么是否可以由此确定，刘非墓出土的仿玉编磬是专用于殉葬的明器呢？恐怕也不能！

首先，这套编磬用料极为珍贵。实验结果证明，这套编磬的用料是一种高铅钡玻璃。这在今天不过是较为廉价的玻璃之一种；但是在西汉，却与天然玉料同样珍贵。当时琉璃制作技术已相当成熟，却为皇室贵族所垄断。迄今所见汉墓中的所谓料器，都是王侯贵族秘而不宣的玻璃珍品，绝无"明器"一说。所以，大云山出土的仿玉编磬虽然音律无序，音阶不整，但其材料珍贵，质地厚重，造型规范统一，可判定它应该是一套按实用乐器的规格来制作的珍品。之所以其音律乖错，应该是没有完成最后的调音工序所致！制作编磬自古以来最合适，也是最常规的用料是石灰石，若是制作明器，完全可以使用廉价至极的石灰石。而江都王墓之中却用比石灰岩珍贵不知多少倍的"玉"来制作简陋的明器，这无论如何说不过去。

其次，出土编磬原件与实验所制的复原编磬均表明，江都王墓出土的这种仿玉玻璃编磬，使用的的确是一种音乐音响性能极佳的制作乐器编磬的材料。笔者发现，刘非葬礼的主持者应该就是历史上大名鼎鼎的董仲舒，时任江都国相的他采用这种"玉料"来制作编磬，恰恰是用对了这种材料的音乐音响方面的特性。这不是偶然。当时的人显然已经了解了这种材料的音响特性，在这些大贵族的生活之中已经拿它来制作乐器编磬，并无疑义。

再次，从出土的这套仿玉玻璃编磬来看，不仅材料珍贵，而且用料充实，制作规范，工艺也说得上较为精致，丝毫看不到一般明器的粗陋、苟简的痕迹。

最后，实验的结果证明，整套编磬的音都有偏高的倾向，这是为后一道工序——调音——留的余量。减薄磬体的厚度，逐渐降低磬决的音高，最终达到其设计音高，无论在先秦编钟还是在编磬上，均是最合理、最规范的调音方法。编磬虽然也可以通过打磨磬体两端来提高磬块的声音频率，但这是以牺牲磬体五边形制规范为代价的做法，一般也不宜采用。

通过以上分析所获得的结论是，江都王墓出土的仿玉玻璃编磬，按当初的设计理念，只能是无比珍贵的实用器。因当时某些原因（可能下葬的匆忙，抑或这种首创的"玉编磬"在制作技术上的不成熟），并未完成最后的调音使之成为音乐性能完备的乐器，留下了历史的遗憾。

如上所述，本成果集中反映了我国音乐考古学研究的现状，体现出相关领域最高水准的创新成果，并为中国音乐考古学矗立于国际该学科的最前沿，铺设了坦荡通途。中国的实验音乐考古学对于充分发挥哲学社会科学优秀成果和优秀人才的示范引领作用，推进学科体系、学术体系、话语体系创新，鼓励广大专家学者以优良学风打造更多精品力作，推动我国哲学社会科学进一步繁荣发展，具有明显的积极意义。它已展示了一片广阔的学术田野。

三、成果的学术创新、应用价值以及社会影响和效益

1. 学科建设的创新

音乐考古学是一门仅有几十年历史的新兴学科，但它无论在中国，还是在世界，都已经成为学界关注的热门学科。在国际上，1977 年美国加州大

学伯克利分校举办的国际音乐学会会议的一次圆桌会议，首次提出"音乐与考古"的议题。1981年，在韩国首尔举办的国际传统音乐学会（ICTM）的会议期间，正式成立了国际音乐考古学会（The International Study Group on Music Archaeology，ISGMA）。

在中国，真正意义上的音乐考古学研究的出现，比国际音乐考古学会的成立早得多。它的前身，更可上溯到北宋以来的金石学。在金石学卵翼下经历了800余年的漫长岁月，中国音乐考古学诞生了。1930—1931年二年间，学者刘复（半农）发起并主持了对北京故宫和天坛所藏清宫古乐器的测音研究，并著成《天坛所藏编钟编磬音律之鉴定》[①]，成为中国音乐考古学脱胎于旧学的起端和界碑[②]。

中国的音乐考古学，有着得天独厚的先天优势。地下音乐考古资源之丰富，当为世界之最。今日的中国音乐考古学科，已让世界瞩目；其大量的发掘和研究成果，如曾侯乙编钟及其钟铭的问世、贾湖大批七音孔骨笛的出土、笔者30余年来主持出版的《中国音乐文物大系》19卷本，均已位于国际前列。通观本成果有关音乐文物的复制、复原以及在中国实验音乐考古学方面的研究，在国际、国内的学术界尚未全面展开，笔者所做的上述研究尚属个案，处于相关学术领域的最前沿。

2. 研究方法的创新

本成果在中国音乐考古学研究领域开拓了一片全新的学术天地。笔者在复制、复原大批出土音乐文物的过程中，在沿用哲学社会科学常规方法的同时，大量采用了自然科学的研究方法和现代科技手段，如无机材料的化学分析方法、声学检测的物理分析方法、电子计算机X射线断层扫描、三维扫描及3D打印技术、金属工艺学及冶金精密铸造的方法等。随着现代科技发展的突飞猛进，学术研究的手段和方法极大丰富。实验考古学的研究方法应运而生且前景广阔。它不仅在中国考古学研究中引人注目，也已远夺国际音乐考古学研究之先声，在该学科的发展之中发挥着越来越重要的作用。

---

① 刘复：《天坛所藏编钟编磬音律之鉴定》，《国立北京大学国学季刊》1932年3卷2号。本文所据为中国艺术研究院音乐研究所藏抽印本。

② 王子初：《中国音乐考古学》，福建教育出版社2003年版，第15页。

3. 应用价值以及社会影响和效益

2016 年，笔者创建了郑州大学中国音乐考古研究院；以此为平台，以多年音乐文物复制、复原研究所积累的大量成果为立足点，进一步展开了系列的实验音乐考古研究。这些研究，是作为中国音乐考古学的学科建设、学校优势特色学科建设的研究项目而实施的。这些研究项目所获得的终端成果，即本成果所列全部内容，客观上已为一座中国音乐考古陈列馆提供了所需要的主要展品。构建预定的中国音乐考古陈列馆的条件成熟了，它将成为国际、国内唯一的中国音乐考古学研究中心，一个研究中国音乐历史、弘扬中华民族传统音乐文化的教育基地。2021 年 10 月的第二届世界音乐考古大会将在这里举行，中国的音乐考古学界将更多地深入国际音乐考古学会的事务；学校的中国古代音乐史、民族传统音乐研究等诸多相关课程，已在这里进行。古乐器的复原研究等音乐考古学博士后研究课题在这里完成，并以此为依托，初步建立了中国馆藏音乐文物定级鉴定中心[①]，已开始为社会，特别是考古发掘、研究、陈列单位，如南京博物院、北京大学考古文博学院及山西省文物考古研究院、湖北省博物馆等提供相关服务，获得了良好的社会声誉。

笔者并为建设中的郑州大学中国音乐考古陈列馆设计了题为"开启地下乐宫之门——中国音乐考古 90 年学术成果展"的首展大纲，来展示中国音乐考古学学科自诞生之日起所取得的重大考古发现及研究成果，展示近万年间中华民族的先祖在音乐文明方面所取得的辉煌成就。该展览的定位为纯学术性的科研和教学展示，一定意义上亦可对公众开放。该展览获国家大剧院盛邀，将于 2021 年 10 月赴京，参加国家大剧院纪念中国共产党成立 100 周年活动；"开启地下乐宫之门"的首展，将在这里隆重开幕！

---

① 笔者为国家文物局《国家馆藏文物定级标准图例·乐器卷》的主要制定者。

《中国藏族服饰结构谱系》概要

刘瑞璞[*]

一、研究的目的、意义及方法

1. 研究目的

民族学家费孝通先生提出中华民族"多元一体"文化特质理论，得到了学界的广泛关注，同时他又认为，由于研究的滞后，民族学又表现出"有史无据"的尴尬局面，特别是那些自然环境、语言文化特殊又必须得到民族学确认的民族。解决"无据"问题，重要的是实证研究，从物质文化（material culture）入手是重要的研究路径。服饰是藏文化的重要载体，藏族服饰结构是这个载体最稳定和本质的部分。需要研究的并不是藏族每个个体服饰的结构，而是研究和整理藏族服饰完整的结构规律和形态系统，构建藏族服饰结构谱系，寻找其在中华民族服饰结构谱系中的坐标和具有的特殊地位。我国青藏高原特殊的地理环境、宗教信仰和社会生态之下孕育了藏民族独特的高寒服饰风貌。藏族是少数民族中为数不多没有发生断裂、普遍保持古老传统生活方式和服饰文化形态的民族。藏族服饰就像汉字一样，成为古老民族和多民族文化交流的活化石。本成果试图通过藏族服饰结构谱系的研究深入客观地探究藏族服饰所承载的文化遗迹，其与中华主流服饰的交融及其自身的特异性与变迁的信息。可见，从结构的角度入手研究藏族服饰可以获取更加真实可靠的实证成果。同时在其文献建设上，它是不可或缺的，这已成为

---
[*] 刘瑞璞，北京服装学院教授，博士生导师。

国际上对民族服饰文化进行研究的学术惯例，但在我国学术界，由于藏族服饰相对于藏族的宗教、艺术而言过于世俗化生活化而未得到足够的重视和系统的建构。在藏族服饰文化研究中，结构研究几乎是蛮荒地带。正因如此，本成果所构建的藏族服饰结构谱系可谓揭示了中华民族多元一体文化特质中最真实而生动的部分。

2. 研究意义

藏族服饰是我国少数民族中为数不多的历史没有断层、信息保持纯粹而完整、分布区域广、迄今为止仍在普遍使用的古老民族文化形态，这在世界现代文明社会的古文化保护上也是不多见的。但藏族服饰的系统研究却滞后于我国其他民族，更落后于世界的服饰文化研究，特别是博物馆标本系统整理和服饰结构形制的研究与文献建构。系统发掘和整理民族服饰结构的信息是研究和破解藏族服饰文化精髓的关键所在，也是构建中国传统服饰结构谱系不可或缺的组成部分，具有重要的史学意义。

3. 研究方法

由于相关文献资料的匮乏，所以实证与文献研究相结合、偏重实证研究成为本成果的主要研究方法，其中标本研究和实地调查是本成果理论突破的关键所在。重要的是我们拥有北京服装学院民族服饰博物馆系统的藏族服饰馆藏标本、专业的民族服饰文化研究团队和技术手段，可以对藏族服饰实物标本进行系统的信息采集、测绘和结构图复原，获得了前所未有的一手材料。通过文献和实物的互证、比较研究，为建构藏族服饰结构谱系提供了可靠的实物和手段保证。

二、成果的主要内容和重要观点

1. 主要内容

（1）藏族服饰标本研究的重要学术发现。

通过对博物馆标本、田野调查和民间收藏所获得的一手材料的系统的数据采集、测绘和结构复原，结合藏服艺人古法裁剪技艺的记录，进行系统整理，发现普遍存在于藏族服饰结构中的"单位互补算法"、"深隐式插角"的古老术规和"贴边锦"藏苯汉同构规制的独特文化现象，且从古至今并无断绝，说明今天藏服结构保存的历史信息仍很可靠。然而，这些发现在藏学文献中没有找到直接线索。结合服饰标本的研究成果对汉地古籍文献和考古发现进行针对性梳理，可以发现，藏族服饰结构中"单位互补算法"这一古法术规与秦简记载的"交裔"及其算法相同，《四库全书》"深衣考"中提到的"交解""交裂""交输"的演变，也完整记录了"单位互补算法"的原理。这一服饰文化在汉唐之后失传却在藏地保留着，这可能将汉藏文化交流史向前推到了先秦。藏服的"深隐式插角"结构与先秦楚墓出土的"小腰"袍服结构有异曲同工之妙，这一重大发现不仅为汉藏服饰结构的传承关系或"同构"理论提供了确凿的实物证据，还奠定了藏族服饰在中华民族服饰结构谱系中的特殊地位，成为中华民族"多元一体"文化特质的标志性实证。这种古法结构不仅在藏族服饰中普遍存在，也在我国西南民族服饰传统遗存中可以发现，如云南马关壮族的下裙和贵州安顺苗族的上衣等。因此，藏族服饰古法结构的研究对整个中华民族服饰结构谱系的建立具有重要意义。

"单位互补算法"是用"布幅决定结构"的术规对物尽其用节俭美学的表达，也是藏族原始宗教笃信"万物有灵"，认为"人以物为尺度"理念的真实客观呈现。标本研究发现，藏族服饰区别于其他民族的三开身十字形平面结构和"深隐式插角"结构自成体系，但又保持着十字形平面结构的中华服饰统一特色。这成为中华民族服饰结构谱系"多元一体"格局的实物证据。藏袍普遍使用"贴边锦"，在民间的技艺传承中也普遍存在，而蓝色贴边是藏服"贴边锦"的标志性元素，承载着苯教遗存。"贴边锦"中，汉地的吉祥纹锦成为主导，而代表苯教的"蓝"通常以隐形样式表现，这就是"贴边锦"藏苯汉文化意涵的实物表现。

本成果在保护和传承藏族服饰古法结构和复原方法上还进行了新的尝试，将传统的藏族服饰结构研究成果与高新技术结合，利用 VR 技术对藏族服饰三维立体模型进行可视化展示和交互设计。不仅有效地利用了前期标本研究的成果，而且复活了藏族服饰古法结构。这一技术可以应用于其他古代服饰和民族服饰保护与传承研究当中，也为传统民族服饰文化的继承和弘扬探索了新的路径。

（2）藏族服饰结构图谱的构建。

"丝绸文明"造就了中华服饰十字形平面结构系统，"羊毛文明"催生了欧洲服饰分析型立体结构系统，这符合经济基础决定上层建筑的辩证唯物主义历史观。在中华"多元一体"文化背景下，藏族服饰形态的演变也不会违背这个规律。藏族服装材质的改变，经历了初始的兽皮、兽皮与氆氇结合的过渡期，到纺织材料氆氇、织锦、棉麻为主的定型期，形成了不同材质服装的不同结构特征。皮袍的前整后零外全内碎体现了朴素的特征。随着织物的出现和纺织业的发展、藏汉贸易的繁荣，氆氇、织锦和棉麻藏袍的结构伴随着面料幅宽的改变而改变，以氆氇为代表的纺织品成为藏服的主流，也就形成了以三开身十字形平面结构为标志的结构图谱。然而，无论哪种材质，始终没有脱离十字形平面结构的中华服饰系统，而藏族服饰适应于高寒域的结构形态，在中华服饰结构谱系中具有特殊和重要的历史地位，也是本成果的重要学术贡献。

藏族服饰发展到吐蕃时代呈现出相对稳定的状态，并一直延续到今天，但仍具有区域性差异，参考藏学的分类方法可分为工布服饰、前藏服饰、后藏服饰，其中"褚巴"（藏袍）是藏族服饰的共同标志。不能忽视的是，它们还保存着吐蕃前先秦的上古遗迹，如贯首衣、"交裣"、小腰结构都不是汉地唐以后的结构形态，却在藏服中保留着。工布贯首衣古休可以说是藏族服饰系统中最独特的一支，带有远古的服饰结构信息，甚至可以还原出藏族服饰三开身十字形平面结构的原始状态。古休区别于西南少数民族贯首衣结构形制，为藏袍"深隐式插角"结构的形成提供了条件。前藏地区女子普遍穿着的无袖交领长袍"曲巴普美"出现了立体结构，已经脱离了三开身十字形平面结构的范畴，与民国时期汉族改良旗袍的收省设计如出一辙，属于藏汉融合的产物。这种藏汉文化在 20 世纪初"同期同构"的文化现象需另辟专题研究。后藏立领偏襟的氆氇短上衣"堆通"更接近于汉族传统服饰结构，但是氆氇面料的使用令其保留了三开身十字形平面结构，且侧片的形制已经发生了改变，介于西南少数民族和藏族之间。全域"褚巴"为藏区最常见的形制，是不具有地域性、适用于任何面料制作的常服，甚至其交领右衽带有先秦汉族的遗风，"深隐式插角"和"交裣"的古老术规也都在其中呈现。

在中华服饰系统中，其他民族的传统古老服饰都有断层，有的已不再在日常生活中使用，而藏族服饰却一直沿用到今天没有发生断层，这与藏族固守亦俗亦教的文化特质有关。这种继承一定借助了宗教的力量，赋予了服饰神力，使得服饰承载了藏民的一种精神寄托，才使得藏族服饰如此稳定地延续下来。从纵向不同时期不同材质的藏袍结构梳理，到横向同一时期不同形制的藏服比较，本成果构建了藏族服饰充满高寒域和宗教色彩的结构图谱，而使藏族服饰成为中华服饰结构谱系中重要的部分。这种学术发现也给了古籍史料有力的实物佐证。

（3）从藏族服饰结构表征看中华民族"多元一体"格局。

从表面上看藏族服饰结构是表现中华民族"多元一体"的物质形态，然而它亦俗亦教的文化特质一定会上升到精神层面，就是藏袍上微不足道的"贴边锦"也是如此。

藏袍独特的衣身、袖子和侧摆三开身十字形平面结构且主体居中排列无前后中缝，不同于其他民族服饰结构。这种特点也体现在氆氇制工布贯首衣古休和筒裙上，甚至可以建立从远古贯首衣到定型下来普遍存在的三开身十字形平面结构的藏族服饰结构图谱，也就是在整个谱系中远古的信息并没有消失。藏族服饰一直保持着它"高寒域类型"的特殊性。

青藏高原特殊的地理环境和自然气候造就了藏袍独特的"脱袖"的穿着方式，宽袍大袖的特殊形制也给藏袍附加上了保暖、携具和铺盖的多功能性。藏袍的多功能性既是其形制结构的诉求，也是藏族先民适应自然改造自然的智慧表达。

藏袍独有的三开身十字形平面结构和一服多用的功能都是从布幅决定结构物质条件上升到"人以物为尺度"造物观的精神体现。在藏族的原始宗教苯教里，万物皆有灵。他们敬畏"造物"并将其神化，因此服饰的古法结构变成了他们的修行符号。

特殊的地理环境和文化环境造就了藏族渴望交流的心理，使得他们与汉文化的交流和对她的吸纳呈现在了一切可以表达的地方。对藏袍饰边和贴边结构研究中却发现精神层面的追求是笔者没有想到的。对兽皮饰边康巴藏袍缘饰形制的研究可以发现，同一地区三个标本都出现贴边五福捧寿锦。这说明中华文脉成为藏文化的自觉，汉藏佛教文化普度众生的佛心和儒家文化"仁慈"思想之间没有了边界。藏袍中的五色饰边、兽皮图腾、团寿纹样等这些美好的事物描绘了一幅极其美好的教俗生活图景，完全不亚于汉人服饰的阴阳五行、花团锦簇、吉祥如意等内涵丰富的文化表达。这或许是中华民族服饰传统"多元一体"特质最真实、生动、深刻的表达。

（4）"交裔"与藏袍结构的"单位互补算法"。

在对藏族服饰标本进行系统的信息采集和结构图复原中发现，藏族服饰三开身十字形平面结构中普遍存在着一种"单位互补算法"的古老术规。根据藏袍面料幅宽的不同，术规有多种表现方式，精彩地呈现在藏袍侧摆结构的设计上，这在工布古休和筒裙、传统藏靴中同样有所体现。这种藏服术规在藏文文献中无可考，却在秦简"交裔"和《四库全书》对于"交解""交裂""交输"的记载中得到印证。它是汉藏传承，还是上古技艺的遗存？它是否在汉地被总结成术规文献，而藏地只留存物质形态？这些问题值得专题研究。

藏族服饰中发现的"单位互补算法"术规并不是孤例，在云南马关壮族尖头土僚的裙子和贵州安顺苗族的上衣中都存在。西南民族服饰标本的研究表明，这种术规并不鲜见。从古籍文献记载到实物，时间跨度、标本类型有所不同，但有一点是不变的，即它们都是出于节俭的动机，体现了古人"敬物尚俭"儒道思想和"万物有灵"宗教观念在服饰上的统一。这说明结构术规不仅是一种裁剪方法，更是一种从"尚俭"智慧到礼制和宗教思想的表达。之所以藏族服饰的"单位互补算法"节俭动机比其他民族表达得更淋漓尽致，是因为在他们看来，术规与其说是一种技艺，不如说是一种宗教仪式。因此，"单位互补算法"始出"节俭"终归"敬物"，即对布料的造物敬畏。

（5）藏袍"深隐式插角"与先秦"小腰"。

20世纪初的藏袍标本含有"深隐式插角"结构，可以推断其在清末成为藏族服饰的典型结构。它表现为两种形制：一种是左右独立成三角侧片，上端的尖角横插至腋下的袖片部分；另一种是里襟与三角侧片连裁形成袖衩入袖，但二者功能一致。藏族服饰结构图谱中从贯首衣到三开身十字形平面结构，三角侧片的出现为"深隐式插角"的产生提供了条件。"深隐式插角"结构为藏袍所特有，成为中华民族服饰结构谱系"多元一体"中藏族形态的实证。这一结构与战国江陵马山一号楚墓出土袍服的"小腰"异曲同工，但之后历朝历代无论是考古还是文献都没有明确记录。

虽然"深隐式插角"结构和"小腰"与西方"袖裆"结构功用相同，但它们的产生要早于西方，且都在十字形平面结构环境下诞生，表现出中华服饰文化谱系"多元一体"的特征。此外藏袍"深隐式插角"结构还具有"单位互补算法"的古老术规，而"袖裆"只是现代服装立体结构发展的产物，要说继承也是"袖裆"继承"小腰"或"深隐式插角"。古老藏袍"深隐式插角"结构及其"单位互补算法"的发现为建立藏族服饰结构图谱提供了重要的实证依据和研究路径。它所保持原生态的真实性客观性，对中华民族传统服饰结构谱系的研究和构建具有指示意义。

（6）藏族服饰古法技艺的传承现状。

完整记录藏服艺人展示制作技艺的全过程有两个目的：一是古法技艺与样本比较有多少保留和继承；二是通过技艺本身的记录理解古法结构的真实性。无论是博物馆收藏的早期藏袍标本还是藏族艺人旦真甲师傅裁剪的藏袍范例，贴边都使用与本料相异的织锦面料；"贴边锦"虽然纹样与标本不尽相同，但是蓝色织锦的使用在藏服艺人手中得到了继承。这种独特的"贴边锦"现象，传递着两个重要的信息：蓝色保存了藏人原始宗教苯教尚蓝的记忆，蓝色以隐形样式表现是佛苯斗争"优藏"文化的反映；"贴边锦"中使用织锦这种材质显然是藏汉文化融合的结果。在汉族服饰中织锦代表"花团锦簇"，隐含"宗族繁荣"之意，在使用时一定是彰显的，藏族则将其用在隐蔽的贴边部位。标本中使用"五福捧寿"的吉祥图锦，这是受汉族文化影响对美好愿景的表达，但又区别于汉族彰显教化的表达形式（汉服不用内贴边装饰），这表现出中华服饰"多元"的一面但不缺少深刻性。

藏服艺人的裁剪方法中虽然沿袭了部分古法，使用了"单位互补算法"，但这一古法的采用是局部性的，且并未理解古人使用这种术规的动机，"深隐式插角"结构也难觅其踪。藏袍面料氆氇要早于织锦，最早的古法裁剪与手工氆氇的窄幅有关，随着布幅发生改变，"单位互补算法"的古老术规也发生改变。标本中"单位互补算法"多种不同的情况都与充分利用布幅有关，这或许可以认定其是真文物。现代藏服艺人使用的包括氆氇在内的大都是工业化生产的面料，藏袍的裁剪术规却始终如一，这也是现代保留的古法结构与标本最大的区别。藏服制作艺人只是习惯于一种传统技艺，还是已经领悟了"单位互补算法"中的"交窬"原理？从古法裁剪的继承程度上我们可以找到答案：师傅的技艺属于前一种。因此，只有使标本结构研究的成果和技艺传承人工作流程记录相结合，才可以做出接近真实的判断。

（7）基于 VR 技术的古法术规虚拟藏袍实现。

将古代服饰标本借助现代数字技术予以复活，可以起到对古法技艺加以保护和传承的作用，这在藏袍中做了首次尝试。包含古老技艺的藏族服饰标本，由于年代久远甚至很多已成为文物而无法进行拆解直接得到结构样板，且柔性的织物不同于刚性材料，不易进行三维立体扫描获得图像和数据信息，故对服装文物（柔性文物）只能在保证标本不受破坏的情况下通过测绘进行数据采集和结构复原，这样才能通过模拟缝合建立起仿真的三维立体模型。VR 技术应用于博物馆珍贵的古老服饰藏品之中，既不对服饰本身造成损害，同时又达到了保护和传承的目的，可应用于博物馆或者研究机构。这种基于 VR 技术的古法术规虚拟藏袍的实现也是本研究的重要成果。

2. 重要观点

（1）藏族服饰古法结构在中华民族服饰结构谱系中具有特殊地位和史学价值。本成果显示，汉服结构追求"礼教"体现，藏服结构追求"宗教"体现，不变的是它们都坚守十字形平面结构，这成为中华民族"多元一体"文化特质的经典案例。历代古籍中，有关深衣的代表性服饰结构都是归在礼部，越遵循古法越符合礼制。对藏族服饰结构的研究和考证表明，其古法背后蕴含着宗教仪规。这种宗教规制决定了藏服的结构形制，也成为藏服古老术规一直得以延续到今天的决定性因素。

（2）藏袍"贴边锦"为藏汉苯文化融合的生动物证。"贴边锦"是受汉礼制影响的结果，用汉俗"花团锦簇"之意表"宗族繁荣"之愿，到了藏袍中却用"尚蓝"形式放在隐蔽的贴边位置，这对普遍信仰藏传佛教的藏民而言，是用锦章暗示苯教的存在。这表现出藏汉苯文化融合的深刻性。

（3）藏袍结构普遍存在的"单位互补算法"和"深隐式插角"结构，具有"交输"和"小腰"古法结构的遗风。它的发现确立了藏服结构在中华传统服饰结构谱系中的重要地位。研究成果所建立的藏族服饰结构图谱与数据信息具有补遗中华民族服饰结构谱系的文献价值，对我国其他民族相关研究具有示范作用，成为诠释中华民族服饰"十字形平面结构"系统"多元一体"的标志性范本。

（4）藏族服饰结构谱系所承载的"人以物为尺度"的理念成为中华民族敬物尚俭朴素美学的深刻诠释。藏袍的结构中几乎没有对称设计，这与其说是不甚讲究对称的美学，不如说是对物的敬畏，即追求人对物的适应，宁愿牺牲美观也不过度裁剪破坏面料的完整性，能整用就不裁剪，保持物的原生态意味着善用它们，因此"单位互补算法"成为实现藏袍结构零消耗最有效的手段，比传统汉袍结构表现出更加笃信节俭的宗教意味。这种具有原始宗教色彩的"人以物为尺度"思想和道家"天人合一"的"交裳"节俭算法不谋而合。但这不意味着他们没有审美意识，只是这种审美标准赋予了对"造物"的敬畏。标本研究显示，不同材质的藏族服饰无论结构如何变化，都不会违背表里、前后对尊卑的阐释，且最终归入三开身十字形平面结构系统。这在藏族服饰结构谱系中有充分的表达。

三、成果的学术创新、应用价值以及社会影响和效益

1. 学术创新

国内外的藏族服饰研究多停留在文化、宗教、艺术等形而上的层面，成果也以图录为主，鲜有采用实证研究的方法对藏族服饰结构谱系的整理。本成果在研究方法上进行的开创性尝试，将弥补中华民族"多元一体"文化特质在服饰上"有史无据"的不足。

（1）在内容上试图建立系统的藏族服饰结构谱系，探索藏族服饰结构在中华民族服饰十字形平面结构系统中的坐标，并根据结构形制对藏族服饰类型进行新的划分，以区别于以往根据方言或行政区域进行划分的方法。这从整个藏族服饰结构规律和面貌考释方面为中华"多元一体"的文化特质提供了重要的实物证据。

（2）标本和文献研究的互证有所突破。藏族服饰结构相关古籍文献记录几乎为零，研究过程中通过标本结构复原发现，藏袍结构普遍存在"单位互补算法"术规。在对古文献和古代汉族服饰结构的研究中发现这种术规既古老又不鲜见，在对北大旧藏秦简《制衣篇》中的"交裳"和《四库全书》经部中的"交解""交裂""交输"的研究中得到了双重印证。这种术规就是在清末汉满服饰结构中也以变异的形式存在着，如布幅决定结构形制和袍服补角摆的普遍运用都是"单位互补算法"节俭思想的异化表现，这或许是其被认为失传的原因。藏族服饰标本和古文献互证研究的重要发现，不仅为藏汉交流史研究提供了重要的物质线索，还为我们重新认识中华多民族服饰结构

谱系提供了民族学实证的研究路径。

（3）发现藏袍"深隐式插角"结构为古典藏袍的标志性特征，它与先秦深衣的"小腰"结构具有相同的功用。这一结构不仅在中华传统服饰结构谱系中具有特殊意义，亦在人类服饰结构史中有文献价值。"深隐式插角"结构通过藏袍标本结构复原的实验与藏袍艺人古法裁剪、制作的过程得到了双向互证，一方面证实了标本实验结果和研究结论的正确性，另一方面通过藏袍艺人技艺传承的真实性表明藏族服饰结构从古至今是代代传承的。

（4）本成果结合藏族服饰的结构研究，尝试运用 VR 技术进行三维标本建模。它的难点在于运用三维虚拟现实技术将古老的柔性藏族服饰实现可视化。可视化取决于柔性物质信息采集的专业性、科学性和完整性，这是本成果对纺织文物"活化"的重要贡献。古代有机织物的保存是有期限的，而三维虚拟技术无论从结构、面料、色彩、纹样甚至穿着效果，都能永久呈现，关键是有关于柔性织物的专家知识才能用数字技术的手段做到真正意义上让藏族服饰文化复活。

2. 应用价值

（1）对我国其他民族服饰文化的研究具有借鉴意义和指导作用。

藏族服饰结构研究几乎无文献可考，然而藏族服饰结构在整个中华民族服饰结构体系中又具有特殊地位。特殊的地理环境、特殊的宗教文化和特殊的生活方式，使得藏族服饰始终保持着一种独特"藏文化圈"稳定的延续性特征。其地域性特征主要体现在外部因素上，比如后藏、前藏、工布（林芝）的藏袍通过外观配饰、纹饰和色彩系统很容易识别，但它们的结构几乎是一样的，都是三开身十字形平面结构。然而，在锦袍类型中，由于汉化的原因，纹饰被削弱，藏汉袍整体上并无区别，但分析其结构可以发现，藏袍保持着三开身结构，汉袍遵循着两开身结构。值得研究的是它们始终没有脱离十字形平面结构的中华系统，这一发现是中华民族"多元一体"文化形态的生动实证。因此，重要的民族服饰物质文化有必要像汉族服饰一样进行专题研究。作为这样一个民族服饰结构图谱的研究成果，对于中华民族服饰史学建构具有不可或缺的文献价值，对我国其他民族服饰的抢救性研究具有借鉴意义和指导作用。

（2）VR 技术不仅可以助力民族服饰的保护与传承，同时可以推动柔性文物 VR 技术领域的发展。

通过大力发展基于沉浸式收看方式的虚拟现实文化作品，使其成为民族服饰文化宣传的公共产品，可以助力中华文化向海外传播。此外，民族服饰数字化开发丰富了 VR 领域内容。现阶段 VR 技术主要应用在军事领域和高校科研方面，未来还可向民用方向发展，并在不同的行业发挥作用。本成果的民族服饰数字化探索还可以反过来推动 VR 技术发展。对服饰文物标本的高精度和动态化建模，会不断给虚拟现实建模方法和硬件设备提出更高的要求，从而推动"柔性文物"VR 技术的不断创新。

3. 社会影响和效益

自古以来，藏族服饰结构知识和裁剪技艺都是通过师徒口传心授传承的，使得技艺依赖于人而存在，随着技艺人的离世这种技艺面临着失传的危险。故以文献形式对藏族服饰结构谱系进行整理和记录本身就是一项抢救性的工作。建立藏族服饰结构谱系在整个中华民族服饰结构谱系的构建中具有指导意义，更有利于它的保护与传承。本成果不仅具有学术研究的文献功能，还会对确证中华民族"多元一体"的文化特质、增强民族认同产生实效，对其他民族服饰结构谱系研究具有示范作用。

策划编辑：王宏霞

责任编辑：柯琳芳

装帧设计：肖　辉　彭莉莉

图书在版编目（CIP）数据

国家哲学社会科学成果文库概要.2019/全国哲学社会科学工作办公室编.--北京：中国人民大学出版社，2021.3

（国家哲学社会科学成果文库）

ISBN 978-7-300-29121-5

Ⅰ.①国… Ⅱ.①全… Ⅲ.①哲学—科学研究—成果—介绍—中国—2019 ②社会科学—科学研究—成果—介绍—中国—2019 Ⅳ.①C12

中国版本图书馆 CIP 数据核字（2021）第 045386 号

国家哲学社会科学成果文库概要（2019）

GUOJIA ZHEXUE SHEHUI KEXUE CHENGGUO WENKU GAIYAO

全国哲学社会科学工作办公室　编

中国人民大学出版社　出版发行

（100080　北京中关村大街 31 号）

涿州市星河印刷有限公司　新华书店经销

2021 年 3 月第 1 版　2021 年 3 月第 1 次印刷

开本：710 毫米×1000 毫米 1/16　印张：53.25

字数：840 千字　印数：0,001—1,000 册

ISBN 978-7-300-29121-5　定价：298.00 元

邮购地址 100080　北京中关村大街 31 号

中国人民大学出版社读者服务部　电话（010）62515195　82501766